ATLAS DER KALIFORNISCHEN WEINE

MIT OREGON UND WASHINGTON

BOB THOMPSON

ATLAS DER KALIFORNISCHEN WEINE

MIT OREGON UND WASHINGTON

LAGEN, PRODUZENTEN, WEINSTRASSEN

HALLWAG

Die englische Originalausgabe ist 1993 unter dem Titel »The Wine Atlas of California« im Verlag Mitchell Beazley (Teil der Verlagsgruppe Reed Consumer Books Limited), London, erschienen.

Deutsche Übersetzung: Wolfgang Kissel
Lektorat: Eva Meyer
Satz: Utesch Satztechnik GmbH, Hamburg
Produced by Mandarin Offset
Printed and bound in Hong Kong

ISBN 3-444-10429-4

Hallwag

The Wine Institute of California

Das kalifornische Weininstitut ist ein Gemeinschaftswerk der kalifornischen Weinerzeuger, das dazu beitragen soll, eine weinbaufreundliche Atmosphäre zu schaffen und den Weinabsatz zu fördern. Dank der Zusammenarbeit seiner Mitglieder kann das Institut Dinge zuwege bringen, die dem einzelnen unmöglich wären.
Seit der Gründung im Jahr 1934 sind die Ziele im wesentlichen die gleichen geblieben: »dem kalifornischen Wein neue Märkte zu erschließen, Verbraucher und Handel an den Wein heranzuführen, die Zusammenarbeit innerhalb des Weinbaus zu fördern und die Wiederkehr der Prohibition abzuwehren«. Das Weininstitut setzt sich ein für das Recht des einzelnen, Wein ohne unbillige Einschränkung oder Bevormundung zu bauen, zu produzieren, zu verkaufen und zu genießen.
Von Anfang an war es ein vorrangiges Bestreben des Weininstituts, die Qualität des kalifornischen Weins zu verbessern. Eine seiner wichtigsten Aufgaben bestand 1934 in der Abfassung der California Definitions and Standards for Wine, in denen die Eckpfeiler der Weinqualität in Amerika festgesetzt sind.
Heute finden die kalifornischen Weinerzeuger in aller Welt Anerkennung für ihre Leistungen in Produktion und Marketing. Das Weininstitut will durch innovative Programme und Veranstaltungen dazu beitragen, daß der Weinbau Kaliforniens seine Führungsstellung auch künftig behält.
Dieses Buch soll dem Leser einen Eindruck davon vermitteln, worin die Besonderheiten des kalifornischen Weins und Weinbaus bestehen.

Nähere Auskünfte erteilen gern:

Andrew Montague
Wine Institute of California
Regent Arcade House
19-25 Argyll Street
London
W1V 1AA
Tel. 071-287 3132

Steve Burns
Wine Institute of California
425 Market Street
Suite 1000
San Francisco
CA 94105
Tel: (415) 512 0151

Inhalt

Einführung

Dieses Buch ist das Ergebnis von rund 80 000 Probiernotizen – auf ein paar tausend mehr oder weniger kommt es nicht an – und 30jähriger rastloser Wanderungen durch die Weinberge und Weinbaubetriebe in Kalifornien, Oregon und Washington.

Es erscheint zu einem schwierigen Zeitpunkt, da Winzer und Kellereien von der Reblaus bedrängt werden, sich gegen die neu aufkeimende Antialkoholstimmung zur Wehr setzen müssen und unter einer unlustigen Konjunktur zu leiden haben. Es erscheint auch zu einem Zeitpunkt, da das Verständnis für die geographischen Zusammenhänge in Gegenden, in denen der Weinbau noch eine junge Kunst ist, erst ganz am Anfang steht. Weinbaubetriebe und Kellermeister kommen und gehen, die Treue zu Grund und Boden muß unter diesem Hin und Her leiden. Und doch erweisen sich die gemeinsamen Geschmackscharakteristiken, die auf Hangneigung, Boden und Sonnenschein zurückgehen, immer mehr als unverkennbar. Deshalb tritt dieses Buch rückhaltlos vor allem für die Zusammenhänge zwischen Geschmack und Lage ein.

Die Aufgabe, den gemeinsamen Geschmackscharakteristiken nachzuspüren, wird zugleich einfach und doch unmöglich gemacht durch die Tatsache, daß in fast allen Regionen einige wenige Rebsorten vorherrschen – Cabernet Sauvignon, Chardonnay, Pinot Noir und Sauvignon Blanc. Riesling, Gewürztraminer und Zinfandel verleihen bestimmten Gegenden ein gewisses Lokalkolorit, doch nur an ein, zwei Stellen kann eine dieser Sorten eine Region so prägen, wie es die Großen Vier in allen übrigen tun. Pinot Gris, Sangiovese, Syrah und ihresgleichen sind noch zu neu im Land, um schon hoffähig zu sein.

Und so läuft alles nun einmal darauf hinaus zu erkennen, wie das Santa Maria Valley andere Wirkungen auf den Chardonnay ausübt als das Russian River Valley, dieses wiederum andere als das Yakima Valley – und so fort das ganze Land hindurch, oft nur auf der Grundlage kärglicher Proben und stets im Licht widersprüchlicher Eindrücke auf der Zunge. Die von keiner Tradition gebundenen Kellermeister kümmern sich nur selten darum, was ihre Nachbarn tun, sondern beziehen ihre Anregungen eher von weiter entfernten Vorbildern. Dem Kritiker bleibt nichts übrig, als die Rolle der Sonne und des Bodens gegen den Einfluß abzuwägen, den irgend jemand in Yakima dadurch einbringt, daß er irgend jemanden in Sonoma nachzuahmen versucht, der wiederum nach falschverstandenen Vorbildern arbeitet, die einmal jemand in Napa als Bewunderer eines inzwischen längst verstorbenen Winzers in Burgund geschaffen hat.

Alles das steht europäischen Gewohnheiten entgegen, wo ja Rebsorte und Appellation stets Ausdruck eines bestimmten Klimas sind und wo in der Regel die vorherrschenden Rebsorten in der jeweiligen Gegend herangewachsen sind. Zählt man die zwei, vier oder gar zehn Jahrhunderte der Verfeinerung dieser Rebsorten durch Selektion und der Präzisierung in der Kellertechnik durch die empirische Erfahrung hinzu, begreift man, warum der europäische Wein etwas anderes ist als sein amerikanisches Pendant.

Derartige Rebsorten haben sich an den vielen Stellen, wo die Großen Vier im Westen Amerikas heimisch geworden sind, keine so ausschließliche Heimat geschaffen. Wer sich in den Pazifik-Staaten auskennt, wird weder Prosser mit Ashland noch dieses mit Solvang verwechseln, ebensowenig wie der Kenner Europas Beaune mit Castellina in Chianti verwechseln würde. Wenn dasselbe auch für die Weine zuträfe, wäre viel von der Spannung verloren – das Spiel hat seine Tücken und zugleich seine Freuden.

Die Originalkellerei von Inglenook im Napa Valley aus dem Jahr 1882 dient heute als Gästehaus und Probierstube.

Zum Gebrauch

Wie bei jedem Atlas liegt der Kern der Sache in den Landkarten. Sucht man in ihnen nach Flußläufen, Einschnitten und Sonnenlagen, dann erfährt man bereits vieles.

In diesem noch jungen Teil der Welt gilt es jedoch eines zu berücksichtigen. Ein Weinbaubetrieb ist hier nicht dasselbe wie ein Weingut. In vielen Fällen liegen Meilen, manchmal sogar Bereichsgrenzen, zwischen Weinkellerei und Weinberg, und so müssen beide durch den Text erst miteinander verknüpft werden.

Soweit es in diesen Weinbaugebieten, die noch keine klare Gestalt gewonnen haben, überhaupt möglich ist, liegt den einzelnen Kapiteln ein festes Schema zugrunde:

1. Überblick über das Anbaugebiet.
2. Beschreibung der wichtigsten Weintypen.
3. Ausführlichere Beschreibung sowie Karten der im jeweiligen Anbaugebiet enthaltenen AVAs (American Viticultural Areas).
4. Aufstellung der Erzeuger mit Bemerkungen über deren Weine, vor allem diejenigen aus der Heimatregion.
5. Kurze Reiseinformationen mit Hinweisen auf Hotels und Restaurants. Diese Reiseinformationen sind durchaus persönlicher Natur und keineswegs erschöpfend. Vor allem bei Hotels sollte man auch andere Reiseführer zu Rate ziehen.

Die Pazifikküste der USA ist als Weinbauregion eine der gastfreundlichsten in der Welt. Nach der Prohibition entstanden in Kalifornien Probierräume und Kellertouren, um eine Bevölkerung, der jede Bekanntschaft mit feinem Wein verlorengegangen war, wieder an ihn heranzuführen. In allen drei Staaten wird der Tourist feststellen, daß zumindest Weinkellereien mit einer Jahresproduktion von über 10000 Kisten einen Degustationsraum unterhalten, wo man manchmal gegen Entgelt, oft aber auch kostenlos Wein probieren kann. Kleinere Betriebe sind meist zurückhaltender, aber nur in seltenen Fällen sind Besucher nicht erwünscht (Informationen hierüber kann man den Erzeugerlisten entnehmen).

Daß es in Kalifornien, Oregon und Washington fast überall in den Weinbaubetrieben Probierstuben gibt, bedeutet freilich nicht, daß die Einrichtungen für Besucher in allen Regionen einheitlich sind. Als besonderer Kontrast sei erwähnt, daß das Napa Valley großen Luxus bietet und daher auch nicht gerade eine billige Gegend ist, während für das Yakima Valley das Umgekehrte gilt. Auch kann man sich vorstellen, daß es in den berühmteren Regionen mit den am stärksten entwickelten Touristeneinrichtungen am ehesten nötig ist, im voraus zu reservieren.

Zum Glück für Touristen, die von weit her kommen, liegen die meisten Weinbauregionen in bequemer Nähe der vier großen Ballungsräume Los Angeles, San Francisco, Portland und Seattle. Läßt eine Unterkunft im Weinbaugebiet selbst zu wünschen übrig, dann können Tagesausflüge von diesen Städten aus gemacht werden.

Weite Wälder prägen das Landschaftsbild von Napa.

North Coast
1 Anderson Valley
2 Potter Valley
3 McDowell Valley
4 Clear Lake
5 Guenoc Valley
6 Dry Creek Valley
7 Alexander Valley
8 Knights Valley
9 Russian River Valley
10 Sonoma Valley
11 Napa Valley
12 Los Carneros
Central Coast
13 Livermore Valley
14 Santa Cruz Mountains
15 Santa Clara Valley
16 Mount Harlan
17 Chalone
18 Arroyo Seco
19 Santa Lucia Highlands
20 Carmel Valley
21 San Lucas
22 York Mountain
23 Paso Robles
24 Edna Valley
25 Arroyo Grande
26 Santa Maria Valley
27 Santa Ynez Valley
28 Temecula
Das Landesinnere
29 Solano County Green Valley
30 Suisun Valley
31 Clarksburg
32 Lodi
33 El Dorado
34 Shenandoah Valley
35 Fiddletown
1:5 000 000
Km 0 50 100 150 200
Miles 0 50 100
N
Schnellstraße
Hauptverkehrsstraße
Bahnlinie
Flughafen
Landesgrenze
Staatsgrenze
Staatshauptstadt
County-Hauptstadt
PACIFIC OCEAN
Channel Islands
Gulf of Santa Catalina
Crescent City
Yreka
Weed
Alturas
Adin
Eureka
Weaverville
Redding
Susanville
Garberville
Red Bluff
Chico
Quincy
Downieville
Oroville
Willows
Fort Bragg
Ukiah
Lakeport
Colusa
Yuba City
Marysville
Nevada City
Auburn
Cloverdale
Woodland
Roseville
Sacramento
Placerville
Markleeville
Santa Rosa
Napa
Fairfield
Vallejo
Jackson
San Andreas
Sonora
Bridgeport
San Rafael
Martinez
Berkley
Stockton
SAN FRANCISCO
Oakland
Modesto
San Mateo
Redwood City
Fremont
Palo Alto
San Jose
Mariposa
Merced
Los Banos
Gilroy
Santa Cruz
Hollister
Madera
Fresno
Indpendence
Salinas
Monterey
Hanford
Visalia
Tulare
Big Sur
Coalinga
Death Valley Junction
Delano
San Miguel
Paso Robles
San Luis Obispo
Bakersfield
Baker
Mojave
Barstow
Santa Maria
Needles
Lompoc
Santa Barbara
Ventura
Glendale
Pasadena
San Bernardino
Santa Monica
LOS ANGELES
Long Beach
Anaheim
Santa Ana
Riverside
Palm Springs
Indio
Blythe
Oceanside
Brawley
El Cajon
El Centro
SAN DIEGO
National City
San Miguel I.
Santa Rosa I.
Santa Cruz I.
Santa Catalina I.
San Nicolas I.
San Clemente I.
Clear Lake Res.
Goose Lake
Shasta Lake
Eagle Lake
Honey Lake
Lake Oroville
Clear Lake
Lake Berryessa
Lake Tahoe
Mono Lake
Tulare Lake Bed
Buena Vista Lake
Salton Sea
Klamath
Trinity
Sacramento
Feather
San Joaquin
Kings
Kern
Salinas
California Aqueduct
Los Angeles Aqueduct
Colorado River Aqueduct
Colorado

Palmen trifft man in vielen Gegenden Kaliforniens an, sie sind deutliche Anzeichen dafür, daß fast überall ein mildes Klima herrscht.

Landkarten

Aus der Karte von Kalifornien (siehe Seite 9) geht die Lage der drei Hauptanbauregionen North Coast, Central Coast und Central Valley hervor. Die beiden ersteren sind bereits als große American Viticultural Areas (AVAs) eingeführt; das Land dahinter hat keinen AVA-Status. Die Karte des Pazifischen Nordwestens (siehe Seite 194) zeigt den Staat Oregon im Westen und den Staat Washington östlich davon als voneinander unabhängige Einheiten.

Regionalkarten (Seite 26, 112 und 170) bieten dann jeweils einen Einzelüberblick über die drei Haupteinteilungen Kaliforniens. Farbige Umrißlinien bezeichnen die wichtigsten AVAs als die allmählich zu einem komplexen Mosaik zusammenwachsenden Bereiche mit einem gewissen Anspruch auf Eigenständigkeit in den Anbaubedingungen. Die schon erwähnte Karte von Washington und Oregon enthält auch die regionalen Unterteilungen.

Die Appellationskarten zeigen dann in ausführlichster Form eine Nahaufnahme der Weinberge und Weinlagen innerhalb der einzelnen AVAs; an der North Coast gibt es über 20, an der Central Coast über ein Dutzend. Auf manchen Karten sind zwei bis drei der kleineren und einfacheren AVAs zusammengefaßt; andererseits füllt der AVA-Bereich Napa Valley mit seiner hohen Anbaudichte und der großen Zahl seiner Weinbaubetriebe allein vier Karten.

Hier beginnt das nicht einmal ganz flügge gewordene AVA-System bereits mehrschichtig zu werden und treibt gewissermaßen Sub-Appellationen. Beispielsweise macht der AVA-Bereich Stag's Leap einen Teil des AVA-Bereichs Napa Valley aus. In Sonoma umschließt das Russian River Valley die Sub-Appellationen Sonoma-Green Valley und Chalk Hill, während der Oberbereich seinerseits Teil eines größeren Anbaugebiets namens Northern Sonoma ist (das in diesem Atlas allerdings weitgehend unberücksichtigt bleibt). Wie in den Karten mit größerem Maßstab sind die Appellationsgrenzen an farbigen Linien erkennbar.

Einige bedeutende Anbaugebiete, z. B. um Ukiah im Mendocino County, fallen nicht in einen bestimmten AVA-Bereich. Auch dies wird bei einem Blick auf die Detailkarten sofort erkennbar. Der viel jüngere Weinbau im Pazifischen Nordwesten verfügt für Washington und Oregon zusammen über nur 6 Appellationen.

Da die AVAs in Größe und Anbaudichte sehr unterschiedlich sind, haben auch die entsprechenden Karten verschiedene Maßstäbe. Beispielsweise waren vier Karten nötig, um die 200 Weinbaubetriebe im Napa Valley mit ihrer Rebfläche von 13 000 ha auf einer Gesamtfläche von 120 000 ha übersichtlich darzustellen, dagegen reichten für das Willamette Valley mit seiner über eine Gesamtfläche von 1,3 Millionen ha verteilten Rebfläche von 1720 ha zwei Karten aus. Die Maßstäbe der Appellationskarten sind wo

Diese erstaunlich kahlen Berge bilden den südlichen Abschluß der Sonoma Mountains im Bereich Carneros an der North Coast. Die in den unteren Hanglagen wachsenden Chardonnay- und Pinot-Noir-Trauben finden für Still- und Schaumwein zunehmend Anklang.

irgend möglich so bemessen, daß der Tourist sie unmittelbar benutzen kann; oft braucht man aber zusätzlich detaillierte Straßenkarten, in denen auch kleinere Wege eingezeichnet sind.

Gebietstypische Weine und andere Begriffsbestimmungen

Für jede Region werden nach Rebsorten gegliederte Weinbeschreibungen gegeben und sogenannte gebietstypische Weine angefügt. Dabei handelt es sich zwar stets um erstklassige Gewächse, sie sind jedoch nicht als eine Spitzenauswahl zu verstehen; vielmehr bleiben dabei viele hochgepriesene, aber auch hochstilisierte Weine unberücksichtigt.

Gebietsverschnitt: Hierunter sind sortenreine Weine zu verstehen, die von Lesegut zusammengestellt werden, das aus mehreren Herkunftsquellen, meist über Bereichsgrenzen hinweg, stammt. Solche Zusammenstellungen sind sowohl in Kalifornien als auch in Washington, weniger dagegen jedoch in Oregon, selbst in den höchsten Preisklassen üblich. Siehe dagegen Sortenverschnitte.

Kellermeistermarke (winemaker label): Kellermeister und Önologen mit unternehmerischen Neigungen produzieren oft unter einer eigenen Marke Wein in Anlagen, die sie bei ihrem Hauptarbeitgeber oder sonstwo mieten. Dieser Hinweis beim Erzeugernamen bedeutet, daß keine eigenen Anlagen besichtigt werden können.

Klassische Methode: Der früher gebräuchliche Begriff *méthode champenoise* ist von der EG für alle innerhalb ihrer Grenzen verkauften Schaumweine, die nicht aus der Champagne stammen, untersagt worden. Inzwischen hat sich dafür auf dem amerikanischen Inlandsmarkt der Ausdruck «classic method» durchgesetzt.

Sortenverschnitt: Darunter werden Weine verstanden, die durch Mischen von zwei oder mehr Traubensorten erzeugt werden. Hauptbeispiele sind die als Meritage oder mit Phantasienamen bezeichneten Weine auf Cabernet-Sauvignon-Basis. Bei den Weißweinen ist der Sauvignon Blanc/Sémillon-Verschnitt ein bekanntes Pendant. Verschnitten der traditionellen Rhône-Rebsorten begegnet man immer häufiger. Siehe dagegen Gebietsverschnitte.

Uferbank (bench): Der größte Teil der pazifischen Küste wird durch die Wirkung tektonischer Platten hochgeschoben. Die Flüsse in den Küstentälern graben immer tiefere Einschnitte in die alten Flutebenen, so daß Uferbänke entstehen, die sich als Weinbauland sehr gut eignen; daher taucht in diesem Buch öfters der Begriff «Uferbank» oder «Bench» auf.

Winzermarke (grower label): Viele Traubenanbauer, die über keine eigenen kellertechnischen Anlagen verfügen, lassen von ihren Trauben in fremden Kellereien unter dem eigenen Namen Wein produzieren. Bei den Erzeugernamen bedeutet dieser Begriff, daß keine Probiereinrichtungen für Besucher bestehen.

Das Appellationssystem der USA

Die Traubenanbauer und Weinerzeuger in den USA stehen noch an den Anfängen des Verständnisses für die Wechselbeziehungen zwischen Rebsorte, Sonnenschein und Bodentyp. Selbst in den ältesten Gebieten mit der höchsten Anbaudichte muß die Wahl der Rebsorte oft genug revidiert werden, wenn der Winzer – teils erfreut, teils erschrocken – die Früchte seiner Arbeit betrachtet.

Inzwischen wurde die zuständige Behörde, das Bureau of Alcohol, Tobacco and Firearms (BATF), dazu veranlaßt, ein System von Herkunftsbezeichnungen einzurichten. Dieses System der American Viticultural Areas ist in jeder Hinsicht rudimentär, aber dennoch beginnen sowohl die Weinerzeuger als auch die Verbraucher bereits die dadurch gezogenen Grenzen zu respektieren.

Die Beamten der zuständigen Behörde verlangen bei Anträgen auf eine Appellation den Nachweis, daß die Anbaubedingungen im betreffenden Gebiet einheitlich sind und der dafür vorgeschlagene Name historisch begründet ist. Dagegen braucht kein Nachweis darüber geführt zu werden, daß in diesem Gebiet bereits früher Wein gebaut wurde. Stillschweigend wird auch akzeptiert, daß die AVA-Grenzen nicht unbedingt mit politischen Grenzen übereinzustimmen brauchen, außer wenn auch diese an einer natürlichen Scheidelinie, beispielsweise einem Flußlauf, einem Bergkamm oder dergleichen, verläuft. An diese Maßstäbe hat man sich bisher mehr oder weniger gehalten.

Cabernet-Sauvignon-Weinberge von Smith & Hook im Monterey County.

In der Beschreibung, die jeweils bei Genehmigung einer AVA-Appellation vom BATF herausgegeben wird, ist stets der folgende Hinweis enthalten: «Das BATF wünscht nicht den Eindruck zu erwecken, daß es durch Genehmigung eines Ortsnamens für einen Weinbaubereich in irgendeiner Weise die Qualität der dort produzierten Weine gewährleistet. Der Bereich wird lediglich als eigenständig gegenüber den umliegenden Bereichen, nicht aber als besser anerkannt… Kommerzieller Erfolg kann nur auf der Akzeptanz des Weins dieses Namens durch den Verbraucher beruhen.»

Wer den Namen eines anerkannten AVA auf dem Etikett verwenden will, muß zwei Voraussetzungen erfüllen:

1. 85% des Weins müssen aus der jeweiligen Region stammen.
2. Bei sortenreinen Weinen müssen mindestens 75% der jeweils genannten Rebsorte aus dem genannten Bereich stammen. Sonst werden keine Auflagen gemacht. Man kann in jedem beliebigen AVA jede beliebige Rebsorte anpflanzen, jeden beliebigen Rebschnitt ausführen und jede beliebige Ertragsmenge erzielen. Wenn der Erzeuger zusätzliche Informationen geben will, muß er auf gewisse Details achten.

Wird eine bestimmte Lage auf dem Etikett genannt, dann müssen 95% des Leseguts aus dieser Lage stammen, und diese muß in den AVA-Bereich fallen, der auf dem Etikett genannt ist.

Wird der Ausdruck «Estate Bottled» (Erzeugerabfüllung) benutzt, dann müssen Weinkellerei und Weinberg in den auf dem Etikett genannten AVA-Bereich fallen, und alle benutzten Weinberglagen müssen im Besitz des Erzeugerbetriebs sein. Weitere Vorschriften sind in den Gesetzen der einzelnen Staaten enthalten.

Ein kalifornisches Gesetz bestimmt, daß 100% der Trauben für einen Wein, der einen kalifornischen Bereichsnamen trägt, aus kalifornischem Anbau stammen müssen. In Oregon verlangt das Gesetz, daß jeder Wein, der eine geographische Bezeichnung trägt, zu 100% aus dem betreffenden Gebiet stammen muß, ob es sich um einen AVA-Bereich, ein County oder sonst ein Gebiet handelt.

Sonstige Etikettierungsvorschriften

Warenzeichen Obligatorisch Der wichtigste Anhaltspunkt für Stil und Qualität ist der Markenname.

Weintyp Obligatorisch Der spezifische Typ, z. B. Sortenwein (nach der vorherrschenden Traubensorte), Gattungswein (nach einer Gegend, wo ein bestimmter Stil seinen Ursprung hat, oder einfach auch nur nach der Farbe des Weins) oder urheberrechtlich geschützte Phantasienamen, muß angegeben werden.

Sortenwein (Varietal) Nach dem Bundesgesetz müssen Sortenweine zu mindestens 75% von der auf dem Etikett angegebenen Rebsorte stammen (bei vor 1983 abgefüllten Weinen waren nur 51% vorgeschrieben). Die meisten der auf den Seiten 16 bis 21 näher beschriebenen Traubensorten werden zu sortenreinen Weinen verarbeitet. In Kalifornien und Washington gilt das Bundesgesetz. In Oregon verlangt das strengere Landesgesetz 90% der genannten Rebsorte bei allen Weinen außer solchen, die auf Cabernet Sauvignon beruhen; bei ihnen gelten unter Berücksichtigung der in Bordeaux historisch gegebenen Verschnittgepflogenheiten 75% als ausreichend.

Gattungswein (Generic) Kalifornien hält sich an das Bundesgesetz, demzufolge gewisse europäische Ortsnamen bei Gattungsweinen verwendet werden dürfen. Burgundy, Chablis, Chianti, Champagne, Rhine, Port und Sherry sind die häufigsten Beispiele. Weine dieser Art sind weder in der Traubensorte noch in sonstiger Hinsicht irgendwelchen einschränkenden Bestimmungen unterworfen. Ein in Kalifornien produzierter «Burgundy» kann Zinfandel, Alicante, Cabernet Sauvignon in jedem beliebigen Mischungsverhältnis enthalten und ohne weiteres auch süß sein. Solche Bezeichnungen werden jedoch nur noch bei Großproduzenten gebraucht. Heute laufen viele Weine der bescheideneren Preisklassen unter Namen wie Red Table Wine, White Table Wine oder Rosé. Es gibt auch scherzhafte Varianten wie Spaghetti Red, Pretty Good Red usw. Im Staat Oregon ist der Gebrauch europäischer Ortsnamen auf Gattungs- und Markenweinen untersagt.

MARKENWEINE (PROPRIETARY) Hierunter wurden früher die billigsten Weine verstanden. In neuerer Zeit erstreckt sich der Begriff aber auf beide Enden der Preisskala, seit ambitionierte Erzeuger das Mischungsverhältnis ihrer Verschnitte, insbesondere bei ursprünglich aus Bordeaux oder von der Rhône stammenden Traubensorten, selbst bestimmen wollen.

In den unteren Preisklassen halten sich Namen, die Assoziationen mit Europa hervorzurufen bestrebt sind, z.B. Rhinecastle. In den oberen Preisklassen stehen Weine wie Trilogy (ein Verschnitt von Cabernet Sauvignon/Cabernet Franc/Merlot) und Le Cigare Volant (ein von der Rhône inspirierter Verschnitt).

JAHRGANG FAKULTATIV Wird ein Jahrgang angegeben, dann muß der Wein zu 95% aus dem genannten Jahr stammen. Die Toleranz soll das Auffüllen der Fässer im Keller ermöglichen.

ABFÜLLER OBLIGATORISCH Manche Weinbaubetriebe haben die verschiedensten Etiketten in Gebrauch. Auf jedem Etikett müssen jedoch Name und Anschrift des Abfüllers erscheinen. Es gibt Varianten, die der Rolle des Abfüllers genauer Rechnung tragen sollen, doch neueren Bestimmungen zufolge ist dies überflüssig.

ALKOHOLGEHALT OBLIGATORISCH Nach dem Bundesgesetz muß auf Tafelwein der Alkoholgehalt auf 1,5% genau angegeben oder der Begriff Table Wine verzeichnet sein. Der höchstzulässige Alkoholgehalt beträgt bei Tafelwein 13,9%. Weine, die ohne Anreicherung mit Alkohol 14% und mehr erreichen, fallen in eine höhere Steuergruppe, und auf ihnen darf die Alkoholgehaltsangabe in Ziffern nicht durch den Begriff Table Wine ersetzt werden. Mit Alkohol angereicherte Weintypen wie Port, Muscat und andere Dessertsüßweine dürfen 18 bis 20% Alkohol enthalten, wobei die Etikettangabe auf 1% genau erfolgen muß. Sherryähnliche Weine können 17 bis 20% haben, und die Etikettangabe muß auch bei ihnen auf 1% genau sein. Weine mit 17% und mehr werden ohne Rücksicht auf ihren Süßegrad in jedem Fall als Dessertwein eingestuft und fallen in eine höhere Steuergruppe als die 14- bis 16,9%igen. Nur Schaumwein wird noch höher besteuert.

HINWEIS AUF SULFITGEHALT Obligatorisch innerhalb der USA bei Weinen ab 10 ppm Sulfitgehalt. Durch diese Angabe sollen an schwerem Asthma Leidende auf das Vorhandensein von für sie unzuträglichen Schwefelverbindungen hingewiesen werden. In den USA produzierte Weine, die für den Export nach Europa bestimmt sind, brauchen diesen Hinweis nicht zu tragen.

HINWEIS AUF GESUNDHEITLICHE RISIKEN Innerhalb der USA obligatorisch. Ein kurzer Text warnt davor, daß Alkoholgenuß die Fähigkeit zum Bedienen von Maschinen, z.B. Kraftfahrzeugen, beeinträchtigen kann und darüber hinaus während der Schwangerschaft vermieden werden sollte. Auf amerikanischen Weinen, die in Europa zum Verkauf gelangen, ist ein solcher Hinweis nicht zulässig.

Klima

In diesem Atlas sind die Tageshöchst- und -tiefsttemperaturen für 30 Weinbauorte im Jahr 1990 dargestellt, dessen Wachstumsperiode überall im Westen überdurchschnittlich warm war, in dem aber auch Ende Dezember in vielen Gegenden die strengsten Fröste der letzten 50 Jahre vorkamen. Dennoch war es für die meisten Winzer ein normales Jahr.

Die Graphiken bieten eine praktische Handhabe für Überlegungen, welche Rebsorten wo am besten gedeihen dürften.

Die Forscher an der University of California in Davis stellen eine Ordnung nach früh-, mittelfrüh- und spätreifenden Rebsorten auf, je nachdem, wieviel Wärme eine Sorte zum Reifen braucht, andere sprechen von Rebsorten für warme bzw. kühle Regionen.

Spätreifende oder für warme Regionen prädestinierte Sorten sind etwa Cabernet Sauvignon und Sémillon. Beide benötigen viel Wärme über eine lange Wachstumsperiode hinweg, wenn sie Ende September bis Mitte Oktober zu voller Reife gelangen sollen. St Helena im Napa Valley und Healdsburg im Alexander Valley sind typische Orte mit solchen Klimavoraussetzungen.

Frühreifende bzw. für kühle Regionen geeignete Sorten werden in St Helena oder Healdsburg schon im August reif (oder gar überreif); hierfür ist der Pinot Noir ein klassisches Beispiel. Will man diese Sorten ebenfalls erst im Oktober ernten, dann muß man sie an Orten pflanzen, wo das Temperaturprofil eher wie in Santa Maria (Santa Barbara County), in Santa Rosa (Russian River Valley) oder in Forest Grove (Willamette Valley) aussieht.

Für die meisten übrigen Rebsorten liegen die optimalen Voraussetzungen zwischen diesen Extremen. Manche, z. B. Chardonnay, gedeihen in allen AVAs recht ordentlich, wenn auch gerade der Chardonnay auf der kühleren Seite bessere Resultate liefert. Andere, z. B. Merlot, bewähren sich unter Bedingungen, die mit dem täglichen Gang des Thermometers wenig zu tun haben.

Die Temperatur allein ist bei der Suche nach günstigen Lagen für diese oder jene Rebsorte allerdings ein gefährlich vereinfachter Anhaltspunkt. Nicht lange nach der Aufhebung der Prohibition arbeitete die University of California eine Einteilung in fünf Regionen aus. Als Berechnungsgrundlage dienten im wesentlichen die Jahresdurchschnittstemperaturen. Die Einteilung hielt sich an europäische Vorbilder vom Rhein bis nach Jerez. So war man der Überzeugung, daß der Riesling in der kühlsten Zone, der Region I, am besten gedeihen müsse, während der Cabernet Sauvignon für die Region III und der Palomino für die Region V, die heißeste Zone, am besten geeignet wären. Inzwischen hat die Universität dieses Bemessungssystem wieder aufgegeben. Es stellte sich nämlich heraus, daß Rebsorten, die nur in der Region I hätten gedeihen können, in der Region III, manchmal sogar in der Region IV großartige Weine erbrachten, während andere theoretisch für III geeignete Sorten ihre besten Leistungen in II oder gar I zeigten.

Problematisch an der Skala war, daß sich unter Umständen hinter gleichen Durchschnittstemperaturen gewaltige Unterschiede in den Wachstumsbedingungen verbergen. Beispielsweise können die heißen Tage und kalten Nächte in den Wüsten im Hochland durchaus Wärmesummen erbringen, die sehr dicht bei denen liegen, die in Küstennähe gemessen werden, wo die Höchst- und Tiefstwerte innerhalb einer viel kleineren Spanne schwanken. In den nebelreichen Tälern Kaliforniens verzeichnen Meßstationen, die kaum 10 km auseinanderliegen, oft dieselben Höchsttemperaturwerte und gehören dennoch in ganz unterschiedliche Klimazonen. So kann bei einer weitgehend nebelfreien Station der Höchstwert über Stunden erhalten bleiben, während in der anderen, stärker vom Nebel heimgesuchten Station derselbe Wert zwar erreicht, aber nur ein paar Minuten lang gehalten wird. Die Wärmesummenskala konnte derartige Faktoren nicht berücksichtigen und

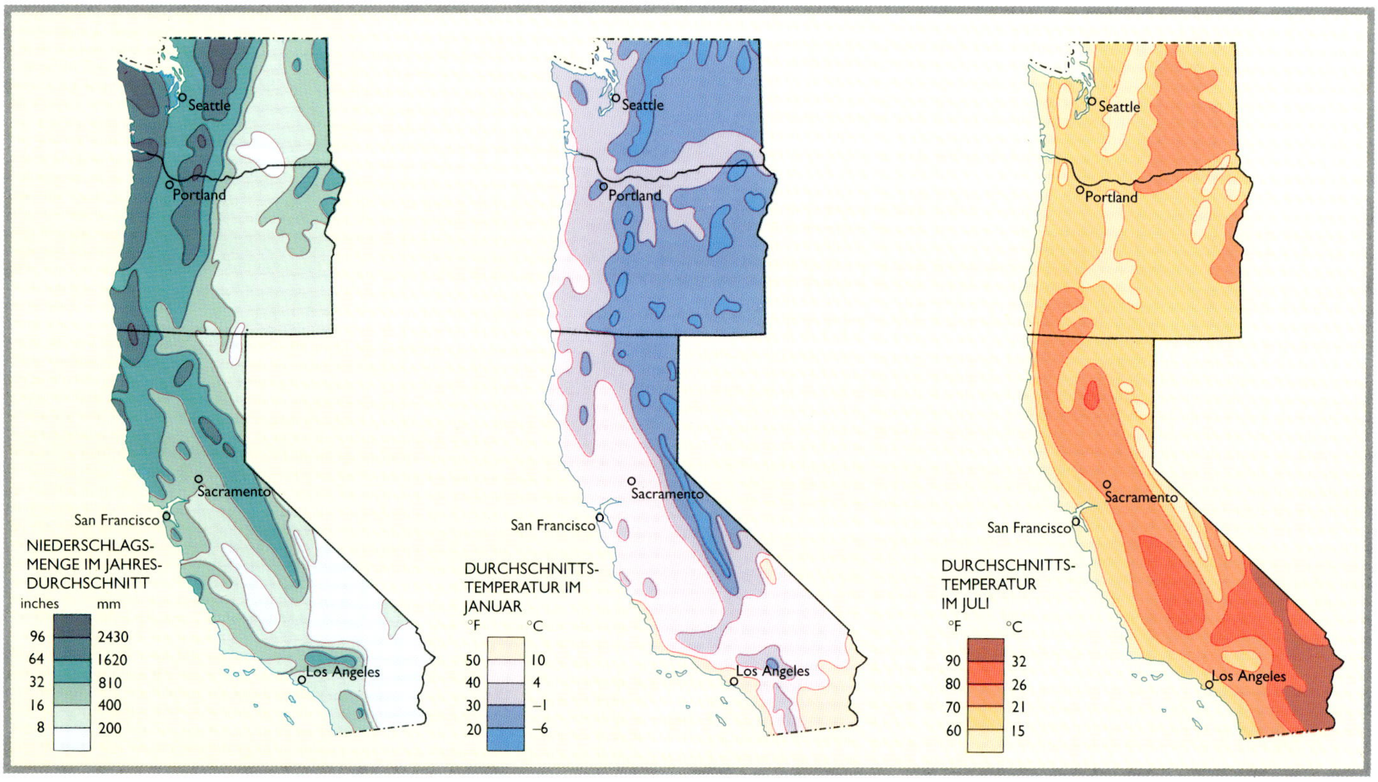

Wie so mancher der höheren Berggipfel in den Coast Ranges bewirkt auch der Mt St Helena in Napa stärkere örtlich begrenzte Niederschläge.

schon gar nicht andere Variablen wie Wolken, saisonale Niederschläge, Wind sowie Breitengrad oder die Ausrichtung zur Sonne (beide maßgeblich für die Sonnenscheindauer). Unberücksichtigt bleibt bei alledem auch der Boden, dem nicht nur für sich allein, sondern auch in seiner Wechselwirkung mit allen anderen Klimafaktoren größte Bedeutung zukommt.

Doch als Anhaltspunkt für einen raschen Vergleich der Regionen miteinander bleibt die Temperatur weiterhin nützlich. Große Schwankungsbreiten zwischen Höchst- und Tiefstwerten lassen auf vorwiegend sonniges Wetter schließen. Schmalere Spannen weisen auf Wolken, Nebel oder wenigstens feuchte Meeresluft hin. Unter Berücksichtigung dieser allgemeinen Überlegungen geben die Klimakarten so etwas wie einen Fingerzeig, wo im amerikanischen Westen die echtesten Pendants etwa zum Rhein auf der einen oder zu Jerez auf der anderen Seite zu finden sein mögen. Die Farbbalken in den Diagrammen (siehe z. B. Seite 31) vermitteln einen raschen Eindruck von diesen Schwankungen.

Über 35 °C Bei Temperaturen über 35 °C wird die Verdunstung von Feuchtigkeit über das Laub der Rebe eingestellt und die Photosynthese abgeschaltet, d. h. es findet kein Laubwachstum und kein weiteres Reifen der Früchte mehr statt. (Genau gesagt, schaltet die Pflanze ab, wenn die Temperatur auf der Blattunterseite 35 °C erreicht, d. h. bei einer Lufttemperatur von über 39 °C.)

21 bis 35 °C Zwischen 21 bis 35 °C arbeitet der Organismus der Weinrebe am kräftigsten. Für Rebsorten, die eine lange, warme Wachstumsperiode benötigen, ist diese Spanne ideal.

10 bis 21 °C Zwischen 10 und 21 °C findet das Wachstum der Rebe in gemächlicherem Tempo statt. Solche Voraussetzungen eignen sich für Rebsorten, die in warmen Klimazonen zu früh reifen. Die Wachstumsperiode ist lang, und es treten wärmere Abschnitte auf, nachdem die Trauben bereits Farbe zeigen.

Unter 10 °C Bei Temperaturen unter 10 °C geht, wenn überhaupt, nur wenig Wachstum oder Reifefortschritt vor sich. In extrem kühlen Jahren entstehen oft mindere Jahrgänge, weil die Herbststürme einsetzen, bevor die volle Reife erreicht ist.

Unter 0 °C Bei Temperaturen unter 0 °C wird das Laub geschädigt. Im Frühjahr können die noch zarten, jungen Austriebe und mit ihnen der noch nicht ausgebildete Fruchtansatz erfrieren. Bei noch tieferen Temperaturen können manche Rebsorten sogar während der Winterruhe Schaden nehmen. Die meisten Rebsorten überstehen jedoch in der Winterruhe kurzzeitig auch Temperaturen unter –18 °C, allerdings können Einbußen bei der Ernte des nächsten Jahres eintreten. Anhaltende bittere Kälte unter –18 °C schädigt aber selbst die widerstandsfähigsten Sorten. In ungünstigen Fällen führt dies zum Absterben der Pflanze.

Rebsorten

Weiß

Aligoté
Burgundische Rebsorte; dort zu billigem Konsumwein verarbeitet. In den USA erscheint sie in der Statistik nicht, aber ein Weinbaubetrieb im Yakima Valley (Washington) erzeugt davon einen sortenreinen Wein nach dem Vorbild des Chardonnay.

Chardonnay (14858 ha in Kalifornien, 547 ha in Oregon, 1063 ha in Washington)
Die große weiße Traube Burgunds. Berühmte Namen wie Chablis, Meursault, Montrachet verführen anderswo in der Welt immer wieder dazu, den weißen Burgunder zu kopieren.

Nach Kalifornien kam der Chardonnay spätestens in den 1870er Jahren. Allerdings machte er vor der Prohibition und auch jahrzehntelang danach seiner schwachen Erträge wegen nicht viel von sich reden. Erst nachdem kleine Erzeuger Ende der 1950er, Anfang der 60er Jahre einige denkwürdige Weine hervorgebracht hatten, erwies sich die Traube als jene unwiderstehliche Kraft, die sie seit etwa 1975 darstellt. Die Neuanpflanzungen weiten sich erstaunlich aus. Die hier angegebene Zahl für 1990 dürfte sich bis zur Lese 1993 um gut 20000 ha gesteigert haben. Durch Selektion wurde der Ertrag auf 50 bis 75 hl/ha angehoben, das ist etwa gleich viel wie bei anderen Rebsorten. In kühlem Klima und auf magerem Boden kann er wieder auf 25 bis 30 hl/ha absinken; fruchtbare Böden und viel Sonnenschein bringen bis zu 90 hl/ha hervor.

Unter ganz unterschiedlichen Voraussetzungen erbringt die Traube stets akzeptable Weine. Den höchsten Ruf genießt in Kalifornien der Chardonnay aus Carneros, aus großen Teilen des Napa Valley, aus dem Russian River Valley, dem Anderson Valley und dem Santa Maria Valley. Jedenfalls kommen aus diesen Appellationen bisher die meisten haltbaren Weine. Stil und Lagencharakter sind dabei nur selten so einheitlich wie in Burgund. Manche Erzeuger versuchen den Geschmack des Chardonnay herauszuarbeiten, indem sie ihn kühl in Edelstahltanks vergären und Eichenholz nur zur Erzielung einer zarten Würze einsetzen. Andere dagegen benutzen jeden erdenklichen Kunstgriff, um Geschmacksnuancen hinzuzufügen: Faßgärung, malolaktische Gärung, Ausbau auf der Hefe möglichst in neuen Eichenholzfässern. In letzter Zeit wird zunehmend mit einiger Restsüße gearbeitet, um den jeweils in den Vordergrund gespielten Geschmackston zu erhöhen.

In Oregon und Washington wachsen allgemein nicht so geschmacksintensive Chardonnays wie in Kalifornien. Im übrigen zeigen die Charakteristiken in den beiden Staaten große Unterschiede, obwohl Faßgärung, malolaktische Gärung und Ausbau auf der Hefe ziemlich einheitlich betrieben werden.

Chenin Blanc (13066 ha in Kalifornien, 269 ha in Washington)
Die Rebsorte von der Loire ist durch Vouvray am bekanntesten geworden. In Kalifornien und Washington wird der Chenin Blanc vor allem für früh trinkreife, leicht liebliche, sehr fruchtige Weine angebaut. Die kalifornische Anbaufläche ist auf das San Joaquin Valley konzentriert; der dortige Ertrag wird zu Sorten- und Gattungsweinen verarbeitet. Die ausdrucksvollsten Beispiele stammen aus dem kleinen Clarksburg AVA im Sacramento-River-Delta.

Im östlichen Washington gelangt der Chenin zu gößerer Delikatesse in Aroma und Körper als in Kalifornien. Eine Handvoll Erzeuger in beiden Staaten arbeiten mit Techniken, die in Burgund für den Chardonnay entwickelt wurden. Hier und dort entsteht von Chenin Blanc auch ein Edelfäule- oder Eiswein.

Die Anbaufläche in Oregon ist so klein, daß sie in den Statistiken nicht erscheint, zu Beginn der 1990er Jahre produzierte aber ein halbes Dutzend Kellereien sortenreinen Chenin Blanc, meist in halbtrockener Version ohne Eichenfaßausbau.

Colombard (23462 ha in Kalifornien)
Wie bei den Rotweinen der Barbera ist bei den Weißweinen der Colombard im San Joaquin Valley, der heißesten Anbauregion Kaliforniens, hochbeliebt, weil er große Erträge (90 bis 135 hl/ha) an frisch-säuerlichen Weinen erbringt. Manche Erzeuger in San Joaquin bereiten Colombard als Sortenwein, die Hauptrolle kommt ihm allerdings als Rückgrat für preiswerte Gattungsweine zu.

In den Küsten-Countys ist die Anbaufläche bescheidener, der Wein dagegen anspruchsvoller. Bei guter Verarbeitung erbringt Colombard in Mendocino und Sonoma sortenreine Weine, die ungefähr dieselbe Rolle erfüllen wie der Müller-Thurgau in Washington und Oregon oder die Liebfrauenmilch in Deutschland. Das heißt, er liefert einen blumigen Weißwein, der in lieblicher Version besser ist als in trockener und eher jung getrunken sein will.

Gewürztraminer (735 ha in Kalifornien, 98 ha in Oregon, 134 ha in Washington)
Die Elsässer Selektion der aus Südtirol stammenden Rebsorte scheint sich allgemein an die Verhältnisse in den drei Pazifikstaaten gut anzupassen, reagiert aber doch höchst empfindlich auf unterschiedliche regionale Voraussetzungen.

Der Gewürztraminer erbringt in Kalifornien im Anderson und im Russian River Valley eigenständige, langlebige Weine; ebenfalls attraktive, aber weichere und offensichtlich früher trinkreife kommen aus dem Napa Valley, dem Santa Ynez Valley und aus Monterey. Diese Regionen stellen die Hauptanbaufläche und finden bei Kennern die meiste Beachtung. Bei milderer Würzigkeit, als man sie aus dem Elsaß kennt, geht der große Trend zu eher lieblichen Versionen. In den drei AVAs von Oregon werden ganz andere Geschmacksnuancen aus dem Gewürztraminer herausgeholt als in Kalifornien. In Washington sind diese ebenfalls vorhanden, aber dort fällt der Gewürztraminer weicher aus als in Oregon.

Grey Riesling (196 ha in Kalifornien)
Diese Traube ist offenbar ein Nachfahre der in Frankreich fast ausgestorbenen Sorte Trousseau. Einst konkurrierte sie als lieblicher, fruchtiger Alltagswein auf demselben Markt wie Liebfrauenmilch oder Colombard, sie ist aber in Kalifornien fast ganz aus dem Gesichtskreis verschwunden. Der noch vorhandene Rest kommt aus Livermore, vereinzelt auch von der North und der Central Coast.

Melon (siehe Pinot Blanc)

Müller-Thurgau (62 ha in Oregon, 13 ha in Washington)
Die am Rhein und in anderen Gegenden Deutschlands viel angebaute Rieslingkreuzung liefert im Willamette Valley und im westlichen Washington preiswerten Weißwein der lieblichen, fruchtigen, früh trinkreifen Art und von bescheidenem Ruf.

Muscat Blanc (533 ha in Kalifornien, 87 ha in Washington)
Die in Südfrankreich und Norditalien verbreitete Sorte heißt dort oft Muscat de Frontignan oder Muscat Canelli. Sortenweine dieser Traube sind unter allen drei Synonymen erschienen; den 1993 erlassenen Bundesvorschriften zufolge ist nunmehr Muscat Blanc der einzige anerkannte Name. Diese Muskatellertraube wird meist

Die Rebfläche im Mendocino County erstreckt sich über hügeliges Land.

in süßen Weinen von 10 bis 13% Alkohol mitverarbeitet. In vielen Gegenden Kaliforniens und im östlichen Washington entstehen auch attraktive sortenreine Weine, vor allem in Paso Robles.

Pinot Blanc (735 ha in Kalifornien)
Zur Anbaufläche ist die Fußnote unumgänglich, daß es sich hierbei nur zum Teil um den echten Pinot Blanc aus dem Elsaß und der Champagne handelt, zum anderen aber um den vom Muscadet her bekannten Melon de Bourgogne. In Oregon sind die Anpflanzungen noch neu und auf Sortenechtheit geprüft, deshalb rümpft man dort gern die Nase über den Mangel an genetischer Reinheit in Kalifornien. Eine klare Trennung zwischen Pinot Blanc und Melon muß dort erst noch durch DNS-Tests getroffen werden, und bis dahin sprechen viele Erzeuger rein dem Gefühl nach bei ihren Reben von Pinot Blanc oder Melon oder gar Pinot Blanc/Melon-Klonen. Einer darf die seinigen offiziell Muscadet nennen, also mit dem zweiten Sortennamen für Melon de Bourgogne.

Im Geschmack lassen sich die Weine so gut wie überhaupt nicht unterscheiden. Die meisten werden in etwa derselben Art wie Chardonnay verarbeitet und erbringen so ziemlich dieselben Ergebnisse.

Die bisher feinsten kalifornischen Pinot Blancs oder Melons oder *mélanges* sind aus dem Redwood Valley in Mendocino oder aus Hanglagen im Napa Valley hervorgegangen. Manche haben sogar ein Jahrzehnt und länger in Bestform überstanden.

Oregon ist auf diesem Feld ein Neuling und hatte noch keine Gelegenheit, sich zu bewähren.

Pinot Gris (117 ha in Oregon)
Die in Oberitalien als Pinot Grigio, im Elsaß als Tokay d'Alsace und in Deutschland als Grauburgunder bekannte Sorte hat sich im Willamette Valley in Oregon fast auf Anhieb bewährt. Inzwischen bestätigen erweiterte Anpflanzungen den ersten Eindruck. In Kalifornien dagegen gibt es nur sehr kleine experimentelle Anbauflächen.

Riesling (1978 ha in Kalifornien, 344 ha in Oregon, 847 ha in Washington)
Die große Traube Deutschlands heißt in Oregon offiziell White Riesling und in Kalifornien und Washington gelegentlich auch Johannisberg Riesling.

Bei den Weinen sämtlicher Pazifikstaaten herrscht ein frischfruchtiger, lieblicher Stil vor. Einige Erzeuger wagen sich an trockene, manche sogar an sehr trockene Versionen, stets aber bleibt der sortentypische Geschmack voll erhalten. Im Anderson Valley in Mendocino entstehen viele der stolzesten kalifornischen Beispiele, aber auch das Russian River Valley in Sonoma sowie das Napa Valley, Monterey und Santa Barbara können es mit den Besten aufnehmen.

Die große Versuchung der Edelfäule lockt darüber hinaus so manche Motte ins Licht; Monterey, Santa Barbara und das Anderson Valley bringen Riesling mit Edelfäule in Kalifornien am beständigsten zuwege; in Sonoma und im Napa Valley sind die Ergebnisse ungleichmäßiger, oft aber doch so gut, daß sie zu Recht Aufmerksamkeit erregen. Im Willamette Valley und im östlichen Washington werden zwar weniger Versuche unternommen, jedoch oft mit sehr schönem Erfolg.

Das Rhine House von Beringer Vineyard im Napa Valley.

Sauvignon Blanc (5039 ha in Kalifornien, 61 ha in Oregon, 322 ha in Washington)
Die weitverbreitete französische Traube ist als Hauptbestandteil im trockenen Graves, als kleinerer Partner im Sauternes und sortenrein im Pouilly Fumé und im Sancerre zu Weltruhm gelangt.

In Kalifornien stellt sie vielleicht die beste weiße Traube dar. Von Livermore nordwärts bis Mendocino ist sie seit dem Ende des 19. Jahrhunderts die Standardsorte. In den Küsten-Countys gedeiht sie fast überall und erbringt guten bis ausgezeichneten Wein, und auch im Hinterland kann sie sich bewähren. Der regionale Charakter weist dabei ausgeprägte Unterschiede in Geschmack und Ausgewogenheit auf. Manchmal heißt es, daß sich hinter dem Namen Sauvignon Blanc mehrere Rebsorten verstecken, was zu Unklarheiten hinsichtlich der breiten Palette an Geschmacksnuancen führt. 1992 war der Streit hierüber allerdings rein akademisch.

Im Staat Washington mußte der Sauvignon Blanc erst gezähmt werden, ehe er kommerzielle Akzeptanz erringen konnte; das aber gelang Ende der 1980er Jahre. In Oregon dagegen hat die Traube keine größere Bedeutung.

Sémillon (870 ha in Kalifornien, 236 ha in Washington)
Bei dieser Traube verfügt Kalifornien über eine große Anbaufläche und eine lange Geschichte, der Staat Washington jedoch über den Vorsprung. Sémillons aus dem Columbia Valley haben eine Geschmackstiefe, eine Festigkeit im Körper und eine Anpassungsfähigkeit an Austern, wie man sie außer beim Chablis sonst kaum bei Weißwein findet. Die besten Sémillons aus dieser Gegend gehören zu den markantesten Weißweinen der Welt und verlangen kaum nach Ausbau im Eichenfaß oder dem sonstigen Makeup, unter dem oft Ausdrucksschwäche verborgen wird.

Kalifornischer Sémillon neigt zu Üppigkeit im Körper und zu milderem, allerdings nicht gerade ausdruckslosem Geschmack. Livermore kann auf eine lange Geschichte zurückblicken. Paso Robles verspricht viel Gutes. Gebietsverschnitte aus weit voneinander entfernt liegenden Gegenden zeigen großartigen Charakter.

In Oregon befinden sich die Sémillon-Anpflanzungen noch im Versuchsstadium.

Viognier
Die Rarität von der Rhône wird dort in der Appellation Condrieu gepflegt. 1992 begannen die Anpflanzungen in Kalifornien – die bekanntesten in San Benito (Calera) und im Napa Valley (Joseph Phelps) – gerade aus dem Versuchsstadium hinauszuwachsen. Beide Erzeuger haben bei ihren ersten Jahrgängen intensiv blumige Duftigkeit erzielen können.

Rot

Alicante Bouschet (817 ha in Kalifornien)
Die Rebsorte vom Mittelmeer wird hauptsächlich zu Alltagsweinen verarbeitet; sie verdiente sich in der Prohibitionszeit ihren Platz in Kalifornien, weil sie sich gut für den Versand eignet und derart viel Farbe besitzt, daß die Schalen so oft eingezuckert und ausgewaschen werden konnten, daß pro Tonne 28 hl gegenüber sonst 5 bis 6 hl Saft gewonnen wurden. Die Traube stirbt zwar allmählich aus, tritt aber doch gelegentlich als Sortenwein aus dem San Joaquin Valley oder aus Sonoma in Erscheinung.

Barbera (4258 ha in Kalifornien)
Das Arbeitspferd aus dem Piemont verfügt im kalifornischen San Joaquin Valley über eine riesige Anbaufläche. Die Traube ist berühmt dafür, daß sie selbst in heißem Klima schöne Säure bewahrt. Der größte Teil des Ertrags wird zu Gattungsweinen verarbeitet, doch trifft man Barbera auch sortenrein an. In den Küsten-Countys, vorab Sonoma und Mendocino, hat sie mehr Tempo vorgelegt als der noblere Artgenosse Nebbiolo, dennoch ist ihre Anbaufläche dort klein und dürfte sich kaum noch vergrößern.

Cabernet Franc (452 ha in Kalifornien)
Der wichtige Verschnittbestandteil im Bordeaux wurde in allen drei Pazifikstaaten erst neuerdings eingeführt, um dem Cabernet Sauvignon eine weitere Dimension zu verleihen. Die ersten umfangreicheren Anpflanzungen entstanden in Kalifornien Anfang der 1980er Jahre. Anfang der 1990er Jahre begannen Winzer in Washington und Oregon damit, die Möglichkeiten dieser Traube zu untersuchen. Wie zuvor der Merlot ist auch der Cabernet Franc weiterhin vor allem eine Verschnittsorte, entwickelt sich aber insbesondere im Napa Valley und im Sonoma County auch zu sortenreiner Eigenständigkeit.

Cabernet Sauvignon (9646 ha in Kalifornien, 116 ha in Oregon, 567 ha in Washington)
Die große Traube aus dem Médoc hat sich in allen drei Pazifikstaaten als hervorragend anpassungsfähig erwiesen, jedoch zeigt sie ausgeprägte regionale Charakterunterschiede.

Seit 1880 hat das Napa Valley den kalifornischen Cabernet Sauvignon weitgehend geprägt, so daß allen anderen Regionen nichts übrigbleibt, als diesem Vorbild nachzujagen. Aus dem Sonoma County schälten sich die ersten Cabernet Sauvignons in Umrissen bereits in den 1930er Jahren heraus, erweiterten ihre Rolle in den 1960er Jahren und wurden in den 1970ern zu bedeutenden Faktoren. In anderen Regionen wurden die ersten Cabernet-Sauvignon-Reben in den 1970er Jahren angepflanzt und machen sich demzufolge jetzt erst bemerkbar. Unter diesen Spätzündern zeigen Mendocino und das Santa Ynez Valley in Santa Barbara besonders gute Aussichten.

Während bislang der vorherrschende Stil sortenreinen, also unverschnittenen Cabernet bevorzugte, ist inzwischen das Verschneiden mit den anderen Bordeaux-Rebsorten, v.a. mit Merlot und Cabernet Franc, in Mode gekommen. Zum Teil geht es dabei um die Erzielung komplexerer Geschmacksnuancen, zum größeren Teil aber will man den manchmal sehr aufdringlichen Manifestationen von Alkohol und Tannin, wie Sonne und Boden in Kalifornien sie hervorrufen können, aus dem Weg gehen.

Carignane (4413 ha in Kalifornien)
Die Alltagssorte Carignan in Südfrankreich und Cariñena in Spanien ist als Carignane auch Alltagssorte in Kalifornien. Ihre Anbaufläche liegt zum großen Teil in den Tälern des Hinterlands; auch in Sonoma und Mendocino gibt es noch Bestände aus der Zeit, als man sich dort auf Massenwein konzentriert hatte. Hie und da füllt jemand ihn sortenrein ab, der größte Teil des Ertrags aber geht in Gattungsverschnitten auf.

Clos du Val im Stag's Leap District im Napa Valley.

Gamay (607 ha in Kalifornien)
Alte Anpflanzungen mit lückenhaftem Stammbaum verursachen bei vielen kalifornischen Rebsorten Konfusion, aber nichts kommt an das Durcheinander heran, das den Gamay umgibt. Viele ältere Bestände, die weithin als Napa Gamay gelten, dürften einer obskuren französischen Rebsorte namens Valdiguié angehören oder Mutationen dieser Rebe sein. Bei neueren Anpflanzungen handelt es sich um die heute auch im Beaujolais vorherrschende Sorte Gamay Noir à Jus Blanc. Wieder eine andere Sorte namens Gamay Beaujolais scheint eher ein Klon von Pinot Noir zu sein.

In diesem Rahmen heißen die Sortenweine ohne Rücksicht auf genaue Originalbezeichnungen Napa Gamay, Gamay und Gamay Beaujolais, lediglich der letztere Name ist mit Wirkung ab 1993 offiziell aus dem Rennen genommen worden. Zwei oder drei Erzeuger nennen ihren Wein Valdiguié, egal was in ihren Beständen steht.

Der Sturm um diese Traube findet Jahr um Jahr in einem kleineren Wasserglas statt. An der Wende zu den 1990er Jahren haben allerdings einige erfolgreiche Weine im Stil von Beaujolais auf dem Markt für Wirbel gesorgt. Die meisten kommen von der North Coast, insbesondere aus den Countys Napa und Sonoma.

Im Staat Washington wurden gegen Ende der 1980er Jahre die ersten Anpflanzungen vorgenommen – mit Ergebnissen, die sich sehen lassen können.

Gamay Beaujolais (570 ha in Kalifornien)
Bei dem Versuch, die in Kalifornien um den Gamay herrschende Konfusion aufzulösen, erwies sich die hier unter diesem Namen laufende Traube als ein heller, fad schmeckender Klon von Pinot Noir. Die als Gamay Beaujolais bezeichneten Sortenweine können von ihm oder einer von vielen anderen Trauben, die hier als Gamay gelten, stammen. 1992 unternahm die zuständige Behörde ATF den Versuch, den Namen Gamay Beaujolais von den Etiketten zu verbannen. Zugleich strichen ihn die Winzer aus ihren Beständen oder behielten ihn lediglich in kleinen Lagen bei, wo er für sortenreinen Pinot Noir seinen Zweck erfüllte.

Grenache (4967 ha in Kalifornien, 18 ha in Washington)
Diese Traube wird verbreitet an der Rhône und (als Garnacha) in Spanien angebaut. In Kalifornien konzentriert sich die Grenache auf die wärmeren Gegenden im San Joaquin Valley, als Zugpferd für süße Rosés und in portweinähnlichen Verschnitten. Mit dem Aufkommen von Verschnitten nach Rhône-Art kehrt sie auch mit kleineren Anpflanzungen in die Küsten-Countys zurück, wo schon in den 1930er und 40er Jahren Versuche gemacht, dann aber wegen Reifeproblemen wieder aufgegeben wurden.

Im östlichen Washington hat die Grenache bereits großartige Weine geliefert, wegen ihrer ungenügenden Winterhärte ist sie aber dort kaum am Leben zu erhalten.

Lemberger
Das Columbia Valley in Washington hat im amerikanischen Westen praktisch das Monopol auf die Lembergertraube. Dort wird sortenreiner Wein von ihr gekeltert, vorwiegend in frisch-fruchtiger Art, manchmal aber auch mit ausgeprägtem Eichenholzeinfluß. Die Anbaufläche liegt nach inoffiziellen Schätzungen zwischen 20 und 32 ha. In Europa wird die Traube vor allem in Österreich, aber auch weiter im Osten an der Donau angebaut.

Merlot (1604 ha in Kalifornien, 622 ha in Washington)
Die Traube spielt neben Cabernet Sauvignon in Bordeaux eine große Rolle, insbesondere in St-Emilion und Pomerol, wo sie im Verschnitt sogar vorherrscht.

Im Columbia und v.a. im Yakima Valley im Staat Washington werden seit Anfang der 1980er Jahre denkwürdige sortenreine Merlot-Weine hervorgebracht.

In Kalifornien wurde die Traube in den 1880er Jahren erprobt und als unbefriedigend befunden; in der Prohibitionszeit verschwand sie ganz und betrat erst gegen Ende der 1960er Jahre wieder die Szene. Ertragsschwäche und Neigung zur Überreife waren die wichtigsten Nachteile; beide Probleme sind inzwischen weitgehend überwunden.

Bei der Wiedereinführung wurde ursprünglich vor allem daran gedacht, den Merlot in Verschnitten mitzuverwenden, um die Tannine des Cabernet Sauvignon zu mildern. Ein großer Teil des Ertrags bleibt weiterhin diesem Zweck vorbehalten, aber in den 1980er Jahren setzte sich Merlot auch als sortenreiner Wein durch. In den ersten Versionen waren die Tannine gedämpft; neuerdings jedoch sind die Merlots genauso hart wie typischer Cabernet Sauvignon, wenn nicht gar härter. Auch die Eichenholzwürze umfaßt die ganze Spanne von bescheiden bis aufdringlich. Das Napa Valley, die meisten Sonoma-AVAs und das Santa Ynez Valley in Santa Barbara ziehen das Wohlwollen der Kenner am meisten auf sich.

In Oregon wird gerade erst damit begonnen, diese Traube zu erproben. Vor allem die Winzer im Rogue Valley setzen große Stücke auf sie.

Mourvèdre (84 ha in Kalifornien)
Die in wärmeren Teilen Kaliforniens alteingesessene Traube nahm neue Vorzüge an, als sie nicht mehr Mataro hieß, sondern auf Anregung eines freiwilligen Zusammenschlusses – der sogenannten Rhône Rangers – wieder Mourvèdre sein durfte. Der nur geringfügige Ertrag wird aufgeteilt zwischen Sortenweinen und Verschnitten nach Rhône-Art, die zumeist in den Santa Cruz Mountains und in Weinkellereien auf der Ostseite der San Francisco Bay von einem alten 56-ha-Weinberg im Contra-Costa-County entstehen. Eine Reihe neuer, aber stets kleiner Anpflanzungen wurde in Napa, Sonoma und Mendocino gegen Ende der 1980er Jahre angelegt.

Sterling Vineyards liegt auf einem Vulkanhügel in Napa.

Nebbiolo
Die große Barolo- und Barbaresco-Traube aus dem Piemont hat in Kalifornien nie recht Fuß gefaßt, doch ihre treuen Anhänger werden nicht müde, nach der magischen Lage zu suchen. Im Augenblick stehen Paso Robles im San Luis Obispo County sowie das Shenandoah Valley in den Sierra Foothills hoch im Kurs. Auch Washington versucht sich im Yakima Valley daran. Die in keinem der Pazifikstaaten offiziell verzeichnete Anbaufläche beläuft sich auf nahezu 16 ha in Kalifornien und 2,5 ha in Washington.

Petite Sirah (1209 ha in Kalifornien)
Alte Rebsorte, neue Mysterien. In Frankreich wächst keine Traube dieses Namens, in Kalifornien aber gibt es sie, und sie ist dort seit den 1880er Jahren unter diesem Namen bekannt. Lange Zeit wurde sie für eine der unbedeutenderen Rhône-Sorten namens Duriff gehalten. Genetische Tests haben jedoch bewiesen, daß das nicht stimmt – ohne allerdings herauszufinden, was sie wirklich ist.

Sie bildet die Quelle dunkler, gerbstoffreicher Weine mit so subtilen Geschmacksnoten, daß sie sich gut mit anderen Sorten verschneiden läßt. Seit den 1880er Jahren dient sie kalifornischen Gattungsweinen als Rückgrat, und seit den 1960ern tritt sie mit bescheidenem Erfolg auch sortenrein auf. Als Sortenwein hat sie sich in den Binnenlandtälern von Mendocino sowie im Russian River und Alexander Valley im Sonoma County am besten bewährt, und auch das Napa Valley und das Livermore Valley haben gute Erfahrungen damit gemacht.

So einwandfrei sie sich in Gattungsweinen auch bewährt, die Rhône Rangers lehnen Petite Sirah ab, weil sie an der Rhône nicht akzeptiert wird. Manche wären gut beraten, wenn sie ihre Frankreichtreue etwas weniger streng sehen und diese Sorte in ihre Verschnitte, die für viel Geld wenig Form bieten, aufnehmen würden.

Pinot Meunier (64 ha in Kalifornien)
Der Pinot Meunier macht sich in der Champagne durch seine Ertragsstärke und seine frühe Reife sehr nützlich. Mehrere Schaumweinhersteller haben deshalb in Kalifornien Versuchsanpflanzungen angelegt. Eyrie Vineyard in Oregon keltert seit seinem Bestehen von Pinot Meunier einen sortenreinen Wein. Zu Anfang der 1990er Jahre war die Anbaufläche immer noch sehr klein, und sortenreine Weine hatten Seltenheitswert.

Pinot Noir (3422 ha in Kalifornien, 793 ha in Oregon, 100 ha in Washington)
Die große dunkle Traube von Burgund wurde in den 1980er Jahren von Oregon und besonders vom unteren Willamette Valley als der besten Pinot-Noir-Gegend Amerikas ganz für sich in Anspruch genommen. Dort beherrscht sie die Rotweinerzeugung mit enormem Übergewicht, das ihr überhaupt bei der Würdigung Oregons als Weinbauregion zukommt.

Kaliforniens lange Erfahrungen mit dieser vielleicht launischsten aller Traubensorten stecken voller Qualen, falscher Ansätze und in Scherben gegangener Träume. Allerdings werden die Aussichten allmählich freundlicher, seitdem nach 1970 das Russian River Valley, das Santa Maria Valley, Teile des Santa Ynez Valley, Carneros und das Anderson Valley – alles Gegenden, die früher als zu kühl und feucht für den Weinbau galten – ins Rennen gegangen sind. Kürzere Ausbauzeiten im Faß (nur noch ein Jahr anstatt zwei) haben zur allgemein wachsenden Anerkennung beigetragen.

Ein großer Teil des kalifornischen Ertrags wird nach der klassischen Methode zu Schaumwein verarbeitet – zumeist aus denselben Bereichen, aus denen auch die günstig beurteilten stillen Rotweine stammen.

Ruby Cabernet (2752 ha in Kalifornien)
Die Züchtung der University of California – eine Kreuzung Cabernet Sauvignon x Carignane – entstand auf der Suche nach einer Sorte, die trockene Qualitätsweine in einem Klima hervorbringen kann, das für den Cabernet zu warm ist. Eine Zeitlang war sie groß in Mode, inzwischen aber ist sie zumindest in sortenreiner Form wieder verschwunden. Bei geschicktem Verschneiden könnte sie jedoch in Weinen, denen Cabernet Sauvignon als Grundlage dient, durchaus wieder in Gebrauch kommen. Um Lodi im unteren San Joaquin Valley gedeiht die Traube gut. Manche sortenreine Weine, die in den 1970er Jahren von dort kamen, waren gut und eigenständig.

Weinberg und Kellerei Adelsheim im Willamette Valley (Oregon).

Sangiovese (16 ha in Kalifornien)
Die vorherrschende Traube der Toskana kam vor der Prohibition mit italienischen Einwanderern nach Kalifornien, hat dort aber stets ein Schattendasein geführt. Sie wurde größtenteils im Sonoma County auf veraltete Weise im Mischsatz angebaut, und wo das nicht geschah, ging sie doch ebenfalls nur in Gattungsweine ein. Zu Beginn der 1980er Jahre verfügte wohl die Familie Seghesio in Sonoma über den einzigen Sangiovese-Bestand im Westen der USA; aus der Statistik war die Sorte verschwunden.

Erst als die sogenannten Supertoskaner auftauchten, erwachte in Kalifornien wieder das Interesse am Sangiovese, und zwischen 1985 und 1989 begannen ihn viele Winzer anzupflanzen, vor allem in Napa, Sonoma und Amador, aber auch in Mendocino, San Luis Obispo usw. Zwischen 1990 (16 ha) und 1993 vervierfachte sich die Anbaufläche in Kalifornien. Der erste sortenreine Sangiovese kam 1987 aus dem Napa Valley.

Syrah (58 ha in Kalifornien)
Die große Hermitage-Traube von der Rhône ist mit Ausnahme einiger alter Pflanzungen erst in den 1980er Jahren nach Kalifornien gekommen. Als sortenreiner Wein verdankt sie ihren Ruf ebensosehr dem australischen Shiraz wie dem ursprünglichen Hermitage selbst. Auch in Verschnitten, die sich Rhône-Weine zum Vorbild nehmen, spielt die Traube eine wichtige Rolle. Sie ist imstande, überall in Kalifornien die Vorherrschaft zu übernehmen, doch sie hat ihren Platz noch nicht gefunden. Die besten Aussichten bieten bisher die Sierra Foothills und das Santa Barbara County.

Im Staat Washington läßt sich eine Versuchsanpflanzung vielversprechend an.

Zinfandel (11 195 ha in Kalifornien)
Kaliforniens köstliches Geheimnis gehört zwar mit Gewißheit zur Familie *Vitis vinifera*, hat aber keinen eindeutigen Vorläufer in Europa. Genetisch ist der Zinfandel mit der italienischen Rebsorte Primitivo da Gaia eng verwandt, scheint aber älter als diese zu sein. Spekulationen über den Ursprung der Sorte lenken die Aufmerksamkeit immer und immer wieder auf Osteuropa, vielleicht Ungarn, wahrscheinlicher aber Kroatien. Der erste Hinweis auf den Namen Zinfandel findet sich in einer Rebschule im Staat New York um 1830. Nach Kalifornien kam die Traube spätestens 1856/57, und seither ist sie dort die Standardquelle für sortenreine Rotweine in allen Versionen von frisch-fruchtig bis alt und eichenholzwürzig, aber auch für Rosé, White Zinfandel, Gattungsweine und recht oft auch Portweintypen.

Die Stärke der Traube – ihre Vielseitigkeit nämlich – ist zugleich ihre Schwäche. Der Verbraucher wandte sich vom Zinfandel ab, als in den 1970er und 80er Jahren die Auswahl an Rotweinstilen allzu verwirrend wurde. Gegen Ende der 1980er Jahre faßte der Zinfandel dann wieder Fuß, wobei die Beerenfruchtigkeit über die Eichenholzwürze gestellt, der Alkoholgehalt auf etwa 13% beschränkt und das Tannin gedämpft wurde.

Als Rotwein bewährt sich der Zinfandel an der North Coast am schönsten, vor allem im Dry Creek und im Russian River Valley in Sonoma sowie im Mendocino County. Auch aus dem Napa Valley und dem Lake County kommen ausgezeichnete Rotweine. Darüber hinaus sind die Sierra Foothills und Paso Robles im San Luis Obispo County zu nennen, und auch Lodi spielt kräftig mit.

Auf White Zinfandel entfällt ein großer Teil des reichlichen Jahresertrags; die meisten dazu verarbeiteten Trauben stammen aus Lodi und Umgebung, aber auch aus den Küsten-Countys.

In Washington und Oregon wächst Zinfandel in sehr kleinen Mengen und wird auch manchmal zu sortenreinem Wein verarbeitet, allerdings sind allgemeingültige Aussagen nicht möglich.

* Alle Angaben über Anbauflächen entsprechen dem Stand von 1990.

Kalifornien

Die Weinberge bei Trefethen Vineyards nördlich der Stadt Napa im Napa Valley.

Kalifornien macht Nichtkalifornier manchmal ganz schön neidisch. Hier ist alles so einfach. Man steckt eine Rebe in den Boden, wartet zwei Jahre, erntet Riesenerträge an reifen Trauben, legt den Wein in automatisierte Keller und fährt über Winter nach Hawaii – keine Probleme.

Es ist wahrhaftig ein wenig so, insbesondere im Vergleich mit Oregon und Washington, oder mit dem Rheingau und der Champagne und sogar mit Chianti. Der letzte schwere Frostschaden in Kalifornien im Frühjahr 1961 reduzierte den Ertrag an der North Coast auf ein Viertel des normalen Umfangs. In den vergangenen 30 Jahren ist es nur 1976 und auch da nur in den Countys Alameda und Santa Clara vorgekommen, daß der durchschnittliche Reifegrad einer Traubensorte unter 11% potentiellem Alkohol blieb.

Der Fremde schließt aus dem überwölbenden Image von ewigem Sonnenschein auf endlosen weißen Sandstränden, daß Kalifornien, was Trauben und Wein anlangt, völlig einheitlich sein muß. Ganz so ist es aber nicht.

Grob gesagt beherbergt dieses Land, das rund 500 km länger ist und eine um 70 000 km² größere Fläche hat als Italien, drei, vielleicht auch vier eigenständige Weinbauregionen mit unterschiedlichen Klimabedingungen, unterschiedlicher Geschichte und widersprüchlichen Geschäftspraktiken. In den letzten zehn Jahren wurden im Weinbau manche Unterschiede überkleistert, weil der hektische Markt überall nur nach Cabernet Sauvignon und Chardonnay verlangte. Aber auch das Diktat des Markts hat regionale Identitäten, die ihre Wurzeln in der Natur selbst haben, nicht ausgelöscht. Diese eigenständigen Regionen sind die North Coast, die Central Coast und die Täler im Binnenland. Als vierte, wenn auch sehr kleine Region kommen die Sierra Foothills hinzu.

Europäische Siedler gaben in der ersten Welle von Weinberganpflanzungen und Kellereigründungen an der North Coast zwischen 1860 und 1880 den Ton an, und daher ist das Bild dieser Region für alle, deren Maßstäbe durch Frankreich, Deutschland und Italien geprägt sind, am vertrautesten. Die Central Coast dagegen nahm mit Ausnahme ihrer Nordspitze erst in den 1970er Jahren ihre jetzige Form an; zum größten Teil wurde sie von ehemaligen Farmern aus dem San Joaquin Valley gestaltet, die sich mit Bewässerungstechniken und Großmengenanbau auskennen und deren Väter ab den 1930er Jahren den Weinbau zu dem gemacht hatten, was er im San Joaquin Valley heute ist. Eine ältere, längst vergessene historische Bedeutung hatte die Gegend seit den 1880er Jahren, bevor Massenvertrieb, Werbung und technische Kunstgriffe die heutige Weingroßproduktion schufen. Die Sierra Foothills fallen dagegen ziemlich aus dem Rahmen; sie bilden einen schmalen Streifen mit meist örtlich beschränkten Erzeugern, die durch das Gebirge, den Boden und die Witterung zum Individualismus geradezu gezwungen werden.

Die North Coast verfügt insgesamt über eine Rebfläche von rund 30 000 ha, die Central Coast hat 16 000 ha. Im San Joaquin Valley wachsen auf 72 400 ha Weintrauben und auf 106 120 ha Thompson-Seedless-Tafeltrauben. Doch die Zahlen lügen: Im San Joaquin Valley wird mit einem Ertrag von 120 bis 135 hl/ha, in den Küsten-Countys dagegen mit 45 bis 90 hl/ha gerechnet.

Schon 1880 hatte der Weinbau in Kalifornien praktisch dieselben geographischen Ausmaße. Die Küste, damals unter der Vorherrschaft von Napa, Sonoma, Livermore und Santa Clara, lieferte feinen Tafelwein, das Binnenland vor allem Dessertweine oder auch Tafelweine minderer Qualität. Diese Einteilung setzte sich erstaunlich rasch durch, vor allem aufgrund des etwas einseitigen Starts, den die Franziskanermissionare gaben, als sie die europäische Zivilisation nach Kalifornien brachten.

Durch eifrige Nachforschung wurde ziemlich überzeugend belegt, daß Fra Pablo de Mugartegui 1779 die ersten Reben in der Mission San Juan Capistrano, im heutigen «Orange County», pflanzte. In den folgenden Jahren legten die frommen Brüder bei allen ihren Siedlungen Weinberge an, bis schließlich Fra José Altimira in Sonoma 1824, ein Jahrzehnt bevor die mexikanische Regierung alle Missionen säkularisierte, seine letzte Anpflanzung vornahm. Sämtliche Reben gehörten einer Sorte namens Criolla, heute Mission, an, die die Mönche von früheren Missionen in Süd- und Mittelamerika mitgebracht hatten.

Obwohl es sich auch bei der Criolla um eine *Vitis vinifera* handelt, ist sie doch in Europa seit mehr als einem Jahrhundert nicht mehr bekannt. Es wird vermutet, daß die Missionare Samenkerne und nicht Stecklinge nach Südamerika mitgenommen hatten, oder daß vielleicht Samenkerne die Reise überlebt hatten, Stecklinge aber nicht, und daß die Criolla deshalb als Mutation einer alten, in Vergessenheit geratenen Rebsorte ihren Ursprung nahm.

Von welchen Vorfahren sie auch immer abstammen mag, sie ist eine Traube für warmes Klima, aber keine Edelrebe. In San Gabriel, Santa Ynez und Sonoma gelangte sie zur Reife, nicht aber in Purísima Concepción, Soledad oder Santa Clara, und ihr Wein geriet nirgendwo allzu großartig.

Die ersten weltlichen Winzer ließen sich in den 1830er Jahren um die Missionen herum in der Gegend des heutigen Los Angeles nieder. Im nördlichen Kalifornien waren Winzer ebenfalls schon gegen Ende der 1830er Jahre tätig. Fast von Anfang an verwarfen die Pioniere im Norden wie im Süden die Mission-Traube. Der unternehmungsfreudigste unter den Los Angelenos, ein Franzose aus Bordeaux mit dem höchst passenden Namen Jean-Louis Vignes, importierte 1833 Stecklinge von gut 100 damals etablierten französischen Traubensorten. Weitere europäische Rebsorten kamen in den 1850er Jahren durch Pierre Pellier, Agoston Haraszthy und andere nach Kalifornien.

1881 berichtete die University of California bereits über ausführliche Studien an mehr als 300 Rebsorten, die aus Versuchsanlagen vom Napa Valley südwärts bis Paso Robles im San Luis Obispo County stammten. Um diese Zeit hatte die Kunst des Weinbaus einen Stand erreicht, der die Zeitgenossen von einer ersten goldenen Ära des kalifornischen Weins sprechen ließ.

Bald aber brach eine lange Kette von Katastrophen und Rückschlägen herein. Die Reblaus vernichtete zwischen 1886 und 1900 die Weinberge an der North Coast. Die Prohibition würgte 1913 den Handel mit feinen Weinen ab und ließ die Anbauer zu derben, ertragreichen, dickschaligen Sorten greifen, die den Transport über weite Strecken zu den «Heimwinzern» überstanden. 1933 wurde die Prohibition mitten in der tiefsten Depression aufgehoben – kein günstiger Zeitpunkt für die Wiederaufnahme einer Erwerbstätigkeit mit feinem Wein. Die wirtschaftlich harten Zeiten hielten bis in den 2. Weltkrieg hinein an. Mit dem Eintritt in den Krieg zog die amerikanische Regierung alle Destillerien zur Herstellung von Spiritus unter anderem als Treibstoff für Torpedos heran.

1950 machten die rund 60 ha Cabernet Sauvignon im Napa Valley 80 bis 90% der Gesamtanbaufläche im Staat Kalifornien aus. Wente Bros. stellte mit knapp 20 ha bei Livermore einen ähnlich hohen Anteil beim Chardonnay. Auf so magerem Grund gelang es einer Handvoll von Erzeugern, für ihre Regionen ein gewisses Prestige wieder aufzubauen und schließlich eine neue Generation von Winzern und Kellermeistern anzulocken.

In den vier Jahrzehnten seit 1950 hat die Neuanpflanzung von Trauben für feinen Wein in Kalifornien eine geradezu explosive Entwicklung genommen. Im Napa Valley ist in dieser Zeit die Anbaufläche von Cabernet Sauvignon von 60 auf 3600 ha gewachsen, und doch ist der Anteil an der Gesamtanbaufläche von 80 auf nur noch 30% zurückgegangen. 1992 hatten die Chardonnay-Anpflanzungen 22 800 ha erreicht, nichts aber gab zu erkennen, daß dies bereits der Gipfel sein könnte. Verglichen damit hinken Sauvignon Blanc, Pinot Noir und andere berühmte Rebsorten weit hinterher; aber absolut gesehen hat sich auch ihre Anbaufläche erstaunlich vergrößert.

Da hier noch so vieles neu und unausgegoren ist, werden diese Trauben auf eine Art und Weise gehandelt und verarbeitet, die den Europäer verblüfft. Beispielsweise verkaufen manche Weinbaubetriebe Lesegut aus dem eigenen Weinberg an ihre Konkurrenten und kaufen dafür bei selbständigen Anbauern anderes Lesegut ein. Diese Anbauer haben aber nicht immer ihren Sitz in der Heimatregion des Käufers. Manchmal stecken dahinter lediglich kommerzielle Überlegungen, manchmal aber sind auch hohe Ideale der Beweggrund, wenn nämlich besseres Lesegut beschafft werden soll, als auf dem Land des eigenen Betriebs wächst. Wie dem auch sei, was dabei herauskommt, ist oft reichlich verwirrend für den, der die Unterschiede zwischen den Bereichen heraussortieren möchte, nicht zuletzt, weil ja das amerikanische Etikettierungsgesetz zuläßt, daß 15% eines Weins von außerhalb der auf dem Etikett angegebenen Appellation stammen dürfen.

Die North Coast ist, wenngleich auch sie fleißig zur Konfusion beiträgt, doch bei weitem die am vollständigsten durchforschte und durchschaubare unter den großen Weinbauregionen, und das Napa Valley ist wiederum der am vollständigsten durchforschte und durchschaubare Bereich in dieser Region. Es liegt indessen nach wie vor auf der Hand, daß das menschliche Element weiterhin wichtiger bleibt als manche noch so vernunftgemäß gezogene interne Abgrenzung. Die hier tätigen Männer und Frauen sind in Regionen, die keine oder doch nur eine kurze eigene Geschichte aufweisen, von herausragender Bedeutung. Dennoch werden sie auf den Seiten dieses Buchs nicht die ganz große Rolle spielen, sondern Raum lassen für die Grenzlinien, die um die Orte gezogen sind, wo sie arbeiten, denn auf lange Sicht wird sich als Wahrheit erweisen, daß Geographie und Klima sich als maßgeblich durchsetzen.

North Coast

Wenn die Amerikaner sich Schlösser auf steilen Bergen, feuchte Gewölbe voller Fässer und alte Jahrgänge in tiefen Kellern vorstellen, dann denken sie in der Heimat zuallererst an das Napa Valley und das Sonoma County, das Doppelherz der North Coast.

Diese Gegend kam als letzte der Küstenregionen Kaliforniens mit dem Weinbau in Berührung, aus dem einfachen Grund, weil Sonoma den letzten Abschnitt des langen Wegs der Franziskanermissionare zwischen 1769 und 1825 von San Diego aus nordwärts darstellte. Andererseits wurde an der North Coast der Weinbau schon ernst genommen, nachdem der Goldrausch von 1849 Wohlstand und eine rasant anwachsende Bevölkerung nach San Francisco brachte, während Südkalifornien in Armut verharrte.

Die Franziskaner legten in der heutigen Weinbauregion North Coast nur einen einzigen Weinberg an, nämlich etwa 1825 in Sonoma. In den 1830er Jahren kamen ihre Weinberge in weltlichen Besitz, als die mexikanische Regierung das gesamte Eigentum der Franziskaner an sich zog. 1857 eröffnete Agoston Haraszthy als der erste von vielen europäischen Einwanderern in Sonoma ein Weingut, und er führte auch als erster eine Reihe klassischer Rebsorten ein, wo bisher nur die Mission-Traube gewachsen war. 1859 rief einer seiner Angestellten namens Charles Krug im Napa Valley, wo zuvor ein paar Rancher bereits Weinberge angelegt hatten, den kommerziellen Weinbau ins Leben.

Seither haben Napa und Sonoma beim feinen Wein in Kalifornien das Heft nicht mehr aus der Hand gegeben. Die Liste großer Namen aus den «Gay Nineties» klingt heute noch vertraut: Buena Vista, Gundlach-Bundschu, Korbel, Simi, Beringer, Inglenook, Charles Krug und Schramsberg spiegeln die beste Zeit beider Jahrhunderte sehr gut wider. Fast genauso bedeutend wie die Namen der Spitzenreiter ist die Masse des Fußvolks. Allein in den überschaubaren Grenzen des Napa Valley suchen sich über 200 Weinbaubetriebe ihren Platz. Im etwas größeren Sonoma sind es fast ebenso viele. Mendocino und Lake County sind zwar nicht so dicht bestückt, dürfen aber dennoch Anspruch auf Plätze in den vorderen Reihen erheben.

Ihr Spielfeld wirkt im Vergleich mit Konkurrenten im Süden und Osten einheitlich. North Coast heißt diese Region, weil sie von San Francisco aus gesehen im Norden liegt, wobei es niemanden stört, daß Kalifornien noch weitere 300 km nordwärts bis an die Grenze zu Oregon reicht. Napa, Sonoma, Mendocino und Lake County bil-

Gustave Niebaum baute 1882 die großartige Inglenook-Kellerei.

North Coast
AVA-Grenze
Schnellstraße
Hauptverkehrsstraße
Nebenstraße
Hauptbahnlinie
Regionalgrenze
County-Grenze
County-Hauptstadt
1:833 000
Km 0 5 10 15 20 25 30
Miles 0 5 10 15
LOS ANGELES
NORTH COAST
N
MENDOCINO
COAST
RANGES
LAKE
SONOMA
NAPA
MAYACMAS MOUNTAINS
POTTER VALLEY
ANDERSON VALLEY
McDOWELL VALLEY
CLEAR LAKE
GUENOC VALLEY
ALEXANDER VALLEY
DRY CREEK VALLEY
KNIGHTS VALLEY
RUSSIAN RIVER VALLEY
NAPA VALLEY
SONOMA VALLEY
LOS CARNEROS
Rockport
Dios Rios
Cahto Pk 4233
Laytonville
Farley Pk 3500
Tatu
Branscomb
Westport
Elk Creek
Etsel Ridge
5556
Bald Mtn 5739
Longvale
5502
Willis Ridge
Eel River
Sanhedrin Mtn 6175
Hull Mtn 6873
Inglenook
Sherwood Pk 3207
Cleone
Hearst
Fort Bragg
Noyo River
Willits
Lake Pillsbury
Snow Mtn 7056
Caspar
Mendocino
Williams Pk 2725
Big River
Greenough Ridge
Potter Valley
Middle Mountain
Horse Mtn 4583
Rice Fork
Goat Mtn 6121
Little River
Comptche
Albion River
Albion
Redwood Valley
Calpella
Lake Mendocino
Youngs Pk 3683
North Fork Cache Cr.
Navarro Head
Navarro River
Navarro
Ukiah
Vichy Springs
Witter Springs
Upper Lake
Bartlett Springs
Hough Springs
Barkerville
Elk
Talmage
Nice
Lucerne
Long Valley Cr.
Philo
Russian River
Clear Lake
Lakeport
Glenhaven
Clearlake Oaks
Cold Spring Mtn 2736
Boonville
Finley
Kelseyville
Mt Konocti 4299
Clearlake Park
Clearlake
Manchester
Point Arena
Alder Creek
Hopland
Sanel Mtn 3353
Rancheria Creek
Cache Creek
Lower Lake
Garcia River
Yorkville
Signal Ridge
Gualala R.
N. Fk.
Loch Lomond
Kelsey Cr.
Boggs Mtn.
Cobb
Big Sulphur Creek
Knoxville
Anchor Bay
Cloverdale
Gualala
Asti
Middletown
Putah Creek
Annapolis
Big Mtn 2675
Lake Sonoma
Geyserville
Las Lomas
Lytton
Jimtown
Mt St. Helena 4343
Berryessa Pk 3057
Aetna Springs
Stewarts Point
Pope Cr.
Healdsburg
Pope Valley
Lake Berryessa
Calistoga
Plantation
2323
Gualala River
Windsor
Angwin
Cedar Roughs
Salt Point
Rio Nido
Hacienda
Northwest Cape
Fort Ross
Cazadero
Guerneville
Mark West Cr.
St Helena
Fulton
Forestville
Monte Rio
Santa Rosa
Mt Hood 2730
Rutherford
Atlas Pk 2663
Jenner
Duncans Mills
Camp Meeker
Graton
Oakmont
Oakville
Occidental
Kenwood
Yountville
Mt Vaca 2819
Blue Ridge
Ocean View
Sebastopol
Glen Ellen
Napa Valley
Napa River
Freestone
Cunningham
Rohnert Park
Salmon Creek
Bodega
Valley Ford
Bodega Bay
Bloomfield
Cotati
Sonoma Mtn 2295
Sonoma Cr.
Bodega Head
Penngrove
Sonoma
Napa
Two Rock
Schellville
Petaluma
Lakeville

den zusammen ein verschobenes Rechteck, etwa 150 km lang und in Ost-West-Richtung knapp halb so breit. Zählt man das Marin County mit seinen 6 ha Rebfläche dazu, dann ändert sich am allgemeinen Grundriß auch nicht viel.

Grob betrachtet ist das Klima ganz aus einem Guß: kurze, milde Winter mit genug Niederschlag für landwirtschaftliche Nutzung ohne Bewässerung und lange, regenlose, warme Sommer, die so gut wie jedes Jahr eine reife Ernte garantieren. Das hört sich an wie das mediterrane Zwei-Jahreszeiten-Klima, und es ist auch so ähnlich, jedoch mit einem Unterschied: dem anhaltenden Nebel im Sommer, der durch das Aufeinandertreffen warmer Strömungen im Pazifik und kalter Strömungen an der Küste hervorgerufen wird.

Die Topographie der Gegend ist abwechslungsreich, aber nicht dramatisch. Von Norden nach Süden verlaufende Bergketten teilen das Gebiet in fast unzählige kleine, meist flache Täler. Mit seiner bescheidenen Höhe von 1300 m ragt der Mt St Helena so weit über die Küstenberge hinaus, daß er den russischen Pelzhändlern auf der Fahrt zu ihrem Stützpunkt Fort Ross an der Küste bei Sonoma im 19. Jahrhundert als Navigationsmarke dienen konnte.

Dennoch prägt das Zusammenspiel zwischen Nebel und Hügelketten die meisten AVAs an der North Coast. Pinot Noir steht für Carneros, Russian River Valley und Anderson Valley nur deshalb, weil die Nebelluft dort das Klima bestimmt. Der Nebel füllt diese Täler oft aus, denn die Berge können ihn nicht abhalten. Die übrigen 20 Appellationen an der North Coast bieten Lebensraum für Rebsorten, die unmittelbare Sonneneinstrahlung und größere Hitze vertragen, weil dort die Berge hoch genug sind, um den Himmel blau zu halten.

Der Mount Konocti ragt über Kelseyville und den algengetrübten Clear Lake auf.

Wenn dann aber Klima und Terrain einen gewissen Gleichklang versprechen, bringt die örtliche Geologie wieder die verwirrendsten Komplikationen in die Wahl der möglichen Rebsorten. Die San-Andreas-Spalte, der Kalifornien seine berühmten Erdbeben zu verdanken hat, verläuft durch die Mündung des Golden Gate bei San Franscisco am Boden der Tomales Bay und durch die Bodega Bay und wendet sich dann hinaus aufs Meer. Sie ist das bekannte Symptom der ständigen Kollision zwischen der pazifischen und der nordamerikanischen Platte, und fast alles in der Landschaft ringsumher ist nur Nebenprodukt dieser Aktivität. Der Mt St Helena ist zwar kein Vulkan, doch wie fast alle anderen Berge im Osten des Napa Valley vulkanischen Ursprungs. Die Berge auf der Westseite sind Auffaltungen aus einem einstigen Meeresboden und tragen zumindest an der Oberfläche verwitterte Ablagerungen. Über die ganze North Coast verteilt finden sich Felsformationen, die von inzwischen verschwundenen Kräften aus fernen Gegenden hierhergeschleudert worden zu sein scheinen. Das Tiefland ist ein unglaublich feines Mosaik, angefüllt mit Gesteinstrümmern der drei genannten Typen.

Um die Mitte der 1980er Jahre herrschte in Napa und Sonoma eine Zeitlang der Bagger, weil die Weinbaufachleute unzählige tiefe Löcher zwischen den Rebzeilen ausheben ließen, um die Zusammensetzung der Böden und Unterböden zu erforschen. Nachdem sie jedoch immer und immer wieder in 5 m Tiefe nichts als Flußkiesel und keine 5 m daneben dicke Lehmschichten gefunden hatten, gaben sie schließlich in aller Stille auf.

Napa Valley

Es gibt an der kalifornischen Küste von Natur aus schönere Täler als das Napa Valley, und in vielen liegt der Rebenteppich genauso dicht. Was die anderen Täler jedoch nicht haben, das ist die lange, fast von Besessenheit zeugende Geschichte der Suche nach den ganz besonderen Stellen in diesem Teppich. Nur hier sind den Bewohnern Jahre wie 1935, 1946 und 1958 in Erinnerung geblieben, nicht etwa wegen eines Kriegs oder einer Wahl, sondern weil damals ein Wein ungeheuer gut war, und sie wissen auch noch genau, wo er herkam. Namen wie ToKalon, Inglenook und Stanly ließen damals die Augen der Weinkenner ebenso glänzen wie Martha's Vineyard, Bosche und Eisele heute.

Von selbst ist das alles aber nicht geworden. Im letzten Viertel des 19. Jahrhunderts hatte Napa zwar einen guten Start. Davon zeugen die monumentalen alten Bauten von Krug, Inglenook, Greystone und Chateau Chevalier. Doch die wirtschaftliche Depression in den 1880er Jahren zwang manchen zum Aufgeben, die Reblaus verwüstete in den 1890ern viele Weinberge, und schließlich zerstörte die Prohibition zwischen 1918 und 1933 den Weingeschmack Amerikas.

Von den 50 Betrieben, die nach der Prohibition neu anfingen, haben sich nur bei Louis M. Martini, bei der Familie Cesare Mondavi im Haus Charles Krug und bei der nur lokal bedeutsamen Nichelini Winery die Besitzverhältnisse gegenüber damals nicht verändert. Neben ihnen können nur Beaulieu, Beringer, Christian Brothers und Inglenook Vineyards seit 1933 auf eine ununterbrochene Tätigkeit zurückblicken, sie sind jedoch aus Familienbesitz zu Gesellschaften umgewandelt worden. Aus dieser Handvoll Kellereien kamen die denkwürdigen Cabernet Sauvignons der 1940er und 50er Jahre, auf denen das moderne Prestige des Napa Valley beruht.

Im Jahr 1960 waren im Napa Valley nur noch 12 Firmen im Weinbau tätig. Die Rebfläche war auf kärgliche 4000 ha zusammengeschrumpft. Doch immer noch brachte das Tal mehr feinen Wein hervor, als der Inlandsmarkt aufnahm. 1962 und 63 konnte der Besucher bei Beaulieu und Louis M. Martini wundervoll im Keller gepflegten Cabernet Sauvignon bis zurück zum Jahrgang 1952 zu Preisen erstehen, die kaum höher waren als für den jeweils neuesten Jahrgang. Ein guter Wein kostete damals $1,35 bis 1,89, ein feiner alter $2,50 die Flasche. Wer sich auskannte, konnte bei Inglenook eine 1-Gallon-Korbflasche reinen Cabernet mit der rätselhaften Bezeichnung IVY für $1,49 bekommen. Dennoch baute diese kleine Mannschaft weiter am großen Ruf von Napa, indem sie feinste Weine erzeugte, so gut sie es verstand.

Schließlich kam die Wende, zunächst zögernd und dann mit aller Gewalt. Heitz Cellars eröffnete 1961 als erste neue Marke im Napa Valley seit einem Jahrzehnt. Robert Mondavi brachte seinen Betrieb 1966 im ersten größeren Neubau seit den 1930er Jahren auf den Weg. Um 1975 befanden sich 45 Weinbaubetriebe im Tal; um 1980 waren es über 100, und 1990 betätigten sich hier 200 Betriebe im Weinbau. Mit den neuen Unternehmen ging auch eine geradezu erstaunliche Vergrößerung der Rebfläche einher. Die Grundbesitzer rodeten Walnuß- und Pflaumenplantagen für neue große Weinberge und legten in Gemüsegärten hinter dem Haus kleine an. Bis 1975 wuchsen die Anpflanzungen im Napa-Tal auf 8800 ha, bis 1985 auf 11 200 und bis 1990 auf 12 000 ha.

Das Tal, wo sich alles das abgespielt hat, nimmt seinen Anfang gegenüber von San Francisco als Flutebene zwischen einigen flachen Hügeln mit dem Namen Carneros und einer geschlosseneren Kette im Osten. Der Lauf des Napa River beginnt rund 40 km weiter im Nordwesten, sein Tal bildet einen langen, schmalen Bogen zwischen steilen Bergen, die jenseits der Stadt Calistoga immer enger zusammentreten und sich unter den hochaufragenden Mt St Helena ducken. Im Westen wird es vom Sonoma Valley flankiert, Lake Berryessa verläuft auf der gegenüberliegenden Seite parallel.

Warum dieses Tal solche magnetische Anziehungskraft auf Menschen ausübt, daß sie hier ein Vermögen einsetzen, um sich mit Wein hervorzutun, ist nicht unmittelbar verständlich. Napa selbst ist eine ganz gewöhnliche amerikanische Stadt. Abgesehen von den Restaurants unterscheiden sich Yountville, St Helena, Calistoga und die kleineren Orte weiter talauf einzig durch die monumentalere Erscheinung ihrer Weinbaubetriebe. Und obendrein sind Sonne und Boden hier nicht so unvergleichlich, daß andere Täler nichts dagegenzusetzen hätten. Dennoch zeigte der Magnet seine rätselhafte Kraft schon früh.

Ein Trapper namens George Yount pflanzte in den 1830er Jahren die ersten Weinreben im Napa Valley – es war die derbe Mission –, und er wollte auch nur Wein für den eigenen Tisch gewinnen. 1858, drei Jahrzehnte später, beschloß der Deutsche Charles Krug – auch er arbeitete mit Mission-Reben –, den Napa-Wein auf kommerzielle Füße zu stellen. Zwei Jahre danach kam Dr. George Belden Crane auf die Idee, daß deutsche Trauben besser sein müßten als die derbe Mission.

Sein Gedanke erwies sich bald genug als richtig, und so zog er einen ganzen Strom von Deutschen nach Napa. Verglichen mit Sonoma, Livermore und anderen Bereichen in Nordkalifornien, waren sie spät daran mit ihrem Anfang hier, aber sie machten durch Beharrlichkeit den Vorsprung der anderen wett. Schon um die Mitte der 1880er Jahre erzielten die Trauben von Napa die höchsten Preise in Kalifornien und ebenso die Weine. Deutsche und Deutschstämmige waren so sehr in der Überzahl, daß mancher Oldtimer sich noch erinnert, damals daheim wie in den Weinkellern mehr Deutsch als Englisch gehört zu haben: Charles Krug, die Gebrüder Frederick und Jacob Beringer, Groezinger, Thomann, Jacob Schram – die Liste ließe sich noch lange fortsetzen. Selbst in der Kellerei El Molino von W.W. Lyman war Deutsch, wie dessen Sohn sich erinnert, die Alltagssprache. Unter den Kellereibesitzern und Winzern gab es natürlich auch Franzosen, Engländer und sogar richtiggehende Yankees, aber sie spielten hinter den tüchtigen Deutschen die zweite Geige.

Inzwischen hatten sich gegen Ende des 19. Jahrhunderts auch Italiener in Napa niedergelassen, allerdings mehr als Steinmetze und Kellereiarbeiter denn als Weingutsbesitzer. In der Prohibitionszeit und der anschließenden Depression kauften sie viel Weinbergland auf. Nun beherrschten italienische Familien den Weinbau in Napa bis in die 1970er Jahre hinein. Am bekanntesten geworden sind Cesare Mondavi, seine Söhne Peter und Robert sowie Louis M. und Louis P. Martini, doch hinter ihnen scharten sich Strallas, Bartoluccis, del Bondios und Fornis die Menge, und schließlich begann sich die heutige amerikanisch beherrschte, aber französisch, deutsch, schweizerisch, spanisch und japanisch durchsetzte Mannschaft zu formieren. Auch die alten italienischen Familien sind in Weinberg und Keller noch immer präsent; die feinen Leute aus San Francisco bevölkern nach wie vor ihre Wochenendhäuser an Nebenstraßen überall im Tal; Napa ist entweder immer noch oder inzwischen wieder seinen Rivalen ein Stück voraus, dank seiner Geschichte, die es den Weinbaubetrieben ermöglicht, aus kleinen Vorteilen große Münze zu schlagen und durch stilistische Feinheiten die Distanz zwischen dem Besten und dem Zweitbesten auszubauen.

Der Cabernet Sauvignon ist das eigentliche Herz des Napa-Weins, aber nicht etwa ein universeller Erfolg. Auf der Rutherford Bench gelangt er zwar schön zur Reife, doch schon knapp einen Kilometer weit davon entfernt am Napa River hat er um Thanksgiving (Ende November) oft noch nicht genug Süße oder Farbe für einen guten Rosé. Manchmal gedeiht Sauvignon Blanc dort gut, wo es für den Cabernet nicht reicht. Andernfalls tritt freilich immer der Chardonnay dafür ein. Andere Rebsorten finden ein schmaleres Feld: Der Pinot Noir zieht sich ganz auf das für ihn günstigste Terrain, nämlich Carneros, zurück; die große Bedeutung des Rieslings, die nach den deutschen Pionieren noch lang anhielt, ist allmählich geschwunden. Heute geht es nun darum, ob man den allgemeinen Trend mitmachen oder nach neuen Aufgaben suchen soll, z. B. mit Sangiovese, Syrah oder Viognier.

Klima und Boden geben keine klare Antwort. Das Temperaturgefälle zwischen Napa und St Helena ist unter Umständen größer als zwischen Pauillac und Beaune. Die Geologie von Napa ist unbeschreiblich wirr, eine Anhäufung von Mutterböden, bei denen es zum Teil unklar ist, wie sie hierhergekommen sind. Das Terrain ist in diesem wie in anderen Weinbautälern an der Küste das Ergebnis der Schleifbewegung, die die pazifische und die nordamerikanische Platte gegeneinander ausführen. Manche zutage tretenden Felsformationen scheinen so ungeheuerlich weit geschoben worden zu sein, daß ihre Herkunft nicht mehr festgestellt werden kann, und das Klima ist das Resultat der Strömungen, die die Meeresluft über und um das höhergelegene Land treiben.

Wie schwierig das Puzzlespiel eigentlich ist, hier die richtige Rebsorte an der richtigen Stelle einzuordnen, begreift der Europäer erst, wenn er die nackte Felswand im Osten, einen mit Mammutbäumen bestandenen Hang im Westen und den vom Meer heraufkriechenden Nebel mit eigenen Augen sieht. Das Problem, das den Weinerzeugern in Napa täglich im Nacken sitzt, ist die ständige Bedrohung. Im Umkreis von 150 km um St Helena wohnen 6 Millionen Kalifornier, und der Ausdehnungsdrang der Stadt macht Fehler im Weinberg kostspielig. Bislang schützen die örtlichen Bestimmungen über die landwirtschaftliche Nutzung den Weinbau in geradezu vorbildlicher Weise, das aber würde bald anders, wenn Napa vom Weinbauthron gestürzt würde. Daher müssen Sangiovese und Syrah schon deshalb aufmerksam betrachtet werden, weil sie ja die künftigen Stars sein könnten.

An einem typischen Sommertag hüllt die dunstige Meeresluft bis gegen Abend die Berge um das Napa Valley in Gazeschleier.

Napa Valley
Rustridge Weinbaubetrieb
Rebfläche
Grenze des Napa Valley AVA
Grenze des Los Carneros AVA
Grenze des Atlas Peak Sub-AVA
Grenze des Howell Mountain Sub-AVA
Grenze des Mount Veeder Sub-AVA
Grenze des Oakville Sub-AVA
Grenze des Rutherford Sub-AVA
Grenze des Spring Mountain Sub-AVA
Grenze des Stag's Leap District Sub-AVA
Schnellstraße
Hauptverkehrsstraße
Nebenstraße
Bahnlinie
County-Grenze
Höhenlinienabstand 400 ft.
1:250 000
Km 0 2 4 6 8
Miles 0 2 4
N
LOS ANGELES
NAPA COUNTY
Area covered on page 42-3
Area covered on page 45
Area covered on page 48-9
Middletown
ROBERT LOUIS STEVENSON STATE PARK
Aetna Springs
Pope Valley
Sugarloaf Mtn 2987
Geyserville
Calistoga
Angwin
St.Helena
Zinfandel
Rutherford
Oakville
Yountville
Oak Knoll
NAPA
Vallejo
Bald Mtn 2275
Mt Veeder 2677
NAPA SONOMA
LAKE NAPA
Adams Ridge
Adams Creek
Putah Creek
Routon Creek
Spanish Valley
James Creek
Swartz Creek
Pope Valley
Pope Creek
Burton Creek
Maxwell Creek
Hardin Creek
Cedar Roughs
Trout Creek
Chiles Valley
Moore Creek
Chiles Creek
Baldy Mtn 2114
Iron Mtn 2287
Sugarloaf Peak 1889
Rustridge
Green & Red
Nichelini
Sage Canyon
Lake Berryessa
LAKE BERRYESSA RECREATION AREA
Wragg Ridge
Capell Creek
Capell Valley
Moskowite Reservoir
VACA MOUNTAINS
Blue Ridge
Winters
Rector Canyon
Haystack 1672
Atlas Peak 2663
Foss Valley
Circle Oaks
Suisun Creek
Gordon Valley
Lake Curry
Mt Vaca 2819
Wooden Valley
Wooden Valley Creek
Mt George 1877
Lemon Hill 1060
Okell Hill 1129
NAPA SOLANO
Murphy Creek
1965
2909
1488
1972
2291
2132
128
121
29

Klima

Das Tagestemperaturgefälle ist in Napa wie in den meisten Küstenweinbautälern Kaliforniens auf der Strecke von 40 km zwischen dem kühlen Südende und dem warmen Nordende an vielen Tagen größer als der Unterschied zwischen Burgund und Bordeaux.

Das Golden Gate läßt pazifische Meeresluft über die San Pablo Bay und auf die Ebene südlich der Stadt Napa hereinströmen. Von dort aus bewegt sie sich immer langsamer talaufwärts. Der Geländeanstieg wirkt sich auf die Strömung weniger stark aus als die hier und dort mit einzelnen Erhebungen versehene Topographie, die den kühlen Luftstrom von einigen Stellen weg und dafür an andere lenkt. Wenn man von Juni bis August 90 Tage lang den mit ihm herandriftenden Nebel von einem Hügelkamm aus beobachtet, dann bekommt man 90 verschiedene Bilder zu sehen, je nachdem, wieviel Schubkraft gerade dahintersteht. Alles in allem aber handelt es sich um einen der regelmäßigsten Vorgänge, die es an der North Coast überhaupt gibt. Fast mit jedem Kilometer wird von Süden nach Norden die Temperatur auf der Talsohle wärmer. Nur eine kleine Senke im Mayacamas-Gebirge liefert den Einwohnern Stoff zu dem Streit, ob nun Calistoga oder St Helena das im Durchschnitt wärmere Klima hat, denn manchmal liegt Nebel über St Helena, wenn in Calistoga die Sonne scheint, doch ein andermal treibt er durch die Senke nach Calistoga, und dann bekommt St Helena den Sonnenschein.

In den Bergen und den Seitentälern im Osten stehen die Dinge anders. Die neblige Meeresluft gelangt in der Wachstumsperiode oft nicht bis dorthin, so daß es die Höhenlage ist, die sich am stärksten auf die Tages- und vor allem die Nachttemperaturen auswirkt. Im Pope Valley, das am weitesten im Inneren liegt, sind die Tage wärmer und die Nächte kühler als im Haupteinzugsbecken des Napa River, aber auch als in den weiter talabwärts in der Südostecke des Napa County gelegenen Tälern. Der Howell Mountain, der zwischen dem Pope Valley und dem oberen Napa Valley steht, fällt zwischen die Extreme. Hier ist es am Tag kühler und in der Nacht wärmer als im Tiefland zu beiden Seiten.

Scharfe Fröste sind in Napa selten. Eine Folge von sechs Nächten mit Temperaturen zwischen –8 und –12 °C im Winter 1990/91 war ein kaum je dagewesenes Ereignis. Andererseits kommen frostige Nächte zwischen –4 und 0 °C durchaus häufig vor. In einem typischen Winter fallen rund 50 solche Nächte an. Fröste im März und April, also nach dem Austrieb der Reben, sind nur selten streng, aber immerhin fielen 1961 drei Viertel des Ertrags durch 30 aufeinanderfolgende Frostnächte ab Ende März aus.

Da hohe Berge tiefhängende Wolken zu melken pflegen, bekommt das Nordende des Tals unterhalb des hochaufragenden Mt St Helena in typischen Jahren weit mehr Regen ab als das Südende, auch wenn die lange Dürreperiode am Ende der 1980er und Anfang der 1990er Jahre diese Verhältnisse verschleiert hat. In Calistoga fallen im Durchschnitt pro Jahr 965 mm Niederschlag, in St Helena 865 und in der Stadt Napa nur 635 mm. Angwin am Howell Mountain hat mit 1030 mm im Jahr den höchsten offiziell registrierten Durchschnitt.

Die übliche Niederschlagsmenge im oberen Tal ist 635 bis 1145 mm, wobei die Extreme beachtlich sind. Calistoga badete im bisher nassesten Winter 1982/83 geradezu in 2540 mm, St Helena in 1780 mm Regen. Im Dürrejahr 1975/76, dem trockensten seit Beginn der Aufzeichnungen, bekam St Helena nur 315 mm ab.

Typisch für die gesamte North Coast ist, daß die regenreiche Zeit etwa Ende Oktober beginnt und bis in den März hinein dauert. Auch der April und der September können zum Mißvergnügen der Winzer recht naß sein, aber es kommt selten vor.

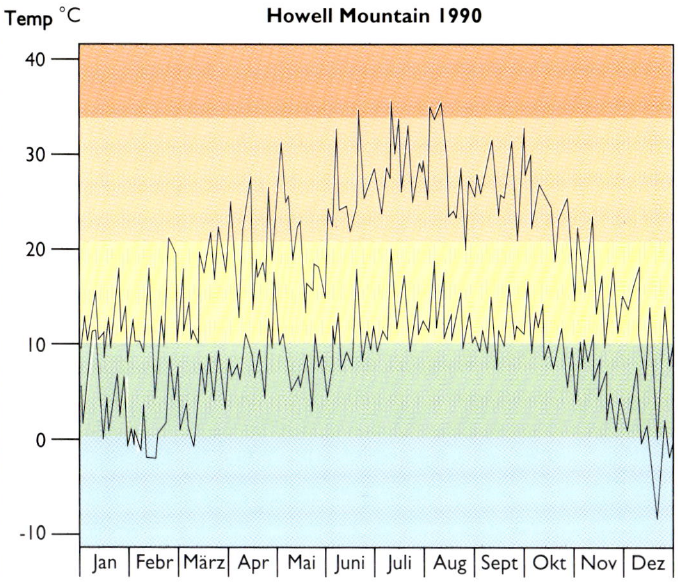

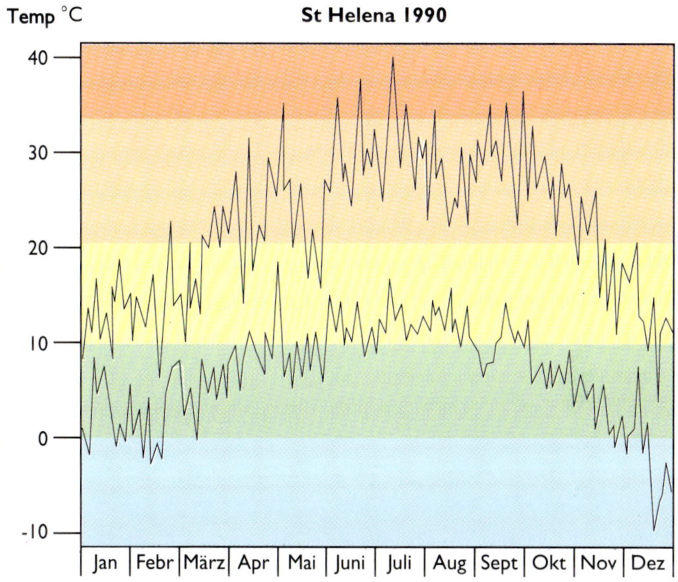

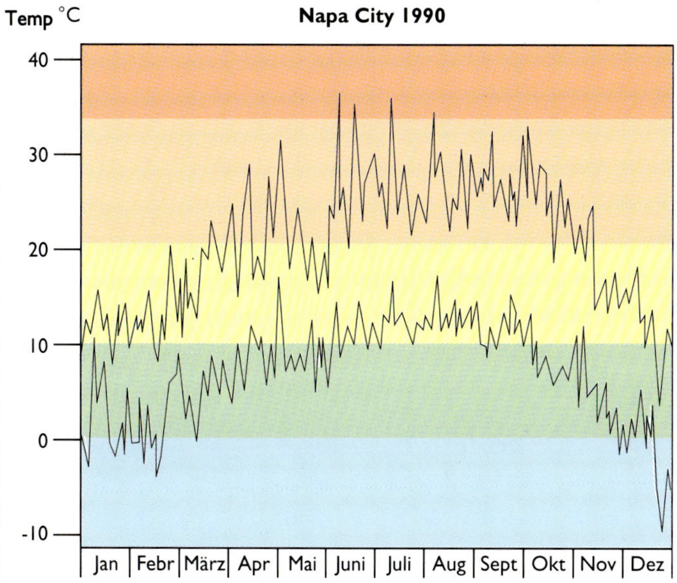

* Zur Farbcodierung der Klimadiagramme siehe S. 14/15.

Weißweintrauben

Seit 1970 hat sich der Chardonnay aus dem Mittelfeld heraus vorgeschoben und verfügt mindestens über eine dreimal so große Rebfläche wie der nächste Rivale, Sauvignon Blanc. Dieser Anstieg war vorwiegend der Marktnachfrage zuzuschreiben – in weiten Teilen des Tals erreicht nämlich eher der Sauvignon Blanc seine Bestform als der Chardonnay; neuere Anpflanzungen tragen dem bereits Rechnung. Der einstige Spitzenreiter Chenin Blanc hat eine nennenswerte Fläche behalten können; Riesling und Gewürztraminer sind dagegen nur noch in Nischen daheim, während Pinot Blanc und Melon kaum noch soviel bleibt. Viognier legt seine ersten Proben ab, am erfolgreichsten bei Joseph Phelps, aber auch in Anpflanzungen am Spring Mountain und am Howell Mountain. Burger, Green Hungarian, Sauvignon Vert und Sylvaner sind samt und sonders verschwunden; Colombard und Grey Riesling stehen am Rand des Aussterbens, denn in diesem Tal dulden die Preise für Grund und Boden nichts Gewöhnliches.

Chardonnay (1970: 172 ha, 1990: 3257 ha)
Zwischen den Weißweinen aus verschiedenen Appellationen Kaliforniens liegen nicht dieselben Abgründe wie oft zwischen den Rotweinen. Wenn der Chardonnay aus dem Napa Valley wirklich besser ist als seine Pendants etwa aus dem Russian River und Anderson Valley oder aus Santa Maria, dann kommt das bei Prämierungen, verdeckten Weinproben und anderen hartnäckigen Klassifizierungsversuchen wohl nicht recht zum Vorschein. Dementsprechend haben sich die Chardonnay-Lagen im Napa Valley bei weitem nicht so profilieren können wie die Cabernet-Anpflanzungen. Es gibt weniger Erzeugerabfüllungen und weniger Einzellagenweine.

Und dennoch, dort wo der Chardonnay im Napa Valley zu Spitzenform aufläuft, reicht es allemal, um gegen die Konkurrenz ins Finale zu gelangen und einen anständigen Teil der ersten Plätze zu belegen. In der Spitzengruppe liegt er mit seinem im Gedächtnis haftenden Geschmack von vollen, reifen Äpfeln, meist mit einem deutlichen Hauch Eichenholzwürze und oft mit einer gewissen Stärke des Ausdrucks fast immer.

Trefethen hat den Chardonnay aus seinen Weinbergen länger und beständiger als irgendein anderer Erzeuger ins rechte Licht zu rücken verstanden. Was sich in diesem Licht enthüllt, ist ein wundervoll würziger, warmer Apfelgeschmack bei seidigem Glanz über der Muskulatur eines Rassepferds. Nur wenige Chardonnays aus dem Napa Valley halten sich länger als 4 bis 5 Jahre gut; das liegt vielleicht mehr an allzu kräftigen Kellertechniken als an unzureichend ausgestatteten Lagen. Trefethen bildet hier eine bemerkenswerte Ausnahme: Fast jeder Jahrgang, der älter als ein Jahrzehnt geworden ist, hat großen Stil dabei bewiesen. In seiner wohlerzogenen Verhaltenheit ist dieser Wein bisher zwar nicht der Liebling der Kritiker, wohl aber der Genießer.

Das direkte Gegenteil davon kommt von Freemark Abbey. Die robusten Chardonnays dieses Hauses strotzen geradezu von unverkennbar sortentypischem Geschmack, ohne dabei wirklich apfelähnlich oder auf sonstige Weise eindeutig fruchtig zu sein, wie viele andere Kalifornier – eher der rechte Begleiter zu Lachs und

Viele Weinberge an steilen Hängen im Napa Valley sind terrassiert, um der Erosion durch starke Regenfälle im Winter entgegenzuwirken.

Hummer als zu zarteren Geschmacksnuancen. Ihre Individualität beruht vorwiegend auf der Kellertechnik, die Brad Webb seinen Leuten beigebracht hat, wenn auch geschicktes Auswiegen zwischen Lagen im oberen und unteren Tal mit in die Gleichung eingehen muß. Manche Freemark-Abbey-Jahrgänge haben 10 Jahre in guter Form überstanden, aber man sollte sich von vornherein vornehmen, diese Weine innerhalb von 5 bis 6 Jahren auszutrinken.

Die Stag's Leap Wine Cellars reichen an die feine Zurückhaltung der Trefethen-Chardonnays mit ihren normalen und Reserve-Abfüllungen durchaus heran, müssen sich aber in der Haltbarkeit erst noch bewähren. Auch die Silverado Vineyards beweisen bei ihren Normalabfüllungen feine Art, aber ihnen mangelt es etwas am Stehvermögen. Eine typenechte Reserve ist an Eichenholzwürze viel reicher als an Chardonnay-Geschmack.

Crichton Hall bringt einen Chardonnay von größerer Intensität hervor als Trefethen, dabei aber mit durchaus eleganter Ausgewogenheit und Harmonie – nicht ganz so wie der Freemark Abbey, aber doch in diese Richtung weisend. Faßgärung und andere Tricks aus der Zauberkiste des Kellermeisters werden mit Bedacht eingesetzt, damit der Weg von der exzellenten Traube zum exzeptionellen Wein glatt verläuft. Grgich Hills erzeugt von Lesegut aus benachbarten Lagen Wein in stilistisch ähnlicher Art, dem die Trauben ihren eigenen Stempel aufprägen. Mt Veeder kommt mit Lesegut aus hohen Lagen in Stil und Substanz nahe heran.

St Andrews Vineyard, fast genau gegenüber Crichton und Trefethen auf der anderen Seite des Tals, geht entweder mit Eichenholz etwas schärfer heran, oder aber das Lesegut läßt die Wirkung früher erkennen. So oder so, es entstehen dabei Chardonnays, die Jahr für Jahr mit Genuß zu trinken sind. Noch mehr Eichenholzwürze nimmt freilich jedem Wein bereits die Chance, als angenehmer Begleiter bei Tisch angesehen zu werden.

Die Weine von der Talsohle, etwa nördlich von Rutherford, sind oft attraktiv in der ausdrucksstarken, etwas überzogenen Art, wie sie in den 1970ern populär war. Dieses Erbe hat leider Anlaß zu einer ganz ähnlichen bombastischen Art gegeben, die auch manche Cabernets prägt. Es gibt Kellermeister, die ihre Chardonnays in Fässern vergären, ihnen eine malolaktische Gärung verpassen, sie mit frischem Eichenholz verwöhnen und zu allem Überfluß behaupten, sie würden sich in nichts einmischen, damit allein die Lage zum Ausdruck kommen könne. So gut wie alles, was dabei herauskommt, gibt freilich zu erkennen, daß die Lage bei ihnen am Ende nichts oder nur wenig zu sagen hat.

Gebietstypische Weine:

Freemark Abbey (Gebietsverschnitt; hauptsächlich von der Carpy Ranch bei Rutherford und von Jaeger Vineyard an der Big Ranch Road). **Grgich Hills** (Gebietsverschnitt; von Oakville südwärts). **Stag's Leap Wine Cellars** (Gebietsverschnitt). **Silverado Vineyards** (aus eigenen Lagen beim Betrieb und in Coombsville). **Crichton Hall** (Erzeugerabfüllung). **Trefethen** (Erzeugerabfüllung). **St Andrews** (Erzeugerabfüllung). **Mt Veeder** (aus dem Mt Veeder AVA). **Stony Hill Vineyard** (Erzeugerabfüllung).

Chenin Blanc (1970: 169 ha, 1990: 531 ha)

Robert Mondavi prägte Ende der 1950er Jahre Chenin Blanc als Name eines Sortenweins und entwickelte den dafür heute typischen lieblichen Stil. Damit rettete er die zuvor in trockener Version als White Pinot in Mißkredit geratene Sorte vor dem Niedergang. Heute verblaßt nun der Chenin Blanc aus dem Napa Valley wieder, weil andere Gegenden sich besser für diese Art zu eignen scheinen.

Dabei kann die Traube durchaus besseren, früh trinkreifen trockenen Wein aus Lagen zustande bringen, wo der Chardonnay überreif wird, wie Folie à Deux und Casa Nuestra immer wieder neu beweisen. Allerdings reagiert die Traube nicht gut, wenn man versucht, zuviel Charme aus ihr herauszuzwingen. Ihre überaus breite, aber nicht sehr tiefe Frucht verträgt höchstens ein ganz klein wenig Eichenholzwürze. Mit oder ohne Eichenholz – an ein seriöses Alter in der Flasche ist sowieso nicht zu denken.

Unvorteilhaft für den Chenin Blanc aus dem Napa Valley ist es, wenn Vouvray zum Vorbild genommen wird. Der robuste Kern des Vouvray und seiner Nachbarn fehlt dem von Natur aus weichen Napa-Chenin. Ein bißchen Restsüße verleiht ihm ein Prickeln, mit 1% wird er oft schon klebrig. Doch die meisten Weinbaubetriebe füllen ihn mit 1,5 bis 2% ab, und dann paßt er gerade noch zu einem Hähnchen, das in Ananas und Kokusnuß schwimmt.

Ehe mit dem Anbau dieser Sorte in anderen Gegenden begonnen wurde, war sie im Napa Valley Standard. 1983 erreichte die Anbaufläche 867 ha, sank dann ab, erholte sich bis 1987 wieder auf 873 ha und verringerte sich dann rasch, weil mit der Traube nicht mehr dieselben Preise zu erzielen waren wie mit Sauvignon Blanc, ganz zu schweigen vom Chardonnay.

Gewürztraminer (1970: 48 ha, 1990: 61 ha)

Bislang kommen aus dem Napa Valley nicht die feinsten kalifornischen Gewürztraminer, weil sie zu weich und kurzlebig ausfallen, um mit den besten aus dem Anderson und Russian River Valley mithalten zu können. Dennoch gibt es ein paar gute, vor allem aus Weinbergen an der Big Ranch Road, wo sie von der Stadt Napa aus nach Norden führt. In diesen Lagen nimmt der Gewürztraminer den litschiähnlichen, sortentypischen Geschmack in Vollkommenheit an und überträgt ihn in volle, runde, sofort ansprechende Weine. Ihre Milde erlaubt es, sie trocken ausgären zu lassen.

Gewürztraminer, die weiter aus dem Norden kommen, übersteigern diese Tendenzen noch. Wenige Gewürztraminerанpflanzungen sind höher in die Berge hinauf gelangt und bringen dort auch nur bescheidenen Erfolg. Mit einer Rebfläche von 185 ha hatte der Gewürztraminer 1982 im Napa Valley wie an der übrigen Küste einen kleinen Boom erlebt.

Gebietstypische Weine

Beringer Vineyards (Erzeugerabfüllung; von der Gamble Ranch bei Oakville). **Evensen Vineyards** (Erzeugerabfüllung). **Rutherford Hill** (vom hauseigenen Jaeger Vineyard an der Big Ranch Road).

Riesling auch White Riesling, Johannisberg Riesling (1970: 194 ha, 1990: 174 ha)

Napa Valley Riesling ist so rein kalifornisch wie dieser Wein nur sein kann, ohne bedeutungslos zu werden. Die große Traube von Rhein und Mosel bekommt in Napa weit mehr Sonne und Hitze ab als dort, wo sie entstand, und so bringt sie Weine mit so reifer Fülle und alkoholischer Deftigkeit, wie sie in ihrer Heimat undenkbar wären. Diese Deftigkeit ist durchaus nicht nachteilig, wenn kalter Krebs und französisches Weißbrot oder Krabbensalat oder gebratenes Hähnchen zu begießen sind. Trocken oder halbtrocken bietet guter Napa-Valley-Riesling das richtige Gegengewicht dazu.

Nur eine Handvoll Lagen verleihen dem Riesling Ausgewogenheit und Geschmack – und auch nur dann, wenn der Kellermeister auf jeden Fall darauf achtet, daß die Restsüße 1% nicht überschreitet. Weniger ist meist besser, ein ganz klein bißchen mehr geht vielleicht noch an.

Der von Eichenholz unbeleckte Trefethen, der trockenste von allen, ist so frisch und belebend, wie es bei einem Napa-Valley-Riesling nur möglich ist.

Die wirklich denkwürdigen Napa-Rieslinge – sie haben Seltenheitswert – sind stets vom Spring Mountain gekommen. Die Lagen an seinen bewaldeten Hängen verleihen diesem Wein im Jungzustand Noten einer streng herben, wilden, doch unnennbaren Beerenfrucht, und diese Fruchtnuance hält sich beim Altern in der Flasche, ohne zur Firne oder, schlimmer noch, zu einem Petroleumton abzugleiten. Smith-Madrone ist ein Beispiel, wie es im Buch steht. Stony Hill Vineyard brachte ebenso feinen Riesling in Er-

Das Hauptgebäude von Trefethen Vineyards aus den 1880er Jahren.

zeugerabfüllung hervor, bis 1991 ein Teil der Reben gerodet wurde. Einsame Spitze ist jedoch Draper. 1968 war hier die Quelle eines nahezu unvergänglichen Rieslings für die längst dahingegangenen Souverain Cellars von Lee Stewart – ein Wein, der an seinem 20. Geburtstag fast noch genauso frisch und lebendig war wie an dem Tag, als er aus dem Gärtank kam. Dieser Wein hat sich am ähnlichsten in manchem Jahrgang von Smith-Madrone und Stony Hills wiederholt und wird in Stony-Hills-Rieslingen nach 1990, die zum Teil von Lesegut aus den Draper-Weinbergen entstanden sind, ein noch klareres Echo finden.

Romantische Reminiszenzen hin oder her: Diese Rieslinge sind kaum imstande, in der Flasche an Format zuzunehmen. Man kann den Korken ziehen, bevor der nächste Jahrgang kommt.

Der Freemark Abbey «Edelwein» ist der letzte Überlebende einer Modewelle edelfauler Rieslinge, die um die Mitte der 1970er Jahre einsetzte und ungefähr 10 Jahre anhielt. Wie andere der Art von der North Coast schmeckt er nach Riesling, fühlt sich aber eher an wie ein Sauternes. Die Trauben stammen aus einer kleinen Anpflanzung am Napa River bei Rutherford. Auch Joseph Phelps beackert noch dieses Feld, allerdings mit Lesegut aus Lagen am Fluß östlich von St Helena. Beide produzieren Weine mit Edelfäule, jedoch nur in besonders günstigen Jahren.

Die Zahl der Riesling-Erzeuger ist in letzter Zeit stark zurückgegangen, ebenso die Anbaufläche. 1979 besetzte Riesling in Napa eine Fläche von 551 ha. Ein nur allzu großer Teil davon war mittelmäßig bis schlecht. Das meiste, was heute noch übrig ist, gehört Winzern, die sich auch Mühe darum geben.

Gebietstypische Weine:

Trefethen Vineyard (Erzeugerabfüllung). **Joseph Phelps (Erzeugerabfüllung)**. **Freemark Abbey** (größtenteils Redbarn und Carpy). **Stony Hill Vineyard** (lange Zeit Erzeugerabfüllung, nach 1990 zum Teil aus der Nachbarlage Draper). **Smith-Madrone** (Erzeugerabfüllung).

Sauvignon Blanc (1970: 165 ha, 1990: 1176 ha).

Der Sauvignon Blanc nimmt im Napa Valley mehrere Schattierungen an: In den kühleren und insbesondere den nebligeren Gegenden zeigt er einen Geschmack, der an den Saft von langstengeligen Gräsern auf Frühlingswiesen erinnert und in sonnigeren und wärmeren Breiten zu süßen, frischen Kräutern bis schließlich hin zu Melonen übergeht.

Überall im Tal vollbringt der den saubersten Balanceakt: Er schmeckt unverkennbar nach sich selbst, macht aber kein Aufhebens davon. Tiefe, nicht Breite ist sein Wesen, und selbst der verhaltenste Sauvignon trägt unverkennbar die Familienzüge, so schwer auch der Eichenholzrahmen sein mag. Viel von dieser Subtilität ist einer aufgefrischten Rebschnittechnik zu verdanken, die um die Mitte der 1980er Jahre begonnen hat und noch im Schwang ist. Wie in anderen Gegenden kann man auch in Napa den Sauvignon davon abhalten, einen allzu grasigen Geschmack zu entwickeln, wenn man ihn auf die reifenden Trauben konzentriert und ihn nicht bis in die Lesezeit immer neues Laub treiben läßt. Zunächst muß man die Traubensorte aus fruchtbaren, wasserhaltigen Böden heraushalten. Sodann muß man auf mehrere Triebe schneiden, damit der Fruchtbehang so stark wird, daß er den Laubaustrieb einschränkt.

Silverado Vineyards bringt das vollkommenste Beispiel der saftigen Frühlingsgrasnuance in Lagen unmittelbar südlich von Yountville zuwege. Eine deftige Eichenholzwürze durch Faßreife läßt nichts vom Sauvignon-Charakter verlorengehen. Obwohl die Fumé Blancs von Robert Mondavi und von Grgich Hills aus mehreren Quellen schöpfen, so sprudeln sie doch reichlich genug vor allem bei Yountville und noch weiter südlich, um den Weinen den typischen Geschmack vom kühleren Ende des Tals zu vermitteln. Mondavi geht mit Eichenholz weit großzügiger um als die anderen, aber damit tut er dem sortentypischen Geschmack keinen Abbruch, vielmehr trägt dieser mit Leichtigkeit den Sieg davon.

Cakebread Cellars in Oakville und ausschließlich nördlich davon neigt zur Melone als dem bestimmenden Regionalgeschmack. St Clement, das sein Lesegut aus dem Pope Valley bezieht, bleibt der Melonennote so treu wie Silverado Vineyards der saftig-grasigen Art. Beaulieu Vineyards arbeitet mit Lesegut aus Rutherford und dem Pope Valley und verleiht der Sache noch klareren Ausdruck, weil kein Eichenholz an seinen Wein kommt, der in der Jugend vor Frucht geradezu strotzt und dann nach ein paar Jahren in der Flasche seidig, jedoch nicht formlos wird.

Robert Pepi muß seinen Sauvignon Blanc genau auf der Grenze zwischen Oakville und Yountville gepflanzt haben, denn in kühlen Jahren neigt sein Wein sanft zur Süßgräserart, in warmen Jahren dagegen zur Melone. Flora Springs gewinnt seinen «Soliloquy» aus mehreren Weingärten in Flußnähe an der Oakville Cross Road; anstatt auf die eine oder andere Seite zu neigen, bringt er es fertig, Anklänge an die grasige und die fruchtige Seite der Traube in sich zu vereinen.

Auch Frog's Leap mit einem delikat ausgewogenen Wein und Spottswoode mit einem kräftigeren, ausdrucksvolleren rufen gleichzeitig Eindrücke von Gras und Melonen hervor.

Zum Teil erklärt sich die Langlebigkeit des Sauvignon Blanc im Vergleich mit Chardonnay aus kellertechnischen Gründen – er wird weniger mit Faßgärung, malolaktischer Behandlung und langem Eichenfaßausbau traktiert –, zum Teil ist sie ihm jedoch eigen. Auf jeden Fall riskiert man bei einem robusten, ausgewogenen Sauvignon weniger, wenn man ihn fünf Jahre in den Keller legt, als bei einem Chardonnay mit auch nur einer Spur Toast oder Butter.

So viele ausgezeichnete Beispiele für Sauvignon Blanc das Napa Valley auch zu bieten hat, es könnten noch mehr sein, hätte nicht das Diktat des Chardonnay auf dem Markt ihn aus vielen guten Lagen, wo er eigentlich den besseren Wein erbringen kann, verdrängt. Auch mit Cabernet Sauvignon und Merlot muß sich die Traube um durchlässige Böden auf der Talsohle nordwärts von Oakville streiten. Das Ergebnis ist ein Rückgang ihrer Anbaufläche seit 1988, als sie mit 1458 ha ihren Höchststand hatte. Nicht eine einzige Hanglage ist bekannt.

Gebietstypische Weine:

Silverado Vineyards (Erzeugerabfüllung). **Flora Springs** «Floreal» (Erzeugerabfüllung), «Soliloquy» (Erzeugerabfüllung, von Crossroads Vineyard bei Oakville). **Frog's Leap Winery** (Gebietsverschnitt). **Grgich Hills** (Gebietsverschnitt, meist aus Lagen südlich von Yountville). **Joseph Phelps** (Gebietsverschnitt). **Robert Pepi** (Erzeugerabfüllung). **Cakebread Cellars** (Erzeugerabfüllung). **Beaulieu Vineyard** (Gebietsverschnitt). **Robert Mondavi** (Gebietsverschnitt). **St Clement** (meist aus dem Pope Valley).

Sémillon (1970: 83 ha, 1990: 120 ha).
Der Sémillon kam lange vor der Prohibition in das Napa Valley, verhielt sich aber ganz still. Sortenreiner Sémillon trat erst in den 1980er Jahren bei vereinzelten Erzeugern in Erscheinung. Weil er so selten vorkommt, sind die Anhaltspunkte zwar rar, aber er scheint nördlich von Oakville voll und reif und südlich von Yountville nicht reif genug auszufallen.

Wie auch anderswo in Kalifornien wurde der Sémillon im Napa Valley stets zu einem trockenen Tischwein ausgebaut und nicht süß und mit Edelfäule bereitet, doch ergab sich auch für diesen Stil ab Mitte der 1980er Jahre eine Nachfrage. Ein großer Teil des kleinen Ertrags wandert in Sauvignon-Blanc-Sortenweine oder in Sauvignon/Sémillon-Markenverschnitte. Hierin liegen vermutlich auf lange Sicht seine eigentlichen Rollen.

Trockener Napa-Valley-Sémillon hat in Spitzenform eine Fülle, die dem Sauvignon Blanc fehlt, und dazu Geschmacksnuancen von größerer Tiefe und Subtilität. Gefüge und Geschmack verlangen nach Engelbarsch oder ähnlich gehaltvollen Fischarten, besonders wenn Koriander oder süßer Paprika dabei sind.

Bernard Portet von Clos du Val, der unerschütterliche Sémillon-Champion im Napa Valley, verschmilzt Traube und Faßholz zu einem nahtlosen Ganzen und strebt nicht unbedingt reinen Sortencharakter an; vielmehr kommt bei ihm der Geschmack erst nach dem vollendeten Gleichgewicht. Erst 1989 war der Betrieb imstande, eine Erzeugerabfüllung aus dem Stag's Leap District herauszubringen. Vorher mußte Clos du Val das Lesegut von weit her, sogar von Dunnigan Hills und Paso Robles, zukaufen, um die Lücken zu stopfen, die bei der einzigen Bezugsquelle in Napa nun einmal blieben. Der Sémillion mit der Herkunftsbezeichnung California wird unter dem Zweitetikett «Joli Val» weitergeführt.

Der Chevrier von Gustave Niebaum nähert sich dem sortentypischen Geschmacksspektrum unmittelbarer an, auch einen schlankeren Körper weist er auf, vielleicht weil die Trauben aus einer Lage mit besonders kieshaltigem Boden stammen, einer Insel zwischen zwei Armen des Napa River, dort wo die Yountville Hills südlich der Stadt zur Talsohle abfallen.

Monticello produziert einige Sémillons in Erzeugerabfüllung aus eigenen Lagen an der Big Ranch Road. In Umkehrung der in Kalifornien üblichen Praxis mußte dabei Sauvignon Blanc zugemischt werden, um diesen Wein, der sonst ausgesprochen zitronenhaft ausgefallen wäre, aufzufüllen. Schließlich gab Monticello auf, als es sich herausstellte, daß der Sémillon selbst in den wärmsten Jahren einfach nicht voll ausreifen konnte.

Einen großen Teil seiner Karriere nach der Prohibition verbrachte er als anonymer Bestandteil des inzwischen fast ausgestorbenen sogenannten «Château»-Stils: liebliche bis süße Verschnitte mit größerem Sauvignon- und kleinerem Sémillon-Anteil. «Chateau Beaulieu» war ein bedeutender Vertreter dieser Art in den 1950er und teilweise auch 1960er Jahren.

Von den neueren Versuchen mit Edelfäule zeigten sich die meisten zunächst vielversprechend, gerieten dann aber bald ins Straucheln. Als größtes Hindernis erwies sich Oxidation, als zweitgrößtes Essigstich. Die große Ausnahme, Nightingale von Beringer, zeichnet sich durch schöne Langlebigkeit aus, vielleicht weil bei ihm die Botrytis nach der Lese im Labor zugesetzt wird. Diese von Myron Nightingale und seiner Frau Alice entwickelte Technik vermeidet die beiden Widrigkeiten, die bei später Lese auftreten.

Stony Hill Vineyard produzierte jahrelang einen stets feinen, manchmal sogar großartigen «Strohwein» Sémillon du Soleil in Erzeugerabfüllung.

Gebietstypische Weine:

Gustave Niebaum Chevrier «Herrick Vineyard». **Clos du Val** (Erzeugerabfüllung).

Sauvignon Blanc/Sémillon-Verschnitte

Die Kellertechniker haben inzwischen die verschiedensten Proportionen in Sauvignon/Sémillon-Verschnitten erprobt, zum Teil nach dem Vorbild des trockenen Graves. Ein zufriedenstellendes Gleichgewicht außer beim Mischungsverhältnis halb und halb zu treffen, hat sich als fast unmöglich erwiesen. Bei den meisten Versuchen wurde die Sorte, die den höheren Anteil stellte, in ihrer Natur beeinträchtigt anstatt ergänzt. Doch bei gleichen Anteilen ergab sich fast ausnahmslos Wein, der eindeutig zur Familie gehörte und doch eine eigene Persönlichkeit besaß. Bei allen drei als gebietstypisch vorgestellten Weinen überwiegt im Geschmack der Sauvignon, doch die Körperfülle stammt vom Sémillon. Vor allem der Vichon hält sich fünf bis sechs Jahre gut. In der Edelfäuleausführung kommt der Nightingale von Beringer Vineyards in den meisten Jahren als sortenreiner Sémillon heraus, manchmal wird er aber auch als Sémillon/Sauvignon-Blanc-Verschnitt im Verhältnis 60:40 oder 50:50 angeboten.

Gebietstypische Weine:

Inglenook Gravion (Gebietsverschnitt). **Vichon** Chevrignon (Gebietsverschnitt). **Merlion** Sauvrier (Gebietsverschnitt). **Beringer** Nightingale (Erzeugerabfüllung).

Sonstige Sorten

Colombard (1990: 47 ha), Grey Riesling (22), Muscat Blanc (32), Melon bzw. Pinot Blanc (52).

Schaumwein

1965 führte Schramsberg das Napa Valley und das übrige Kalifornien wieder zurück zu dem lange in Vergessenheit geratenen Nachdruck auf Chardonnay und Pinot Noir als Grundlagen für Schaumwein nach der klassischen Methode. Die Domaine Chandon schloß sich 1973 an, Mumm Napa Valley folgte 1985.

Das trockene, sonnenreiche Napa erscheint nicht unbedingt als der geeignetste Ort für Schaumwein, doch die besten der Art stehen mit an der Spitze, und zwar in einer bemerkenswerten Palette von Stilen. Schramsberg ist fast schon opulent zu nennen; Mumm Napa Valley bildet hierzu mit karger, frischer, sauberer Art den direkten Gegensatz; Chandon liegt dazwischen.

Diese drei Großen versorgen sich in der Hauptsache aus Weinbergen südlich von Yountville, insbesondere aus Lagen an oder nahe der Big Ranch Road und in Carneros. Sie verarbeiten aber auch Lesegut aus Gebirgslagen nordwärts bis Calistoga. Hier spielt der Pinot Noir eine etwas größere Rolle als an anderen Stellen der North Coast, im Blanc de Noir selbstverständlich, aber auch im Brut, weil der Chardonnay aus Napa Schaumweine erbringt, die beim ersten Anzeichen von Reife störrisch werden.

Gebietstypische Weine:

Chandon Brut «Etoile», Brut «Reserve» und «Blanc de Noirs», alle ohne Jahrgang. **Mumm** Brut «Vintage Reserve», Brut «Cuvée de Prestige» ohne Jahrgang. **Schramsberg** Brut «Reserve» und «Blanc de Noirs» mit Jahrgang.

Rotweintrauben

Obwohl es nur ein kleiner Bereich ist, umfaßt das Napa Valley doch genug unterschiedliche Umweltbedingungen für ein halbes Dutzend dunkle Traubensorten unterschiedlicher Herkunft, vor allem Gamay, Merlot, Petite Sirah, Pinot Noir und Zinfandel. Indessen breitet sich seit 1972 der Cabernet Sauvignon in solchem Maß aus, daß er und seine Vettern aus Bordeaux inzwischen die Vorherrschaft im Tal oberhalb der Stadt Napa ausüben. Die anderen bewährten Sorten halten sich noch durch den Willen einiger Anhänger. Sangiovese und Syrah bilden heute einen neuen Hoffnungsschimmer für alle, die etwas anderes möchten als Cabernet.

Cabernet Sauvignon (1970: 627 ha, 1990: 2954 ha)
Ein Blick auf die längste Liste gebietstypischer Weine in diesem Atlas zeigt bereits, daß sie sich bequem verdoppeln, ja verdreifachen ließe, und das aus einem bestimmten Grund: Der Cabernet Sauvignon gedeiht in so vielen Weinbergen, und dadurch wird der Wettbewerb so scharf, daß die Erzeuger die Latte immer wieder eine Kerbe höher legen, bevor ein neues Springen beginnt. Praktisch kein Weinbaubetrieb hält sich aus dem Wettbewerb heraus.

Die Würfel waren spätestens in den 1950er Jahren gefallen, als Beaulieu Vineyard, Inglenook Vineyards und Charles Krug die Szene in Napa mit gebiets- und sortentypischen Cabernets beherrschten, die dennoch in allen Details individuell verschieden waren. (Louis M. Martini, der vierte Mitspieler, nahm den späteren Aufstieg Sonomas mit Cabernets aus Monte Rosso und Carneros voraus.) Wer immer Anspruch auf einen Platz auf den vorderen Rängen erheben wollte, mußte neben diesem Quartett gute Figur zu machen versuchen.

Obwohl die vier in ihrem Weinstil große Unterschiede zeigten, war ihnen allen das Wesentliche des Cabernet aus dem Napa Valley gemeinsam: verhaltene, aber unverkennbare kräuterhafte Noten, vereint mit sonnenwarmer Reife, die bei alten Weinen zu Rosinennuancen, einem kräftigen Alkoholgehalt und festem Tannin hinüberwechseln. Als unverschnittene Cabernets mit kurzem oder gar keinem Eichenfaßausbau besaßen die Krugs und Inglenooks noch genug Tiefe, um sich 5 bis 6 Jahre lang in der Flasche zu entfalten und dann bequem 10, meistens 15 und gelegentlich knapp für die Ewigkeit auf diesem Stand zu bleiben. Beaulieu Vineyards ergänzte das Rezept mit amerikanischer Eiche, ohne etwas Grundsätzliches zu ändern.

In den 1960er Jahren erfolgte eine Explosion der Stile: zunächst wurden Fässer aus französischer Eiche herangezogen, sodann französische Eichenfässer aus bestimmten Regionen und mit bestimmtem Röstungsgrad und schließlich auch Mischungen aus französischer und amerikanischer Eiche. Die Faßausbauzeit wurde hier gestreckt und dort beschnitten. Längere Maischung nach der Gärung kam als neuer Trick hinzu.

Anfang der 1970er Jahre betrat der Merlot die Szene, als das «Verschneiden auf Komplexität» den bis dahin gängigen Modebegriff «Nevers-Eiche mit mittlerem Röstungsgrad» aus dem Fachjargon zu verdrängen begann. Schließlich folgten auch Cabernet Franc und am Ende der 1980er Jahre Petit Verdot und Malbec.

Alle diese Wirkungen zusammengenommen zählen jedoch weit weniger als die vielschichtigen Kombinationen von Lage, Bodendurchlässigkeit, Nebeleinwirkung und Bodentyp, die mit der zehnfachen Erweiterung der Anbaufläche und der ungeheuer vergrößerten Palette an Lagen ins Spiel kamen. Aufmerksame Degustatoren bemerkten schon früh subtile Schattierungen unter den Cabernets aus verschiedenen Teilen Napas. Einer der ersten Vergleiche brachte den Kontrast zwischen den tanninherben Rutherford-Weinen und den milderen Cabernets aus dem Stag's Leap District zum Vorschein – die kalifornischen Pendants zu Pauillac und Margaux waren gefunden. Weine aus der Gegend östlich von Rutherford und Oakville schmecken meist kräftiger nach Kräutern als solche aus dem Westen. Calistoga gibt eine besondere Neigung zu steinhartem Tannin zu erkennen. Mehr als nur ein paar Spitzen-Cabernets aus Napa erinnern eindeutig daran, daß die Nutzung der Lagen in Kalifornien noch nirgendwo ausgereift ist, so daß manche großartigen Weinberge ihre Trauben noch immer für Gebietsverschnitte hergeben müssen.

Der springende Punkt ist die amerikanische Neigung zum Unmaß. Wenn ein wenig Tannin einem Wein 10 Jahre Lebensdauer verleiht, dann muß viel Tannin doch wohl für 40 Jahre gut sein. Wenn Eichenholz mehr Tiefe einbringt, muß viel Eichenholz doch wohl noch Glorreicheres gewährleisten. Viele großartige Lagen verlieren noch immer ihr Gesicht in Weinen, die zu lange in frischem Eichenholz liegen, während aus bescheidenen Lagen hohle Giganten herausgepumpt werden, bei denen Tannin den Knochenbau und Eichensaft das Blut abgeben muß. Alles ist fest entschlossen, nur Premier Cru und keinesfalls Cru Bourgeois zu sein.

Wollte man einen oder zwei Weine als die typischsten unter den typischen für dieses Gebiet heraussondern, dann würden die Napa Valley Reserves von Raymond Vineyards oder Louis M. Martini dafür sicher gut passen. Beide schmecken eindeutig nach Cabernet, wie er in Napa wächst; beide haben die Tanninstruktur, wie sie logischerweise in einem Punkt genau auf halbem Weg zwischen Rutherford und dem Stag's Leap District zustande kommen muß, aber tatsächlich auch von jedem anderen Punkt ringsum oder einer Zusammenstellung solcher Punkte kommen kann. Robert Mondavis reguläre Abfüllung ist weitgehend damit vergleichbar, nur etwas kräftiger mit dem Geschmack von französischem Eichenholz eingefärbt. Ebenso steht es mit dem «Rutherford» von Beaulieu, ausgenommen daß hier die Würze von amerikanischer Eiche stammt. Alle übrigen liegen auf ähnlich behutsamer Linie, kommen aber aus Einzellagen.

Gebietstypische Weine:
Raymond Napa Valley (Gebietsverschnitt). **Robert Mondavi** Napa Valley (Gebietsverschnitt). **Clos du Val** Napa Valley (Gebietsverschnitt; ab 89 Erzeugerabfüllung).
Aus Calistoga/St Helena
Spottswoode Winery (Erzeugerabfüllung vom Fuß der Berge, westlich der Stadt). **Grace Family Vineyard** (Erzeugerabfüllung von einem Westhang nördlich von St Helena). **Tudal Winery** Napa Valley (nahe beim Napa River an der Big Tree Road). **Sterling Vineyards** »Diamond Mountain Ranch« (hoch in den Bergen im Westen bei Calistoga).
Aus Rutherford/Oakville
Beaulieu Vineyard »Georges de Latour Private Reserve« (Erzeugerabfüllung von BV No. 1 und BV No. 2, beide westlich vom Highway 29). **Freemark Abbey** Napa Valley (aus den dicht beieinanderliegenden Wood, Carpy und Red Barn Ranches zwischen Rutherford und Conn Creek), »Cabernet Bosche« (Die Lage Bosche grenzt an BV No. 1), »Sycamore Vineyard« (am Fuß der westlichen Berge südlich von Rutherford). **Caymus Vineyard** (vorwiegend von eigenem Lesegut und von einem Nachbarn von Spottswoode in St Helena), »Special Selection« (Erzeugerabfüllung, östlich von Rutherford zwischen Conn Creek und Silverado Trail).
Aus Yountville/Napa
Trefethen (Erzeugerabfüllung). **Charles Krug** »Vintage Selection« (seit 85 von der Slinsen Ranch südlich von Yountville).
Aus dem Stag's Leap District
Clos du Val (Erzeugerabfüllung). **Chimney Rock** (Erzeugerabfüllung). **Shafer** Napa Valley (vorwiegend aus Eigenbesitz), »Hillside Select« (Erzeugerabfüllung). **Silverado Vineyards** (Erzeugerabfüllung). **Stag's Leap Wine Cellars** »Stag's Leap Vineyard« (Erzeugerabfüllung). **Pine Ridge** »Stag's Leap Cuvée« (Erzeugerabfüllung, an der Südwestecke von Stag's Leap Vinyard angrenzend).
Vom Mt Veeder
Mt Veeder Vineyards (Erzeugerabfüllung). **Hess Collection** (Erzeugerabfüllung). **Mayacamas** (von Eigenbesitz bzw. einer Nachbarlage).
Von den Bergen auf der östlichen Talseite
Chappellet Vineyard (Erzeugerabfüllung). **Louis M. Martini** Napa Valley »Reserve« (vorwiegend aus Glen Oaks im Chiles Valley).

Cabernet Franc (1970: 4 ha, 1990: 200 ha)
Weniger als ein Dutzend Erzeuger haben es in den letzten Jahren versucht, Cabernet Franc für sich selbst auf den Schild zu heben. Bislang scheint sich die Traube aber als Zutat zum Cabernet Sauvignon wohler zu fühlen als in Form eines Sortenweins. Weitere Anpflanzungen und neue Bemühungen mögen dies ändern.

Auf Cabernet beruhende Verschnitte
Die Sirenengesänge aus Bordeaux gehen den Weinbaubetrieben in Napa ebensowenig aus dem Sinn, wie sie an ihren Rivalen in jüngeren Bereichen spurlos vorüberklingen. Die Idee, daß eichenbestandene Hänge und Olivenhaine für ein Klima nach dem Muster von Bordeaux sprechen, führt Winzer und Kellermeister nach wie vor hin zu Merlot, Cabernet Franc, Petit Verdot und auch Malbec als Begleiter für Cabernet Sauvignon.

Der dunkle, ausdrucksvolle »Insignia« von Joseph Phelps brachte die Art 1974 in Gang, obwohl ursprünglich beabsichtigt war, den besten Wein des Jahres dafür zu verwenden, gleich welche Traube. Der geschmeidige, ausgefeilte Opus One, das Gemeinschaftsprojekt von Robert Mondavi und Philippine de Rothschild, hat so wundervollen Erfolg, nicht zum geringen Teil weil Cabernet Sauvignon die Mitstreiter so stark überwiegt. Für diesen Wein wird der Status als Erzeugerabfüllung angestrebt; im ersten Jahrzehnt kam er aus Mondavi-Weinbergen neben Martha's Vineyard bei Oakville. Der »Meritage« von Franciscan Vineyards von Eigenbesitz bei Oakville folgt ebenfalls der Linie, dem Cabernet Sauvignon das Übergewicht zu geben. Der »Trilogy« von Flora Springs, ein erstaunlich robuster Verschnitt von je einem Drittel Cabernet Sauvignon, Cabernet Franc und Merlot, zeigt mit großer Ge-

Links: Shafer Vineyards im Vordergrund ist die hügeligste Besitzung im Stag's Leap District, der sich unter einer steilen Basaltwand südwärts erstreckt.

Oben links: Benzin- oder Ölöfen sind das verbreitetste Abwehrmittel gegen Spätfröste.

Oben: Sterling Vineyards hat Klöster auf griechischen Inseln zum Vorbild für seine Architektur genommen. Das Gebäude steht auf einem von mehreren im Napa Valley aufragenden Vulkanfelsen.

schmacksfülle erfolgreicher als andere den entgegengesetzten Weg auf. Er stammt aus Lagen beim Weinbaubetrieb südlich von St Helena. «Cain Five» nutzt alle fünf bekannteren dunklen Traubensorten aus Bordeaux gleichzeitig und erzielt wie der «Trilogy» bewunderungswürdige Geschmackstiefe, obwohl er dem Cabernet Sauvignon eine nicht so übermächtige Rolle einräumt.

Gamay (1970: 308 ha, 1990: 155 ha)
In Napa ist – wie anderswo auch – Gamay und Napa Gamay zweierlei. Neuerdings wird der Gamay Noir à Jus Blanc aus dem Beaujolais angebaut. Ältere Pflanzungen tragen entweder diese Sorte oder die Nachkommen einer in Frankreich als Valdiguié bekannten Rebe. Die Unterschiede sind nicht groß: Der Wein des Gamay Noir hat leichtere, frischere Art, jener des Valdiguié ist dunkler, herber und im Geschmack eher weinig als fruchtig.

Charles F. Shaw hat so gut wie ein Monopol auf Gamay mit der Herkunftsbezeichnung Napa. Die Weine dieses Betriebs gleichen einem guten Beaujolais Villages: schönes Gleichgewicht zwischen einem bißchen Substanz und viel unbekümmerter Art. Ein Steak, ein Sommerabend und eine Flasche von diesem Wein bringen schönen Genuß, der seinen Preis wert ist.

Merlot (1970: 25 ha, 1990: 582 ha)
Viele gelehrte Sachkenner behaupten oft im Ton der Verzweiflung, der Merlot sei nach dem Pinot Noir die Rebsorte, die am empfindlichsten auf die Lage reagiert. Die bisherige Erfahrung im Napa Valley scheint das zu bestätigen. Im Lauf der letzten 15 Jahre hat eine beträchtliche Anbaufläche kaum denkwürdige Weine hervorgebracht. Nur zu oft war das einzige, was dem Merlot gelang, daß er den Charakter der Cabernet Sauvignons und Meritages, denen er zu mehr Komplexität verhelfen sollte, abschwächte. Die besten dieser Verschnitte sind allerdings bemerkenswert.

Obwohl die Entscheidung wohl erst in Jahrzehnten fallen wird, scheint sich doch das Hauptaugenmerk auf das südöstliche Viertel des Tals, den Stag's Leap District und die Lagen darüber, konzentrieren zu wollen. Die Merlots von Quail Ridge verströmen sich in delikaten Düften von Waldveilchen so sehr, daß ihre Festigkeit auf der Zunge fast unbeachtet bleibt. Der «Reserve» von Inglenook kommt ihm am nächsten. Clos du Val und Shafer lassen Spuren derselben Duftigkeit erkennen, sind aber weicher und voller. Beobachter schauen aber auch nach Carneros (siehe S. 60–65).

So seltsam es klingen mag, auch Calistoga ist künftiger Beachtung wert – die dortigen Weine zeigen weniger Delikatesse und dafür größere Kargheit, wenn man den Merlots von Sterling Vineyards und der «Three Palms»-Version von Duckhorn Modellcharakter zubilligt.

Gebietstypische Weine:
Quail Ridge Napa Valley (vorwiegend bzw. ganz aus der Lage Vandendriessche im Soda Canyon zwischen Stag's Leap und Napa). **Inglenook** Napa Valley Reserve (Gebietsverschnitt). **Sterling Vineyards** Napa Valley (Gebietsverschnitt aus eigenen Weinbergen). **Clos du Val** (Erzeugerabfüllung). **Shafer** Napa Valley (meist von Eigenbesitz, dazu Nachbarlagen).

Petite Sirah (1970: 551 ha, 1990: 190 ha)
Petite Sirah ist die Rebsorte, die in neuerer Zeit in Napa das größte Debakel erlebt hat. Ihre Weine brauchen jahrelange Flaschenreife, bis sie ansprechend werden (freilich kann man durch kluges Verschneiden die Genußreife ohne Verlust an Charakter beschleunigen). Noch mehr bedeutet allerdings, daß sie sich mit den Cabernet Sauvignons auseinandersetzen müssen, die mit weit weniger Aufwand den drei- bis vierfachen Preis garantieren.

Sortenreiner Petite Sirah kommt kaum noch vor, obwohl die Anbaufläche sicher erhalten bleibt, da mit ihrem Lesegut so mancher durch Regen verwässerte Cabernet Sauvignon gerettet oder eine solide Basis für Tafelrotwein gewonnen werden kann.

Clos Pegase – hier von Sterling Vineyards aus gesehen – ist eines der vielen architektonisch interessanten Bauwerke im Napa Valley.

Petite Sirah aus dem Napa Valley schmeckt schwach nach schwarzem Pfeffer und ist mit seinem Tannin eichenholzrobust, eignet sich damit in der Jugend zu Gegrilltem. Selbst in gemäßigter Ausführung sind fünf Jahre kaum ausreichend, um diesem Wein so viel Charme und Milde beizubringen, daß er auch feine Gerichte mit Anstand begleiten kann. So mancher ist mit 20 Jahren noch lange nicht alt.

Der relativ sanfte Napa Valley Reserve von Louis M. Martini darf heute als Musterbeispiel für die Region gelten. Verschwunden sind die dunklen, erdigen Wunderweine von Freemark Abbey mit ihrem flüchtigen Zedernholzaroma aus dem York Creek Vineyard bei Stony Hill; nur ein paar noch übrige Flaschen vom 1975er werfen die Frage auf, wie der Markt eigentlich so unaufmerksam sein konnte. Verschwunden sind auch der Petite Sirah von Stag's Leap Wine Cellars mit dem besänftigenden Schuß Pinot Noir und Robert Mondavis kräftiges, mit Eichenholzwürze gut versehenes Beispiel.

Pinot Noir (1970: 241 ha, 1990: 9990 ha)
Der früher um Oakville und Rutherford ebenso prominent wie Cabernet Sauvignon vertretene Pinot Noir bläst seit spätestens Mitte der 1980er Jahre beständig zum Rückzug in das Gebiet von Carneros (siehe S. 60–65). Um 1990 war es infolge dieser Bewegung fast unmöglich, noch eine Flasche Pinot Noir mit der Herkunftsbezeichnung Napa Valley zu finden, der nicht mindestens zur Hälfte von Trauben aus Carneros gekeltert war. Die einzige verläßliche Ausnahme ist der pflaumenwürzige, körperreiche Weichling aus dem Eigenbesitz von Monticello Vineyards an der Big Ranch Road.

Die alten Pinots aus dem oberen Tal hatten einige Faszination, obwohl sie, wenn überhaupt vergleichbar, Rhône-Weinen meist ähnlicher waren als Burgundern. Sie hatten tiefe Farbe und dazu viel Tannin, aber auch Geschmacksnuancen, die an getrocknete Früchte erinnerten.

Ein großer Teil des Pinot Noir, der noch nördlich von Carneros wächst, wird früh gelesen und ist für Schaumwein bestimmt. Die meisten Bestände gibt es noch an der Big Ranch Road und nordwärts bis Yountville Cross Road.

Sangiovese (1970: 0, 1990: 52 ha)
Nach noch nicht einmal fünf Jahrgängen und mit gerade vier Erzeugern als Grundlage wäre es vorschnell, eine Beurteilung des Napa Sangiovese (Sangioveto Grosso) versuchen zu wollen, und doch deuten alle Anzeichen auf Erfolg. Die Weine von den noch jungen Reben zeigen beständiges Gleichgewicht und ansprechende Geschmacksfülle, auch wenn sie aus so unterschiedlichen Jahrgängen wie 1988 und 1989 und aus Weinbergen mit so unterschiedlichen Böden und Lagen stammen, wie es die von Pepi bei Yountville oder von Atlas Peak in den Bergen im Osten oberhalb von Stag's Leap oder von Rodeno im Chiles Valley sind.

Zinfandel (1970: 343 ha, 1990: 754 ha)
Zu Beginn der 1990er Jahre stand der Napa-Zinfandel an einem Scheideweg. Die Anbaufläche nahm zu, die Zahl der Erzeuger aber ging zurück. Nicht nur das, drei der größeren Weinbaubetriebe holten sich das Lesegut von anderswoher: Sutter Home aus dem Amador County, Grgich Hills und Joseph Phelps aus Sonoma.

Man fragt sich, wo der Ertrag eigentlich hinkommt, denn echten, vollblütigen Zinfandel gibt es nur noch wenig. Ein Teil geht in Weinen mit der Herkunftsbezeichnung North Coast auf, ein weiterer, größerer wird zu White Zinfandel verarbeitet, nur der echte Rotwein ist so etwas wie eine Rarität oder eine vom Aussterben bedrohte Art. Das ist schade, denn in Napa gedeiht er gut, insbesondere bei Oakville, in den östlichen Bergen von Lake Hennessy bis zum Howell Mountain und an einzelnen Stellen von St Helena bis Calistoga und darüber hinaus. Im Bestfall zeigt er eine etwas zahmere Beerenfrucht als seine Vettern aus dem Alexander und dem Dry Creek Valley und – so seltsam das scheint – auch runderes Tannin. Andererseits schmeckt erstklassiger Napa-Zinfandel kräftiger nach Beeren und viel fester als der aus dem Mendocino County um Ukiah.

Frog's Leap bringt beständig eine gewisse Delikatesse auf, einen fast luftigen Körper, in dem dann die Intensität des Zinfandel-Geschmacks wie ein Schock wirkt, erfreulich, aber unberechenbar; Eichenholzwürze ist nur immer eine Spur vorhanden. Franciscan beteiligt sich erst seit neuerer Zeit und kann noch nicht als typisch gelten, doch die Ähnlichkeit in Geschmack und Gleichgewicht mit Frog's Leap läßt den Schluß zu, daß das, was zweimal aus dem Oakville Estate gekommen ist, auch weiterhin so kommen dürfte. Die Note von französischem Eichenholz schmeckt zwar manchmal vor, stört aber nicht wirklich. Burgess produziert einen rundum großen Wein. Er hat Wucht, Alkohol und viel Eichenholzwürze neben dem sortentypischen Beerengeschmack. Caymus vertritt dieselbe Schule, jedoch etwas verhaltener.

Die meisten übrigen Erzeuger liegen zwischen den Extremen Frog's Leap und Burgess. Manche lassen die Trauben zu reif werden, und dann fällt ihr Wein portähnlich aus. Ein weiterer häufiger Fehler ist zuviel Eichenholzwürze. Dann besteht beim Zinfandel die Gefahr, daß sich der Eigengeschmack verliert.

Gebietstypische Weine:
Frog's Leap Winery (aus zwei Weinbergen nördlich von St Helena und einem beim Zinfandel Lane). **Franciscan Vineyards** (Erzeugerabfüllung aus dem Oakville Estate). **Burgess Vellars** (aus mehreren Weinbergen im Howell Mountain Sub-AVA und Umgebung). **Caymus Vineyards** (Gebietsverschnitt, zumeist aus Berglagen östlich von Rutherford). **Clos du Val** (Erzeugerabfüllung aus dem Stag's Leap District).

Sonstige Rebsorten
Pinot Meunier (1990: 52 ha) wird vor allem in Carneros für Schaumwein angebaut; Syrah (1990: 10 ha) ist fast ein Privatprojekt von Joseph Phelps, das langsame Fortschritte macht. Alicante Bouschet, Carignane, Early Burgundy, Grand Noir, Mondeuse und andere unbedeutendere Rebsorten sind in den 1980er Jahren praktisch aus den Anbaustatistiken verschwunden.

Napa Valley AVA

Eingerichtet: 1. Januar 1983
Gesamtfläche: 120 000 ha
Rebfläche: 13 280 ha
Weinbaubetriebe: rund 220
Hauptorte: Napa, Yountville, St Helena, Calistoga

In einer noch nicht sehr weit zurückliegenden Vergangenheit bedeutete Napa Valley für den Weinfreund Cabernet Sauvignon aus Rutherford und Umgebung. Alle anderen Traubensorten aus allen anderen Gegenden im County waren unerheblich. Mit zunehmenden Anpflanzungen und dem Aufkommen des Chardonnay begannen sich differenziertere Gedanken durchzusetzen.

Historie und Renommee stellten Napa in Kalifornien in die vorderste Reihe, als die Begriffsverwirrung einen Appellationsstatus unumgänglich machte. 1980 traten die Winzer in ihrer Mehrheit an das BATF (Bureau of Alcohol, Tobacco, and Firearms) mit dem Vorschlag heran, die Grenzen eng um das Einzugsbecken des Napa River herum zu ziehen. Einige Anbauer mit Interessen im Pope Valley weit im Osten erhoben Einspruch. Die Mehrheit gab nach, und die Verfechter der größeren Lösung trugen den Sieg davon. Nur die trockene, steinige Nordostecke des Napa County, wo selbst die Klapperschlangen sich nur mühsam durchschlagen, wurde aus den endgültigen Grenzen ausgeklammert.

Nach nunmehr einem Jahrzehnt wird «Napa Valley» als eine Dachbezeichnung genommen, hinter der sich ebensoviel verbirgt, wie sie zu erkennen gibt, während die späteren Sub-Appellationen Howell Mountain, Spring Mountain, Rutherford, Oakville, Stag's Leap District, Mt Veeder und Atlas Peak nicht unbedingt der Verteilung der Rebsorten entsprechen, sondern eher geographischen Realitäten Rechnung tragen.

Das eigentliche Tal des Napa River, die Talsohle und die niedrigeren Erhebungen auf beiden Seiten, steht in einem logischen Zusammenhang. Nördlich von Yountville herrscht der Cabernet. Südlich der Stadt hat der Chardonnay überall die Oberhand, außer im Stag's Leap District, wo wiederum der Cabernet die Herrschaft hat. Der Cabernet dringt zwar in das Chardonnay-Land ein und umgekehrt, im großen ganzen aber stimmt das Bild. Andere Rebsorten, vor allem Sauvignon Blanc und Zinfandel, haben ihre Hochburgen sowohl im oberen als auch im unteren Tal. Riesling, Gewürztraminer und Petite Sirah könnten weiter vorn liegen, wenn der Markt es zuließe. Der Merlot gibt weitgehend Rätsel auf; Sangiovese und Syrah sind noch Neulinge.

Die Berge im Westen bieten ein weniger klares Bild, teils weil das in hügeligem Gelände immer so ist, aber auch, weil eine lange historische Lücke ihnen weniger Bewährungsmöglichkeiten ließ

An den unteren Hängen des Spring Mountain bildet der Weinberg von Cain Cellars in Napa eine Rarität: eine Lage, die mit den fünf Médoc-Rebsorten bepflanzt ist und nicht allein mit Cabernet Sauvignon.

als der Talsohle um Rutherford. An den oberen Hängen von Mt Veeder und Spring Mountain halten sich seit eh und je weiße Trauben – der Riesling schon am längsten, der Chardonnay erst seit neuerem, dafür aber kräftiger. Der Carbernet gewinnt erst an den unteren Hängen Prominenz.

Während schon die Berge im Westen weniger Klarheit bieten als die Talsohle, liegt die Ostseite vergleichsweise sehr im dunkeln. In der ersten Reihe der Berge im Osten hat der Howell Mountain eine lange Tradition mit Rotwein, vor allem Zinfandel. Cabernet Sauvignon und Merlot haben sich hier in den letzten 10 Jahren breitgemacht, und nun drängt der Chardonnay sie alle zurück. Das Pope Valley im Osten erbringt bewährte Leistungen nur mit Sauvignon Blanc, doch zeigt sich der Sangiovese inzwischen als Hoffnungsschimmer. Er ist mindestens ebensogut wie Chardonnay, Cabernet Sauvignon und Merlot. Das vom Pope Valley durch eine flache Bodenwelle getrennte Chiles Valley läßt sich noch schwerer charakterisieren. Zinfandel reift hier an mehreren Stellen mit Schwierigkeiten, an anderen dagegen mit Leichtigkeit. Der Cabernet Sauvignon scheint sich hier manchmal mehr daheim zu fühlen. Auch Chardonnay erweist sich als mindestens passabel, das ist aber in einer Gegend, wo er fast überall ordentlich gedeiht, nichts Neues. Weiter im Südosten lassen die schweren Cabernets aus dem Wooden Valley erkennen, daß dies die wärmste Ecke der Appellation ist, auch wenn es wegen des Mangels an Wettermeßstationen nur vermutet werden kann.

Kehren wir zurück zum Haupttal und zu den Bergen, die es einrahmen. Die einfache Regel «Cabernet im Norden, Chardonnay im Süden» hat tausendundeine Ausnahme. In diesem Tal allein schon lehrt die Erfahrung, daß die Grenzen der einzelnen Besitzungen wirklich etwas zu bedeuten haben, daß unmittelbare Nachbarn nicht mit gleichen Chancen beim Anbau der einen oder anderen Rebsorte ausgestattet sind, und zwar wegen der Lage oder der Wasserdurchlässigkeit oder der Bodenstruktur überhaupt.

Es ist unwahrscheinlich, daß irgend jemand im Napa Valley jemals so allgemeingültige Aussagen über die Böden machen kann, wie das im Médoc oder an der Côte d'Or möglich ist. Die hiesigen Verhältnisse sind lediglich ein Nebenprodukt der immerwährenden Kollision zwischen der pafizischen und der nordamerikanischen Kontinentalplatte. Manche der steileren Berge von heute waren einst flacher Meeresboden, kleinere Hügel sind hochgetriebene Vulkanblasen. Ein paar besonders eindrucksvolle Brocken wurden wie Strandgut aus unbekannter Ferne hierhergetragen.

Eine der schönsten Karten des Tals – sie stammt von 1935 – zeigt über 30 Bodentypen mit darübergeschichtetem Verwitterungsschutt. Auf ihm ergeben sich fast rundum für die Sonneneinstrahlung offene Lagen, und über allem liegt eine unberechenbare Meeresluft, die vom Pazifischen Ozean hereinströmt.

Calistoga – St Helena

Wäre das Napa Valley ein Golfgelände mit Abschlag in Napa und Grün in Calistoga, dann gäbe es ein miserabel zu spielendes Vierer-Loch mit Linkskrümmung ab. Wenn überhaupt eine Chance bestehen sollte, mit vier Schlägen ins Loch zu kommen, müßte der Abschlag haarscharf an der rechten Seite bleiben und gerade bis St Helena gelangen, und der zweite Schlag müßte im Flug bis ins Grün gehen, denn die Talsohle wird immer schmaler, bis kaum noch etwas als Spielbahn, dafür aber eine Menge «Rauhes» übrigbleibt.

Die Weinberge werden auf den 12 Kilometern zwischen St Helena und Calistoga immer dünner und kleiner. In den Bergen auf beiden Seiten liegt fast genausoviel Anbaufläche wie unten auf der Talsohle.

Architektur aus alter Zeit schmückt die Straßen von Calistoga am Nordende des Napa Valley. Der Ort ist ein beliebtes Ausflugsziel.

Die Verbindung wird von einer langen, unmittelbar unterhalb der Freemark Abbey Winery verlaufenden Hügelkette gebildet und dann von einem steilen, bewaldeten Berg weitergeführt, der sich gegen Frog's Leap herandrängt. Anschließend schwenken die westlichen Berge nach Süden, so daß ihre Hänge nicht mehr nach Osten, sondern nach Norden gerichtet sind. Die oberen Hänge heißen zusammengenommen Spring Mountain; hier ist als berühmtester Weinbaubetrieb Stony Hill Vineyard ansässig, aber auch andere sind der Beachtung wert. Die Berge im Osten wenden sich zusammen mit denen im Westen nach rechts, aber die Weinberge in ihnen machen das nicht mit. Der Howell Mountain zweigt ostwärts vom Haupttal ab, der bepflanzte Teil liegt auf einem fast ebenen Hochland zwischen dem ersten und zweiten steilen Anstieg der östlichen Berge.

Dieses zerrissene Gelände bringt genau die Anomalien hervor, die man erwartet. Irgendwo zwischen St Helena und Calistoga befindet sich der wärmste Punkt im Haupttal, aber der Weinberg, der hier vom Schaumweinspezialisten Mumm Napa Valley jedes Jahr als letzter abgeerntet wird, liegt versteckt in einem engen Canyon nordwestlich von Calistoga, kaum einen Steinwurf entfernt vom Storybook Mountain, wo der Zinfandel ohne weiteres überreif werden kann.

Von den Weinberglagen im Haupttal ist fast jede bessere mit Cabernet Sauvignon besetzt. Spottswoode, Grace Family, Tudal und Chateau Montelena bringen Erzeugerabfüllungen hervor. Eisele liefert einen Einzellagen-Cabernet für Joseph Phelps. Dieses Quintett liegt verstreut in einem Abschnitt, wo das Terrain von Napa den Gipfel der Unübersichtlichkeit erreicht. Spottswoode, eine ziemlich ebene Lage, ist rings von Wohnvierteln der Stadt St Helena umgeben. Ein, zwei Kilometer nördlich der Stadt liegt der kleine Grace-Family-Besitz auf einer ziemlich scharf nach Osten geneigten Fläche, einem Teil des Bergkamms, der die Linksbiegung im Tal verursacht. Tudal, noch einmal ein paar Kilometer weiter nordwärts, befindet sich am Flußufer auf flachem, wundervoll durchlässigem Boden. Ebenso flach schmiegt sich Chateau Montelena an den Fuß des Mt St Helena. Eisele liegt auf der Sohle eines kleinen Canyons südlich von Calistoga. Zwei Anpflanzungen kleben an den Hängen des Diamond Mountain westlich von Calistoga. Diamond Creek bringt nichts als Cabernet hervor, während die Diamond Mountain Ranch von Sterling Vineyards dabei ist, sich mit Cabernet und Chardonnay einen guten Namen zu machen.

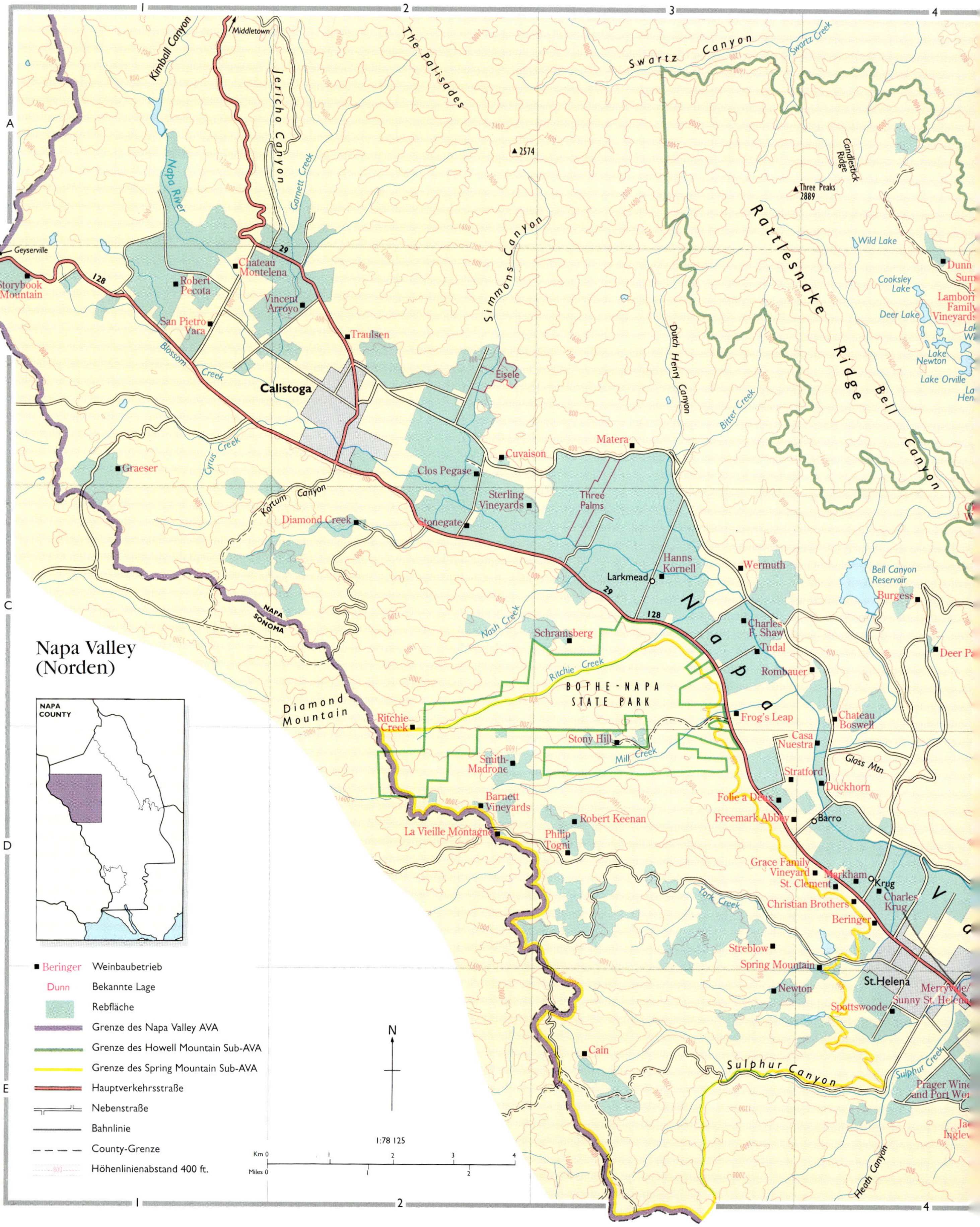
Napa Valley (Norden)
NAPA COUNTY
Beringer Weinbaubetrieb
Dunn Bekannte Lage
Rebfläche
Grenze des Napa Valley AVA
Grenze des Howell Mountain Sub-AVA
Grenze des Spring Mountain Sub-AVA
Hauptverkehrsstraße
Nebenstraße
Bahnlinie
County-Grenze
Höhenlinienabstand 400 ft.
1:78 125
Km 0 1 2 3 4
Miles 0 1 2
N
Middletown
Geyserville
Kimball Canyon
Jericho Canyon
The Palisades
Swartz Canyon
Swartz Creek
Napa River
Garnett Creek
2574
Three Peaks 2889
Candlestick Ridge
Rattlesnake Ridge
Bell Canyon
Wild Lake
Cooksley Lake
Deer Lake
Lake Newton
Lake Orville
Simmons Canyon
Dutch Henry Canyon
Bitter Creek
Storybook Mountain
Robert Pecota
Chateau Montelena
Vincent Arroyo
San Pietro Vara
Traulsen
Blossom Creek
Calistoga
Eisele
Cuvaison
Matera
Clos Pegase
Graeser
Cyrus Creek
Kortum Canyon
Diamond Creek
Sterling Vineyards
Three Palms
Stonegate
Hanns Kornell
Larkmead
Wermuth
Bell Canyon Reservoir
Burgess
Napa
Nash Creek
Schramsberg
Charles F. Shaw
Tudal
Rombauer
Deer Park
Ritchie Creek
BOTHE-NAPA STATE PARK
Diamond Mountain
Frog's Leap
Chateau Boswell
Casa Nuestra
Stony Hill
Mill Creek
Glass Mtn
Smith-Madrone
Stratford
Duckhorn
Folie a Deux
Barnett Vineyards
Robert Keenan
Freemark Abbey
Barro
La Vieille Montagne
Philip Togni
Grace Family Vineyard
Markham
Krug
St. Clement
Charles Krug
York Creek
Christian Brothers
Beringer
Streblow
Spring Mountain
St.Helena
Newton
Spottswoode
Cain
Sulphur Canyon
Sulphur Creek
Prager Wine and Port Works
Heath Canyon
NAPA
SONOMA
29
128

Die Vettern des Cabernet Sauvignon setzten sich in der Mitte der 1980er Jahre am Nordende des Napa Valley fest, und zwar Merlot und Cabernet Franc mehr als Petite Verdot oder Malbec. Sterling Vineyards arbeitet dort mit eigenem Lesegut und mit dem von selbständigen Anbauern – am bekanntesten ist Three Palms.

Three Palms liegt nicht so weit südlich von Eisele, wie man meinen könnte. Die Lage ist offener und fast so steinig wie ein Flußbett, aber dennoch stärker mit Merlot und Cabernet Franc besetzt als mit Cabernet Sauvignon; ihren Ruhm verdankt sie vor allem dem ersteren – und läuft damit eindeutig der Theorie zuwider, daß Merlot auf schwereren Boden gehört als Cabernet.

Alle diese Leihgaben aus Bordeaux wachsen hier erst seit kurzer Zeit. Ihre Vorläufer, soweit es sie gab, waren ein Mischmasch von Colombard, Petite Sirah, Charbono und »*mixed black*«, wie es auf alten Pflanzenetiketten zu heißen pflegte, wenn niemand mehr durchzublicken vermochte. Obwohl an der Talsohle der Cabernet die Herrschaft führt, gibt es hier und dort ein wenig Zinfandel oder Gamay und vielleicht ein bißchen mehr Charbono. Eigentlich müßten auch Sauvignon Blanc und Sémillon gute Aussichten haben, das aber ist offenbar bisher kaum jemand eingefallen.

Mit die charaktervollsten Napa-Zinfandel stammen aus Lagen, die mindestens genauso unsinnig verstreut sind wie die Cabernet-Pflanzungen. Der Zinfandel des Weinbaubetriebs Storybook Mountain ist als Erzeugerabfüllung am prominentesten. Aber auch zwei selbständige Anbauer bei Frog's Leap verkaufen ihr erstklassiges Zinfandel-Lesegut dorthin.

Spring Mountain Sub-AVA

Beantragt: 1992
Gesamtfläche: 3440 ha
Rebfläche: 320 ha
Weinbaubetriebe: 13
Hauptorte: keine (St Helena nahebei)

Der lange Hang von St Helena aufwärts bis zum höchsten Punkt der Mayacamas hat schon derartig himmlische Rieslinge hervorge-

Ganz oben: Clos Pegase, das Ergebnis eines Architekturwettbewerbs, ist Weinbaubetrieb und Kunstgalerie mit vielen Gemälden und Skulpturen aus der Sammlung des Besitzers.
Oben: Fässer aus französischer Eiche liegen in mehreren Ausbaukellern von Sterling Vineyards.

bracht, daß er – ginge nur alles mit rechten Dingen zu – dort oben, wo die Mammutbäume gerodet worden sind, ganz und gar mit Riesling hätte bepflanzt werden müssen. Zu einem gewissen – hoffentlich dem bessern – Teil ist er es auch. Die Spitzenlage dort heißt Draper, einst die Quelle für den großen Wein von Souverain Cellars, heute das Rückgrat von Stony Hill. Smith-Madrone kommt der von ihr vorgelegten Gangart am nächsten.

Allerdings nimmt Chardonnay immer mehr vom verfügbaren Land in Anspruch, und das nicht zu Unrecht. Die Nachbarn Stony Hill und Smith-Madrone haben hier mit völlig unterschiedlichen Stilen Eindrucksvolles geleistet. Auch Robert Keenan und andere sind erfolgreich. Cabernet Sauvignon und Merlot übernehmen weiter unten in den Weinbergen von Cain Cellars und Newton, um nur zwei zu nennen, die Führung.

Howell Mountain Sub-AVA

Eingerichtet: 30. Januar 1984
Gesamtfläche: 5632 ha
Rebfläche: 79 ha
Weinbaubetriebe: 6
Hauptort: Angwin

Die Geschichte reicht am Howell Mountain dem Zinfandel die Palme, auch wenn die Neuerer ihn durch Cabernet Sauvignon oder Merlot verdrängen und die Revolutionäre alle anderen für Chardonnay über Bord werfen möchten.

Jahrelang holte Ridge Vineyards seinen Howell Mountain Zinfandel aus einer Lage mit dem Namen Park-Muscatine. Der Bannerträger der einheimischen Traube aber ist Lamborn Family Vineyards. Beide Besitzungen liegen zum Nordende der Appellation hin. Dunn Vineyards, früher Nachbar von Park-Muscatine, hat nun die Lage in Besitz. Randall Dunn, der Eigentümer und Kellermeister, war der erste und ist noch immer der stärkste Befürworter von Cabernet Sauvignon (und nichts als Cabernet Sauvignon) auf diesen Höhen. La Jota, am anderen Ende der Appellation, ist Dunns eindeutigster Verbündeter, denn dort wird dem Cabernet ebenfalls der erste Platz eingeräumt, allerdings haben die Eigentümer auch eine Versuchsanpflanzung von Viognier zugelassen.

Der Chardonnay hat hier eine spätere Blüte erlebt als der Cabernet, dafür aber – wenigstens der Zahl nach – eine vollere. Chateau Woltner verschaffte ihm starke Aufmerksamkeit dadurch, daß es schon für den ersten Jahrgang, den 1986er, das Dreifache dessen verlangte, was damals als Preis für Chardonnay üblich war, und schon bald danach den Abstand noch vergrößerte, indem es $58 für eine Flasche seiner Weine «Titus» und «Frederique» berechnete.

Die hügeligen Weinberge von Chateau Woltner liegen in der Nähe der westlichen Grenze der Appellation, etwa im Mittelpunkt der Nord-Süd-Achse. Die Nachbarn Bancroft und Liparita befinden sich nicht weit von La Jota am Südende des Bereichs Howell Mountain. Beide waren Anfang der 1990er Jahre Winzermarken, und beide haben sich in der Preisgestaltung bei ihrem Chardonnay bescheidener gezeigt als das in französischem Besitz befindliche Chateau Woltner. Außerdem verfügen beide über umfangreiche Merlot-Anpflanzungen auf der roten Erde, wie der Distrikt sie zum größten Teil aufweist. Die Appellation ist in einer Durchschnittshöhe von 550 m weitgehend eben. Wo es überhaupt Hänge mit einer bestimmten Ausrichtung gibt, dann meist nach Westen oder Südwesten. Ungewöhnlich ist, daß hier Koniferen und nicht eichenbestandene Wiesen die natürliche Vegetation bilden. Das ist insbesondere den Chardonnay-Befürwortern ins Auge gefallen.

Seltsam mutet es an, daß der Distrikt fast nur von der abstinenzlerischen Sekte der Adventisten besiedelt ist, die in Angwin ein College und am Fuß des Berges ein Krankenhaus unterhält.

Rutherford – Oakville

Sein prestigeprächtiges Image erlangte das Napa Valley wohl um 1900, als Beaulieu Vineyard und Inglenook Vineyards im Kopf-an-Kopf-Rennen mit Cabernet Sauvignon herauskamen, spätestens aber 1933, als die beiden Weinbaubetriebe ihre durch die Prohibition unterbrochene Rivalität wieder aufnahmen.

Ihre ursprünglichen Weinberge liegen nebeneinander auf einem breiten, flachen Hang mit kieshaltigem Lehmboden, der das Wasser gut durchläßt und am Nachmittag in den Schatten des Mt St John gerät, was beides dem Cabernet zugute kommt. Gustave Niebaum hatte bereits 1884 Cabernet und Merlot in seiner Lage Inglenook stehen. Georges de Latour besetzte einen großen Teil von «BV No. 1» mit Cabernet, als er diese Lage im Jahr 1900 erwarb.

Um die Zeit, als die Prohibition zu Ende ging, war Inglenook durch Erbschaft an John Daniel übergegangen, und er wählte George Deuer als Kellermeister. De Latour berief kurz danach André Tchelistcheff. Beide packten ihre Aufgabe ganz unterschiedlich an: Deuer baute dunklen, tanninherben Wein in ovalen 1500-Gallon-Eichenfässern aus, Tchelistcheff brachte geschmeidigen Wein hervor und benutzte dazu 50-Gallon-Fässer aus amerikanischer Eiche. Keiner wich auch nur einen Zollbreit von seinem Weg ab.

Nach kurzer Zeit kaufte Daniel einen Weinberg, den er Napanook nannte und der weit im Süden im Schwemmlandbecken bei Yountville lag. De Latour erwarb dagegen die heutige Lage BV No. 2 bei Oakville. In den nächsten Jahren fand eine Ausweitung der Cabarnet-Pflanzungen in anderen Gegenden des Tals statt. Die alte Fehde um den ersten Rang rief Mitstreiter auf den Plan; ihre Grenzen verschwammen, aber noch heute beherrscht sie die Gemütslage aller, die hier Wein bauen.

Der Cabernet Sauvignon führt noch immer das Szepter im mittleren Teil des Tals, andere Rebsorten werden in Rutherford nur dort angebaut, wo der Cabernet sich nicht bewährt. Im vielseitigen Oakville wachsen alle Trauben, durch die Napa berühmt ist.

Da Inglenook und Beaulieu beide auf der Westseite liegen, wurden sie eigentlich immer als etwas für sich betrachtet. Als Kurzbegriff dafür hat sich Rutherford Bench eingebürgert. Manche benutzen ihn, um Rutherford und Oakville in Bench und Nicht-Bench auseinanderzudividieren, andere dagegen fordern den Kopf derer, die überhaupt von Bench reden.

Ein Grund für Unstimmigkeiten liegt allein schon darin, daß diese Bench keine richtige Bench ist – es fehlt ihr ein kleiner

Die um 1880 von chinesischen Arbeitern gegrabenen Keller von Beringer enthalten Cabernet-Sauvignon-Jahrgänge bis zurück in die 1930er Jahre.

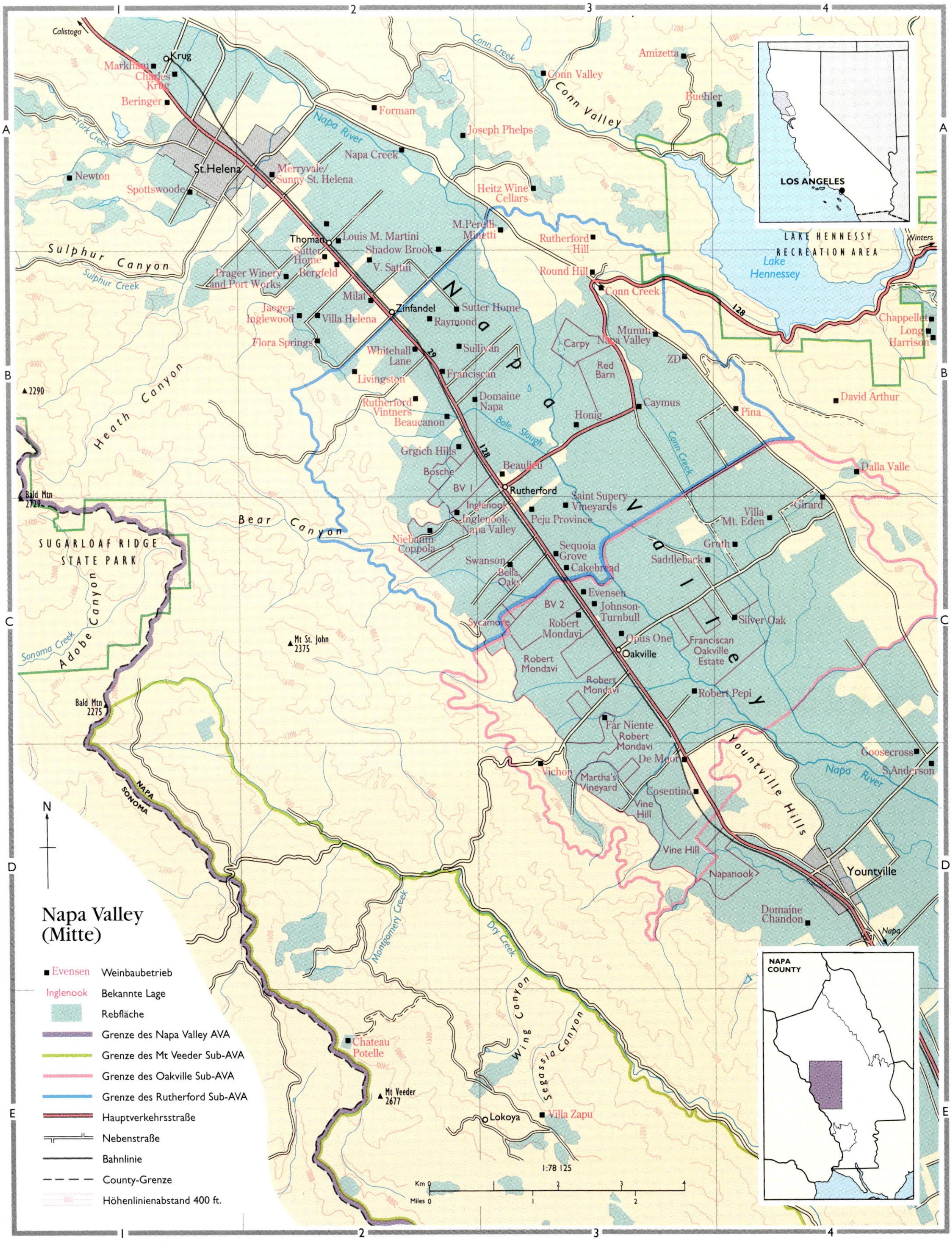
Napa Valley
(Mitte)
Evensen Weinbaubetrieb
Inglenook Bekannte Lage
Rebfläche
Grenze des Napa Valley AVA
Grenze des Mt Veeder Sub-AVA
Grenze des Oakville Sub-AVA
Grenze des Rutherford Sub-AVA
Hauptverkehrsstraße
Nebenstraße
Bahnlinie
County-Grenze
Höhenlinienabstand 400 ft.
1:78 125
Napa Valley
St.Helena
Rutherford
Oakville
Yountville
Calistoga
Krug
Zinfandel
Thomann
Lokoya
Napa
Winters
LOS ANGELES
NAPA COUNTY
LAKE HENNESSY RECREATION AREA
Lake Hennessey
SUGARLOAF RIDGE STATE PARK
Sulphur Canyon
Heath Canyon
Bear Canyon
Adobe Canyon
Wing Canyon
Segassia Canyon
Conn Valley
Yountville Hills
Napa River
Conn Creek
Mt St. John 2375
Mt Veeder 2677
Bald Mtn 2729
Bald Mtn 2275
NAPA SONOMA
Markham
Charles Krug
Beringer
Newton
Spottswoode
Merryvale/Sunny St. Helena
Forman
Joseph Phelps
Napa Creek
Conn Valley
Amizetta
Buehler
Heitz Wine Cellars
M.Perelli-Minetti
Rutherford Hill
Round Hill
Conn Creek
Louis M. Martini
Shadow Brook
V. Sattui
Sutter Home
Bergfeld
Prager Winery and Port Works
Milat
Jaeger-Inglewood
Villa Helena
Raymond
Flora Springs
Whitehall Lane
Sullivan
Livingston
Franciscan
Rutherford Vintners
Domaine Napa
Beaucanon
Grgich Hills
Bosche
BV 1
Beaulieu
Inglenook
Inglenook-Napa Valley
Niebaum-Coppola
Saint Supery Vineyards
Peju Province
Carpy
Red Barn
Honig
Caymus
Mumm Napa Valley
ZD
Pina
Chappellet
Long
Harrison
David Arthur
Dalla Valle
Girard
Villa Mt. Eden
Groth
Saddleback
Sequoia Grove
Cakebread
Swanson
Bella Oaks
Evensen
Johnson-Turnbull
BV 2
Sycamore
Robert Mondavi
Opus One
Silver Oak
Franciscan Oakville Estate
Robert Pepi
Far Niente
De Moor
Vichon
Martha's Vineyard
Cosentino
Vine Hill
Napanook
Goosecross
S.Anderson
Domaine Chandon
Chateau Potelle
Villa Zapu

Viele Weinbaubetriebe in Napa haben Picknicktische für Besucher aufgestellt. Dieser hier steht neben den Kellern der Vichon Winery in den Bergen östlich von Oakville.

Geländeabsatz, der den Rand bezeichnen würde. Vielleicht liegt einer unter dem Schwemmlandboden verschüttet; wenn dem so ist, hat ihn allerdings bisher keiner finden können. Dennoch glauben alte Winzer, daß an einer bestimmten Stelle Lage und Boden sich verändern. John Daniel richtete sich, als er Besitzer von Inglenook war, nach wuchernden Pflaumenpflanzungen. André Tchelistcheff sah den Highway 29 als Markierungslinie an. Louis P. Martini stellt sich eine Wellenlinie vor, die einen bestimmten Abstand zum Napa River einhält. Der ursprüngliche AVA-Antrag für Rutherford strebte den Sub-Sub-Appellationsstatus für die Bench-Lagen an, doch das wurde schließlich fallengelassen.

Um Nord und Süd erhebt sich weniger Streit. Im Süden nahmen die Befürworter die Yountville Hills als Begrenzung an, und zwar mit der Begründung, daß sie einen Damm gegen die Meeresluft bilden, die von der San Pablo Bay talaufwärts strömt. Dieser ist freilich durchlässig, stellt aber auch eine meßbare Grenze zwischen kühleren und wärmeren Nachmittagstemperaturen dar.

Die nördliche Begrenzung von Rutherford verläuft an dem durchaus konkret vorhandenen Zinfandel Lane, jedoch ohne irgendeinen deutlichen Übergang in Boden oder Klima. Der Zinfandel Lane bezeichnet eine Lücke in den Weinbergen entlang der Bench hinter der Besitzung von Flora Springs.

Rutherford Sub-AVA

Beantragt: 1991
Gesamtfläche: 2660 ha
Rebfläche: 2000 ha
Weinbaubetriebe: 30
Hauptort: Rutherford (St Helena nahebei)

Rutherford und Cabernet Sauvignon sind im Napa Valley fast Synonyme. Keine andere Rebsorte hat es bisher vermocht, sich neben ihm in den Weinbergen um den bescheidenen Ort in die vorderen Reihen zu drängen. Tatsächlich verdanken die bewährten Lagen der Gegend – Inglenook, Niebaum, BV No. 1, Bosche, Sycamore, Bella Oaks – allen ihren Ruhm dem Cabernet Sauvignon, und die Liste wächst weiter. Die meisten dieser wertvollen Besitztümer erstrecken sich in einer langen, geraden Linie am Fuß der Berge im Westen und bestätigen damit die Vorstellungen von der Rutherbord Bench im Herzen derer, die es gern so sehen.

Die Vorherrschaft des Cabernet ist hier nicht neu. Captain Gustave Niebaums Weingut Inglenook brachte 1887, 1888 und 1889 Cabernets hervor, die noch heute am Leben sind. Georges de Latour (persönlich) begann 1900 mit dem Anbau von Cabernet in der heutigen Lage BV No.1 und wußte, was er daran hatte. Andere inzwischen verschwundene Namen folgten um die Jahrhundertwende diesem Beispiel.

Es ist heute freilich nicht möglich, sich vorzustellen, was wohl in diesem Ort geschehen wäre, hätte die Prohibition nicht von 1918 bis 1933 ihr unmäßiges Haupt erhoben. Fest steht jedoch, daß die Cabernets von Inglenook und Beaulieu den Ruhm des Napa Valley nach der Prohibition wiederaufrichteten und ihn in den wirtschaftlich harten Zeiten der 1940er, 50er und 60er Jahre hochhielten.

Neuerdings haben die Erzeugerabfüllung Special Selection von Caymus und die Standardversion von Freemark Abbey die Vermutung aufkommen lassen, daß es auf Rutherford und nicht auf die Bench ankommt.

Rutherford-Staub ist zum Schlagwort für das geworden, was Sonne und Boden dem Cabernet hier als Besonderheit mitgeben. Leichter zu fassen sind allerdings der kräuterhafte Geschmack und die feste, tanninherbe Struktur. Diese Aspekte finden sich in allen Stilen aus allen Lagen und von allen Bodenvarianten in dem Distrikt wieder, der vom Zinfandel Lane im Norden, dem Silverado Trail im Osten, den unteren Hängen des Mayacamas Range im Westen und nun auch von der vorgeschlagenen Trennungslinie zwischen Rutherford und Oakville im Süden klar begrenzt wird.

Oakville Sub-AVA

Beantragt: 1991
Gesamtfläche: 2320 ha
Rebfläche: 1680 ha
Weinbaubetriebe: 30
Hauptorte: Yountville, Oakville

Bei Oakville wird das Tal am breitesten. Hier strömt die Meeresluft etwas regelmäßiger ein. Der Boden nimmt einen vielfältigeren Charakter an. Ob als Folge hiervon oder als Zufall, jedenfalls findet der Fluch (oder Segen) der Vielseitigkeit, die das Napa Valley bestimmt, offenbar ziemlich genau in den vorgeschlagenen Grenzen dieses AVA-Bereichs seinen Mittelpunkt. Das Epizentrum liegt anscheinend irgendwo im Oakville Estate der Franciscan Vineyards, in dem Cabernet Sauvignon, Merlot, Chardonnay, aber auch Riesling-Spätlesen nicht nur in der Qualität, sondern auch im individuellen Charakter gleich gut gedeihen.

Wassertürme sind im Napa Valley häufig zu sehende architektonische Wahrzeichen.

Dennoch haben auch hier der Cabernet Sauvignon und seine Vettern die Vorherrschaft. BV No.2, Stelling (für Far Niente), Martha's Vineyard (für Heitz Cellars), Robert Mondavis beste Lagen, Vine Hill Ranch (für Robert Pepi) und Napanook (u.a. Dominus) sind hier an einem Streifen aufgereiht, der als Oakville Bench gelten mag oder nicht. Opus One liegt Mondavi gegenüber. Oakville Estate von Franciscan Vineyards ist in die Mitte hinausgerückt, ebenso die Heimatlage von Groth Winery. Zum Ostende der Talsohle hin erstreckt sich der ausgezeichnete Besitz State Lane von Beringer. Mehrere andere Weinberge leisten ihren Beitrag zu den besten Cabernet-Gebietsverschnitten im Tal.

Wohl herrscht der Cabernet hier vor, doch er hat auch Konkurrenten. Robert Pepi und Jack Cakebread verfügen über eigene Anpflanzungen von Sauvignon Blanc, die hinter den zwei besten Beispielen für den Wein dieser Sorte im Tal stehen. Robert Mondavis Fumé Blanc bezieht seinen Kern aus Lagen um das Gut herum. Pepi verfügt auch über zwei Parzellen Sangiovese, die bereits Ertrag bringen.

Im übrigen bilden die Chardonnays und Zinfandels von Franciscan einsame Spitze als Einzellagenweine, und beide Traubensorten spielen auch in Gebietsverschnitten eine wichtige Rolle.

Yountville – Napa

Von Yountville ab bis zum Anfang der Wohn- und Industriegebiete bei Napa stellt der Chardonnay alle übrigen Rebsorten in den Schatten und herrscht auch überall bis zu den Bergen auf beiden Talseiten. Crichton Hall ist Bannerträger für mehrere erstklassige Chardonnay-Pflanzungen auf der Westseite zwischen Yountville und Los Carneros. Trefethen hält in der Mitte des Tals die Standarte hoch, unterstützt durch die Lage Jaeger (für Rutherford Hill) und einige hochgepriesene Parzellen im Besitz von Beringer. Auf dem Ostufer des Flusses bringt St Andrews manchmal gebietstypische Weine und manchmal wahre Meilensteine hervor.

Ein langer, sanfter Hang namens Coombsville östlich der Stadt Napa bietet weitere gute Chardonnay-Lagen, u.a. für das Etikett «Whitford» von Haynes.

Dennoch herrscht in diesem Teil des Tals der Chardonnay nicht so absolut wie in Rutherford der Cabernet Sauvignon. Zwei bis drei Steinwürfe von St Andrews liegt der Stag's Leap District, und dort hat wieder der Cabernet mit Hilfe von Merlot das Heft in der Hand. Clos du Val, Chimney Rock, Pine Ridge, Stag's Leap Wine Cellars, Steltzner, Silverado Vineyards, Stag's Leap Winery und Shafer Vineyards bilden eine stolze Reihe, der in Gleichmäßigkeit und Eigenständigkeit des Charakters nur wenige Orte in der Welt, darunter auch Rutherford, Ebenbürtiges an die Seite stellen können.

Die Bordeaux-Trauben gedeihen auch an anderen Stellen gut, v.a. bei White Rock (außerhalb der Talsohle im Soda Canyon), Trefethen und Slinsen Ranch (für Charles Krug Vintage Selection). Der letztere Besitz iegt unmittelbar südlich von Yountville. Sauvignon Blanc und Sémillon haben nahe beim Fluß sehr gute Heimstatt gefunden, am deutlichsten in den Herrick-Ranch-Weinen von Inglenook und der Gustave Niebaum Collection. Auch der Gewürztraminer gedeiht hier und dort gut, ist aber als eigenständiger Wein praktisch verschwunden.

Wie auch anderswo bringen die höheren Berge am Rand des Tals Komplikationen mit sich. Das gilt besonders für die neu eingerichteten Sub-AVAs Mt Veeder in der Mayacamas-Kette im Westen und Atlas Peak in den Vacas im Osten.

Stag's Leap District Sub-AVA

Eingerichtet: 27. Februar 1989
Gesamtfläche: 1080 ha
Rebfläche: 520 ha
Weinbaubetriebe: 10
Hauptorte: keine (Yountville, Napa nahebei)

Der Stag's Leap District ist für Cabernet Sauvignon und seine roten und weißen Brüder da, für sonst nichts. Das ist eine Überraschung, wenn man bedenkt, daß hier erstmals in den 1960er Jahren Cabernet-Reben gepflanzt und die meisten Weinberge überhaupt erst in den 1970ern angelegt wurden.

Ein selbständiger Anbauer namens Nathan Fay war der erste, der hier Cabernet-Reben pflanzte, wo vorher viel Heu und ein paar kleine «Mischkulturen», wie die Italiener gern sagen, gewachsen waren – in diesem Fall Pflaumenbäume, Weintrauben und Gemüse. Ihm auf den Fersen folgten Richard Steltzner (zuerst nur als Anbauer, später auch mit einer Kellerei), Warren Winiarski von Stag's Leap Wine Cellars und Bernard Portet von Clos du Val.

Die ersten Weine von Winiarski und von Portet aus dem Jahrgang 1972 hatten bei reichlich publizierten internationalen Weinprämierungen großen Erfolg. Von nun an gab es so gut wie keine Zweifel mehr, was auf dem Schwemmlandboden des Hangs, der sich vom Fuß einer Felsenklippe zum Ostufer des Napa River hinzieht, anzubauen war. Shafer Vineyards, Pine Ridge Winery, Silverado Vineyards und Chimney Rock folgten Clos du Val und Stag's Leap Wine Cellars als Weinerzeuger auf dem Fuß. Einige selbständige Anbauer lieferten den Kellereien das fehlende Lesegut. Im Vergleich zu Rutherford vollzog sich das Auffüllen der Cabernet-Weinberge mit atemberaubender Geschwindigkeit.

Mit Ausnahme der Heimatlagen von Silverado Vineyards befinden sich fast alle Cabernet-Anpflanzungen östlich vom Silverado Trail, auf dem ursprünglich Fuhrwerke quecksilberhaltiges Erz aus den Gruben am Mt St Helena zu den Schmelzhütten an der San Pablo Bay schafften. Auch der Merlot hat hier eine gewisse Anbaufläche und wird zum Teil sortenrein, zum Teil bei bescheidenem Anteil zusammen mit Cabernet Sauvignon oder zu Cabernet-Verschnitten verarbeitet. Westlich der Straße ernten auf tiefergelegenem Boden Silverado Vineyards und Robert Mondavi Winery mit die ausdrucksvollsten Sauvignon Blancs aus dem Napa Valley.

Die Faustregel, die hier beim Anpflanzen beachtet wird, ist dieselbe, die sich fast überall in den Cabernet-Gegenden Kaliforniens bewährt: Cabernet auf den durchlässigsten Böden, Merlot dort, wo Tone den Boden schwerer zu machen beginnen, Sauvignon Blanc und Sémillon auf den schwersten Böden.

Wenn es in der Appellation Stag's Leap District überhaupt eine Überraschung gibt, dann ist es die Tatsache, daß sich der Chardonnay hier nicht über passable Leistungen hinaus aufschwingt. Dabei gelangt die große weiße Traube aus Burgund schon wenig weiter im Süden zu so feiner Ausprägung wie sonst nirgends in Kalifornien. Leicht zu erklären ist das nicht.

Atlas Peak Sub-AVA

Eingerichtet: 24. Februar 1992
Gesamtfläche: 4560 ha
Rebfläche: 226 ha
Weinbaubetriebe: 1
Hauptorte: keine (Napa nahebei)

Oberhalb der Felsklippen von Stag's Leap fallen die Vacas zu einer Senke namens Foss Valley ab. Den Urhebern der Appellation erschien der Name des Bergs, der über den Nordrand dieser Senke

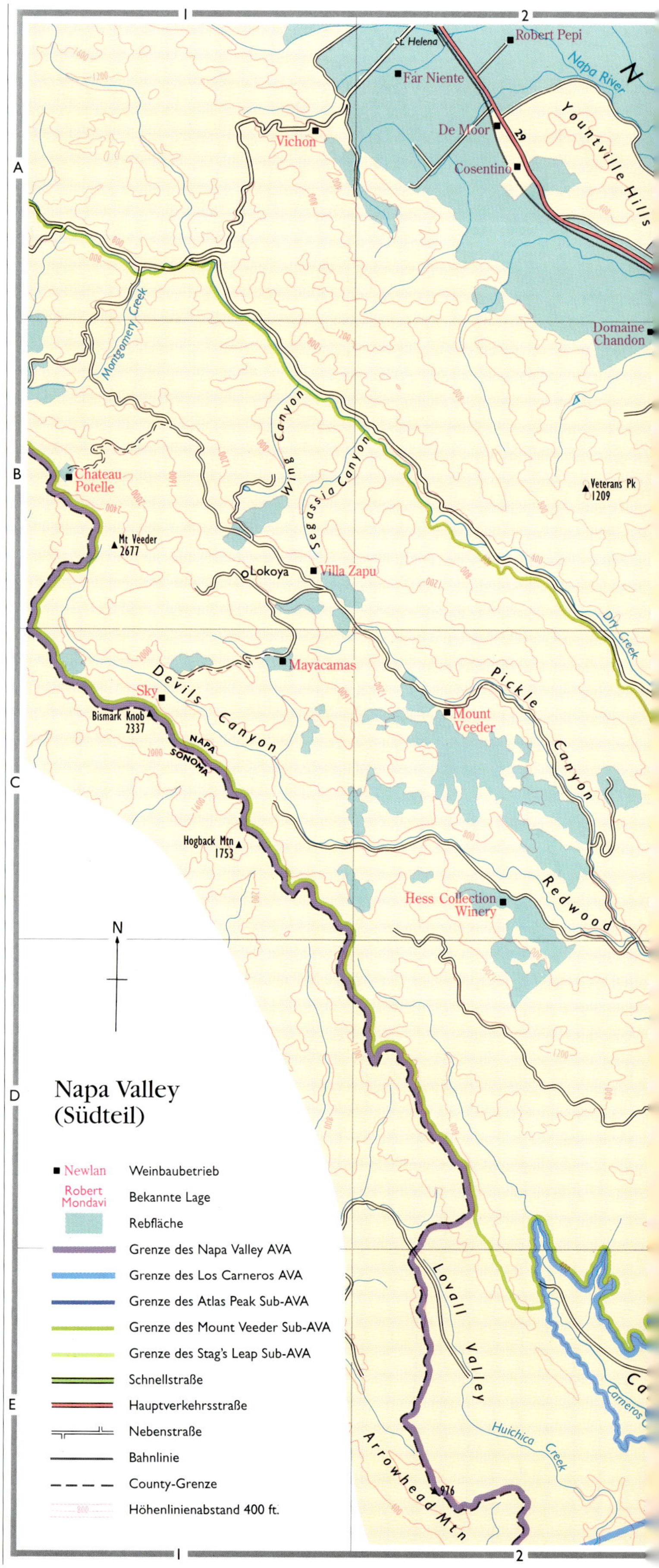

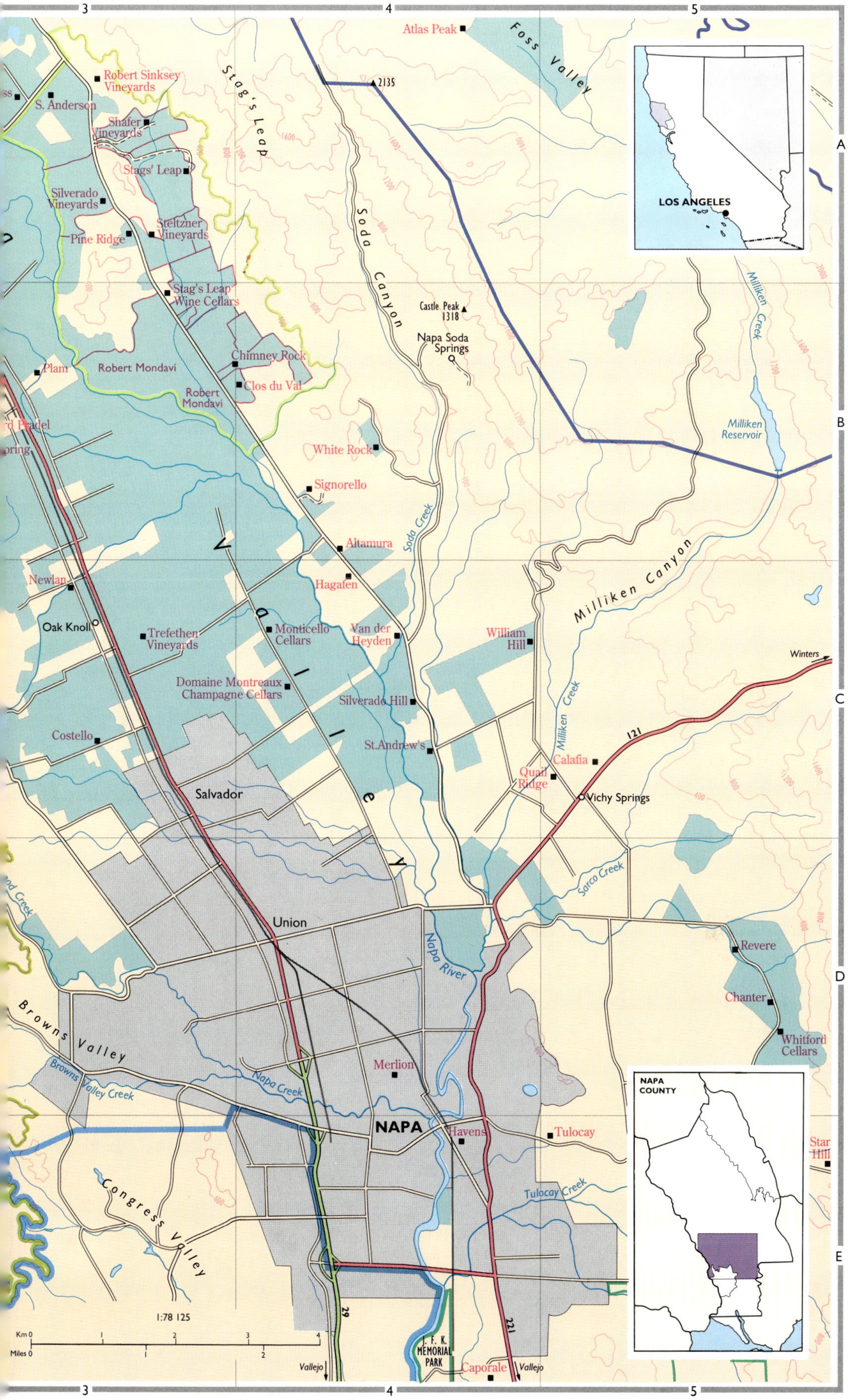

Ganz oben: Die »25« am Turm der Robert Mondavi Winery verkündete im Jahr 1992 weithin das 25jährige Jubiläum des Hauses – inzwischen ist sie entfernt worden.
Oben: Querstraßen verbinden die Nord-Süd-Achsen Highway 29 und Silverado Trail an mehreren Stellen zwischen Napa und Calistoga miteinander.

aufragt, poetischer, daher nannten sie ihre Weinberge, ihren Weinbaubetrieb und die ganze Appellation Atlas Peak.

Mit Ausnahme einer kleinen Zinfandel-Anpflanzung am felsigen Westrand wurden die Weinberge hier erst spät angelegt, weil es ursprünglich an Wasser mangelte. Eine großartige Ingenieurleistung von Dr. Richard Peterson verwandelte den Aushub der Weinkeller in Staudämme für zwei künstliche Seen. Selbst in den dürren 1980er Jahren füllte der winterliche Regen sie rasch genug, so daß die sonnenversengte Steppe mit dünner Bodenkrume innerhalb von fünf Jahren zum üppigen Atlas Peak Vineyard gedieh.

In der Hauptsache wird hier Sangiovese angebaut, es sind 48 ha der kalifornischen Gesamtrebfläche dieser Sorte von 160 ha. Als sie angelegt wurde, verdoppelte sie die damalige Anbaufläche der toskanischen Rebe in Kalifornien. Der erste Jahrgang, der 1988er, ließ sofort Hoffnung aufkeimen, der 1989er noch mehr, und der 1990er versprach zutiefst Gutes.

Cabernet Sauvignon und Chardonnay sind die beiden anderen Hauptrebsorten bei Atlas Peak Vineyards. Sauvignon Blanc, Sémillon und Pinot Blanc befinden sich in Versuchsanpflanzungen. Fünf selbständige Anbauer mit kleinen Flächen vervollständigen hier die Liste; in allen fünf Besitzungen herrscht Cabernet vor.

Mt Veeder Sub-AVA

Eingerichtet: 22. März 1990
Gesamtfläche: 6000 ha
Rebfläche: 400 ha
Weinbaubetriebe: 5
Hauptorte: keine (Yountville, Napa nahebei)

Das Mayacamas-Gebirge beginnt etwa auf der Höhe von Yountville auszulaufen. An dieser Stelle bieten zwei voneinander wegstrebende Kämme ausreichend kultivierbares Land in langen Streifen parallel zur Haupttalsohle, jedoch von ihr getrennt. Diese Streifen, die Wasserscheiden des Redwood Creek und Round Creek, tragen den größten Teil der Weinberge im Mt Veeder Sub-AVA.

Die 1950er und 60er Jahre hindurch war der kleine Weinbaubetrieb Mayacamas Vineyards dort oben ganz für sich allein, am Ende einer nicht asphaltierten Straße, die so lang und so voll von Schlaglöchern war, daß der Besitzer an ihr drei Schilder aufstellte: «Nicht verzweifeln / Sie sind bald da / Mayacamas». Am Anfang pilgerten nur Cabernet-Sauvignon-Liebhaber hierher, der Chardonnay kam erst später.

Auch heute noch sind Cabernet Sauvignon und Chardonnay die einzigen Rebsorten, die hier etwas zählen, obwohl im alten Weinberg der Christian Brothers in Mont LaSalle unter anderem auch Chenin Blanc und Pinot St-George wuchsen, die zu Unrecht unbeachtet geblieben sind.

Cabernet und Chardonnay aus den bergigeren Gegenden von Napa trennen sich kaum je sehr weit voneinander, weder in der Höhenlage noch in der Sonnenausrichtung, und hier tun sie das noch weniger als sonst. Mt Veeder Vineyards baut zwar nur Cabernet Sauvignon und verwandte Sorten an, bezieht aber Chardonnay von einem Nachbarn. Mayacamas hat beide Sorten, den Cabernet in einer Senke um den eigenen Betrieb herum und den Chardonnay oben auf einem hohen Hügelkamm, von dem aus man die Golden Gate Bridge sieht. Bei Hess Collection stehen beide Sorten in nicht sehr unterschiedlichen, aber doch verschiedenen Lagen.

Ein weiterer beachtlicher Weinberg im Bereich gehört der Domaine Chandon. Der Chardonnay von einer runden Hügelkuppe ziemlich genau westlich der Kellerei verleiht allen Schaumweinen von Chandon kräftige Schultern. Kenner bemerken seinen Einfluß am deutlichsten in der 1990 herausgekommenen «Club Cuvée».

ERZEUGER

Acacia (siehe Carneros)

Aetna Springs Cellars (1990)
7227 Pope Valley Road, Pope Valley, CA 94567. Tel. (707) 965-2675. 500 Kisten. Cabernet Sauvignon von 8 ha Familienbesitz am Ort und zugekaufter Chardonnay aus der Nähe von St Helena machen den Anfang.

Altamura Vineyards (1985)
4240 Silverado Trail, Napa, CA 94558. Tel. (707) 253-2000. 2000 Kisten. Stark toastiger, schwerer Chardonnay von 24 ha Eigenbesitz südich vom Stag's Leap District.

Amizetta (1984)
1099 Greenfield Road, St Helena, CA 94574. Tel. (707) 963-1460. 1000 Kisten. Exzentrisch minzeduftiger Cabernet Sauvignon von 8 ha Eigenbesitz in den Bergen nördlich vom Lake Hennessy.

S. Anderson Vineyards (1979)
1473 Yountville Crossroad, Yountville, CA 94599. Tel. (707) 944-8642. 10 000 Kisten. Der Besitz der Familie Stanley Anderson, 13 ha bei Yountville und 28 ha in Carneros, liefert den Kern für ausdrucksvollen Schaumwein nach der klassischen Methode: Brut, Blanc de Noirs und Tivoli (brut). Ferner ein bislang bescheidener Chardonnay. Ein Cabernet Sauvignon von zugekauften Trauben aus dem Stag's Leap District war beim Debüt 1989 denkwürdig.

Vincent Arroyo Winery (1984)
2361 Greenwood Avenue, Calistoga, CA 94515. Tel. (707) 942-6995. 2000 Kisten. Herzhafte, rustikale Weine von offenbar gut für Cabernet und Petite Sirah geeigneten 24 ha.

David Arthur Vineyards (1985)
1519 Sage Canyon Road, St Helena, CA 94574. Tel. (707) 963-5190. 4000 Kisten. Ausschließlich Chardonnay von kleinem Eigenbesitz bei Chappellet am Pritchard Hill.

Atlas Peak Vineyards (1989)
PO Box 5660. Tel. (707) 252-7971. 1200 Kisten, geplant sind 40 000. In eigenem Sub-AVA in den Bergen über dem Stag's Leap District produzierte der Antinori-Bollinger-Whitbread-Gemeinschaftsbetrieb (160 ha) 1989 einen vielversprechenden Sangiovese und im folgenden Jahr einen Cabernet Sauvignon/Sangiovese-Verschnitt «Consenso». Chardonnay und vielleicht auch Pinot Blanc im Kommen.

Brancroft Vineyard (1986)
1000 La Posadas Road, Angwin, CA 945508. Tel. (707) 965-3080. 1500 Kisten. Winzermarke für oft hervorragenden Chardonnay vom Howell Mountain. Der 36-ha-Besitz ist ferner mit Cabernet Sauvignon besetzt sowie mit Merlot, der von Beringer für einen dunklen, tanninherben Einzellagenwein abgenommen wird.

Barnett Vineyards (1989)
4070 Spring Mountain Road, St Helena, CA 94574. Tel. (707) 963-0802. 1000 Kisten. Für den Anfang Cabernet Sauvignon, Merlot, Cabernet Franc und Chardonnay.

Beaucannon Winery (1986)
1596 St Helena Highway South, St Helena, CA 94574. Tel. (707) 963-1886. 25 000 Kisten. Wenig beachteter Betrieb in französischem Besitz; geschmeidiger Cabernet Sauvignon und Merlot von 47 ha Eigenbesitz nördlich von St Helena, 26 ha in Rutherford und 29 bei Napa. Ferner Chardonnay ebenfalls von Eigenbesitz.

Beaulieu Vineyard (1900)
1960 St Helena Highway, Rutherford, CA 94573. Tel. (707) 963-5200. 425 000 Kisten. Alter Weinbaubetrieb, heute im Besitz von Heublein, bekannt durch den seidigen, in amerikanischer Eiche ausgebauten, reinen Cabernet Sauvignon «Georges de Latour Private Reserve» aus den Lagen BV No.1 bzw. BV No.2 sowie durch den Cabernet Sauvignon «Rutherford» aus denselben und anderen Lagen in Rutherford. Der trockene Sauvignon Blanc ist ein melonenfruchtiges, von Eiche unbelecktes Musterbeispiel. Verdienstvoller Pinot Noir und Chardonnay aus Carneros. Die Kellerei verarbeitet Lesegut aus 280 ha Heublein-Besitz meist in und um Rutherford sowie in Carneros und hat weitere 280 ha in diesen und anderen Gegenden von Napa unter Vertrag.

Bergfeld Winery (1934)
401 St Helena Highway S, St Helena, CA 94574. Tel. (707) 963-7293. 60 000 Kisten. Ursprünglich Napa Valley Cooperative, 1988 in

Die romantische Seite von Beaulieu Vineyard in Rutherford.

Links: Das ursprüngliche Kellereigebäude von Beringer wird heute für Feierlichkeiten genutzt. Unten: Beringer-Kellermeister Ed Sbragia.

Bergfeld umbenannt. 80 Mitglieder liefern Trauben aus allen Gegenden des Tals. Nach Umstellung von Faß- auf Flaschenwein gab es erste Erfolge mit ansprechendem Cabernet Sauvignon und Merlot »Bergfeld« und »J. Wile«.

Berginer Vineyards (1876)
PO Box 111, St Helena, CA 94574. Tel. (707) 963-7115. 750000 Kisten (ferner 2 Mio Kisten Chenin Blanc und White Zinfandel). Im Besitz von Nestlé; bekannt durch kräftigen, stark eichenholzwürzigen Private Reserve Cabernet Sauvignon und Chardonnay. Der Estate Bottled Chardonnay, meist aus Lagen an der Big Ranch Road, übertrifft ihn manchmal noch. Nicht zu übersehen auch der feine Napa Valley Fumé Blanc und Gewürztraminer aus dem Eigenbesitz Gamble Ranch (180 ha) in Oakville oder der elegante Knights Valley Sonoma Cabernet Sauvignon. Insgesamt beträgt der Eigenbesitz 560 ha in Napa, 160 im Knights Valley.

Bouchaine (siehe Carneros)

Buehler Vineyards (1978)
820 Greenfield Road, St Helena, CA 94574, Tel. (707) 963-21555. 25000 Kisten. Steile Südlagen am Lake Hennessy liefern schätzenswerten, jedoch tanninreichen Cabernet Sauvignon.

Burgess Cellars (1972)
PO Box 282, St Helena, CA 94574, Tel. (707) 963-4766. 30000 Kisten. Solider Zinfandel aus Berglagen östlich von St Helena; stämmiger Cabernet Sauvignon und stark eichenholzwürziger Chardonnay aus der hauseigenen 20-ha-Lage Triere auf der Talsohle bei Yountville.

Cafaro (1986)
591 Dean York Lane, St Helena, CA 94574. Tel. (707) 963-7401. 800 Kisten. Kellermeistermarke für intensiven Merlot und fast dicklichen Cabernet Sauvignon aus verschiedenen Lagen.

Cain Cellars (1981)
3800 Langtry Road, St Helena, CA 94574. Tel. (707) 963-1616. 12000 Kisten. Alles dreht sich um den subtil nuancierten »Cain Five« aus 48 ha Eigenbesitz in den Bergen westlich von St Helena. »Five« weist auf die Verwendung der fünf Original-Bordeaux-Rebsorten hin.

Cakebread Cellars (1973)
8300 St Helena Highway, Rutherford, CA 94573, Tel. (707) 963-5221. 45000 Kisten. Die Ausdrucksstärke der kraftvollen Weine stammt von der Traube, nicht von Eiche oder sonstiger Kellertechnik. Vorbildlich der Sauvignon Blanc aus einer 12-ha-Lage am Ort, ebenfalls hochwertig der meist zugekaufte Chardonnay. Ein dunkler, robuster Cabernet Sauvignon, vorwiegend von eigenem Lesegut, entfaltet sich langsam.

Calafia Cellars (1979)
4411 Redwood Road, Napa, CA 94558. Tel. (707) 963-0114. 500 Kisten. Freizeitmarke des Kellermeisters Randle Johnson von Hess Collection mit einem stets ansprechenden, recht haltbaren Cabernet Sauvignon.

Caporale (1982)
910-H Enterprise Way, Napa, CA 94558, Tel. (707) 253-9230. 20000 Kisten. Ursprünglich in Paso Robles, seit 1989 in Napa. Zuverlässiger Cabernet Sauvignon und Merlot von in Napa aufgekauften Trauben.

Carneros Creek (siehe Carneros)

Casa Nuestra (1980)
3451 Silverado Trail, St Helena, CA 9455574. Tel. (707) 963-5783. 1800 Kisten. Kleine Kellerei im Besitz eines Rechtsanwalts; trockener Chenin Blanc von 4 ha Eigenbesitz nördlich von St Helena erregt Aufmerksamkeit.

Caymus Vineyard (1982)
8700 Conn Creek Road, Rutherford, CA 94573. Tel. (707) 963-4204. 30000 Kisten. Der Ruhm des Hauses beruht ganz auf dunklem, ausdrucksvollem Cabernet Sauvignon. »Napa Valley« stammt v.a. von Trauben aus 26 ha Eigenbesitz und einer Nachbarlage von Spottswoode. »Special Selection« ist eichenholzwürziger und stammt ganz aus Eigenbesitz östlich von Rutherford. Das Zweitetikett Liberty School steht für Verschnitte von meist zugekauftem Lesegut.

Château Boswell (1979)
3468 Silverado Trail, St Helena, CA 94574. Tel. (707) 963-5472. 1000 Kisten. Ordentlicher Cabernet Sauvignon von aufgekauftem Lesegut.

Chateau Chevre (1979)
2030 Hoffman Lane, Yountville, CA 64599. Tel. (707) 944-2184. 3000 Kisten. Das Kernstück ist dunkler, robuster Merlot von 8 ha Eigenbesitz.

Chateau Montelena (gegründet 1882, wiedergegründet 1972)
1429 Tubbs Lane, Calistoga, CA 94515. Tel. (707) 942-5105. 30000 Kisten. Schlanker, ausgefeilter Chardonnay von zugekauftem Lesegut; daneben tintendunkler, herber Cabernet von 29 ha Eigenbesitz am Fuß des Mt St Helena.

Chateau Potelle (1985)
3875 Mt Veeder Road, Napa, CA 94558. Tel. (707) 255-9440. 20000 Kisten. Ein junges französisches Ehepaar strebt weg von kalifornischer Frucht und sucht subtiles Bukett in feingeschliffenem, stilvollem Chardonnay und Cabernet Sauvignon, neuerdings von 18 ha Eigenbesitz im Mt Veeder Sub-AVA.

Château Woltner (1985)
150 White Cottage Road S, Angwin, CA 94508. Tel. (707) 965-2445. 10000 Kisten. Die einstigen Besitzer von Château Haut-Brion glauben am Howell Mountain die perfekte Chardonnay-Lage gefunden zu haben. Die durch kräftige, aber elegante Eichenholzwürze gekennzeichneten »Frederique«, »St Thomas« und »Titus« tragen die Namen einzelner Parzellen in einem 22-ha-Weinberg.

Chimney Rock (1986)
5320 Silverado Trail, Napa, CA 94558. Tel. (707) 257-2641. 20000 Kisten. Ein angenehmer, delikater Cabernet von 30 ha Eigenbesitz im Stag's Leap District bildet die Spitze einer kurzen Liste. Sauvignon Blanc und Chardonnay zeigen sich schlichter.

Christian Brothers Winery
Einst ein bedeutender Faktor in Napa; jetzt nur noch ein Allerweltsetikett für die Heublein, Inc.; demnächst vielleicht eine von vielen Marken der firmeneigenen Kellerei bei Madera im San Joaquin Valley. (Siehe Beaulieu Vineyard, Inglenook Vineyards und Gustave Niebaum Collection.)

Clos du Val Wine Co. (1972)
5330 Silverado Trail, Napa, CA 94558. Tel. (707) 252-5611. 60000 Kisten. Seidige Art und nahtlose Verschmelzung von Frucht und Eichenholzwürze kennzeichnen alle Weine. Der Cabernet Sauvignon von 48ha im Stag's Leap District ist der unbestrittene Star, aber auch der Merlot und der Sémillon stehen nicht weit zurück. Das Juwel aus einer 41-ha-Lage in Carneros ist Chardonnay.

Clos Pegase (1984)
1060 Dunaweal Lane, Calistoga, CA 94515. Tel. (707) 942-4981. 40000 Kisten. Der schön ausgewogene, feine Chardonnay lohnt immer die Suche und wird besser mit zunehmender Beteiligung des Eigenbesitzes von 28ha in Carneros. Außerdem ist stets beachtenswert, was aus den neuesten Versuchen mit abwegigeren Rebsorten wird.

Codorníu Napa (siehe Carneros)

Conn Creek (1974)
8711 Silverado Trail, St Helena, CA 94574. Tel. (707) 963-5133. 30000 Kisten. Vor wie nach der Übernahme durch Stimson Lane (Staat Washington) anständig, jedoch kaum spektakulär; v.a. der Cabernet Sauvignon ist stets gleichmäßig, der Chardonnay kann überdurchschnittlich gut sein.

Conn Valley Vineyards (1987)
680 Rossi Road, St Helena. CA 94574. Tel. (707) 963-8600. 4000 Kisten. Die ersten Weine von 20 ha in den Bergen östlich von St Helena waren rustikal, aber die Lagen sind vielversprechend.

Corison (1987)
1427 Kearney Street, St Helena, CA 94574. Tel. (707) 963-0826. 1800 Kisten. Kellermeistermarke für manierlichen Cabernet Sauvignon. Cathy Corison arbeitete 10 Jahre bei Chappellet, ehe sie sich selbständig machte.

Cosentino Wine Co. (gegründet 1980 in Modesto, seit 1989 in Napa)
PO Box 2818, Yountville. CA 94599. Tel. (707) 944-1220. 8000 Kisten. Alle Weine in sehr auffälligem Stil, insbesondere aber stark eichenholzwürzige, breitschultrige Rotweine, alle von an der North Coast aufgekauftem Lesegut.

Costello Vineyards (1981)
1200 Orchard Avenue, Napa, CA 94558. Tel. (707) 252-8483. 10000 Kisten. Chardonnay-Eigengewächs aus Lagen in der Nordwestecke von Napa.

Crichton Hall (1985)
PO Box 187, Rutherford, CA 94573. Tel. (707) 224-4200. 4000 Kisten. Geschliffene, verhaltene, Napatypische Chardonnays mit tiefer Geschmacksfülle von 7ha auf den unteren Hängen der Berge auf der Westseite des Tals südlich von Yountville.

Ganz oben: Bernard Portet kam 1971 aus Bordeaux und produziert nun Wein für Clos du Val im Stag's Leap District.
Oben: Dawnine Dyer ist Kellermeisterin in der Domaine Chandon; in den Schaumweinhäusern Kaliforniens findet man oft Frauen in dieser Rolle.

Cuvaison, Inc. (1970)
PO Box 384, Calistoga, CA 94515. Tel. (707) 942-6266. 55000 Kisten. Durch Zufall kam die Kellerei nach Calistoga, der Eigenbesitz von 170ha liegt aber in Carneros und liefert einen frischen, verhalten köstlichen Chardonnay und einen ausdrucksstärkeren Merlot. Der Reserve Chardonnay bietet kräftigere Eichenholzwürze.

Dalla Valle Vineyard (1984)
7776 Silverado Trail, Napa, CA 94558. Tel. (707) 944-2676. 4000 Kisten. Der auf Cabernet beruhende dunkle, tanninherbe »Maya«, zusammengestellt aus einer Hügelkammlage und einer Talsohlenlage, steht an der Spitze der Liste.

Deer Park Winery (1979)
1000 Deer Park Road, Deer Park, CA 94576, Tel. (707) 963-5411. 3000 Kisten. Beständige, schlichte Sortenweine, meist von zugekauftem Lesegut, aber auch aus kleinerem Eigenbesitz in Napa und (ausgerechnet) San Diego.

De Moor (1979 als Napa Cellars, 1983 Namensänderung)
PO Box 348, Oakville, CA 94512. Tel. (707) 944-2565. 20000 Kisten. Mittelmäßige Sortenweine von gekauftem Lesegut.

Diamond Creek Vineyards (1972)
1500 Diamond Mountain Road, Calistoga, CA 94515. Tel. (707) 942-6926. 3000 Kisten. Drei stämmige, behäbige Cabernets unter den Namen »Red Rock Terrace«, »Volcanic Hill« und »Gravelly Meadow« nach Parzellen im 8-ha-Eigenbesitz in den Bergen über Calistoga.

Domaine Carneros (siehe Carneros)

Domaine Chandon (1973)
1 California Drive, Yountville, CA 94599. Tel. (707) 944-2280. 500000 Kisten. Schaumweine nach der klassischen Methode: Brut und Blanc de Noirs zuverlässig, Reserve und Etoile denkwürdig; meist von 200ha in Carneros, aber auch aus Lagen in den westlichen Bergen und auf der Talsohle.

Domaine Montreaux (1987)
4101 Big Ranch Road, Napa, CA 94558. Tel. (707) 252-9380. 1000 Kisten. Zweigbetrieb von Monticello Vineyard mit kräftigen, faßvergorenen Schaumweinen nach der klassischen Methode.

Domaine Napa (1985)
1155 Mee Lane, St Helena, CA 94574. Tel. (707) 963-1666. 20000 Kisten. Der französische Besitzer Michel Perret und der neuseeländische Kellermeister Grant Taylor verstehen sich gut mit festem, langlebigem Cabernet Sauvignon, Sauvignon Blanc und Chardonnay aus Lagen in der Talmitte, im Besitz oder unter der Leitung von Perret.

Dominus (1983)
PO·Box 3275, Yountville, CA 954599. Tel. (707) 944-8954. 4000 Kisten. Der von Château Pétrus her berühmte Christian Moueix ist der Schöpfer dieses überaus tanninherben, mit unumwundener Bauernhofwürze und einem hohen Preis versehenen Cabernet-Verschnitts aus der alten 50-ha-Lage Napanook bei Yountville. Der erste Jahrgang, der 1983er, war im 9. Jahr noch immer diamanthart.

Duckhorn Vineyards (1976)
3027 Silverado Trail, St Helena, CA 94574. Tel. (707) 963-71908. 30000 Kisten. Sensationelle dunkle, wuchtige, eichenholzwürzige Einzellagen-Merlots von den Three Palms und der Vine Hill Ranch.

Dunn Vineyards (1982)
PO Box 886, Angwin, CA 94508. Tel. (707) 965-3642. 5000 Kisten. Markanter, dunkler, harter Cabernet Sauvignon vom Howell Mountain aus 2ha Eigenbesitz des Kellermeisters Randall Dunn sowie von 2ha Nachbarlage. Ein etwas sanfterer Cabernet entsteht von gekauftem Lesegut von der Talsohle.

Etude (1985)
PO Box 344, Oakville, CA 94562. Tel. (707) 963-7357. 3000 Kisten. Kellermeistermarke von Tony Soter für hochinteressanten Pinot Noir aus Carneros und saftigen Cabernet Sauvignon aus der Talmitte, beide von gekauftem Lesegut.

Far Niente (1979)
1 Acacia Drive, Oakville, CA 94562. Tel. (707) 944-2861. 24000 Kisten. Großartige Aussichten für einen bisher stark eichenholzwürzigen, abgerundeten Cabernet Sauvignon aus dem zugehörigen Stelling Vineyard in Oakville sowie butterreicher Chardonnay größtenteils aus derselben Quelle.

Flora Springs Wine Co. (1981)
1978 W. Zinfandel Lane, St Helena, CA 94574. Tel. (707) 963-5711. 30000 Kisten. Der herrlich verhaltene Sauvignon Blanc »Soliloquy« und der ausdrucksvollere, auf Cabernet beruhende »Trilogy« sind die Spitzenreiter eines Programms von 120 ha Eigenbesitz. Die Chardonnays, Sauvignon Blancs und Cabernet Sauvignons unter dem Etikett »Floreal« sind oft preiswert.

Folie à Deux Winery (1981)
3070 St Helena Highway, St Helena, CA 94574. Tel. (707) 963-1160. 18000 Kisten. Sortengerechter Chardonnay aus Lagen am Ort und in Oakville ist das Hauptprodukt. Ein ähnlich angelegter Chenin Blanc bietet gute Aussichten.

Forman Vineyards (1983)
1501 Big Rock Road, St Helena, CA 94574. Tel. (707) 963-0234. 3000 Kisten. Der in Napa seit langem bewährte Kellermeister (Sterling, Newton, Charles F. Shaw) hat jetzt eine eigene Kellerei mit schön ausgewogenem, markant ausgebautem Cabernet aus Eigenbesitz in den Bergen östlich von St Helena und mit Chardonnay aus Mitbesitz in Rutherford Cross.

Franciscan Vineyards (1972)
PO Box 407, Rutherford, CA 94573. Tel. (707) 963-7111. 40000 Kisten. Das Eingreifen des Teilhabers und Leiters Agustin Huneeus und des Kellermeisters Greg Upton seit Mitte der 1980er Jahre bringt die lange Zeit unstete Marke wieder auf die Beine. Aus dem Oakville Estate (82 ha) kommen zuverlässig feine Chardonnays, Cabernet Sauvignons, Meritages und Zinfandels. Ein zweiter Chardonnay namens »Cuvée Sauvage« geht in der Toastwürze bis an die Grenzen. Zum Besitz gehören auch die ausgezeichneten Marken »Estancia« (Alexander Valley und Monterey) und »Pinnacles« (Monterey).

Freemark Abbey (1967)
PO Box 410, St Helena, CA 94574. Tel. (707) 963-9694. 40000 Kisten. Oft zu gering geachteter Erzeuger von drei Cabernet Sauvignons aus Rutherford (Bosche und Sycamore aus den gleichnamigen Lagen) und von zwei Chardonnays (Carpy Vineyard ist faßvergoren, Napa Valley nicht). Das Lesegut stammt aus dem Besitz eines Partners.

Frisinger Cellars (1988)
2277 Dry Creek Road, Napa, CA 94558. Tel. (707) 255-3749. 2500 Kisten.

Frog's Leap Winery (1981)
3358 Highway 29, St Helena, CA 94574. Tel. (707) 963-4704. 20000 Kisten. Spektakulärer Zinfadel und vorbildlicher Sauvignon Blanc bilden die große Stärke des Hauses. Ein Cabernet Sauvignon aus Weinbergen in Rutherford hat inzwischen aufgeholt. Der Chardonnay aus Carneros ist toastwürzig.

Girard Winery (1980)
7717 Silverado Trail, Oakville, CA 94562. Tel. (707) 944-8577. 20000 Kisten. Eichenholzwürze steht bei allen Weinen im Vordergrund. Eigenbesitz am Ort und in den Bergen im Westen bei Yountville liefert den größten Teil des Leseguts.

Goosecross Cellars (1985)
1119 State Lane, Yountville, CA 94599. Tel. (707) 944-1986. 8000 Kisten. Jahr für Jahr werden die beiden Chardonnays (einer von 4 ha Eigenbesitz östlich von Yountville, der andere von zugekauften Trauben) geschliffener und vollkommener.

Grace Family Vineyards (1978)
1210 Rockland Road, St Helena, CA 94574. Tel. (707) 963-0808. 200 Kisten. 0,8 ha Hanglage nördlich von St Helena bringen regelmäßig dunklen, langlebigen Cabernet Sauvignon hervor, der genau so schmeckt, wie ein Napa-Valley-Cabernet schmecken soll.

Graeser Winery (1985)
255 Petrified Forest Road, Calistoga, CA 94515. Tel. (707) 942-4437. 2800 Kisten. Der Nachdruck liegt auf Bordeaux-Rebsorten im Verschnitt und solo aus Eigenbesitz.

Green und Red Vineyard (1977)
32008 Chiles-Pope Valley Road, St Helena, CA 94574. Tel. (707) 965-2346. 2500 Kisten. Von 7 ha Hanglagen im Chiles Valley kommt ein karger, verhaltener Zinfandel mit dem Gleichgewicht eines Toskana-Rotweins.

Grgich Hills Cellar (1977)
PO Box 450, Rurtherford, CA 94573. Tel. (707) 963-2784. 50000 Kisten. Mike Grgich bleibt unbeirrbar bei festem, sich langsam entwickelndem Chardonnay und Cabernet Sauvignon mit markantem Charakter. Beide kommen vorwiegend aus Eigenbesitz in Yountville im Napa Valley sowie aus Weinbergen des Partnerbetriebs Austin Hills in Rutherford und Napa. Ein schätzenswert subtiler Sauvignon Blanc entwickelt sich rascher.

Groth Vineyards & Winery (1982)
PO Box 390, Oakville, CA 94562. Tel. (707) 944-0290. 40000 Kisten. Feingeschliffener, angenehmer Cabernet Sauvignon und Chardonnay aus zwei Lagen, 40 ha auf der Ebene östlich von Oakville und 17 ha südlich von Yountville.

Hagafen Cellars (1980)
PO Box 3035, Napa, CA 94558. Tel. (707) 252-0781. 6000 Kisten. Der Pionier für koschere Vinifera-Weine bewährt sich mit beständigem, manchmal stilvollem Cabernet Sauvignon, Chardonnay und Riesling.

Harrison Vineyards (1991)
1527 Sage Canyon Road, St Helena, CA 94574. Tel. (707) 963-8726. 2000 Kisten.

Havens Wine Cellars (1984)
775 8th Street, Napa, CA 94558. Tel. (707) 255-7337. 5000 Kisten. Der vom Amateurkellermeister zum Profi gewordene Michael Havens hat ein Talent für Merlot aus dem Truchard Vineyard in Carneros.

Heitz Wine Cellars (1961)
500 Taplin Road, St Helena, CA 94574. Tel. (707) 963-3542. 40000 Kisten. Die erste Reputation war Chardonnay zu verdanken, doch die dauerhaftere kam durch entwicklungsfähigen Einzellagen-Cabernet-Sauvignon aus Martha's Vineyard in Oakville und Bella Oaks in Rutherford zustande.

Hess Collection Winery (1982)
4411 Redwood Road, Napa, CA 94558. Tel. (707) 255-1144. 60000 Kisten. Geschliffener, stilvoller Chardonnay und Cabernet Sauvignon aus Weinbergen hoch oben am Mt Veeder. Das Zweitetikett, Hess Selection, steht für kalifornischen Chardonnay und Cabernet aus verschiedenen Gegenden.

William Hill Winery (1976)
1761 Atlas Peak Road, Napa, CA 94558. Tel. (707) 224-4477. 100000 Kisten. Solider Cabernet Sauvignon und kräftig eichenholzgewürzter Chardonnay aus Lagen bei Napa City und oben am Mt Veeder.

Honig Cellars (1980)
850 Rutherford Road, Rutherford, CA 94573. Tel. (707) 963-5618. 12000 Kisten. Zunächst Sauvignon Blanc aus Eigenbesitz, später kamen ein Cabernet Sauvignon (ebenfalls Eigengewächs) und ein Chardonnay hinzu. Alle zeichnen sich durch Gleichmäßigkeit aus.

Inglenook-Napa Valley (1879)
1991 St Helena Highway, Rutherford, CA 94573. Tel. (707) 967-3300. 120000 Kisten. Unentschlossenheit bei Heublein, Inc., brachte das historische Haus seit den 1970er Jahren aus dem Gleichgewicht, doch seine Weinlagen sind so gut, daß sie fast immer ausgezeichneten Cabernet Sauvignon, Merlot und Gravion (Sauvignon Blanc/Sémillon-Verschnitt) hervorbringen.

Three Palms Vineyard (die dritte Palme ist erfroren und mußte nachgepflanzt werden) wurde vor allem durch Merlot berühmt.

In der Charles Krug Winery dient das Kutschenhaus aus den 1870er Jahren heute als Faßkeller.

Jade Mountain (1984)
520 Edgemont Lane, Angwin, CA 94508. Tel. (707) 965-3084. 5000 Kisten. Von den ursprünglichen 14 ha bei Cloverdale (Sonoma) und den später hinzugekommenen 10 ha am Mt Veeder sowie von zugekauften Trauben kommen Sortenweine und auf Rhône-Trauben (v.a. Syrah) beruhende Verschnitte.

Jaeger Inglewood Cellars (1979)
PO Box 322, St Helena, CA 94574. Tel. (707) 963-1875. 5000 Kisten. Ein Teilhaber von Freemark Abbey und Rutherford Hill reserviert sich diese Marke für einen dunklen, holzgewürzten Merlot von 8 ha südlich von St Helena.

Johnson Turnbull (1979)
PO Box 410, Oakville, CA 94562. Tel. (707) 963-5839. 5000 Kisten. Der minzewürzige, reife Cabernet Sauvignon aus 8 ha Eigenbesitz bei Oakville ist der Hauptschlager. Ferner ein Knights Valley Chardonnay aus einem Weinberg im Besitz von William Turnbull.

Judd's Hill (1989)
PO Box 415, St Helena, CA 94574. Tel. (707) 963-9093. 1400 Kisten. Der altgediente Kellermeister von Whitehall Lane hat sich selbständig gemacht und erzeugt nun recht stilvollen Cabernet Sauvignon von gekauftem Lesegut.

Robert Keenan Winery (1977)
3660 Spring Mountain Road, St Helena, CA 94574. Tel. (707) 963-9177. 10000 Kisten. Mehrere Kellermeister brachten Stilunterschiede hervor; die 19 ha Eigenbesitz am Spring Mountain eignen sich offenbar gut für Chardonnay und Merlot.

Hanns Kornell Champagne Cellars (1952)
Ein Konkurs scheint 1992 dem kleinen Familienbetrieb für Schaumweine nach der klassischen Methode den Garaus gemacht zu haben.

Charles Krug Winery (1861)
PO Box 191, St Helena, CA 94574. Tel. (707) 963-2761. 600000 Kisten. Alteingesessenes Haus mit ausgezeichnetem Weinbergbesitz in St Helena, Yountville und Carneros; scheint nach einer Flaute wieder auf die Füße zu kommen. Angenehmer Chardonnay und Pinot Noir aus Carneros, besonders spektakulär ist jedoch der intensive, langlebige Special Selection Cabernet Sauvignon aus der eigenen Lage Slinsen auf der West-Bench südlich von Yountville.

La Jota Vineyard (1985)
1102 Las Posadas Road, Angwin, CA 94508. Tel. (707) 965-3020. 4000 Kisten. Dunkler, tanninreicher, holzwürziger Cabernet aus einer 22-ha-Lage am Howell Mountain. Auch Pionier mit achtbarem Viognier aus demselben Weinberg.

La Vieille Montagne (1981)
3851 Spring Mountain Road, St Helena, CA 94574. Tel. (707) 963-9059. 1000 Kisten. Der Schlager ist Cabernet Sauvignon aus 3 ha Eigenbesitz am Spring Mountain.

Lakespring Winery (1980)
2055 Hoffman Lane, Napa, CA 94558. Tel. (707) 944-2475. 22000 Kisten. Geschliffener, verhaltener Cabernet Sauvignon und Merlot, oft der Spitzenklasse ebenbürtig. Chardonnay und Sauvignon Blanc in stets gutem Mittelmaß.

Lamborn Family Vineyards (1982)
2075 Summit Lake Drive, Angwin, CA 94508. Tel. (415) 547-4643. 2000 Kisten. Standhafter Verteidiger des Glaubens an Zinfandel mit prachtvollen Beispielen von 12 ha am Howell Mountain.

Liparita Cellars (1987)
1500 Kisten. Ursprünglich eine Winzermarke für ansprechenden Chardonnay. Der Bau einer 5000-Kisten-Kellerei begann 1992. Die 17-ha-Lage südlich vom Howell Mountain ist vorwiegend mit Chardonnay besetzt; Cabernet Sauvignon und Merlot sind in der Minderheit.

Livingston Wines (1984)
1895 Cabernet Lane, St Helena, CA 94574. Tel. (707) 963-2120. 3000 Kisten. Dunkler, tanninreicher, stark eichenholzwürziger Cabernet Sauvignon aus dem hauseigenen Moffett Vineyard (4 ha) südlich von St Helena.

Long Vineyards (1977)
PO Box 50, St Helena, CA 94574. Tel. (707) 963-2496. 3000 Kisten. Star ist der volle, nuancenreiche Chardonnay aus 8 ha Eigenbesitz bei Chappellet am Pritchard Hill.

Macauley Vineyard (1984)
3291 St Helena Highway N, St Helena, CA 94574. Tel. (707) 963-1123. 1000 Kisten. Sauvignon Blanc von 0,8 ha am Spring Mountain, Cabernet von 2 ha bei St Helena.

Markham Vineyards (1978)
2812 St Helena Highway N, St Helena, CA 94574. Tel. (707) 963-5292. 20000 Kisten. Drei Weinberge (zwei südlich von Yountville und einer bei Calistoga) mit insgesamt 100 ha liefern ansprechenden Wein, v.a. Cabernet Sauvignon (Eigengewächs aus Yountville), Chardonnay und Merlot.

Louis M. Martini Winery (1933)
PO Box 112, St Helena, CA 94574. Tel. (707) 963-2736. 300000 Kisten. Alteingesessener Familienbetrieb; nutzt seinen weitverteilten 360-ha-Eigenbesitz zunehmend für Einzellagenweine. Der historische Glen Oaks Vineyard (80 ha im Chiles Valley) liefert die Grundlage für einen sortentypischen Napa Valley Reserve Cabernet Sauvignon. Die Lagen Las Amigas und La Loma in Carneros, zusammen 140 ha, sind Pinot Noir und sehr toastwürzigem Chardonnay vorbehalten. Der karge, fruchtbetonte Chardonnay aus Eigenbesitz in Carneros und im Russian River Valley ist makellos. Aus der 69-ha-Lage Los Vinedos del Rio im Russian River Valley kommt herber, saftiger Merlot und Gewürztraminer und aus der 96-ha-Lage Monte Rosso im Sonoma Valley ein runder, voller Cabernet Sauvignon.

Matera Wine Cellars (1990)
4300 Silverado Trail, Calistoga, CA 94515. Tel. (707) 942-6283. 1500 Kisten. Der Hauptwein ist ein Chardonnay in Erzeugerabfüllung.

Mayacamas Vineyards (1944)
1155 Lokoya Road, Napa, CA 94558. Tel. (707) 224-4030. 5000 Kisten. Im Cabernet Sauvignon und Chardonnay, den Standardweinen auf der Liste von Mayacamas, ist der lange vorherrschende Monsterstil seit dem Jahrgang 85 einer gemäßigteren Art gewichen.

Merlion Winery (1985)
880 Vallejo Street, Napa, CA 94558. Tel. (707) 226-5568. 12000 Kisten. Die beiden Kellermeister, die bei Vichon den Sauvignon Blanc/Sémillon-Verschnitt im Verhältnis 50:50 herausbrachten, greifen diesen Erfolg in der eigenen Kellerei mit dem »Sauvrier« auf. Ebenfalls hochinteressant der Melon de Bourgogne »Cœur de Melon«. Das Lesegut wird eingekauft.

Merryvale Vineyards (1983)
1000 Main Street, St Helena, CA 94574. Tel. (707) 963-2225. 12000 Kisten. Die Partner liefern den größten Teil der Trauben für zuverlässigen, konservativen Chardonnay »Starmont«, »White Meritage« (Sauvignon Blanc/Sémillon-Verschnitt), Cabernet Sauvignon und »Profile« (Verschnitt auf Cabernet-Grundlage). »Sunny St Helena« ist eine Zweitmarkte für preiswerte Sortenweine aus dem Napa Valley.

Bei dem Schaumweinspezialisten Mumm Napa Valley füllen die Edelstahltanks einer Gäranlage eine ganze Galerie.

Milat Vineyards (1986)
1091 S, St Helena Highway, St Helena. CA 94574. Tel. (707) 963-0758. 3000 Kisten. Still aufgebaute Reputation für soliden, attraktiven Cabernet Sauvignon, Sauvignon Blanc und einen trockenen Chenin Blanc aus einem 9-ha-Familienbetrieb südlich von St Helena.

Robert Mondavi Winery (1966)
PO Box 106, Oakville, CA 94562. Tel. (707) 963-9611. 650000 Kisten. Auf Robert Mondavis Betreiben ist seine Kellerei in der Technik stets zu Experimenten bereit, im Stil jedoch unerschütterlich traditionell. Alle Weine beruhen weitgehend, aber nicht ausschließlich auf dem Familienbesitz von 600 ha, darunter 280 ha neben der Kellerei in Oakville, 120 ha in der Südwestecke des Stag's Leap District und seit 1988 auch 180 ha in Carneros. Im feinen Cabernet Sauvignon und im ausgeprägten Fumé Blanc steht der Sortencharakter ganz im Vordergrund; Pinot und Chardonnay sind stärker mit Eichenholz gewürzt. Die Reserve-Versionen sind jeweils ausgesprochen kräftiger und zeigen noch eindeutigere Eichenholzwürze. Die Zweitmarke Robert Mondavi-Woodbridge (siehe S. 189) wird von einer getrennten Kellerei in Lodi produziert. Ganz oder teilweise im Besitz des Hauses bzw. von Familienmitgliedern befinden sich darüber hinaus Opus One, Vichon, Byron (siehe S. 123) und Montpellier (siehe S. 191).

Mont St John Cellars (siehe Carneros)

Monticello Cellars (1981)
4242 Big Ranch Road, Napa, CA 94558. Tel. (707) 253-2802. 30000 Kisten. Von 90 ha am Nordende der Big Ranch Road kommen die unerbittlich kargen, mit Tannin und Eichenholzwürze gut versehenen Chardonnay-Eigengewächse »Jefferson Cuvée« und die teurere, in jeder Hinsicht ausgeprägtere »Corley Reserve«. Der von zugekauftem Lesegut produzierte Cabernet Sauvignon »Corley Reserve« verrät ähnlichen Stil, dagegen ist die geschliffene, zugängliche »Jefferson Cuvée« für Cabernet sortentypischer.

Mt Veeder Winery (1973)
1999 Mt Veeder Road, Napa, CA 94558. Tel. (707) 224-4039. 7500 Kisten. Aus einer etablierten 10-ha-Lage kommen ein Cabernet Sauvignon und ein auf Cabernet beruhender Meritage, die zu den feinsten Beispielen für Weine aus den Bergen zählen. Die Nachbarlage eignet sich genauso gut für kräftig eichenholzgewürzten Chardonnay.

Mumm Napa Valley (1985)
8445 Silverado Trail, Rutherford, CA 94573. Tel. (707) 942-3400. 105000 Kisten. Das kanadisch-französische Gemeinschaftsunternehmen (Seagram/G.H. Mumm) bewährt sich mit Schaumwein nach der klassischen Methode. Am individualistischsten: Einzellagen-Cuvée »Winery Lake«. Das Fundament: Brut Prestige ohne Jahrgang, Vintage Reserve und Blanc de Noirs.

Napa Creek Winery (1980)
1001 Silverado Trail, St Helena, CA 94574. Tel. (707) 963-9456. 12000 Kisten. Zuverlässiger Chardonnay, Cabernet Sauvignon und Merlot der Mittelklasse; alle von gekauftem Lesegut.

Newlan Vineyards und Winery (1977)
5225 Solano Avenue, Napa, CA 94558. Tel. (707) 257-2399. 6000 Kisten. In guten Jahren erbringt Newlan einen markant duftigen, fast blumigen Pinot Noir aus einem von zwei eigenen Weinbergen bei Napa City. Der Cabernet Sauvignon ist mild und angenehm.

Newton Vineyard (1978)
2555 Madrona Avenue, St Helena, CA 94574. Tel. (707) 963-9000. 35000 Kisten. An einer besonders steilen Stelle des Spring Mountain erbringen terrassierte Weinberge (25 ha) die Grundlage für vollen, stark holzgewürzten Cabernet Sauvignon und Merlot. Ein butterig-toastwürziger Chardonnay entsteht mehr von zugekauftem Lesegut.

Neyers Winery (1890)
PO Box 1029, St Helena, CA 94574. Tel. (707) 963-8293. 3000 Kisten. Geschmeidige Merlot-Erzeugerabfüllung aus einem Drittel einer 8-ha-Lage. Als Weißwein wird ein solider Chardonnay von zugekauftem Lesegut gekeltert.

Nichelini Winery (1890)
2950 Sage Canyon Road, St Helena, CA 94574. Tel. (707) 963-0717. 2000 Kisten. Die weitverzweigte Familie benutzt die Kellerei eines Cousins im El Dorado County (Boeger) zur Weinproduktion von Lesegut aus dem Chiles Valley; darunter der möglicherweise letzte Sauvignon Vert (wundervoll bereitet). Konventioneller: der Cabernet Sauvignon und der Zinfandel.

Gustave Niebaum Collection (1985)
25000 Kisten. Die Marke im Besitz von Heublein hat mit die feinsten Weinberge der Hauses für Einzellagenweine unter Vertrag. Ein makelloser Chevrier (Sémillon) »Herrick Vineyard« bildet vielleicht die Spitze, aber auch die zwei Carneros-Chardonnays (»Laird«, »Bayview«) sowie zwei Cabernet Sauvignons aus der Talmitte (»Mast«, »Tench«) sind aller Ehren wert. Inglenook führt die Produktion aus.

Niebaum-Coppola Estate (1979)
PO Box 208, Rutherford, CA 94573. Tel. (707) 963-9099. 2500 Kisten. Das Unternehmen des Filmregisseurs Francis Ford Coppola war in den ersten Jahren im Wanken, festigt sich nun aber mit dem auf Cabernet beruhenden »Rubicon« aus Lagen in Rutherford, die ursprünglich Teil von Inglenook waren.

Opus One (1979)
7900 St Helena Highway, Oakville, CA 94562. Tel. (707) 944-9442. 15000 Kisten. Wohldurchdachter, raffinierter Rotwein auf Cabernet-Basis: teuer, aber seinen Preis wert, denn in ihm zeigt sich französisches (Mouton-Rothschild) und amerikanisches (Robert Mondavi) Verständnis in harmonischem Zusammenklang. Zunehmend aus dem dichtbepflanzten 44-ha-Weinberg in Oakville, nachdem er ein Jahrzehnt lang aus ausgewählten Parzellen in dem nahegelegenen ToKalon Vineyard von Mondavi kam.

Pahlmeyer Winery (1986)
PO Box 2410, Napa, CA 94558. Tel. (707) 255-2321. 1400 Kisten. Die bombastische Art des tintendunklen Rotweins auf Cabernet-Basis wird nur noch von dem eichenholzgewürzten Chardonnay des Hauses in den Schatten gestellt. Beide stammen aus einer Einzellage bei Rutherford.

Robert Pecota Winery (1978)
PO Box 303, Calistoga, CA 94515. Tel. (707) 942-6625. 20000 Kisten. Stets gleichmäßig guter, voller und reifer Sauvignon Blanc und robuster Cabernet Sauvignon von 16 ha nahe der Kellerei nördlich von Calistoga bilden die Spitze.

Peju Province Winery (1982)
8466 St Helena Highway, Rutherford, CA 94573. Tel. (707) 963-3600. 20000 Kisten. Die lange, schmale 12-ha-Lage »HB« in Rutherford erbringt markante, ausgewogene, immer bekannter werdende Cabernets.

Robert Pepi Winery (1981)
7585 Highway 29, Oakville, CA 94562. Tel. (707) 944-2807. 30000 Kisten. Der Betrieb wurde speziell

für Sauvignon Blanc aus einer eigenen 28-ha-Lage südlich von Oakville geschaffen und bereitet diesen Wein auch heute noch gut, doch ein Cabernet Sauvignon »Vine Hill Ranch« und eine Sangiovese-Erzeugerabfüllung »Colline dei Sassi« sind inzwischen die Prunkstücke des Hauses. Ein Chardonnay von zugekauften Trauben zählt oft zur Spitze in Napa.

Mario Perelli-Minetti Winery (1988)
PO Box 368, Rutherford, CA 94573. Tel. (707) 963-8752. 5000 Kisten. Chardonnay und Cabernet Sauvignon von gekauftem Lesegut aus Napa.

Joseph Phelps Vineyards (1973)
PO Box 1031, St Helena, CA 94574. Tel. (707) 963-2745. 80000 Kisten. Nach früherem Ruhm mit trockenem Johannisberg Riesling und Spätlesen wurde der Schwerpunkt zweimal verschoben, zunächst auf den auf Cabernet Sauvignon beruhenden »Insignia« und sodann auf Weine nach Rhône-Vorbildern. Unter dem Etikett »Vin du Mistral« erscheinen ein zunehmend stilvoller Grenache Rosé, ein Syrah und vor allem ein Verschnitt namens »Mistral«, der so ziemlich den Charme eines guten Côte du Rhône hat. Der Cabernet und der »Insignia« sind noch immer beachtenswert; sie kommen zum großen Teil aus eigenem Weinbergbesitz bei St Helena, Rutherford und im Stag's Leap District.

Piña Cellars (1979)
8060 Silverado Trail, Rutherford, CA 94573. Tel. (707) 944-2229. 400 Kisten. Robuster, schlichter Chardonnay aus einem familieneigenen Weinberg.

Pine Ridge Winery (1978)
5902 Silverado Trail, Napa, CA 94558. Tel. (707) 253-7500. 65000 Kisten. Eine Gruppe kleiner Lagen bietet einen Querschnitt durch die Sonnenschein- und Bodenverhältnisse in Napa und liefert echt soliden Cabernet Sauvignon »Stag's Leap Cuvée«, »Rutherford Cuvée« und »Diamond Mountain Cuvée« sowie massiv eichenholzwürzige Chardonnays »Knollside Cuvée« und »Stag's Leap Cuvée«. Auch der Merlot ist beachtenswert. In guten Jahren entsteht die nach dem geschäftsführenden Teilhaber benannte, auf Cabernet beruhende »Andrus Reserve«.

Plam Vineyards (1984)
6200 Washington Street, Yountville, CA 94599. Tel. (707) 944-1102. 9000 Kisten. Chardonnay und neuerdings eindrucksvoller Cabernet Sauvignon sind die Haupterzeugnisse aus einer 10-ha-Lage südlich von Yountville.

Bernard Pradel Cellars (1983)
2100 Hoffman Lane, Yountville, CA 94599. Tel. (707) 944-8720. 2500 Kisten. Französischer Sachverstand steht hinter dem verhaltenen Stil des Cabernet von 8 ha südlich von Yountville.

Prager Winery and Port Works (1980)
1281 Lewelling Lane, St Helena, CA 94574. Tel. (707) 963-3720. 1000 Kisten. Portweinähnliche Produkte insbesondere von Cabernet Sauvignon und Petite Sirah aus Napa.

Quail Ridge Winery (1978)
1055 Atlas Peak Road, Napa, CA 94558. Tel. (707) 257-1712. 30000 Kisten. Die Kellerei wurde für die Produktion von Chardonnay gegründet, der auch noch das Haupterzeugnis bildet, doch ein prachtvoller Merlot (aus der Lage White Rock im Besitz der Familie Vandendriessche) und ein ausgezeichneter Sauvignon Blanc (Gebietsverschnitt) haben mehr Lob geerntet.

Kent Rasmussen Winery (siehe Carneros)

Raymond Vineyard & Cellar (1974)
849 Zinfandel Lane, St Helena, CA 94574. Tel. (707) 963-3141. 120000 Kisten. Die Familie ist seit dem Ende der Prohibition im Weinbau in Napa tätig. Ihre Kenntnis der örtlichen Lagen zeigt sich in feinem Cabernet Sauvignon und solidem sortenreinem Sauvignon Blanc. Ein weiteres Hauptprodukt ist Chardonnay.

Revere Vineyard and Winery (1985)
2456 Third Avenue, Napa, CA 94558. Tel. (707) 224-7620. 2500 Kisten. Ziemlich ungeschlachte Chardonnays aus Eigenbesitz in der Gegend von Coombsville.

Ritchie Creek Vineyard (1974)
4024 Spring Mountain Road, St Helena, Ca 94574. Tel. (707) 963-4661. 1200 Kisten. Eine ertragsschwache 3-ha-Lage hoch oben am Spring Mountain erbringt kargen Chardonnay, mageren Cabernet Sauvignon und erstaunlich blumigen Viognier (einer der ersten in Napa).

Rombauer Vineyards (1982)
3522 Silverado Trail, St Helena, CA 94574.Tel. (707) 963-5170. 15000 Kisten. Fester, voller Cabernet, Merlot und ein Verschnitt aus beiden namens »Meilleur du Chai«, alle von gekauftem Lesegut. Ferner Chardonnay.

Round Hill Winery (1977)
1680 Silverado Trail, Rutherford, CA 94573. Tel. (707) 962-5251. 300000 Kisten. Zunächst lag der Nachdruck auf billigem Wein für den Handel. Neuerdings bilden stets gute Cabernet Sauvignons und Merlots aus dem Napa Valley von gekauftem Lesegut die mittlere Preisklasse, während dunklerer, eichenholzwürzigerer Cabernet und Merlot aus partnereigenen Lagen unter dem Etikett Rutherford Ranch in der höheren Preisklasse konkurrieren.

Rustridge Vineyards and Winery (1984)
2910 Lower Chiles Valley Road, St Helena, CA 94574. Tel. (707) 965-2871. 3000 Kisten. Von 22 ha im unteren Chiles Valley kommen solider bis rustikaler Riesling, Chardonnay, Cabernet Sauvignon und Zinfandel.

Rutherford Hill Winery (1976)
200 Rutherford Hill Road, Rutherford, CA 94573. Tel. (707) 963-1871. 120000 Kisten. Merlot bestreitet 80% der Produktion, doch auch der sich langsam entfaltende, für lange Lebensdauer gedachte Chardonnay »Jaeger Vineyard« und »XVS« sowie der Cabernet Sauvignon »XVS« sind beachtenswert. Ein trockener Gewürztraminer aus dem Jaeger Vineyard an der Big Ranch Road gehört zu den feinsten seiner Art in Napa.

Rutherford Ranch (siehe Round Hill)

Rutherford Vintners (1974)
1673 St Helena Highway, Rutherford, CA 94573. Tel. (707) 963-4117. 15000 Kisten. Ein altbewährter Mitarbeiter bei Louis M. Martini machte sich selbständig, nachdem er begriffen hatte, daß Ausgewogenheit der Schlüssel zu angenehmem, langlebigem Cabernet Sauvignon ist. Bernard Skoda hat in der Nähe von Rutherford eigene Weinberge.

Saddleback Cellars (1983)
7802 Money Road, Oakville, CA 94562. Tel. (707) 963-4982. 2400 Kisten. Der Feierabendbetrieb des Kellermeisters von Groth Vineyards, Nils Venge, bringt beachtenswerten, festen, frischen Pinot Blanc hervor. Alle übrigen Weine sind solide.

St Andrews Winery (1981)
2921 Silverado Trail, Napa, CA 94558. Tel. (707) 252-6748. 21000 Kisten. Chardonnay aus einer eindrucksvoll stetigen 14-ha-Lage beim Fluß nördlich von Napa City ist der Daseinszweck einer seit 1989 im Besitz von Clos du Val (siehe S. 52) befindlichen Kellerei.

Vom Gewinn aus einem Feinkostladen entstanden die Keller von V. Sattui.

St Clement Vineyards (1975)
PO Box 261, St Helena, CA 94574. Tel. (707) 963-7221. 10000 Kisten. Langlebiger, voller Sauvignon Blanc (vorwiegend von Trauben aus dem Pope Valley) und elegant eichenholzgewürzter Chardonnay (meist aus Carneros) stellen den Erzeuger in die vordersten Reihen von Napa. Ein Chardonnay-Eigengewächs aus Carneros namens Abbott's Vineyards ist magerer und eichenholzwürziger im Geschmack. Die Rotweine sind körperreich.

St Supery Vineyards & Winery (1988)
PO Box 38, Rutherford, CA 94573. Tel. (707) 963-4507. 30000 Kisten. Anständiger, attraktiver, zugänglicher Chardonnay, Merlot und Cabernet Sauvignon aus dem 180-ha-Eigenbesitz Dollarhide Ranch legen alle gutes Zeugnis für die Eignung des Pope Valley für diese Rebsorten ab. Ein Sauvignon Blanc zeigt sich indessen seltsam gedämpft.

Saintsbury (siehe Carneros)

San Pietro Vara Vineyards and Winery (1983)
1171 Tubbs Lane, Calistoga, CA 94515. Tel. (707) 963-0937. 3500 Kisten. Den Erzeugern scheint es vor allem darauf anzukommen, daß Charbono, Cabernet Sauvignon und andere Rotweine aus dieser Lage nördlich von Calistoga aus organischem Anbau stammen.

V. Sattui Winery (1975)
1111 White Lane, St Helena, CA 94574. Tel. (707) 963-7774. 32000 Kisten. Der feine Dry Johannisberg Riesling mit großer Geschmacksfülle und der sauber konturierte, stämmige Cabernet Sauvignon »Preston Vineyard« sind die Spitzen des Programms, das größtenteils auf zugekauften Trauben aus dem Napa Valley beruht. Alle Weine nur direkt ab Kellerei.

Schramsberg Vineyards (1965)
1400 Schramsberg Road, Calistoga, CA 94515. Tel. (707) 942-4558. 40000 Kisten. Mit dieser Gründung hauchten Jack und Jamie Davies dem Schaumwein nach der klassischen Methode in Kalifornien wieder Leben ein. Inzwischen bauen sie vorwiegend mit Trauben aus Napa geduldig an einem Stil des Hauses. Die auf Pinot Noir beruhende Reserve bildete bisher den Höhepunkt, doch die 1992 neu herausgekommene, mindestens vier Jahre gereifte Luxus-Cuvée »J. Schram« ist noch voller ausgefallen.

Sequoia Grove Vineyards (1979)
8338 St Helena Highway, Rutherford, CA 94573. Tel. (707) 9944-2945. 20000 Kisten. Chardonnay- und Cabernet-Sauvignon-Erzeugerabfüllungen von 9 ha in Rutherford und ein Chardonnay aus einer Partnerlage in Carneros sind in jeder Hinsicht ausdrucksstark.

John Shafer baut Trauben an, sein Sohn Doug macht Wein daraus.

Shadow Brook Winery (1984)
360 Zinfandel Lane, St Helena, CA 94515. Tel. (707) 963-2000. 7000 Kisten. Chardonnay aus drei firmeneigenen Lagen (eine in Rutherford, zwei bei Napa) bildet das Hauptprodukt. Verkauf erfolgt prinzipiell an Restaurants.

Shafer Vineyards (1978)
6154 Silverado Trail, Napa, CA 94558. Tel. (707) 944-2877. 20000 Kisten. Langgereifter, stilvoll verhaltener reiner Cabernet Sauvignon »Hillside Select« ist das Prunkstück von 26 ha im Stag's Leap District. Aus derselben Quelle kommt geschliffener, zugänglicher Cabernet Sauvignon und Merlot, jeweils mit einem Schuß von der anderen Sorte verschnitten. Der weiche, oft vordergründige Chardonnay aus 7 ha Eigenbesitz in der Nähe dürfte besser werden, wenn das Lesegut von firmeneigenen 28 ha in Carneros ab Anfang der 1990er Jahre mit ins Spiel kommt.

Charles F. Shaw Vineyard & Winery (1979)
1010 Big Tree Road, St Helena, CA 94574. Tel. (707) 963-5459. 10000 Kisten. Mitten im Cabernet-Land orientiert sich Shaw am Beaujolais Villages mit einem Gamay-Eigengewächs »Domaine Elucia« von 20 ha zwischen St Helena und Calistoga. Der Betrieb kommt damit und mit einem frischen, melonenwürzigen Sauvignon Blanc – ebenfalls aus eigenem Weinberg – gut zurecht.

Signorello Vineyards (1985)
4500 Silverado Trail, Napa, CA 94558. Tel. (707) 255-5990. 5000 Kisten. Der gnadenlos ultra-butterige Chardonnay aus 12 ha Hanglagen südlich vom Stag's Leap District hat sich eine Kultanhängerschaft gewonnen. Ein Sauvignon-Blanc-Erzeugerabfüllung liegt auf derselben Linie. Auch Pinot Noir und Cabernet Sauvignon bieten große Aussichten.

Silver Oak Cellars (1973)
915 Oakville Crossroad, Oakville, CA 94562. Tel. (707) 944-8808. 25000 Kisten. Der Besitzer geht bei seinem ultrareifen, fleischigen Cabernet Sauvignon aus dem Alexander Valley und Napa Valley verschwenderisch mit amerikanischer Eiche um. Bonnie's Vineyard, eine 1,5 ha-Parzelle in der Nähe des Betriebs bei Oakville, liefert das Lesegut für eine gesonderte Einzellagenabfüllung.

Silverado Hill Cellars (gegründet 1979 als Pannonia; umbenannt 1981 in Louis K. Mihaly; derzeitiger Name seit 1989)
PO Box 2640, Napa, CA 94558. Tel. (707) 253-9306. 32000 Kisten. Intensives Aroma von stark geröstetem Eichenholz überdeckt den Chardonnay-Duft des Weins aus 14 ha am Silverado Trail nördlich von St Andrews und östlich von Monticello.

Silverado Vineyards (1981)
6121 Silverado Trail, Napa, CA 94558. Tel. (707) 257-1770. 100000 Kisten. Geschliffener, unverkennbarer Sauvignon Blanc und geschmeidiger Cabernet Sauvignon aus eigenen Lagen im Stag's Leap District haben dem Haus eine hohe Reputation eingetragen. Aus Eigenbesitz dort und in Coombsville kommt darüber hinaus ein schön eichenholzgewürzter, ausgewogener Chardonnay (die sortentypische Reserve-Version hat noch mehr Eichenholzwürze).

Robert Sinskey Vineyards (1986)
6320 Silverado Trail, Napa, CA 94558. Tel. (707) 944-9090. 10000 Kisten. Der gesamte Weinbergbesitz (42 ha) liegt in Carneros. Chardonnay und Pinot Noir verraten eine Vorliebe für Eichenholz. Ein dunkler, sehr tanninherber »Claret« beruht auf Merlot mit Cabernet Franc und Cabernet Sauvignon.

Sky Vineyards (1979)
1500 Lokoya Driva, Napa, CA 94558. Tel. (707) 935-1391. 1500 Kisten. Intensiver, herb-tanninreicher, rustikaler Zinfandel aus Lagen hoch oben am Mt Veeder.

Smith-Madrone Vineyards (1977)
4022 Spring Mountain Road, St Helena, CA 94574. Tel. (707) 963-2283. 5000 Kisten. 16 ha fast an der Grenze zum Sonoma County bilden am Spring Mountain eine der großen Quellen für reifen, runden Riesling und anregende, kräftig eichenholzgewürzte, manchmal entfaltungsfähige Chardonnays.

Soda Canyon Winery (1985)
4130 Silverado Trail, Napa, CA 94558. Tel. (707) 226-8789. 3000 Kisten. Dunkelgoldgelber, voll eichenholzgewürzter Chardonnay von 4 ha Eigenbesitz herrschte hier allein, bis 1990 ein Rotwein dazukam.

Spottswoode Winery (1982)
1902 Madrona Avenue, St Helena, CA 94574. Tel. (707) 963-0134. 6500 Kisten. Tiefe, fast düstere Töne von langer Ausbauzeit im Eichenfaß zeichnen die Cabernet-Sauvignon-Erzeugerabfüllung aus, die sich in 10 Jahren von subtil sortentypisch bis zu vollduftig entwickelt. Der 16-ha-Weinberg mitten in den Wohnvierteln von St Helena hat zwar seinen Sauvignon-Blanc-Bestand verloren, doch die Kellerei produziert auch weiter einen hochwertigen Wein dieser Art von zugekauftem Lesegut.

Stag's Leap Wine Cellars (1972)
5766 Silverado Trail, Napa, CA 94558. Tel. (707) 944-2020. 30000 Kisten. Der Profi Warren Winiarski produziert keinen Wein, ohne tief darüber nachzudenken. Das Ergebnis: geschliffener, oft entgegenkommender Cabernet Sauvignon (»Napa Valley« von zugekauften Trauben, »SLV« aus eigenem Lesegut) und wundervoll subtile Chardonnays (Standard und Reserve, beide von zugekauften Trauben). »Cask 23« heißt der nicht mehr als Cabernet Sauvignon bezeichnete Luxuswein. Der Riesling »Birkmyer Vineyard« kann das Defilee dieser Sorte anführen.

Stag's Leap Winery (1972)
6150 Silverado Trail, Napa, CA 94558. Tel. (707) 944-1303. 25000 Kisten. Anfangs lag der Schwerpunkt auf Petite Sirah und Chenin Blanc, bald aber übernahm Cabernet Sauvignon die Spitze. Er stammt von 35 ha im Herzen von Stag's Leap und wird einen Schritt weiter als die meisten anderen aus der Gegend in Richtung tanninreicher Herbheit getrieben.

Star Hill Winery (1988)
1075 Shadybrook Lane, Napa, CA 94558. Tel. (707) 255-1957. 1000 Kisten. Chardonnay und Pinot Noir der herzhaften Schule, meist von zugekauftem Lesegut.

Steltzner Vineyards (1977)
5998 Silverado Trail, Napa, CA 94558. Tel. (707) 252-7272. 1500 Kisten. Von 22 ha im Stag's Leap District kommt ein Cabernet Sauvignon, der ganz auf kräftigen Geschmack und festen Körper ausgelegt ist.

Sterling Vineyards (1969)
1111 Dunaweal Lane, Calistoga, CA 94515. Tel. (707) 942-3344. 250 000 Kisten. Unter dem Seagram-Regime hat sich der Betrieb zunehmend Einzellagenweinen aus dem weitverstreuten Eigenbesitz von 456 ha zugewandt. Pinot Noir »Winery Lake«, Cabernet Sauvignon »Diamond Mountain«, Chardonnay »Diamond Mountain« und der Markenverschnitt »Three Palms« auf Merlot-Basis sind die Spitzenbeispiele. Standardabfüllungen von Cabernet Sauvignon, Sauvignon Blanc und Chardonnay, die aus diesen und anderen Lagen zusammengestellt sind, zeigen oft mindestens genausoviel Attraktivität.

Stonegate Winery (1973)
1183 Dunaweal Lane, Calistoga, CA 94515. Tel. (707) 942-6500. 15 000 Kisten. Robuster, schlichter Chardonnay und Cabernet Sauvignon vorwiegend aus einer eigenen Lage am Diamond Mountain.

Stony Hill Vineyard (1952)
PO Box 308, St Helena, CA 94574. Tel. (707) 963-2636. 4000 Kisten. Der Schwerpunkt liegt immer mehr auf einem Chardonnay-Eigengewächs aus einem der am schönsten gelegenen Weinberge im Tal. Neuere Jahrgänge sind etwas voller und eher genußreif als die früheren, die zwar ewig brauchten, es aber auch lohnten. Ein runder, beerenfruchtiger Riesling (heute vorwiegend aus dem nahegelegenen Draper Vineyard zugekauft) schmeckt ganz wunderbar zu Krebs.

Storybook Mountain (1980)
3835 Highway 128, Calistoga, CA 94515. Tel. (707) 942-5310. 9000 Kisten. Herzhaft eichenholzgewürzter, voll ausgereifter Zinfandel aus einem ostwärts ausgerichteten Amphitheater (14 ha) nördlich von Calistoga.

Stratford Winery (1982)
3222 Ehlers Lane, St Helena, CA 94574. Tel. (707) 963-3200. 40 000 Kisten. Das Haus kauft einmal Wein, ein andermal Trauben auf und sorgt durch geschickte Kellertechnik stets für preiswerte und immer attraktive Napa-Valley-Rotweine sowie Chardonnays der Appellation California.

Strauss Vineyards (1985)
498 Petrifiied Forest Road, Calistoga, CA 94515. Tel. (707) 942-9525. 4000 Kisten. Dunkler, tanninherber Merlot von gekauftem Lesegut.

Streblow Vineyards (1985)
PO Box 233, St Helena, CA 94574. Tel. (707) 963-5892. 3000 Kisten. Fleischiger, herzhaft eichenholzgewürzter Cabernet Sauvignon von 3 ha am unteren Spring Mountain. Auch Chardonnay.

Sullivan Vineyards (1985)
1090 Galleron Lane, Rutherford, CA 94573. Tel. (707) 963-9646. 7000 Kisten. Rustikaler Cabernet Sauvignon und Merlot von 3 ha bei Rutherford.

Summit Lake Vineyards (1986)
2000 Summit Lake Drive, Angwin, CA 94508. Tel. (707) 965-2488. 1200 Kisten. Vierschrötiger, intensiver Zinfandel in der großen Howell-Mountain-Tradition aus einem Familienbetrieb.

Sutter Home Winery (1947)
277 St Helena Highway S, St Helena CA 94574. Tel. (707) 963-3103. 4,5 Mio Kisten. Bei weitem der größte Teil der ehrfurchtgebietenden Produktion entfällt auf fetten, süßen White Zinfandel verschiedenster Herkunft. Der charaktervollste Wein ist ein sortentypischer Amador Zinfandel. Der eigene Weinbergbesitz (darunter eine kleine Lage in Calistoga) liegt größtenteils im Sacramento, Yolo und Lake County. Auch Montevina (siehe S. 181) gehört zum Besitz.

Swanson Vineyards and Winery (1987)
1271 Manley Lane, Rutherford, CA 94573. Tel. (707) 944-1642. 10 000 Kisten. Schön toastwürziger Chardonnay aus einem von drei eigenen Weinbergen machte den ersten großen Eindruck (die Reserve ist eher eichenholzbetont). Auch für Cabernet ist noch Raum, und Sangiovese und Syrah sind im Kommen.

Philip Togni Vineyard (1983)
PO Box 81, St Helena, CA 94574. Tel. (707) 963-3731. 1500 Kisten. Der Besitzer hält in unserer schnellebigen Welt beharrlich an langsam sich entfaltendem Cabernet Sauvignon und Sauvignon Blanc aus eigenem Weinberg am Spring Mountain fest.

Traulsen Vineyards (1980)
2250 Highway 29, Calistoga, CA 94515. Tel. (707) 942-0283. 500 Kisten. Kraftvoll herber Zinfandel aus einem Weinberg so groß wie ein Garten.

Trefethen Vineyards (1973)
1160 Oak Knoll Avenue, Napa, CA 94558. Tel. (707) 255-7700. 75 000 Kisten. Der große Weinberg (250 ha) nördlich von Napa City glänzt insbesondere mit verhaltenem, aber unverkennbarem, oft langlebigem Chardonnay. Der eher beerenfruchtige als kräuterwürzige Cabernet Sauvignon drängt ebenfalls immer mehr nach vorn. Der frische trockene White Riesling und der Chardonnay-ähnliche »Eshcol White« sind gut und preiswert.

Truchard Vineyard (siehe Carneros)

Tudal Winery (1979)
1015 Big Tree Road, St Helena, CA 94574. Tel. (707) 963-3947. 2000 Kisten. Markant würziger Cabernet ist der einzige Wein aus 4 ha mit großartigem Wasserabzug am Napa River südlich von Calistoga.

Tulocay Winery (1975)
1426 Coombsville Road, Napa. CA 94558. Tel. (707) 255-4064. 2400 Kisten. Individualist mit oft spektakulärem, ausgewogenem, geschliffenem und eichenholzwürzigem Pinot Noir und Cabernet Sauvignon aus dem Distrikt Coombsville.

Van der Heyden Vineyard (1987)
4057 Silverado Trail, Napa, CA 94558. Tel. (707) 257-0130. 1000 Kisten. Bislang Napa-Chardonnay in Standardqualität.

Viader Vineyards (1989)
PO Box 280, Deer Park, CA 94576. Tel. (707) 963-3816. 1500 Kisten. Ehrgeiziger Erzeuger mit Cabernet-Sauvignon/Cabernet-Franc-Verschnitt, einem Eigengewächs aus einer felsigen 7-ha-Lage in den Bergen östlich von St Helena.

Vichon Winery (1980)
1595 Oakville Grade, Oakville, CA 94576. Tel. (707) 944-2811. 45 000 Kisten. Kellerei im Besitz von Robert Mondavi mit erstklassigem, schön kräuterwürzigem Napa Valley Chevrignon (50:50 Sauvignon Blanc/Sémillon). Ferner: robuster Napa Valley Cabernet Sauvignon SLD (Stag's Leap District) und toastwürziger Napa Valley Chardonnay. Die preisgünstigere Serie Coastal Selection der Appellation California stützt sich auf zugekaufte Trauben aus Weinbergen an der Central Coast.

Villa Helena Winery (1984)
1455 Inglewood Avenue, St Helena, CA 94574. Tel. (707) 963-4334. 500 Kisten. Wochenendwinzer mit verschiedenen Weinen in winzigen Mengen.

Villa Mt Eden (1974)
PO Box 147, Oakville, CA 94562. Tel. (707) 944-2414. 24 000 Kisten. Der geschmeidige, stilvolle 1986er und die späteren Cabernet-Sauvignon-Jahrgänge beweisen im Kontrast zu früheren, daß Wein aus ganz verschiedenen Quellen besser sein kann als ein Eigengewächs. Auch der feste, deutlich eichenholzwürzige Chardonnay ist besser geworden, seit zu den 32 ha Eigenbesitz noch weitere Quellen hinzugekommen sind. Die Napa-Valley-Weine tragen die Bezeichnung »Grand Reserve« im Unterschied zu der preisgünstigeren Serie »Cellar Select« der Appellation California, die vom zweiten VME-Teilhaber, der Stimson Lane Company (Staat Washington) aufgelegt wurde.

Villa Zapu (1986)
3090 Mt Veeder Road, Napa, CA 94558. Tel. (707) 226-2501. 7000 Kisten. In den ersten 6 Jahren unterschiedlicher Chardonnay und Cabernet Sauvignon, in gemieteten Anlagen von gekauftem Lesegut produziert. Nun ist der eigene Weinberg angelegt, der Bau der Kellerei hat 1993 begonnen.

Wermuth Winery (1982)
3942 Silverado Trail, Calistoga, CA 94515. Tel. (707) 942-5924. 3000 Kisten. Colombard und Gamay aus kleinen Lagen bei Calistoga stehen über dem Durchschnitt.

Whitehall Lane Winery (1980)
1563 St Helena Highway, St Helena CA 94574. Tel. (707) 963-9454. 30 000 Kisten. Der Wechsel des Kellermeisters und der Bezugsquellen im Jahr 1990 hat manches in der Schwebe gelassen. Chardonnay und Cabernet Sauvignon sind die Hauptprodukte.

Whitford Cellars (1987)
4047 E Third Avenue, Napa, CA 94558. Tel. (707) 257-7065. 2000 Kisten. Winzermarke für ungleichmäßigen, manchmal feinen Chardonnay; sie gehört den Besitzern von Haynes Vineyard (Coombsville-Distrikt), einer Lage, die sich für Stag's Leap Wine Cellars und andere bereits bewährt hat.

Z D Wines (1969)
8383 Silverado Trail, Napa, CA 94558. Tel. (707) 963-5188. 18 000 Kisten. In amerikanischer Eiche ausgebauter und die Vorteile diese Behandlung oft überzeugend darlegender Pinot Noir aus Carneros. Der kräftig eichenholzwürzige Chardonnay der Appellation California (aus Carneros und Santa Barbara) ist weithin populär.

Reise-Informationen

Der Spruch auf dem Faß stammt von Robert Louis Stevenson, der 1881/82 in Napa seine Flitterwochen verbrachte.

SEHENSWERTES

Calistoga Der betriebsamste Ort im ganzen Tal verdankt viel der Erde, auf der er erbaut ist: heiße Quellen, Mineralwässer, Schlammbäder und was sonst zu einem Kurort gehört. Den Namen erhielt die Stadt von dem Pionier Samuel Brannan durch einen Versprecher, als er sie das »Calistoga of Sarafornia« nannte und eigentlich »Saratoga of California« meinte. Ein Segelfliegerplatz am Ende der Lincoln Avenue bietet Rundflüge und Mietflugzeuge. Ein früherer Walt-Disney-Illustrator hat ein schönes Heimatmuseum eingerichtet (1311 Washington Street). In den Bergen westlich der Stadt zeigt die private Attraktion Petrified Forest einige der größten noch intakten versteinerten Bäume der Welt.
Napa Die County-Hauptstadt und zugleich das größte Gemeinwesen im Tal hat sich nie eng mit dem Weinbau verknüpft, sondern ist eher eine Wohnstadt für die Arbeiter der Industrie im Süden. Hier gibt es einige achtbare Restaurants, Hotels und Motels.
St Helena Die Hauptstraße eines einst verschlafenen Landstädtchens hat sich seit den 1960er Jahren zu einer hochmodischen Einkaufsstraße für Yuppys gewandelt, die hier zum Teil wohnen, meist aber nur zu Besuch kommen. Außerdem hat sie sich zu einem kleinen Mekka für Feinschmecker entwickelt, und zwar so ausschließlich, daß die Bürgersteige gleich nach der Abendessenzeit hochgeklappt werden. In der Stadtbibliothek (1400 Library Lane) findet man die Napa Valley Wine Library, eine beachtliche Sammlung populärer und wissenschaftlicher Literatur über Wein und Weinbau. Im gleichen Gebäude ist das Silverado Museum mit viel Material über Robert Louis Stevenson untergebracht.
Yountville Zwei bis drei gut besuchte Bars und einige zwanglose Restaurants machen Yountville zum bevorzugten Jagdgrund für Party-Fans. Eine der größten Weinkellereien der Gegend aus der Zeit vor der Prohibition beherbergt heute Spezialitätengeschäfte unter dem Kollektivnamen Vintage 1870.

HOTELS UND RESTAURANTS

Auberge du Soleil 180 Rutherford Hill Road, St Helena. Tel. (707) 963-1211. Zwanglos schickes Restaurant mit weitem Blick über das Tal; es gehört zu einem Luxushotel. Weitgehend traditionelle französische Menüs und eine lange Weinkarte.
Bosko's Ristorante 1362 Lincoln Avenue, Calistoga. Tel. (707) 942-9088. Ländlich-gemütliches Restaurant. Reichliche, preiswerte Pastagerichte und Salate; bescheidene Weinkarte.
La Boucane 1178 2nd Street, Napa. Tel. (707) 253-1177. In einem behaglichen, neu ausgestatteten viktorianischen Haus bietet ein streng traditioneller französischer Küchenchef eine kurze, streng traditionelle, jedoch sorgfältig ausgeführte Speisekarte; gute Weinkarte.
Brava Terrace 3010 St Helena Highway, St Helena. Tel. (707) 963-9300. Gehäuft volle Teller mit Cassoulet, Risotto und sonstiger herzhaft mediterraner Kost; der Chef Fred Halpert kocht selbst. Nicht allzu lange, jedoch durchdachte Weinkarte. Der luftige Innenraum wird im Sommer durch eine ruhige Terrasse erweitert.
Domaine Chandon California Drive, Yountville. Tel. (707) 944-2892. Glaswände geben den Blick auf die parkähnliche Umgebung frei. Teures Lokal für eine mäßig extravagante Clientèle. Chef Phillipe Jeanty führt eine französische Küche mit italienischen und asiatischen Glanzlichtern. Gutes Personal, ausgezeichnete Weinkarte.
Four Seasons Café 1400 Lincoln Avenue, Calistoga. Tel. (707) 942-9111. Wohldurchdachte leichte Küche. Umwerfende Auswahl an amerikanischen Weinen aus dem angeschlossenen Fachgeschäft.
The French Laundry 6640 Washington Street, Yountville. Tel. (707) 944-2380. Hausmannskost in höchster Vollendung in einem ruhigen Restaurant. Tischreservierungen sind weit im voraus erforderlich.
Mustard's Grill 7399 St Helena Highway, Yountville. Tel. (707) 944-2424. Immer betriebsames Lokal mit abwechslungsreicher Küche, geführt von Cindy Pawlcyn. Viele Grillgerichte. Weinkarte mit zahlreichen Napa-Weinen. Tra Vigne gehört zum gleichen Besitz.
Napa Valley Lodge PO Box L (Madison at Washington), Yountville. Tel. (707) 944-2468. Führend in Komfort und Preis, wenn auch nicht übertrieben phantasievoll ausgestattet.
Piatti 6480 Washington Street, Yountville. Tel. (707) 944-2070. Geräuschvolles, fröhliches Restaurant; die Wände sind größtenteils Fenster. Solide, v.a. von Oberitalien inspirierte Küche. Gute Weinkarte.
Starmont Grill at Meadowood 90 Meadowood Lane, St Helena. Tel. (707) 963-3646. Das Lokal gehört zu einer kleinen Sportstätte mit Golf (9-Loch) und Tennis (8 Plätze) in den Bergen östlich von St Helena. Französische Leitung; ländliche französische Dekorationen. Kalifornische Küche mit französischem Akzent; ausnehmend gute Weinkarte mit Napa-Weinen.
Terra 1345 Railroad Avenue, St Helena. Tel. (707) 963-8931. Hiro Sone, Protégé von Wolfgang Puck, führt eine französisch-italienische Küche mit köstlich exzentrischem japanischem Anflug. Die Weinkarte ist kurz, aber gut zusammengestellt.
Tra Vigne 1050 Charter Oak Avenue, St Helena. Tel. (707) 963-4444. Unter dem Gründer und Küchenchef Michael Chiarello hat das Restaurant einen Stil entwickelt, der vertraute Elemente mit ganz neuen, oberitalienisch anmutenden kulinarischen Raffinessen und Kombinationen versieht. Gemütliche Atmosphäre. Internationale Weinkarte mit ziemlich langem kalifornischem Teil.
Trilogy 1234 Main Street, St Helena. Tel. (707) 963-5507. Ruhiges, kleines Lokal. Die klassisch orientierte französische Küche birgt unter der ideenreichen Leitung von Diane Pariseau hochoriginelle Details in Zutaten und Zubereitung. Reichhaltige kalifornische Weinkarte.

WEINROUTE

Da in diesem 30 km langen und 3 km breiten Tal 200 Weinbaubetriebe Gäste willkommen heißen, läuft die Planung der Weinroute weitgehend auf die Auswahl der Betriebe hinaus, die man besuchen möchte. Ein Hinweis: Während an Sommerwochenenden auf der SR 29 von Yountville bis St Helena Stoßstange an Stoßstange gefahren wird, ist der Silverado Trail meist fast leer.

NÜTZLICHE ADRESSEN

Calistoga Chamber of Commerce 1458 Lincoln Avenue, Calistoga, CA 94515.
Napa Chamber of Commerce 1556 1st Street, Napa, CA 94558.
Napa Valley Vintners Association PO Box 141, St Helena, CA 94574.
St Helena Chamber of Commerce 180 Main Street, St Helena, CA 94574.
Yountville Chamber of Commerce 6795 Washington Street, Yountville, CA 94599.

An die vulkanischen Ursprünge des Napa-Tals erinnert ein kleiner, gegen einen geringen Obulus zu besichtigender Geysir, der nördlich von Calistoga regelmäßig wie ein Uhrwerk aufspringt.

Carneros

Die sanften, aber kargen Hügel von Carneros und der unablässig wehende Wind machen eine wohldurchdachte Wahl der Lagen für die einzelnen Rebsorten notwendig.

Obwohl das amerikanische Herkunftsbezeichnungssystem noch in den Kinderschuhen steckt, hat Carneros (manchmal auch Los Carneros genannt) starkes Geschütz für sich ins Feld geführt, als es bereits nach knapp einem Jahrzehnt aus dem übermächtigen Schatten von Napa und Sonoma heraustreten wollte.

Einen so zugkräftigen Namen wie Napa Valley abzulegen, verlangt Mut, insbesondere wenn es die Vorschriften erlauben, ihn neben dem relativ unbekannten eigenen oder an seiner Stelle zu führen. Doch der Antrieb ist stark, weil die Weinerzeuger von Carneros fest daran glauben, daß ihr immer windiges, nebliges Land mit seinem mageren Boden weder Napa noch Sonoma, sondern durch und durch Carneros ist. Das alles gründet auf reiner Vernunft. Als die Diskussion um die Einrichtung einer Appellation Carneros anhub, wurde ein Gremium geübter Zungen zusammengerufen und gebeten, in einer verdeckten Weinprobe zwischen Weinen aus Carneros und anderen Herkunftsgebieten zu unterscheiden. Das gelang den Degustatoren fast vollkommen.

Auf diese Weise entstanden die Grenzen der Appellation (was nach Carneros schmeckte, kam hinein, was nicht danach schmeckte, blieb draußen) sowie eine Organisation namens Carneros Quality Alliance. Die CQA treibt die Werbung, dient aber auch als Informationsbörse für Weinbau- und Kellertechnik.

Trotz alledem ist Carneros nicht etwa dabei, sich von der Nachbarschaft ganz zu lösen. Unter den großen Weinbergbesitzern trifft man auf viele prominente Namen aus dem Napa Valley: Beaulieu Vineyard, Clos du Val, Cuvaison, Domaine Chandon, Charles Krug, Louis M. Martini und Robert Mondavi stehen an der Spitze, und sie sind durchaus nicht geneigt, das Napa Valley als Identität für mindestens einen Teil ihrer Weine von Trauben aus Carneros aufzugeben. Im Sonoma Valley gibt es weniger geteilte Anhänglichkeit. Buena Vista könnte aus historischen Gründen ein Hauptbeispiel bilden, statt dessen erweist sich das Haus, mit 440 ha der größte Anbauer der Appellation, als Speerspitze in der CQA.

Wenn auch das Interesse an spezifischer Identität noch neu ist, kann Carneros doch auf eine achtbare, überraschend lange und einheitliche Geschichte zurückblicken. Schon 1830 gab es hier mindestens einen Weinberg; die erste Weinkellerei wurde in den 1870er Jahren errichtet. Und spätestens Ende der 1880er Jahre bedachten die damaligen Kenner Weine aus der Stanly Ranch, von Debret et Priet und von Talcoa mit einem respektvollen Kopfnicken. Lange Lücken riß zuerst die Reblaus, dann die Prohibition auf. Während der großen Depression und auch noch Jahre danach wurden kaum Weinberge angelegt, denn Wein verkaufte sich schlecht. Der Boom kam erst in den 1970er Jahren.

Louis M. Martini hatte den Weinbau der Gegend am Leben erhalten, als er in den 1940er Jahren einen Teil der Stanly Ranch und einen weiteren Besitz kaufte und beide mit Pinot Noir bepflanzte. André Tchelistcheff von Beaulieu bezog bis 1961 Trauben aus Carneros und überredete dann seinen Arbeitgeber dazu, neben Martini Land für Pinot Noir und Chardonnay zu kaufen. Eine weitere aktuelle Neuanpflanzung stützt das alte Urteil. Die frühere Besitzung Talcoa, später Debret et Priet, wurde in den 1960er Jahren von dem selbständigen Anbauer Rene di Rosa als Winery Lake Vineyard neu belebt. Heute gehört der Besitz zum Seagram-Konzern, der ihn insbesondere als Quelle für einen Einzellagenschaumwein von Mumm Napa Valley und einen Einzellagen-Pinot-Noir von Sterling Vineyards nutzt.

Weißweintrauben*

1992 entfiel auf Chardonnay fast die Hälfte der Rebfläche von Carneros (2480 ha). Er lieferte meist Tischwein und in größerem Umfang auch Schaumwein nach der klassischen Methode. Gewürztraminer, Riesling und in winzigen Mengen auch Pinot Blanc trugen zusammen etwa 40 ha zur Rebfläche bei.

Chardonnay
Wenn irgendeine andere Rebsorte in Carneros den Chardonnay in die Schranken fordern möchte, dann hat sie bisher noch nicht Flagge gezeigt. Nach allen Maßstäben – Geschmackstiefe, Ausgewogenheit, Langlebigkeit – ist die große weiße Traube aus Burgund auch hier einsame Spitze.

Im Jungzustand erinnert ein typischer Carneros-Chardonnay an einen Bratapfel mit Honig und insbesondere mit Salbeihonig. Apfel ist der spezifische Chardonnay-Geschmackston, Honig und Kräuter dagegen scheinen ganz aus der Sonne und dem Boden von Carneros zu stammen. Wenn dann die Weine heranreifen – die meisten halten sich 4 bis 6 Jahre in Bestform –, dann verschmelzen Apfel, Honig und Kräuter zu einer Einheit, ohne ihre jeweilige Identität ganz einzubüßen. Ein besonders denkwürdiges Beispiel war 1992 ein 1981er Saintsbury, geradezu ein Musterbeispiel dessen, was ein Weißwein sein soll: seidig, bukettreich und mit Chardonnay-Geschmack in einer Vitalität und Fülle versehen, daß er keinesfalls als seinem Ende nahe gelten konnte.

Nicht jede Abfüllung zeigt so großen Charakter, aber der Durchschnitt ist jedenfalls eindrucksvoll hoch, und zwar so hoch, daß man sich gelegentlich nur schwer vom Chardonnay losreißen und dem Pinot Noir derer zuwenden kann, die ihn obenanstellen. Bei umfassenden Degustationen der Weine aus der Appellation geben die Chardonnays stets das alles in allem geschlossenste Feld ab, und einer von ihnen trägt mit Sicherheit den Siegerpokal davon.

Dem Kellermeister steht es frei, malolaktische Gärung, Ausbau auf der Hefe und andere Maßnahmen zur Beschleunigung der Trinkreife einzusetzen oder zu unterlassen. Die Weine haben genug Eigengeschmack, der sich gegen alle Bemühungen, einen bestimmten Stil zu erzielen, durchsetzen kann, und sind dabei von der Natur so großzügig ausgestattet, daß sie ein solches Make-up eigentlich nicht nötig haben. Das große Vorbild ist der Buena Vista. MacRostie und Saintsbury bilden schöne Beispiele für die toastwürzige Art. Die übrigen als gebietstypisch herausgestellten Weine liegen im Stil zwischen diesen beiden.

* Die Rebfläche wird in Kalifornien in der Statistik für jedes einzelne County getrennt geführt; deshalb ist die Gesamtfläche für Carneros in die Angaben für Napa bzw. Sonoma einbezogen.

Gebietstypische Weine:
Acacia »Marina Vineyard« (Erzeugerabfüllung). **Buena Vista** (Erzeugerabfüllung). **Carneros Creek** (Gebietsverschnitt). **Clos du Val** (aus Eigenbesitz). **Cuvaison** (aus Eigenbesitz) **MacRostie** (Sangiacomo). **Roche** (Erzeugerabfüllung). **Saintsbury** (Gebietsverschnitt), »Reserve« (Gebietsverschnitt).

Gewürztraminer
Der Gewürztraminer ist praktisch vollständig aus Carneros verschwunden mit Ausnahme eines kleinen Bestands von 14 ha bei Buena Vista, wo die Sorte so Gutes liefert, daß man sich nur wundern kann, weshalb ihr Stern derart tief gesunken ist. Winery Lake verfügte ebenfalls über eine Anpflanzung, deren Ertrag Anfang der 1970er Jahre von der damals noch jungen Kellerei Z D zu ausgezeichnetem Wein verarbeitet wurde; sie wurde jedoch zugunsten von Pinot Noir gerodet. Noch vorher hatte Louis M. Martini feine Beispiele aus seiner Lage La Loma zuwege gebracht. Wenigstens hat Martini seinen Gewürztraminer wieder neu angesetzt, zunächst in Monto Rosso und dann mit großartigem Erfolg in seiner Lage Los Vinedos del Rio im Russian River Valley.

Riesling
Louis P. Martini meinte einmal düster, der Carneros-Riesling werde stets eher faul als reif. Fast stimmt das. In diesen nebelverhangenen, vom Wind durchwehten Lagen braucht der Riesling viel Pflege, wenn er gesund ausreifen soll. Läßt man sie ihm angedeihen, dann erbringt er Wein, der unter all den sommerlichen Voraussetzungen, die dem runden, beerenfruchtigen Riesling Kaliforniens vor allem in jungem, frischem Zustand zu schönster Geltung verhelfen, höchsten Genuß bietet – zu kaltem Krebs, gedünsteten Muscheln, Pasteten und immer viel französischem Brot.

»Wind machines« werden die Gebläse genannt, die in frostigen Frühjahrsnächten für so viel Luftbewegung sorgen, daß Schäden vermieden werden.

Auch andere haben früher in Carneros Riesling angebaut, doch wie beim Gewürztraminer ist es Buena Vista, das die alten Werte hochhält. Den 15 ha dieses Betriebs leisten nur noch 4 ha in der Lage Madonna von Mont St John Gesellschaft.

Schaumwein

Carneros hat sich einen Platz oben auf der Liste der kalifornischen Appellationen gesichert, in denen Trauben für Schaumwein gut gedeihen – vielleicht sogar ganz an der Spitze. Die Reihe von Herstellern mit eigenem Weinbergbesitz ist eindrucksvoll: Carneros (unter der Leitung von Taittinger), Codorníu Napa (im Besitz des gleichnamigen spanischen Hauses) und Gloria Ferrer (im Besitz der Eigentümer der spanischen Firma Freixenet). Auch die Domaine Chandon verfügt über 280 ha in Carneros – das reicht für einen Blanc de Noirs aus dieser Appellation.

Zusammen bringen diese Häuser fast ein Fünftel der gesamten Weinproduktion von Carneros hervor; ihr Programm spiegelt wider, was in Kalifornien mit der alten Technik aus der Champagne möglich ist. Gloria Ferrer produziert sowohl in der «Carneros Cuvée» als auch in der «Royal Cuvée» regelmäßig Jahrgangsversionen, wobei jeweils auf Pinot Noir 60% und auf Chardonnay 40% entfallen. (Im jahrgangslosen Brut, der auch Trauben aus Sonoma, also nicht aus Carneros, enthält, entfallen bis zu 90% auf Pinot Noir.) Die vollmundige «Carneros Cuvée» liegt fast 4 Jahre auf der Hefe – mit die längste Reifezeit in Kalifornien. Chandon verarbeitet in seinem Blanc de Noirs Reservewein, um Altersschattierungen ins Bild zu bringen. Wie der Name es verspricht, besteht er fast ganz aus Pinot Noir und Pinot Meunier. Er kommt schon ziemlich jung auf den Markt, entwickelt sich unter dem Korken aber noch sehr eindrucksvoll (siehe auch S. 35). Domaine Carneros produziert einen schlanken, festen Blanc de Blancs, vorwiegend von Chardonnay, sowie einen jahrgangslosen Brut, meist von 60% Chardonnay und 40% Pinot Noir (der Pinot-Noir-Anteil wird allmählich größer). Last not least gab Mumm Napa Valley seinen «Winery Lake», ebenfalls ein Pinot Noir/Chardonnay im Mischungsverhältnis 60:40, 1985 erstmals als Einzellagenschaumwein heraus.

Gebietstypische Weine:
Domaine Carneros Blanc de Blancs und Brut (beide ohne Jahrgang). **Domaine Chandon** Blanc de Noirs (ohne Jahrgang). **Codorníu Napa** Napa Brut (ohne Jahrgang). **Gloria Ferrer** Carneros Cuvée (mit Jahrgang). **Mumm Napa Valley** Winery Lake (mit Jahrgang).

Rotweintrauben*

Der Pinot Noir steht mit einer Rebfläche von 560 ha an der Spitze, allerdings nicht so übermächtig wie der Chardonnay bei den Weißweintrauben. Cabernet folgt mit 145 ha, Merlot mit 120.

Cabernet Sauvignon

Louis M. Martinis 1979er «La Loma» und der 1985er «Private Reserve» von Buena Vista werfen die Frage auf, weshalb der Cabernet Sauvignon in Carneros nicht stärker heimisch geworden ist. Andere Jahrgänge geben zu erkennen, warum. Selbst in den besten Jahren liefert die Cabernet-Traube einerseits strengen, andererseits aber mit großer Geschmacksfülle versehenen Wein, und damit ist sie meist besser für Verschnitte mit neutralerer Frucht als für eigenständige Verarbeitung geeignet. Doch es lohnt sich stets, nach Juwelen Ausschau zu halten.

* Die Rebflächenstatistik wird in Kalifornien für jedes einzelne County getrennt geführt; deshalb ist die Gesamtfläche für Carneros in die Angaben für Napa bzw. Sonoma einbezogen.

Merlot

Obwohl die Merlot-Anbaufläche nur knapp 120 ha beträgt, ist Jan Shrem von Clos Pegase im Napa Valley der Meinung, daß diese Sorte in Carneros mit dem Pinot Noir wenigstens gleichziehen, wenn nicht gar ihn übertreffen werde, und hat daraufhin einen Teil seines Weinbergs mit Merlot bepflanzt. In seiner Überzeugung bestärken ihn Buena Vista, Cuvaison und Truchard. Buena Vista stellt den Sortengeschmack ganz obenan, Cuvaison neigt mehr zu Eichenholzwürze und Tannin, und Truchard gründete nach erfolgreichem Merlot-Anbau eine eigene Kellerei mit Michael Havens als Kellermeister.

Gebietstypische Weine:
Buena Vista (Erzeugerabfüllung). **Cuvaison** (aus Eigenbesitz). **Havens** (Truchard).

Pinot Noir

Der Pinot Noir von Carneros liegt in Geschmack und Art zwischen dem aus dem Russian River Valley und dem aus Santa Barbara. Typisch für ihn ist, daß er nicht die Fülle und Reife wie bester Pinot vom Russian River und auch nicht die pikante Kräuter- und Minzewürze wie ein Pinot aus Santa Barbara hat. Allerdings ist er kräuter- und minzewürziger als der vom Russian River und fülliger als der aus Santa Barbara.

Der Carneros-Pinot-Noir zeigt sich in zwei unterschiedlichen Stilen. Der eine, beispielhaft vertreten durch die Erzeugerabfüllung von Buena Vista, den «Fleur de Carneros» von Carneros Creek und den «Garnet» von Saintsbury, zeichnet sich durch frische Frucht und Delikatesse aus, der andere legt ausgeprägteren Geschmack und vollere Art an den Tag – er wird seit 1984 vor allem von Saintsbury vertreten, teilweise, wie es scheint, durch Zusammenstellung aus meist über einem Dutzend verschiedener Lagen.

Bei Carneros Creek bevorzugt Francis Mahoney die Zusammenstellung mehrerer Varianten von Pinot Noir aus den eigenen Weinbergen für die normalen und die «Reserve»-Abfüllungen. Die Einteilung ist einfach: Die Normalversion stammt aus einfachem Lesegut, während die Reserve nur aus Trauben von einem langen, schmalen, aber steilen Hang kommt, wo sich der Ertrag von selbst halbiert. Die Reserve liegt so lange in frischem Eichenholz, daß sich die Individualität der Reben zum Teil verschleiert, doch bleiben aufschlußreiche Unterschiede bestehen.

Acacia arbeitet ebenfalls mit Einzellagen und kreist gewissermaßen um Saintsbury. Der «St Clair» ist karger, fester und stärker mit Minzetönen versehen, der «Madonna» ist etwas fülliger und neigt eher zu Kirsche als wesentlicher Frucht. (Die Mont-St-John-Version aus der Lage Madonna ergibt eine aufschlußreiche Gegenüberstellung zu Acacia.)

Alle diese Weine haben Substanz und beträchtlichen Charme, doch erreichen sie selten das Format der Chardonnays. Alte Erinnerungen an einen 1957er Louis M. Martini und neue an einen Versuch der Domaine Chandon mit Pinot Meunier legen die Vermutung nahe, daß Carneros mehr zuwege bringen könnte, als lediglich eine Trennungslinie zu Napa und Sonoma zu ziehen – es könnte sich auch von Burgund lösen oder doch bei zwei weniger berühmten Vettern des Pinot Noir Qualitäten suchen, die diesem oft fehlen. Der Martini, der noch immer mehr als nur das Echo einer langen großen Zeit zu erkennen gibt, beruht nämlich zum Teil auf Pinot St-George. Der nie auf den Markt gekommene Chandon-Versuch zeigt Tiefen und Facetten, die sehr wohl ins rechte Licht gerückt zu werden verdienen.

Gebietstypische Weine:
Saintsbury Carneros (Gebietsverschnitt), Carneros «Garnet» (Gebietsverschnitt). **Carneros Creek** Carneros (Erzeugerabfüllung), Carneros «Fleur de Carneros» (Gebietsverschnitt). **Buena Vista** Carneros (Erzeugerabfüllung). **Acacia** Carneros (Gebietsverschnitt), Carneros «St Clair», Carneros «Madonna». **Roche** Carneros (Erzeugerabfüllung).

Carneros AVA

Errichtet: 19. September 1983
Gesamtfläche: 14 750 ha
Rebfläche: 2500 ha
Weinbaubetriebe: 17
Hauptorte: keine (Napa, Sonoma nahebei)

Drei Weine sind die Hauptprodukte von Carneros: Pinot-Noir-Schaumweine nach der klassischen Methode, dann Chardonnay und schließlich Merlot, der Anfang der 1990er Jahre vorzupreschen begann.

Saintsbury und Carneros Creek rühren am eifrigsten die Trommel für Pinot Noir. Domaine Carneros, Codorníu und Gloria Ferrer gewinnen von ihm erklärtermaßen ausschließlich Schaumwein. Für den Chardonnay tritt kein Erzeuger in Carneros mit demselben Elan ein. Diese Aufgabe übernimmt die Anbauerfamilie Sangiacomo, deren Ertrag von einigen hundert Hektar jedes Jahr in eine Reihe von Weinen eingeht.

Das Umfeld, in dem alles dies vor sich geht, hat seine eigene Art. Carneros zieht sich vom oberen Bogen der San Pablo Bay aus teils zu den Sonoma Mountains, teils zu den Mayacamas Mountains hinauf. Den größten Teil des Jahres sehen die sanften, fast baumlosen Hügel, die zu den Bergen von Sonoma aufsteigen, wie achtlos hingeworfene Löwenfelle aus. Der Rumpf der Mayacamas weiter im Osten ist nicht ganz so kahl, aber auch ihn kann man kaum stark bewaldet nennen. Trauben wachsen hier nicht etwa leichter als Bäume. In vier, fünf Jahren wird bei Oakville der Stamm eines Weinstocks so dick wie der Unterarm eines Boxers, in Carneros dagegen wird er kaum dicker als ein Bleistift. In der Wachstumsperiode zeigt sich der Unterschied daran, daß die Weinblätter in Oakville so groß wie Suppenteller werden, in Carneros dagegen klein und hart bleiben.

Zum Teil liegt das am kargen Boden. Es ist Lehm verschiedener Art, die Winzer jedoch unterscheiden nur dunklen und hellen Boden, weil es ihnen auf die Wärmereflexion ankommt.

Die kühlenden Nebel während der Wachstumsperiode tragen das Ihrige bei. In Carneros gibt es keine eigene Wetterstation, doch liegen die Temperaturen in der Stadt Napa (siehe S. 31) etwa auf derselben Ebene (vielleicht ein, zwei Grad höher, weil die Station im Napa State Hospital viel windgeschützter liegt). Tatsächlich macht der ständige starke Wind den Hauptunterschied zwischen Carneros und den geschützteren Stellen von Napa und Sonoma aus. Die Böen, vor denen sich die Segelboote in den Raccoon Straits weit überneigen, brausen auch über Carneros hinweg; am stärksten fegen sie über den Westteil des langen, schmalen Weinbergs von Buena Vista, schwach sind sie jedoch nirgends. Bei sol-

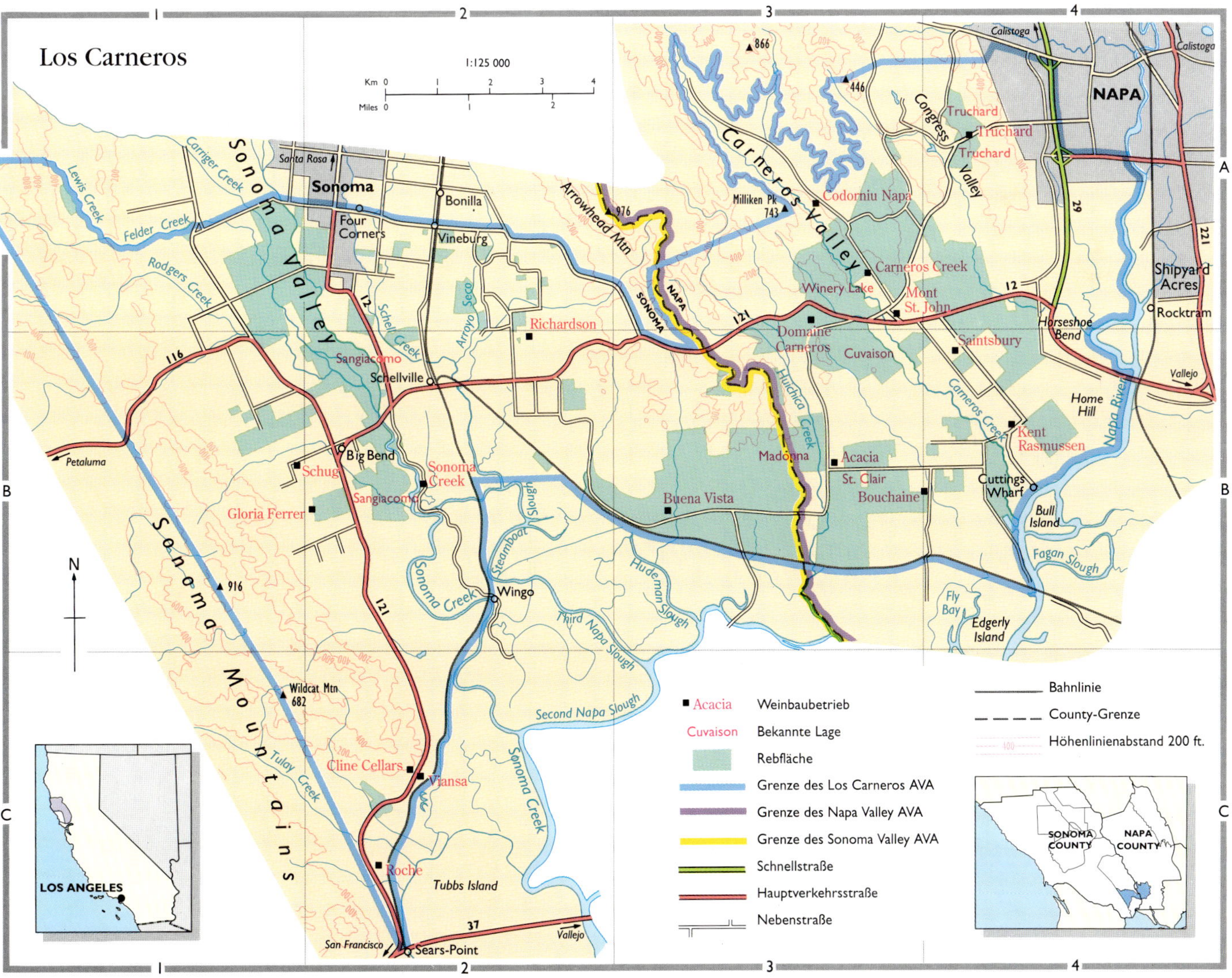

San Francisco liegt hinter dem Dunst über der Sán Pablo/San Francisco Bay verborgen. Das weiße Gebäude ganz links ist die Schaumweinkellerei Domaine Carneros.

chen Windgeschwindigkeiten können sich die Reben nur dadurch gegen Austrocknung schützen, daß sie ihren gesamten Stoffwechselprozeß von Juni bis September für einen Teil des Tages abschalten.

Der Pinot Noir sieht in Carneros oft recht struppig aus, gelangt aber zu schöner Reife. Die meisten Anbauer haben ihn auf der windigen Seite der Hügel stehen, wo zur Erntezeit weniger Fäule vorkommt. In Geländeeinschnitten und auf Nordlagen kann sich Fäule als recht lästig erweisen, weil es dort an trocknender Luftbewegung und Sonneneinstrahlung fehlt. St Clair, Lee, Madonna, Winery Lake, Carneros Creek und die meisten anderen hochangesehenen Lagen in Carneros bestätigen diese Regeln. Inzwischen beginnt auch der Pinot Meunier neben dem Pinot Noir in mehreren Weinbergen der Schaumweinspezialisten Fuß zu fassen, vor allem in denen der Domaine Chandon.

Anders als der Pinot Noir kommt der Chardonnay an windigen Stellen schlechter zur Reife als an geschützten. Auch wird er früher gelesen – zur Erleichterung der Besitzer von Nordlagen. Die dementsprechend geringen Erträge lassen die kleinen Anbauer mit der Anpflanzung dieser Sorte auf Hanglagen zögern, aber für die Weinkellereien bilden sie einen zusätzlichen Anreiz. Für Chardonnay ist Sangiacomo der große Name in dieser Appellation, deren hier ansässige Erzeuger ansonsten mehr zu Gebietsverschnitten als zu Einzellagenweinen neigen. Erzeuger, die in Carneros Besitzungen, ihre Kellereien aber irgendwo in Napa haben, berufen sich eher noch auf eine einzelne Lage: Beaulieu Vineyard, Clos du Val, Cuvaison, Charles Krug und einige kleinere Betriebe.

Zwar sind die Pinot-Noir-Anhänger nicht so ganz glücklich darüber, aber dennoch dürfte sich der Merlot als die am besten für den Anbau in Carneros geeignete Rebsorte erweisen. Manche glauben, er werde besser auf den dunkleren, wärmeren Böden gedeihen, die nicht zur Bay hin offen sind. Die schon länger bestehenden Anpflanzungen von Truchard sprechen für diese Ansicht. Allerdings reift der Merlot auch auf den kühlsten Böden und in den windigsten Lagen von Buena Vista gut. Übrigens ist Carneros neben dem Russian River Valley eine von nur zwei kühlen Appellationen, wo sich Pinot Noir und Merlot inzwischen gegenseitig den Platz streitig machen.

Cabernet Sauvignon wird hier wenig angebaut. Er gelangt nur auf dunklen, relativ fruchtbaren Böden und an warmen Stellen zur Reife, dort aber manchmal sehr schön. Der gesamte Bestand entfällt auf die Lage La Loma von Louis M. Martini sowie auf Buena Vista.

ERZEUGER

Acacia (1981)
2750 Las Amigas Road, Napa, CA 94559. Tel. (707) 226-9991. 50000 Kisten. Der um Einzellagenweine aus dem Distrikt bemühte Weinbaubetrieb hat bereits eine Reihe feiner, fester Chardonnays aus der eigenen 16-ha-Lage Marina Vineyard sowie recht gute Pinot Noirs aus den Lagen St Clair und Madonna hervorgebracht. Keine andere Rebsorte kompliziert das Bild.

Bouchaine (1981)
1075 Buchli Station Road, Napa, CA 94559. Tel. (707) 252-9065. 15000 Kisten. Nach schwierigen Anfängen stellen sich nun Erfolge mit kräftig eichenholzgewürztem Chardonnay ein. Pinot Noir steht noch in Frage. Verlockend ein Gewürztraminer aus dem Russian River Valley.

Buena Vista (1857)
PO Box 182, Sonoma, CA 95476. Tel. (707) 252-7117. 120000 Kisten. Mit 400 bis 450 ha gibt der Gigant einen klaren Maßstab für die übrigen ab, v.a. mit vollendet sortentypischem Chardonnay, saftigem Pinot Noir (ab 1989) und vollem Merlot. Der herb beerenfruchtige Cabernet Sauvignon weckt Interesse, auch Riesling und Gewürztraminer sprechen an. Die Private Reserves – Wunder über Wunder – sind nicht überzogen.

Carneros Creek (1972)
1285 Dealy Lane, Napa, CA 94559. Tel. (707) 253-9463. 22000 Kisten. Aller Nachdruck liegt auf Pinot Noir in drei Versionen (früh genußreifer »Fleur de Carneros« von zugekauften Trauben, solider »Blue Label« von 8 ha Eigenbesitz, eichenholzwürzige »Reserve« aus einer eigenen Steillage), doch der zugekaufte Chardonnay ist gelegentlich der Wein des Jahres.

Francis Mahoney von Carneros Creek am oberen Ende der Hanglage für seinen »Reserve«-Wein.

Cline Cellars (gegründet 1982 im Contra Costa County; 1990 nach Carneros umgezogen)
24737 Arnold Drive, Sonoma, CA 95476. Tel. (707) 935-4310. 10000 Kisten. Den Hintergrund bildet eine Reihe von Rhône-Verschnitten auf Mourvèdre-Basis (Côtes d'Oakley, Oakley Cuvée) von 72 ha bei Oakley. Auf dem Besitz in Carneros wurden als erste Rebsorten Viognier und Syrah angepflanzt.

Codorníu Napa (1990)
1345 Henry Road, Napa, CA 94559. Tel. (707) 224-1668. 25000 Kisten. Die ersten Bruts beweisen technisches Können; der Stil ist noch in der Entwicklung.

Domaine Carneros (1987)
PO Box 5420, Napa, CA 94581. Tel. (707) 257-0101. 30000 Kisten. Quelle der schlanksten, kargsten Schaumweine von Carneros, ja vielleicht von ganz Kalifornien. Ein Jahr in der Flasche bringt Tiefe und Fülle zum Vorschein.

Gloria Ferrer (1982)
PO Box 1427, Sonoma, CA 95476. Tel. (707) 996-7256. 65000 Kisten. Subtile, ausgewogene, harmonische Schaumweine: »Carneros Cuvée« gibt den Stil der Region am schönsten wieder; »Brut« und »Royal Cuvée« gehören zu den beständig attraktivsten Schaumweinen Kaliforniens.

MacRostie (1987)
17246 Woodland Avenue, Sonoma, CA 95476. Tel. (707) 996-4480. 7700 Kisten. Die Kellermeistermarke von Steven MacRostie begann mit einem eichenholzwürzigen Chardonnay aus Lesegut von Sangiacomo. Er bleibt der Spitzenreiter; später kamen Carneros Merlot und Pinot Noir hinzu.

Mont St John (1979)
5400 Old Sonoma Road, Napa, CA 94559. Tel. (707) 255-8864. 15000 Kisten. Ohne die Kenner je zu begeistern, bringt der Betrieb beständig zuverlässig trinkbaren Wein zu mäßigen Preisen hervor – alles außer dem Cabernet Sauvignon stammt aus der eigenen Lage Madonna Vineyard. Pinot Noir hält das Ganze zusammen.

Kent Rasmussen (1986)
2145 Cuttings Wharf Road, Napa, CA 94559. Tel. (707) 252-4224. 3000 Kisten. Pinot Noir von 4 ha Eigenbesitz ist das Hauptprodukt, doch Rasmussen experimentiert unermüdlich auch mit anderen, oft ausgefallenen Rebsorten, z.B. Dolcetto.

Richardson (1980)
2711 Knob Hill Road, Sonoma, CA 95476. Tel. (707) 938-2610. 2000 Kisten. So stämmig wie der Besitzer Dennis Richardson sind auch sein Cabernet Sauvignon, sein Merlot und sein Pinot Noir, alle von gekauftem Lesegut aus Carneros.

Roche Winery (1988)
28700 Arnold Drive, Sonoma, CA 95476. Tel. (707) 936-7115. 3000 Kisten. Geschmeidiger, subtiler Chardonnay und Pinot Noir aus der westlichsten Lage in Carneros.

Saintsbury (1981)
1500 Los Carneros Avenue, Napa, CA 94559. Tel. (707) 252-0592. 30000 Kisten. Bei verdeckten Weinproben erweist sich der Pinot Noir stets als die Essenz von Carneros. Der Chardonnay des Hauses ist ein Muster an Verhaltenheit im toastwürzigen Stil.

Schug Carneros Estate (gegr. 1980 im Napa Valley, 1991 nach Carneros umgezogen)
602 Bonneau Road, Sonoma, CA 95476. Tel. (707) 936-9365. 8000 Kisten. Chardonnay und Pinot Noir »Beckstoffer« sind beide karg und fest ausgelegt und für lange Flaschenreife bestimmt.

Sonoma Creek (1987)
23355 Millerick Road, Sonoma, CA 95476. Tel. (707) 938-3031. 5000 Kisten. Von 16 ha bei Schelville kommt stark eichenholzgewürzter Chardonnay von Eigenbesitz. Die Rotweine stammen von zugekauftem Lesegut aus dem Sonoma Valley.

Truchard Vineyards (1990)
3234 Old Sonoma Road, Napa, CA 94559. Tel. (707) 252-7153. 800 Kisten. 67 ha Weinberge im nordöstlichen Teil von Carneros beginnen in Ertrag zu kommen; der Merlot hat sich bereits einen Namen gemacht.

Viansa (1983)
25200 Arnold Drive, Sonoma, CA 95476. Tel. (707) 935-4700. 12000 Kisten. Sam J. Sebastiani gründete den Betrieb in der Annahme, daß durch Verschneiden von Chardonnay bzw. Cabernet Sauvignon aus Napa und Sonoma mehr als nur die Summe der Teile zustande kommt. Seit 1988 wurde der Schwerpunkt auf Sangiovese und andere italienische Rebsorten verlagert.

Ganz oben: Kellermeisterin Jill Davis hat viel für die große Reputation von Buena Vista geleistet.
Oben: Saintsbury ist mit Pinot Noir einer der Spitzenreiter in Carneros.

Sonoma County

Das Zusammenspiel von Meeresnebeln und Geländeerhebungen hat in Sonoma großen Einfluß darauf, an welchen Stellen welche Traubensorten gepflanzt werden und wann die Lese beginnt.

Eines der Klischees, die in Sonoma gepflegt werden, besagt, daß sich dort die Leute in Pickup-Trucks durchrütteln lassen, während man in Napa im BMW einhergleitet. Dahinter steckt die Idee, daß in Sonoma ehrliche Landweine an der Farmhaustür für ein Butterbrot verkauft werden, während sich das Napa Valley Schlösser baut und für seinen Wein Preise nimmt, die dem Jet-set imponieren sollen. 1970 mag das noch der Wahrheit nahegekommen sein. Zehn Jahre danach war es nur noch geflunkert und 1990 eine Art Mythos.

Um 1970 begann sich die Rebfläche von Sonoma gerade erst wieder aus ihrem niedrigsten Stand aufzuraffen. Die ersten Parzellen mit Cabernet Sauvignon und Chardonnay tauchten zwischen den alles beherrschenden Feldern mit Carignane und Colombard auf. Die erste Welle von Betriebsgründungen seit den 1930er Jahren hatte noch nicht begonnen. Die meisten damals im Weinbau tätigen Unternehmen verkauften ihre Weine im Faß an Händler, die sie entweder in gesichtslosen Getränken verschwinden ließen oder aber die Herkunft aus Sonoma unter der gröberen Appellation California versteckten.

1990 beherrschten bereits Cabernet, Pinot Noir und Chardonnay die Rebfläche; Riesling hatte sein Pulver schon wieder verschossen und war zurückgefallen. Nicht eine, sondern zwei Neugründungswellen waren über das Land gegangen, und manche Betriebe residieren in Schlössern, die es mit denen in Napa durchaus aufnehmen können. Auch BMWs gibt es in Hülle und Fülle. Bei den Neuen waren Einzellagenweine groß in Mode, und die meisten Faßweinkellereien von einst produzieren inzwischen unter eigenem Namen und verlangen Preise, die bei weitem nichts mehr mit der Butterbrotklasse zu tun haben.

Trotzdem ist auch noch etwas von der alten Atmosphäre geblieben. In Sonoma sieht man noch mehr Winzer als in Napa selbst die Reben schneiden, die Wasserschläuche ausrollen, die Fässer spülen, Pickup-Trucks fahren und so eine gewisse Bodenständigkeit bewahren, die vielen Gentleman-Farmern in Napa – allerdings auch in Sonoma – abhanden gekommen ist. Das neue Sonoma widersetzt sich der Definition, aber auch dem Vergleich mit allen anderen Regionen. Als die Appellationen zu Beginn der 1980er Jahre Gestalt annahmen, war kein anderes County derart vehement bestrebt, so viele einzurichten. Zwar ist für das Russian River, Dry Creek und Alexander Valley die Stadt Healdsburg der gemeinsame

Angelpunkt, doch in Boden und Klima sind sie so verschieden, daß in jedem dieser AVA-Bereiche jeweils eine andere Traubensorte höchste Höhen erreicht. Im Russian River Valley wiederum zeigen die Sub-AVAs Chalk Hill und Sonoma-Green Valley erstaunlich große Unterschiede in Klima und Boden und damit im Rebbestand. Das Sonoma Valley nimmt eine Sonderstellung insofern ein, als es auf die San Francisco Bay und nicht auf den Pazifischen Ozean ausläuft. Mit dem Dry Creek Valley hat es die Größe, sonst aber wenig gemeinsam. Wie das Russian River Valley umfaßt es zwei ganz voneinander verschiedene Unterbereiche: Sonoma Mountain und Carneros. In seiner Identität wird das Sonoma Valley freilich dadurch beeinträchtigt, daß Carneros weitgehend ein Eigenleben zu führen versucht (siehe S. 60).

Die schiere Größe wirkt in Sonoma stets als Zentrifugalkraft; man gelangt von der Plaza in Sonoma aus leichter nach Yountville als nach Healdsburg, und der Weg über die Berge von Healdsburg nach Calistoga ist bequemer als die Fahrt zur Stadt Sonoma.

Die Bodenbeschaffenheit trägt mindestens genauso kräftig zum Trennenden bei wie die Entfernungen. Es gibt sehr viele Anzeichen für Vulkantätigkeit und ebenso für die Existenz eines Meeres im Miozän. An manchen Stellen sind beide Einflüsse vermischt, wenn auch nicht so auffällig wie in Napa. Die jüngere, etwas ruhigere Zeit der Bodenbildung hat Schwemmland aus Mendocino in die Liste der Bestandteile gebracht.

Das Klima ist im County zwar geordneter als die Geologie, allerdings beruht auch es auf einem komplizierten Zusammenspiel von Meeresnebeln und flachen Bergen. Das Wetterschema der North Coast gilt weitgehend auch für Sonoma: nasse, kühle Winter und trockene, warme bis heiße Sommer. Nur die Küste selbst ist wirklich ständig in den kalifornischen Sommernebel gehüllt, und zwar dergestalt, daß es dort draußen kaum Weinbau gibt.

Das Innere von Sonoma unterscheidet sich von Napa und Mendocino insofern, als die Küstenberge von mehr tiefen Furchen durchbrochen und einige Stellen vorhanden sind, wo selbst die höchsten Erhebungen nicht hoch genug aufsteigen, um den Nebel abzuhalten. Daraus ergeben sich große Spannweiten der Sommertemperaturen zwischen der Küste und dem Inneren und unberechenbare Schwankungen von einer Wachstumsperiode zur anderen an den Stellen, wo der Nebel sich nach umfassenderen Klimakräften richtet. So kann es vorkommen, daß manche Weinberge im Russian River Valley ein ganzes Jahr lang in Nebel gehüllt bleiben, im nächsten Jahr aber völlig nebelfrei sind.

Wo Nebel häufig ist, drängen sich Mammutbäume dicht an dicht. Wo die Sonne jeden Tag scheint, stehen vereinzelte Eichen auf grasbewachsenen Hügeln. Dort wo die Verhältnisse nicht so eindeutig sind, verschmelzen die beiden Bilder in den für diese Gegend typischen schwingenden Linien miteinander. Diese Muster verlaufen so komplex, daß selbst die stärksten Befürworter der Sonoma-AVAs zugeben müssen, daß mit ihnen geographische Verhältnisse und nicht homogene Voraussetzungen für bestimmte Rebsorten definiert werden wie an der Côte d'Or oder im Médoc, ganz zu schweigen von Nuancen wie Beaune und Pauillac.

Sonoma ist groß und in weiten Teilen für den Weinbau geeignet, doch die Weinberge und die Kellereien sind eher noch klein; 20 ha und 15 000 Kisten dürften dem Durchschnitt entsprechen. Die größten Betriebe verfügen zusammengenommen über nur 500 bis 600 ha, was im Vergleich mit Monterey und Santa Barbara bescheiden ist. Die beiden größten Besitzungen – Gallo mit 240 ha im Dry Creek Valley und Clos du Bois mit 216 ha im Alexander Valley – sind an den Maßstäben der Central Coast gemessen nur Zwerge. Die noch junge Kellerei Glen Ellen ist mit über 3 Millionen Kisten der größte Betrieb seiner Art im Sonoma County, allerdings beruht seine Produktion weitgehend auf auswärtigem Traubengut. Nur Sebastiani und Korbel können der Größe nach Schritt halten.

Die Geschichte von Sonoma

Es klingt unwahrscheinlich, daß Sonoma um 1970 noch so weit zurückgelegen haben soll, denn eigentlich hatte es einen Vorsprung vor allen Nachbarregionen. In den 1830er Jahren legten Franziskaner den ersten Weinberg an der Stelle an, wo später die Stadt Sonoma entstand. Ein Jahrzehnt später wurde ihr Weinbau von dem mexikanischen Gouverneur von Alta California, General Mariano Vallejo, übernommen. Was danach folgte, trug geradezu operettenhafte Züge. Der Goldrausch machte Kalifornien zu einem Staat der USA und brachte eine Welle neuer Siedler ins Land, unter denen sich ein ungarischer Einwanderer namens Agoston Haraszthy befand. Er traf 1857 in Sonoma ein, gründete dort das spätere Haus Buena Vista, pflanzte rund 100 Rebsorten und legte sich mit dem inzwischen entthronten, aber doch noch prominenten Vallejo an, um zu sehen, wer den besseren Wein hervorbringen könne. 1858 und wiederum 1859 errang Haraszthy auf der State Fair den großen Preis. Auf diesen Erfolg hin reiste er 1861 zurück nach Europa und sammelte in seiner Heimat sowie in Deutschland, Frankreich und Italien Rebenstecklinge. Der Staat löste sein Versprechen, ihm die Reisekosten zu erstatten, nicht ein und vergrößerte dadurch die finanziellen Schwierigkeiten, in die Haraszthy sich durch seinen Überschwang in der Führung von Buena Vista gestürzt hatte. Seine Teilhaber drängten ihn hinaus, und daraufhin ging er nach Nicaragua, wo er bei dem Versuch, einen Fluß zu überqueren, von einem Krokodil gefressen worden sein soll.

Er hinterließ zwei Söhne, die mit zwei Vallejo-Töchtern verheiratet und im Weinhandel in San Francisco und Sonoma tätig waren. Als Haraszthy Kalifornien verließ, hatten mehrere in San Francisco ansässige deutsche Weinhändler im Sonoma Valley kräftig investiert. Durch ihre Bemühungen machten sie es bis 1860 zum Spitzenweinbaugebiet in Kalifornien und hielten es in den vordersten Rängen, bis um 1890 der erste Ansturm der Reblaus seine Energien auszulaugen begann.

Das Russian River Valley war hauptsächlich von kleinen Farmern, viele davon Einwanderer aus Italien, besiedelt worden. Sie

Viele Weinbaubetriebe laden auf solche Weise zum Besuch ein.

betrieben den Weinbau wie den Verkauf weniger gründlich als die Deutschen. Im Alexander und Dry Creek Valley entstanden zwar in der Zeit zwischen dem Goldrausch und der Prohibition zahlreiche Weinbaubetriebe, doch die meisten setzten ihren Wein faßweise an Händler ab. Von den alten Gebäuden haben nur wenige überlebt, von den alten Namen sogar noch weniger. Foppiano, Korbel, Seghesio und Simi bilden praktisch den gesamten Restbestand. Was die Reblaus in den 1890er Jahren übrigließ, erledigte die Prohibition nach 1913. Nach anfänglichem Optimismus in den 1930er Jahren verfiel dann Sonoma als Weinbauregion wieder in Schlaf und wachte drei Jahrzehnte lang nicht auf.

Als dann 1970 ein wagemutiger Mann namens Russell Green die Simi Winery kaufte, war dieser Betrieb kaum noch am Leben. Foppiano, Pedroncelli, Fredson und Martini & Prati waren vorwiegend kleine Faßweinerzeuger. Geyser Peak war eine Essigfabrik. Nervo, Cambiaso und einige andere verkauften wie Simi gelegentlich ein paar Flaschen an der Kellertür. Die genossenschaftlich organisierte Italian Swiss Colony produzierte Billigweine, die auf ihrem Höhepunkt die Herkunftsbezeichnung »Napa-Sonoma-Mendocino« trugen. Frei Brothers – im Besitz von Gallo – war ein Großbetrieb, aber nicht zum Ruhm von Sonoma. Nur Korbel verlieh dem nördlichen Sonoma einigen Glanz.

Auch im Sonoma Valley stand es 1970 nicht viel anders. Sebastiani und Val-Moon produzierten Faßwein. Im 2. Weltkrieg hatte ein Journalist das lange stillgelegte Haus Buena Vista gekauft und die Tür einen Spalt geöffnet, aber nicht soviel Fortschritt gemacht, daß er andere mitgezogen hätte. Das kleine Hanzell hatte 1957 einiges Aufsehen damit erregt, daß sein Chardonnay dem Ziel von James D. Zellerbach sehr nahekam, nämlich einem erstklassigen weißen Burgunder ebenbürtig zu sein. Dann aber starb Zellerbach, ehe die Situation gefestigt und sein Betrieb zu einem zweiten Leben erweckt werden konnte.

An den Problemen Sonomas allerdings war nicht eigentlich der minderwertige Rebbestand schuld – auch die anderen Regionen verfügten über keine bedeutenden Bestände an guten Rebsorten. Es lag vielmehr an der allzu großen Bereitschaft, sich mit der Produktion von Massenwein zufriedenzugeben, anstatt eine Führungsrolle anzustreben. Als Zellerbach gestorben war, ging wieder ein Jahrzehnt ins Land, bis schließlich Green in Sonoma die Flamme neu entzündete.

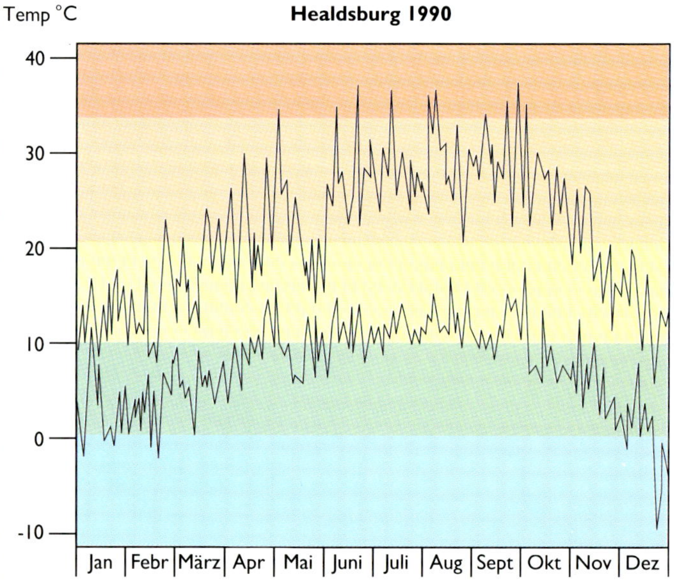

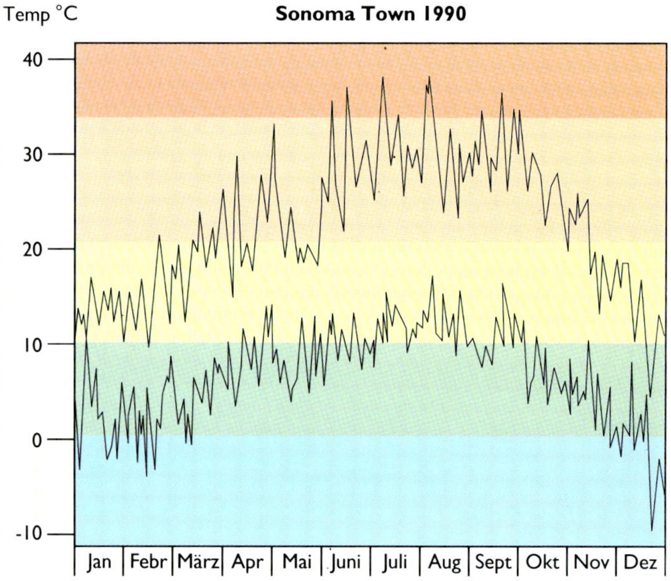

Klima

Der ungewisse Nebel mahnt die Winzer in Sonoma weit mehr als die zersplitterte Geologie zur Umsicht bei der Auswahl von Weinberglagen. Ein ortsansässiger Landwirtschaftsberater teilt die Gegend im wesentlichen in zwei Zonen ein: kühles Küstenklima, wo der Nebel vom Meer eindringt, und warmes Küstenklima, wo er nicht hingelangt. Stark vereinfacht gesprochen, ist das kühle Küstenklima die Domäne für Chardonnay und Pinot Noir und das warme Küstenklima das Territorium für Sauvignon Blanc und Cabernet Sauvignon.

Das ist eine famose Einteilung, die in manchem Jahr sogar einigermaßen stimmt. Schwierig wird es damit erst über längere Zeitspannen hinweg, weil nämlich in Sonoma der Nebel so häufig wächst oder schwindet, daß große Flächen zwischen kühlem und warmem Küstenklima hin und her pendeln.

Im einigermaßen idealen Jahr 1990 lag die Stadt Santa Rosa Tag für Tag im Nebel. Hier, an einer tiefgelegenen Stelle auf einer Ebene, wo durch zwei Lücken in den Coast Ranges hereinfließende kühle Luftströmungen zusammentreffen, blieben die Höchsttemperaturen in der Wachstumsperiode um 2 bis 4 °C hinter denen im 20 km weiter nördlich gelegenen Healdsburg zurück, wo es wiederum kühler war als in Cloverdale. Alles in allem ein recht typisches Bild für das kühle Küstenklima im Russian River Valley gegenüber dem warmen Küstenklima im Alexander Valley.

In Graton, westlich von Santa Rosa im Russian River Valley, war das Wetter nicht so typisch. Den ganzen Sommer über lagen die Temperaturen hier etwa genauso hoch wie in Healdsburg, weil der von Petaluma aus nordwärts wandernde Nebel zu dünn war, um nach Sonnenaufgang anzuhalten. Der Nebel bleibt dünn, wenn die kalte graue Luft vom Pazifik her nicht über die Hügelkämme kriechen kann. Wenn aber die Nebelbänke über die Hügel hinweggelangen, bleibt es in Graton ebenso kühl wie in Santa Rosa.

Das Sonoma Valley und Carneros sind meist noch deutlichere Beispiele für Kühle und Wärme, weil Carneros über die Bay hinweg dem Golden Gate schräg gegenüberliegt und die Stadt Sonoma eng an den Fuß steiler Berge geschmiegt ist. Auf den knapp 5 km zwischen den der Bay zugewandten Weinbergen und den Hanglagen oberhalb von Sonoma steigen die Temperaturen in schwindelerregendem Tempo. 1990 zeigte sich das übertrieben stark. In Carneros (vertreten durch Napa City, siehe S. 31) war das Wetter kühler als in Santa Rosa, während Sonoma bei Temperaturen schwitzte, die 1 bis 2 °C höher lagen als in Healdsburg.

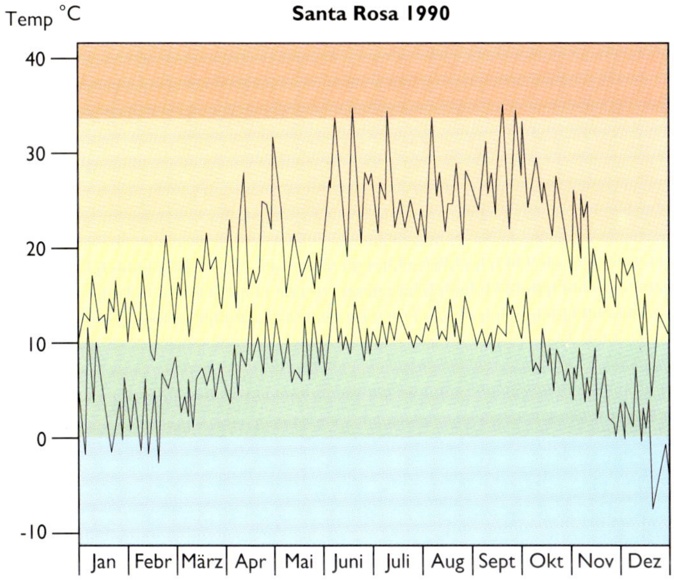

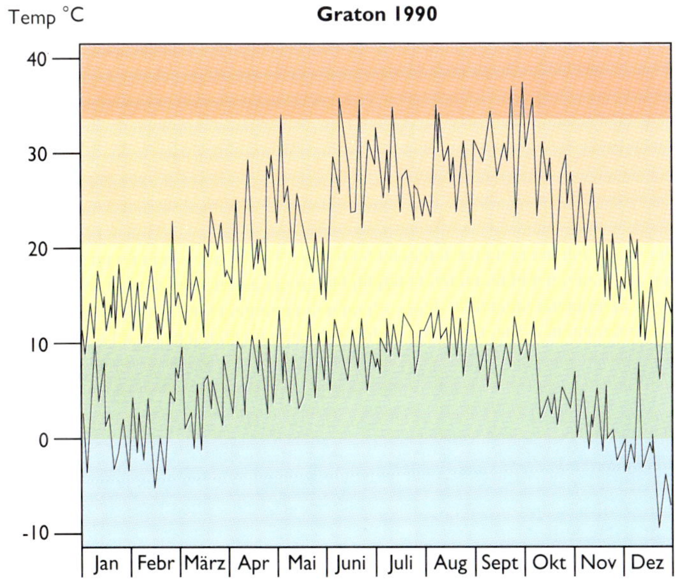

Wie beständig dieses Schema ist, läßt sich schwer sagen, doch es war für einen großen Teil der 1980er Jahre kennzeichnend. Winzer, die sich noch an die 1960er Jahre erinnern, erzählen dagegen, daß es damals regnerischer und nebliger war und weit mehr Spätfröste vorkamen als in den 1980ern.

Die Niederschlagsmengen sind in Sonoma ebenso unterschiedlich wie die Temperaturen, und zwar in seltsam auf den Kopf gestellter Weise. Im nördlichen Sonoma haben die Gegenden mit den wärmsten Sommern oft die feuchtesten Winter, weil an Bergen mit ausreichender Höhe einerseits die Sommerluft abtrocknet, andererseits sich aber der winterliche Niederschlag aufstaut. Die Stadt Sonoma jedoch liegt im Regenschatten. Trotzdem waren selbst in der langen Dürre der 1980er Jahre nirgendwo die Jahresniederschlagsmengen so knapp, daß außer bei Jungreben Bewässerung erforderlich geworden wäre. Das ganze County darf praktisch als ohne Bewässerung kultivierbar gelten.

Spätfrostschäden sind seit Mitte der 1970er Jahre selten gewesen. Das hochgelegene Knights Valley ist dafür am anfälligsten, gefolgt von den tiefsten Stellen im Russian River Valley.

* Zur Farbcodierung siehe S. 14/15.

Weißweintrauben

Sonoma schloß sich viel später als Napa der Chardonnay-Welle an, holte dann aber in der Anbaufläche gegenüber dem Nachbarn und alten Rivalen rasch auf und überholte ihn schließlich. Mit der Reputation geht es ebenfalls schnell aufwärts. Der Sauvignon Blanc ist die einzige weitere Sorte, der größere Bedeutung zukommt. Der Gewürztraminer sollte freilich einen Ehrenplatz bekommen, und auch Riesling und Pinot Blanc hätten Besseres verdient. Weitere Weißweintraubensorten – Chenin Blanc, Colombard und Muskateller – kämpfen um Anerkennung; Arneis, Marsanne und Viognier haben es noch schwerer, sich zu behaupten.

Chardonnay (1970: 52 ha, 1990: 3480 ha)
Die lange Liste der gebietstypischen Weine (siehe S. 70) und der Anstieg der Anbaufläche lassen es bereits erkennen: Chardonnay zeigt sich überall im County präsent, anpassungsfähig und zuverlässig. Nur die Talsohle im Knights Valley scheint ungeeignet: Die Sorte treibt in Kalifornien früh aus, und im Knights Valley kommen bis spät im Frühjahr Fröste vor. Trotz der unbeständigen Klimaverhältnisse und unterschiedlichen Böden in Sonoma beweist der Chardonnay fast im ganzen County doch Einheitlichkeit im Geschmack und hält sich dabei eng an die von der University of California vorgegebene Ähnlichkeit mit Äpfeln. Geschmack und Körper liegen oft bei ganz verschiedener Herkunft so eng beieinander, daß sich die Weine viel leichter dem Stil als der Appellation nach einteilen lassen.

Alderbrook und Handley, dicht nebeneinander gelegen, wo das Dry Creek und Russian River Valley zusammenkommen, haben bemerkenswert saubere, frische Weine hervorgebracht, die so eindeutig nach Chardonnay schmecken, daß sie als Bilderbuchbeispiele gelten sollten. Der de Lorimier aus dem Alexander Valley kam ihnen ganz nah, bis sein Stil ab dem 1990er zu vollerem Körper und mehr Holzwürze hin verschoben wurde. Der Sonoma Valley «Rhinefarm» von Gundlach-Bundschu nahm seinen Platz ein, weil er sich ab dem 1990er von der Eichenholzwürze trennte und zu eindeutigerer Frucht und frischerer Art überging.

Soweit Jordan, Clos du Bois «Calcaire» und andere zu erkennen geben, sollte man meinen, daß die Chardonnays aus dem Alexander Valley von Natur aus zu wuchtigerer Art und toastwürzig-butterigen Nuancen bis zu Butterscotch im Geschmack neigen. Dagegen beweist der de Lorimier, daß dem nicht unbedingt so ist, und schließlich haben Kistler und andere auch anderswo Butterscotch zu finden gewußt.

Wer die Kerncharakteristiken der verschiedenen Appellationen in Sonoma kennenlernen möchte, profitiert von Chateau St Jean und Kistler wohl am meisten, weil sie Chardonnays aus mehreren Gegenden stets im gleichen Stil produzieren. Auch Landmark und Sonoma-Cutrer versuchen, obwohl in kleinerem Umfang, zu ergründen, was die Natur mehr zu bieten hat als die Kellertechnik. Dabei geben der runde, fast üppige «Cutrer» und der feste bis karge, langlebige «Les Pierres» aus demselben Haus wohl die überzeugendsten Argumente dafür ab, daß in Sonoma nicht eine Lage wie die andere ist.

Wenn eine Appellation sich von den übrigen besonders abhebt, dann das Russian River Valley. Dem Chardonnay wie auch anderen Rebsorten scheint es eine volle, saftige Art zu verleihen, die anderswo nicht anzutreffen ist und nirgendwo deutlicher in Erscheinung tritt als im «OFS» von De Loach, bei Fritz Cellars und im «RRR» und «Cutrer» von Sonoma-Cutrer.

Bei Chardonnay ist die einfache Appellation Sonoma County durchaus nicht zu verachten. Matanzas Creek hat sich Quellen erschlossen, die in anderen Regionen als verborgene Schätze gelten würden, während sie hier nur die Brosamen von der Tafel der großen Weinbaubetriebe sind.

Beregnung hilft im Frühjahr Spätfröste bekämpfen und im Sommer Trockenheit mildern.

Die Schaumweinspezialisten sichern sich jedes Jahr einen beträchtlichen Anteil vom Ertrag, vor allem im Russian River Valley und in Carneros.

Gebietstypische Weine:

Fritz Cellars Sonoma County (aus zwei Partnerlagen im Russian River und Eigenbesitz im Dry Creek Valley). **William Wheeler** Sonoma County (Gebietsverschnitt). **Matanzas Creek** Sonoma County (Gebietsverschnitt). **Château Souverain** Russian River Valley »Allen«. **De Loach** Russian River Valley »OFS«. **Dehlinger** Russian River Valley (Eigengewächs). **Fritz Cellars** Russian River Valley (aus Partnerlagen). **Kistler** Russian River Valley »Vine Hill Road« (Erzeugerabfüllung). **Sonoma-Cutrer** Russian River Valley »RRR« (von drei Eigenbesitzungen); Russian River Valley »Cutrer« (Erzeugerabfüllung). **Taft Street** Russian River Valley (Gebietsverschnitt). **Alderbrook** Dry Creek Valley (Erzeugerabfüllung). **Dry Creek Vineyard** Dry Creek Valley »Reserve«. **Handley** Dry Creek Valley (Partnerlage). **J. Pedroncelli** Dry Creek Valley (Gebietsverschnitt). **Gundlach-Bundschu** Sonoma Valley »Rhinefarm« (Gundlach-Bundschu). **Kistler** Sonoma Valley »Kistler Estate« (Erzeugerabfüllung). **Landmark** Sonoma Valley »Two Williams« (Erzeugerabfüllung). **St Francis** Sonoma Valley (Erzeugerabfüllung). **Sonoma-Cutrer** Sonoma Valley »Les Pierres« (Erzeugerabfüllung). **Chateau St Jean** Alexander Valley »Robert Young«; Alexander Valley »Belle Terre«. **Clos du Bois** Alexander Valley »Calcaire« (Erzeugerabfüllung). **Landmark** Alexander Valley »Damaris« (aus Eigenbesitz). **White Oak** Alexander Valley »Myers Limited Reserve« (Gebietsverschnitt).

Chenin Blanc (1970: 86 ha, 1990: 186 ha)

Die relativ spärliche Anbaufläche zeigt, daß Sonoma mit Chenin Blanc bei weitem nicht synonym ist. Als noch klarerer Indikator darf gelten, daß die vier Betriebe, die mit dieser Sorte die größte Reputation besitzen (Grand Cru, Hacienda, Kenwood und Dry Creek Vineyards), Trauben aus anderen Bereichen verarbeiten. Am besten gedeiht die Sorte in den wärmeren Gegenden im Dry Creek und im Alexander Valley. Die beiden gebietstypischen Weine sind ziemlich trocken bei wenig oder keiner Eichenholzwürze.

Gebietstypische Weine

Preston Dry Creek Valley (Erzeugerabfüllung). **Seghesio** Sonoma County.

Gewürztraminer (1970: 16 ha, 1990: 173)

Die scheinbare Verzehnfachung in der Anbaufläche ist Ausdruck eines in die Brüche gegangenen Booms. 1984 war mit 469 ha der Höhepunkt erreicht. Ein langsamer Rückgang Mitte der 1980er Jahre beschleunigte sich 1989, und er geht weiter. Wäre Qualität und nicht ein einseitiger Markt maßgebend gewesen, dann wäre es zu diesem Absturz nicht gekommen.

Das Feld wird vom Russian River Valley beherrscht. Es ist der einzige starke Rivale in Kalifornien zum weiter nördlich im Mendocino County gelegenen Anderson Valley. Nicht nur weisen die hiesigen Weine den Litschigeschmack auf, sie haben auch fast ebensoviel Festigkeit wie die nördlicheren Rivalen, allerdings nur fast, denn obendrein besitzen sie die charakteristische Saftigkeit aller Sortenweine vom Russian River. Am festesten zeigt sich der Hop Kiln; der De Loach ist saftiger und etwas lieblicher. Die Russian-River-Saftigkeit ermöglicht trockene bis halbtrockene Versionen. Mehrere bedeutende Erzeuger arbeiten mit einer gewissen Ausbauzeit im Eichenfaß, um Tiefe und Komplexität zu verbessern, aber selbst dabei behaupten sich die blumigen und würzigen Akzente der Sorte. Im County ist der nächste Rivale für den Russian River das Sonoma Valley, vor allem am südlichen Ende, und ganz besonders der Rhinefarm Vineyard von Gundlach-Bundschu. Hier nähert sich der Geschmack eher Zuckererbsenblüten als Litschifrucht, und die Weine fühlen sich leichter an. Auch hier ist die Art trocken und traubenfruchtbetont. Daß der eindrucksvollste Gewürztraminer-Gebietsverschnitt, eine trockene Version von Adler-Fels, Lesegut vom Russian River mit Trauben aus dem Sonoma Valley vereint, kann nicht überraschen.

Hier und dort entsteht im Alexander Valley ausreichend aromatischer, wenn auch weicher und kurzlebiger Gewürztraminer. James Miller's Garden Ranch ist das Herzstück einer beachtlich lieblichen, nuancenreichen Version von Grand Cru. Allerdings hat im Alexander Valley nur ein kleiner Gewürztraminerbestand die Umwälzungen der 1980er Jahre überlebt.

Gebietstypische Weine:

Davis Bynum Russian River Valley (Gebietsverschnitt). **De Loach** Russian River Valley (Erzeugerabfüllung). **Hop Kiln** Russian River Valley (Gebietsverschnitt). **Louis M. Martini** Russian River Valley (Eigengewächs). **Gundlach-Bundschu** Sonoma Valley »Rhinefarm« (Erzeugerabfüllung). **Adler-Fels Sonoma County** (Gebietsverschnitt aus je einer Lage im Russian River und Sonoma Valley).

Riesling , auch White Riesling, Johannisberg Riesling (1970: 32 ha, 1990: 137 ha).

Auch in Sonoma ist der Riesling seinem allgemeinen Schicksal nicht entgangen. Die Nachfrage begann Ende der 1970er bis Anfang der 80er Jahre nachzulassen. Da sich dieser Trend nicht umkehrte, wurde die Anbaufläche bald immer kleiner. Die Zukunft des Rieslings liegt jetzt in der Hand einiger Unbeirrbarer, die nicht nur gegen den Markt, sondern auch gegen anhaltende Mittelmäßigkeit zu kämpfen haben. Beim Vergleich mit erstklassigen Beispielen aus anderen Regionen zeigt es sich, daß der Riesling in Sonoma nicht in ausreichend hohen Lagen gepflanzt wurde.

So verdankt Sonoma seine Reputation vor allem den Spätlesen. Die meisten Weinberge, in denen man mit Edelfäule rechnen kann, erstrecken sich am Russian River entlang von Robert Young Vineyard bis Mark West Vineyard. Diese Art ist aber ebenso wie die trockene im Schwinden begriffen – leider, denn sie stellt ein hochinteressantes Original dar, das den leichten Riesling-Nuancen einen dichten, Sauternes-ähnlichen Körper entgegensetzt.

Richard Arrowood ist der beharrlichste und geschickteste Schöpfer solcher Nektare, zuerst für Chateau St Jean und in neueren Jahren unter eigener Regie. Nicht alle Jahrgänge gelingen gleich gut: Der 1982er und der 1985er erhoben sich weit über die anderen, der 1989er verspricht sich ihnen zugesellen zu wollen.

Gebietstypische Weine:
Arrowood Sonoma County «Late Harvest». **Chateau St Jean** Alexander Valley «Late Harvest» (Robert Young Vineyard). **Clos du Bois** Alexander Valley «Late Harvest».

Sauvignon Blanc und Fumé Blanc (1970: 122 ha, 1990: 625 ha)
So gut sich der Chardonnay in Sonoma auch bewährt, darf doch der Sauvignon Blanc im County über eine weite Klima- und Bodenpalette hinweg als die feinste Weißweintraube gelten. Und vor allem zeigt er sich in den einzelnen Appellationen eigenständiger als der Chardonnay. Der Sauvignon besitzt in Sonoma einen ganz eigentypischen Geschmack: In den Notizen vieler Jahre aus verdeckten Weinproben wiederholt sich ständig der Vermerk «Sonoma-grasig». In den allermeisten Fällen wurde damit auch richtig Wein aus Sonoma getroffen (und wenn es einmal danebenging, traf es doch wenigstens einen Sauvignon aus dem südlichen Napa Valley). «Grasig» ist vielleicht ein wenig unfair, weil dieses Adjektiv oft im abträglichen Sinn gebraucht wird. Doch der Sauvignon aus Sonoma erinnert nun einmal nicht an Kräuter und ganz gewiß nicht an irgendwelches Gemüse, vielmehr an die süß-saftigen Wiesengräser, die es vor allem im regenreichen Tiefland im Westen des Staats Washington reichlich gibt.

In Sonoma selbst ist das Gras auch nicht immer dasselbe; Sauvignons aus dem Dry Creek Valley bilden den Inbegriff der Sonoma-Grasigkeit, wenn sie nicht doch eher an vollduftige Melonen erinnern. Versionen aus dem Alexander Valley haben auf eigentümliche Art etwas weniger von der grasigen Süße, wirken dafür aber reifer, wenn sie an Melonen erinnern. Die Sauvignons aus dem Russian River Valley sind von der Saftigkeit dieser Region und von einer Fülle der süßesten Grasigkeit geprägt. Im Sonoma Valley fallen alle Nuancen verhaltener aus.

In den 1980er Jahren revidierten die Erzeuger die früheren Anpflanzungs- und Rebschnittmethoden mit dem Ziel, die grasigen Noten zugunsten der Melonentöne zu dämpfen. In der zweiten Hälfte des Jahrzehnts stellte sich auch Erfolg ein, und 1992 hielt der Trend weiter zunehmend an.

In Sonoma wird die Sorte nicht oft als Eigengewächs oder Einzellagenwein behandelt. Meist gelten Gebietsverschnitte als besser, wodurch einerseits die Eigenständigkeit der Appellationen verwischt, andererseits der Sauvignon-Charakter oft erhöht wird. Einer der charaktervollsten Sonoma-Sauvignons stammt von Kenwood Vineyards, wo Kellermeister Marty Lee das Grundmischungsverhältnis von 45% Sonoma Valley, 27% Alexander Valley, 23% Russian River Valley und 5% Chalk Hill je nach Jahrgang variiert. Die schärfsten Rivalen sind unter anderem Dry Creek Vineyards Sonoma County und Matanzas Creek Sonoma County, beides Gebietsverschnitte mit völlig anderem Mischungsverhältnis.

Simi – als wolle es zeigen, daß die Geschmacksunterschiede in Sonoma nur eine kleine Bandbreite haben – arbeitet in guten Jahren nur mit Trauben aus dem Alexander Valley, holt sich aber in kühlen Jahren aus Mendocino oder Napa reifere Frucht hinzu.

Bislang kümmern sich die Kellermeister in Sonoma noch nicht viel um die modische faßvergorene, malolaktisch behandelte, auf der Hefe ausgebaute Art, die weithin etwas von oben herab als Chardonnay des kleinen Mannes bezeichnet wird. In manchen Sonoma-Sauvignons zeigt sich ein höchstens ganz subtiler Hauch Eichenholzwürze. Verschnitte von Sémillon mit Sauvignon sind nicht sehr gebräuchlich. Typische Sonoma-Sauvignons werden sehr frisch abgefüllt und lohnen deshalb fast sicher ein bis zwei Jahre, manchmal sogar ein Jahrzehnt Reifezeit im Keller.

Gebietstypische Weine:
Alderbrook Dry Creek Valley (vorwiegend Eigengewächs). **Dry Creek Vineyards** Dry Creek Valley «Reserve» (Erzeugerabfüllung). **J. Pedroncelli** Dry Creek Valley (Gebietsverschnitt). **Preston** Dry Creek Valley (Erzeugerabfüllung). **Quivira** Dry Creek Valley (Erzeugerabfüllung). **Benziger of Glen Ellen** Sonoma Mountain (Erzeugerabfüllung). **Chateau St Jean** Russian River Valley «La Petite Etoile» (Eigenbesitz). **De Loach** Russian River Valley (Erzeugerabfüllung). **Rochioli** Russian River Valley (Erzeugerabfüllung). **Château Souverain** Alexander Valley «Barrel Fermented». **Rodney Strong** Alexander Valley «Charlotte's Home». **White Oak** Alexander Valley (Erzeugerabfüllung). Dry Creek Vineyards Sonoma County (aus verschiedenen Quellen). **Ferrari-Carano** Sonoma County (aus Eigenbesitz im Dry Creek und Alexander Valley). **Kenwood Sonoma County** (aus verschiedenen Quellen). **Matanzas Creek Sonoma County** (aus mehreren Quellen). **Seghesio Sonoma County** (aus Eigenbesitz im Alexander und Dry Creek Valley). **Simi** Sonoma County.

In stapelbaren Kunststoffwannen für jeweils etwa 15 kg Trauben wird das Lesegut zu den 2 bis 5 t fassenden Mulden gebracht.

Sémillon (1970: 75 ha, 1990: 77 ha)
Trotz der geringfügigen Anbaufläche zeigt sich doch, daß der Sémillon in Sonoma wie in mehreren anderen Küstenbereichen fetteren, reifer schmeckenden Wein erbringt als der Sauvignon Blanc. Ein großer Teil des Jahresertrags wird in Markenweinen mit Sauvignon Blanc verschnitten, um ihm eben diesen zusätzlichen Effekt zu verleihen. Nur ein kleiner Teil darf eigenständig bleiben. Hierbei setzt Alderbrook den Maßstab mit einem Wein aus dem Dry Creek Valley, der eine sonst bei dieser Sorte selten vorkommende Leichtigkeit besitzt; guter Geschmack und solides Gleichgewicht haben manchen Jahrgängen schöne Haltbarkeit verliehen, stets ein Zeichen für echte Qualität. Alle übrigen sind noch zu neu für ein gültiges Urteil, doch die Jungweine versprechen Gutes.

Gebietstypische Weine:
Alderbrook Dry Creek Valley (aus zwei Besitzungen in der Talmitte). **Benziger of Glen Ellen** Sonoma Valley (Eigengewächs). **Simi** Sonoma County (vorwiegend Alexander Valley).

Sauvignon/Sémillon-Verschnitte
Diese Art ist in Sonoma noch neuer als in anderen Gegenden. Von den ersten Beispielen waren der Alexander Valley «Spectrum» von de Lorimier und der Sonoma Valley «A Tribute» von Benziger – beides Eigengewächse – Ende der 1980er, Anfang der 1990er Jahre die aufschlußreichsten Wegweiser.

Schaumwein

Das Sonoma County hat sich rasch zu einer Quelle für Schaumweine nach der klassischen Methode entwickelt, nachdem Chateau St Jean und Iron Horse in den 1970er Jahren mit der Herstellung begonnen hatten. Zu ihnen haben sich inzwischen als Spezialisten Piper-Sonoma, «J» und Van der Kamp gesellt, daneben aber auch noch viele andere, die Schaumwein als eines von mehreren Produkten erzeugen.

Sie alle verarbeiten Lesegut aus dem Russian River Valley; manche mischen auch Trauben aus anderen Gegenden bei, um mehr Komplexität zu erzielen. Die Traditionalisten beschränken sich auf Chardonnay und Pinot Noir mit höchstens einem kleinen Anteil an Pinot Blanc oder Pinot Meunier. Die besten Schaumweine zeichnen sich durch beträchtliche Individualität aus. Iron Horse hat zu einem frischen, klaren Stil voll Subtilität gefunden. Van der Kamp versucht sich in Fülle, wie sie der altmodische trockene Rosé demonstriert. Piper-Sonoma neigt zur Kargheit, selbst bei der langgereiften Tête de Cuvée, die sogar noch weitere Flaschenlagerung lohnt. «J» (Jordan) hat sich in gerade erst zwei Jahrgängen als weitaus am komplexesten und geschliffensten erwiesen.

Das altehrwürdige, noch aus der Anfangszeit stammende Haus F. Korbel & Bros. geht ganz andere Wege, vor allem mit dem Brut, der schon seit Jahren von anderen als den traditionellen Traubensorten der Champagne produziert wird. Er gibt einen aufschlußreichen Vergleich zu den anderen Schaumweinen ab.

Gebietstypische Weine:

«J» Brut (Gebietsverschnitt auf der Grundlage einer Eigenbesitzung im Russian River Valley). **Iron Horse** «Blanc de Noirs» (Eigengewächs aus dem Sonoma-Green Valley). **Piper-Sonoma** «Tête de Cuvée» (Gebietsverschnitt, fast ganz von Trauben aus dem Russian River Valley). **Van der Kamp** «Midnight Cuvée» (Gebietsverschnitt, vorab aus dem Sonoma Valley und Carneros).

Sonstige weiße Rebsorten

Burger (22 ha im Rückgang) wird wegen seiner kräftigen Säure meist für Schaumwein angebaut; Colombard oder French Colombard (276 ha und leider im Rückgang) wurde als kühl vergorener, lieblicher, ansprechender Wein angeboten, bis ihn auch der letzte Erzeuger aufgab; Grey Riesling (17 ha); Muscat Blanc (21 ha) an manchen wärmeren Stellen attraktiv; Pinot Blanc (82 ha), z.T. vermutlich Melon, versucht sich gegen Chardonnay zu behaupten; Symphony (16 ha) ist ein Muskatellersproß mit treuer Gefolgschaft im Chateau De Baun und bei Sebastiani.

Der Simi-Besitz im Alexander Valley ist größtenteils mit Cabernet Sauvignon besetzt. Die Pflanzdichte ist hier enger als normal; die starken Triebe sind für Kalifornien typisch.

Rotweintrauben

Cabernet Sauvignon hat zwar aus dem Stand die Vorherrschaft in der Rebfläche für Rotweintrauben im Sonoma County erobert, doch in der Qualitätsrangfolge ist sein Spitzenplatz nicht so überaus sicher, denn auch Zinfandel und Pinot Noir leisten hier Gutes. Auf dem Markt hat außerdem der Merlot eine große Stellung sowohl als Sortenwein als auch in Luxusverschnitten; bei kritischeren Gemütern ist sein Status allerdings umstritten. Petite Sirah und Gamay kämpfen um eine Nische am Markt. Wie fast überall in Kalifornien werden Sangiovese, Syrah, Cinsaut und andere italienische und Rhône-Rebsorten eifrig erprobt.

Cabernet Sauvignon (1970: 228 ha, 1990: 2172 ha)
Die recht lange Liste gebietstypischer Weine läßt vermuten, daß Sonoma der großen Traube aus dem Médoc gute Voraussetzungen bietet – das stimmt und stimmt auch wieder nicht. Im County gibt es eine Reihe guter Cabernet-Lagen, doch sie sind weit verstreut und haben in der unmittelbaren Nachbarschaft wenig Konkurrenz. Die Anbaufläche gibt zu erkennen, daß der Cabernet hier ein Neuling ist und in Weinberg und Keller noch erprobt wird. Bei der Beurteilung, was persönlicher Stil und was regionale Substanz ist, muß der Kenner mit Vorsicht zu Werk gehen, denn ein Cabernet aus dem Alexander Valley kann unter Umständen mehr Ähnlichkeit mit einem aus dem Sonoma Valley als mit einem unmittelbaren Nachbarn haben.

Unter den Bereichen hatte das Alexander Valley rein nach der Zahl der guten Cabernets um 1990 die Oberhand, doch dem Sonoma Valley sind die vier oder fünf denkwürdigsten Jahrgänge seit 1970 zu verdanken. Gundlach-Bundschu «Rhinefarm», Louis M. Martini «Monte Rosso» und Laurel Glen gebühren hier die Ehrenplätze.

Kalifornische Cabernets bringen nur selten die von der University of California propagierte höchst erstaunliche Geschmacksassoziation, nämlich «olivenhaft», zuwege; nur der «Rhinefarm» tut es mit einiger Beständigkeit und bewundernswerter Subtilität. Obgleich sein Tannin ihm jenes karge, feste Erscheinungbild verleiht, das sofort einen langlebigen Wein vermuten läßt, so ist es eigentlich die Geschmackstiefe, die dazu ermutigen sollte, ihn wenigstens ein paar Jahre ruhen zu lassen.

Der Louis M. Martini «Monte Rosso» wächst ganz in der Nähe, der Laurel Glen dagegen eher am anderen Ende des Sonoma Valley, und doch sind sie einander ähnlicher, als daß der eine oder andere an den «Rhinefarm» erinnert. Der Monto Rosso neigt mehr zu Kräutern als zu Beeren und bedeckt das Tannin seines Knochengerüsts mit einem ordentlichen Muskelpolster, und er hält sich ohne Ende. Der Laurel Glen läßt den Koster zwischen Beerenfrucht auf der einen und Kräutern auf der anderen Seite schwanken. Er und seine Nachbarn am Sonoma Mountain verfügen ebenfalls von Anfang an über gesunde Muskelpakete. Die Ähnlichkeit mit dem «Jack London» von Kenwood Vineyards und der Erzeugerabfüllung von Benziger wird durch unterschiedliche Eichenholzwürze etwas verschleiert, jedoch nicht kaschiert.

Alles in allem ist das Alexander Valley ein echtes Rätsel. Beschränkt man es auf die Uferbanklagen am südlichen Ende, wie es manche Cabernet-Anbauer dort gerne sähen, dann nimmt der Wein mehr Form an. Alexander Valley Vineyards hatte den Vorteil des Pioniers, die Definition vorgeben zu können: reichliche Beerenfrucht, gerade ausreichend festes Tannin für schlanke, trockene Art und mittleren Alkoholgehalt. In den Reserven von Simi und Château Souverain ist alles etwas überzogen, teils durch großzügigeren Umgang mit neuen Eichenfässern; «Alexander's Crown» von Rodney Strong legt im Tannin und Alkohol einen Schritt zu.

Die Cabernets von kräftigeren Böden weiter unten am Fluß im Alexander Valley sind etwas anders in der Art. Die Jordan Winery stellt hier mit eindeutig kräuterwürzigen Noten, bescheidener Säure und nicht ganz so trockenem Tannin wie sonst üblich das Muster auf. Der reifere, stärker eichenholzgewürzte «Briarcrest» von Clos du Bois gibt das vollendete Beispiel dafür, wie die Kellertechnik zwischen zwei aneinandergrenzende Lagen meilenweite Abstände legen kann. Estancia hat sich mit den Lagen mehr oder minder weit unten am Fluß gewissermaßen den mittleren Grund gesichert.

Im Dry Creek Valley beginnt der Cabernet erst in Erscheinung zu treten. Die aussichtsreichsten Anpflanzungen – von A. Rafanelli, Lambert Bridge, Dry Creek Vineyard und Quivira – bringen ausgewogene Weine mit einer Geschmackstiefe hervor, wie sie anderswo in Sonoma nicht oft anzutreffen ist. Diese Entwicklung ist zugleich zu beklagen und zu bejubeln, denn aus denselben Lagen kommen auch unvergleichlich gute Zinfandel. Hier hat wie fast überall in Sonoma nach der bisherigen Erfahrung die kräuterwürzige Seite des Cabernet das größere Gewicht. Dem Format nach sind die Weine Mittelgewichtler mit ausreichend Tannin für feste, trockene Art.

Sonoma-Cabernets halten sich gut. Der 1935er Simi aus einer Lage, die heute unter der Schnellstraße US101 begraben liegt, war bei der Feier des eigenen 50. Geburtstags ein munterer Gast. Der 1951er Monte Rosso von Martini ist ebenfalls noch durchaus frisch und lebendig. Doch der Lohn ist zu gering und wird einem zu selten zuteil, als daß man ermutigt würde, die neueren Jahrgänge länger als 15 Jahre aufzubewahren. Die meisten gelangen nach 8 Jahren auf den Höhepunkt und bleiben dort, bis sie 15 oder 16 sind.

Gebietstypische Weine:
Alexander Valley Vineyards Alexander Valley (Erzeugerabfüllung). **Château Souverain** Alexander Valley (Gebietsverschnitt); Alexander Valley «Reserve» (meist aus der südlichsten Lage auf dem rechten Flußufer). **Clos du Bois** Alexander Valley «Briarcrest» (Erzeugerabfüllung). **Estancia** Alexander Valley (aus zwei Eigenbesitzungen östlich von Jimtown). **Jordan** Alexander Valley (aus Eigenbesitz). **Rodney Strong** Alexander Valley «Alexander's Crown» (Erzeugerabfüllung). **Lambert Bridge** Sonoma County (Dry Creek Valley). **Beringer Vineyards** Knights Valley (Eigenbesitz).

Verschnitte auf Cabernet-Basis
Im Sonoma County arbeiten viele Erzeuger an Verschnitten, in die nur die klassischen Bordeaux-Rebsorten eingehen. Während der 1980er und zu Anfang der 90er Jahre waren die meisten stark auf Merlot abgestellt, denn allein diese Rebsorte verfügte über eine größere Ertragsrebfläche. Der Cabernet Franc kam dann insbesondere seit dem Jahrgang 1990 stärker ins Spiel. Wie anderswo beweisen auch hier die ersten Ergebnisse, daß das Verschneiden keine einfache Kunst ist. Ein halbes Dutzend Weinbaubetriebe bieten deshalb sowohl einen sortenreinen Cabernet als auch einen Verschnitt an; fünf von sechs Cabernets belegten in statistisch relevanten verdeckten Weinproben die ersten Plätze, und die jeweils sechsten zeigten sich unbestimmt. Andererseits schlugen die Verschnitte fast immer die sortenreinen Merlots, woraus sich erkennen läßt, wo die Wurzel des Problems liegen mag.

Die beiden bisher erfolgreichsten Versionen sind der 1987er Alexander Valley «Meritage» von Estancia (ein verkappter Cabernet Sauvignon) und der 1987er Alexander Valley «Mosaic» von de Lorimier. Ebenfalls aufschlußreich sind: «Marlstone» von Clos du Bois, «David Stare Reserve» von Dry Creek Vineyards, Alexander Valley «Reserve Alexandre» von Geyser Peak und Sonoma County «Antares» von Hacienda.

Merlot (1970: 14 ha, 1990: 421 ha)
Hier wie im übrigen Kalifornien versprach der Merlot mehr, als er in den 1980er Jahren und Anfang der 90er hielt. Selbst die besten Gebietsverschnitte geben viel Grund zu Bescheidenheit. Die Unzulänglichkeiten beim Sonoma-Merlot sind typisch für den Merlot

überall in Kalifornien: blasser Geschmack, schwacher Körper oder beides zugleich – Schwächen, die sich in einer Bereitschaft ausdrücken, den Höhepunkt zu verpassen, und noch mehr im Unvermögen, gegen Eichenholz zu bestehen.

Die Merlots aus dem Sonoma Valley fallen oft genug so aus, daß die neueren Jahrgänge dieser Appellation die unverwechselbarsten im ganzen County sind. Trotzdem muß selbst in einer der kühlsten Lagen der Gegend, nämlich Rhinefarm von Gundlach-Bundschu, die Lese schließlich in aller Eile durchgezogen werden, wenn pflaumiger Geschmack und hohe Alkoholstärke vermieden werden sollen. Vereinzelte Anpflanzungen im Russian River Valley lassen vermuten, daß Sonoma dort die größten Hoffnungen auf Merlot setzen darf, weil die Traube in dieser Gegend langsamer und stetiger reift und dem Winzer mehr Spielraum läßt. Ich würde kaum einen auch nur mittelmäßigen Cabernet gegen einen der als gebietstypisch aufgeführten Merlots eintauschen, die einzige Ausnahme wäre wahrscheinlich Louis M. Martinis »Los Vinedos del Rio«. Er weist unverkennbare herbe Beerenfrucht und kräftige Säure auf – gewissermaßen ein besserer Barbera. Der kühn konturierte »Rhinefarm« von Gundlach-Bundschu und die mit amerikanischer Eiche gewürzte Erzeugerabfüllung von St Francis lohnen genauere Prüfung. Außer diesen sind Gebietsverschnitte meist besser als Einzellagenweine, weil die Kellermeister dabei der Überreife und anderen Problemen entgegenwirken können.

Gebietstypische Weine:

Clos du Bois Sonoma County (Gebietsverschnitt). **Matanzas Creek** Sonoma County (Gebietsverschnitt). **Louis M. Martini** Russian River Valley »Los Vinedos del Rio« (Eigengewächs). **Gundlach-Bundschu** Sonoma Valley »Rhinefarm« (Erzeugerabfüllung). **St Francis Sonoma Valley** (Erzeugerabfüllung). **Alexander Valley Vineyard** Alexander Valley (Erzeugerabfüllung). **Château Souverain** Alexander Valley (Gebietsverschnitt).

Petite Sirah (1970: 515 ha, 1990: 123 ha)

Die Anbauflächenentwicklung könnte einen Heiligen zur Verzweiflung bringen. Dabei gedeiht die Petite Sirah in Sonoma mindestens genauso gut wie in anderen Gegenden Kaliforniens und im Russian River Valley sogar noch besser als im übrigen Sonoma. Von dort bringt sie auch mit Sicherheit stets den für sie charakteristischen Geschmack von schwarzem Pfeffer mit und weist nicht unbedingt das strenge Tannin auf, das die ersten 30 Jahre in der Flasche zu einer harten Zeit machen kann. Obschon die Petite Sirah im Russian River Valley ihr Bestes gibt, ist sie doch wegen der genauen Lage nicht weiter wählerisch – nur alte Reben sollten es doch nach Möglichkeit sein. Hochbetagte Parzellen im Dry Creek und Alexander Valley bringen Weine hervor, die es mit den besten aus jüngeren Anpflanzungen im Russian River Valley aufnehmen können – doch die alten Bestände waren zu Beginn der 1990er Jahre rasch im Schwinden. Hop Kiln gab seine Parzelle aus dem Jahr 1880 nach dem Jahrgang 1990 auf, und Field Stone kann an einem 1895 gepflanzten Weinberg nicht mehr lange festhalten.

Christopher Creek, zwar ein noch junger Betrieb, gewinnt von tiefverwurzelten Reben einen Petite Sirah mit großer Geschmackstiefe, der nicht so hart ist, wie seine Farbe ankündigt. Hop Kiln produziert das festeste Beispiel, dicht gefolgt von Field Stone. Foppiano – stets geschliffen – übertraf sich selbst mit einem fast übersprudelnden 1990er, den die Besitzer als Muster für ihre künftigen Absichten herausstellen.

Gebietstypische Weine:

Christopher Creek Russian River Valley (Erzeugerabfüllung). **Foppiano** Russian River Valley (Erzeugerabfüllung). **Hop Kiln** Russian River Valley (Erzeugerabfüllung). **Field Stone** Alexander Valley (Erzeugerabfüllung).

Pinot Noir (1970: 125 ha, 1990: 1053 ha)

Mit Ausnahme von Carneros hat fast allein das Russian River Valley Anteil am Pinot Noir von Sonoma. Nur das Sonoma Valley trägt noch einiges bei. Zwei nebeneinanderliegende Weinberge am Russian River, Rochioli und Allen, lenken alle Aufmerksamkeit auf sich, denn sie bringen Pinot Noirs hervor, die im Geschmack dem Original aus Burgund näher kommen, als es in anderen Regionen Kaliforniens gelingt. Beide Lagen erbringen regelmäßig solche Weine für mindestens zwei Weinbaubetriebe: Williams & Selyem (in der Lage Allen) produziert Einzellagenweine aus beiden Weinbergen, die sich durch verschwenderische Eichenholzwürze von frischen Fässern auszeichnen, ohne daß dadurch die füllige Frucht schwarzer Kirschen Einbußen erleidet – der »Rochioli« ist der festere. Das Haus Rochioli selbst bringt eine nicht so stark eichenholzwürzige Erzeugerabfüllung hervor, die im Geschmack um eine Nuance reifer wirkt. Auch Gary Farrell geht bei seinem »Allen« mit neuen Fässern etwas vorsichtiger um und legt sogar den Pinot-Geschmack verhaltener aus.

Ein ganz ähnlicher Ton kommt aus einem Weinberg von Seghesio weiter im Norden. Auch dort wird bescheidener an den Wein herangegangen und vor allem das Eichenholz heruntergespielt, doch die geschmacklichen Gleichklänge sind bei allen drei Lagen unübersehbar. Alle fünf genannten Weine entfalten sich in der Flasche schnell, das Altersbukett beginnt sich schon im Lauf von 1 bis 2 Jahren einzustellen. Meist sind sie mit 4 bis 7 Jahren in Bestform, es sei denn, man setzt auf Geschmacksnoten, die nur das Alter und nicht mehr die frische Traube widerspiegeln.

An anderen Stellen des Tals gedeiht der Pinot Noir auch, aber er nimmt eine andere Färbung an, sein Geschmack ist nicht ganz

In einer alten Hopfendarre hat sich die Hop Kiln Winery eingerichtet.

so unverwechselbar, erinnert nicht ganz so stark an Burgund. Nicht weit südlich vom Fluß und östlich von Rochioli liegen dicht beieinander De Loach Vineyards, Dehlinger Vineyards und Joseph Swan, deren Pinot Noirs nicht nur geschmackliche Ähnlichkeit, sondern auch eine gewisse gerbstoffherbe Festigkeit aufweisen. Dehlinger und Swan arbeiten unbekümmert mit neuen Eichenfässern, obwohl ihr Pinot Noir eher nach roten als (wie Rochioli oder Allen) nach schwarzen Kirschen schmeckt. Seltsam ist, daß die Eichenholzwürze im frühen Stadium weniger, im späteren aber stärker zum Vorschein kommt als bei Weinen von Williams & Selyem. De Loach Vineyards bringt noch kräftigere Fruchtigkeit hervor, als seien hier die Kirschen noch röter. In den 1980er Jahren versuchte der Betrieb beharrlich, den besonderen Geschmack seines Pinot Noir stärker zur Geltung zu bringen, indem Eichenholz mit immer weniger Toastwürze verwendet und durch Umgehen aller Tanninquellen das Gefüge des Weins gemildert wurde.

Im Sonoma Valley bringt die Lage Rhinefarm von Gundlach-Bundschu am Rand von Carneros einen Pinot Noir hervor, der auch von dort stammen könnte, da er beständig eine Note zeigt, die eher an Laub als an Frucht erinnert. Er ist oft der einzige aus dem Sonoma Valley, der sich eng an die Wahrzeichen des Pinot Noir hält, die in Burgund den Sortencharakter ausmachen.

Außerdem beweist das Sonoma Valley, wie wichtig ein nebelverhangener Himmel für die Bewahrung dieses Charakters ist, während die sonst entstehenden sonnengedörrten Geschmacksnoten und festen Tannine eigentlich besser zu Rebsorten von der südlichen Rhône passen. Eine Parzelle mit alten Pinot-Noir-Rebstöcken erbringt der Hacienda Winery Weine mit ebensolchem Charakter. Für Hanzell, etwas weiter oben am Hang, gilt dasselbe in noch stärkerem Maß.

Die Schattierungen, die einen Pinot Noir der Spitzenklasse ausmachen, sind offenbar so fein, daß allein bei dieser Rebsorte kein Gebietsverschnitt als gebietstypischer Wein hervortritt. Es gibt zwar recht gute Pinot Noirs solcher Art, sie reichen aber nicht an die besonders feinen Beispiele aus Einzelbesitzungen heran. Dabei ist nicht zu vergessen, daß in Sonoma ein Großteil des Pinot-Noir-Ertrags zu Schaumwein und Rosé verarbeitet wird.

Gebietstypische Weine:

Williams & Selyem Russian River Valley «Rochioli»; Russian River Valley «Allen». **Gary Farrell** Russian River Valley «Allen». **Rochioli** Russian River Valley (Erzeugerabfüllung). **Seghesio** Russian River Valley (Erzeugerabfüllung). **Dehlinger** Russian River Valley (Erzeugerabfüllung). **Gundlach-Bundschu** Sonoma Valley «Rhinefarm».

Zinfandel (1970: 1465 ha, 1990:1570 ha).

Der Zinfandel fühlt sich fast überall im Sonoma County wahrhaft daheim. Das Dry Creek Valley ist ihm am liebsten, das Alexander und das Sonoma Valley stehen aber nicht weit zurück. Im Russian River Valley wächst zwar nur wenig Zinfandel, er bringt dort jedoch Köstliches hervor.

Mehr als an anderen Stellen kommen in den Uferbanklagen im Dry Creek Valley beim Zinfandel die herrlich herben, ungezähmten Noten wilder Brombeeren zum Vorschein, die so großartig zu würzigen Saucen, vor allem solchen mit Tomatengrundlage, passen. Allerdings muß der Kellermeister aufpassen, denn es fehlt nicht viel, und es kommt trockener Port dabei daraus, wenn vollreife Trauben bei nicht richtig beherrschter Gärung den Erfolg verderben. Dave Rafanelli lernte auf den Knien seines Vaters und sein Vater wiederum auf noch älteren Knien, wie dieser Hochseilakt zu schaffen ist. Ein guter Rafanelli-Jahrgang schmeckt nicht nur unvergleichlich zu einem Teller Cioppino (einer Fischsuppe), er verkörpert auch eine unbekümmertere, aus einer früheren Zeit überkommene Einstellung zu allen Tafelfreuden. Kein anderer Erzeuger verleiht dem Zinfandel soviel Audruckskraft, doch Ridge Geyserville und Lytton Springs kommen nah heran.

Die von außen gekommene neue Generation am Dry Creek läßt etwas früher lesen und arbeitet mit vanillinreichem französischem Eichenholz, um die Beerenfrucht zu süßen. Doug Nalle von Valle Vineyards hat unter dem eigenen Etikett und auch in seiner Zeit bei Quivira den Weg gewiesen. Château Souverain begeht ihn ebenfalls, jedoch nicht ganz so weit. Preston Vineyards & Winery bemüht sich um Verhaltenheit in einer Gegend, wo gerade das am schwersten sein dürfte.

Obschon es genauso leicht ist, aus dem Zinfandel vom Russian River große Süße und reifen Geschmack herauszuholen, ist es dort nicht so einfach, die Grenze zu Rosinen oder trockenem Port zu überschreiten. In den 1980er Jahren brachte Cecil de Loach fast den ganzen Bestand alter Zinfandel-Reben am Olivet Lane in seine Hand, indem er die 4 bis 8 ha großen Parzellen Ralo Barberi, Carlo Paperi und Alcide Pelletti, die zwischen 1885 und 1905 angepflanzt worden waren, aufkaufte. Das Lesegut aus diesen Lagen nimmt seinen Weg in die Welt als Einzellagenwein oder im De-Loach-Verschnitt von Eigengewächsen. Beide Weine sind frischer und lebendiger als bei den Rivalen aus dem Dry Creek Valley. Leider gibt es hier nicht viel Vergleichbares. Nur das Haus Williams & Selyem erzeugt noch Zinfandel im Rahmen der Appellation, doch in einem Stil, der mehr auf Eichenholz baut als der von De Loach.

Der Zinfandel aus dem Sonoma Valley ist zahmer als der aus dem Dry Creek oder Russian River Valley und spielt den Braven unter lauter schwarzen Schafen. Allerdings gibt es heute nur noch wenige Beispiele, die das belegen – die besten stammen von Kenwood Vineyards. Aus dieser Kellerei kommen eine Sonoma-Valley-Version als Gebietsverschnitt sowie ein Einzellagenwein «Jack London». Der «Sonoma Valley» schmeckt eindringlicher nach frischen Beeren, der «Jack London» hat dagegen mehr Geschmackstiefe und bekommt auch mehr frisches Eichenholz geboten, aus dem er Anmut aufnehmen kann.

Das Alexander Valley liegt zwischen dem Dry Creek und dem Sonoma Valley, doch sein Zinfandel ist dem vom Dry Creek in Geschmack und Wachstumsgewohnheiten ähnlicher. Sausal zeigt diese Ähnlichkeit deutlich durch weitgehenden Gleichklang mit Rafanelli. Der auffälligste Wein der Appellation ist jedoch in den Jahrgängen zwischen 1987 bis 90 der «Scherrer» gewesen, der allerdings in Mendocino produziert wird, nämlich von Greenwood Ridge im Anderson Valley. Kenner schätzen an ihm tadellose Ausgewogenheit, klaren Zinfandel-Geschmack und delikate Würze von frischem Eichenholz. Er ist zwar für sofortige Genußreife ausgelegt, läßt aber doch vermuten, daß er sich wenigstens einige Jahre lang gut halten wird. Wie beim Pinot Noir ist kein Vergleich zwischen der Anbaufläche und der Produktion an Rotwein möglich: Große, vielleicht allzu große Teile des Ertrags werden zu White Zinfandel und zu Rosé verarbeitet.

Gebietstypische Weine:

Château Souverain Dry Creek Valley (aus zwei Besitzungen). **Nalle** Dry Creek Valley (zusammengestellt aus drei kleinen Parzellen). **Quivira** Dry Creek Valley (Erzeugerabfüllung). **J. Pedroncelli** Dry Creek Valley (vorwiegend Eigengewächs). **De Loach** Russian River Valley (Erzeugerabfüllung). **Greenwood Ridge** Alexander Valley «Scherrer» (siehe S. 86 und 107). **Kenwood** Sonoma Valley (Gebietsverschnitt); Sonoma Mountain «Jack London» (Erzeugerabfüllung). **Seghesio** Sonoma County (aus Familienbesitz im Dry Creek und Alexander Valley).

Sonstige Rotweinrebsorten (Stand 1990)

Alicante Bouschet (22 ha); Barbera (10 ha); Cabernet Franc (134 ha), alle nach 1984 gepflanzt; Carignane (144 ha), zurückgehend gegenüber 710 ha im Jahr 1970; Gamay (88 ha); Grenache (4 ha), Rückgang um 75% gegenüber 1970; Sangiovese (52 ha), der frühere Alleingang von Seghesio endete mit den 1980er Jahren; Syrah (4,5 ha), größtenteils für den 1989 erstmals produzierten Pionierwein von Christopher Creek.

Sonoma Valley AVA

Eingerichtet: 24. Januar 1982
Gesamtfläche: 41 280 ha
Rebfläche: 2380 ha
Weinbaubetriebe: 30
Hauptorte: Sonoma, Boyes Hot Springs

Es ist schon seltsam, daß dieser relativ homogene, älteste und bewährteste Weinbaubereich in Sonoma den für ihn charakteristischen Wein erst noch finden muß. Nur ein einziger Bergkamm trennt das Tal von dem genau parallel dazu verlaufenden, vom Cabernet geprägten Napa Valley, aber der hiesige Weinbau ist um einiges älter. Ein Teil des Weinbergs der alten Franziskanermission trägt heute Cabernet-Sauvignon-Reben für den «Cherryblock» von Sebastiani. Fast gleich nebenan bringt ein Teil des ursprünglichen Buena-Vista-Weinbergs von Agoston Haraszthy den Pinot Noir von Hacienda als kennzeichnenden Wein hervor. Ein paar hundert Meter weiter erntet die Famiile Bundschu in ihrer Lage «Rhinefarm» seit 1858 Jahr für Jahr Trauben, darunter in neuerer Zeit Gewürztraminer, der den Cabernet und Pinot Noir des Hauses in nichts nachsteht. Ein weiteres Dutzend Fäden läßt sich in anderen Richtungen weit bis in die Vergangenheit verfolgen.

Leider hat dieses Tal wie das übrige Sonoma eine lange Zeit der Flaute erlebt. Seit den schlimmsten Verheerungen durch die Reblaus gab es hier bis lange nach der Prohibition nur wenige Weinbaubetriebe. Noch 1965 produzierten Sebastiani, Pagani Brothers und Val-Moon mehr Faß- als Flaschenwein und überließen es dem zusammengeschrumpften Buena Vista allein, die Flagge hochzuhalten. Erst in den 70er Jahren begannen Betriebe wie Chateau St Jean, Gundlach-Bundschu und Kenwood Vineyards, dem Tal wieder mit auf seinem Gebiet gewachsenen und gekelterten Weinen ein eigenes Gewicht zu verleihen.

Noch mehr Schuld an der Konfusion im Weinbau im Sonoma Valley trägt das rätselhafte Benehmen des Nebels. Das zur Bucht hin weit offene Tal verengt sich zwar rasch, hat aber der von Santa Rosa her südwärts vordringenden Meeresluft keinen Damm entgegenzusetzen. Wenn eine 180 m hohe Nebelwand von der Bay, also von Süden her, heranzieht, treiben zugleich dünne Meeresnebel über Santa Rosa von Norden ins Tal, und beide treffen sich dann am Nachmittag bei Kenwood. Das Südende des Tals bekommt daher öfters dichten Nebel ab, und die Berge dort verursachen Luftströmungen; diese wiederum rufen unten im Tiefland Temperaturschwankungen hervor, die für an kühles Klima gewöhnte Rebsorten günstiger zu sein scheinen, als wirklich der Fall ist.

Für dieses Tal, das keine große Sohle besitzt, lautet die Faustregel heute: Chardonnay und Pinot Noir am Südende, insbesondere wo das Sonoma Valley und Carneros ihnen eine Doppelheimat bieten, Cabernet Sauvignon in den ostwärts gerichteten Berglagen und Zinfandel auf den nach Westen blickenden Hängen. Sauvignon Blanc und ein paar Flecken Gewürztraminer fügen sich ein, wo sie einen Platz finden.

Mit Chardonnay nimmt die Faustregel freilich einen guten Anfang. Die Lage «Two Williams» von Landmark grenzt auf der Ostseite des Tals an Carneros, ebenso «Rhinefarm» von Gundlach-Bundschu. Die glorreiche Lage «Les Pierres» von Sonoma-Cutrer liegt auf einer Ebene fast am Westrand des Tals, genau westlich von den beiden anderen. In der Nachbarschaft befindet sich auch Fallenleaf auf beiden Seiten der Grenze zu Carneros. Alle ernsthaften Rivalen dieser Lagen gehören in das Reich der Ausnahmen von der Regel. Nach einer langen Lücke, in der sich die Städte Boyes Hot Springs und Agua Caliente breitmachen, und einer weiteren langen Strecke, wo andere Rebsorten offenbar bessere Voraussetzungen finden, taucht der Chardonnay um Kenwood ohne

WEINROUTE

Eine Weinroute im weit ausgebreiteten Sonoma wählen zu sollen ist allein deshalb schwierig, weil es so viel zu sehen gibt. Santa Rosa bietet sich als Ausgangspunkt für einen Besuch im Sonoma Valley und in den nördlichen Bereichen an. Healdsburg bildet die logische Basis für Entdeckungsfahrten durch das Russian River Valley, das Dry Creek Valley und das Alexander Valley, ja selbst für das Innere von Mendocino und das obere Napa Valley. Die Stadt Sonoma hat die günstigste Lage für Besuche im Sonoma Valley und in Carneros, und auch das untere Napa Valley ist von der alten Missionsstadt aus gut zu erreichen.

Wer die Gegend zum ersten Mal besucht, beginnt seine Rundfahrt am besten westlich von Santa Rosa, am Kreuzungspunkt der River Road und der West Side Road. Von dort aus geht es auf der West Side Road und der schmalen, ländlichen West Dry Creek Road nordwärts. Das Dry Creek Valley verlassen wir auf der Canyon Road (vorüber an J. Pedroncelli). Wir überqueren die US101 und fahren längs durch das Alexander Valley auf der SR 128 bis zur Chalk Hill Road, einer kurvenreichen Landstraße, die nicht weit nördlich von Santa Rosa wieder auf die US101 trifft. Zwar sind hier die Weinberge die Hauptsehenswürdigkeiten, man bekommt aber auch Mammutbaumwälder und mit einzelnen Eichen bestandene Wiesen zu sehen. Wenn man die Fahrt vormittags um 9 Uhr antritt, kommt man gerade recht zum Mittagessen nach Healdsburg.

Weinberge im Sonoma Valley.

ersichtlichen Grund für kurze Zeit wieder auf. Kistler liegt hoch oben in den Bergen im Osten, Kunde Estate unterhalb davon. St Francis Vineyards befindet sich auf der Talsohle, McCrea Vineyard liegt oben am Sonoma Mountain.

Der Pinot Noir benimmt sich von Anfang an unberechenbarer als der Chardonnay, vielleicht weil er auf das Vorhandensein oder Fehlen von Nebelluft am stärksten anspricht. Man kann buchstäblich die blitzschnelle Akkumulation von Wärme oder Sonnenschein bzw. beiden zugleich von Gundlach-Bundschu «Rhinefarm» über Hacienda bis Hanzell herausschmecken. Ein Pinot Noir aus der Lage «Rhinefarm» ist nur sehr schwer von einem aus Carneros zu unterscheiden, während der Pinot Noir von Hanzell sehr oft mit einem Wein von der Rhône verwechselt wird. Mit Ausnahme einer Parzelle in der Lage «Jack London Ranch» von Kenwood kommt die Rebsorte nördlich von Hanzell kaum noch vor.

In der Ausbreitung verhält sich der Cabernet Sauvignon wie der Chardonnay, doch der Zahl nach bleibt er hinter ihm zurück. Wie es heißt, findet er seine günstigsten Lagen am Sonoma Mountain – Rivalen gibt es erst wieder in weiter Ferne. Die großartigsten Cabernet-Anpflanzungen im Sonoma Valley, in der superben Lage «Monte Rosso» von Louis M. Martini, liegen dem Sonoma Mountain über das Tal hinweg schräg gegenüber in noch größerer Höhe am höchsten Punkt des Mayacamas-Gebirges. Die eigenartig vielseitige Lage Rhinefarm befindet sich unten im Flachland. Eine weitere Spitzenlage für Cabernet hat sich bisher noch nicht aufgetan.

Noch viele andere Rebsorten gedeihen hier recht gut, keine aber gelangt aus eigener Kraft bis in die vorderen Reihen. Der Zinfandel käme noch am weitesten, wenn mehr Erzeuger sich mit ihm befassen wollten. Sauvignon Blanc und Gewürztraminer sind auch nicht schlecht, aber… Die Liste ließe sich verlängern.

Das Sonoma Valley ist nur eines von vielen Tälern, die zwischen den dicht aufeinanderfolgenden Bergketten der Coast Ranges eingeschoben sind.

Sonoma Mountain Sub-AVA

Eingerichtet: 22. Februar 1985
Gesamtfläche: 2000 ha
Rebfläche: 253 ha
Weinbaubetriebe: 3
Hauptorte: keine (Glen Ellen, Kenwood nahebei)

Am Sonoma Mountain gibt es zwar ziemlich viel Chardonnay sowie dazwischen eingestreut Pinot Noir und Zinfandel, sein eigentlicher Daseinszweck aber ist Cabernet Sauvignon. Die Hänge sind nach Osten zur Morgensonne hin ausgerichtet und empfangen ihr Licht früh, denn die Schöpfer der Bereichs haben die untere Grenze so gezogen, daß sie über der nächtlichen Nebeldecke im Sonoma Valley liegt. Die obere Grenze wurde andererseits so festgelegt, daß keine Einbußen an von der Talsohle her abgestrahlter Abendwärme entstehen. Wonach sie suchten, war das wärmste Sommerklima im Tal, nicht wegen dauerhafter extremer Tageshitze, sondern zur Vermeidung starker Auskühlung bei Nacht. Die drei bekanntesten Cabernet-Lagen am Sonoma Mountain – Laurel Glen, Jack London und der Weinberg von Benziger – versammeln sich dicht um die mittlere Höhenlinie. Gemeinsam ist ihnen auch ein dünner, durchlässiger Boden. Unter den regelmäßig auf Etiketten auftauchenden Cabernet-Lagen weicht nur Steiner von dieser Linie ab: sie liegt höher am Kamm, ist mehr nach Westen geneigt, der größte Teil hat schwereren Tonboden als die anderen drei und bringt deshalb stärkere Kräuterwürze hervor.

Was hier nicht Cabernet ist, teilt dessen Vorliebe für Wärme. Die Jack London Ranch wird ebensosehr für ihren Zinfandel wie für ihren Cabernet geschätzt. Auch Sauvignon Blanc und Sémillon bei Benziger sind es wert, daß man nach ihnen auf die Jagd geht. Eine besonders hervorragende Chardonnay-Lage ist McCrea, oft für Einzellagenweine genutzt, vor allem von Chateau St Jean.

Russian River Valley AVA

Eingerichtet: 21. November 1983
Gesamtfläche: 38 400 ha
Rebfläche: 3350 ha
Weinbaubetriebe: 35
Hauptorte: Forestville, Sebastopol

Herkömmliche Weisheit besagt, daß der Weinbau erst so spät ins Russian River Valley gekommen ist, weil die Italiener, die in den 1870er Jahren bis zur Prohibition im nördlichen Sonoma dominierten, nicht auf die verrückte Idee kamen, an einer so kühlen und feuchten Stelle Reben zu pflanzen. Es wird auch behauptet, es seien weibliche Luftwaffenpiloten gewesen, die unter dem Eindruck beträchtlicher Steueranreize die Möglichkeiten des Anbaus von Chardonnay und Pinot Noir erkannt hätten. Dabei wird freilich die schon sehr lange Präsenz von Rochioli, Prati und Barberi in Weinbergen westlich von Santa Rosa glatt übersehen. Es stimmt aber dennoch, daß in dieser Gegend der Weinbau erst in den 1970er Jahren zu blühen begann, als die beiden großen Rebsorten aus Burgund hier die Herrschaft antraten – die eine der Menge nach, die andere rein durch ihre Qualität.

Der Anbaufläche und der Popularität auf dem Markt nach war der Chardonnay schon zu Anfang der 1980er Jahre der König im Tal. Kaum ein Weinbaubetrieb im AVA-Bereich hat ihn nicht ganz oben auf der Liste der Weißweine stehen, wie De Loach, Dehlinger, Iron Horse und Merry Vintners bezeugen. Sonoma-Cutrer produziert nichts anderes. Auch die nach der klassischen Methode arbeitenden Schaumweinhersteller Chateau St Jean, Jordan, Iron Horse und Piper-Sonoma verwenden Chardonnay aus dem Russian River Valley in reichlichen Mengen. So gleichmäßig gut er auch ist, der Chardonnay hat doch im AVA-Bereich keine Stelle finden können, wo er sich zu solch poetischen Höhen aufschwingt wie am Montrachet an der Côte d'Or.

Vielleicht fällt eher dem Pinot Noir die Aufgabe zu, Legenden zu spinnen, denn er erprobt die Grenzen seiner Kräfte in immer mehr Lagen. Er hat hier bereits seine günstigste kalifornische Heimat gefunden, hin zur nordöstlichen Grenze des AVA-Bereichs, auf nach Osten gerichteten Hügeln und Buckeln, die den Russian River von Davis Bynum bis zur Belvedere Winery säumen. In dieser Gegend befinden sich die illustren Lagen Rochioli und Allen. Eine kleine Parzelle von Seghesio hat ebenfalls viel von ihrem Charakter. Auf dem gegenüberliegenden Ufer entstehen ähnliche Geschmacksnoten in der Lage River East von Rodney Strong.

Die Winzer sind ziemlich einhellig der Meinung, daß der Pinot Noir sehr nahe beim Flußufer bleiben muß, wenn er gut gedeihen soll. Je weiter flußaufwärts man kommt, desto fester ist diese Überzeugung, weil sie sich auf lange Nebelstunden und kurze Sonnenscheindauer sowie auf viel Kies im Boden stützt und weil weiter landeinwärts weniger Höhe genügt, um über den Dunst und über den Kies hinauszukommen. Selbst unter diesen Verhältnissen bleibt eine größere Pinot-Noir-Anbaufläche zwischen Rochioli und Seghesio eine höchst wünschenswerte Vision.

Andere Erzeuger auf der weiten, welligen Ebene sind durchaus der Meinung, daß die Uferbänke nicht die einzigen günstigen Stellen für den Pinot Noir sind. Manche ihrer Weine legen deutliches Zeugnis für sie ab. Die bemerkenswertesten kommen von zwei sanften Erhebungen, die einander über einen der vielen flachbuckeligen Stellen dieses ehemaligen Meeresbodens gegenüberliegen. Das Haus Williams & Selyem hat bereits ein scharfes Augenmerk auf das Traubengut aus dem Olivet Lane Vineyard geworfen, der in dem von der Olivet und River Road gebildeten Winkel leicht gegen Sonnenuntergang hin geneigt liegt. De Loach Vineyards, etwa 2 km weiter südlich an der Olivet Road, besitzt eine ähnlich ausgerichtete Lage, aus der Trauben mit überzeugender Geschmacksfülle kommen. Dehlinger Vineyards und Joseph Swan Winery haben bereits ihre Claims auf einem flachen, ostwärts zur Olivet Road geneigten Hügelkamm abgesteckt.

Obgleich Pinot Noir und Chardonnay vorherrschen, ist hier durchaus kein Klein-Burgund.

Im Bereich wächst auch ausgezeichneter Gewürztraminer sowie in geringerem Umfang feiner Sauvignon Blanc und Zinfandel. Riesling mit Edelfäule aus diesen Breiten steht mit ganz oben auf der kalifornischen Weinkarte. Hier, wo fast überall Nebel anzutreffen ist und die Trauben sich meist auf sanften Anhöhen drängen, ist durchlässiger Boden oft mehr als der graue Himmel am Erfolg beteiligt, doch verallgemeinern kann man auch im Russian River Valley nicht. Beispielsweise liegen die besten Plätze für Gewürztraminer stets dicht bei denen für Pinot Noir. Hop Kiln und Louis M. Martini besitzen jeweils eine Parzelle gleich neben Rochioli, und De Loach Vineyards verfügt über eine denkwürdige Lage weiter flußabwärts.

Der Sauvignon Blanc bewährt sich an vielen Stellen, obwohl er nicht an jedem beliebigen Ort gepflanzt sein will. Von allen anerkannten Quellen tragen Rochioli, Petite Etoile von Chateau St Jean und De Loach das Banner am höchsten. Auch Chalk Hill will zum größten Teil beachtet sein (siehe S. 81).

Beim Zinfandel fällt nicht so sehr auf, wie er ist, sondern wo er wächst. Entlang der Olivet Road erbringt er intensiv aromatische Weine an Stellen, die von erstklassigen Pinot-Noir-Lagen nur durch die Breite einer Landstraße getrennt sind. So etwas gibt es nirgendwo sonst in Kalifornien.

Petite Sirah kommt in diesem Tal in drei Pflanzungen von Foppiano, Hop Kiln und Christopher Creek sehr nahe an die Bestform heran. Dieser Erfolg hat aber nicht viele Nachahmer angeregt. Eine weitere Rebsorte harrt noch im Hintergrund – sie wird zu selten angebaut, um breitere Schlüsse zu erlauben, erweist sich aber in wenigstens einem Fall als eindrucksvoll: Der Merlot aus Los Vinedos del Rio von Louis M. Martini zeigt Geschmacksnuancen, die sich zur Nachahmung empfehlen.

Sonoma-Green Valley Sub-AVA

Eingerichtet: 21. Dezember 1983
Gesamtfläche: 12 800 ha
Rebfläche: 400 ha
Weinbaubetriebe: 2
Hauptorte: Forestville

Das Sonoma-Green Valley hat am westlichen Rand des Russian River Valley zwischen Fichten und Mammutbäumen einen Teil, der kühler ist als der übrige AVA-Bereich, weil sich die Meeresnebel an tiefliegenden Stellen die ganze Wachstumsperiode hindurch mit ungewöhnlicher Beharrlichkeit festsetzen. Aus diesem Grund konnten die Winzer sich eine Nische für den Traubenanbau schaffen, wobei sie die heißeren Hügelkämme um Graton unbeachtet ließen. Der Wasserabzug aus dem Green Valley vollzieht sich westlich von Forestville, wo es nordwärts zum Russian River hin abfällt. Die Weinberge auf flachen Hügelketten sind vor allem nach Westen und Osten hin ausgerichtet. Iron Horse, der weitaus bekannteste Weinbaubetrieb hier, verfügt vorwiegend über Ostlagen. Marimar Torres Estate, schon früh durch eindrucksvollen Chardonnay aufgefallen, wendet sich dagegen mehr nach Süden. Unter den unabhängigen Anbauern zeichnet sich vor allem Dutton Ranch als Quelle für Einzellagen-Chardonnay aus. In den meisten Weinbergen wachsen Chardonnay und Pinot Noir, nicht zum geringen Teil für Schaumwein. Offiziell wird zwischen dem Sonoma-Green Valley und dem Solano-Green Valley unterschieden.

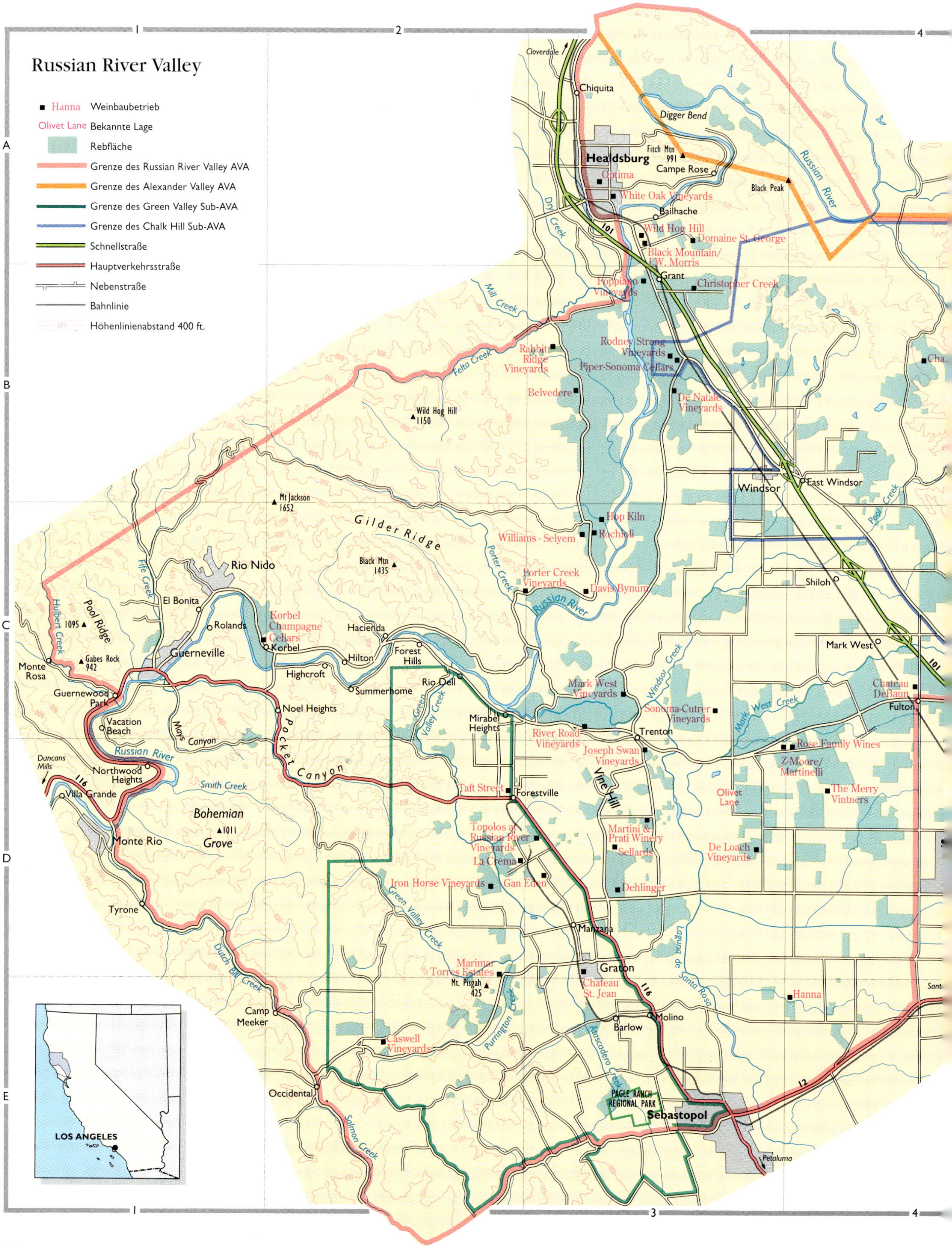
Russian River Valley
Hanna Weinbaubetrieb
Olivet Lane Bekannte Lage
Rebfläche
Grenze des Russian River Valley AVA
Grenze des Alexander Valley AVA
Grenze des Green Valley Sub-AVA
Grenze des Chalk Hill Sub-AVA
Schnellstraße
Hauptverkehrsstraße
Nebenstraße
Bahnlinie
Höhenlinienabstand 400 ft.
Cloverdale
Chiquita
Digger Bend
Healdsburg
Fitch Mtn 991
Campe Rose
Optima
White Oak Vineyards
Black Peak
Russian River
Bailhache
Dry Creek
101
Wild Hog Hill
Domaine St. George
Black Mountain/ J.W. Morris
Grant
Foppiano Vineyards
Christopher Creek
Mill Creek
Rabbit Ridge Vineyards
Rodney Strong Vineyards
Piper-Sonoma Cellars
Felta Creek
Belvedere
De Natale Vineyards
Wild Hog Hill 1150
Windsor
East Windsor
Mt Jackson 1652
Gilder Ridge
Hop Kiln
Rochioli
Williams - Selyem
Pool Creek
Black Mtn 1435
Rio Nido
Porter Creek
Porter Creek Vineyards
Davis Bynum
Shiloh
Fife Creek
El Bonita
Pool Ridge
Hulbert Creek
1095
Rolands
Korbel Champagne Cellars
Korbel
Hacienda
Forest Hills
Mark West
Monte Rosa
Gabes Rock 942
Guerneville
Hilton
Highcroft
Rio Dell
Windsor Creek
Chateau DeBaun
Fulton
Summerhome
Green Valley Creek
Mark West Vineyards
Sonoma-Cutrer Vineyards
Mark West Creek
Guernewood Park
Noel Heights
Mirabel Heights
Vacation Beach
Mays Canyon
Pocket Canyon
River Road Vineyards
Trenton
Joseph Swan Vineyards
Rose Family Wines
Z-Moore/ Martinelli
Duncans Mills
Russian River
Northwood Heights
Vine Hill
116
Villa Grande
Smith Creek
Taft Street
Forestville
Olivet Lane
The Merry Vintners
Bohemian Grove
1011
Topolos at Russian River Vineyards
Martini & Prati Winery
Monte Rio
Sellards
La Crema
De Loach Vineyards
Iron Horse Vineyards
Gan Eden
Dehlinger
Tyrone
Green Valley Creek
Manzana
Laguna de Santa Rosa
Dutch Bill Creek
Marimar Torres Estates
Graton
Mt. Pisgah 425
Chateau St. Jean
Hanna
Purrington Creek
Camp Meeker
Molino
Barlow
Atascadero Creek
Caswell Vineyards
12
Occidental
Salmon Creek
RAGLE RANCH REGIONAL PARK
Sebastopol
Petaluma
LOS ANGELES
A
B
C
D
E
1
2
3
4

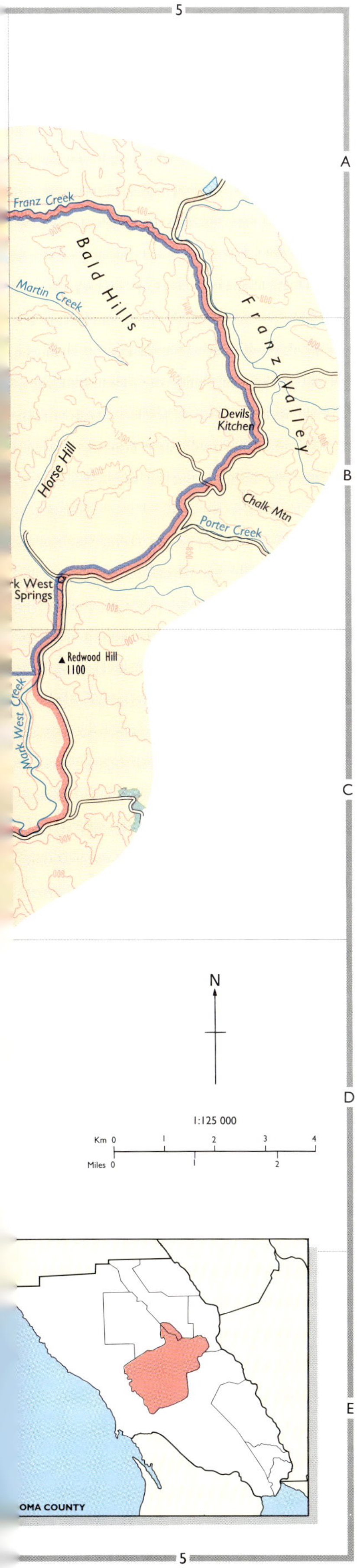

Chateau St Jean erwarb ein vornehmes altes Landhaus im Sonoma Valley als Unternehmenssitz. Immer mehr Weinbaubetriebe hier leisten sich nach der langen Zeit, in der das Weinbaugebiet nur dahinvegetierte, nun diesen Luxus.

Chalk Hill Sub-AVA

Eingerichtet: 21. November 1983
Gesamtfläche: 8448 ha
Rebfläche: 400 ha
Weinbaubetriebe: 1

Der wärmste Teil des Russian River Valley beginnt auf ebenem Grund südlich von Healdsburg und steigt dann zu den meist nach Westen ausgerichteten Hügeln an der Grenze zum Alexander Valley auf. Der Unterbereich hat seinen Namen nach dem zu Unrecht als «Kalkhügel» bezeichneten bedeutendsten Berg der Gegend, dessen grellweißer Boden in Wahrheit aus grobkörniger, wasserdurchlässiger Vulkanasche besteht. Diese Asche findet sich überall; selbst auf der Ebene bei Windsor gibt es außer ihr nur ein paar vereinzelte Flecken mit Schwemmlandboden.

Auf diesem weißen Boden wachsen überwiegend weiße Trauben. Von den 400 ha Rebfläche sind 360 ha vor allem mit Chardonnay und Sauvignon Blanc, aber auch mit ein wenig Sémillon besetzt. Als Rotweintrauben kommen Cabernet Sauvignon und seine nächsten Anverwandten vor.

Alles in allem scheint dem Chardonnay hier der Vorzug zu gebühren. Von den Chardonnay-Beständen auf den 480 ha von Rodney Strong Vineyards wählte der Besitzer selbst 58 ha auf der Ebene bei Windsor für sein Flaggschiff, den Einzellagenwein «Chalk Hill». Eine der drei Lagen, die in den Russian River Ranches von Sonoma-Cutrer eingehen, befindet sich ebenfalls auf dieser Ebene. Bei Chalk Hill Vineyards, dem mit 111 ha größten Betrieb, ist Jahr für Jahr der Sauvignon Blanc der Star, aber auch der Chardonnay kommt immer besser heraus.

Chalk Hill Vineyards hält auch an Cabernet Sauvignon fest, wobei in zunehmendem Maß andere Bordeaux-Trauben mit hinzugenommen werden. Die einzige schlüssige Entwicklung bei Rotwein zeigt sich darin, daß bei dem inzwischen von Sonoma-Cutrer aufgekauften Weinbaubetrieb Balverne der Zinfandel nur alle zehn Jahre einmal voll zur Reife gelangte.

Dry Creek Valley AVA

Eingerichtet: 6. September 1983
Gesamtfläche: 32000 ha
Rebfläche: 2200 ha
Weinbaubetriebe: 21
Hauptorte: Healdsburg

Wegen einiger weniger Meter ist es nicht möglich zu behaupten, daß Healdsburg die bedeutendste Stadt im Bereich sei. Strenggenommen gibt es am Dry Creek keine Stadt, und das macht zum Teil seinen Charme aus. Das Tal wurde gegen Ende des 19. Jahrhunderts vorwiegend von Italienern besiedelt, und es hat den damaligen Charakter weitgehend bewahrt: kleine Besitzungen, fruchtbare Küchengärten, wild bellende Hunde und schmale Straßen. Die West Dry Creek Road eignet sich noch immer für Pferdefuhrwerke besser als für Autos. Gemischte Obstbaum- und Rebbestände gibt es freilich nur noch an ein paar kleinen Stellen.

In der Rebfläche ist der eigentliche AVA-Bereich viel kleiner, als er offiziell geführt wird. Aufwärts vom Warm-Springs-Staudamm ist weit mehr als die Hälfte des Tals ein unwegsames Gewirr von steilen Hügeln und tiefen Einschnitten; ein paar früher hochgeschätzte Weinberglagen gingen hier unter, als sich nach 1985 der Stausee füllte. Was noch an Weinbergen übrig ist, hält sich unterhalb des Staudamms eng am Creek, denn das Tal ist zwischen den Bergkämmen kaum 3 km breit. Zwei Berge am Ausgang des Tals üben starke Wirkung auf das Klima aus, indem sie den Nebel, der am Russian River entlang heraufkriecht, größtenteils zurückhalten.

Auf der Sonnenseite dieser Berge ist der Zinfandel, seit ihn die italienischen Siedler in den 1870er Jahren in diesem warmen Tal anpflanzten, die Traube schlechthin. Echte Zinfandel-Liebhaber nehmen den Hut ab, wenn sie an Lagen wie Rafanelli, Quivira, Bradford Mountain, Pedroncelli, Nalle und einem halben Dutzend anderen vorüberkommen. Die Reben stehen zumeist auf den Uferbänken beiderseits vom Dry Creek. Auf beiden Bänken herrscht roter Boden vor, doch die Winzer hier glauben einen Unterschied herausschmecken zu können, und zwar liefert die westliche Uferbank einen etwas kargeren, verhalteneren Wein, weil sie am Morgen Sonne und am Nachmittag Schatten abbekommt. Quivira und Rafanelli sind typische Vertreter für diese Seite des Tals. Der Bradford Mountain von Hambrecht beweist (im Château Souverain Reserve), welchen Einfluß die Höhenlage ausübt. Pedroncelli, Lytton Springs und Nalle bringen die östliche Uferbank am schönsten zur Geltung.

Die Kellerei der Preston Vineyards & Winery im Dry Creek Valley.

Heute stammt der Dry Creek Zinfandel zum größten Teil von reinsortigen Reben, die seit den 1970er Jahren gepflanzt wurden. Nur ein kleiner Teil wird noch von knorrigen alten Rebstöcken gewonnen, unter denen sich auch ein paar Petite Sirah, Gamay und Early Burgundy verbergen. Die anderen Sorten wurden von den Italienern damals wohl dazwischengepflanzt, weil sie das Gefühl hatten, dem Zinfandel fehle etwas, vielleicht aber auch, weil der Zinfandel nicht überall guten Ertrag bringen wollte. Es ist nämlich so, daß sich das Wasser hier nicht immer an die Geländeeinschnitte hält. Dort, wo es über schrägen Felsschichten hervorquillt, treibt der Zinfandel zwar gewaltiges Laub, bringt seine Frucht aber nicht zur Reife. An solchen Stellen geben die klügeren unter den heutigen Winzern den Zinfandel ebenfalls auf und ersetzen ihn durch weniger wuchskräftige Sorten wie Syrah oder Petite Sirah. Manche halten die dort entstehenden Weine getrennt, andere machen ähnliche Verschnitte daraus wie die Pioniere.

Die Rebsorten von der Rhône gedeihen hier seit der Mitte der 1980er Jahre verlockend gut. Manche Erzeuger meinen, daß die Syrah vom Warm Springs Dam abwärts und vor allem an der kühleren unteren Hälfte des Tals am besten gedeiht. Andere bevorzugen Grenache, Cinsaut und sonstige Traubensorten von der südlichen Rhône mit der Begründung, daß es am Dry Creek überall zu warm für die Syrah sei. Preston Vineyards ist führend in der Erprobung nicht nur der Rotweintrauben, sondern auch der Weißweinsorten von der Rhône. Andere versuchen es mit italienischen Trauben, vor allem dem Sangiovese; allerdings lagen bis 1992 noch keine praktischen Ergebnisse vor.

Der Cabernet Sauvignon hat dagegen in dieser Region bereits mehr Glück, zum Teil, weil der Markt nach ihm verlangt, zum Teil aber auch, weil er sich bewährt. Den Zinfandel-Verehrern ist diese Entdeckung natürlich gar nicht recht. Ihre Befürchtungen werden noch dadurch genährt, daß der Cabernet seine Bestform ausgerechnet an den Stellen zu erreichen scheint, die bisher als geheiligte Domäne für den Zinfandel galten.

Die bevorzugte weiße Traube ist am Dry Creek nach Anbaufläche und Reputation der Sauvignon Blanc. Er ist auf der gut mit Wasser versorgten Talsohle unschlagbar und liefert auf Kiesboden kräuterwürzige, auf schwereren Böden und an wärmeren Stellen dagegen eher melonenfruchtige Weine. Vielleicht würde er auf den Uferbänken noch besser gedeihen, solange aber die derzeitigen Winzer etwas zu sagen haben, wird er die Rotweintrauben nicht von dort verdrängen.

Auf der nebligen Seite der Berge am Talausgang staut sich genug kühle Luft vom Russian River Valley her auf, so daß hier der Chardonnay gut wächst. Die Lambert Bridge Road gibt ungefähr die Grenze an. Je weiter talabwärts von hier aus, desto besser, wenn man Alderbrook, Handley und Clos du Bois »Flintwood« zugrunde legt. Der Pinot Noir hat sich in einer Lage an der äußersten Spitze gut bewährt, allgemein aber ist der Dry Creek nicht der rechte Ort für frühreifende Sorten.

Sieht man von dem gewaltigen Unternehmen Frei Bros. von E. & J. Gallo einmal ab, so ist »klein« die treffende Bezeichnung für die Weinbaubetriebe in dieser kleinen Appellation. Domaine Michel, Nalle Vineyards, Preston Vineyards & Winery und Rafanelli fallen allesamt darunter. J. Pedroncelli hat seinen Schwerpunkt in diesem Bereich. Für die Verhältnisse im Sonoma County ist typisch, daß Dry Creek Vineyards, Ferrari-Carano und Fritz Cellars mindestens ebensoviel Trauben aus anderen Regionen wie aus der unmittelbaren Umgebung verarbeiten. Übrigens ist Gallo hier der Oldtimer. David Stare leitete dagegen 1972 die neue Ära mit der Gründung von Dry Creek Vineyards ein. J. Pedroncelli geht zwar auf 1927 zurück, legt aber den Schwerpunkt seiner Tätigkeit erst seit kurzem auf das Heimattal.

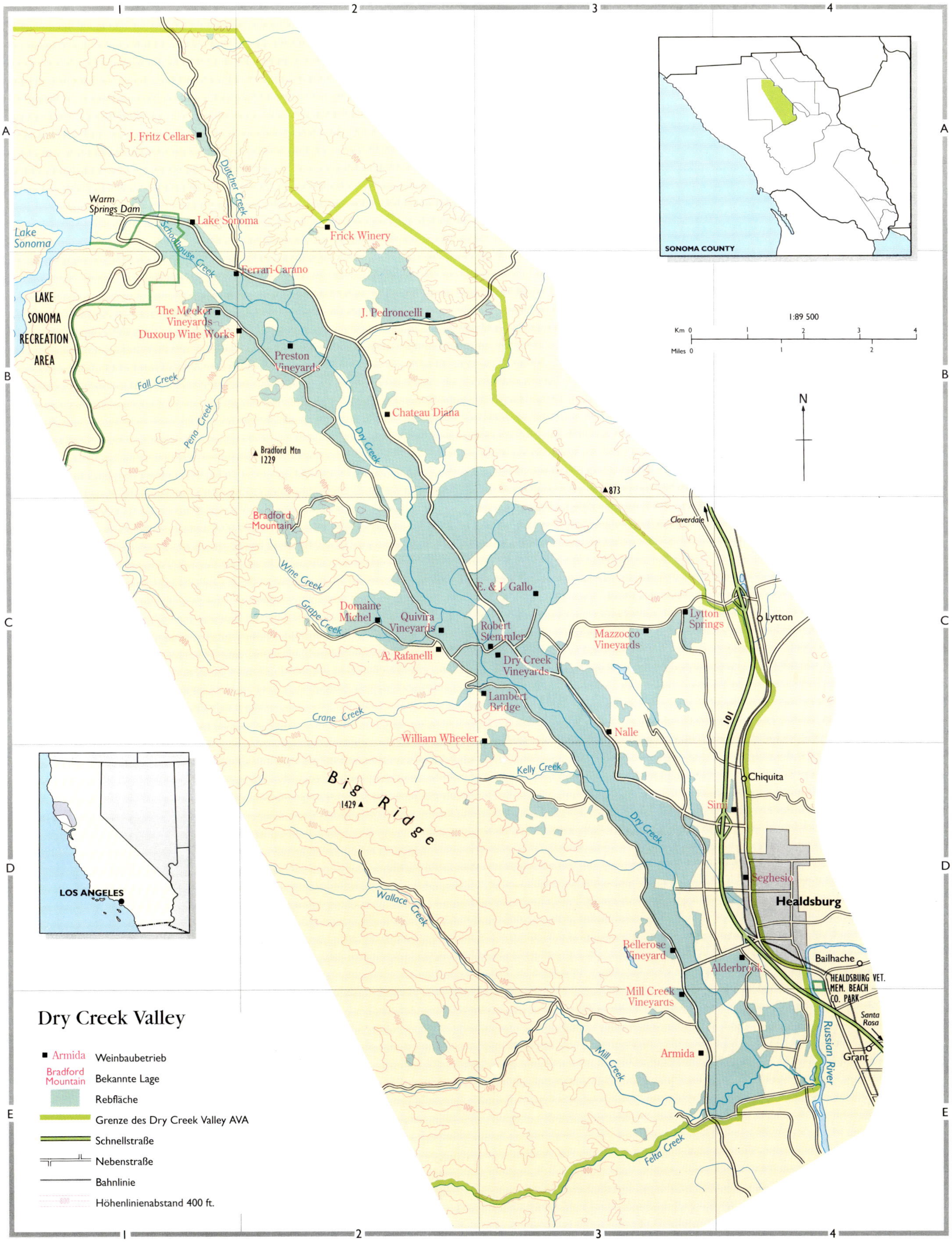

Dry Creek Valley
Armida Weinbaubetrieb
Bradford Mountain Bekannte Lage
Rebfläche
Grenze des Dry Creek Valley AVA
Schnellstraße
Nebenstraße
Bahnlinie
Höhenlinienabstand 400 ft.
SONOMA COUNTY
LOS ANGELES
1:89 500
Km 0 1 2 3 4
Miles 0 1 2
N
J. Fritz Cellars
Dutcher Creek
Warm Springs Dam
Lake Sonoma
Lake Sonoma
Schoolhouse Creek
Frick Winery
Ferrari-Carano
LAKE SONOMA RECREATION AREA
The Meeker Vineyards
Duxoup Wine Works
J. Pedroncelli
Preston Vineyards
Fall Creek
Chateau Diana
Pena Creek
Dry Creek
Bradford Mtn 1229
873
Bradford Mountain
Cloverdale
Wine Creek
E. & J. Gallo
Domaine Michel
Grape Creek
Quivira Vineyards
Robert Stemmler
Lytton Springs
Lytton
Mazzocco Vineyards
A. Rafanelli
Dry Creek Vineyards
Lambert Bridge
Crane Creek
Nalle
101
William Wheeler
Kelly Creek
Chiquita
Big Ridge
1429
Simi
Dry Creek
Seghesio
Healdsburg
Wallace Creek
Bellerose Vineyard
Alderbrook
Bailhache
HEALDSBURG VET. MEM. BEACH CO. PARK
Mill Creek Vineyards
Santa Rosa
Russian River
Armida
Grant
Mill Creek
Felta Creek

Alexander Valley AVA

Eingerichtet: 23. November 1984
Gesamtfläche: 26 400 ha
Rebfläche: 2600 ha
Weinbaubetriebe: 20
Hauptorte: Geyserville, Cloverdale

Dieser längste aller AVA-Bereiche in Sonoma ist entweder der vielseitigste oder der vieldeutigste. Manche, denen Vieldeutigkeit ein Ärgernis ist, meinen, das Alexander Valley müsse sinnvollerweise unterteilt werden; den Liebhabern der Vielseitigkeit dagegen gefällt es so, wie es ist. Als der Antrag auf Anerkennung als AVA gestellt wurde, wollten viele die Nordgrenze bei Geyserville gezogen sehen, da aber das ATF dort keine natürliche Trennungslinie zu erkennen vermochte, unterlagen sie den Befürwortern weiträumigerer Vorstellungen, die zu Beginn der 1990er Jahre den Vorteil ganz auf ihrer Seite hatten, weil ihre Gegner nicht imstande gewesen waren, den Kuchen anders aufzuschneiden.

Ein größeres Problem ist, daß diese Gegend lange das Herz der Massenweinproduktion bildete und Alicante und Colombard hier viel mehr zu Hause sind als Cabernet und Chardonnay. Erst seit der Mitte der 1970er Jahre erprobt eine größere Zahl Weinbaubetriebe Boden und Klima eingehender. Alexander Valley Vineyards, Clos du Bois, Jordan und Simi machten den Anfang. Dann schlossen sich de Lorimier, Field Stone, Murphy-Goode, White Oak und andere an. Ihre Erfahrungen sind oft heute noch beunruhigend in ihrer Uneinheitlichkeit.

Dennoch schält sich eine gewisse Kontinuität darin heraus, welche Rebsorten an welchen Stellen im Alexander Valley gedeihen. Beginnen wir am Südende: An der Bergkette, die den Russian River zu einer scharfen Wendung nach Westen zwingt, ist Cabernet-Land. Soweit der State Highway 128 talaufwärts bergab verläuft, bringen die hochgepriesenen Lagen auf beiden Seiten des Flusses Cabernet hervor.

Hier ist das Tal so schmal, daß sich die Reben auf den Uferbänken drängen. Zunächst weisen die Weinberge von Alexander Valley Vineyards auf dem Ostufer den Weg. Auf der anderen Seite verfügt die Lage Stuhlmuller (im Château Souverain «Reserve») über den solidesten Ruf. Die Lage Alexander's Crown (Rodney Strong) hat schon manchmal Anlaß zu der Vermutung gegeben,

Im Jimtown Store gibt es neben Antiquitäten auch eine Tasse Kaffee.

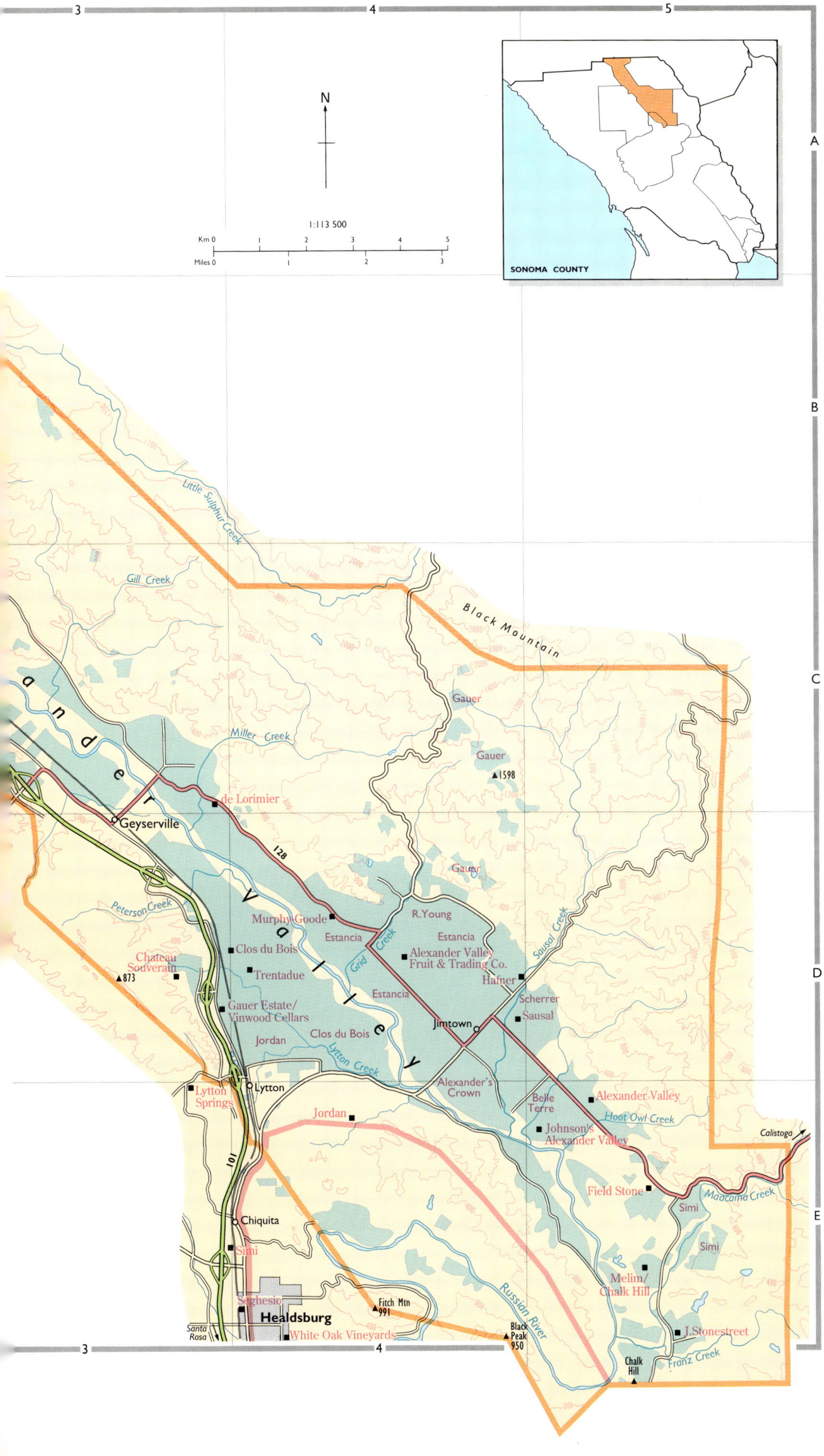

Das Alexander Valley besteht am Südende ganz aus Hügelland und Uferbänken; weiter im Norden dehnt es sich zur breitesten und flachsten Talsohle unter den Weinbaubereichen von Sonoma.

Ein luxuriöses Landhaus steht vor der Kellerei von Jordan.

daß die Westuferlagen den Weinen festeres Tannin verleihen, doch da es nur sehr wenige gibt, ist der Beweis nicht schlüssig. Hier und dort verhalten sich tiefgründige, durchlässige Kiesbodenlagen ähnlich wie die Banklagen, z. B. hat sich Hoot Owl Creek seit dem ersten Auftritt in Simi-Cabernets zu Beginn der 1970er Jahre schon mehrfach bewährt. Der Unterschied zwischen guter und nicht ganz so guter Durchlässigkeit des Bodens zeigt sich in Beerenfrucht einerseits und Kräuterwürze andererseits.

Wo die Straße dann abrupt rechts und nach Jimtown abbiegt, wird das Alexander Valley mehr als doppelt so breit, und der Schwerpunkt verschiebt sich eindeutig zu Weißwein hin. Auf der Strecke von Jimtown nordwärts bis Geyserville stehen Chardonnay und Sauvignon Blanc einträchtig nebeneinander. Der Chardonnay fühlt sich vor allem in schwereren Böden auf der Talsohle am wohlsten. Hier sind Belle Terre, Calcaire und Robert Young die bekanntesten Quellen für Einzellagen-Chardonnays. Alle drei liegen bei Jimtown weit unten am Fluß. Calcaire gehört zum Clos-du-Bois-Besitz auf dem Westufer, Belle Terre und Robert Young liegen auf dem Ostufer. Alle drei Lagen haben außerdem einen lehmigen, jedoch nicht übermäßig fruchtbaren Boden gemeinsam, der dem Chardonnay genügend Feuchtigkeit zur Verfügung stellt, ihn aber nicht allzu üppig ins Kraut schießen läßt. Hafner und Jordan produzierten Chardonnay-Eigengewächse aus Lagen in so ziemlich derselben Gegend mit so ziemlich demselben Boden.

Manche meinen, daß der Chardonnay hier an seiner Grenze ist. Simi kaufte für Chardonnay lieber 40 ha im Russian River Valley, und Château Souverain wandte sich Ende der 1980er Jahre dem Russian River und Carneros zu. Estancia entfernte Chardonnay zugunsten von Cabernet aus seinen Weinbergen bei Jimtown. Andere dagegen wollen dieses Gelobte Land auf keinen Fall verlassen.

Die feinsten Sauvignon-Blanc-Lagen beginnen dann mitten im Chardonnay und schließen sich nordwärts bis Geyserville an. Sie haben aber nicht denselben Boden. Um allzu kräftigen Laubwuchs und grasigen Geschmack zu vermeiden, befinden sich die Einzellagenquellen für Sauvignon – Wasson (im Lauf der Zeit mehrere Erzeuger), Charlotte's Home (Rodney Strong) und de Lorimier – an Stellen, wo rasch abfließendes Wasser für kieshaltigen und mageren Boden sorgt.

Obwohl nun also die Weißweintrauben vorherrschen, verschwindet der Cabernet Sauvignon doch nicht ganz aus dem Bild. Unter mehreren angesehenen Lagen befinden sich die Besitzungen von Jordan dicht neben Briarcrest von Clos du Bois auf ebenem Gelände nahe am rechten Ufer des Russian River; ihren Weinen gemeinsam ist die Kräuterwürze, die in solchen Lagen oft zustande kommt. In diesen Breiten neigen aber auch Lagen weit über dem Fluß zur kräuterwürzigen Art. Die oberen Hänge auf der Ostseite erbringen Cabernets, die denen von den Uferbänken weiter im Süden ähnlicher sind. Wenigstens konnte Gauer Ranch mit seinen ersten beiden Jahrgängen, 1987 und 1988, einen solchen Eindruck erwecken. Fast überall zeichnet sich eine bestimmte Lage durch besondere Vielseitigkeit aus. In dieser Gegend ist es die Ranch von de Lorimier östlich von Geyserville. Auf der kleinen Fläche von 25 ha wachsen hier Chardonnay, Sauvignon Blanc, Cabernet Sauvignon und Merlot in ausgezeichneter Qualität.

Die nördliche Hälfte des Bereichs, von Geyserville bis Cloverdale, hat keinen so dichten Rebbestand mehr und nur wenige herausragende Lagen. Eine alte Sangiovese-Anpflanzung auf dem Terrain von Seghesio bei Chianti Station läßt vermuten, daß die große Traube aus der Toskana hier gut gedeihen dürfte. Neu angelegte Parzellen mit Rhône-Rebsorten – sie gehören Jade Mountain in Cloverdale, dem ersten Rhône-Spezialisten der Gegend – geben gleichermaßen gute Eignung zu erkennen. Die Petite Sirah bewährt sich schon lange, geht aber seit jeher in Verschnitten auf.

Auch Zinfandel darf nicht übersehen werden; allerdings trugen Ende der 1980er, Anfang der 90er Jahre nur wenige Weine die Appellation. Die Sorte wird hier, wie die Sausals häufig beweisen, oft vollreif und recht schwer. Der Reifegrad läßt sich freilich auch beeinflussen, wie man aus den Leistungen von Greenwood Ridge aus der benachbarten Lage Scherrer in den so unterschiedlichen Jahren 1987, 1988 und 1989 schließen kann. Der Pinot Noir scheint im Alexander Valley nicht am rechten Platz. Gewürztraminer und Riesling tauchen hier und dort auf, aber keine dieser beiden Sorten fühlt sich wohl im Tal, außer wenn Edelfäule sie zu schöner Geltung bringt.

Knights Valley AVA

Eingerichtet: 21. November 1983
Gesamtfläche: 14496 ha
Rebfläche: 400 ha
Weinbaubetriebe: 1
Hauptorte: keine (nächster größerer Ort: Calistoga)

Das Knights Valley ist dem reinen Ökosystem an der Küste Nordkaliforniens näher als andere Gegenden: zackige Felsen am Kamm vulkanisch ausgebildeter höherer Berge, abgerundete Kuppen weiter unten, überall Gras, ein paar Kiefern und sodann Eichen über Eichen, manche recht spärlich belaubt und mit langen Flechtenbärten behangen. Eine Handvoll Häuser und ein dünnes Netz von Straßen und Weinbergen schieben sich in dieses Bild nur unauffällig. Die Weinberge können dem Auge nicht viel bieten.

Der Bereich ist nicht in einer Detailkarte gezeigt, ganz einfach deshalb, weil ein einziger Weinbaubetrieb – Beringer aus dem Napa Valley – die Anbaufläche mit über 160 ha beherrscht. Ein kleiner Betrieb namens Peter Michael verfügt über die einzige Kellerei im AVA-Bereich; die dazugehörigen Weinberge kamen 1990 in Ertrag. Eine Besitzung von Ferrari-Carano auf einem Höhenzug an der Nordspitze des Knights Valley greift teilweise vom Alexander Valley her über die Grenze; ihre Erschließung wurde 1991 in Angriff genommen. Eine Handvoll kleiner, anonymer Parzellen rundet das Bild ab.

Daher bilden Cabernet Sauvignon und Sauvignon Blanc aus dem Knights Valley Estate von Beringer die Definition, soweit sie bisher zum Vorschein gekommen ist. Der Cabernet gibt deutlich zu erkennen, daß er sich hier wohl fühlt. Als Wein von Beringer bewahrt er auch bei längerem Faßausbau seinen eigenständigen Geschmack und hält sich in der Flasche recht gut. Der Sauvignon Blanc zeigt häufig eine gewisse Weichheit und Alterungsanfälligkeit, obschon der eichenholzfreudige Stil von Beringer gewiß zum raschen Übergang von der Jugend zu Alterserscheinungen beiträgt. Peter Michael bot mit seinem 1990er die erste Chance, zwei Sauvignon Blancs aus dem Knights Valley zu vergleichen.

Der größte Wein aus dem Knights Valley war bis 1991 eigentümlicherweise ein Riesling Late Harvest, ebenfalls von Beringer. Allerdings entwickelt sich Edelfäule hier nur selten und nicht immer in Jahren, die dem Riesling günstig sind. Dem guten 1972er folgte nur ein einziger halbwegs beachtenswerter Jahrgang.

Sonstige AVA-Bereiche

Die Appellation Northern Sonoma AVA faßt Russian River Valley, Dry Creek Valley, Alexander Valley und Knights Valley zu einem Eintopf zusammen, der von E. & J. Gallo so ausgedacht wurde, daß in ihm alle Besitzungen des Unternehmens in Sonoma enthalten sind. Die Grenzen weichen nur unwesentlich von denen der Einzel-AVAs ab.

Sonoma Coast ist ein seltsames Gebilde, das aus denselben Gründen, hier jedoch von Sonoma-Cutrer, konstruiert wurde. In die Grenzen dieses Bereichs fallen der größte Teil der Küste westlich und südlich der bereits bestehenden AVAs Russian River Valley und Sonoma-Green Valley sowie ein Teil des Russian River Valley und ein Stück des südlichen Sonoma Valley, vor allem mit «Les Pierres». Hinter alledem stehen die Etikettierungsvorschriften: Kellerei und Weinbergbesitz müssen sich in demselben AVA-Bereich befinden, wenn ein Wein den Status einer Erzeugerabfüllung haben soll. Diese beiden AVAs sind in den Karten nicht eingezeichnet.

Château Souverain ist nach dem Vorbild der hier früher verbreiteten Hopfenscheunen gebaut.

ERZEUGER

Adler Fels Winery (1981)
5325 Corrick Lane, Santa Rosa, CA 95405. Tel. (707) 539-3123. 12000 Kisten. Gewürztraminer (Russian River und Sonoma Valley) und Sauvignon Blanc sind Juwele. Alle von gekauftem Lesegut.

Alderbrook Winery (1982)
2306 Magnolia Driva, Healdsburg, CA 95448. Tel. (707) 433-6154. 30000 Kisten. Hochwertiger Dry Creek Valley Sémillon, stets attraktiver Dry Creek Valley Chardonnay (ganz oder größtenteils aus 22 ha Partnerlagen). Auch schätzenswerter Sauvignon Blanc.

Alexander Valley Fruit & Trading Company (1982)
5110 Highway 128, Geyserville, CA 95441. Tel. (707) 433-1944. 10000 Kisten. Rustikaler Cabernet Sauvignon und Zinfandel von 16 ha Eigenbesitz nordöstlich von Healdsburg im Alexander Valley.

Alexander Valley Vineyards (1975)
8644 Highway 128, Healdsburg, CA 95448. Tel. (707) 433-7209. 50000 Kisten. Das alteingesessene Haus produziert mit den besten Cabernet Sauvignon im Alexander Valley, dicht gefolgt von Merlot, beide aus 100 ha Weinbergen der Familie Wetzel nahe der Südostspitze des AVA-Bereichs.

Armida (1990)
2201 Westside Road, Healdsburg, CA 95448. Tel. (707) 433-222. 4000 Kisten. Russian River Valley Merlot, Chardonnay und Pinot Noir von 5,5 ha Eigenbesitz bei der Kellerei südlich von Healdsburg sowie 8 ha bei Windsor.

Arrowood Vineyards & Winery (1985)
14347 Sonoma Highway, Glen Ellen, CA 95442. Tel. (707) 938-5170. 20000 Kisten. Richard Arrowood, der langjährige Kellermeister von Chateau St Jean, hat sich selbständig gemacht. Der größte Teil seiner Produktion besteht aus sorgfälig zusammengestelltem Chardonnay und Cabernet Sauvignon; daneben produziert er Late Harvest Riesling in kleinen Mengen. Alle Weine von gekauftem Lesegut aus dem Sonoma County.

Bandiera Winery (1937)
155 Cherry Creek Road, Cloverdale, CA 95425. Tel. (707) 894-4295. 150000 Kisten. Der im Alexander Valley gelegene Betrieb zeigt seine stetigsten Ergebnisse mit Cabernet Sauvignon aus einer Partnerlage im Chiles Valley (Napa).

Bellerose Vineyard (1978)
435 W. Dry Creek Road, Healdsburg, CA 95448. Tel. (707) 433-1637. 6000 Kisten. Rustikaler Cabernet Sauvignon, Merlot und ein Verschnitt beider Sorten aus organischem Anbau auf 14 ha am unteren Ende des Dry Creek Valley.

Belvedere Winery (1979)
4035 Westside Road, Healdsburg, CA 95448. Tel. (707) 433-8236. 70000 Kisten. Der Betrieb am Russian River wurde 1991 für Dry Creek Valley Zinfandel von den dortigen 76 ha (zwei Weinberge) des neuen Besitzers, für Alexander Valley Chardonnay von seinem 84-ha-Besitz bei Jimtown sowie für Russian River Valley Chardonnay aus Fremdbesitz ausgebaut. Eine zweite Serie, 250000 Kisten der Händlermarke «Belvedere Discovery», entsteht in einer eigenen Kellerei in Healdsburg.

Benziger of Glen Ellen (1981)
1883 London Ranch Road, Glen Ellen, CA 95442. Tel. (707) 935-3000.

80000 Kisten. Stolzer Markenname einer rührigen Familienfirma, die auch über 3 Mio. Kisten unter den Etiketten Glen Ellen und M.G.Vallejo absetzt. Die 34ha Eigenbesitz im Sonoma Mountain AVA liefern beachtenswerten Cabernet Sauvignon, Merlot, Sauvignon Blanc und Sémillon. Zugekauftes Lesegut aus Sonoma wird zu anderen Versionen sowie zu gutem Carneros-Chardonnay verarbeitet.

Black Mountain (siehe Morris, J.W.)

Braren-Pauli (1979)
1611 Spring Hill Road, Petaluma, CA 94952. Tel. (707) 778-0721. 9000 Kisten. Weit abgelegen, fast im Marin County (daher in den Landkarten hier nicht verzeichnet); bezieht Chardonnay aus Partnerlagen im Potter Valley (Mendocino) sowie Cabernet Sauvignon und Merlot aus dem Dry Creek Valley.

Buena Vista Winery (siehe Carneros)

Carmenet Vineyard (1982)
1700 Moon Mountain Drive, Sonoma, CA 95476. Tel. (707) 996-5870. 30000 Kisten. Teil des Chalone-Imperiums, produziert ein Rotweinverschnitt auf Cabernet-Basis und einen Weißweinverschnitt aus Sauvingon-Blanc-Basis aus einer 24-ha-Lage im Sonoma Valley hoch oben in den Bergen östlich von Boyes Hot Springs.

Caswell Vineyards (1981)
13207 Dupont Rd., Sebastopol, CA 95472. Tel. (707) 874-2517. 2000 Kisten. Zinfandel von alten Reben ist der Stolz eines Familienbetriebs, der auf 8ha Trauben und Obst für Wein, Apfelwein, Konfitüren usw. produziert.

Chalk Hill Winery (1980)
10300 Chalk Hill Road, Healdsburg, CA 95448. Tel. (707) 838-4306. 55000 Kisten. Ausgedehnter Besitz mit 111ha Weinbergen im Chalk Hill AVA. Schönster Erfolg mit Sauvignon Blanc.

Chandelle of Sonoma (1987)
14301 Arnold Drive, Glen Ellen, CA 95442. Tel. (707) 938-5862. 2000 Kisten. Kleine Handelsfirma; beliefert speziell Fliegerclubs mit Chardonnay und Cabernet Sauvignon aus dem Sonoma County unter Künstleretiketten.

Château De Baun (1986)
1160 Hopper Avenue, Santa Rosa, CA 95493. Tel. (707) 544-1600. 25000 Kisten. Weinbaubetrieb am Russian River mit 40ha bei Fulton. Speziell für «Symphony» gegründet, findet inzwischen eine feste Grundlage mit Chardonnay und Pinot Noir in Erzeugerabfüllung.

Château Diana (1979)
PO Box 1013, Healdsburg, CA 95448. Tel. (707) 433-6992.

Moderner Kelterbetrieb bei Ferrari-Carano.

Im wesentlichen eine Händlermarke mit veränderlicher Produktpalette.

Chateau St Jean (1973)
PO Box 293, Kenwood, CA 95452. Tel. (707) 833-4134. 175000 Kisten. Hat viel für die Eigenständigkeit von Chardonnay im Sonoma County geleistet, vor allem mit Einzellagenweinen, insbesondere Robert Young und Belle Terre im Alexander Valley und McCrea im Sonoma Valley. Früher fast ebenso reichhaltige Sauvignon-Blanc-Palette, jetzt aber weitgehend auf den Eigenbesitz Petite Etoile im Russian River Valley beschränkt. Auch an der Spätleseproduktion mit Riesling, Gewürztraminer und Sauvignon Blanc/Sémillon stark beteiligt. Eigene Kellerei für Schaumwein nach der klassischen Methode, vorwiegend von Chardonnay und Pinot Noir aus dem Russian River Valley.

Château Souverain (1973)
PO Box 528, Geyserville, CA 95441. Tel. (707) 433-8281. 125000 Kisten. Neben Beringer (siehe S. 51) und Meridian (siehe S. 135) eine von den Wine-World-Beteiligungen der Nestlé Inc. Der tüchtige Kellermeister im Alexander Valley sucht in ganz Sonoma Spitzenlesegut der einzelnen Appellationen aus: Zinfandel im Dry Creek Valley, Cabernet Sauvignon und Sauvignon Blanc im Alexander Valley, Chardonnay in Carneros und im Russian River Valley. Seit 1990 Produktion von Einzellagen-Chardonnays «Sangiacomo» (Carneros) und «Allen» (Russian River).

Christopher Creek (gegründet 1972 als Sotoyoma, 1988 umbenannt)
641 Limerick Lane, Healdsburg, CA 95448. Tel. (707) 433-2001. 2500 Kisten. Sortenweine und Verschnitte von alten Syrah- und Petite-Sirah-Rebstöcken sowie jüngeren Cinsaut-Reben auf hügeligen 4ha südlich von Healdsburg.

Cline Cellars (siehe Carneros)

Clos du Bois (1974)
PO Box 940, Geyserville, CA 95441. Tel. (707) 857-1651. 350000 Kisten. Einzellagen in einem 216-ha-Weinberg auf der Uferbank westlich von Jimtown erbringen vorbildlichen Alexander Valley Chardonnay «Calcaire», Cabernet Sauvignon «Briarcrest» sowie «Marlstone» auf Cabernet-Basis. Der stark toastwürzige «Flintwood»-Chardonnay aus dem Dry Creek Valley und der Gebietsverschnitt von Pinot Noir und Sauvignon Blanc können ebenfalls beachtenswert sein.

B.R. Cohn Winery (1984)
15140 Sonoma Highway, Glen Ellen, CA 95442. Tel. (707) 938-4064. 8000 Kisten. Produziert stark eichenholzwürzigen Cabernet Sauvignon in Erzeugerabfüllung von 26ha zwischen Glen Ellen und Boyes Hot Springs im Sonoma Valley. 1992 wurde der Chardonnay auf die besser geeignete Rotweintraube umgepfropft.

H. Coturri & Sons (1979)
PO Box 396, Glen Ellen, CA 95442. Tel. (707) 525-9126. 2500 Kisten. Rustikale Sortenweine aus organischem Anbau.

Davis Bynum Winery (1975)
8075 Westside Road, Healdsburg, CA 95448. Tel. (707) 433-5852. 28000 Kisten. Stets attraktiver Chardonnay, Pinot Noir und Gewürztraminer von gekauftem Lesegut aus dem Russian River Valley.

Dehlinger (1976)
6300 Guerneville Road, Sebastopol, CA 95472. Tel. (707) 823-2378. 8000 Kisten. Anmutiger Chardonnay und dunkler Pinot Noir von 20ha Eigenbesitz bei Forestville im Russian River Valley .

De Loach Vineyards (1975)
1791 Olivet Road, Santa Rosa CA 95401. Tel. (707) 526-9111. 85000 Kisten. Chardonnay, Sauvignon Blanc, Gewürztraminer, Pinot Noir und Zinfandel – jeder einzelne ein in ganz Amerika hochpopuläres Original – aus einer über das Russian River Valley verteilten Domäne mit 111ha in 12 Farmen.

de Lorimier Vineyards & Winery (1985)
2001 Highway 128, Geyserville, CA 95441. Tel. (707) 433-7718. 8000 Kisten. Von 26ha Eigenbesitz im Alexander Valley östlich von Geyserville: ein Cabernet-Verschnitt mit Tiefe und ein Chardonnay mit Anmut. Ferner ein Weißwein auf Sauvignon-Blanc-Basis.

De Natale Vineyards
11020 Eastside Rd., Healdsburg, CA 95448. Tel. (707) 433-8381. 1000 Kisten. Hochgeschätzter Chardonnay aus einer 3-ha-Lage.

Domaine Laurier
Früher ein Weinbaubetrieb im Russian River Valley, heute eine auf Laurier verkürzte Handelsmarke.

Domaine Michel (1984)
4155 Wine Creek Road, Healdsburg, CA 95448. Tel. (707) 433-77427. 22000 Kisten. Am interessantesten eine Cabernet-Sauvignon-Erzeugerabfüllung von 21ha im mittleren Dry Creek Valley.

Domaine St George (gegründet 1934 als Cambiaso, 1986 umbenannt)
PO Box 548, Healdsburg, CA 95449. Tel. (707) 433-5508. 300000 Kisten. Äußerst preiswerter Chardonnay, Cabernet und White Zinfandel aus verschiedenen Quellen.

Dry Creek Vineyards (1972)
PO Box T, Healdsburg, CA 95448. Tel. (707) 433-1000. 110000 Kisten. Estate Reserve Chardonnay und Cabernet-Verschnitt mit hohem

Profil, aber auch die Gebietsverschnitte – Sonoma Fumé Blanc, Chardonnay und Cabernet Sauvignon – sind mindestens ebenso beachtenswert. Der Betrieb verfügt über 40 ha in 7 Parzellen im Dry Creek und Alexander Valley.

Duxoup Wine Works (1981)
9611 W Dry Creek Road, Healdsburg, CA 95448. Tel. (707) 433-5195. 1200 Kisten. Dunkle, feste, ausdrucksvolle Gamay- und Syrah-Rotweine aus dem Dry Creek Valley sind die Hauptprodukte; ein ähnlich gebauter Charbono aus dem Napa Valley liegt auf gleichermaßen unüblicher Linie.

Eagle Ridge Winery (1982)
111 Goodwin Avenue, Penngrove, CA 94951. Tel. (707) 664-9563. 3000 Kisten. Fröhlicher, exzentrischer Winzer mit 2 ha in Penngrove (auf den Karten nicht eingezeichnet). Besonders stolz ist er darauf, daß er den ersten und einzigen Ehrenfelser in den USA hat.

Estancia (1986)
100 000 Kisten. Denkwürdige Cabernet-Sauvignon-Erzeugerabfüllung aus zwei Lagen mit 96 ha bei Jimtown. Produziert wird sie bei Franciscan Vineyards, Eigentümer von Marke und Lagen (siehe S. 53).

Fallenleaf Vineyards (1986)
3000 Kisten. Winzermarke für 6 ha beiderseits der Grenze vom Sonoma Valley zu Carneros. Guter Chardonnay, hochwertiger Sauvignon Blanc.

Gary Farrell Wines (1982)
PO Box 342, Forestville, CA 95436. Tel. (707) 433-6616. 3500 Kisten. Kellermeistermarke mit ausgezeichnetem Pinot Noir und Chardonnay von gekauftem Lesegut aus dem Russian River Valley.

Ferrari-Carano (1982)
8761 Dry Creek Road, Healdsburg, CA 95448. Tel. (707) 433-6700. 50 000 Kisten. Von 200 ha, verteilt auf 11 Domänen im Dry Creek und Alexander Valley kommen Cabernet Sauvignon, Merlot, Chardonnay und vielgepriesener Fumé Blanc; in einem 12. Besitz in Carneros wachsen die Trauben für stark holzgewürzten Reserve Chardonnay.

Gloria Ferrer (siehe Carneros)

Field Stone Winery (1977)
10075 Highway 128, Healdsburg, CA 95448. Tel. (707) 433-7266. 12 000 Kisten. Mehrere Weinberge mit zusammen 56 ha, verteilt über die 320 ha der Redwood Ranch am Südende des Alexander Valley; häufig eindrucksvoller Petite Sirah, oft feiner Cabernet Sauvignon. Erstklassige Rosés beider Sorten.

Fisher Vineyards (1979)
6200 St Helena Road, Santa Rosa, CA 95404. Tel. (707) 539-7511. 15 000 Kisten. 4 ha Chardonnay, 3,5 ha Cabernet bei der Kellerei (in der Karte nicht eingezeichnet) hoch oben am Berg zwischen Santa Rosa und St Helena sowie 3 ha Chardonnay und 8 ha Cabernet bei Calistoga im Napa Valley.

Foppiano Vineyards (1896)
12707 Old Redwood Highway, Healdsburg, CA 95448. Tel. (707) 433-7272. 25 000 Kisten. Alteingesessener Familienbetrieb mit großartigem Petite Sirah und hochinteressantem Cabernet Sauvignon (Marke Fox Mountain Reserve) von 80 ha Kiesboden am Russian River südlich von Healdsburg. Auch die Marke Riverside Farms (150 000 Kisten) gehört Foppiano.

Frick Wimery (gegründet 1977 in Santa Cruz, 1988 nach Sonoma verlegt)
23072 Walling Road, Geyserville, CA 95441. Tel. (415) 362-1911. 2000 Kisten. 4 ha Syrah und Viognier im Dry Creek Valley werden ergänzt durch zugekauftes Viognier- und Cinsaut-Lesegut aus einer Nachbarlage.

J. Fritz Cellars (1979)
24691 Dutcher Creek Road, Cloverdale, CA 95424. Tel. (707) 894-3369 oder (415)771-1900. 20 000 Kisten. Chardonnays aus zwei ausgezeichneten Lagen im Russian River Valley und einer weiteren im Dry Creek Valley kommen zum Teil getrennt und zum Teil im Gebietsverschnitt als »Sonoma County« auf den Markt. Ebenfalls beachtenswert: Sauvignon Blanc von 36 ha Eigenbesitz am Dry Creek.

Gan Eden (1985)
4950 Ross Road, Sebastopol, CA 95472. Tel. (707) 829-5686. 40 000 Kisten. Koschere Weine aus mehreren Quellen; hauptsächlich Chardonnay und Cabernet Sauvignon.

Gauer Estate Winery (1987)
PO Box 1431, Healdsburg, CA 95448. Tel. (707) 857-3175. 10 000 Kisten. Aus ausgewählten Parzellen in 140 ha hochgelegenen Weinbergen im Osten des Alexander Valley kommt vielversprechender Cabernet Sauvignon.

Geyser Peak (1880 gegründet, 1972 wiederbelebt)
PO Box 25, Geyserville, CA 95441. Tel. (707) 957-9463. 500 000 Kisten. Tüchtiger australischer Kellermeister hat eine unrentable Kellerei größtenteils mit betriebseigenem Lesegut von 460 ha im Alexander und Russian River Valley rasch wieder auf die Beine gebracht. Besonders beachtenswert: Cabernet Sauvignon sowie »Reserve Alexandre« auf Cabernet-Basis.

Golden Creek Vineyards (1983)
4480 Wallace Road, Santa Rosa, CA 95404. Tel. (707) 538-2350 (Besichtigung nicht möglich). 1000 Kisten. 6-ha-Lage, weit abgelegen in den Bergen bei Santa Rosa, bringt mit den nuancenreichsten Merlot von ganz Sonoma hervor.

Grand Cru Vineyards (1971)
Bis 1992 Weinbaubetrieb in Glen Ellen, heute Handelsmarke der Firma J F J Bronco (siehe S. 190). Cabernet Sauvignon der Jahrgänge 1985 bis 89 empfehlenswert.

Gundlach-Bundschu Winery (1858 gegründet, 1973 wiederbelebt)
PO Box 1, Vineburg, CA 95487. Tel. (707) 938-5277. 50 000 Kisten. Der Besitz »Rhinefarm« gehört seit 1855 der Familie Bundschu. 56 ha im unteren Sonoma Valley bringen eindrucksvollen Gewürztraminer, Cabernet Sauvignon, Merlot und manchmal Pinot Noir hervor. Zwei weitere Familienbesitzungen in der Nähe erweitern die Weinbergfläche auf 144 ha.

Hacienda Winery (1973)
Bekannt durch Cabernet Sauvignon und Gewürztraminer aus dem Alexander Valley und Chenin Blanc aus Clarksburg. Seit 1992 Handelsmarke der Firma J F J Bronco (siehe S. 90).

Hafner Winery (1982)
PO Box 1038, Healdsburg, CA 95448. Tel. (707) 433-4675. 12 000 Kisten. 38 ha der Besitzerfamilie östlich von Jimtown im Alexander Valley liefern zuverlässigen, gebietstypischen Chardonnay und Cabernet Sauvignon.

Hanna Winery (1985)
5345 Occidental Road, Santa Rosa, CA 95401. Tel. (707) 575-3330. 12 000 Kisten. Ehrgeiziger Weinbaubetrieb; legte Anfang der 1990er Jahre 240 ha an. Gleichmäßig guter Chardonnay von 4 ha bei der Kellerei im Russian River Valley. Cabernet Sauvignon und Sauvignon Blanc kommen auf 40 ha im südlichen Alexander Valley in Ertrag.

Hanzell Vineyards (1956)
18596 Lomita Avenue, Sonoma, CA 95476. Tel. (707) 996-3860. 3000 Kisten. Die Kellerei brachte französische Eichenfässer in Kalifornien mit einem denkwürdigen 1957er Chardonnay von Lesegut aus Napa in Mode. Seit 1965 bringt sie reifen, ausdrucksvollen Chardonnay, Pinot Noir und Cabernet Sauvignon von 13 ha vorwiegend Westlagen in den Bergen etwas talaufwärts von der Stadt Sonoma hervor.

Haywood Winery (1980)
15 000 Kisten. Ursprünglich ein Weinbaubetrieb in Sonoma, seit 1991 Marke im Besitz von Buena Vista; die 40-ha-Lage »Los Chamizal« des Erstbesitzers erbringt Chardonnay, Cabernet und Zinfandel; für die preisgünstigere »Haywood Selection« der Appellation California wird Lesegut zugekauft (siehe Buena Vista S. 65).

Hop Klin Winery (1975)
6050 Westside Road, Healdsburg, CA 95448. Tel. (707) 433-6491. 10 000 Kisten. Am bekanntesten durch Petite Sirah von alten Reben im Russian River Valley, die nach der Lese 1988 gerodet wurden. Auch feiner Gewürztraminer von Anbauern in der Umgebung.

Iron Horse Vineyards (1978)
9786 Ross Station Road, Sebastopol, CA 95472. Tel. (707) 887-1507. 32 500 Kisten. Vielseitiges Unternehmen mit Schwerpunkt auf Schaumwein nach der klassischen Methode von 44 ha Eigenbesitz im Sonoma-Green Valley; Spitzenerzeugnisse Brut und Blanc de Noirs »Wedding Cuvée«. Derselbe Besitz erbringt stillen Chardonnay und Pinot Noir. Eine Partnerlage mit 10 ha im Alexander Valley liefert Rotwein auf Cabernet-Basis sowie Sauvignon Blanc.

Johnson's of Alexander Valley (1975)
8333 Highway 128, Healdsburg, CA 95448. Tel. (707) 433-2319. 8000 Kisten. Gleichmäßiger, rustikaler Cabernet Sauvignon und Zinfandel von 28 ha.

Jordan Sparkling Wine Company (1987)
PO Box 1919, Healdsburg, CA 95448. Tel. (707) 431-5200. 11 000 Kisten. Seidenzarter Schaumwein nach der klassischen Methode, Marke »J«. Ursprünglich von gekauftem Lesegut, beruht seit 1990 auf 34 ha Eigenbesitz im Russian River Valley.

Jordan Vineyards & Winery (1976)
PO Box 878, Healdsburg, CA 95448. Tel. (707) 433-6955. 70 000 Kisten. Cabernet von 110 ha Eigenbesitz am Ufer des Russian River östlich von Lytton bringt den Charakter der Talsohle im Alexander Valley schön zum Ausdruck. Ferner toastwürziger Chardonnay aus derselben Lage.

Rob Davis von der Jordan Winery.

Kenwood Vineyards (1972)
PO Box 447, Kenwood, CA 95452. Tel. (707) 833-5891. 175 000 Kisten. Der Stolz des Hauses ist Einzellagen-Cabernet-Sauvignon und -Zinfandel »Jack London« aus einem gepachteten Weinberg in den Bergen über Glen Ellen. Fein auch die Gebietsverschnitte Sonoma Valley Zinfandel und Sonoma County Sauvignon Blanc.

Kistler Vineyards (1978)
997 Madrone Road, Glen Ellen, CA 95442. Tel. (707) 996-5117. 11 000 Kisten. Hochwertiger Chardonnay der toastwürzigen Schule aus mehreren Quellen: »Estate« von 6 ha im Sonoma Valley, »Vine Hill Road« von 6 ha Eigenbesitz im Russian River Valley, »Durell« von zugekauften Trauben aus dem Sonoma Valley und »Dutton« von zugekauften Trauben aus dem Russian River Valley.

Korbel Champagne Cellars (1882)
13250 River Road, Guerneville, CA 95466. Tel. (707) 887-2294. 1,3 Mio Kisten. Alteingesessener Spezialist für Schaumwein in Flaschengärung, manchmal von klassischen Traubensorten, manchmal mit anderen. Der größte Teil der Frucht wird zugekauft.

Kunde Estate Winery (1990)
10155 Sonoma Highway, Kenwood, VA 95452. Tel. (707) 833-5501. 60 000 Kisten. Alteingesessener Anbauer im Sonoma Valley mit über 260 ha. Eindrucksvolles Debüt mit Chardonnay und Sauvignon Blanc.

La Crema (1979)
4940 Ross Road, Sebastopol, CA 95472. Tel. (707) 829-2609 (Anmeldung erforderlich). 60 000 Kisten. Verschnitte von Chardonnay und Pinot Noir aus dem Russian River Valley und von der Central Coast, charaktervolle Weine zu günstigen Peisen. Der gut ausgedachte Chardonnay/Chenin Blanc/Sémillon-Verschnitt namens Crème de Tête ist stets ein noch preiswerterer Genuß.

Lake Sonoma Winery (1982)
9990 Dry Creek Road, Geyserville, CA 95441. Tel. (707) 431-1550. 3500 Kisten. Recht ländlicher Zinfandel, Cabernet Sauvignon usw. von 4 ha im oberen Dry Creek Valley.

Lambert Bridge (1975)
4085 West Dry Creek Road, Healdsburg, CA 95448. Tel. (707) 433-5855. 25 000 Kisten. Bewundernswerter Cabernet Sauvignon und Chardonnay größtenteils von 46 ha Eigenbesitz im unteren Dry Creek Valley. 1993 Betriebsaufgabe.

Landmark Vineyards (1974)
101 Adobe Canyon Road, Kenwood, CA 95452. Tel. (707) 833-0053. 25 000 Kisten. Drei als langjährig bekannte Chardonnays: »Damaris« von 22 ha im Alexander Valley, »Two Williams« von 7 ha im Sonoma Valley bei Carneros sowie ein Sonoma County aus denselben und anderen Quellen.

Edelstahlgärtanks bei Kenwood.

Las Montanas (1982)
4400 Cavedale Rd., Glen Ellen, CA 95442. Tel. (707) 996-2448. 1500 Kisten. Erzeuger von herzhaftem Cabernet Sauvignon und Zinfandel aus organischem Anbau von gekauftem Lesegut aus den Bergen.

Laurel Glen Vineyard (1981)
PO Box 548, Glen Ellen, CA 95442. Tel. (707) 526-3914. 3500 Kisten. Vornehme Cabernet-Sauvignon-Erzeugerabfüllung von 14 ha Ostlagen mitten im Sonoma Mountain AVA.

Lyeth
Ehemaliger Weinbaubetrieb im oberen Alexander Valley; heute Handelsmarke von Jean-Claude Boisset aus Nuit-St-Georges für Rotwein auf Cabernet-Basis, Weißwein auf Sauvignon-Basis sowie Chardonnay.

Lytton Springs Winery (1975)
650 Lytton Springs Road, Healdsburg, CA 95448. Tel. (707) 433-7721. 7000 Kisten. Vorwiegend herzhafter, kräftiger Zinfandel von Weinstöcken aus der Zeit der Jahrhundertwende in 20 ha Eigenbesitz auf dem Hügelkamm zwischen Dry Creek und Alexander Valley nördlich von Healdsburg. 1991 vom Gründer an Ridge Vineyards in Cuptertino (siehe S. 158) übergegangen.

MacRostie Winery (siehe Carneros)

Mark West Vineyards (1974)
7000 Trenton-Healdsburg Road, Forestville, CA 95436. Tel. (707) 544-4813. 15 000 Kisten. Früher selbständig; seit 1992 Teil der Marion Group. Spitzenwein: Gewürztraminer aus der 26-ha-Lage des Gründers im Russian River Valley .

Martinelli Winery (1987)
3360 River Road, Windsor, CA 95492. Tel. (707) 525-0570. 2000 Kisten. Winzermarke aus dem Russian River Valley; bekannt durch exzellenten Gewürztraminer und guten Pinot Noir.

Martini & Prati Winery (1951)
2191 Laguna Road, Santa Rosa, CA 95401. Tel. (707) 823-2404. Alteingesessener Massenweinerzeuger; bietet nun auch in kleinen Mengen Flaschenweine von Fountaingrove Cabernet Sauvignon aus eigenem Weinbergbesitz.

Matanzas Creek Winery (1977)
6097 Bennett Valley Road, Santa Rosa, CA 95404. Tel. (707) 528-6464. 25 000 Kisten. Chardonnay (zum Teil von 16 ha Eigenbesitz zwischen Santa Rosa und Kenwood) in stets glänzender Form; auch Sauvignon Blanc und Merlot können entsprechend ausfallen.

Mazzocco Vineyards (1984)
1400 Lytton Springs Road, Healdsburg, CA 95448. Tel. (707) 433-9035. 25 000 Kisten. Chardonnay von 6 ha im Alexander Valley und Cabernet Sauvignon von 5 ha am Dry Creek sind die Hauptprodukte.

The Meeker Vineyards (1984)
9711 West Dry Creek Road, Healdsburg, CA 95448. Tel. (707) 431-2148. 5000 Kisten. Schwergewichtiger Zinfandel und Chardonnay aus einer steilen Ostlage mit 24 ha unterhalb vom Warm Springs Dam im Dry Creek Valley.

Melim Vineyards (1986)
15001 Chalk Hill Road, Healdsburg, CA 95448. Tel. (707) 433-4774. 8000 Kisten. Chardonnay und Cabernet Sauvignon von 32 ha Eigenbesitz auf der zum Alexander Valley gehörenden Seite der Chalk Hill Road.

The Merry Vintners (1984)
3339 Hartman Road, Santa Rosa, CA 95401. Tel. (707) 526-4441. 7500 Kisten. Burgund-Fan strebt nach hochgesteckten Zielen mit zugekauftem Chardonnay in toastwürziger Reserve-Version und einer mehr fruchtbetonten Standardausführung.

Peter Michael Winery (1988)
12400 Ida Clayton Road, Calistoga, CA 94515. Tel. (707) 942-4459. 3000 Kisten. Chardonnay von 20 ha hoch oben in den Bergen am Knights Valley.

Mill Creek Vineyards (1974)
PO Box 758, Healdsburg, CA 95448. Tel. (707) 433-5098. 12 000 Kisten. 30 ha Familienbesitz im Dry Creek Valley direkt an der Grenze zum Russian River Valley; am bekanntesten durch Merlot-Anbau.

J.W. Morris (gegründet 1975 in Alameda, 1983 nach Sonoma verlegt)
PO Box 988, Healdsburg, CA 95448. Tel. (707) 431-7015. 120 000 Kisten. Ehemaliger Portspezialist aus Alameda. Der Name J.W. Morris steht für portähnlichen Wein und billigen Tafelwein. Die Prestigemarke für hochwertigen Chardonnay, Cabernet usw. lautet dagegen »Black Mountain« nach der 110-ha-Lage an den Hängen südlich von Healdsburg.

Murphy-Goode Estate Winery (1985)
4001 Highway 128, Geyserville, CA 95441. Tel. (707) 431-7644. 40 000 Kisten. Sauvignon Blanc ist das Flaggschiff von 60 ha Eigenbesitz und 66 ha Partnerlagen auf der Ostseite des Alexander Valley.

Nalle Winery (1984)
Po Box 454, Healdsburg, CA 95448. Tel. (707) 433-1040. 3000 Kisten. Zinfandel aus Eigenbesitz von Doug Nalle und aus einer Partnerlage am Dry Creek. Cabernet Sauvignon ist im Kommen.

Nelson Estate Vineyards (1987)
1500 Kisten. Winzermarke für Cabernet Franc von 6 ha Familienbesitz im Sonoma Valley.

Olivet Lane (siehe Pellegrini Bros.)

Optima (1984)
PO Box 1691, Healdsburg, CA 95448. Tel. (707) 431-8223. Stets gleichmäßig guter Cabernet Sauvignon bzw. ein Verschnitt auf Cabernet-Basis von zugekauftem Lesegut.

J. Pedroncelli Winery (1927)
1220 Canyon Road, Geyserville, CA 95441. Tel. (707) 857-3531. 125 000 Kisten. Erstklassiger Sauvignon Blanc, höchst lobenswerter Cabernet Sauvignon und Zinfandel, größtenteils von 48 ha Familienbesitz im Dry Creek Valley an dem Bergkamm, der die Trennungslinie zum Alexander Valley bildet. Außerdem feiner Chardonnay aus einer Lage am Zusammenfluß von Dry Creek und Russian River.

Pellegrini Bros (1986)
PO Box 2286, South San Francisco, CA 94083. Tel (415) 589-1313. 10 000 Kisten. Die bekannteste von drei Winzermarken des Hauses ist »Olivet Lane«, die für Chardonnay und Pinot Noir vom Russian River Valley aus eigenem Weinbergbesitz an der Olivet Road steht. »Cloverdale Ranch« ist das Etikett für Cabernet Sauvignons aus einem Weinberg bei Cloverdale. »Cotes de Sonoma« gilt für preisgünstigere Weine.

Piper-Sonoma Cellars (1980)
11447 Old Redwood Highway, Healdsburg, CA 95448. Tel. (707) 433-8843. 140 000 Kisten. Tochterunternehmen von Piper-Heidsieck am Russian River. Der Traubenbedarf für Brut, Blanc de Noirs und Tête de Cuvée wird größtenteils in der Umgebung aufgekauft. Stets geschliffen; gewinnt an eigenständiger Art.

Porter Creek Vineyards (1982)
8735 Westside Road, Healdsburg, CA 95448. Tel. (707) 433-6321. 2000 Kisten. Pinot Noir und Chardonnay von 8 ha bei der Kellerei.

Preston Vineyards (1985)
9282 West Dry Creek Road, Healdsburg, CA95448. Tel. (707) 433-3372. 30 000 Kisten. Großer Anbauer im Dry Creek Valley holt sich zunehmend italienische und Rhône-Rebsorten (Barbera, Marsanne, Viognier, Syrah) für seine 50 ha nicht weit unterhalb vom Warm Springs Dam. Frühere Erfolge beruhten auf einem Sauvignon Blanc »Cuvée de Fumé« und Zinfandel.

Quivira Vineyards (1983)
4900 West Dry Creek Road, Healdsburg, CA 95448. Tel. (707) 431-8333. 15 000 Kisten. Himmlischer Sauvignon Blanc von ganz unten sowie Zinfandel von der Uferbank einer 36-ha-Lage auf der Westseite des Dry Creek Valley. Cabernet gut im Kommen.

Rabbit Ridge Vineyards Winery (1981)
3291 Westside Road, Healdsburg, CA 95448. Tel. (707) 431-7128. 4000 Kisten. Feierabendbetrieb des Kellermeisters Erich Russell von Belvedere; erringt höchstes Lob mit Chardonnay von 18 ha Eigenbesitz im Russian River Valley.

A. Rafanelli Winery (1979)
4685 Westside Road, Healdsburg, CA 95448. Tel. (707) 433-1385. 6000 Kisten. Prachtvoller Zinfandel und Cabernet Sauvignon von 24 ha Eigenbesitz auf der Westbank im Dry Creek Valley.

Ravenswood (1976)
18701 Gehricke Road, Sonoma, CA 95476. Tel. (707) 938-1960. 15 000 Kisten. Bewährter »Old Hill Vineyard« Zinfandel aus dem Sonoma Valley ist der Stolz des Hauses; der vorwiegend aus dem Dry Creek Valley stammende Sonoma County Zinfandel liegt auf einer schlichteren Ebene.

Richardson Vineyards (siehe Carneros)

Roche Vineyards (siehe Carneros)

Rochioli Vineyards (1985)
6192 Westside Road, Healdsburg, CA 95448. Tel. (707) 433-2305. 5000 Kisten. Eine der großen kalifornischen Pinot-Noir-Lagen bringt auch Sauvignon Blanc mit rasch wachsendem Format hervor. Die 52 ha große Weinbergfläche, an der auch andere Weinbaubetriebe teilhaben, erstreckt sich am Russian River einige Kilometer flußabwärts von Healdsburg.

St Francis Winery (1979)
8450 Sonoma Highway, Kenwood, CA 95452. Tel. (707) 833-4666. 35 000 Kisten. 40 ha im Sonoma Valley mit bemerkenswert gutem Merlot und Chardonnay.

Sausal Winery (1973)
7370 Highway 128, Healdsburg, CA 95448. Tel. (707) 433-2285. 12 000 Kisten. Alteingesessener Anbauer im Alexander Valley; der Schwerpunkt liegt auf Zinfandel von 40 ha (dazu 20 ha Partnerlagen) auf der Ostseite bei Jimtown.

Sea Ridge Winery (1980)
13404 Dupont Road, Occidental, CA 95465. Tel. (707) 875-3329. 2500 Kisten. Ein ehemaliger Meeresbiologe suchte sich Weinberge möglichst nahe am Pazifik, v. a. für Pinot Noir und Chardonnay.

Sebastiani Vineyards (1900)
PO Box AA, Sonoma, CA 95476. Tel. (707) 938-5532. Über 3 Mio Kisten. Der Gigant im Sonoma Valley und bis noch vor kurzer Zeit der einzige Garant für das Überleben des Weinbaus im Tal. Vor allem interessant: Cabernet Sauvignon Sonoma Valley »Cherryblock«, Merlot Sonoma Valley und Zinfandel Sonoma Valley.

Seghesio Winery (1905)
14730 Grove Street, Healdsburg, CA 95448. Tel. (707) 433-3579. 120 000 Kisten. Alteingesessener Familienbetrieb mit 160 ha über ganz Sonoma verstreut, u. a. im Russian River Valley, wo ein liebenswerter Pinot Noir herkommt, im Alexander Valley (hochwertiger Zinfandel Reserve) und im Dry Creek Valley. Der Favorit ist Sangiovese (sortenrein und im Verschnitt) aus einer Lage zwischen Geyserville und Asti. Auch gute Weißweine, v. a. Sauvignon Blanc.

Sellards Winery (1980)
6400 Sequoia Circle, Sebastopol, CA 95472. Tel. (707) 823-8293. 1200 Kisten. Vorwiegend Cabernet Sauvignon und Chardonnay von zugekauftem Lesegut aus dem Alexander Valley.

Simi Winery (1867)
PO Box 698, Healdsburg, CA 95448. Tel. (707) 433-6981. 140 000 Kisten. Vorwiegend Cabernet und Chardonnay aus altbewährten Quellen. Der früher mit Sonoma County bezeichnete Cabernet Sauvignon läuft jetzt unter Alexander Valley, weitgehend von 40 ha Eigenbesitz an der Südspitze des Bereichs. Der Chardonnay ist noch ein Mendocino/Sonoma/Napa-Verschnitt, bis 40 ha im Russian River Valley in Ertrag kommen. Sonoma County Sauvignon Blanc (vorwiegend aus dem Alexander Valley) hält sich lang. Ebenfalls beachtenswert: Dandy Mendocino Chenin Blanc.

Sonoma Creek Winery (siehe Carneros)

Sonoma-Cutrer Vineyards (1981)
4401 Slusser Road, Windsor, CA 95492. Tel. (707) 528-1181. 80 000 Kisten. Spezialist mit drei Chardonnays: »Russian River Ranches« aus drei Besitzungen im AVA-Bereich – ein früh trinkreifer, preiswerter Wein; »Les Pierres« aus dem Sonoma Valley – eine langlebige Legende; »Cutrer Vineyard« vom Russian River – zwischen den beiden anderen angesiedelt. 1992 wurden die 80 ha von Balverne im Chalk Hill AVA hinzugekauft.

Robert Stemmler Vineyards (1977)
10 000 Kisten. Das ausschließlich für Pinot Noir gültige Etikett wurde 1988 von Buena Vista (siehe S. 65) aufgekauft. Stemmler produziert den Wein von gekauftem Lesegut aus dem Sonoma County weiter und erzeugt im eigenen Betrieb im Dry Creek Valley andere Weine unter dem Etikett Bel Canto.

J. Stonestreet (1990)
25 000 Kisten. Im Besitz der Familie Kendall-Jackson (siehe S. 108). 22 ha an der Südspitze des Alexander Valley liefern Cabernet und Merlot. Ferner Pinot Noir und Chardonnay von zugekauftem Lesegut aus dem Sonoma County.

Rodney Strong Vineyards (gegründet 1961 als Sonoma Vineyards, 1984 umbenannt)
11455 Old Redwood Highway, Healdsburg, CA 95448. Tel. (707) 433-6511. 225 000 Kisten. Aufschlußreich für Chalk Hill der Chardonnay »Chalk Hill Vineyard«, für das Russian River Valley der Pinot Noir »River East« und für das Alexander Valley der Cabernet Sauvignon »Alexander's Crown« und

Unten und ganz unten: Zelma Long hat Simi auf brillante Weise im Sonoma County wieder zu großer Bedeutung verholfen.

der Sauvignon Blanc »Charlotte's Home«.

Joseph Swan Vineyards (1969)
2916 Laguna Road, Forestville, CA 95436. Tel. (707) 573-3747. 1500 Kisten. Individualistischer Pinot Noir und Chardonnay von 4 ha bei Forestville im Russian River Valley.

Taft Street Winery (1982)
2030 Barlow Lane, Sebastopol, CA 95472. Tel. (707) 823-2049. 20000 Kisten. Der Russian River Valley Chardonnay von gekauftem Lesegut darf für die Appellation als vorbildlich gelten. Ferner eine gute Sonoma-County-Version.

Topolos at Russian River Vineyards (1978)
PO Box 358, Forestville, CA 95436. Tel. (707) 887-1575. 7000 Kisten. Rustikaler Zinfandel; der rare Alicante Bouschet ist ähnlich. Vorwiegend von Eigenbesitz oder Pachtland.

Marimar Torres Estates (1990)
11400 Graton Road, Sebastopol, CA 95472. Tel. (707) 823-4365. 12000 Kisten. Von 24 ha Eigenbesitz im Sonoma-Green Valley gewinnt die Tochter der berühmten spanischen Weinerzeugerfamilie Torres (Penedès) geschliffenen, stilvollen Chardonnay.

Trentadue Winery (1969)
19170 Redwood Highway, Geyserville, CA 95441. Tel. (707) 433-3104. 12000 Kisten. Klassischer Zinfandel von alten Reben von 80 ha zwischen Healdsburg und Geyserville.

Valley of the Moon (1943)
777 Madrone Road, Glen Ellen, CA 95442. Tel. (707) 996-6941. 50000 Kisten. Zinfandel ist der Hauptwein von 80 ha Familienbesitz mitten im Sonoma Valley.

Van der Kamp Wine Cellars (1981)
PO Box 609, Kenwood, CA 95452. Tel. (707) 833-1883. 5000 Kisten. Kleiner Schaumweinspezialist mit großem Programm an ausdrucksvollen Erzeugnissen.

Viansa Winery (siehe Carneros)

Viña Vista (1971)
PO Box 47, Geyserville, CA 95441. Tel. (707) 857-3722. 2000 Kisten. Der Gründungsname ist heute Zweitetikett für Cabernet Sauvignon und Merlot aus Sonoma. »Chauffe-Eau« lautet der Name der Spitzenserie mit Carneros-Chardonnay, Alexander-Valley-Chardonnay und Sonoma-Valley-Merlot.

Weinstock Cellars (1984)
638 Healdsburg Avenue, Healdsburg, CA 95448. Tel. (707) 433-3186. 30000 Kisten. Koschere Weine. Am befriedigendsten der Chardonnay von 36 ha Familienbesitz im oberen Dry Creek Valley.

Wellington Vineyards (1990)
PO Box 568, Glen Ellen, CA 95442. Tel. (707) 935-6671. 5000 Kisten. Sortenweine von Trauben aus der Umgebung; noch auf der Suche nach einem eigenen Stil.

William Wheeler Winery (1981)
PO Box 881, Healdsburg, CA 95448. Tel. (707) 433-8786. 22000 Kisten. Das Flaggschiff ist der Cabernet Sauvignon »Norse Vineyard« von 12 ha Eigenbesitz im Dry Creek Valley; am stetigsten der Sonoma County Sauvignon Blanc.

White Oak Vineyards & Winery (1981)
208 Haydon Street, Healdsburg, CA 95448. Tel. (707) 433-8429. 10000 Kisten. »Myers Limited Reserve« Chardonnay und Cabernet Sauvignon von 2,5 ha Eigenbesitz im Alexander Valley stehen an der Spitze einer Reihe von zuverlässig attraktiven Weinen, die ansonsten von zugekauftem Lesegut aus Sonoma produziert werden.

Wild Hog Hill Winery (1988)
PO Box 189, Cazadero, CA 95421. Tel. (707) 847-3642. 1500 Kisten. Große Auswahl in kleinen Partien von gekauftem Lesegut vorwiegend aus dem Dry Creek Valley.

Wildcat Wines (1985)
19100 Old Winery Road, Sonoma, CA 95476. Tel. (707) 996-8955 (Besichtigung nicht möglich). 3000 Kisten. Sonoma Valley Merlot aus eigenem Anbau ist das Herzstück.

Williams & Selyem (1981)
6575 Westside Road, Healdsburg, CA 95448. Tel. (707) 433-6425. 2000 Kisten. Erzeuger der anerkannt denkwürdigsten kalifornischen Pinot Noirs, vor allem in Versionen aus den Einzellagen Rochioli und Allen (dort liegt die Kellerei). Der Zinfandel spielt die zweite Rolle.

Z Moore Winery (1985)
3364 River Road, Windsor, CA 95492. Tel. (707) 544-3355. 6000 Kisten. Bemerkenswerter, trockener, faßvergorener Gewürztraminer aus dem benachbarten Martinelli Vineyard im Russian River Valley.

Steven Zellerbach
Ehemalige Kellerei, wird heute von J. Stonestreet betrieben; seit 1988 Handelsmarke. Chardonnay und Cabernet Sauvignon.

Reise-Informationen

SEHENSWERTES

Cloverdale (3000 Einw.) An der US 101 liegt die von Forstwirtschaft und Weinbau lebende Stadt. Für Besucher von Interesse sind vor allem die Motels zu bescheidenen Preisen.
Geyserville (1000 Einw.) Der von der US 101 umgangene Ort beherbergt das Clubhaus für Weinerzeuger der alten Schule.
Glen Ellen (1000 Einw.) Der abgelegene Ort im Sonoma Valley war Jack Londons Zuflucht in seinen letzten Lebensjahren. In den Bergen über der Hauptstraße mit ihren fünf Geschäften erinnert im erwanderbaren Jack London State Park ein Museum an den Schriftsteller und seine Werke.
Healdsburg (9500 Einw.) Im Schnittpunkt der Appellationen Alexander, Dry Creek und Russian River Valley gelegen, bildet die Stadt den idealen Ausgangspunkt für Weintouren. Der Currier & Ives-Platz ist Schauplatz vieler Feste. Wohnviertel der gehobenen Klasse haben gute Bäckereien und Restaurants in die Stadt gezogen. Zwei komfortable Motels an der Dry Creek Road am Nordende von Healdsburg verbessern noch die Eignung als Reisestützpunkt. Im Lake Sonoma Recreation Area oberhalb vom Warm Springs Dam am oberen Ende des Dry Creek Valley kann man sich von anstrengenden Weintouren erholen.
Kenwood (1000 Einw.) Kenwood am oberen Ende des Sonoma Val-

Die felsige Küste bildet einen erholsamen Gegensatz zum mit Weinbaubetrieben überfüllten Sonoma Valley.

ley ist ein bescheidener Ort. Es hat lediglich eine ganze Reihe von Weinbaubetrieben und zwei gute Restaurants aufzuweisen.

Santa Rosa (113 000 Einw.) Das alte Handelszentrum für die gesamte North Bay hat heute den einzigen garantierten Verkehrsstau im Sonoma County zu bieten, der als Folge raschen Wachstums durch die Ansiedlung einiger High-Tech-Firmen regelmäßig auftritt. Als Bindeglied zu ruhigeren Zeiten ist der Garten an der Kreuzung der Santa Rosa und Sonoma Avenue erhalten, in dem Luther Burbank seine bedeutenden botanischen Arbeiten ausführte. Die Stadt hat nicht unmittelbar mit dem Weinbau zu tun, ihre zentrale Lage zwischen dem Sonoma und dem Russian River Valley macht sie jedoch mit ihren zahlreichen Hotels und etlichen Restaurants für Weintouren zu einem brauchbaren Stützpunkt.

Sonoma (8100 Einw.) Hier steht die Wiege von Sonoma. Die Franziskanermission San Francisco Solano (1835) liegt an einer Ecke der Plaza, die noch zu der Zeit, als die Stadt ein mexikanisches Pueblo war, fast fertiggestellt wurde. Sie und noch einige andere Gebäude aus jener Zeit bilden den Kern eines historischen Parks. Hierzu gehört auch das restaurierte Wohnhaus des Generals Mariano Vallejo, vier Blocks weiter westlich an der Spain Street. Die Atmosphäre der Stadt ist heute allerdings weit entfernt von einem verschlafenen mexikanischen Dorf. Vielmehr ist die alte Plaza der betriebsame Treffpunkt von Einheimmischen und Fremden, die hier in einem Dutzend Restaurants oder in den ebenso zahlreichen Bars zusammenströmen, um zu essen und zu trinken oder im einzigen Buchladen Bücher zu kaufen oder die Mission und andere Erinnerungsstätten zu besichtigen. Nicht weit von der Plaza befindet sich in der Second Street East Nr. 315 die Vella Cheese Company, die als einzige Käserei der Welt noch den harten, nußwürzigen Dry Sonoma Jack produziert.

HOTELS UND RESTAURANTS

Bonito 133 East Napa Street, Sonoma, CA 95476. Tel. (707) 939-1266. Italienisch angehauchtes Restaurant mit Meeresfrüchten.

Cafe Citti 9049 Highway 12, Kenwood, CA 95452. Tel. (707) 833-2690. Italienisches Restaurant mit toskanischem Einschlag; gute Quelle für Einkäufe zu Picknicks.

Catelli's The Rex Geyserville Avenue, Geyserville, CA 95441. Tel. (707) 857-9904. Clubhaus für Weinerzeuger der Umgebung. Schlichte Einrichtung, faire Preise, wohlschmeckende ländliche Küche nach italienischer Art.

Doubletree Hotel 3555 Round Barn Boulevard, Santa Rosa, CA 95403. Tel. (707) 523-7555. Das Hotel liegt weit genug ab von der US 101 und ist daher sehr ruhig; geräumige, gut ausgestattete Zimmer.

l'Esperance 464 First Street West; Sonoma, CA 95476. Tel. (707) 996-2757. In einer kleinen Abzweigung von der Plaza verstecktes zwangloses Restaurant mit traditioneller französischer Küche. Gute Weine der Gegend.

La Gare 208 Wilson Street, Santa Rosa, CA 95403. Tel. (707) 528-4355. Ruhiges, behagliches Restaurant in einer abgelegenen Straße mit guter französischer Küche und einer schönen Auswahl an Weinen der Gegend.

Kenwood Restaurant and Bar 9900 Highway 12, Kenwood, CA 95452. Tel. (707) 833-6326. Es läßt sich nicht anders ausdrücken: kalifornische Küche. Eine gute Weinkarte und die praktische Lage ziehen viele Weinerzeuger der Umgebung zu Arbeitsessen an.

Madrona Manor 1001 Westside Road, Healdsburg, CA 95448. Tel. (707) 433-3231. In stiller Lage auf einem Hügel am Ausgang des Dry Creek Valley befindet sich das einstige Landhaus eines Lokalmagnaten, heute ein interessantes Hotel und exzellentes Restaurant mit frischer ländlicher Kost.

Mixx 135 4th Street, Santa Rosa, CA 95403. Tel. (707) 573-1344. Die Küche des Restaurants holt sich Anregungen in Japan und Italien, die Einrichtung lehnt sich an viktorianische Zeiten an. Viele Weine der Gegend im Ausschank.

Piatti 405 First Street West, Sonoma, CA 95476. Tel. (707) 996-2351. Heitere, betriebsame italienische Atmosphäre. Küche ohne besondere regionale Kennzeichen.

Samba Java 109A Plaza Street, Healdsburg, CA 95448. Tel. (707) 433-5282. Große Auswahl an Sandwiches und gut gewürzten Grillgerichten in einem belebten Lunch-Lokal am Hauptplatz.

Sonoma Cheese Factory 2 Spain Street, Sonoma, CA 95476. Tel. (707) 996-1931. Große Auswahl an Weinen der Gegend und an Speisen im Imbißlokalstil.

Sonoma Mission Inn PO Box 1447, Sonoma, CA 95476. Tel. (707) 938-9000. Die Gebäude im spanischen Kolonialstil sind zum großen Teil Kurhotel, doch im Grill gibt es gut zubereitete frische Gerichte und eine große Auswahl an Sonoma-Weinen. Bequeme Zimmer, großer Swimmingpool, Tennisplätze. Einige Kilometer nördlich der Plaza findet im alten Heilbad Boyes Hot Springs jedes Jahr die Sonoma County Showcase and Wine Auction statt.

Traverso's 3d at B Street, Santa Rosa, CA 95401. Tel. (707) 542-2530. Hochwertige Auswahl an Weinen der Umgebung und aus anderen Gegenden. Feine Picknick-Gerichte zum Mitnehmen und vorwiegend italienische Spezialitäten.

Tre Scallini 241 Healdsburg Avenue, Healdsburg, CA 95448. Tel. (707) 433-1772. Die vielleicht feinste italienische Küche im Russian River Valley – Toskana mit kalifornischen Anklängen. Große Auswahl an Weinen der Gegend. In der Nähe des Hauptplatzes.

NÜTZLICHE ADRESSEN

Sonoma County Wineries Association, 5000 Roberts Lake Road, Robert Park, CA 94928. Tel. (707) 586-3795.

Healdsburg Chamber of Commerce, 217 Healdsburg Avenue, Healdsburg, CA 95448. Tel. (707) 433-6935.

Sonoma Valley Visitors Bureau, 453 First Street East, Sonoma, CA 95476. Tel. (707) 996-1090.

Mendocino und Lake County

Im ganzen Lake County und in den am stärksten kultivierten Teilen Mendocinos ist das Klima so gleich, daß die beiden sich nicht nur in Birnenplantagen, sondern auch in Weinberge voller Sauvignon Blanc, Cabernet Sauvignon und Zinfandel teilen. Die Weinbaubetriebe decken ohne große Umstände ihren Traubenbedarf beiderseits der Grenze. Aber dennoch ist es eigentümlich, daß die beiden Weinbaugebiete derart zusammengewachsen sind. Sieht man nämlich von den Trauben, den Birnen und dem ihnen so bekömmlichen Klima einmal ab, so sind die beiden nebeneinanderliegenden Landstriche durchaus nicht gleich. Das landwirtschaftlich orientierte Kelseyville mitten im Lake County mit seinen falschen Fassaden an der sonnengedörrten Hauptstraße sieht aus wie die Filmkulisse für eine der vielen Storys über eine verarmte Farmerfamilie, die sich mit Händen und Füßen gegen einen schmallippigen, habgierigen Großgrundbesitzer wehrt.

Lakeport – nicht einmal 10 km davon entfernt – sieht aus, als wäre man in einem anderen Land. Es liegt an ziemlich steilen Hängen, die bis zum Seeufer abfallen. Alt und reizvoll an manchen Stellen, alt und verfallen an anderen, ist der Ort bei weitem nicht das Klein-Ascona oder -Como, das er hätte werden können, wäre es ihm gelungen, wohlhabende Sommergäste an sich zu ziehen. Touristen gibt es freilich genug – die Bootssportler auf dem Clear Lake bringen pulsierendes Leben in die Stadt –, nur kriechen die meisten von ihnen morgens aus abgeklapperten Wohnwagen, und so gut wie keiner von ihnen erwacht in einer komfortablen, rosagetünchten Villa.

Um diese beiden Orte ist der größte Teil der Weinberge im Lake County zu finden, oft hinter Reihen von Birnenbäumen versteckt. Der Bereich Clear Lake AVA erstreckt sich um den Clear Lake herum, doch landwirtschaftlich nutzbares Land ist rar auf den steilen Hängen, die sich fast überall an das Ufer heranschieben. Nur bei Kelseyville stößt man auf ein größeres Stück flaches Terrain mit einigermaßen tiefem Boden: In diesem etwa 8×8 km großen Distrikt namens Big Valley liegt allein ein Viertel des ganzen Farmlands im County.

Geht man tiefer ins Land hinein, dann stellt man fest, daß es dort zwar noch Weinberge, aber keine Verarbeitungsbetriebe und daher immer weniger Weinproduktion gibt. Im Clear Lake AVA waren selbst 1992 nur drei Weinkellereien in Betrieb. Guenoc bildet zwischen Middletown und der Grenze zum Napa County einen AVA-Bereich für sich, und ein weiterer, sehr kleiner, befindet sich irgendwo in der Landschaft dazwischen.

Die bedeutendsten Weinberge von Mendocino erstrecken sich am Russian River entlang, nach Lage und Klima ist hier Grenzland zum Lake County. Doch Ukiah ist weder mit Kelseyville noch mit Lakeport vergleichbar. In diesem County, das noch immer einen großen, wenn auch stark ausgefransten Bestand an Mammutbäumen aufweist, ist die Stadt viel stärker mit der Holzindustrie verbunden als mit Birnen und Trauben und zeigt infolgedessen in ihren alten Wohnvierteln einen geradezu rüschenbesetzten viktorianischen Einschlag.

Vielen Besuchern der Mendocino Coast kommt es vor, als ginge die Sonne auf der falschen Seite auf und unter, so sehr sehen die verwitterten Orte und die felsige Küste nach New England aus. Die Holzfäller, die hier als erste siedelten, kamen aus dem Nordosten Amerikas und bauten sich Häuser, wie sie es von dort gewöhnt waren, so daß die Gegend oft als Filmkulisse von Maine diente. Man muß aber nicht unbedingt Filmregisseur sein, um dem Bann des wechselnden Lichts an dieser Küste zu verfallen. Hier ist ein ganz anderes Touristen-Mekka als am Clear Lake entstanden, eine Zuflucht für bedächtige Wanderer und Leser.

Zwischen Ukiah und der Küste, zwischen Sonne und Nebel erstreckt sich das Anderson Valley. Man trifft hier eine eigenartige Mentalität an. 1990 mußte der hiesige Zeitungsverleger auf ein paar Tage ins Gefängnis, weil er gegen einen gewählten Politiker, mit dem er nicht einverstanden war, handgreiflich wurde. Die Einheimischen können nicht mehr unbekümmert durch die Wälder wandern, seitdem viele wohlbewaffnete Marihuanapflanzer ungebetene Gäste mit großem Mißtrauen betrachten, weil sich gelegentlich Polizeibeamte unter die Spaziergänger gemischt hatten. (In einem vom Staat angeforderten Jahresbericht führte der Landwirtschaftsbeauftragte von Mendocino Marihuana als das einträglichste Produkt auf. An seinem Taktgefühl wurden Zweifel laut, an seiner Einschätzung jedoch nicht.) So seltsam es unter diesen Um-

Die Stadt Mendocino liegt zwar weitab vom Weinbaugebiet, ist hier aber doch das bevorzugte Ziel der Weintouristen.

ständen erscheint, hat hier und nur hier in den beiden Countys der Weinbau doch die Vorherrschaft, auch wenn Äpfel und Schafe für die hiesige Wirtschaft noch eine bedeutende Rolle spielen. Die Weine aus dem Anderson Valley sind ausgesprochene Lokalcharaktere. Während sich die Winzer im sonnengedörrten Inneren auf Sauvignon Blanc, Cabernet und Zinfandel konzentrieren, legen ihre Kollegen im nebelgekühlten Anderson Valley den Schwerpunkt auf Chardonnay, Gewürztraminer und auf Schaumwein.

Historisch trat der Weinbau im Lake County um einiges früher und viel spektakulärer ans Licht als in Mendocino. Der erste Winzer kam 1857 hierher, und die erste berühmte Winzerin war die englische Schauspielerin Lillie Langtry, genannt Jersey Lily. Als sie 1877 die Guenoc Ranch im südlichen Lake County kaufte, fand sie dort Weintrauben vor. Sie heuerte sofort einen französischen Kellermeister an, der offenbar auch Anständiges leistete, obwohl die Weine von der Langtry Farm niemals unter dem eigenen Namen auf dem Markt erschienen. Als Lillie 1903 Guenoc wieder verkaufte, befand sich der Weinbau im Lake County mit 2000 ha Rebfläche und 36 Kellereien auf dem Höhepunkt.

In Mendocino fingen die Weinbaupioniere später an und machten weniger Schlagzeilen. Die ersten siedelten sich vermutlich 1880 an. Statistisches Material ist nicht leicht aufzutreiben, aber nichts deutet darauf hin, daß die Rebfläche oder auch die Zahl der Kellereien dem Lake County in seiner großen Zeit nahe kamen.

Übrigens wurden erst gegen Ende des 19. Jahrhunderts das Lake County von Napa und das Mendocino County von Sonoma abgetrennt. Die Ferne zu den wichtigsten Märkten bedeutete für die Weine beider Gegenden, daß sie entweder zu Hause bleiben mußten oder faßweise weggeschafft wurden – die Weine von Lake nach Napa, die von Mendocino nach Sonoma.

Da infolgedessen der Weinbau hier nur wenig Identität entwickeln konnte, bedeutete die Prohibition für ihn eine Katastrophe. In Mendocino schrumpfte die Rebfläche, im Lake County verschwand sie ganz. Der Familie Parducci in Ukiah ist es zu verdanken, daß der Weinbau in Mendocino dann in den schwierigen Jahren von 1933 bis zum Beginn des Weinbooms in den 1960er Jahren eine gewisse Präsenz entwickelte und behielt. Im Lake County lebte er erst wieder gegen Ende der 1970er Jahre auf.

Noch heute sind beide Countys als Weinbaugebiete relativ klein. Mendocino besitzt eine Rebfläche von 4800 ha und 40 Weinbaubetriebe. Im Lake County gibt es nur 1400 ha Rebfläche und ein halbes Dutzend Kellereien. Trotz dieser kleinen Maßstäbe ist in beiden Countys jeweils ein Gigant erstanden. Zwischen 1968 und 1988 entwickelte sich Fetzer Vineyards in schwindelerregendem Tempo von anfänglich 15 000 Kisten bis zu einer Jahresproduktion von 2 Millionen Kisten und schuf sich währenddessen ein Imperium von 800 ha Eigenbesitz im Mendocino County. Im Lake County startete Kendall-Jackson erst später und war 1990 auf noch nicht ganz eine Million Kisten herangewachsen; fast die gesamte dazugehörige Rebfläche lag jedoch außerhalb.

Die Presbyterianerkirche in Mendocino stammt aus dem 19. Jahrhundert.

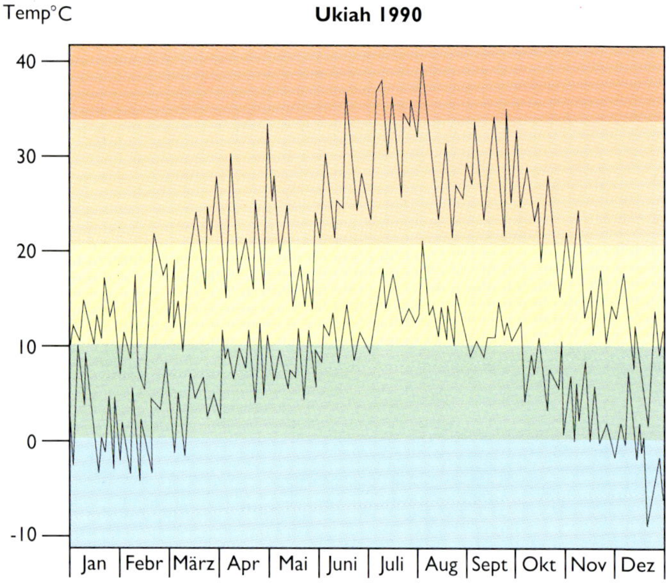

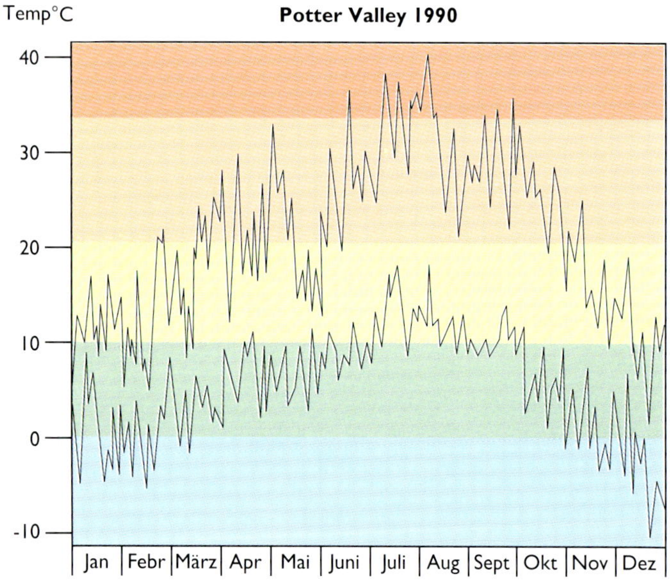

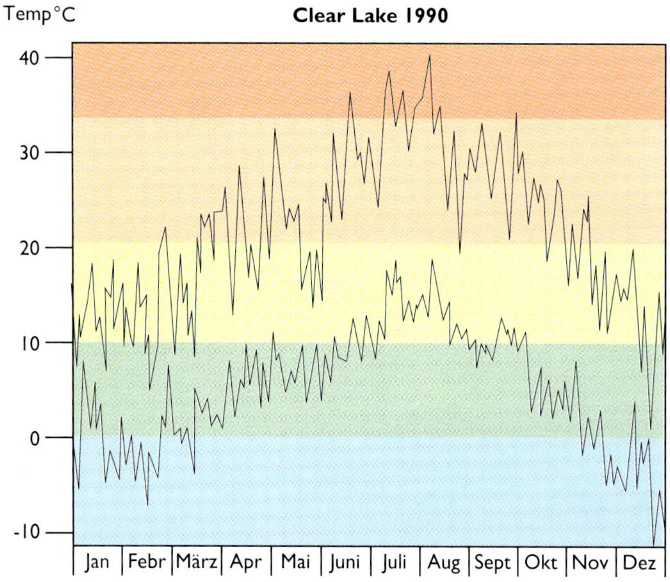

Klima

Abgesehen vom Anderson Valley schwinden die Meeresnebel, die in Napa und Sonoma so weitgehend bestimmen, was wo gedeiht, in diesen Gegenden völlig aus dem Bild. Die hohen Küstengebirge und die Entfernung zum Meer lassen den Einfluß des Nebels überall in dem zu Mendocino gehörenden Teil des Russian-River-Beckens und im ganzen Lake County wegfallen.

Mindestens genauso bedeutsam ist, daß die beiden Countys am Südrand des Wegs der Aleuten-Winterstürme liegen. Spätfröste und Hagel gefährden den Beginn der Wachstumsperiode, und Herbstregen verkürzen das Ende. Obendrein regnet es hier im Winter mehr als weiter im Süden. In Ukiah beträgt die durchschnittliche Niederschlagsmenge beispielsweise 300 mm mehr als in St Helena. Nicht ganz so regelmäßig erleben Clear Lake und die inneren Bezirke von Mendocino im Sommer heißere Perioden als Napa oder Sonoma; dazwischen sinkt die Temperatur vor allem nachts oft unerwartet ab.

Das Potter Valley in Mendocino lebt infolge seiner Höhenlage und weil es an mäßigenden Gewässern fehlt, mit solchen Extremen. Die Einwohner dort zeigen sich nicht überrascht, wenn es nach 35 °C an einem Sommernachmittag in der darauffolgenden Nacht bis auf 3 °C abkühlt. In Ukiah steht es nicht viel anders, doch die Unterschiede sind immerhin groß genug, daß die Erntezeiten für die jeweils gleichen Traubensorten bis zu 10 Tage auseinanderliegen können.

Der noch höher als das Potter Valley gelegene AVA-Bereich Clear Lake hat ähnliche Sommertemperaturen, doch der See verhindert starke nächtliche Abkühlung. Auch entgehen die Weinberge unten am Ufer den Spätfrösten, die an weiter entfernt gelegenen Stellen und in höheren Lagen vorkommen. Um den See herum verteilte Meßstationen melden fast den gleichen täglichen Wetterverlauf.

Im Anderson Valley gibt es keine Wetterstation, daher sind handfeste Zahlen schwer zu bekommen. Allgemeine Beobachtungen zeigen jedoch, daß die Witterung im großen und ganzen dem Schema in dem Abschnitt zwischen Carneros und Yountville im Napa Valley entspricht. Das bedeutet, daß das küstenseitige Ende ähnlich nebelreich und kühl, das andere Ende dagegen fast ebenso verläßlich sonnig, wenn auch durchaus nicht nebelfrei ist. Anders als im südlichen Napa geht die Erwärmung im Frühjahr hier langsamer vor sich, im Herbst kühlt es rascher wieder ab, und im Winter fallen wesentlich größere Regenmengen.

* Zur Farbcodierung der Klimadiagramme siehe S. 14/15.

Weißweintrauben

Chardonnay (1970: Mendocino 28 ha, Lake 0; 1990: Mendocino 1067 ha, Lake 107)
Aus dem kühlen, nebligen Anderson Valley kommen Chardonnays mit auffallend fester Art in Körper und Geschmack, die nicht rasch altern. Jahrelang war Navarro der Inbegriff dieser Rasse, manchmal ganz allein. 1980 kam Handley hinzu, und ab 1988 war Greenwood Ridge nicht mehr zu übersehen. Husch und Lazy Creek sind nicht immer gleichmäßig, in Bestform aber bewunderungswürdig. Diese Weine kommen bei weitem nicht gleich nach der Abfüllung zur Entfaltung, manche brauchen drei, vier oder gar fünf Jahre, bis sich ihre Geschmackfülle vertieft und den rätselvollen Schritt von frischen Äpfeln zu würzigen Bratäpfeln vollzieht. Mehr als andere kalifornische Weine vertragen gute Chardonnay-Jahrgänge aus dem Anderson Valley langen Aufenthalt im Eichenfaß und behalten dabei ihre traubige Frucht. Auch werden sie durch malolaktische Gärung nicht unbedingt butterig.

Rechts: Beginnende Herbstfärbung der Pinot-Noir-Reben im Anderson Valley.
Unten: Der Weinberg von Handley Cellars.

Chardonnays aus dem inneren Mendocino sind meist voller und reifer. Trotzdem halten sich manche sehr lange, wie der herrliche 1980er Simi aus einem Weinberg bei Talmage an seinem 11. Geburtstag bewies. Die Herkunft der meisten Weine aus dem Inneren ist jedoch nicht genau bestimmbar. Die wenigen Ausnahmen lassen bisher keine eindeutigen Vorteile bestimmter Gegenden erkennen. Im Redwood Valley entstehen Chardonnays mit frühem Charme regelmäßig bei Lolonis und Konrad (ehemals Olson).

Verschnitte von Weinen der beiden Regionen sind gelegentlich besser als Weine mit schärfer eingegrenzter Herkunft, wenn sie auf Ausgewogenheit ausgelegt sind und nicht auf Quantität. Husch beweist das mit Verschnitten aus Eigenbesitz bei Philo und Talmage. Navarro ergänzt in den meisten Jahren seinen Anderson Valley Chardonnay mit solchem aus dem Potter Valley.

Gebietstypische Weine:
Handley Anderson Valley (Gebietsverschnitt auf Eigenbesitzbasis). **Navarro** Anderson Valley »Premier Reserve« (Erzeugerabfüllung). **Greenwood Ridge** Anderson Valley (Gebietsverschnitt). **Konrad** Mendocino (vom Redwood Valley). **Lolonis** Mendocino (aus Eigenbesitz im Redwood Valley). **Husch** Mendocino (Gebietsverschnitt aus Eigenbesitz bei Talmage und im Anderson Valley). **Navarro** Mendocino (Gebietsverschnitt, vorwiegend Anderson Valley, ansonsten Potter Valley).

Chenin Blanc (1970: Mendocino 56 ha, Lake 0; 1990: Mendocino 220 ha, Lake 22)
Liebliche, entschieden unkomplizierte Weine sind von jeher die Regel und bleiben es wohl auch. Husch gibt ein Vorbild dafür, was die Traube im Ukiah Valley leisten kann.

Colombard (1970: Mendocino 348 ha, Lake 0; 1990: Mendocino 188 ha, Lake 0)
Mendocino ist die letzte Hochburg dieser Traube an der Küste und Parducci ihr letzter Anhänger.

Gewürztraminer (1970: Mendocino 3 ha, Lake 0; 1990: Mendocino 108 ha, Lake 0)
Gewürztraminer wächst an mehreren Stellen im Mendocino County und erbringt hier und da Weine von süßer, gefälliger Art, doch rassige Vertreter kommen nur vom Deep End des Anderson Valley. Nirgendwo sonst in Kalifornien erreicht die Traube so denkwürdige Geschmackstiefe und Festigkeit im Körper.

Qualität und Charakter geben sich früh zu erkennen und bleiben vier bis fünf Jahre, manchmal auch länger, erhalten. Schon oft hat sich eine Flasche aus einem guten Jahrgang, die irgendwo in einem Keller versteckt lag, nach 10 Jahren in bester Form befunden, leider aber nicht so häufig, daß 10 Jahre Wartezeit grundsätzlich empfohlen werden könnten. Der Sortengeschmack zeigt hier Jahr für Jahr stetig Litschicharakter; in den feinsten Jahrgängen wirkt er fast im elsässischen Sinn würzig.

Während vieler Jahre stand Navarro einsam an der Spitze. Inzwischen sind ihm Lazy Creek, Handley und Husch in jedem Jahrgang ebenbürtig; das überrascht nicht, wenn man bedenkt, wie eng ihre Weinberge beieinanderliegen und wie stark die Rivalität zwischen ihnen ist. Um die Chancen gleichzuhalten, konkurrieren sie alle auf einer schmalen Bandbreite: trocken bis halbtrocken, kompromißloser Sortengeschmack und höchstens ein Spürchen Eichenholz.

Gebietstypische Weine:
Handley Anderson Valley (Erzeugerabfüllung). **Husch** Anderson Valley (Erzeugerabfüllung). **Lazy Creek** Anderson Valley (Erzeugerabfüllung). **Navarro** Anderson Valley »Late Harvest« (Erzeugerabfüllung).

Riesling (1970: Mendocino 1,2 ha, Lake 0; 1990: Mendocino 77 ha, Lake 35)
Wie der Gewürztraminer ist appellationsgerechter Riesling hier praktisch auf das Anderson Valley beschränkt. Die regelmäßigen Bewerber um den Titel Riesling Of The Year sind Greenwood Ridge und Navarro. Beide produzieren ihren Wein mit gutem Grund knapp halbtrocken. Ohne eine mildernde Spur Restsüße wären wohl beide selbst für den asketischsten Asketen kaum ein Genuß. Aroma und Geschmack zeigen bei beiden die rieslingtypische Mischung aus Grapefruit, herber Beerenfrucht und einer nicht genau zu definierenden Blume.

Navarro ist der einzige Erzeuger von Riesling Spätlese in der Region, was bei der Talsohlenlage der Weinberge verständlich ist. Wie die meisten kalifornischen Spätlesen schmecken auch Navarro Late Harvest und Cluster Selected Late Harvest reifer und sonnenerfüllter als ihre deutschen Pendants, allerdings in weniger ausgeprägtem Maß als ähnliche Weine aus Napa und Sonoma. Selbst in konzentriertester Form überwiegt bei ihnen der Riesling-Geschmack gegenüber der Edelfäule und allem, was mit ihr einhergeht.

Gebietstypische Weine:
Greenwood Ridge Anderson Valley (Erzeugerabfüllung). **Navarro** Anderson Valley (Erzeugerabfüllung). Anderson Valley »Late Harvest« (Erzeugerabfüllung).

Sauvignon Blanc (1970: Mendocino 14 ha, Lake 6; 1990: Mendocino 345 ha, Lake 207)
Unbezweifelbar am besten von allen weißen Traubensorten paßt sich der Sauvignon Blanc an die unterschiedlichen Klima- und Bodenbedingungen in den beiden Countys an und gedeiht überall bemerkenswert gut, selbst im kühlen, nebligen Anderson Valley. Wie auch anderswo an der North Coast kehrt er gern die melonenähnliche, manchmal aber auch die kräuterhafte Seite seiner Geschmackspalette hervor. Zum Ärger aller Systematiker aber gibt er nicht vorher zu erkennen, wann und wo er das eine oder das andere zu tun gedenkt.

Husch bringt in kühlen wie in warmen Jahren aus der Lage La Ribera bei Talmage die melonenhafte Art zustande. Etwas weiter flußabwärts im Sanel Valley erzielt Jepson nicht nur reife Geschmacksfülle, sondern auch üppigen Körper, was beim Sauvignon Blanc nicht oft vorkommt. Dagegen neigt Elizabeth Vineyards im Redwood Valley zur süßgrasartigen Seite, während der Nachbar Lolonis zwischen melonenduftig und einer staubig-blumigen Note schwankt, die eigentlich eher in die Sierra Foothills paßt. Obester bringt durch lange Erfahrung mit einer Lage im Potter Valley stets gleichmäßige Geschmacksnoten hervor, die zwischen frischen Kräutern und schlichtem Gras liegen. Greenwood Ridge erzielt in der Lage Ferrington am wärmeren inneren Ende des Anderson Valley einen Sauvignon mit Anklängen an Melonen, wobei aber das Süßgras stärker im Vordergrund steht.

Seine besten Leistungen in diesen beiden Countys zeigt der Sauvignon Blanc allerdings im Clear Lake AVA, wenn auch auf rätselvoll unterschiedliche Weise. Der Wein von Buena Vista aus dem Lake County zeichnet sich Jahr für Jahr durch verblüffend volle Melonennoten aus, während der Konocti eher Kräuter in subtiler, aber unverkennbarer Art aufzeigt.

Bis 1989 strebten fast alle Kellereien möglichst wenig oder gar keinen Ausbau im Eichenfaß an, um die Traubenfrucht voll zu bewahren. Manche, insbesondere Buena Vista, beließen dem Wein ein wenig Restsüße, um seine Fruchtigkeit zu betonen. Hidden Cellars bildete vom ersten Jahrgang an getreulich den Kontrast als verläßliche Quelle für kräftig eichenholzgewürzten Mendocino Sauvignon Blanc. Ab 1989 befaßten sich dann weitere Erzeuger mit Faßgärung und setzten Sémillon zu, um die Stilpalette zu bereichern. Das deutlichste Beispiel für die extremen Möglichkeiten gab Konocti mit zwei 1990ern: einem eichenholzfreien Sauvignon Blanc und einem faßvergorenen Grand Fumé.
Gebietstypische Weine:
Greenwood Ridge Anderson Valley »Ferrington«. **Elizabeth Vineyards** (aus Eigenbesitz im Redwood). **Husch** Mendocino »La Ribera« (aus Eigenbesitz im Ukiah Valley). **Parducci** Mendocino (Ukiah Valley). **Obester** Mendocino (Potter Valley). **Buena Vista** Lake County. **Konocti** Lake County (Clear Lake); Lake County »Grand Fumé« (Clear Lake).

Sémillon (1970: Mendocino 0, Lake 0; 1990: Mendocino 13 ha, Lake 10)
Sémillon war bis zum Anfang der 1990er Jahre in beiden Countys eine Rarität, ein großer Teil des kleinen Ertrags wurde zu Sauvignon/Sémillon-Verschnitten verarbeitet, v. a. von Hidden Cellars in Mendocino sowie von Guenoc und Konocti in Lake. Gegen Ende der 1980er zeigte jedoch eine Reihe von voll feigenwürzigen Beispielen von Parducci, daß die Traube hier ihren Platz finden könnte, wenn jemals die Chardonnay-Mode abklingen sollte.

Schaumwein

Eine nähere Betrachtung des Schaumweins nach der klassischen Methode aus Mendocino ergibt nach wie vor ein unklares Bild.

Bei Roederer Estate wird mit viel Reserve-Wein in jahrgangslosen Verschnitten gearbeitet, die eindeutig dem Pinot-Noir-reichen Stil des Stammhauses in der Champagne nachempfunden sind. Scharffenberger hält sich mehr auf die kargere Seite und bringt vor allem Jahrgangsversionen heraus. Handley hält die Mitte und neigt dabei vielleicht etwas mehr zur Art von Roederer.

Vom Ende der 1980er bis zum Anfang der 1990er Jahre führten alle drei Hersteller Brut Rosés ein. Diese Versionen sind schwierig zu behandeln, und deshalb entsprachen die Resultate nicht so ganz den damals hochgesteckten Erwartungen.

Obwohl die drei Häuser unterschiedliche Stile pflegen, wird aus ihrer Arbeit doch klar, daß nämlich das Anderson Valley stets ein Gefüge und eine Geschmackstiefe hervorbringt, wie sie auf der wärmeren Seite der Berge auch bei guten Schaumweinen nicht vorkommen. Als Musterbeispiel darf Jepson dienen.
Gebietstypische Weine:
Roederer Estates Anderson Valley »Brut« (Erzeugerabfüllung aus fünf Lagen). **Scharffenberger** Mendocino »Brut« (Gebietsverschnitt, fast ganz aus dem Anderson Valley); Mendocino »Blanc de Blancs« (Gebietsverschnitt, fast ganz aus dem Anderson Valley). **Handley** Anderson Valley »Brut« (Gebietsverschnitt).

Im Deep End des Anderson Valley gedeiht feiner Gewürztraminer.

Rotweintrauben

Barbera (1970: Mendocino 0, Lake 0; 1990: Mendocino 6 ha, Lake 2)
Nur die Parducci Wine Cellars halten die Flamme am Leben, das aber so gut, daß der Mangel an Mitbewerbern nur beklagt werden kann. Wie zu erwarten, behält die Traube im Inneren von Mendocino – in diesem Fall im Redwood Valley – ihre frische Säure auch bei voller Reife.

Cabernet Sauvignon (1970: Mendocino 44 ha, Lake 18; 1990: Mendocino 443 ha, Lake 382)
Der absolute Prototyp eines Cabernet Sauvignon aus Mendocino ist die Standardversion der Parducci Wine Cellars. Gleich aus welchem Jahrgang, dieser Wein ist stets geschmeidig genug für frühe Genußreife, aber doch auch so ausgewogen, daß er sich mehrere Jahre hält – der Geschmack neigt mehr zu Beerenfrucht als zu Kräutern und wird nicht durch zu starke Eichenholzwürze gedrückt. Die Cabernets von Husch sind vielleicht ein wenig dunkler und fester und eine Spur stärker eichenholzgewürzt, doch finden sich in diesen Weinen mehr Anklänge als Kontraste. Das Lesegut stammt vorwiegend aus Talmage, andere Weine aus den Tälern im Inneren von Mendocino ergänzen das Bild.

Während immer mehr Weinbaubetriebe ins Spiel kommen, erlangen mehr und mehr Lagen eigene Identität, und mehr und mehr Kellermeister erweitern die Spielarten – dadurch mag sich das Image etwas verändern, das Potential aber bleibt. Wer je den 1968er Fetzer Cabernet Sauvignon zwischen 1978 und 1988 zu kosten bekommen hat, weiß, daß der familieneigene Besitz im Redwood Valley wahrhaft denkwürdigen, reifen Cabernet hervorbringen kann. Parduccis 1975er Anniversary Bottling von Trauben aus Talmage bestätigte zwischen 1983 und 1988 diesen Eindruck. Bei keinem der beiden war übrigens eine Betonung von Eichenholz oder Tannin nötig, um die Geschmackstiefe oder die Lebensdauer zu steigern.

Wenn es auch im Inneren von Mendocino manches zu lernen gibt, so ist am Clear Lake noch alles unentdeckt. Nach den Bemühungen von Konocti zu urteilen, spiegelt der Cabernet aus dem AVA-Bereich Clear Lake die Erzeugnisse aus dem Russian-River-Becken in Mendocino ziemlich getreu wider. Mehrere Fetzer-Abfüllungen verstärkten zwischen 1979 und 1986 dieses Bild, änderten aber nichts daran. Parducci bringt gelegentlich einen North Coast Cabernet von Trauben aus Mendocino und vom Clear Lake heraus. Verdeckte Weinproben dieses Verschnitts und Appellationsabfüllungen beiderlei Herkunft zeigen noch klarer, wie geringfügig die Unterschiede meist sind.

Der ganz auf den Wein von Guenoc abgestimmte AVA-Bereich Guenoc Valley scheint mehr Tiefe und Intensität in Farbe und Geschmack hervorzubringen als Clear Lake.

Gebietstypische Weine:
Husch Mendocino »Forth-Field Selection« (aus der Lage La Ribera bei Talmage). **Navarro** Mendocino (Gebietsverschnitt). **Parducci** Mendocino (vorwiegend aus Eigenbesitz bei Talmage). **Guenoc** Lake (vorwiegend aus Eigenbesitz). **Konocti** Clear Lake (Gebietsverschnitt aus Partnerlagen). **Parducci** North Cost (Gebietsverschnitt aus Mendocino und Lake).

Merlot (1970: Mendocino 0, Lake 0; 1990: Mendocino 32 ha, Lake 40)
Die Anpflanzungen sind noch so neu und vereinzelt, daß beim Stand von 1992 wenig Bestimmtes gesagt werden kann. Seit dem Start mit dem vorbildlichen 1987er hat Greenwood Ridge Jahr für Jahr kleine Mengen an Anderson Valley Merlot alles in allem im Stil des Cabernet Sauvignon gleicher Herkunft hervorgebracht. Konocti hat gleichzeitig einige Jahrgänge an gefälligem, nicht sehr charaktervollem Rotwein von jungen Reben am Clear Lake beigesteuert.

Ein großer Teil des Merlot-Ertrags von Mendocino und Lake geht in Verschnitte auf Cabernet-Basis anstatt in Sortenweine ein.

Petite Sirah (1970: Mendocino 121 ha, Lake 0,4; 1990: Mendocino 129 ha, Lake 4)
Die Traube findet in den wärmeren Teilen von Mendocino und Lake mit die beste Heimstatt in ganz Kalifornien, da aber an Weinen dieser Sorte Mangel herrscht, sind kaum Details zu erfahren. Parducci produziert in seiner »Cellarmaster«-Serie einen für diesen Betrieb ungewöhnlich tanninherben Petite Sirah – es ist ein dunkler, solider Wein zu kräftigem Fleisch mit gehaltvollen Saucen. Die Standardversion ist viel milder, aber dennoch nichts für neutrale Gerichte. Dagegen hat der Petite Sirah von Guenoc mehr Muskeln auf den Knochen und auch mehr Eichenholzwürze als der »Cellarmaster«, doch die Ähnlichkeiten überwiegen die Unterschiede. Ein großer Teil des Petite-Sirah-Ertrags von Mendocino dient als Rückgrat für Gattungsrotweine, in denen die Herbheit der Traube für empfindliche Zungen bemäntelt werden kann.

Gebietstypische Weine:
Parducci Mendocino »Cellarmaster« (Ukiah Valley). **Guenoc** Guenoc Valley (Erzeugerabfüllung).

Pinot Noir (1970: Mendocino 38 ha, Lake 0; 1990: Mendocino 267 ha, Lake 0)
Obwohl Roederer sich im Anderson Valley in der Annahme niederließ, das Klima sei hier genauso kärglich wie in der Champa-

gne, müssen doch Unterschiede bestehen, denn sonst wäre der Pinot Noir aus dem Anderson Valley ebenso dünn und säuerlich wie der Bouzy Rouge. Das ist er aber nicht: Besonders großartig fällt er zwar nicht aus, wenigstens nicht bisher, aber er hat soviel Geschmackstiefe und oft genug eine Ausgewogenheit, daß er als junger Rotwein angenehm und in mittlerem Alter durchaus einnehmend genannt werden kann. Bislang hat sich herausgestellt, daß man nicht zuviel mit ihm anstellen darf, weil der hier entstehende milde Geschmack sich nicht gegen das bei starkem Pressen hervortretende Tannin und auch nicht gegen allzu langen Ausbau im Eichenfaß durchsetzen kann. Unter den 1990ern zeigten die Pinot Noirs von Greenwood Ridge die leichteste und »Méthode à l'Ancienne« von Navarro die vollmundigste Art.

Das Anderson Valley bietet noch viel Raum für Entdeckungen. Vielleicht können nach längerer Zeit tiefere, vollere Weine zustande kommen. Die jetzigen bieten inzwischen schönen Genuß. Der größte Teil des Ertrags geht in die Schaumweine von Roederer, Scharffenberger und Handley ein oder wird nach außerhalb verkauft.

Gebietstypische Weine:

Greenwood Ridge Anderson Valley. **Husch** Anderson Valley. **Navarro** Anderson Valley »Méthode à l'Ancienne« (Erzeugerabfüllung).

Syrah (1970: Mendocino 18 ha, Lake 0; 1990: Mendocino 18 ha, Lake 0)

Bis 1988 bestimmte McDowell Valley Vineyards, was Syrah in Mendocino zu sein hatte. Die alten Anpflanzungen dieses Betriebs im McDowell Valley erbringen seit jeher mit großer Regelmäßigkeit Wein von beträchtlicher Wucht, aber seltsam undefinierbarem Geschmack. Er erscheint unter der Bezeichnung »Les Vieux Cépages«. Eine Zeitlang brachte die Frey Winery als einzige Alternative hierzu einen Sortenwein aus organischem Anbau auf Eigenbesitz im Redwood Valley hervor; allerdings waren die Mengen so gering und die Weine so variabel, daß daraus nicht viel zu entnehmen war. 1989 produzierte Scharffenberger unter der Marke »Eaglepoint« dann einen tiefdüsteren, wuchtigen, Syrah; das Lesegut stammte aus der Eaglepoint Ranch hoch in den Bergen östlich von Ukiah.

Zinfandel (1970: Mendocino 253 ha, Lake 43; 1990: Mendocino 657 ha, Lake 100)

Gelegentlich rivalisiert Mendocino mit Sonoma als Quelle des feinsten kalifornischen Zinfandels, meist aus Weinbergen bei Talmage und im Redwood Valley (wenn großes Format gewünscht wird), am schönsten aber aus verstreuten Anpflanzungen am Greenwood Ridge hart an der Westgrenze des AVA-Bereichs Anderson Valley.

Lolonis und Whaler lassen den Zinfandel voll ausreifen und verpassen ihm eine ordentliche Dosis Eichenholz; so tun sie alles für Weine mit ausreichender Wucht, um sich gegen Rippenspeer zur Wehr zu setzen. Andere Weine aus benachbarten Lagen sind nicht so gut ausgefallen – sie ähneln zu sehr trockenem Portwein. In der Lage Pacini erntet Hidden Cellars Trauben, die eine kräftige Eichenholzwürze vertragen, und entsprechend fällt der Wein aus. Parducci trifft erwartungsgemäß das sanfteste Gleichgewicht, und infolgedessen sind die Weine dieses Hauses oft am langlebigsten. Guenoc verfolgt beim Zinfandel die gleiche Art wie beim Cabernet: dunkel und kräftig tanninherb, jedoch nicht so reif, wie die Trauben an diesem warmen, immer sonnigen Ort eigentlich werden könnten.

Gebietstypische Weine:

Hidden Cellars Mendocino »Pacini«. **Lolonis** Mendocino (aus Eigenbesitz vom Redwood Valley). **Parducci** Mendocino (Ukiah Valley, vorwiegend aus Eigenbesitz). **Whaler** Mendocino »Estate« (Ukiah Valley). **Guenoc** Lake (vorwiegend aus Eigenbesitz).

Anderson Valley AVA

Eingerichtet: 19. September 1983
Gesamtfläche: 23 000 ha
Rebfläche: 440 ha
Weinbaubetriebe: 10
Hauptort: Boonville

Trotz seiner Schönheit war das Anderson Valley sehr lange weltabgeschieden. Mit dem Bau des State Highway 128 wurden seine Bewohner ein wenig fester an das übrige Kalifornien angebunden. Aber erst der Weinbau rückte das Tal ins Augenmerk der neugierigen Außenwelt. Es war um die Jahrhundertwende, als mehrere Farmer, vor allem Italiener, auf dem Greenwood Ridge und anderen Höhenzügen Zinfandel pflanzten und Wein davon produzierten, der in der Gegend selbst getrunken wurde. Der kommerzielle Beginn lag am Anfang der 1970er Jahre, als aus den Städten ein paar Aussteiger mit einer gemeinsamen Vorliebe für Gewürztraminer anlangten. Tony Husch von Husch Vineyards und Ted Bennett von Navarro Vineyards waren die Anführer dieser kleinen Gruppe. Wenn es ihre Absicht gewesen war, dort für sich zu bleiben, machten sie einen Fehler, indem sie wirklich guten Wein produzierten. Hatten sie dagegen ein kleines Elsaß schaffen wollen, so war es ein Fehler, auch Chardonnay anzupflanzen. Obwohl noch Anfang der 1990er Jahre der Gewürztraminer für die Puristen größte Bedeutung hatte, wurde doch inzwischen weit mehr Chardonnay und Pinot Noir auf den Markt gebracht, und Schaumwein beherrschte die Produktion sehr stark.

1990 bereits waren die zwei größten Unternehmen und fast die Hälfte der Rebfläche im Besitz von ein paar Champagnerhäusern. 1983 kaufte Roederer westlich von Philo Land in der Annahme, daß die Witterung hier gleich sei wie in Reims. Pommery folgte mit der Erwerbung von Scharffenberger im Jahr 1989. Als dritter hat sich Handley Cellars hinzugesellt; er produziert allerdings auch Stillwein, u. a. einen Gewürztraminer. Lazy Creek hilft das Banner dieser Traube hochzuhalten. Von der alten Garde verwarf nur Greenwood Ridge sie zugunsten von Riesling.

Fast alle Weinberge liegen auf einer Folge allmählich zum Navarro River abfallender Terrassen. Dieser Fluß sägt sich im Kampf gegen das wiederholte Aufbäumen der nordamerikanischen Kontinentalplatte immer tiefer in das Felsgestein. Die Böden auf dem dadurch entstandenen Uferbankgelände sind mäßig fruchtbar und werden weiter oben immer karger und saurer.

So klein das Anderson Valley auch ist, hat es doch zwei weitere Unterabteilungen. Alte Karten zeigen sämtlich die Mason-Dixon

Das schmale Anderson Valley versteckt sich im Schatten seiner Berge.

Line, eine willkürliche Grenze, die von Nordosten nach Südwesten mitten durch den Ort Philo geht. Während sich die Ursprünge des Namens dieser Linie verloren haben, sind die Gründe ihres Vorhandenseins doch nicht imaginär. Sie verläuft oben an einem langen, sanften Hang bis zu einer Stelle, wo sich Berge von beiden Seiten heranschieben und schließlich gerade noch genug Raum für den Highway 128 lassen, der durch diese Lücke auf eine Ebene hinausführt. Sie bezeichnet exakt die Stelle, an der im Sommer gewöhnlich die Nebel aufhören oder dünn werden.

Westlich hiervon, im sogenannten Deep End, gedeiht der Pinot Noir auf den letzten West- und Südwesthängen, bevor der rasch dahinfließende Navarro River plötzlich eine Biegung zum Meer hin vollführt. Der Chardonnay hat es hier oft schwer, für ausgewogenen Wein genügend Reife zu erlangen, doch für Schaumwein eignet er sich hervorragend. Der Gewürztraminer fällt so gut aus, wie es in Kalifornien überhaupt möglich ist. Weiter im Inneren um Boonville kann der Pinot Noir überreif werden und erstaunlicherweise der Sauvignon Blanc großartig gedeihen. Zur westlichen Grenze des AVA-Bereichs hin gibt es auch einige alte Lagen für langsam reifenden Zinfandel in kühler Gegend über dem Nebel. Wenn es doch nur mehr wären! In Bestform ist ihr Wein ganz anders, als ihn die Traube sonst hervorbringt: dunkel, karg, fest, ausgewogen, voll intensiver Beerenfrucht.

In ganz Mendocino trifft man auf alten Farmen junge Weinberge an.

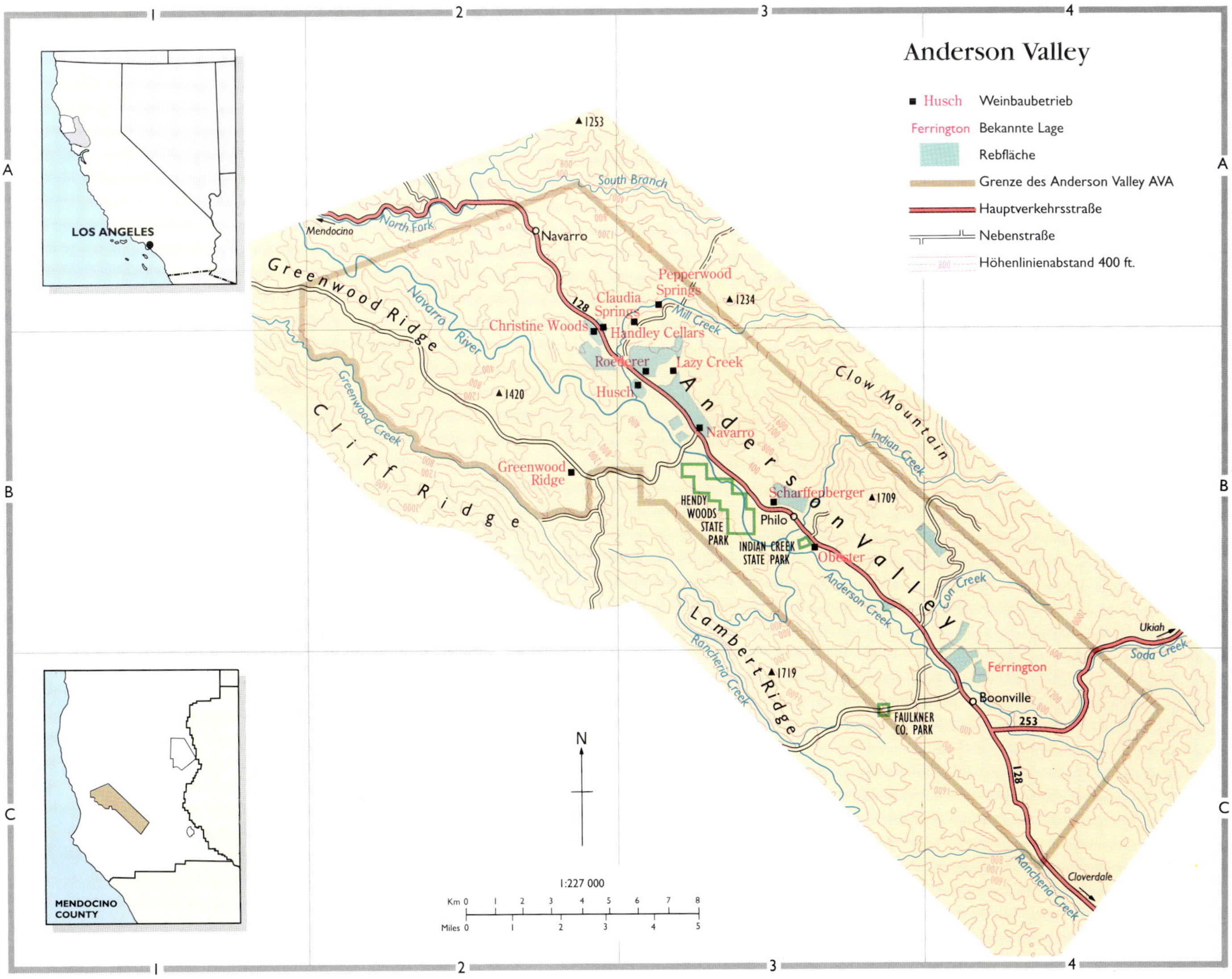

Ukiah-Hopland

In diesem Teil von Mendocino wurde stets Wein gebaut, der nicht viel kostete und ohne viel Drumherum getrunken wurde. Es ist auch die einzige Gegend an der North Coast, wo die Winzer noch ein Herz für Carignane und Colombard haben, mit denen sich eine anständige Flasche Wein für wenig Geld auf den Tisch stellen läßt. Auch überrascht es nicht, daß viele von ihnen sich um Appellationen und die Launen der Natur nicht groß kümmern.

Abgesehen von der allumfassenden Bezeichnung Mendocino AVA gab es neben dem Anderson Valley für den Großteil der Gegend bis 1993 keine Appellation. Während sich die einen nun für die Sache einsetzen und die anderen gleichgültig bleiben, läßt sich der Weinbau nicht aufhalten. Lediglich zwei Senken im Hügelland östlich vom Russian River – das Potter und das McDowell Valley – sind bereits offiziell als AVAs anerkannt. Am Fluß selbst treten die steilen Hügel hier und dort zurück und lassen dadurch drei klar abgegrenzte Talabschnitte entstehen, die sich als Sub-AVAs anbieten, doch wurde bisher kein formeller Antrag gestellt. Das Redwood Valley – am weitesten nördlich gelegen – bildet ein Becken mit steilen Wänden, das Ukiah Valley um die gleichnamige Stadt ist länger und offener, und das Sanel Valley um Hopland ähnelt in der Form dem Ukiah Valley, ist aber kleiner.

Der Fluß strömt hier ziemlich genau in Nord-Süd-Richtung in einer schmalen, zerklüfteten, aber nicht übermäßig tiefen Einsenkung, die quer durch das südliche Drittel des Mendocino County verläuft. Damit schafft er eine klare Grenzlinie für alle fünf Bereiche. Die Ähnlichkeiten in Klima und Boden legen die Vermutung nahe, daß es sich eigentlich um ein einheitliches Gebiet handelt, aber kein Winzer hier würde dem zustimmen.

In der kurzen, feurigen Wachstumsperiode kommt nahezu jede Traubensorte voll zur Reife. Die Anpflanzungsdetails sind in dieser Gegend, wo der Wein zumeist als Getränk für den Eßtisch und nicht als raffinierte Kunstform gilt, nicht so verwirrend, wie man meinen möchte. John Parducci hat Zinfandel nördlich von Ukiah, Cabernet und Merlot bei Talmage und alle weißen Traubensorten auf einer dritten Besitzung bei Hopland stehen. Fetzers Home Ranch im Redwood Valley ist auf Rotweintrauben, insbesondere Cabernet Sauvignon, abgestellt, während Chardonnay und Sauvignon Blanc um Hopland konzentriert sind. Talmage bildet eine Übergangszone, doch auch hier stehen Zinfandel und Cabernet an den Hängen, Chardonnay und Sauvignon Blanc dagegen auf ebenem Grund unten am Fluß. Das Durcheinander im Redwood Valley ist darauf zurückzuführen, daß hier Chardonnay und Sauvignon Blanc zwischen Zinfandel, Petite Sirah, Barbera und Cabernet gut gedeihen.

Bezeichnungsgenauigkeit ist schwierig, weil die Weinkellereien seit Jahrzehnten um die knappen Ressourcen konkurrieren, so daß Einzellagenweine einen Luxus darstellen. Inzwischen sieht es so aus, als ob der Cabernet sein Bestes in den Hügeln im Westen bringt (Talmage bildet eine Ausnahme), während Zinfandel auf den unteren Hängen im Osten so gut ausfällt, daß er den besten seiner Art aus Sonoma nicht nachsteht. Barbera wächst nur im Redwood Valley, und Petite Sirah widersetzt sich, wie die wenigen, aber markanten Weine dieser Sorten beweisen, jeder Einordnung. Besonders zu erwähnen sind Fetzers Home Ranch Cabernet Sauvignon und Redwood Valley Pinot Blanc, ein Simi-Chardonnay aus dem Beckstoffer Vineyard bei Talmage und mehrere Zinfandel von Whaler von der Ostseite bei Talmage. Parducci setzt die Richtmarke als unfehlbare Quelle von Weinen, die den Charakter der Region definieren, obschon auch Fetzer bei aller Größe eine bemerkenswerte Zahl ebenso regionaltypischer Weine hervorgebracht hat. Hidden Cellars, Lolonis und Whaler sind seit einiger Zeit ernstzunehmende Namen.

McDowell Valley AVA

Eingerichtet: 27. Februar 1983
Gesamtfläche: 920 ha
Rebfläche: 216 ha
Weinbaubetriebe: 1
Hauptorte: keine (Hopland nahebei)

Das McDowell Valley ist ein AVA-Bereich mit einer Kellerei und zwei Weinbergen und liegt am südlichen Ende des auf Mendocino entfallenden Teils des Russian-River-Beckens. In der kleinen, geneigten Senke an der ersten Hügelreihe östlich von Hopland versucht die Familie Keehn, auf ihrem Besitz McDowell Vineyards ein Rhône-Tal im Taschenformat zu schaffen. Der Grund dafür ist die Neigung des Cabernet zur Überreife, während alte Bestände der echten Syrah und Grenache einwandfrei heranreifen. Das hat neue Anpflanzungen von Syrah und Grenache, aber auch von Cinsaut und anderen Sorten, die man eher aus Châteauneuf-du-Pape als aus Hopland kennt, berechtigt erscheinen lassen.

Die Besitzer erhoffen sich von Syrah-Sortenweinen Gutes. Bisher spricht allerdings der Syrah-Grenache-Verschnitt Le Tresor mehr an. Auch der Zinfandel hat sich hier gut bewährt.

Potter Valley AVA

Eingerichtet: 14. November 1983
Gesamtfläche: 11 000 ha
Rebfläche: 400 ha
Weinbaubetriebe: keine
Hauptorte: keine (Ukiah nahebei)

Die dünn besiedelte Gegend hatte bis 1992 noch keine eigene Weinkellerei aufzuweisen, doch hatten Betriebe außerhalb bereits mit Sauvignon Blanc vom Nordende des Tals gute Erfahrungen gemacht. Es liegt östlich vom Redwood Valley, etwas höher als dieses und ist unerwartet kühl – so kühl sogar, daß Scharffenberger und Shadow Creek für ihre Schaumweine nach der klassischen Methode Chardonnay aus diesem Tal verarbeiten. Eigentümlicherweise ist es hier kühler als üblich, wenn das Anderson Valley und andere Küstenbereiche wärmer als normal sind. Das liegt daran, daß in kühlen Jahren das Innere nicht stark genug erwärmt wird, um die Meeresnebel vom Pazifik her in das Anderson Valley und weiter landeinwärts saugen zu können.

Vulkanische Felsen trifft man an der North Coast häufig an.

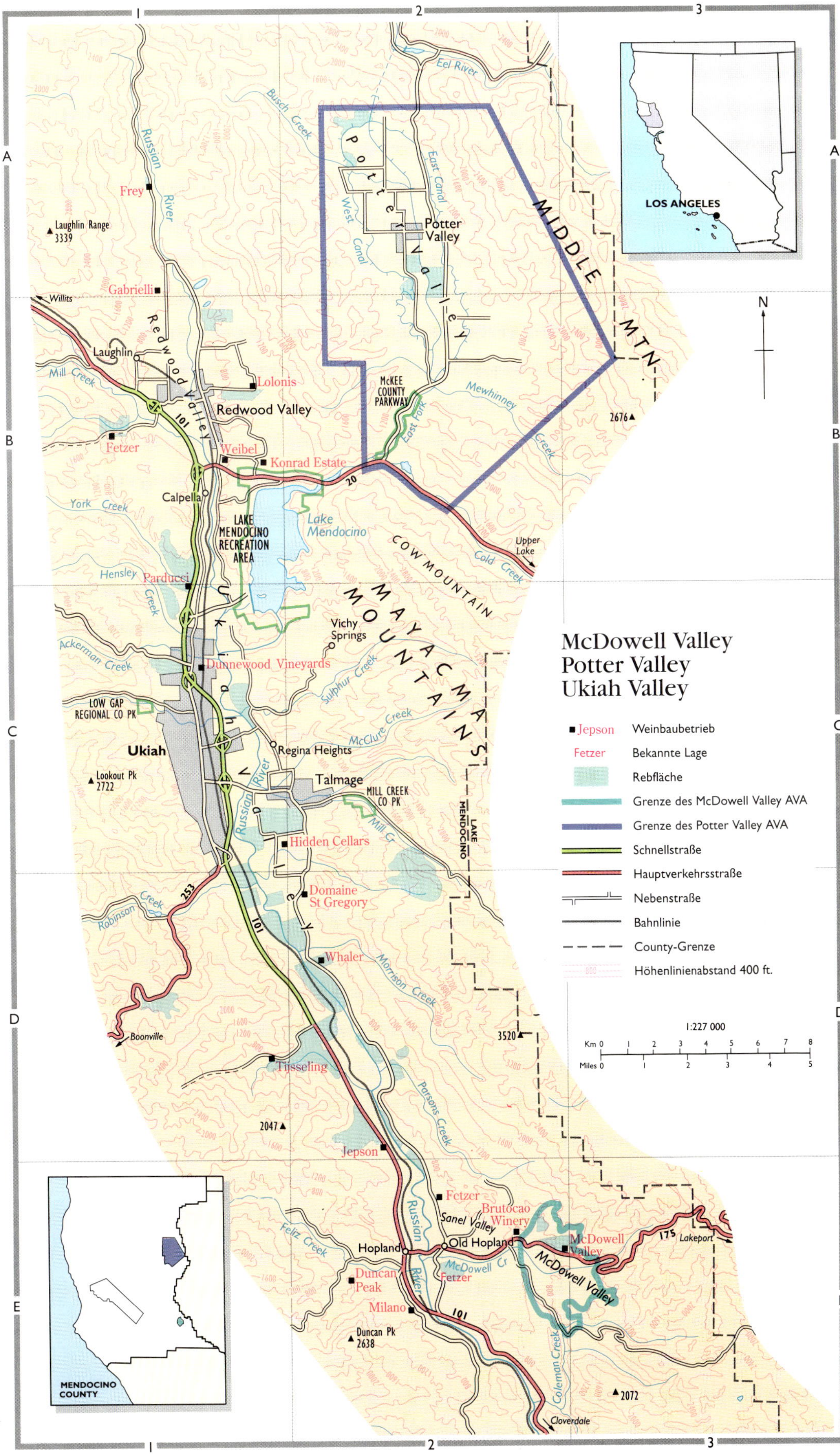

Im Lake Mendocino, einem beliebten Ausflugsziel, sammelt sich das Quellwasser des Russian River in den Bergen östlich vom Ukiah Valley mit seinen Weinbergen.

WEINROUTE

Die meisten weinbeflissenen Touristen fahren durch die Weinbaubereiche im Mendocino und Lake County hindurch, weil es nur wenige Betriebe zu besichtigen und nur wenige Speiselokale zu besuchen gibt. Dabei laden Übernachtungsgelegenheiten mit Frühstück in den Bergen oberhalb von Philo und Boonville durchaus zum Verweilen im Anderson Valley ein; trotzdem nehmen selbst viele begeisterte Bewunderer der Gegend die lange, kurvenreiche Fahrt bis zur Stadt Mendocino in Kauf, teils wegen der Schönheit der Küste, teils wegen der größeren Auswahl an Hotels und Restaurants. Die SR128 und SR1 durch das Anderson Valley und an der Küste entlang führen durch eine herrliche Gegend. Eine ganz andersartige Gebirgslandschaft erschließt sich bei einer Rundfahrt durch das Innere von Mendocino und zum Clear Lake. Sie beginnt auf der US101 im Ort Redwood Valley, verläuft dann auf der SR20 ostwärts, auf der SR29 südwärts und schließlich auf der SR175 westwärts, die sich über den hohen, steilen Cobb Mountain schlängelt und bei Hopland wieder auf die US101 trifft.

Clear Lake AVA

Engerichtet: 7. Juni 1984
Gesamtfläche: 67 560 ha
Rebfläche: 1280 ha
Weinbaubetriebe: 3
Hauptorte: Lakeport, Kelseyville

Wenn die Weintraube je die Chance gehabt haben sollte, in der Region eine beherrschende Rolle zu spielen, dann mußte sie diese während der Prohibition an die Birne abtreten. In neuerer Zeit sind lediglich ein paar Weinberge fast immer seitab von den Straßen zwischen unzähligen Birnenplantagen entstanden. Einige größere Besitzungen dehnen sich auf flachem Grund im Big Valley zwischen Lakeport und Kelseyville, aber die bedeutenderen liegen im Hügelland westlich vom State Highway 29 an den Hängen, die das Big Valley auf der einen Seite begrenzen. Fast alle Anbauer, die für die Konocti Winery arbeiten, liegen hier beieinander.

Einige Anbauer haben sich für Orte innerhalb der Appellation entschieden, die weiter von der mäßigenden Wirkung des Sees entfernt sind. Louis M. Martini beispielsweise ist der Meinung, daß der Zinfandel ohne den Einfluß des Sees besser reift. Im AVA-Bereich waren 1992 nur drei Kellereien in Betrieb: Kendall-Jackson, Konocti und Steele. Von diesen beschränkt sich allein Konocti auf Clear Lake als Herkunftsgebiet des Leseguts.

Die Gegend ist so warm, daß an den Anbau von Pinot Noir nicht und von Chardonnay kaum zu denken ist. Der Sauvignon Blanc beherrscht eindeutig die Szene; er hat sich von allen bisher erprobten Weißweintrauben am besten bewährt. Bei den Rotweintrauben stehen Cabernet Sauvignon und Zinfandel an der Spitze; lediglich ein paar Experimentierfreudige versuchen es mit Rhône-Rebsorten. Aus der Zeit vor der Prohibition gibt es nur kümmerliche Berichte, doch der Zinfandel scheint sich weit vor der Jahrhundertwende in der ersten Reihe etabliert zu haben.

Unten: Der größte See Kaliforniens wirkt sich in heißen Sommern mäßigend auf das Klima aus.

Oben: Der von steilen Bergen umringte Clear Lake ist insbesondere für Bootssportler eines der beliebtesten Erholungsgebiete in Kalifornien.

Guenoc Valley AVA

Eingerichtet: Dezember 1981
Gesamtfläche: 1200 ha
Rebfläche: 108 ha
Weinbaubetriebe: 1
Hauptorte: keine (Middletown nahebei)

Orville und Eaton Magoon, Jr., Großgrundbesitzer auf Hawaii, kauften 1963 Lillie Langtrys alte Ranch und pflanzten 1971 die ersten 8 von inzwischen 108 ha Weinberge. 1981 entstand die Kellerei und rechtzeitig zum ersten Keltern auch die Appellation. In Kalifornien gibt es viele AVAs mit nur einem Verarbeitungsbetrieb, aber nur dieser Bereich gehört auch ausschließlich den Besitzern der von ihm belieferten Kellerei. Daran wird sich kaum etwas ändern, denn 9 200 ha um die Appellation herum sind ebenfalls Eigentum der Magoons. Es überrascht nicht, daß Zinfandel und Petite Sirah hier gut gedeihen, denn das Klima ist etwas wärmer und trockener als im übrigen Lake County, sogar noch etwas wärmer als im Pope Valley, das im Süden jenseits der Grenze zum Napa County anschließt. Der Rebbestand umfaßt ferner Chardonnay, Chenin Blanc, Cabernet Sauvignon, Merlot und Cabernet Franc.

Benmore Valley

Beantragt
Gesamtfläche: 400 ha
Rebfläche: 68 ha
Weinbaubetriebe: keine
Hauptorte: keine

Geyser Peak aus Sonoma ist nicht nur Besitzer der neu entstehenden Appellation, sondern hat auch die ersten Weinberge in der Hoffnung angelegt, daß sich der Chardonnay hier heimisch fühlen wird. Eine kleine experimentelle Syrah-Anpflanzung bildet die einzige Alternative. Das Tal liegt gerade noch im Lake County, östlich von dem höchsten Bergkamm, der das Russian-River-Becken vom Clear-Lake-Becken trennt.

Im McDowell Valley ist fast die ganze Talsohle mit Reben bepflanzt, unter denen auch traditionelle Rhône-Rebsorten vertreten sind. Hinter den flachen Bergen im Hintergrund liegt das Sanel Valley.

ERZEUGER IM MENDOCINO COUNTY

Brutocao Winery (1986)
2300 Highway 175, Hopland, CA 95449. Tel. (707) 744-1320. 10000 Kisten. Rustikale Weine von 80 ha östlich von Hopland: Cabernet Sauvignon, Merlot und Chardonnay.

Christine Woods (1983)
PO Box 312, Philo, CA 95466. Tel. (707) 895-2115. 2000 Kisten. Erzeugerabfüllungen nach Hausmacherart von 35 ha aus 2 Besitzungen im Anderson Valley westlich von Philo. Am bekanntesten ist der Chardonnay.

Claudia Springs Winery (1989)
PO Box 348, Philo, CA 95466. Tel. (707) 895-3926. 1500 Kisten. Chardonnay, Pinot Noir und Zinfandel von gekauftem Lesegut aus dem Anderson Valley.

Domaine St Gregory (1988)
4921 East Side Road, Ukiah, CA 95482. Tel. (707) 463-1532. 3000 Kisten. Solider Chardonnay und Pinot Noir der üblichen Art, ausgefallener dagegen Pinot Blanc und Pinot Gris; alle von gekauftem Lesegut aus dem Mendocino County. 1991 richtete der Besitzer und Kellermeister Gregory Graziano die Marke »Monte Volpe« für Barbera, Dolcetto, Nebbiolo, Sangiovese und Tocai Friulano von seinem 8-ha-Besitz bei der Kellerei südlich von Talmage ein.

Duncan Peak (1986)
14500 Mountain House Road, Hopland, VA 95449. Tel. (707) 744-1129. 500 Kisten. 1,5 ha Hügellagen für Cabernet in Erzeugerabfüllung.

Elizabeth Vineyards (1987)
8591 Colony Drive, Redwood Valley, CA 95470. Tel. (707) 463-2662. 1500 Kisten. Winzermarke einer kleinen Ranch im Redwood Valley mit achtbarem Sauvignon Blanc.

Fetzer Vineyards (1968)
PO Box 227, Redwood Valley, CA 95470. Tel. (707) 485-7634. 2 Mio Kisten. Lange Zeit Familienbesitz; 1992 an Brown-Forman Distillers übergegangen. Vielbewundert u.a. für preiswerten Cabernet Sauvignon »Barrel Select«, Chardonnay »Barrel Select« und Gamay Beaujolais in 3 Versionen (Reserve, Barrel Select und Normalabfüllung, oft unter der Marke »Valley Oaks«). Zweitetikett: »Bel Arbors«.

Frey Vineyards (1980)
1400 Tomki Road, Rewood Valley, CA 95470. Tel. (707) 485-5177. 15000 Kisten. Aus organischem Anbau auf 16 ha im Redwood Valley sowie bei Nachbarn. Interessanter Cabernet Sauvignon.

Gabrielli (1990)
10950 West Road, Redwood Valley, CA 95470. Tel. (707) 485-1221. 1000 Kisten. Erster Wein: Chardonnay von gekauftem Lesegut. Inzwischen wurden im Redwood Valley Sangiovese und Syrah gepflanzt.

Greenwood Ridge (1980)
2455 Greenwood Road, Philo, CA 95466. Tel. (707) 877-3262. 5000 Kisten. Erste Reputation durch charaktervollen Riesling in Erzeugerabfüllung von 5 ha in den westlichen Bergen am Anderson Valley. Neuerdings großes Lob für geschmeidigen, kräuterwürzigen Merlot in Erzeugerabfüllung sowie für melonenhaften Anderson Valley Sauvignon Blanc »Ferrington« und prachtvollen Alexander Valley Zinfandel »Scherrer«. Als letzte wurden Chardonnay und Pinot Noir innerhalb von 2 Jahrgängen ebenfalls zu Favoriten der Kenner.

Handley Cellars (1981)
3151 Highway 128, Philo, CA 95466. Tel. (707) 895-3876. 15000 Kisten. Gegründet als Hersteller von Schaumweinen nach der klassischen Methode aus dem Anderson Valley, z.T. von 10 ha Eigenbesitz. Die Gründungsabsicht wurde erfüllt, inzwischen aber sind noch achtbare Chardonnays aus dem Anderson und dem Dry Creek Valley sowie ein hochwertiger Gewürztraminer aus dem Anderson Valley hinzugekommen.

Rebsorten von der Rhône und aus Italien ergänzen die neueren Anpflanzungen im Redwood Valley.

Hidden Cellars (1981)
1500 Ruddick-Cunningham Road, Ukiah, CA 95482. Tel. (707) 462-0301. 20000 Kisten. Die Kellerei ist bei ihren unermüdlich aus allen Weinbaugebieten Mendocinos herbeigeschafften Weinen stets großzügig mit Eichenholz umgegangen. Die neueren Chardonnays tragen inzwischen die Spuren der Behandlung mit Anmut. Die Zinfandel haben sich dabei immer gut gehalten, insbesondere der »Pacini«.

Husch Vineyards (1971)
4400 Highway 128, Philo, CA 95466. Tel. (707) 895-3216. 25000 Kisten. Zuverlässiger Familienbetrieb mit 22 ha im Anderson Valley für Gewürztraminer und Pinot Noir; 44 ha in der Gegend von Talmage für Sauvignon Blanc und oft eindrucksvollen Cabernet Sauvignon. Im Chardonnay ist Lesegut beiderlei Herkunft mit schöner Wirkung verschnitten.

Jepson Vineyards (1985)
10400 S Highway 101, Ukiah, VA 95482. Tel. (707) 468-8936. 30000 Kisten. Milder, runder, gefälliger Chardonnay, Sauvignon Blanc sowie »Blanc de Blancs« nach der klassischen Methode, sämtlich von 43 ha Eigenbesitz am Russian River nördlich von Hopland.

Konrad Vineyard (gegründet 1980 als Olson, 1991 umbenannt)
3260 Road B, Redwood Valley, CA 95470. Tel. (707) 485-0323. 10000 Kisten. Organisch angebauter Chardonnay und Zinfandel aus Ukiah und dem Redwood Valley sind die Hauptprodukte.

Lazy Creek Vineyards (1973)
4610 Highway 128, Philo, CA 95466. Tel. (707) 895-3623. 4000 Kisten. Regelmäßig Spitzenklasse-Gewürztraminer von 8 ha Eigenbesitz an den oberen Westhängen im Anderson Valley. Guter Pinot Noir derselben Herkunft.

Lolonis Winery (1982)
2901 Road B, Redwood Valley, CA 95470. Tel. (707) 485-8027. 8000 Kisten. Alteingesessene Anbauerfamilie im Redwood Valley; produziert in gemieteten Anlagen Sortenweine von 120 ha Eigenbesitz. Chardonnay und Zinfandel fallen oft beachtlich reif und voll aus.

Oben und links: Ted Bennett gründete Navarro Vineyards speziell für Gewürztraminer, aber auch mit Chardonnay, Pinot Noir und anderen Rebsorten hat er Erfolg.

McDowell Valley Vineyards (1979)
3811 Highway 175, Hopland, CA 95449. Tel. (707) 744-1053. 100000 Kisten. Nach jahrelangem Kampf mit der Natur dreht sich alles um Syrah, Grenache und andere Rhône-Rebsorten, die in der unerbittlich sonnendurchglühten 120-ha-Nische östlich von Hopland am besten gedeihen. Rhône-ähnliche Weine unter dem Etikett »Les Vieux Cépages«. Ein intensiver fruchtiger Syrah/Grenache-Verschnitt »Le Trésor« beeindruckt am meisten.

Milano Winery (1977)
14594 S. Highway 101, Hopland, CA 95449. Tel. (707) 744-1396. 3000 Kisten. Ein Familienbetrieb mit 24 ha Weinbergen bei Hopland im Sanel Valley führt einen überaus vollen, eichenholzwürzigen Chardonnay als Flaggschiff; herzhafte bis schwere Rotweine kommen und gehen und kommen wieder.

Monte Volpe (siehe Domaine St Gregory)

Navarro Vineyards (1974)
5601 Highway 128, Philo, CA 95466. Tel. (707) 895-3686. 18000 Kisten. Einer der besten Gewürztraminer Kaliforniens von 20 ha Eigenbesitz im westlichen Anderson Valley; außerdem fester, feiner Chardonnay »Première Réserve« und Pinot Noir »Méthode à l'Ancienne«. Hochinteressante Quelle für Late Harvest Riesling und Gewürztraminer mit Süßegraden bis zum Trockenbeerenauslese-Niveau.

Obester Winery (gegründet 1977 bei San Francisco, 1989 nach Mendocino verlegt)
9200 Highway 128, Philo, CA 95466. Tel. (707) 895-3814. 10000 Kisten. Das Rückgrat bildet ein frischer, melonenduftiger Sauvignon Blanc aus dem Potter Valley.

Parducci Wine Cellars (1932)
501 Parducci Road, Ukiah, CA 95482. Tel. (707) 462-9463. 400000 Kisten. Die Familie, die den Weinbau in Mendocino nach der Prohibition bis zum Weinboom in der 1970er Jahren am Leben erhielt, ist auch heute noch der tragende Pfeiler. Von 100 ha Eigenbesitz und zugekauftem Lesegut kommen Zinfandel, Petite Sirah, Cabernet Sauvignon, Chardonnay und Sauvignon Blanc in geschliffener, ansprechender, gebietstypischer Art. Die Serie »Cellarmaster« umfaßt kräftigere, festere Weine aus günstigen Jahren.

Pepperwood Springs (1982)
1200 Holmes Ranch Road, Philo, CA 95466. Tel. (707) 895-2920. 1000 Kisten. 1987 neuer Start mit Chardonnay und Pinot Noir von 3 ha Eigenbesitz, die dem ersten Eigentümer viel Lob eingetragen hatten.

Roederer Estate (1983)
4501 Highway 128, Philo CA 95466. Tel. (707) 895-2288. 50000 Kisten. Von 211 ha in 4 größeren, über die ganze Länge des Anderson Valley verteilten Besitzungen entstehen Brut und Rosé mit verlockenden stilistischen Bindungen an die Champagner des Stammhauses.

Scharffenberger Cellars (1983)
8501 Highway 128, Philo, CA 95466. Tel. (707) 895-2957. 25000 Kisten. Nach selbständigem Start mit gekauftem Lesegut aus ganz Mendocino konzentriert sich das Haus heute als Tochterfirma von Pommery auf das Anderson Valley. Lesegut aus eigenem Anbau (48 ha) beginnt den verhaltenen jahrgangslosen »Brut«, den »Blanc de Blancs« mit Jahrgang sowie den eigenartig stämmigen »Brut Rosé« zu beherrschen.

Tijsseling Vineyard (1981)
2150 McNab Ranch Road, Ukiah, CA 95482. Tel. (707) 462-1034. 35000 Kisten. Familienbetrieb mit gleichmäßigem Chardonnay, Cabernet sowie Brut nach der klassischen Methode in Erzeugerabfüllung von 120 ha in einem Canyon, das sich nördlich von Hopland von der US101 westwärts erstreckt.

Weibel (gegründet 1945 im Alameda County; seit 1962 Umzug nach Mendocino)
7051 State Street N, Redwood Valley, CA 95470. Tel. (707) 485-0321. Ursprünglich fast ganz auf preisgünstige Schaumweine konzentriert; wendet sich inzwischen ebensolchen Tischweinen zu.

Whaler Vineyard (1981)
6200 East Side Road, Ukiah, CA 95482. Tel. (707) 462-6355. 5000 Kisten. In Bestform wirft der Zinfandel in Erzeugerabfüllung von 14 ha südlich von Talmage die Frage auf, weshalb man auf die Idee kommen kann, dort irgend etwas anderes anzubauen.

ERZEUGER IM LAKE COUNTY

Guenoc Winery (1981)
PO Box 1146, Middletown, CA 95461. Tel. (707) 987-2385. 85000 Kisten. 128 ha Rebfläche im eigenen AVA-Bereich. Dunkler, unergründlicher Zinfandel, ähnlicher, aber zierlicherer Cabernet und – am eindrucksvollsten – Petite Sirah mit bei dieser Traubensorte unerwarteter Geschmackstiefe.

Horne Winery (1988)
22000 Highway 29, Middletown, CA 95461. Tel. (707) 9987-3743. 750 Kisten. Altgedienter Anbauer mit Cabernet, Petite Sirah und Sauvignon Blanc von 7 ha bei Middletown.

Kendall-Jackson Vineyards (1982)
600 Matthews Road, Lakeport, CA 95453. Tel. (707) 263-9333. 400000 Kisten. Ein breites Spektrum an Weinen von Lesegut aus ganz Kalifornien. Das Hauptprodukt ist ein spritziger, lieblicher, butterig-karameliger Chardonnay. Lesegut aus dem Heimat-County erbringt Sauvignon Blanc oder Sauvignon/Sémillon-Verschnitt.

Konocti Cellars (1985)
PO Box 890, Kelseyville, CA 95451. Tel. (707) 279-8861. 60000 Kisten.

An den kahlen braunen Bergen rings um den Clear Lake sieht man deutlich, wie heiß und trocken es hier im Sommer ist.

Eine kleine Gruppe von Anbauern liefert die Trauben für einen frischen, kräuterwürzigen Sauvignon Blanc, einen kräftig holzgewürzten Grand Fumé von derselben Rebsorte und einen typisch entgegenkommenden Cabernet.

Steele Wines (1991)
4793 Cole Creek Road, Kelseyville, CA 95451. Tel. (707) 279-0213. 2000 Kisten. Der unverwüstliche Jedediah Tecumseh Steele hat sich nach seiner Tätigkeit in Kellereien im Mendocino und Lake County selbständig gemacht und bringt aus alten Lagen der Umgebung Chardonnay und Zinfandel in kleinen Mengen hervor.

Roederer Estate im Anderson Valley gehört dem berühmten Champagnerhaus gleichen Namens.

Reise-Informationen

BEMERKENSWERTES

Boonville Der größte Ort im Anderson Valley ist nur ein paar Häuserblocks lang, aber das reicht für ein gutes Restaurant, einen Jahrmarktplatz (hier werden interessante Wettbewerbe für Schäferhunde veranstaltet), ein Pub und eine ziemlich gute Eisdiele. Im Hinterland gibt es mehrere Übernachtungsmöglichkeiten mit Frühstück.
Hopland Kleines Handelszentrum beiderseits der US101 mit Probierräumen von drei Weinbaubetrieben, einer mit angeschlossenem Restaurant. Im Fetzer Wine Center and Organic Gardens an der SR174 (ostwärts) werden lehrreiche Führungen veranstaltet.
Kelseyville Das größte Ferienhotel am Clear Lake liegt südlich des kleinen Geschäftszentrums.
Lakeport Das wichtigste Handelszentrum am Clear Lake erstreckt sich rund 2 km am Seeufer entlang. Im historischen Stadtkern gibt es mehrere Bauten aus der Pionierzeit zu sehen. Eine Uferpromenade schließt sich an. Der See selbst ist ein beliebtes sommerliches Ausflugsziel für Wassersportler aller Art, daher ist er eventuell ein Anziehungspunkt für Familien mit Kindern, die nur ein begrenztes Interesse für Weinkellertouren aufbringen
Mendocino Die alte, durch Holzindustrie groß gewordene Stadt hat auf Tourismus umgestellt. Mendocino liegt so hübsch wie nur irgend möglich auf einem flachen Hügel, der an der Mündung des Little River eine schützende Bucht bildet. Lange Zeit war die Stadt eine Zufluchtsstätte für Künstler und Stadtmüde aus San Francisco, aber seit den 1980er Jahren ist sie von einem größeren Publikum entdeckt worden. Das Mendocino Art Center ist eine kompakte Ansammlung von Künstlerstudios, Bühnen, Kunst- und Kunsthandwerkgalerien, kleinen Lokalen und Restaurants. Neben der Stadt liegen die schönen Campingplätze Van Damme und Russian Gulch.
Philo Neben Philo wirkt Boonville recht groß, dennoch ist der Ort als Mittelpunkt für ziemlich viele in den Bergen versteckte kleine Gasthäuser von Bedeutung.
Ukiah Die County- und Handelshauptstadt von Mendocino lag in der richtigen Entfernung von San Francisco für müde Reisende, die entweder in die Stadt oder von ihr weg nach Norden in die Mammutbaumwälder wollten. Durch Umgehungsstraßen ist die Fahrzeit auf der US101 so beträchtlich verkürzt worden, daß heute Geschäftsreisende gegenüber den Touristen überwiegen, nichtsdestoweniger bleibt Ukiah ein nützlicher Ausgangspunkt für Besuche in den Weinbaubetrieben der Umgebung. Solide, komfortable Motels gibt es reichlich am Nordende der Stadt und etwas weiter südlich bei Talmage. Hier findet man fast immer ein ambitioniertes Restaurant, allerdings ist es oft von Jahr zu Jahr ein anderes; dagegen erweist sich ein zu einer Kette gehörendes Steakhouse zur Zufriedenheit der Einwohner als beständig.

HOTELS UND RESTAURANTS

Boonville Hotel Highway 128, Boonville, CA 95415. Tel. (707) 895-2210. Ein Mitglied der Besitzerfamilie des berühmten Restaurants French Laundry im Napa Valley ist hier Inhaber und Küchenchef. Die Speisekarte hat einen mondänen Anflug, hält sich aber streng an die mit dem Begriff kalifornische Cuisine gemeinte Frische der Zutaten und Zubereitung. Gute Auswahl an Weinen der Gegend.
Café Beaujolais 961 Ukiah Street, Mendocino, CA 95460. Tel. (707) 937-5614. Margaret Fox zaubert epische Frühstücke und überaus ideenreiche Mittag- und Abendessen stets von frischen Zutaten und unter Zuhilfenahme mehrerer Cuisines, insbesondere aber der amerikanischen. Bei schönem Wetter speist man auf der Terrasse.
Floodgate Store and Grill 1810 Highway 128, Philo, CA 95466. Tel. (707) 895-3000. Etliche Kilometer westwärts bietet das einzige Geschäftshaus in dem Örtchen Navarro herzhafte Sandwiches und Suppen als Mittagstisch. Bei schönem Wetter ist die Terrasse geöffnet.
Highland Ranch Philo, CA 95466. Tel. (707) 895-33600. Hoch über dem Hendy Woods State Park liegt eine alte Ranch mit Pferden, Fahrrädern, Tennisplätzen und einem Schwimmbad. Die Zimmer sind rustikale, aber komfortable Cottages, die um das Haupthaus herum liegen, wo sich die Gäste zum Frühstück und Abendessen treffen.
Konocti Harbour Inn 8727 Soda Bay Road, Kelseyville, CA 95451. Tel. (707) 279-4281. Neben den Golf-, Tennis- und Bootsclubhotels ist dieses preiswert und komfortabel, allerdings nicht luxuriös.
Park Place 50 3rd Street, Lakeport, CA 95453. Tel. (707) 263-0444. Frische, hausgemachte Pasta ist die große Attraktion in einem Restaurant, das in der Gegend nicht seinesgleichen hat.
Sundial Café 13500 S. Highway 101, Hopland. CA 95449. Tel. (707) 744-1328. Das Restaurant im Besitz von Fetzer bietet einheimische Kost und eine brauchbare Auswahl an Mendocino-Weinen.

NÜTZLICHE ADRESSEN

Anderson Valley Chamber of Commerce PO Box 275, Boonville, CA 95415.
Lake County Chamber of Commerce 875 Lakeport Boulevard, Lakeport, VA 95453. Tel. (707) 263-6131.
Mendocino County Convention & Visitors Bureau PO Box 244, Ukiah, CA 95482. Tel. (707) 462-3091.
Mendocino County Vintners Association PO Box 1409, Ukiah, CA 95482. Tel. (707) 468-1343.

Central Coast

Die Weinberge an der Central Coast folgen dem Pfad der Missionen durch das Herz des alten Kalifornien, haben sich aber doch auf eigene Weise von ihm gelöst. Zwischen 1769 und 1835 arbeiteten sich die Franziskanermissionare von San Diego nordwärts bis San Francisco; ihren mühevollen Weg markieren 21 Stationen, alle mit den Namen ehrwürdiger Heiliger bezeichnet, unter ihnen Santa Barbara, San Luis Obispo und Santa Clara. Als Kalifornien ein Bundesstaat der USA wurde, kamen diese drei als County-Namen zu neuen Ehren, ebenso San Benito, Santa Cruz und San Mateo. Die einzigen Countys am Weg der Franziskaner, die sich nicht nach frommen Vorbildern benennen, heißen Monterey und Alameda.

Obwohl bei jeder Missionsstation ein Weinberg angelegt wurde, ist die Weinbaugeschichte der ganzen Region doch recht arm. Die von den Franziskanern gepflanzte Traube namens Mission eignete sich nämlich nicht für Gegenden nördlich von Santa Barbara, und auch die Suche der Missionare nach Wasser in diesem niederschlagsarmen Land blieb ohne Erfolg.

Nachdem die Missionen in den 1830er Jahren aufgehoben worden waren, begann Kalifornien erst in der Zeit des Goldrauschs von 1849, endlich wieder mächtige Fortschritte zu machen. Das betriebsame Los Angeles geriet ins Hintertreffen, das ärmliche San Francisco verwandelte sich über Nacht in eine Metropole – aber das weite Grasland dazwischen blieb lange Zeit leer. Alles in der Geschichte der Central Coast dreht sich um die damals entstandene Bedeutung von San Francisco. Der Weinbau im Livermore Valley und in den Santa Cruz Mountains geht auf die 1870er Jahre zurück, als französische Einwanderer dem kühlen San Francisco den Rücken wandten und nach wärmeren Gegenden suchten. Beide Regionen fingen klein an und blieben klein, und auch heute haben sie keine Aussicht mehr auf eine Erweiterung ihrer Anbaufläche in einem Maß, wie es in später erschlossenen Gegenden inzwischen geschieht, weil die wachsende Stadtbevölkerung ihnen den Raum beschneidet. So wanderten die größeren Erzeuger auf der Suche nach mehr Platz für den Weinbau in den 1960er Jahren weiter nach Monterey. Zehn Jahre später waren Santa Barbara und San Luis Obispo an der Reihe.

Aus einer Handvoll winziger Parzellen entwickelten sich dann urplötzlich Anbauflächen in fast grenzenloser Ausdehnung. In dieser Landschaft, wo die Weintraube noch so neu ist, daß sich ihre Anbaugeschichte nach Monaten und Jahren anstatt nach Jahrzehnten und Jahrhunderten bemißt, weisen Dutzende von Pflanzungen eine Fläche von 500 bis 1500 ha auf – Zahlen, denen Winzer in Bordeaux oder Burgund fassungslos gegenüberstehen. Nie-

Die Golden-Gate-Brücke mit San Francisco im Hintergrund.

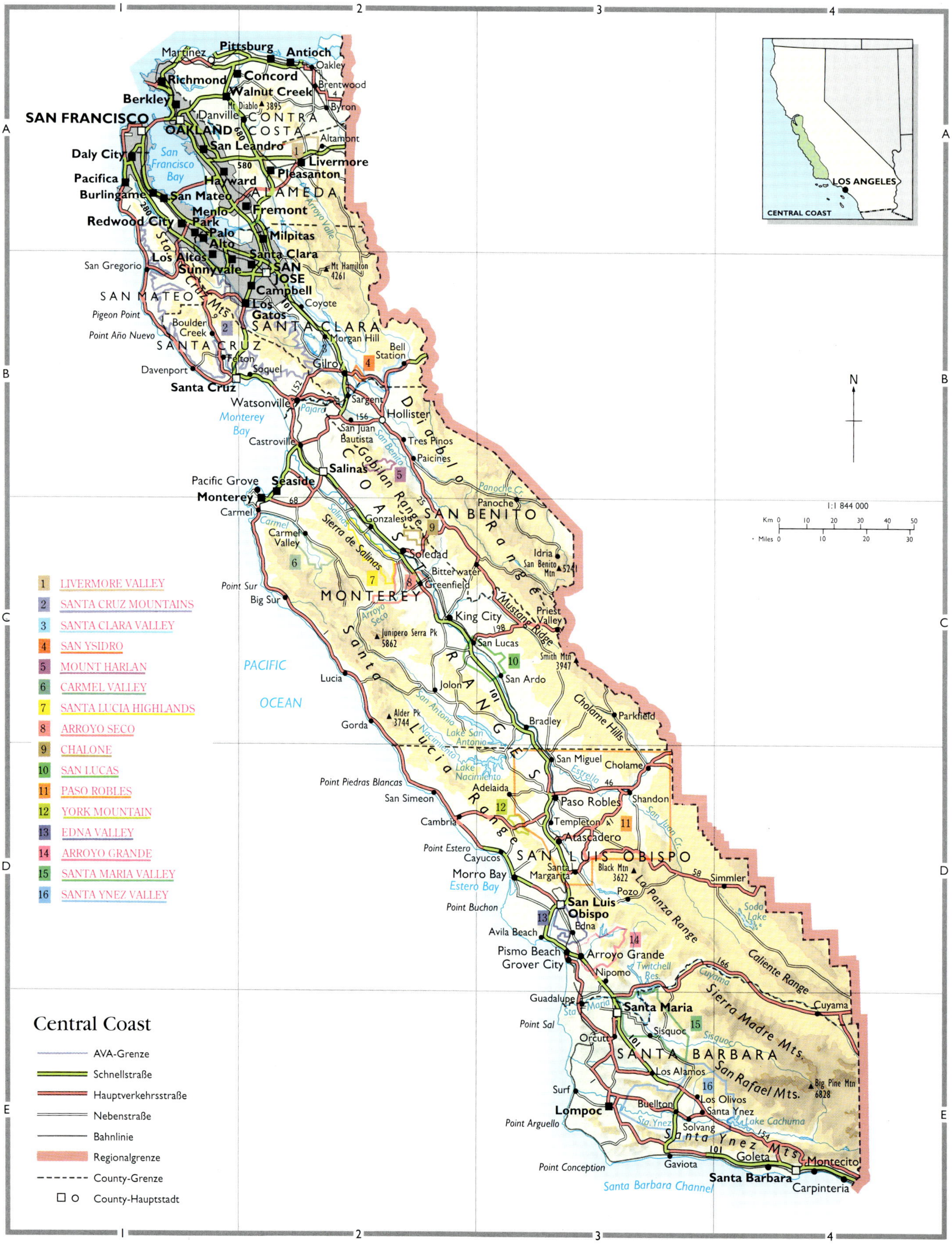
Central Coast
1 LIVERMORE VALLEY
2 SANTA CRUZ MOUNTAINS
3 SANTA CLARA VALLEY
4 SAN YSIDRO
5 MOUNT HARLAN
6 CARMEL VALLEY
7 SANTA LUCIA HIGHLANDS
8 ARROYO SECO
9 CHALONE
10 SAN LUCAS
11 PASO ROBLES
12 YORK MOUNTAIN
13 EDNA VALLEY
14 ARROYO GRANDE
15 SANTA MARIA VALLEY
16 SANTA YNEZ VALLEY
AVA-Grenze
Schnellstraße
Hauptverkehrsstraße
Nebenstraße
Bahnlinie
Regionalgrenze
County-Grenze
County-Hauptstadt
1:1 844 000
Km 0 10 20 30 40 50
Miles 0 10 20 30
N
LOS ANGELES
CENTRAL COAST
SAN FRANCISCO
OAKLAND
SAN JOSE
Martinez
Pittsburg
Antioch
Oakley
Concord
Richmond
Walnut Creek
Brentwood
Berkley
Mt Diablo 3895
Byron
Danville
CONTRA COSTA
Daly City
San Leandro
Altamont
San Francisco Bay
Livermore
Pacifica
Hayward
Pleasanton
Burlingame
San Mateo
ALAMEDA
Menlo Park
Fremont
Redwood City
Palo Alto
Milpitas
Los Altos
Santa Clara
San Gregorio
Sunnyvale
Mt Hamilton 4261
SAN MATEO
Campbell
Coyote
Pigeon Point
Los Gatos
Boulder Creek
SANTA CLARA
Point Año Nuevo
SANTA CRUZ
Morgan Hill
Bell Station
Felton
Davenport
Soquel
Gilroy
Santa Cruz
Watsonville
Sargent
Monterey Bay
Hollister
San Juan Bautista
Castroville
Tres Pinos
Paicines
Gabilan Range
Salinas
Pacific Grove
Seaside
Monterey
Carmel
Panoche
Gonzales
SAN BENITO
Carmel Valley
Sierra de Salinas
Soledad
Idria
San Benito Mtn 5241
Point Sur
Bitterwater
Greenfield
Big Sur
MONTEREY
Priest Valley
King City
Junipero Serra Pk 5862
San Lucas
Mustang Ridge
Smith Mtn 3947
PACIFIC OCEAN
Lucia
San Ardo
Jolon
Parkfield
Cholame Hills
Gorda
Alder Pk 3744
Bradley
Lake San Antonio
Santa Lucia Range
San Miguel
Cholame
Lake Nacimiento
Point Piedras Blancas
Adelaida
San Simeon
Paso Robles
Shandon
Cambria
Templeton
Atascadero
Point Estero
Cayucos
SAN LUIS OBISPO
Morro Bay
Estero Bay
Santa Margarita
Black Mtn 3622
Simmler
Pozo
La Panza Range
Point Buchon
San Luis Obispo
Soda Lake
Edna
Avila Beach
Pismo Beach
Arroyo Grande
Grover City
Twitchell Res.
Caliente Range
Nipomo
Guadalupe
Santa Maria
Cuyama
Point Sal
Sierra Madre Mts.
Sisquoc
Orcutt
SANTA BARBARA
Los Alamos
San Rafael Mts.
Big Pine Mtn 6828
Surf
Los Olivos
Lompoc
Buellton
Santa Ynez
Point Arguello
Solvang
Lake Cachuma
Santa Ynez Mts.
Gaviota
Goleta
Montecito
Point Conception
Santa Barbara
Santa Barbara Channel
Carpinteria

mand kann sagen, was ein Winzer aus Nuits-St-Georges mit einer 5000-ha-Ranch im südlichen Monterey anfangen würde.

Die grundlegende Eigenheit der Central Coast hat allerdings weit gewaltigere Ausmaße, neben denen der Gedanke an 5000 ha völlig verblaßt. Das ganze Gebiet, eine immense geographische Einheit mit Los Angeles im Schlepptau, wird sich nämlich, sofern die tektonischen Platten unserer Erde nicht einen anderen Kurs einschlagen, eines schönen Tages im Norden der North Coast wiederfinden. Freilich wird es noch eine Weile dauern (eine Reihe von Erdbeben in den Wüsten östlich von Los Angeles ließ die Stadt 1992 um etwa 4 cm nach Norden rutschen – für die Geologen ein gewaltiger Sprung), doch offenbar ist es unabänderlich.

Der größte Teil des AVA-Bereichs Central Coast schiebt sich mit der pazifischen Platte nordwärts an der nordamerikanischen Platte, auf der die gesamte North Coast liegt und sich nicht von der Stelle rührt, entlang. Livermore und die Ostflanke der Santa Cruz Mountains befinden sich auf der nordamerikanischen Platte oder bilden lose Bruchstücke zwischen den beiden Platten.

Die Region, die sich fast 400 km zwischen Woodside in San Mateo und Santa Ynez in Santa Barbara erstreckt, zwischen der Küste und ihrer Ostgrenze jedoch kaum über 40 km Breite hat, zeigt dramatischer als die kompakter gestaltete North Coast, daß für das Lokalklima in Kalifornien die horizontale Ausdehnung kaum, das vertikale Maß dagegen höchst bedeutsam ist.

Die fast nebeneinander gelegenen AVA-Bereiche San Lucas und Paso Robles sind zum Ozean hin durch die mächtigen Vorberge der Santa Lucia Mountains geschützt. Die unmittelbare Folge davon ist, daß dort die heißesten Sommer in ganz Kalifornien auftreten. Die Santa Lucia Highlands nördlich und das Santa Maria Valley südlich davon liegen beide fast auf Meereshöhe und werden von Luftströmungen vom Pazifik her ungehindert bestrichen. Deshalb sind hier – in Anbetracht des Breitengrads erstaunlicherweise – die kühlsten Wachstumsperioden an der Küste zu verzeichnen. Alle vier bedürfen jedoch gleichermaßen der Bewässerung, weil südlich der Santa Cruz Mountains nur selten Regen fällt. Die Auswirkungen auf die Wahl der Traubensorten sind dabei nicht einmal so groß. Abgesehen von Livermore, den Santa Cruz Mountains und einem kleinen Teil von Paso Robles, entstand der Weinbau an der Central Coast erst um eine Zeit, als sich die ältesten Bereiche Kaliforniens schon längst am Markt und nicht mehr an der Tradition orientierten; daher wurden hier überall Chardonnay und Cabernet angepflanzt, ob diese Rebsorten sich nun für die Gegenden eignen oder nicht. Die grandioseste Ausnahme hiervon macht der Küstenstreifen von Santa Barbara, der mit Pinot Noir seine größten Erfolge feiert. Erfreulich ist auch, daß Paso Robles beharrlich an seinen alten Zinfandel-Beständen und Livermore am Sauvignon Blanc festhält. Auch Riesling und Gewürztraminer haben hier noch ihre Heimstatt und Schaumwein ebenfalls.

Die Mission Santa Barbara, eines der Juwele in der gleichnamigen Stadt.

Santa Barbara County

Die Geschichte Santa Barbaras ist für kalifornische Verhältnisse inhaltsreich. In der großartigen Stadt Santa Barbara treten die Zeugen der Vergangenheit Kaliforniens besonders deutlich in Erscheinung: Die prachtvollste aller 19 Franziskanermissionen, das Rathaus im spanischen Kolonialstil, das alte Biltmore Hotel am Strand und ein Dutzend andere Gebäude veranschaulichen lebhaft die Entwicklung Kaliforniens von den spanischen Anfängen über die mexikanische Ära bis in unsere Tage.

In den nördlichen zwei Dritteln des County, wo die Weinberge liegen, sind solche sichtbaren Zeugnisse seltener, doch die Missionen La Purísima Concepción in Lompoc und Santa Inez in Solvang bezeugen ausreichend, daß in diese Gegenden schon früh europäische Siedler kamen.

Demgegenüber kann der Weinbau im Santa Barbara County vor den 1970er Jahren kaum auf eine Geschichte zurückblicken. Freilich hatte es in großen Zeitabständen Bemühungen in diesem Sinne gegeben. Die Missionen legten in den 1790er Jahren Weinberge an, die um 1810 ihren Höhepunkt erreichten und bald darauf wieder dahinschwanden. Auch gibt es auf Santa Cruz Island noch Reste einer 240-ha-Anpflanzung und einer großzügig angelegten Weinkellerei aus dem Jahr 1885, die als Folge der Prohibition aufgegeben werden mußten. Es wurde auch behauptet, daß im Santa Ynez Valley um die Jahrhundertwende ein Weinberg mit 5000 Reben vorhanden gewesen sein soll. Wenn dem aber so war, dann ist er so spurlos verschwunden wie Atlantis. Es sind keine Weinkellereien erhalten, keine Spur von alten Weinstöcken, keine Berichte damaliger Kenner, keine Aufzeichnungen über alte Etiketten.

Eigentlich war so gut wie nichts vorhanden, als schließlich 1962 der Architekt Pierre Lafond aus Quebec in einiger Entfernung vom Strand in Santa Barbara seine Santa Barbara Winery errichtete. Anfangs war sein Unternehmen nicht viel mehr als ein Weinlädchen mit Ambitionen, doch auf viele Jahre hinaus stellte Lafond gewissermaßen den gesamten Weinbau im County dar.

Die wahren Anfänge in Santa Barbara liegen im Jahr 1964, als der ortsansässige Farmer Uriel Nielsen im östlichen Santa Maria Valley die ersten Reben seiner 32 ha großen Versuchsanlage pflanzte, und schließlich im Jahr 1975, als Firestone Vineyards den ersten Jahrang aus eigenen Weinbergen im Santa Ynez Valley ins

Das Santa Ynez Valley veranschaulicht, wie ein kleiner Fluß und geologischer Auftrieb gemeinsam imposante Uferbanklagen schaffen.

La Purísima Concepción aus dem 18. Jahrhundert ist eine der am schönsten restaurierten Franziskanermissionen Kaliforniens.

Faß brachte. Damit waren die Schleusentore geöffnet; alles übrige ist noch im Fluß.

Die zwei AVA-Bereiche im Santa Barbara County könnten gar nicht unterschiedlicher sein. Am Nordrand greift das kurze, breite, tiefliegende und von Nebeln überzogene Santa Maria Valley mit seinem Sandboden etwas in das San Luis Obispo County über. Santa Maria, der einzige größere Ort, ist ein nüchternes Geschäftszentrum für Farmer und lebensmittelverarbeitende Betriebe. Die Landwirtschaft teilt sich das Territorium mit der Erdölindustrie.

Die meisten Weinberge im Santa Maria Valley liegen erhöht auf dem Uferbankgelände, um dem immer gegenwärtigen Meeresnebel etwas zu entgehen. Überhaupt ist Weinbau nur östlich der Schnellstraße US101 möglich, weil sich in der sandigen Ebene westlich davon der Nebel so hartnäckig hält, daß dort nichts zur Reife gelangt, was mehr Süße entwickeln soll als Rosenkohl.

Das Santa Ynez Valley ist dagegen am küstenseitigen Ende eng und wird landeinwärts breit; es steigt stetig an und beherbergt ständig oder zeitweilig einige Pferdezüchter, aber auch Hollywood-Größen wie Michael Jackson und Ronald Reagan. Die Hollywood-Szenerie paßt gut hierher, denn das Tal nimmt sich sowieso aus wie eine Bühnenkulisse. Seit den 1940er Jahren hat sich Solvang allmählich von einer Gemeinde voller Milchfarmer dänischer Herkunft zu einer Touristenattraktion in einem kuriosen Andersen-Märchen-Look gewandelt, wo die T-Shirt-Läden und Pizzalokale ebenso dänisch wirken wie die Bäckereien und Hotels. Buellton befindet sich auf ähnlichen Wegen. Dagegen ist Los Olivos zu einem Ort voller Kunstgalerien geworden. Nur Santa Ynez nimmt sich aus wie eine gewöhnliche Stadt an der Central Coast.

Weinberge sind über das ganze Tal verstreut, die meisten außer Reichweite der Meeresnebel. Es paßt ins Bild, daß Film- und Fernsehproduzenten und -darsteller hier Winzer spielen, am auffälligsten der ehemalige Cowboy-Darsteller Fess Parker.

Vor allem am Anfang waren die regionalen Ansätze bei Trauben und Wein so ausgeprägt unterschiedlich wie alles übrige. Im Santa Maria Valley besaßen große Landverwaltungsgesellschaften weite Flächen und verkauften den Ertrag größtenteils, manchmal sogar ganz, an Verarbeiter außerhalb. Im Santa Ynez Valley dagegen sind kleine Weingüter die Norm.

Als sich Santa Maria dann mit Chardonnay und Pinot Noir einen Namen machte, begannen finanzkräftige Weinbaubetriebe das früher von den Verwaltungsgesellschaften bewirtschaftete Land aufzukaufen. Beringer Vineyards, Kendall-Jackson und Robert Mondavi waren die ersten – sie alle kamen von außen.

Zwischen dem Santa Ynez und dem Santa Maria Valley liegt, hinter den Raketenstellungen der Vandenberg Air Force Base versteckt, das Los Alamos Valley. Es nimmt nicht nur in der Lage, sondern in jeder Hinsicht die Mittelstellung zwischen beiden ein und widersetzt sich der Einordnung so sehr, daß bislang niemand daran dachte, es zu einem AVA-Bereich zu machen. Inzwischen hat es sich aber für den Weinbau als so günstig erwiesen, daß es ein Drittel der Anbaufläche im County umfaßt, obwohl es weder offizielle Grenzen noch einen prestigeträchtigen Namen aufweisen kann.

Der Nebel, der große Teile von Santa Barbara einhüllt, hat die Winzer dort bereits davon überzeugt, daß 1981 und 1984 die AVA-Grenzlinien falsch gezogen wurden. Das Nachdenken über Veränderungen war 1992 noch im Gang, entschieden war aber noch nichts. Mehrere Anbauer befürworteten die Bildung einer Appellation Santa Barbara Coast, die ganz Santa Maria und Los Alamos, einen Teil von Santa Ynez, die Appellationen Arroyo Grande und Edna Valley im San Luis Obispo County umfassen könnte. Die brennende Frage hinter diesem Vorschlag ist jedoch, wo die Grenze zwischen dem Pinot Noir einerseits und der Cabernet-Familie andererseits gezogen werden soll, wo doch inzwischen hier die Dinge schon so sehr auf den Kopf gestellt sind, daß in den großen Weinbergen Pinot Noir, in den kleinen dagegen Cabernet Sauvignon und seine Sippschaft kultiviert werden.

Klima

Das Quergebirge, das den Norden vom Süden Kaliforniens scheidet, ist die Wiege der Weinbaubereiche im Santa Barbara County; sie liegen zwischen seinen vielen Armen dergestalt, daß der Nebel freieren Zutritt hat als in den nord-südlich gerichteten Tälern an der North Coast und auch in den nördlicheren Teilen der Central Coast. Allerdings ist in diesen Breiten von der Nebelbank nur noch ein dünner Schwanz übrig, der nicht stark oder weit ins Binnenland vordringen kann. Hieraus ergeben sich auf kurze Entfernungen starke Klimaunterschiede. In Santa Maria ist es wie in Lompoc für Weintrauben zu kühl und neblig. Aber kaum 30 km davon entfernt herrscht in dem Canyon, das von dem Ort Santa Ynez aus zum Lake Cachuma in 225 m Höhe hinaufführt, solche Trockenheit und Hitze, daß kein Weinbauer es damit aufnimmt. Das Weinbauklima liegt stets zwischen den Extremen, wie sie von den Wetterstationen in Santa Maria einerseits und am Lake Cachuma andererseits registriert werden. Temperaturen um 38 °C gibt es zwar auch in Solvang, jedoch selten – in Santa Maria sind sie kaum vorstellbar. Spätfröste kommen so wenig vor, daß die in Napa und Sonoma gebräuchlichen Schutzvorkehrungen überflüssig sind.

Wie die übrige Central Coast liegt das Santa Barbara County so weit südlich vom Weg der Aleuten-Stürme, daß hier kaum Regen fällt, was am Fehlen von Wäldern in dieser Gegend deutlich erkennbar ist. In Santa Maria beträgt die durchschnittliche Jahresniederschlagsmenge 355 mm, im Santa Ynez Valley 400 mm.

* Zur Farbcodierung der Klimadiagramme siehe S. 14/15.

Sanford & Benedict, berühmt für Pinot Noir aus dem Distrikt Santa Rita.

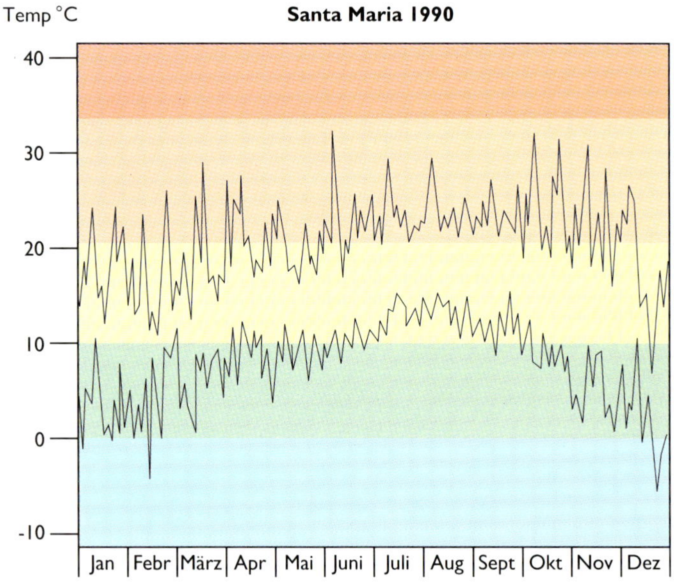

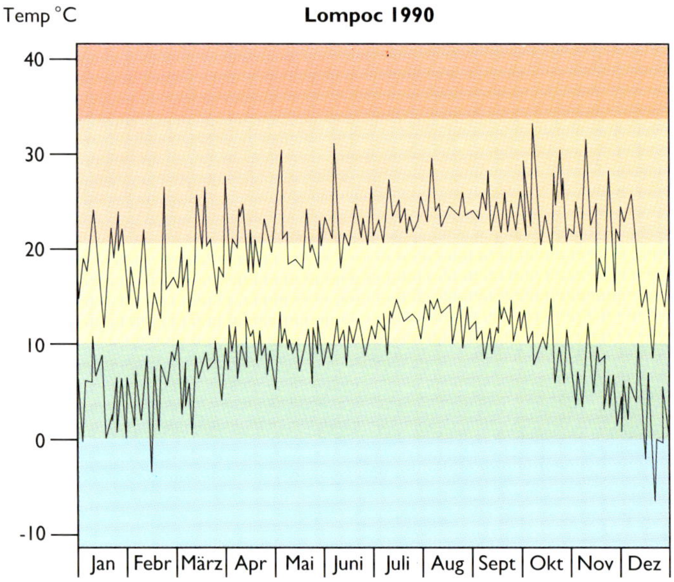

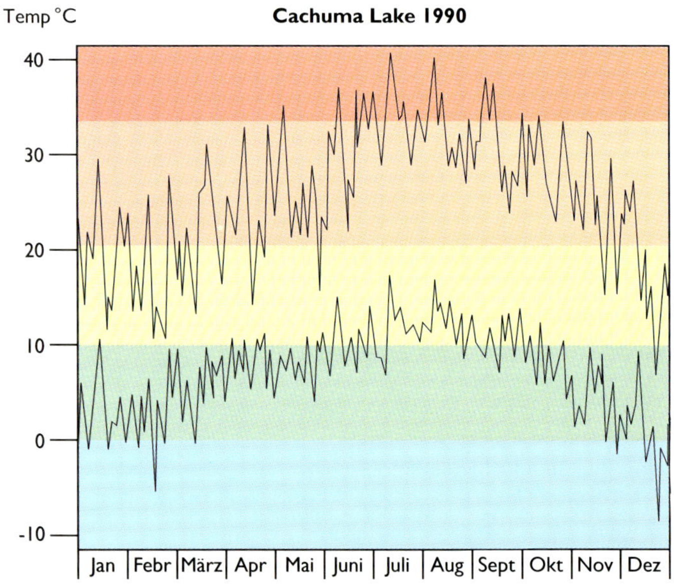

Weißweintrauben

Unter den Weißweintrauben herrscht seit den Anfangstagen der Chardonnay. In besonderen Lagen rivalisieren Sauvignon Blanc, Riesling und Gewürztraminer mit ihm in der Qualität, jedoch nicht in der Anbaufläche. Andere Rebsorten sind hier kaum je angepflanzt worden, denn in dieser Gegend war es ja nicht wie in den älteren Bereichen notwendig, daß der Colombard oder eine andere ertragreiche Sorte die Zeit der Depression in den 1930er und 40er Jahren überbrückte.

Chardonnay (1970: 4 ha, 1990: 1435 ha)
Die Weinerzeuger der Gegend vertreten zumeist die Theorie, daß der Chardonnay an den kühlsten und nebligsten Stellen strenge Art, aber fast tropische Geschmacksfülle entwickelt, an wärmeren Stellen dagegen sanftere Art und eher den typischen Apfelgeschmack erlangt. In dieser Behauptung steckt ein Körnchen Wahrheit, doch der zentrale Geschmack aller Chardonnays aus Santa Barbara erinnert eigentlich an Laub und Kraut – eine vegetabile anstelle einer blumigen oder fruchtigen Note.

Bedenkt man, wie jung diese Weinbauregion noch ist, dann besteht eine beachtliche Stilübereinstimmung, die auf Faßgärung, malolaktischer Säureumwandlung und Hefelager beruht. Die Kennzeichen dieses Stils sind schlanker, manchmal fast magerer Körper und entschiedenes, aber nicht überzogenes Toastaroma.

Der Santa Barbara Chardonnay von Meridian Vineyards stellt fast genau das Gleichgewicht zwischen Lagensubstanz und kellertechnischem Stil dar. Zaca Mesa hat sich in neueren Jahrgängen mit subtiler, aber spezifischer Fruchtigkeit und einer erfreulichen Seidigkeit im Geschmack zu größeren Höhen emporgeschwungen. Dieser Erfolg ist vor allem der Weinbergtechnik zuzuschreiben, die mit Klonen, Pflanzdichte und anderen Raffinessen mit viel Bedacht zugunsten der Erweiterung und Vertiefung der Geschmacksfülle eingesetzt werden, bevor das Eichenfaß ein Wort mitspricht. Der Nachbar Firestone beweist, wie leicht Artverwandte zu zwillingsgleicher Ähnlichkeit gelangen können.

Die Santa Barbara Winery bringt eine fast luftige Leichtigkeit zuwege und bewahrt dabei doch in einem Wechselspiel zwischen Chardonnay und Toastwürze reiche Geschmacksfülle. Die Chardonnays von Sanford prunken geradezu mit reifem Geschmack und kräftigen Eichenholznoten und setzen noch schiere Wucht obendrauf. Diese Beispiele zeigen die ganze Palette der Stile auf.
Gebietstypische Weine:
Byron Vineyards von Eigenbesitz in Santa Maria. **Firestone Vineyards** von Eigenbesitz im Santa Ynez Valley. **Zaca Mesa Winery** vorwiegend von Eigenbesitz im Santa Ynez Valley. **Sanford** Santa Barbara (vorwiegend Sanford & Benedict, jedoch absichtlich mit Trauben aus Santa Maria verschnitten). **Meridian Vineyards** Santa Barbara (Gebietsverschnitt aus White Hills, Cat Canyon, Riverbench).

Gewürztraminer (1970: 0, 1990: 84 ha)
Die geringfügige und weiter im Schwinden begriffene Anbaufläche – 1985 hatte sie mit 365 ha ihren Höhepunkt erreicht – wirft zu Unrecht ein schlechtes Licht auf den Gewürztraminer aus Santa Barbara, der doch in weiten Teilen der Region vollen Geschmack entwickelt und dabei in den kühleren Gegenden durchaus nicht übergewichtig wird. Allerdings gelangt er nur hie und da zu der Komplexität und Tiefe, wie sie im Anderson Valley in Mendocino oder im Russian River Valley in Sonoma häufig anzutreffen ist. Seltsamerweise stammen die beiden besten Beispiele nicht nur aus ganz unterschiedlichen Klimazonen, sie werden auch auf völlig gegensätzliche Art bereitet: Dem an Litschi erinnernden Gewürztraminer von Firestone wird nur eine ganz kurze Faßreife zuteil, der würzigere Babcock dagegen bekommt soviel Eichenholz ab, wie er nur vertragen kann, und manchmal auch mehr.

Im Santa Maria und Santa Ynez Valley stehen Erdölpumpstationen oft dicht neben Rebenpflanzungen.

Gebietstypische Weine:
Firestone Vineyards Santa Ynez Valley (aus Eigenbesitz). **Babcock Vineyards** Santa Ynez Valley (aus Eigenbesitz).

Riesling (1970: 14 ha, 1990: 289 ha)
Unter den Rätseln, die junge Anbaugebiete mit ausgefallenen Klimabedingungen oft stellen, befindet sich zu Anfang der 1990er Jahre der Riesling aus Santa Barbara in vorderster Reihe, denn hier bringt er sein Bestes in Lagen, die ansonsten eher für Pinot Noir oder gar Merlot vorbestimmt zu sein scheinen.

Als die Nachfrage noch kräftig war, herrschten unterschiedliche Stile vor, wie sie nur aus ganz verschiedenen Lagen entstehen konnten. Noch immer bringen es einige Erzeuger fertig, einen gemeinsamen Nenner zu vermeiden, obschon Anfang der 1990er Jahre der Begriff «trocken» so etwas wie eine Parole darstellte. Gainey strebt trockene Verhaltenheit mit mehr Erfolg an als andere. Firestone erzielt in der lieblichen Normalversion die bei kalifornischem Riesling häufig vorkommende Aprikosennote, vermeidet jedoch die Gewichtigkeit, die sonst mit solcher Geschmacksfülle verbunden ist. Babcock produziert gelegentlich eine faßvergorene Version, und genau so schmeckt diese denn auch.
Gebietstypische Weine:
Firestone Vineyards Johannisberg Riesling (aus Eigenbesitz). **The Gainey Vineyard** (von Rancho Sisquoc).

Sauvignon Blanc (1970: 7 ha, 1990: 173 ha)
Die übliche, von den meisten Erzeugern in der Region akzeptierte Auffassung besagt, daß der Sauvignon Blanc im Santa Ynez Valley östlich der Schnellstraße US101 zu bleiben und nicht weiter nach Norden zu marschieren habe als bis zu Firestone. Aber auch sie müssen eine gewisse Grauzone anerkennen, die sich über Rancho Sisquoc zum östlichen Ende der Tepusquet Mesa erstreckt.

Selbst in den wärmsten Gegenden von Santa Barbara neigt der Sauvignon Blanc stärker zur süßgrasigen als zur melonenhaften Seite des sortentypischen Geschmacks, weshalb ihm oft der vollere, feigensüße Sémillon beigemischt wird. Faßausbau ist zwar nicht unüblich, mehrere Erzeuger vermeiden ihn jedoch lieber.

Gainey bietet ein vorbildliches Beispiel dafür, wie Sauvignon Blanc ohne Eichenholzwürze ausfallen kann. Byron und Carey geben gebiets- und sortentypischer Art den Vorzug vor Eichenholz und anderen kellertechnischen Raffinessen. Allen dreien geht Subtilität über Wucht und Frische über Alter.

Brander bemüht sich dagegen sehr darum, den Sauvignon sowohl mit einer Sémillon-Zugabe als auch mit kellertechnischen

Mitteln zu temperieren. Insbesondere die Versionen unter dem Namen «Tête de Cuvée» lassen Faßgärung und Eichenfaßausbau nicht als Holznote, sondern als Milderung der Traubenfruchtigkeit erkennen. Dieser Stil verlangt umgestüm nach Fisch mit gehaltvoller Sauce anstelle der kräutergewürzten Hähnchen vom Grill, die sich so schön mit Gainey und seinesgleichen vertragen.

Zwei Eigenwillige bevorzugen Sauvignon aus tiefstem, kühlstem Pinot-Noir-Land: Sanford wie Babcock arbeiten mit Faßgärung, malolaktischer Säureumwandlung und allen anderen vom Chardonnay her bekannten Kniffen, um den grasigen Geschmack zu bändigen, den der Sauvignon in kühlen Lagen annimmt, und gelangen dabei zu ganz unterschiedlichen Ergebnissen. Der saftigvolle, streng-herbe Sanford posaunt Kräuterwürzigkeit aus. Der Babcock «Eleven Oaks» dagegen ist reifer, schmeckt stärker nach Eichenholz und ist obendrein oft ein wenig schwer. Sein Erfolg hat Gainey dazu veranlaßt, ihm eine «Reserve» nachzuempfinden, die der lebendigen Art der Normalversion eine kühle Note entgegensetzt.

Gebietstypische Weine:
Byron Santa Barbara County (vorwiegend Cramer, nahe bei Firestone). **Carey Cellars** Santa Ynez Valley (Eigengewächs, dazu Sémillon aus Nachbarbesitz). **Brander Vineyard** Santa Ynez Valley (aus Eigenbesitz, auch der Sémillon im Verschnitt). **The Gainey Vineyard** Santa Ynez Valley (seit 1990 aus Eigenbesitz). **Sanford** Santa Barbara County (vorwiegend Sierra Madre).

Sonstige Weißweintrauben
Chenin Blanc (1990: 201 ha) hält sich noch; Muscat Blanc (9 ha); Pinot Blanc (32); Sémillon (9) wird meist mit Sauvignon Blanc verschnitten, kommt aber auch sortenrein vor; Sylvaner (5 ha) wird von Rancho Sisquoc beharrlich verteidigt und erbringt dort auch beständig ansprechenden Wein.

Rotweintrauben

Erstaunlich, daß der Cabernet Sauvignon vor dem Pinot Noir kam, als Santa Barbara seine moderne Weinbauära einläutete, aber es war so. Noch erstaunlicher ist, daß der Cabernet weiterhin über die größere Anbaufläche verfügt, obwohl doch der Pinot Noir längst der Favorit der Kritiker ist. Doch die Familie Cabernet hat eine treue Anhängerschaft, die allerdings dem Merlot und den Verschnitten Vorrang vor sortenreinem Cabernet Sauvignon einräumt. Wie fast überall in Kalifornien werden mit Syrah Versuche gemacht und neuerdings auch mit Nebbiolo und Sangiovese.

Cabernet Sauvignon (1970: 15 ha, 1990: 330 ha)
Mehrere Erzeuger geben zu, daß der Cabernet Sauvignon hier selbst in den günstigsten Lagen im Santa Ynez Valley nicht so recht liebenswerte Geschmacksnoten entwickelt. Vielleicht ist krautig nicht das rechte Wort, aber scharf kräuterwürzig dürfte denn doch als Beschreibung des typischen Geschmacks eines reinen Cabernet aus der Region zutreffen. Gekochter Spargel ist die unerfreulichste Nuance, die er aufbringt.

Alison Green gelang es bei Firestone in den 1980er Jahren, aus Merlot und französischen Eichenfässern das rechte Maß an Süße herauszuholen, um damit diesen Geschmacksnoten so entgegenzuwirken, daß aus der Summe der Teile etwas entstand, was eher an Beeren erinnerte. Carey bleibt der kräuterhaften Seite des Cabernet näher, ohne dabei in den Gemüsekorb zu geraten. Auch Rancho Sisquoc gelingt das mit einem Wein, der merklich karger ist als die meisten anderen in dieser Region, in der die Cabernet-Familie gern sanftes Tannin zeigt.

Da über die Hälfte des Traubenertrags aus dem County in andere Regionen exportiert wird, hält sich der Cabernet deshalb in vorderster Reihe, weil er genau das an intensivem Charakter bietet, was nötig ist, um den allzu neutralen Produkten aus dem heißen San Joaquin Valley auf die Beine zu helfen.

Gebietstypische Weine:
Firestone Vineyard Santa Ynez Valley (von Eigenbesitz). **Carey Cellars** Santa Ynez Valley «La Cuesta» (von Eigenbesitz). **Rancho Sisquoc** (von Eigenbesitz).

Merlot (1970: 0, 1990: 87 ha)
Merlot erbringt im Santa Barbara County, insbesondere im inneren Santa Ynez Valley, aber auch am östlichen Ende des Santa Maria Valley weit Besseres als der berühmtere Cabernet Sauvignon. Sein Geschmack läßt eher an Frucht als an Vegetabiles denken, und er rundet sich auch bereitwilliger aus. Wenige Erzeuger verarbeiten ihn für sich allein, vielmehr wird meist Cabernet Franc, manchmal zusätzlich auch noch Cabernet Sauvignon beigemischt.

Bei Firestone ist Merlot seit 1984 das rote Flaggschiff: ein Wein, der mit seinem beerenhaften Geschmack und seinem sanften Gleichgewicht unmittelbaren Charme ausübt und dennoch so viel Haltbarkeit besitzt, daß er auch in den Genuß mancher Vorzüge des Alters gelangt. Gainey entscheidet sich für einen ernsthafteren, stärker eichenholzbetonten Stil, der ein paar Jahre Flaschenreife nötig hat, bis er den jugendlichen Überschwang ablegt. Die Merlots von Carey zeigen eher kräuterhafte Noten, dazu eine springlebendige Frische, die frühen Genuß ermöglicht. Auch die Namen Buttonwood und Rancho Sisquoc sind der Beachtung wert.

Gebietstypische Weine:
Firestone Vineyard Santa Ynez Valley (von Eigenbesitz). **Gainey Vineyard** Santa Barbara (Gebietsverschnitt).

Cabernet-Verschnitte
Auf der Suche nach Möglichkeiten, die vegetabilen Noten vieler Cabernet Sauvignons zu mildern, befaßten sich Brander und andere schon um die Mitte der 1970er Jahre mit Verschnitten, in denen die Anteile an Cabernet Franc und Merlot die für Sortenweine zulässigen 25% überschritten. Manche beweisen, daß der Cabernet Franc in Santa Ynez mehr als der Merlot Beachtung verdient. Die meisten lassen auf jeden Fall erkennen, daß schon ein wenig Cabernet Sauvignon sehr viel sein kann.

Die Erzeugerabfüllung «Bouchet» von Brander hatte ihre beste Zeit, als der Cabernet-Sauvignon-Anteil am kleinsten war, doch der Besitzer C. Frederic Brander läßt sich nicht von der Überzeugung abbringen, daß gerade in dieser Traube die Geschmackstiefe steckt, nach der er sucht.

Pinot Noir (1970: 0; 1990: 280 ha)
Der Rotwein schlechthin scheint für Santa Barbara der Pinot Noir zu sein. Er hat sich im County weithin eingewöhnt und gedeiht vor allem an der öfters nebligen Küste gut. Dort entwickelt er einen besonderen Geschmack, der zwar nicht der Region eigen ist, aber nirgendwo sonst in schönerem Gleichgewicht erscheint.

Dieser besondere Geschmack erinnert gelegentlich an Kräuter, vielleicht an Minze, eine Nuance, die sich unter offenkundigeren Anklängen an Erdbeeren verbirgt. Es gibt ungezählte, unendlich verlockende Schattierungen, doch im wesentlichen macht dieser Geschmack die Pinots aus Santa Barbara bei verdeckten Weinproben leichter erkennbar als die meisten anderen.

Die seidige Santa Barbara «Reserve» von Corbett Canyon ist hervorragend geeignet, den regionaltypischen Charakter in seiner reinsten Form zu erschnuppern, aber man kann in der Auswahl unter diesem Aspekt eigentlich überhaupt nicht fehlgehen.

Fässer aus französischer Eiche mit kräftigem Röstungsgrad spielen eine große Rolle bei den meisten hochgeschätzten Pinot Noirs von Santa Barbara; ihre Süße ergänzt die Erdbeernote des Pinot Noir und zähmt zugleich die regionaltypische Minze, oder welches Kraut es auch immer sein mag.

Versuchspflanzungen schmiegen sich an die Mauern von The Gainey Vineyard im Santa Ynez Valley.

Mit diesem deutlichen Schuß Eichenholz als Stilelement tragen Byron und Zaca Mesa Jahr für Jahr den Kampf um den Titel des vorbildlichsten Pinot Noir von Santa Barbara untereinander aus. Die «Reserve» der Santa Barbara Winery darf ebenfalls für die Sorte und die Region als eichenholzbetontes Beispiel gelten.

Die schon immer tanninfesten Pinot Noirs von Sanford gingen noch einige Schritte weiter in diese Richtung, nachdem ab dem 1990er Sanford & Benedict Vineyard das Lesegut liefert. Wie bei allen Weinen von Richard Sanford ist auch beim Pinot Noir der sortentypische Geschmack gewissermaßen zur Essenz destilliert. Kräftige Eichenholzwürze gibt diesem ursprünglichen Reichtum noch den besonderen Akzent. Auch die Pinot Noirs von Wild Horse zeigen eine ähnliche Fülle an Sortengeschmack, bei etwas weniger Eichenholzwürze und Tannin. Au Bon Climat stellt Eichenholz und Tannin eher noch stärker heraus als Sanford.

Es wird viel darum gestritten, wo die östliche Grenze des vollkommenen Anbauterrains für Pinot Noir gezogen werden soll. Diejenigen, die für die westlicheren Lagen eintreten, behaupten, weiter im Osten würden die Trauben zu reif. Jene, die sich für das innere Ende von Santa Maria einsetzen, entgegnen, weiter im Westen würden die Trauben nicht reif genug. Nur in einem Punkt besteht Einigkeit: das Santa Ynez Valley östlich der US 101 bei Buellton muß außerhalb der Grenze bleiben. Weiter im Norden beschnitt Firestone nach dem 1990er seine Pinot-Noir-Anbaufläche kräftig. Auch Zaca Mesa am nördlichen Ende der Appellation deckt seinen Pinot-Noir-Bedarf nicht mehr von eigenen Reben.

Das Klima spielt dabei nur zum Teil eine Rolle. Magere, sandige Böden, die früher einmal am Meeresgrund lagen, bilden den zweiten Schlüssel. Auch in dieser Hinsicht bleibt das innere Santa Ynez Valley außer Betracht.

Bisher erreichen die allermeisten Pinot Noirs aus Santa Barbara ihren Höhepunkt nach 6 Jahren und fallen nach 10 Jahren deutlich ab. Doch der 1976er Sanford & Benedict und der 1985er Sanford deuten weitergehende Möglichkeiten an, wenn einmal die Reben älter werden und die Wahl der Lagen sich verfeinert.

Gebietstypische Weine:

Sanford (bis 1989 vorwiegend Sierra Madre, ab 1990 nur noch Sanford & Benedict). **Byron Vineyard** (bis 1989 vorwiegend Sierra Madre, seither zunehmend von Eigenbesitz). **Corbett Canyon** «Reserve» (von Eigenbesitz im Bereich Los Alamos, siehe S. 136). **Wild Horse** (vorwiegend Sierra Madre, siehe S. 136). **Zaca Mesa** (in neueren Jahrgängen vorwiegend Sierra Madre). **Au Bon Climat** «Sanford & Benedict» und «Bien Nacido». **Santa Barbara Winery** «Reserve» (Eigengewächs von Lafond).

Sonstige Rotweintrauben:

Cabernet Franc (19 ha): mindestens bis 1991 nur für Verschnittzwecke. Syrah (8 ha): Aus einer vielversprechenden Anpflanzung in Bien Nacido kommen die Trauben für das vielgepriesene Beispiel von Qupé, eine zweite bei Zaca Mesa eröffnet ebenso gute Aussichten. Zinfandel (10 ha) hat bisher bei den Kellereien nicht viel Interesse und bei Weinfreunden nicht viel Lob ausgelöst.

Santa Maria Valley AVA

Eingerichtet: 4. September 1981
Gesamtfläche: 32870 ha
Rebfläche: 1920 ha
Weinbaubetriebe: 4 (jedoch 11 Erzeuger)
Hauptort: Santa Maria

Das Eigenartigste am Santa Maria River Valley ist, daß es hier einen so großen Teil der Rebfläche in Santa Barbara County gibt, aber so wenige Weinkellereien. Das liegt an der Größe der einzelnen Besitzungen – 150 ha sind gar nichts.

Über die Hälfte der Anbaufläche liegt auf der sogenannten Santa Maria Mesa – eine Ebene, obschon sie so steile Stellen hat, daß man dort Ski laufen könnte. Die Mesa, ein schmales Band mit scharfen Rändern zwischen den lotrechten Abhängen der San Rafael Mountains im Norden und einem 6 m tiefen Absturz zum Fluß hin im Süden, ist so lang, daß sie alle Witterungsvarianten im Tal zu spüren bekommt.

Ein Weinberg mit 150 ha ist im Santa Maria Valley nichts Ungewöhnliches. Hier ein Teil von Byron Vineyards.

Fast 1200 ha Weinberglagen des AVA-Bereichs befinden sich auf ihren manchmal schwindelerregend steilen Hängen, angefangen mit Bien Nacido im Westen, dann weiterführend mit Cambria bis hin zu den Byron-Besitzungen von Robert Mondavi. Weitere 320 ha befinden sich darunter bei den Hühnerfarmen und Äckern auf der Talsohle, ostwärts von dem kleinen Ort Sisquoc; zum Teil gehören sie zu Cambria, zum Teil zu River Bench von Wine World, und zuletzt kommt Rancho Sisquoc. Weiter landeinwärts grasen im steiler werden Hügelland nur noch Rinder.

Der größte Teil der übrigen Anbaufläche befindet sich weit im Westen in zwei Lagen, die sich über ehemalige, vom Fluß her südwärts in die Solomon Hills aufsteigende Dünen erstrecken. Die eine Lage, die 264 ha große Sierra Madre, ist zweifellos heute wegen ihres Pinot-Noir-Bestands das Kronjuwel der Gegend. Die andere – Santa Maria Hills – steht in Größe (212 ha) und Reputation freilich nicht weit zurück.

Uriel Nielsen machte 1964 in der Region mit bescheidenen 32 ha den Anfang; diese Besitzung ist inzwischen mit den Ranches von Mondavi verflochten. James Flood folgte mit 84 ha bei Rancho Sisquoc. 1972 schließlich überzog Louis Lucas den größten Teil der Santa Maria Mesa mit 480 ha, die er Tepusquet nannte – heute ist diese Lage zwischen Cambria und Mondavi aufgeteilt. Große bis riesige Besitzungen sind seither die Regel, und die Weinerzeuger

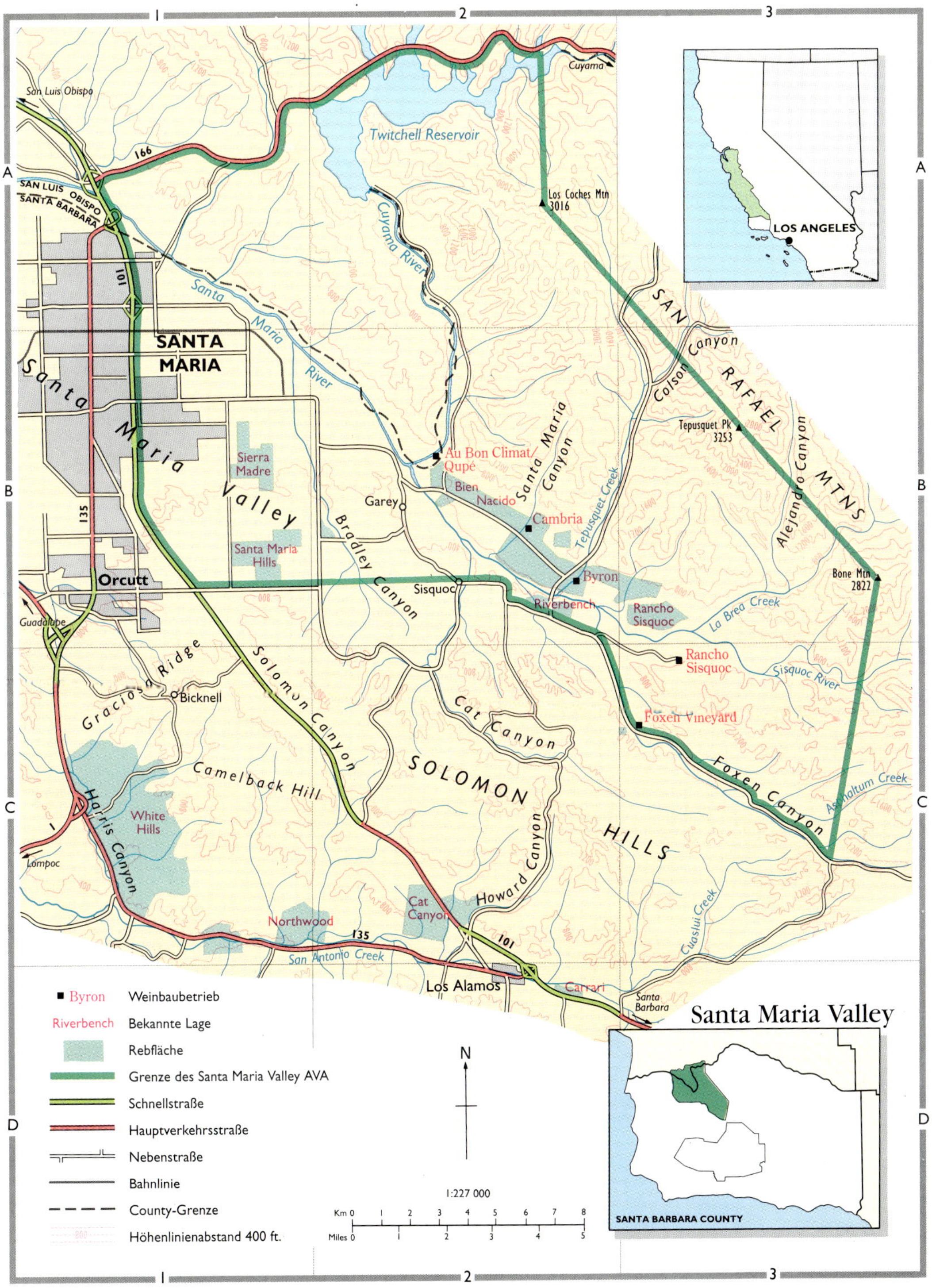

In diesen Fässern aus französischer Eiche ruht bei Byron Vineyards der Pinot Noir.

streiten sich nicht etwa darum, welche Weinberglage, sondern welcher Parzellenblock in ihr der jeweils wahre heilige Gral ist.

Wie es das Glück wollte, traf die ursprüngliche Anpflanzung Uriel Nielsens auf einen Übergangsblock zwischen dem kühleren, nebligeren Gebiet im Westen und dem wärmeren, trockeneren unmittelbar östlich und südlich davon. Seine Anlage am inneren Ende der Santa Maria Mesa hätte leicht unter den ersten Weinbauern das Mißverständnis hervorrufen können (es geschah freilich nicht), daß der Distrikt im Klima vielseitiger sei, als er es erwiesenermaßen ist. Von Anfang an fiel der Erfolg vor allem dem Pinot Noir und dem Chardonnay zu – dem Pinot Noir hauptsächlich aus Anpflanzungen im kühleren westlichen Teil, dem Chardonnay eher im großen und ganzen. Nur am hinteren Ende gedeihen die Bordeaux-Rebsorten Merlot, Cabernet Sauvignon und Sauvignon Blanc und verleihen Rancho Sisquoc gewissermaßen engere Verwandtschaft mit dem Santa Ynez Valley als dem übrigen Santa Maria. Riesling ist der attraktivste Einzelgänger im ganzen AVA-Bereich.

Santa Ynez Valley AVA

Eingerichtet: 16. Mai 1983
Gesamtfläche: 61 600 ha
Rebfläche: 480 ha
Weinbaubetriebe: 13
Hauptorte: Solvang, Buellton, Lompoc, Los Olivos

So einfach wie im Santa Maria Valley liegen die Dinge nicht im Santa Ynez Valley – hier beginnen die Auseinandersetzungen zwischen Pinot Noir und Cabernet/Merlot wahrhaft hitzig zu werden. Eine enge Durchlaßöffnung in Ost-West-Richtung, von Lompoc flußaufwärts bis Buellton, verbreitert sich bei Solvang rasch und wird oberhalb der Stadt Santa Ynez zur vielköpfigen Hydra. Von dort aus verläuft ein Arm aufwärts durch das heiße San Marcos Canyon zum Lake Cachuma hinauf, ein größerer, etwas kühlerer erstreckt sich nordwärts in das Foxen Canyon und berührt schließlich das obere Ende des Santa Maria Valley.

Die US 101 bei Buellton bildet die allgemein anerkannte Grenzlinie zwischen dem feuchten, vom Meer beeinflußten unteren Tal und dem sonnenversengten Binnenland. Flußabwärts, im sogenannten Santa Rita District, ist Pinot Noir die große Traube, vor allem im Sanford & Benedict Vineyard, aber auch bei Lafond und vielleicht sogar Babcock. Östlich der US 101 dominieren Sauvignon Blanc und Merlot auf einem langen, schmalen Streifen entlang der Alamo Pintado Road, dann der Foxen Canyon Road von Solvang nordwärts bis Los Olivos. Die Weinberge von Firestone, Carey, Buttonwood und Brander wetteifern miteinander um die Spitze bei den Bordeaux-Rebsorten. Gainey verlängert den Distrikt ostwärts entlang der State Route 154.

Das Nordende des Tals beim Weinbaubetrieb Zaca Mesa ist meist kühler als der Ostrand bei Gainey, weil eine freiere Luftströmung vom Santa-Maria-Becken her durch das Foxen Canyon zieht.

Santa Ynez unterscheidet sich aber noch auf eine weitere wichtige Weise vom Nachbarbereich. Es verfügt über viele kleine Weinbaubetriebe mit entsprechend kleinen Besitzungen. Firestone ist mit 102 ha der größte Einzelbesitz in diesem Bereich, für den 8 ha eher typisch sind.

Los Alamos Valley

In der Beuge des von den beiden Bereichen beschriebenen «U» liegt dünnbesiedeltes hügeliges Farmland von beträchtlicher Ausdehnung. In dem kurzen, schmalen Stück, das Los Alamos Valley genannt wird, findet man rund 1200 ha Rebfläche vor, die für Chardonnay und Pinot Noir sehr geschätzt wird. Corbett Canyon (siehe S. 136) bringt auf seiner 130-ha-Ranch im Mittelteil dieses Tals hochangesehenen Pinot Noir hervor. Meridian (siehe S. 135) gewinnt die Grundlage für einen sehr achtbaren Chardonnay in den schroffen Hügeln und Schluchten der 760-ha-Besitzung White Hills Vineyard an der Nordostecke der Vandenberg Air Force Base und in den sanfteren Hügeln der 155-ha-Besitzung Cat Canyon Vineyard beiderseits der US 101 am obersten Ende des Tals.
Die Tatsache, daß dieser Teil von Santa Barbara noch immer keinen offiziellen Weinbaustatus besitzt, ist symptomatisch für die Unsicherheit über vernünftige Appellationsgrenzen, die den Anbauern und Weinkellereien gleichermaßen auf dem Gemüt lastet.

Nachgeahmte dänische Architektur und Pferdekoppeln teilen sich mit Weinbergen in das Santa Ynez Valley.

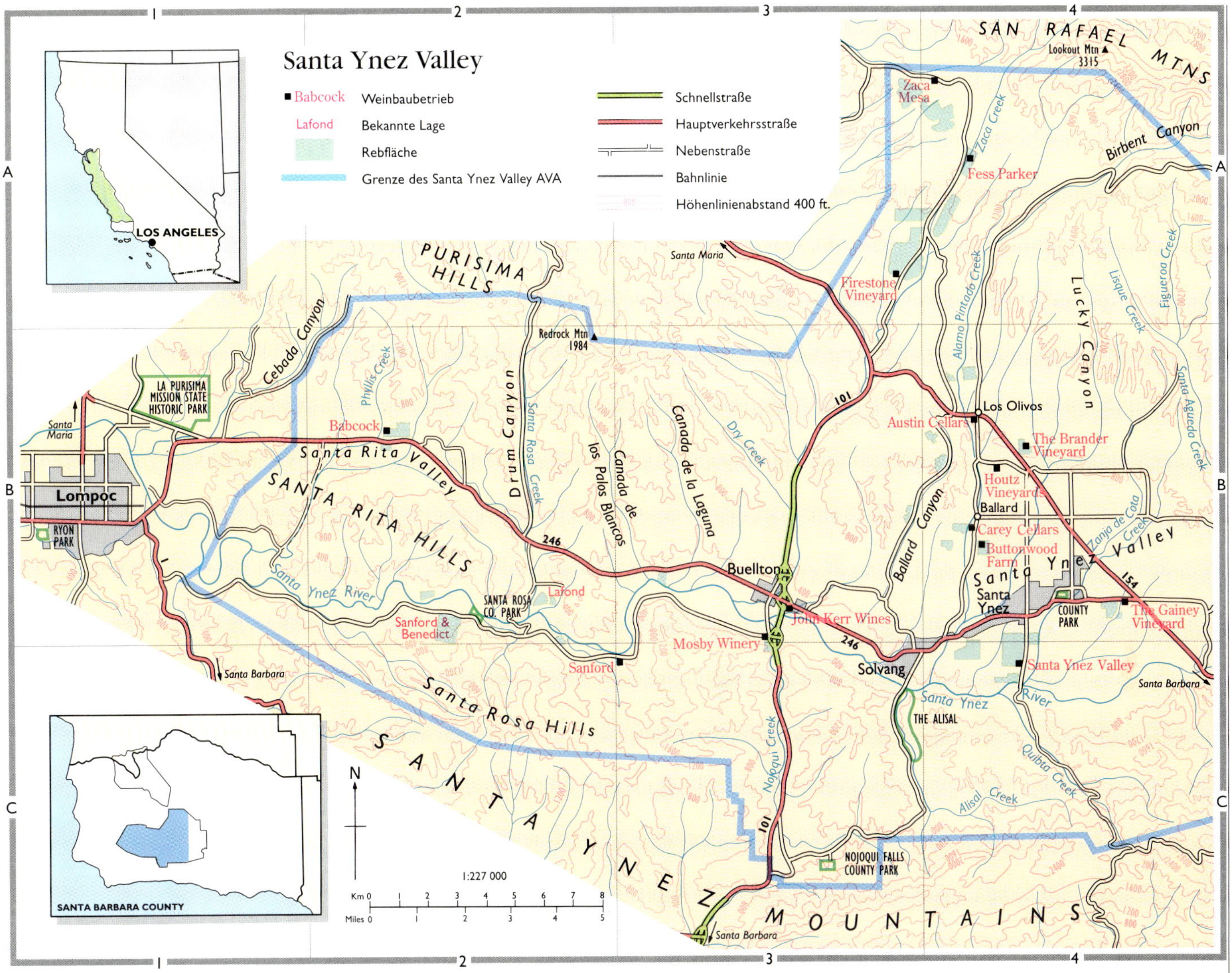

ERZEUGER

Au Bon Climat (1982)
PO Box 113, Los Olivos, CA 93441. Tel. (805) 937-9801. 10000 Kisten. Spezialist in stark toastwürzigen Einzellagen-Chardonnays (Bien Nacido) und -Pinot-Noirs (Sanford & Benedict, Bien Nacido). Weitere ebenfalls einzigartige Weine werden in derselben Kellerei auf dem Bien-Nacido-Gelände unter Partnermarken verarbeitet: Qupé (Syrah), Terra Vita Nova (Verschnitt auf Cabernet-Basis), Il Podere de los Olivos (Nebbiolo).

Austin Cellars (1981)
PO Box 636, Los Olivos, CA 93441. Tel. (805) 688-9665. 2400 Kisten. 7 Weine, meist von zugekauften Trauben. Am interessantesten der unterschiedliche, oft faszinierende Pinot Noir und die Sauvignon-Blanc-Spätlesen.

Babcock Vineyard (1984)
5175 Highway 246, Lompoc, CA 9346. Tel. (805) 736-1455. 8800 Kisten. Der experimentierfreudige Brian Babcock bringt intensiven, stark holzgewürzten, manchmal schweren Pinot Noir, Chardonnay, Sauvignon Blanc, Riesling und Gewürztraminer von 20 ha Familienbesitz westlich von Buellton zustande.

The Brander Vineyard (1981)
PO Box 92, Los Olivos, CA 93441. Tel. (805) 688-2455. 7000 Kisten. C. Frederic Branders karger, leicht rauchiger Sauvignon Blanc und Bouchet kommen von 15 ha Eigenbesitz bei Los Olivos, ebenso ein beständiger Chardonnay.

Buttonwood Farm (1989)
Po Box 1007, Solvang, CA 93463. Tel. (805) 688-3032. 1000 Kisten. Sauvignon Blanc, Cabernet Franc und Merlot aus einer 30-ha-Anpflanzung nördlich von Solvang. Der Weinberg erbringt auch erstklassiges Lesegut für andere Verarbeiter.

Byron Vineyard (1984)
5230 Tepusquet Road, Santa Maria, CA 93454. Tel. (805) 937-7288;

Brian Babcock (links) und C. Frederic Brander (rechts) behandeln in ihrern Kellereien den Sauvignon Blanc auf ganz verschiedene Art.

Byron Kenneth Brown, eine treibende Kraft hinter dem Aufschwung des Weinbaus in Santa Barbara.

27 000 Kisten mit steigender Tendenz. Samtiger, voller Pinot Noir und fein toastwürziger Chardonnay sind die Haupterzeugnisse des Kellermeisters Byron Kenneth Brown, hauptsächlich aus einem Stück am Ostende der von dem Pionier Nielsen angelegten früheren Lage Tepusquet und einer weiteren Parzelle bei der Kellerei – alles seit 1990 im Besitz von Robert Mondavi. Außerdem feiner Sauvignon Blanc und Cabernet von Lesegut aus dem Santa Ynez Valley.

Cambria Vineyards (1988)
5475 Chardonnay Lane, Santa Maria, CA 93454. Tel. (805) 937-8091. 50 000 Kisten. Der hiesige Zweig des Imperiums, zu dem auch Kendall-Jackson gehört, konzentriert sich auf Chardonnay und zunehmend eindrucksvollen Pinot Noir von über 280 ha auf der Santa Maria Mesa, dem größeren Teil der ehemaligen Lage Tepusquet.

Carey Cellars (1978)
1711 Alamo Pintado Road, Solvang, CA 93463. Tel. (805) 688-8554. 6500 Kisten. Kleine Kellerei, seit 1987 im Besitz und unter der Leitung von Kate Firestone; Weine vorwiegend von 10 ha Eigenbesitz zwischen Solvang und Los Alamos: subtil kräuterwürziger, saftig-voller Cabernet Sauvignon »La Cuesta« (aus der hügeligsten von drei Lagen); besonders empfehlenswert: Merlot und Sauvignon Blanc.

Chimere (1990)
1800 Sequoia Way, Santa Maria, CA 93454. Tel. (805) 922-9097. 2000 Kisten. Gary Mosby kauft in der Umgebung Lesegut für Chardonnay, Pinot Blanc, Gamay und Pinot Noir unter seiner Kellermeistermarke.

Cottonwood Canyon (1990)
PO Box 3459, San Luis Obispo, CA 93403. Tel. (805) 549-9463. Zunächst eine Winzermarke für Chardonnay und Pinot Noir von 24 ha im Santa Maria Valley neben dem Weinberg von Santa Maria Hills.

Firestone Vineyard (1975)
PO Box 244, Los Olivos, CA 93441-0244. Tel. (805) 688-3940. 80 000 Kisten. Größter Anbauer und Erzeuger im Santa Ynez Valley; höchst interessant der geschmeidige Merlot, der solide Gewürztraminer und der zunehmend toastwürzige Chardonnay. Besonderes Renommee für guten Riesling. Der Cabernet Sauvignon ist im Kommen. Alle stammen von 102 ha Eigenbesitz auf der Mesa im Santa Ynez Valley nördlich von Los Olivos oder von einem Nachbarn.

Foxen Vineyard (1987)
Route 1, Box 144A, Santa Maria, CA 93454. Tel. (805) 937-4251. 3000 Kisten. 4 ha Hanglagen im oberen Santa Maria Valley erbringen Chardonnay, Chenin Blanc und Cabernet Sauvignon; die Trauben für dunklen, intensiven Pinot Noir werden aus Lagen im Santa Maria Valley zugekauft.

The Gainey Vineyard (1984)
PO Box 910, Santa Ynez, CA 93460. Tel. (805) 688-0558. 15 000 Kisten. Der altgediente Kellermeister Rick Longoria produziert geschliffenen, anregenden Sauvignon Blanc (Eigengewächs), Merlot (Gebietsverschnitt) und Pinot Noir (Sanford & Benedict) sowie hochangesehenen Chardonnay, Johannisberg Riesling und Cabernet Sauvignon.

Houtz Vineyards (1984)
PO Box 897, Los Olivos, CA 93441. Tel. (805) 688-8661. 2100 Kisten. Chardonnay, Sauvignon Blanc, Chenin Blanc und Cabernet Sauvignon von eigenen 6 ha auf der Peace and Comfort Farm in Los Olivos und aus der Nachbarlage.

Kalyra (1988)
PO Box 865, Buellton, CA 93427. Tel. (805) 963-0274. 800 Kisten. Michael Browns Kellermeistermarke für Chardonnay, Cabernet Sauvignon und Schaumwein.

John Kerr Wines (1986)
BO Box 7439, Santa Maria, CA 93456. Tel. (805) 688-5337. 800 Kisten. Der Feierabendbetrieb des Kellermeisters John Kerr bietet schwungvollen Chardonnay, Syrah und Pinot Noir.

Mosby Winery (1979)
PO Box 1849, Buellton, CA 93427. Tel. (805) 688-2415. 7000 Kisten. Stämmiger bis rustikaler Chardonnay, Gewürztraminer, Riesling und Pinot Noir bilden die Spitze des vorwiegend von 30 ha Eigenbesitz stammenden Programms. Das Lesegut für den individualistischen Sangiovese »Brunello« wird von Carrari bezogen.

Fess Parker Winery (1989)
PO Box 908, Los Olivos, CA 93441. Tel. (805) 688-1545. 7000 Kisten. Der ehemalige Baseballstar und Schauspieler Fess Parker produziert Johannisberg Riesling, Chardonnay, Merlot und Pinot Noir zunehmend aus dem noch jungen eigenen Weinberg nördlich von Los Olivos.

Qupé (1982)
PO Box 440, Los Olivos, CA 93441. Tel. (805) 688-2477. 8000 Kisten. Ein ultratoastwürziger Chardonnay wetteifert mit einer Reihe herzhafter, holzbetonter Weine von Rhône-Rebsorten (Marsanne, Viognier, Syrah und Mourvèdre).

Rancho Sisquoc Winery (1977)
Route 1, Box 147, Santa Maria, CA 93454. Tel. (805) 934-4332. 5500 Kisten. Aus den östlichsten Weinbergen im Santa Maria Valley kommen reifer, saftiger Chardonnay, kargerer Sauvignon Blanc, subtil kräuterwürziger Merlot und der vielleicht letzte in Kalifornien noch überlebende Sylvaner (genannt Franken Riesling).

Sanford Wines (1981)
7250 Santa Rosa Road, Buellton, CA 93427. Tel. (805) 688-3300. 30 000 Kisten. In einer Gegend voller Individualisten zeichnet sich Sanford durch die Tiefe seiner Pinot Noirs (lange von Sierra Madre, seit 1990 aus dem wiedergewonnenen Sanford & Benedict Vineyard) sowie die schiere Wucht seines Chardonnay (Gebietsverschnitt von Sanford & Benedict, Sierra Madre usw.) und Sauvignon Blanc (Sierra Madre) aus. Ein »Barrel Select« Chardonnay und »Reserve« Pinot Noir verdoppeln den Einsatz bei diesen Rebsorten.

Santa Barbara Winery (1962)
202 Anacapa Street, Santa Barbara, CA 93101. Tel. (805) 963-3633. 1974 engagierte sich der Betrieb mit der Anpflanzung des Lafond Vineyard im Santa-Rita-Distrikt und wurde 1978 mit der Einstellung von Bruce McGuire als Kellermeister zum beachtlichen Faktor. Besonders bemerkenswert der geschliffene, nuancenreiche Pinot Noir »Reserve« und Chardonnay »Reserve« aus der Lage Lafond.

Der ehemalige Schauspieler Fess Parker baute sich im oberen Santa Ynez Valley einen schmucken Weinbaubetrieb.

Richard Sanford ist ein Synonym für erstklassigen Pinot Noir aus Santa Barbara.

Santa Ynez Valley Winery (1976) 343 Refugio Road, Santa Ynez, CA 93460. Tel. (805) 688-8381. 12000 Kisten. Anfänglich ein Anbauer- und Erzeugerbetrieb mit großem Programm von 44 ha Eigenbesitz südöstlich von Solvang. Der ursprüngliche Weinberg bleibt unter dem ursprünglichen Besitzer die Quelle eines noch immer großen Programms unter einem neuen Kellereibesitzer.

Lane Tanner (1986) Route 1, Box 144A, Santa Maria, CA 93454. Tel. (805) 934-0340. 1000 Kisten. Die Weinbauberaterin Lane Tanner produziert vorwiegend von Sanford & Benedict-Lesegut festen Pinot Noir mit großer Geschmacksfülle für die eigene Marke.

Zaca Mesa Winery (1976) PO Box 899, Los Olivos, CA 93441. Tel. (805) 688-3310. 35000 Kisten. Nach langem Experimentieren mit Lieferquellen und Rebsorten hat sich einer der Pioniere im Santa Ynez Valley auf Pinot Noir (subtil, geschliffen – von Sierra Madre) und Chardonnay (mustergültig, neuerdings Eigengewächs) festgelegt. Der Syrah aus dem ursprünglichen Eigenbesitz von 92 ha verdient ebenfalls Interesse.

Reise-Informationen

SEHENSWERTES

Buellton ist eine typische »Kleeblattansiedlung« an einer Ausfahrt der Schnellstraße mit vielen Motels und Restaurants, die sich den Reisenden zwischen Los Angeles und San Francisco anbieten.
Lompoc liegt still und abgeschieden inmitten großer Blumengärtnereien, nicht weit von der Mündung des Santa Ynez River. Der Ort ist zum Teil Wohnstadt für die Vandenberg Air Force Base und verfügt über zahlreiche preiswerte Hotels, die nicht so stark ausgebucht sind wie solche, die der Schnellstraße US 101 näherliegen. Sehenswert ist insbesondere der nahegelegene State Park mit der Mission La Purísima Concepción (1787), einer der am besten restaurierten und am vollständigsten erhaltenen Franszikanermissionen aus der frühesten Kolonisierung Kaliforniens von Mitte bis Ende des 18. Jahrhunderts.
Los Olivos, ein noch viel stillerer Ort als Lompoc, ist zum Vorposten des Künstlerviertels von Los Angeles geworden; Kunstgalerien erstrecken sich von einem großen Fahnenmast im Zentrum nach allen Himmelsrichtungen.
Santa Maria ist auf eigene Art betriebsam als Handelszentrum für das umgebende Farmland sowie als Zwischenstopp für die auf der Schnellstraße vorüberkommenden Geschäftsleute und Touristen.
Solvang präsentiert sich überschwenglich, aber durchaus konsequent dänisch. In den 1940er Jahren beschlossen die hier ansässigen dänischen Milchfarmer der harten Zeiten wegen die Umwandlung des Orts in eine Touristenattraktion. Tausende von Störchen aus Sperrholz und imitierte Strohdächer, neuerdings auch Pizzalokale und Läden mit buntgewürfelten Textilien bestimmen das Bild zusammen mit Bäckereien, Smörrebröd-Restaurants, Andenkenläden und unzähligen Knusperhäuschen-Motels. Einen seltsamen Kontrast hierzu bildet die Kapelle der Franziskanermission Santa Ines (1804) in einem staubigen Park am Ostrand des Hauptgeschäftsviertels.

RESTAURANTS UND HOTELS

The Alisal Guest Ranch 1054 Alisal Road, Solvang 94363. Tel. (805) 688-6411. Pferde, Tennis, Golf; behagliche Ferienunterkunft.
Ballard Inn 2436 Baseline Avenue, Solvang 93463. Tel. (805) 688-7770. Zwangloser Luxus an einer schon etwas ländlichen Kreuzung zwischen Solvang und Los Olivos. Freundliches Personal serviert großartige Frühstücke und nachmittags reichliche Hors-d'œuvres mit Weinen der Gegend als gastlicher Zugabe.
Downey's 1305 State Street, Santa Barbara 93101. Tel. (805) 966-5006. Klein, komfortabel. Die Speisekarte wird täglich mit frischesten Zutaten bereichert.
Hitching Post II 406 E Highway 246, Buellton 94327. Tel. (805) 688-0676. Eigentümer und Küchenchef Frank Ostini bringt die Kochkunst auf offenem Feuer zu neuer Vollendung. Die gut ausgewählte Weinkarte mit Weinen der Gegend ist der Speisekarte perfekt angepaßt. Geruhsame, gedämpfte Atmosphäre.
Los Olivos Grand Hotel PO Box 526, Los Olivos 93441. Tel. (805) 688-7788. Geruhsamer Luxus an der Hauptstraße in Los Olivos.
Santa Maria Inn 801 S Broadway, Santa Maria 93454. Tel. (805) 928-7777. Eigentümliche Zimmer im ursprünglichen Bau, komfortable in einem neuen Turm, doch die Weinbar ist als reichsprudelnde Informationsquelle der wahre Anziehungspunkt.
Steamers 214 State Street, Santa Barbara, 93101. Tel. (805) 966-0260. Beim Pier; hier gibt es die frischesten Meeresfrüchte in der Stadt.
Wine Cask 813 Anacapa St, Santa Barbara, 93101. Tel. (805) 966-9463. Sogar eine gute Küche führt die gutgehende Weinbar mit Weinfachgeschäft, die sich auf lokale Raritäten spezialisiert hat, aber keineswegs darauf beschränkt ist.

Früher ein von Dänen bewohntes Landstädtchen, heute eine Touristenattraktion: In Solvang kommt selbst die Pizza dänisch daher.

San Luis Obispo County

San Luis Obispo ist nicht das einzige County in Kalifornien, das als handfestes Beispiel für die Widersprüchlichkeit des AVA-Systems herhalten kann, aber es ist ein echtes Bilderbuchbeispiel. In seine Grenzen fällt der schwindelerregend steile Anstieg zum 455 m hohen Cuesta Pass, der einen so krassen Scheidepunkt zwischen San Luis Obispo mit dem nebligen Küstenstreifen und Paso Robles mit seinem sonnengedörrten Hochlandtal bildet, wie ihn keine politische Grenzziehung und erst recht nicht die kurze Vogelflugentfernung von knapp 40 km auch nur im geringsten zu erklären vermag. Die beiden Teile können nicht in einem Atemzug besprochen werden.

Die Stadt San Luis Obispo ist nicht wirklich urban, hat aber urbane Züge – es gibt in ihr neben echten Cowboys auch Leute, die hier wohnen, in den Restaurants Quiches essen und Weißwein trinken, regelmäßig nach Los Angeles kommen und vielleicht schon ein paarmal auf der Biennale in Venedig waren.

Die ersten europäischen Siedler sammelten sich um die Franziskanermission San Luis Obispo de Tolosa, die 1797 an der Stelle, wo jetzt der Stadtkern liegt, gegründet wurde. Die Stadt war schon durch und durch säkularisiert, ehe noch der große Publizist William Randolph Hearst in den 1920er Jahren auf der Fahrt zu seinem zwei Eisenbahnstationen weiter gelegenen Schloß San Simeon hier vorüberkam, aber seine Artikel trugen dazu bei, daß die Strandorte Arroyo Grande und Pismo Beach weithin bekannt wurden. Längst sind die Franziskaner und Hearst als gestalterische Kräfte durch die California Polytechnic University verdrängt worden, die ganz San Luis Obispo ihren Stempel aufprägt. Buchläden, Sportartikelgeschäfte und Kaffeehäuser säumen die Higuera Street und ihre Nebenstraßen, ein Bild, das sich mit allen Universitätsstädten Amerikas austauschen ließe, wäre da nicht als architektonischer Akzent der spanische Kolonialstil, der ja dort, wo Angelsachsen die Pionierarbeit leisteten, nicht zu finden ist.

Paso Robles dagegen hat sich stets resolut vom städtischen Wesen freigehalten. Das ganze 19. Jahrhundert hindurch ist es als eine gottverlassene Gegend berüchtigt gewesen, in die sich Black Bart und andere nicht ganz so berühmt gewordene Bank- und Postkutschenräuber nach ihrem anstrengenden Berufsleben zurückziehen konnten, ohne befürchten zu müssen, daß irgendwelche Gesetzeshüter ihren Frieden stören oder neugierige Nachbarn sich in ihre Angelegenheiten mischen würden. Obwohl hier inzwischen der Bank- und Postkutschenräuberanteil an der Bevölkerung einigermaßen zurückgegangen sein dürfte, ist doch etwas von der alten Aura geblieben, insbesondere in dem sich meilenweit dahinziehenden, dünnbesiedelten, steilen Hügelland.

Der Wein richtet sich im San Luis Obispo County ebenfalls nach der gesellschaftlichen Ordnung. Unten am Küstenstreifen dreht sich fast alles um Schaumwein und Chardonnay, produziert von Leuten, die erst nach 1975 hierhergekommen sind und für europäische Vorbilder schwärmen. Der Schaumweinspezialist Maison Deutz hält verständlicherweise an allem fest, was diesem Namen in Frankreich zum Erfolg verholfen hat. Die meisten anderen verfügen nicht über so direkte Verbindungen, haben aber doch den leidenschaftlichen Wunsch, alles so zu machen, wie es in Burgund, im Elsaß oder sonstwo in Europa gemacht wird.

Droben in Paso Robles dreht sich schon seit 1880 alles um Rotwein und nochmals Rotwein. Die Pioniere bauten robusten Zinfandel von der Art, die sich mit Wild oder, in den zahmeren modernen Zeiten, mit Rindfleisch vom Grill verträgt. Die Neuan-

Der Leuchtturm am Point Piedras Blancas.

Reichliche Winterfeuchtigkeit ermöglicht es den Reben in den westlichen Bergen von Paso Robles, die heißen, trockenen Sommer zu überstehen.

kömmlinge befaßten sich von Anfang an eher mit zugänglichem Cabernet Sauvignon, doch mehr als nur eine Kellerei hat auch heute noch den guten alten Zinfandel zu bieten.

Ab 1914 spielte Ignace Paderewski hier den Gentleman-Farmer, bevor er seine Karriere als Konzertpianist mit der Präsidentschaft in Polen vertauschte. Es spricht für ihn, daß er die Klugheit besaß, dem Weinbaupionier Andrew York die eigentliche Arbeit an dem weithin bewunderten Zinfandel «San Ignacio» zu übertragen.

Um 1960 scherte sich niemand in York Mountain, Pesenti oder Rotta noch im geringsten darum, daß hier früher einmal ein Paderewski gelebt hatte. Die letzten Überlebenden aus der Zeit vor der Prohibition hatten sich in den Bergen oberhalb von Templeton vergraben, bauten rustikalen Wein für den Markt in der Umgebung und hatten nichts mit Revolutionen im Sinn. Verstärkt durch einige Aussteiger der 1960er Jahre blieben sie bei ihrem gewohnten Tun auch dann noch, als Mitte der 1970er Jahre die ersten Investoren im Grasland östlich von Paso Robles Weinfelder anlegten. Als die Neuen Erfolge feierten, begann sich auch in den Bergen ein frischer Wind zu regen. Selbst die hartnäckigsten Anhänger der guten alten Zeit konnten schließlich nicht umhin, sich mit Cabernet-Stecklingen, Edelstahlgärtanks und sogar solchem Teufelswerk wie Filtern zu befassen. So traten die Menschen beiderseits der Schnellstraße am Ende doch noch in die Fußstapfen Paderewskis.

Das Klima in Paso Robles

Die Höhenzüge der Santa-Lucia-Berge sorgen für eine absolut sonnige Wachstumsperiode. Im Verein mit der Höhenlage führt das zu den heißesten Tagestemperaturen der ganzen Küstenregion, zugleich aber auch zu kühlen Nächten. Die Hügel im Westen sind hinter den höchsten Gipfeln der Santa-Lucia-Berge heißer, hinter den tieferen Einschnitten aber kühler als die Talsohle. Dementsprechend ist es in Templeton wesentlich kühler als in Paso Robles. Die Niederschlagsmengen sind sehr unterschiedlich. Durch die Geländebeschaffenheit kommen am York Mountain Jahresdurchschnittsmengen bis 1140 mm zustande; eher typisch sind die 355 mm auf dem Flughafen Paso Robles.

* Zur Farbcodierung der Klimadiagramme siehe S. 14/15.

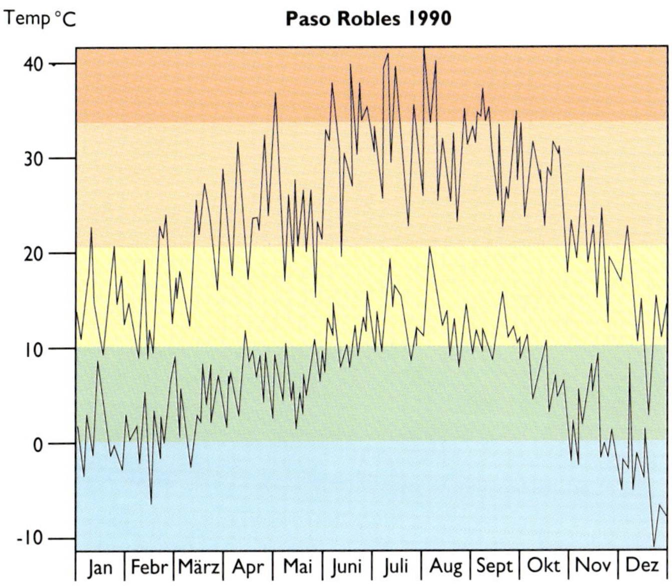

Das Klima in San Luis Obispo

Das Los Osos Valley schlängelt sich zwischen den Santa-Lucia-Bergen und den Irish Hills hindurch südwärts und bildet einen tiefliegenden Korridor, durch den Meeresluft über die Stadt San Luis Obispo hinweg und in das etwas wärmere Edna Valley strömen kann. Nebel vor der Küste mäßigt die Temperaturextreme noch weiter. Da es auf der landeinwärts gelegenen Seite des Edna Valley keine Berge gibt, bleibt der Jahresniederschlag mit 560 mm mäßig. Arroyo Grande ist zum Meer hin noch offener und hat im Westen ähnliches Wetter, ist aber während der Wachstumsperiode zur hügeligen östlichen Begrenzung hin viel wärmer.

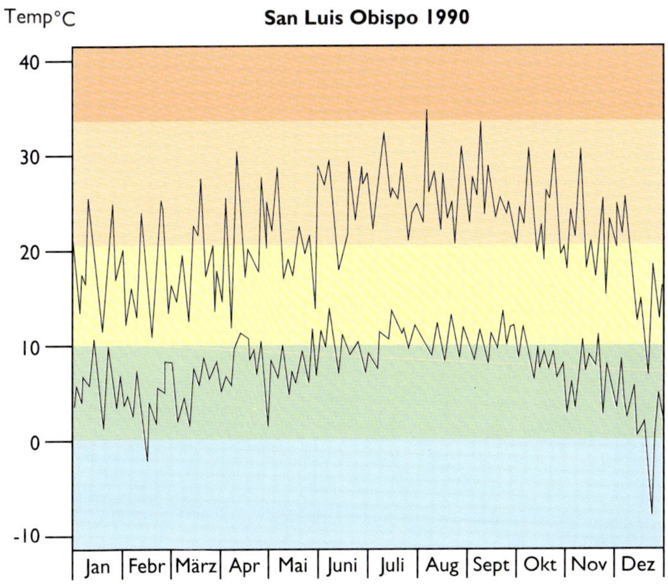

Weißweintrauben

Im San Luis Obispo County gab es noch 1970, als nur in Paso Robles Wein wuchs, so gut wie keinen Weißwein; damalige Aufzeichnungen sprechen von 4 ha – nur Sylvaner. Zu Beginn der 1990er Jahre war dann die Anbaufläche für Weißweintrauben genauso groß wie für Rotweintrauben, vor allem weil im Edna Valley fast nur Chardonnay angebaut wird.

Chardonnay (1970: 0; 1990: 790 ha)
Meist gedeiht der Chardonnay unter sehr verschiedenen Wachstumsbedingungen recht einheitlich, das San Luis Obispo County aber zwingt ihm wahrhaftig zwei Gesichter ab. Im Edna Valley mit seinen Anteil von immerhin 640 ha an der Gesamtanbaufläche und in Arroyo Grande fallen die Weine recht karg, eher streng aus und zeigen im Geschmack subtile, aber unverkennbare Anklänge an Ananas. Die meisten Chardonnays aus Paso Robles, vor allem die aus der Estrella Prairie, zeigen sich fett mit ziemlich derb parfümierter Art. Wenn die wenigen Beispiele als maßgeblich gelten dürfen, liegen die etwas kühleren Canyons oberhalb von Templeton ungefähr mitten dazwischen.
Gebietstypische Weine:
Meridian Vineyards Edna Valley (bis vor kurzem von Paragon, jetzt aus Eigenbesitz bei der Kellerei). **Edna Valley Vineyards** Edna Valley (im wesentlichen Erzeugerabfüllung aus der Partnerlage Paragon).

Chenin Blanc (1970: 0; 1990: 130 ha)
Es gibt zwar nur wenige Beispiele, doch scheint die Rebsorte im AVA-Bereich Paso Robles gut zu gedeihen und mehr Delikatesse als erwartet zu entwickeln.
Gebietstypischer Wein:
Martin Brothers Paso Robles (ursprünglich von Tierra Rejada, seit 1988 aus Eigenbesitz).

Gewürztraminer (1970: 0; 1990: 9 ha)
Die Traube war das Monopol von Paragon im Edna Valley, bis der Bestand nach der Lese 1990 gerodet wurde; seither muß das Haus Claiborne & Churchill seinen Bedarf in Monterey decken. Das Lesegut von Paragon hatte sich über mehrere Jahre hinweg bewährt.

Sauvignon Blanc (1970: 0; 1990: 260 ha)
Zwar kommt das eindrucksvollste Beispiel aus dem Edna Valley, doch der größte Teil des Sauvignon Blanc aus dem San Luis Obispo County, der bis in die Flasche verfolgt werden kann, kommt aus dem AVA-Bereich Paso Robles. Domenic Martin von Martin Brothers bewies, daß dort sortenreiner Wein säuerlich-herb und langlebig produziert werden kann, gab dann aber die Rebsorte auf. Der in der Gegend sonst übliche Stil erbringt dagegen weiche, reife, rasch verblassende Weine. Ob nun der regionale Stil oder die gesunkene Nachfrage nach Sauvignon oder beides schuld ist, jedenfalls hat der Bestand gegenüber seinem Höhepunkt von 370 ha im Jahr 1986 etwas nachgelassen.
Gebietstypischer Wein:
Carmenet Edna Valley (von Paragon; siehe S. 88).

Muscat Blanc (1970: 0; 1990: 65 ha)
Diese weiße Traube eignet sich vielleicht am besten für den AVA-Bereich Paso Robles, insbesondere für die Estrella Prairie, wo fast die gesamte Anbaufläche der Sorte im County liegt. Die meisten Weine werden als leichte, süße Muskateller bereitet, d. h. mit etwa 12% Alkohol und 3 bis 6% Restsüße. Die feinsten Beispiele zeigen eine größere Delikatesse in Geschmack und Körper als die typischen Weißweine aus dieser Gegend, aber auch als typische Muskateller überhaupt. Fast alle vor 1990 abgefüllten Weine trugen

den Namen Muscat Canelli, der inzwischen staatlicherseits abgeschafft und durch Muscat Blanc ersetzt worden ist.
Gebietstypischer Wein:
Eberle Winery Estate Paso Robles.

Sonstige Weißweintrauben
Pinot Blanc (23 ha, meist für Schaumwein); Sémillon (26 ha, fast nur für Verschnitte mit Sauvignon); White Riesling (10 ha).

Rotweintrauben

Bis 1970 war der kleine Weinbau, dessen Wurzeln im 19. Jahrhundert liegen, auf ganz geringen Umfang zusammengeschmolzen; nur noch drei Weinbaubetriebe bewirtschafteten knapp 160 ha, die fast ganz mit Zinfandel besetzt waren. Unter den vier damals außerdem noch angebauten Rebsorten war Carignane mit 7 ha die bedeutendste. Der in neuerer Zeit starken Vorliebe für Cabernet folgte auf dem Fuß ein Interesse für Syrah, Nebbiolo und Sangiovese.

Die Berge um die Reben im Edna Valley sind typisch für die Central Coast und geben zu erkennen, wie Kalifornien zu dem Beinamen »Golden State« kam.

Cabernet Sauvignon (1970: 4 ha, 1990: 558 ha)
Alle außer ein paar Anpflanzungen befinden sich im Paso Robles AVA, zumeist auf der Estrella Prairie, wo der Cabernet früh und gut reift und sanft zugängliche Weine erbringt, die wenig oder nichts von der in Cabernets von der Central Coast so oft vorherrschenden vegetabilen Geschmacksnote an sich haben. Fast alle hiesigen Erzeuger gehen mit Eichenholz vorsichtig um, nur Eberle strebt einen tanninherben Biß an. Tiefe und Langlebigkeit werden gerade erst erprobt, die unmittelbare Zugänglichkeit des Paso-Robles-Cabernet läßt sich aber nicht verleugnen. Es liegt zum Teil an diesem sanften Charme, daß kein anderer AVA-Bereich bei Prämierungen so viele Sieger stellt. Die kleinen Cabernet-Anpflanzungen in den westlichen Bergen bestehen noch nicht lange und zahlreich genug, um ein Urteil zu ermöglichen, versprechen aber festere Art.
Gebietstypische Weine:
Eberle Winery Paso Robles (seit 1985 Erzeugerabfüllungen aus den Lagen der Partner Gary Eberle und Howard Steinbeck auf der Estrella Prairie). **Meridian Vineyards** Paso Robles (Erzeugerabfüllung aus ausgewählten Lagen, die ursprünglich 1972 unter dem Namen Estrella River angepflanzt wurden). **Castoro Cellars** Paso Robles »Hope Farms Reserve« (von der Hope Ranch beim Paso Robles Airport). **J. Lohr** Paso Robles »Seven Oaks« (Erzeugerabfüllung aus einer stetig vergrößerten Anpflanzung neben Hope Farms Vineyards). **Adelaida Cellars** Paso Robles (Gebietsverschnitt; früher von der Estrella Prairie, seit 1988 vorwiegend aus den Bergen im Westen).

Merlot (1970: 0; 1990: 50 ha)
Studien der University of California rieten in den 1880er Jahren sehr von der Anpflanzung von Merlot in Paso Robles ab, weil die Traube dort zur Überreife neigte. Moderne Anbauer bringen dennoch einiges zuwege, aber keine Merlot-Lage und auch kein Merlot-Wein hat sich bislang als so markant hervorgetan wie bessere Beispiele aus anderen Gegenden Kaliforniens. In den kühlen Zonen bei Templeton sind vielversprechende Merlot-Weine von Wild Horse, JanKris (ursprünglich Farview Farms) und York hervorgebracht worden.

Petite Sirah (1970: 0; 1990: 44 ha)
Zwar ist die Anbaufläche beträchtlich, aber sortenreiner Wein aus der Appellation ist so selten, daß keine allgemeingültigen Aussagen möglich sind.

Pinot Noir (1970: 2 ha, 1990: 68 ha)
Bis in den Beginn der 1990er Jahre scheint sich der Pinot Noir in San Luis Obispo nicht recht daheim zu fühlen. Die Anpflanzungen konzentrieren sich auf die AVA-Bereiche Edna Valley und Arroyo Grande. Im Edna Valley sind die Leistungen der Traube mäßig, ihre Weine wurden von solchen aus ähnlichem Klima im Santa Barbara County in den Schatten gestellt. Talley in Arroyo Grande versprach in den beiden ersten Jahrgängen besseres Format. Einige Lagen im Hügelland im Westen von Paso Robles haben sich in kühlen Jahren bewährt, erbringen aber pflaumen- bis rosinenhafte Geschmacksnoten. Einige besonders kühle Canyons westlich von Templeton werden inzwischen auf ihre Eignung für Pinot untersucht.

Syrah (1970: 0; 1990: 13 ha)
Die einzige größere Anpflanzung liegt östlich von Paso Robles und hieß früher Estrella River, gehört jetzt aber Meridian. Die Estrella-Weine waren sauber, aber nichts Besonderes. Ab 1988 setzte Meridian die Erträge scharf herab und brachte dunkle, feste Beispiele mit so markanter Art hervor, daß eine vorläufige Beurteilung erst nach Jahren möglich sein wird.
1992 brachten die Eigentümer von Beaucastel die Syrah-Traube und andere Rhône-Rebsorten aus ihrem Besitz in Châteauneuf-du-Pape in die Gegend von Adelaida, nachdem dort ein paar Rebzeilen von John Munch (Adelaida Cellars) Aufsehen erregt hatten. Die ersten Syrah-Weine aus den westlichen Bergen dürften Mitte der 1990er Jahre auf den Markt kommen.
Gebietstypischer Wein:
Meridian Paso Robles (Erzeugerabfüllung)

Zinfandel (1970: 160 ha, 1990: 504 ha)
Die 1970er Jahrgänge entstanden von knorrigen, damals schon alten Reben und waren meist alkoholstark und reich an den pflaumen- und rosinenhaften Geschmackstönen, die voll- bis überreifer Zinfandel aufweist. Neuerdings haben moderne Erzeuger mit Bedacht und technischen Maßnahmen teils im Weinberg, teils im Keller diese Eigenarten gemildert. Bessere Klonselektion und jüngere Anpflanzungen bringen Vielfalt ins Spiel. Die Einheimischen behaupten, der Zinfandel aus Templeton habe eine Note von schwarzem Pfeffer, während der aus Adelaida süß nach Erdbeeren schmecke. Weine von der Estrella Prairie sind im Geschmack denen aus Adelaida ähnlich.

Mastantuono und Tobin James belassen dem hiesigen Zinfandel seine Ausdruckskraft, verleihen ihm aber auch bei großem Format Schliff und Ausgewogenheit. Adelaida bringt beträchtliche Verhaltenheit zuwege. Ridge strebt mit Erfolg die für seinen Stil typische klare Tanninherbheit an.

Saucelito Canyon im Arroyo Grande AVA hielt sich in den Jahrgängen bis 1990 an den pflaumig-reifen Stil von Paso Robles.
Gebietstypische Weine:
Ridge Paso Robles, Dante Dusi Vineyard (siehe Santa Cruz Mountains, S. 158). **Adelaida** Paso Robles (Gebietsverschnitt aus mehreren Quellen). **Tobin James** Paso Robles (Gebietsverschnitt auf der Grundlage von Dante Dusi Vineyard). **Mastantuono** Paso Robles (von älteren Reben im Peachy Canyon).

Sonstige Rotweintrauben
Gamay (25 ha); Gamay Beaujolais (9 ha); die Anbaufläche von Nebbiolo und Sangiovese war 1992 noch winzig.

Rechts: Das Auffüllen der Fässer ist überall in der Welt ein wesentlicher Teil der Kellerarbeit, anderswo aber kaum so sehr wie im heißen, trockenen Paso Robles.

Paso Robles AVA

Eingerichtet: 3. November 1983
Gesamtfläche: 245 600 ha
Rebfläche: 2520 ha
Weinbaubetriebe: 23
Hauptort: Paso Robles

So wie er angelegt ist, schließt der AVA-Bereich Paso Robles meilenweit Ödland im Osten ein, grenzt vielversprechendes Hügelland im Westen aus, und schließlich läßt er Trennungslinien vermissen, die das Land dazwischen in Hälften, eher noch in Viertel aufteilen sollten. Der Angelpunkt bei alledem ist Templeton. Von dort aus bezeichnen nordwärts bis zum Monterey County der Salinas River und der US Highway 101 die Grenze zwischen der unebenen, grasbewachsenen Talsohle im Osten und steilen, bewaldeten, bis 855 m aufsteigenden Bergen im Westen.

Auf den Kalkhängen der Santa-Lucia-Berge bauten schon vor der Jahrhundertwende ein paar Dutzend Winzer die altbewährte kalifornische Rotweinrebe Zinfandel ohne Bewässerung an. Ein Hektar hier, zwei dort – überall stolpert man heute noch über knorrige, immer wieder gestutzte Weinstöcke, die aus der Anfangszeit überlebt haben mögen. Obwohl oft behauptet wird, es liege eher an den Klonen als am Klima, so bringen doch diese Graubärte Weine in zwei derart voneinander verschiedenen Geschmacksrichtungen hervor, daß manche Erzeuger heute meinen, die westlichen Berge durch eine Klimagrenze in zwei Zonen teilen zu können. Nördlich vom Kiler Canyon wehren hohe Berge die Meeresluft weitgehend ab, so daß ein heißes Klima entsteht, das infolge seiner Ähnlichkeit mit der südlichen Rhône auch die Eigentümer von Beaucastel angelockt hat. Südlich von diesem Canyon strömt die kühlende Meeresluft durch eine Berglücke bei Templeton ein und schafft so kühle Stellen, daß der Zinfandel nur mit Schwierigkeit zur Reife gelangt und mancher lieber Chardonnay oder gar Pinot Noir an seine Stelle setzen würde. Das Terrain sorgt in den Bergen für geringe Besitzgrößen. 1992 verfügten rund 60 Winzer zusammen nur über knapp 200 ha.

Draußen im Grasland steht der Cabernet Sauvignon kaum seit einem Jahrzehnt, also nicht lange genug, um ein endgültiges Urteil über einen Wein fällen zu können, dessen Reben nach allgemeiner Meinung erst richtig in Gang kommen, nachdem sie 10 Jahre alt sind. Dessenungeachtet hat die große Bordeaux-Traube begonnen, an manchen Stellen Stärke zu beweisen, an anderen dagegen keine.

Der Bergkamm unterhalb von Templeton lenkt die kühle Luftströmung durch die Lücke nur am Salinas River aufwärts und

schafft damit so eigentümliche Verhältnisse, daß Ken Volk von Wild Horse den Cabernet Sauvignon nie über die in Monterey und Santa Barbara so häufig auftretenden Geschmacksnoten von grünem Chili oder Paprika hinaus zur Reife bringen konnte.

Auf der anderen Seite des Bergkamms reift der Cabernet überall mit Leichtigkeit, in manchen Gegenden vielleicht allzusehr. Dennoch ist er die beherrschende und maßgebliche Rebsorte auf dem Grasland. Estrella Prairie ist hier der kühlste und zugleich der für Cabernet bevorzugte Teil. Sie bildet ein Dreieck, dessen Seiten ungefähr vom Salinas River im Westen, vom Estrella River nordwestwärts bis zum Zusammenfluß mit dem Salinas und schließlich im Süden von der Union Road dargestellt werden. Bestimmenden Einfluß hat hier der Boden aus Verwitterungsprodukten der Santa-Lucia-Berge, und letzte Seufzer der Brise durch die Lücke bei Templeton sorgen in der welligen Landschaft für deutlich mehr Kühle als in den westlich anschließenden Adelaida-Bergen, die wiederum kühler sind als die Cholame Hills im Osten.

Meridian, J. Lohr und Arciero verfügen über Weinpflanzungen in dem 200 ha großen Gebiet, und in allen ist der Cabernet stark vertreten. Weitere 30 Anbauer haben kleinere Besitzungen hier. Shandon liegt an der Ostgrenze des AVA-Bereichs an den Cholame-Hängen. Hier ist eine Außenseiterlage, vor allem weil noch nicht klar ist, für welche Rebsorten sie sich wirklich eignet. Drei größere Weinbergpflanzungen und eine kleinere Anlage fallen in das wärmere Klima und den nicht so kalkreichen Boden, die dieses Gebiet kennzeichnen. Am bekanntesten ist Creston Vineyard.

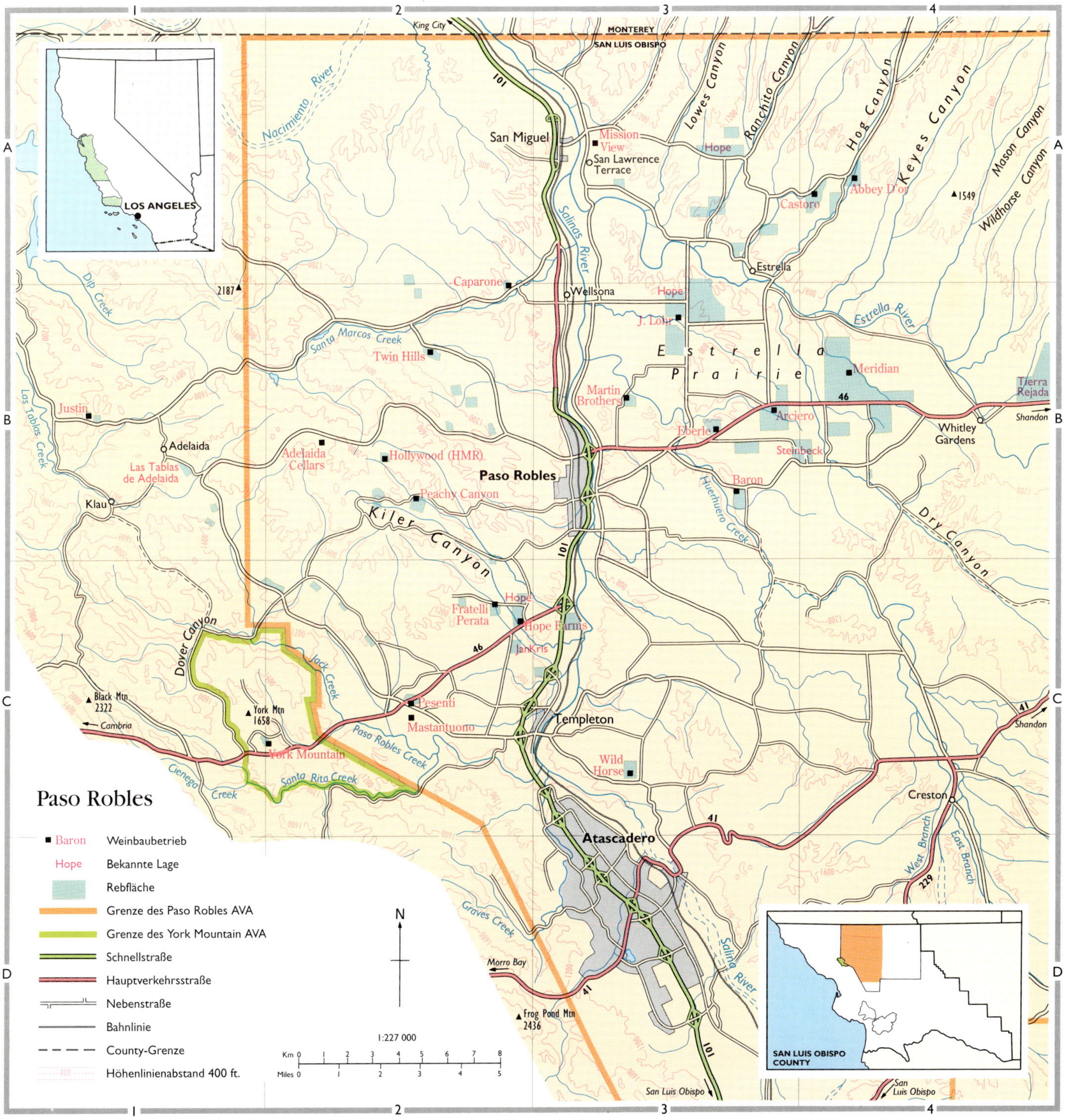

York Mountain AVA

Eingerichtet: 23. September 1983
Gesamtfläche: 2080 ha
Rebfläche: 12 a
Weinbaubetriebe: 1
Hauptorte: keine (Templeton nahebei)

Weil York Mountain unmittelbar am Eingang der Gebirgslücke bei Templeton liegt, ist der Bereich weit kühler als alle anderen Teile des Salinas-Beckens im San Luis Obispo County. Die Rebfläche ist nur klein, weil die Landschaft meist von messerscharfen Bergkämmen in schluchtartige Canyons abstürzt. Hier wachsen kaum Weine, die den AVA-Namen tragen könnten, aber allein schon die Tatsache, daß es den Bereich gibt, hat Signalwirkung für die Winzer an anderen Stellen der westlichen Berge im Paso Robles AVA. Eine Chardonnay-Lage namens MacBride ist in Weine eingegangen, die auf den Etiketten die Herkunft nennen. Es ist die bedeutendste Lage der Appellation.

Milchtüten um den Fuß junger Reben sind in Kalifornien die erste Abwehrmaßnahme gegen hungrige Kaninchen.

Edna Valley AVA

Eingerichtet: 11. Juni 1982
Gesamtfläche: 8960 ha
Rebfläche: 620 ha
Weinbaubetriebe: 4
Hauptort: San Luis Obispo

Der AVA-Bereich, einer der kleineren Kaliforniens, ist eher ein flaches Becken als ein Tal zwischen San Luis Obispo und dem Strandort Pismo Beach.

Seine Nordgrenze verläuft durch die Stadt San Luis Obispo, gewissermaßen als gefühlsbetonte Geste den Franziskanern gegenüber, die um 1790 hier die ersten Reben pflanzten. Aber die eigentlichen Anfänge des Weinbaus liegen erst um 1970, als einige Kilometer weiter südlich die Familie Jack Niven ihre Besitzung Paragon Vineyard zu bestocken begann.

Alle inzwischen bestehenden Anpflanzungen befinden sich im kalkhaltigen Lehm- und Tonboden auf der Talsohle zwischen 30 und 90 m Höhe, obwohl auch bis zu 180 m Höhe reichende Hänge in die AVA-Grenzen fallen. So klein das Tal ist, absolut einheitlich ist es nicht. In der Nähe der Corbett Canyon Winery setzt sich die kühle Luft stark ab, und obendrein befinden sich dort die schwersten Lehmböden; daher reiften Versuchsanpflanzungen so

schlecht, daß die Kellerei den Gedanken an eigene Weinberge in der nächsten Umgebung aufgab und 130 ha im Alamos-Distrikt im Santa Barbara County kaufte.

Paragon beherrscht die Anbaufläche mit 280 ha, von denen der erste Teil 1974 bestockt wurde. Auch die Namen Chamisal (23 ha) und MacGregor (40 ha) sind schon seit Ende der 1970er Jahre von Etiketten her vertraut. Unter den neueren Anpflanzungen befinden sich 38 ha Chardonnay von Meridian (siehe S. 135). Die restliche Anbaufläche kommt jetzt erst richtig in Ertrag. Es ist noch ein kleiner Teil der AVA-Fläche übrig, doch viel von dem kultivierbaren Land ist bereits in kleine Parzellen aufgeteilt, wo sich so mancher lieber ein, zwei Pferde hält.

Den bei weitem größten Anteil an der Rebfläche hat mit 520 ha der Chardonnay; ihm wird die meiste Anerkennung seitens der Kritiker zuteil. Auch Gewürztraminer (inzwischen verschwunden) und Sauvignon Blanc von Paragon haben gute Leistungen gezeigt. Die einst auf Pinot Noir gesetzten großen Hoffnungen schwanden dahin, als dieser nur seltsam vegetabile, kurzlebige Weine erbrachte, doch die Winzer haben noch nicht aufgegeben. Veränderte Weinbergtechniken stehen hinter einer Reihe von Pinots, die seit den 1990er Jahren von kümmerlichen 25 ha entstanden sind. So klein der AVA-Bereich nun auch ist, ein beträchtlicher Teil seines Ertrags geht doch hinaus, weil es am Ort an Verarbeitungsbetrieben fehlt. Der bedeutendste hiesige Erzeuger ist Edna Valley Vineyards.

Arroyo Grande AVA

Eingerichtet: 5. Februar 1990
Gesamtfläche: 17 150 ha
Rebfläche: 168 ha
Weinbaubetriebe: 3
Hauptort: Arroyo Grande

Der neueste und südlichste AVA-Bereich in San Luis Obispo unterliegt so ziemlich demselben maritimen Klima wie das Edna Valley nördlich von ihm und das Santa Maria Valley im Santa Barbara County südlich von ihm. Ein Teil eines recht gleichmäßigen Hangs ist zur 6 km entfernten San Luis Bay und der Pazifikküste nach Westen hin ausgerichtet, der übrige Teil liegt im Schutz eines einzigen niedrigen Hügels. Die Maison Deutz hat den bei weitem größten Anteil an der Anbaufläche; sie legte 1982 die ersten von inzwischen 120 ha für ihre Schaumweinproduktion an. 1992 begannen Chardonnay, Pinot Noir und Pinot Blanc aus dem eigenen Besitz den Bedarf für die Cuvées zu decken, was bisher mit zugekauftem Lesegut aus dem Santa Maria Valley geschah. Saucelito Canyon und Talley produzieren Stillweine aus dem Ertrag ihrer Besitzungen in Arroyo Grande. Von ihnen hat sich bisher der Talley Pinot Noir die meiste Zustimmung errungen, obschon alle Urteile über die noch junge Appellation zu neun Zehnteln auf Spekulation beruhen.

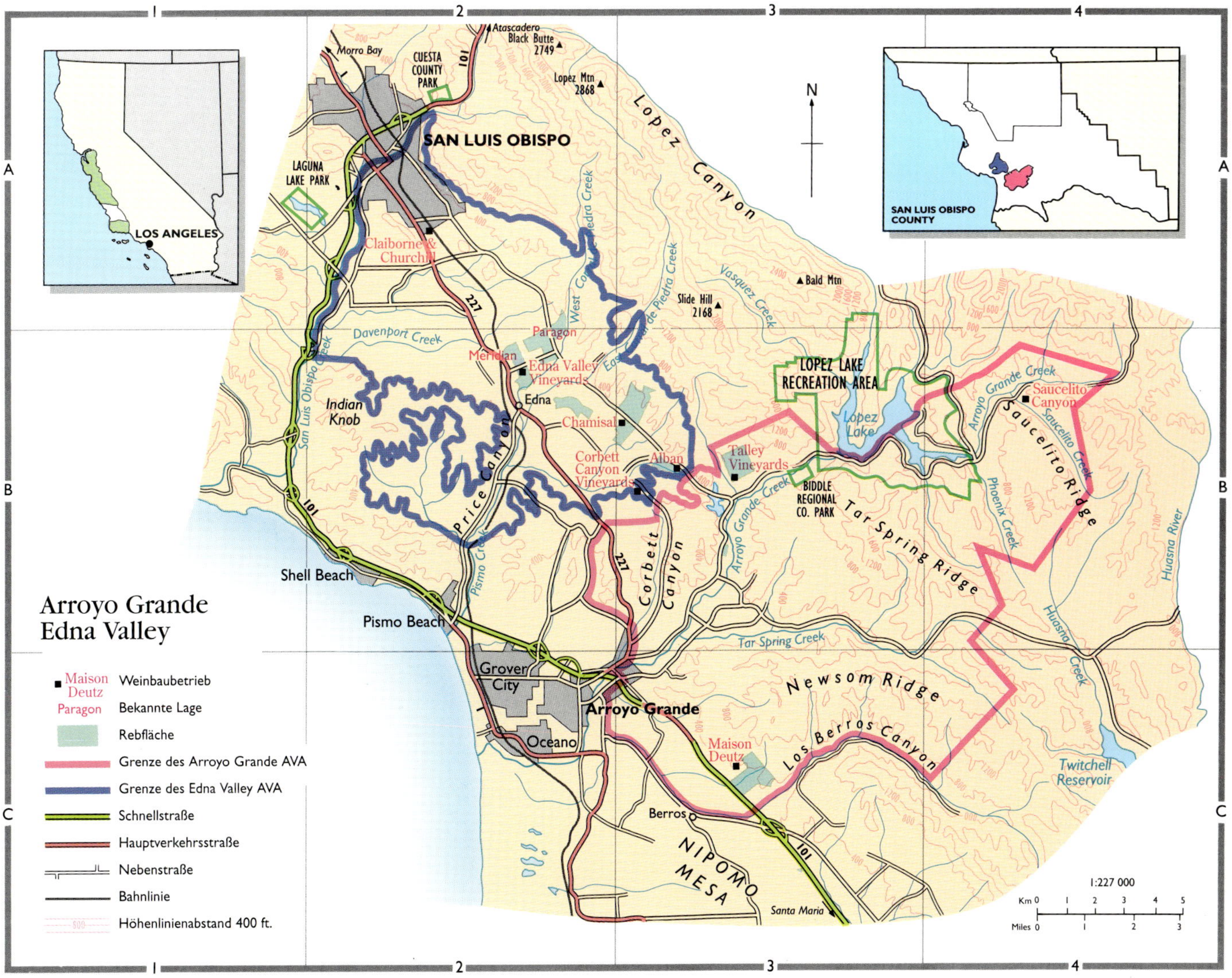

ERZEUGER IN PASO ROBLES

Abbey D'or (1987)
Star Route Box 4620, San Miguel, CA 93451. Tel. (805) 467-3248. 3000 Kisten. Von 52 ha Eigenbesitz nördlich der Estrella Prairie kommen Chardonnay, Chenin Blanc, Cabernet Sauvignon, Pinot Noir und Zinfandel.

Adelaida Cellars (1981)
5805 Adelaida Road, Paso Robles, CA 93446. Tel. (805) 239-0190. 5000 Kisten. Aus Quellen, die sich immer weiter westwärts zur Kellerei hin verschieben, stammt beständig ansprechender Cabernet Sauvignon. Der 1988 hinzugekommene Zinfandel folgt ihm in den Fußstapfen. Seit 1992 haben neue Partner des Gründers John Munch größere Lagen eingebracht.

Arciero Winery (1984)
PO Box 1287, Paso Robles, CA 93447. Tel. (805) 239-2562. Kapazität 500 000 Kisten. Der drittgrößte Erzeuger der Region bezieht sein Lesegut von 210 ha in drei Lagen, zwei auf der Estrella Prairie, eine in Shandon. Chardonnay, Chenin Blanc und Cabernet Sauvignon sind die Hauptprodukte, Petite Sirah und Zinfandel die Spezialitäten. Die Weine laufen unter der Marke Arciero; Zweitmarke: Monteverde.

Baron Vineyard (gegr. 1986 als Baron & Kolb, 1990 umbenannt)
1981 Penman Springs Road, Paso Robles, CA 93446. Tel. (805) 239-3313. 7000 Kisten. Ein ehemaliger Feuerwehrhauptmann produziert Chardonnay, Sauvignon Blanc, Muscat Canelli und Cabernet Sauvignon aus eigenem Anbau auf 12 ha auf der Estrella Prairie sowie Chardonnay von bei Creston zugekauften Trauben.

Caparone Vineyards (1979)
2280 San Marcos Road, Paso Robles, CA 93446. Tel. (805) 467-3827. 4000 Kisten. Dave Caparone hat eine Passion für Sangioveto grosso, er nennt ihn Brunello, und Nebbiolo von seinen 3 ha nördlich von Paso Robles. Cabernet, Merlot und Zinfandel von zugekauftem Lesegut bringen das Geld.

Castoro Cellars (1979)
PO Box 954, Templeton, CA 93465. Tel. (805) 467-2002. 10 000 Kisten mit steigender Tendenz. Neben dem Flaggschiff Cabernet (v. a. Hope Farms Reserves) und Zinfandel produziert die Kellerei auch Chardonnay, Fumé Blanc und Pinot Noir. Castoro war ursprünglich ein Handelshaus, erwarb aber 1990 im Hog Canyon 100 ha kultivierbares Land und einen Bauplatz für eine Kellerei.

Eberle Winery (1979)
PO Box 2459, Paso Robles, CA 93447. Tel. (805) 238-9607. 9500 Kisten. Beständige Spitzenstellung mit robustem Cabernet Sauvignon und weichem Muscat Canelli von 14 ha Eigenbesitz bei der Kellerei sowie von nahegelegenen 32 ha des Partners Howard Steinbeck, alles auf der Estrella Prairie.

Oben: Gary Eberle führte Paso Robles in die Cabernet-Ära. Rechts: Die Eberle Winery.

Fratelli Perata (1989)
1595 Arbor Road, Paso Robles, CA 93446. Tel. (805) 239-2809. 1000 Kisten. Cabernet Sauvignon, Merlot und Zinfandel von 10 ha Eigenbesitz westlich von Templeton.

HMR Estate Winery (1972)
5065 Adelaida Road, Paso Robles, CA 93446. Tel. (805) 238-7143. Derzeit außer Betrieb; es besteht jedoch die Hoffnung, daß die Kellerei mit 23 ha in den Adelaida-Bergen wieder in Schwung kommt.

Hope Farms Winery (1990)
2175 Arbor Road, Paso Robles, CA 93446. Tel. (805) 238-6979. 4800 Kisten. Die neue Kellerei gehört einem alteingesessenen Anbaubetrieb, der 88 ha Weinberge in drei Lagen, zwei auf der Estrella Prairie, die andere bei der Kellerei westlich von Templeton, bewirtschaftet. Cabernet aus bewährten Lagen beim Paso Robles Airport hat Auszeichnungen für das Hope-eigene Etikett sowie für Castoro und andere errungen. Ebenfalls aus eigenem Anbau: Chardonnay aus dem Besitz beim Flughafen, Sauvignon Blanc und Zinfandel aus dem Cross Canyon, Cabernet, Merlot und Chardonnay bei der Kellerei.

JanKris Vineyards (1990)
Route 2, Box 40, Bethel Road, Templeton, CA 93465. Tel. (805) 434-0319. 4500 Kisten. Die derzeitigen Besitzer benannten den durch Merlot besonders bekannt gewordenen Betrieb Farview Farms um.

Auf den 22 ha wurden auch Chardonnay und Zinfandel angepflanzt. Ferner wurden Marke und Kellerbestände von Laura's Vineyards erworben.

Justin Winery (1987)
11680 Chimney Rock Road, Paso Robles, CA 93446. Tel. (805) 238-6932. 4000 Kisten. Chardonnay sowie Verschnitt von Cabernet Sauvignon, Cabernet Franc und Merlot von 26 ha Eigenbesitz in den westlichen Adelaida-Bergen.

J. Lohr (1974)
Großes Imperium mit derzeit über 280 ha in Paso Robles, meist Cabernet, mit einer Kellerei beim Paso Robles Airport. Siehe auch S. 160.

Martin Brothers Winery (1981)
PO Box 2599, Paso Robles, CA 93447. Tel. (805) 238-2520. 15 000 Kisten. Der Partner und Kellermeister Domenic Martin besinnt sich zunehmend auf seine italienische Herkunft und produziert Nebbiolo, Aleatico usw. von 28 ha Eigenbesitz auf der Estrella Prairie. Sein erstes Renommee aber verdiente er sich mit Chardonnay (zugekauft), Chenin Blanc (jetzt Eigengewächs) und einem denkwürdig herben, inzwischen aber aufgegebenen Sauvignon Blanc aus Tierra Rejada.

Mastantuono (1977)
100 Oak View Road, Templeton, CA 93465. Tel. (805) 238-0676. 10 000 Kisten. Pasquale Mastan, ein Städter, ist treuer Anhänger traditioneller, derber Zinfandel aus Paso Robles; sein Lesegut stammt von alten Weinstöcken (6 ha) im Peachy Canyon westlich von Templeton. Außerdem produziert er Chardonnay, Sauvignon Blanc, Cabernet Sauvignon und Muscat Canelli von zugekauften Trauben.

Pasquale (Pat) Mastan ist ein unermüdlicher Kämpfer für die Zinfandel-Tradition.

Meridian Vineyards (gegr. 1984, 1989 umgebildet)
PO Box 3289, Paso Robles, CA 93447. Tel. (805) 237-6000. 220000 Kisten. Die ehemalige Feierabendkellerei von Chuck Ortman ist heute ein gutgeführter, finanzkräftiger Weinbaubetrieb (gleiche Besitzer wie Beringer in Napa und Château Souverain in Sonoma) mit 220 ha in Paso Robles, 40 ha im Edna Valley und freiem Zugriff auf das beste Lesegut von 1150 ha in drei Lagen in Santa Barbara. Kellermeister Ortman hat sein Können mit Chardonnay aus Santa Barbara und aus dem Edna Valley bereits unter Beweis gestellt. Seit 1989 macht er außerdem Riesenfortschritte mit Cabernet Sauvignon und Syrah aus Paso Robles und Pinot Noir aus Santa Barbara.

Mission View Estate Vineyards & Winery (1984 gegr., 1988 wiedereröffnet)
PO Box 129, San Miguel, CA 93451. Tel. (805) 467-3104. 6000 Kisten. 16 ha auf hohen Felsklippen in der Südostecke von San Miguel liefern die Grundlage für faßvergorenen Chardonnay, Sauvignon Blanc, Cabernet Sauvignon und Zinfandel.

Peachy Canyon Winery (1989)
Route I, Box 115C, Paso Robles, CA 93446. Tel. (805) 238-7035. 800 Kisten. Spezialist in gut bereitetem, traditionellem Templeton-Zinfandel aus der Lage Benito Dusi.

Pesenti Winery (1933)
2900 Vineyard Drive, Templeton, CA 93465. Tel. (805) 434-1030. 30000 Kisten. Der alteingesessene Familienbetrieb mit 26 ha bei Templeton produziert ein breites Spektrum an meist rustikalen Weinen.

Tobin James (1985)
PO Box 2867, Paso Robles, CA 93447. Tel. (805) 239-2204. 4000 Kisten. Ein ehemaliger Kellereiarbeiter bei Eberle machte sich selbständig, als er bemerkte, daß er für stets eindrucksvollen Zinfandel mit großem Format, jedoch feinem Schliff eine glückliche Hand hat. Er produziert ihn von gekauftem Lesegut aus dem Westen und experimentiert außerdem u. a. mit Merlot (JanKris) und Cabernet Sauvignon (Justin und Steinbeck).

Twin Hills Ranch Winery (1981)
2025 Nacimiento Lake Drive, Templeton, CA 93465. Tel. (805) 434-10030. Kapazität 15000 Kisten. Erzeuger mit 16 ha Chardonnay, Cabernet Sauvignon und Zinfandel nordwestlich von Paso Robles.

Ein typischer Probierraum in Paso Robles.

Ken Volk von der Wild Horse Winery.

Wild Horse Winery (1983)
PO Box 910, Templeton, CA 93465. Tel. (805) 434-2541. 25000 Kisten. Der Besitzer und Kellermeister Ken Volk beweist großes Geschick mit Pinot Noir aus verschiedenen Quellen, meist aus Santa Barbara (v.a. Sierra Madre, Santa Maria Hills und Bien Nacido), aber auch aus Paso Robles (HMR), und eine sichere Hand im übrigen Programm. Auf 28 ha Eigenbesitz südöstlich von Templeton steht Chardonnay; Merlot und Pinot Noir sollen hinzukommen. Cabernet-Sauvignon-Lesegut wird zugekauft.

York Mountain Winery (1882)
Route 2, Box 191, Templeton, CA 93465. Tel. (805) 238-3925. 5000 Kisten. Pionierfamilienbetrieb, 1970 an Max Goldman verkauft. 1982 und 83 kam der Betrieb unter der Leitung von Steve Goldman in Schwung und ist seither besonders für Merlot von Interesse.

WEITERE ERZEUGER (in der Karte nicht eingezeichnet)

Creston Vineyard (gegr. 1982 als Creston Manor, 1988 umbenannt)
17 Mile Post, Highway 58, Creston, CA 93432. Tel. (805) 238-7398. 25000 Kisten. Größere Erzeugung an Cabernet, Sauvignon Blanc, Pinot Noir von 62 ha Eigenbesitz (40 in Shandon, 22 bei Adelaida) sowie von zugekauftem Lesegut aus dem Paso Robles AVA.

Harmony Cellars (1989)
PO Box 2502, Harmony, CA 93535. Tel. (805) 927-1625. In Cambria außerhalb des AVA-Bereichs ansässig, bezieht Lesegut für zahlreiche Sortenweine aus verschiedenen Quellen.

ERZEUGER IM EDNA VALLEY UND IN ARROYO GRANDE

Alban Vineyards (1990)
115 Peach Street, San Luis Obispo, CA 93401. Tel. (805) 546-0305. 500 Kisten. Mitten im Chardonnay-Land hat sich ein Rhône-Spezialist an der Südspitze des Edna Valley 20 ha mit Viognier, Roussanne, Syrah und in kleinen Mengen Mourvèdre und Grenache angelegt.

Chamisal (1979)
7525 Orcutt Road, San Luis Obispo, CA 93420. Tel. (805) 544-3576. 3000 Kisten. Norman Goss produziert ultratoastwürzigen Chardonnay von 23 ha Eigenbesitz im Edna Valley.

Claiborne & Churchill Vintners (1983)
860 E Capitolio Way, San Luis Obispo, CA 93420. 3000 Kisten. Familienbetrieb mit trockenem Gewürztraminer, ursprünglich von Paragon Vineyard, jetzt aus Monterey, und mit Riesling nach wie vor von Paragon.

Corbett Canyon Vineyards (1983)
2195 Corbett Canyon Road, Arroyo Grande, CA 93420. Tel. (805) 544-5800. 300000 Kisten. Der Betrieb im Edna Valley hat dort keine eigenen Weinberge, sondern bezieht aus seinem 132-ha-Besitz in Los Alamos im Santa Barbara County das Lesegut für beständig ansprechenden Chardonnay und Pinot Noir und kauft darüber hinaus andere Sorten sogar aus dem Napa Valley zu. Der Santa Barbara Pinot Noir »Reserve« zeigt die typischen Merkmale der Region.

Edna Valley Vineyards (1980)
2585 Biddle Ranch Road, San Luis Obispo, CA 93401. Tel. (805) 544-9594. 50000 Kisten. Das Gemeinschaftsunternehmen des Anbaubetriebs Paragon und des Erzeugerbetriebs Chalone zeigt in Standard- und Reserveabfüllungen, wie hochfein Chardonnay der toastwürzigen Schule sein kann.

Maison Deutz (1983)
453 Deutz Drive, Arroyo Grande, CA 93420. Tel. (805) 481-1763. 30000 Kisten. Spezialist für Schaumwein nach der klassischen Methode in Arroyo Grande. Der Betrieb im Besitz von William Deutz in Ay, Champagne, produzierte seine ersten Cuvées von Trauben aus dem Santa Maria Valley. Inzwischen kommt das Lesegut zunehmend von 120 ha Eigenbesitz mit Chardonnay, Pinot Blanc und Pinot Noir um die Kellerei in Arroyo Grande.

Unten: Claiborne Thompson und seine Frau Fredericka Churchill.

Das Empfangsgebäude von Deutz.

Saucelito Canyon Vineyard (1982)
1600 Saucelito Creek Road, Arroyo Grande, CA 93420. Tel. (805) 489-8762. 1500 Kisten. Spezialist für Zinfandel von 6 ha Eigenbesitz, vorwiegend aus einem aufgefrischten Weinberg aus dem 19. Jh. in den Bergen am Ostrand des AVA-Bereichs Arroyo Grande.

Talley Vineyards (1986)
3031 Lopez Drive, Arroyo Grande, CA 93420. Tel. (805) 489-0446. 4000 Kisten. Die Familie Oliver Talley erzeugt Chardonnay, Riesling und einen vielversprechenden Pinot Noir von 40 ha Eigenbesitz an der Berührungsstelle zwischen Arroyo Grande und Edna Valley.

Tiffany Hill (1987)
5880 Edna Road San Luis Obispo, CA 93401. Tel. (805) 544-9080. 1300 Kisten. Im wesentlichen eine Winzermarke für einen kleinen Chardonnay-Weinberg im Edna Valley im Besitz der Familie Jack Niven, der von deren Besitzung Paragon getrennt gehalten wird.

Reise-Informationen

SEHENSWERTES

Avila Beach Geschützte, sonnenwarme Küstengewässer an Sandstränden machen den geruhsamen Ort zu einem behaglichen Familienaufenthalt in bequemer Reichweite aller Weinbaugegenden von San Luis Obispo und Santa Barbara.
Paso Robles Das nüchterne Handelszentrum für die Landwirtschaft der Umgebung ist zugleich Rastpunkt an der Schnellstraße, hat aber an Mittwochabenden im Sommer einen farbenfrohen bäuerlichen Markt auf der Plaza zu bieten. Einige noch übrige Bauten der Franziskanermission San Miguel (1797) sind im gleichnamigen Ort 15 km weiter nördlich an der US 101 zu besichtigen.
Pismo Beach Der Badeort am Ozean befindet sich mitten im langsamen Wandel von altmodisch und billig zu chic und ziemlich teuer, ist aber für Weinfreunde ein günstiger Platz auf halbem Weg zwischen den Weinregionen San Luis Obispo und Santa Barbara.
San Luis Obispo Die bedeutendste Stadt im San Luis Obispo County ist zugleich auch das historische Zentrum, vor allem weil sich hier die Mission San Luis Obispo de Tolosa (1772) befand – sie war eine der erfolgreichsten unter den 19 Franziskanerstationen, durch die Kalifornien zuerst von Europäern kolonisiert wurde. Die California Polytechnic University hat in der Higuera Street mitten in der Stadt eine große Zahl Studententreffpunkte entstehen lassen, die das Bild beherrschen, außer an Donnerstagabenden im Sommer, denn dann findet hier ein Markt mit großer Barbecue-Party statt. (Barbecue bedeutet für die Central Coast dasselbe wie Kaffee für Seattle – einer versucht den anderen zu übertreffen.) Die Lage an der US 101 auf halbem Weg zwischen San Francisco und Los Angeles macht die Stadt zum beliebten Zwischenstopp für Autofahrer: Es gibt hier über 1200 mit Reiseführersternen versehene Hotel- und Motelzimmer.

RESTAURANTS UND HOTELS

Cafe Roma 1819 Osos Street, San Luis Obispo, CA 93401. Tel. (805) 541-6800. Das Lokal nennt sich selbst eine römische Trattoria, hat aber eine Speisekarte mit mehr Ehrgeiz. Die fröhliche Atmosphäre, die meisterliche Küche und die aufmerksame Bedienung sind bei Einheimischen sehr beliebt.
Madonna Inn 100 Madonna Road, San Luis Obispo, CA 93401. Tel. (805) 543-3000. Mitten zwischen komfortablen Motels und Motor-Hotels stößt man auf diesen surrealistischen, der Phantastie eines Umberto Eco würdigen Traum.
Main Street Grill 416 Main Street, Templeton, CA 93465. Tel. (805) 434-0655. Das Lokal in einem restaurierten viktorianischen Gebäude an einer ehemaligen Hauptstraße bietet eine gutgeführte Küche mit nur den frischesten Zutaten. Wohldurchdachte Weinkarte mit Weinen der Gegend.
Olde Port Inn Port San Luis Pier 3, Avila Beach, CA 93424. Tel. (805) 595-2515. Auf einem Pier in der San Luis Bay findet man den frischesten Fisch und eine großartige, umfangreiche Weinkarte.
Paso Robles Inn 1103 Spring Street, Paso Robles, CA 93446. Tel. (805) 238-2660. Einst ein Luxushotel, heute nur noch ein Kuriosum. Ruhige Cottages im Garten in einer Gegend, wo sonst vor Straßenlärm kaum Ruhe zu finden ist.
San Luis Bay Inn Avila Road, Avila Beach, CA 93424. Tel. (805) 595-2333. Stilles, abgelegenes Hotel mit Golf- und Tennisplätzen nahe an sicheren Sandstränden. Der Besitzer ist aktiver Förderer der Weine von der Central Coast.
Spyglass Inn 2705 Spyglass Drive, Pismo Beach, CA 93449. Tel. (805) 773-4855. Eines von vielen erstklassigen Motels in diesem Strandort.
Vineyard Inn 512-13th Street, Paso Robles, CA 93446. Tel. (805) 238-7515. Restaurant in einer ehemaligen Kirche (früher »Joshua's«). Amerikanische Gerichte mit wohlvertrauten nah- und fernöstlichen Saucen und Gewürzen. Weinkarte mit Schwerpunkt auf den Erzeugnissen der Gegend.

WEINROUTE

Die lebendige Universitätsstadt San Luis Obispo ist ein guter Ausgangspunkt für Besuche nicht nur im Edna Valley, sondern auch in Paso Robles im Norden und allen Gegenden südwärts bis zum Santa Ynez Valley im Santa Barbara County. Die Strandorte Pismo Beach und Arroyo Grande liegen ebenso günstig für alle, die sich nach Norden wenden wollen, und vielleicht noch günstiger für am Süden Interessierte.
Die US 101 knüpft das Band zwischen allen Bereichen. Die Weinbaubetriebe liegen mit wenigen Ausnahmen nahe der Schnellstraße. Daher braucht man nicht viel zu fahren und hat obendrein eine große Auswahl an Unterkunftsmöglichkeiten und Restaurants.
Beispielsweise hat die alte Stadt Paso Robles einen eigentümlichen Charme, vorausgesetzt daß man sich vor Sommerhitze nicht scheut. Hier sind so viele besuchenswerte Weinkellereien konzentriert, daß sich ein zweitägiger Aufenthalt lohnt.

Links: Die Pazifikküste ist an den meisten Stellen stark zerklüftet, aber die San Luis Bay (oben) bietet Fischern und Schwimmern geschütztes, sonnenerwärmtes Wasser.

Monterey County

Als in den 1960er Jahren die ersten Weinanbauer in das 130 km lange und 20 km breite Salinas Valley in Monterey kamen, glaubten sie ihr Paradies gefunden zu haben und stiegen in entsprechendem Umfang ein.

Es war und ist noch immer ein recht eigenartiges Paradies. Eine Handvoll staubige, winddurchwehte, nüchterne Landstädtchen sind über die Länge verteilt, aufgereiht wie vereinsamte Perlen am US Highway 101. In vielen Läden in Gonzales und Soledad und dem Namen zum Trotz auch in Greenfield kommt man mit Spanisch besser zurecht als mit Englisch. Ist ein Gebäude höher als 8 m, dann kann man sicher sein, daß man darin Landmaschinen oder Wein findet. Doch damals, als unter dem urbanen Ausbreitungsdruck in Livermore und im Santa Clara Valley für die Rebe kein Platz mehr blieb, verhießen Klimauntersuchungen der University of California hier ein neues Elysium für den Weinbau, und das bei Preisen für Grund und Boden, die verglichen mit denen an der North Coast nur Pfennigbeträge darstellten. Auch war es kein Nachteil, daß der kleine Weinbaubetrieb Chalone bei Soledad bereits in der Welt der Weinsammler Wellen schlug.

1962 begann Mirassou mit der Anpflanzung von 480 ha für den eigenen Bedarf sowie von zunächst 400 ha für den späteren Paul-Masson-Besitz von 1800 ha. Wente Bros. folgte bescheiden mit 280 ha. Die ersten Weine dieser drei Betriebe fielen so aus, daß in den 1970er Jahren eine noch ambitioniertere zweite Welle ausgelöst wurde. Eine Erschließungsgesellschaft warb Investoren für den Ankauf von 3800 ha für die Erstgründung von The Monterey Vineyard an, während ein Großkonzern aus Texas rund 5000 ha für die inzwischen wieder eingegangene San Martin Winery aufkaufte und anpflanzte. Auf dem rasch erreichten Höhepunkt verfügte Monterey über eine Rebfläche von 15 000 ha – eine wahrhaft erstaunliche Invasion in dieser Gegend, die vorher lange Zeit als «Amerikas Salatschüssel» eine bescheidene Rolle gespielt hatte.

In den stürmischen ersten Jahren pflanzte jeder überall, wo er nur wollte, alle Rebsorten, die ihm wünschenswert erschienen. Die Wachstumsperiode war ja so lang und so mild, daß die Trauben notfalls bis Weihnachten an den Weinstöcken hängenbleiben konnten. Jede Rebe bekam soviel Wasser, wie sie brauchte, ohne Fäulnis oder Mehltau zu riskieren, denn aus dem Sommerhimmel fällt so gut wie nie Regen, und doch läßt sich Wasser reichlich aus dem unterirdischen Salinas River schöpfen. Es gibt nur wenige Stellen auf dieser Welt, wo ein Fluß eher wie eine Wüste aussieht als die Umgebung, der er Wasser spendet, hier aber ist es so: Er fließt fast stets unter der Oberfläche in einem tiefen, mit Kies angefüllten Bett unter einer dicken Schicht Schwemmsand.

In manchen der größeren Weinfelder kam eine einzige Rebzeile oft fast auf einen Hektar – Vollerntemaschinen konnten ja die Lese schneller und sicherer als Menschenhände erledigen. Es hatte vorher praktisch keinen Weinbau im Tal gegeben, also auch keine Reblausplage, und so konnten die Reben mit dem eigenen Wurzelstock gepflanzt werden, wie einst in Frankreich, als Claret noch Claret war.

Das alles waren folgenschwere Fehler. Das wellige Gelände hatte unterschiedliche Böden, und so kam es vor, daß die Mitte einer Rebzeile früher reifte als ihre Enden. Also mußten die Erntemaschinen oft meilenweit fahren, um ein paar Meter Trauben zu lesen, und brauchten bis zu drei Wochen, um in vier bis fünf Durchgängen eine Zeile abzuernten. Die nur zu gut mit Wasser versorgten Reben wuchsen unaufhörlich und brachten Weine hervor, deren Geschmack ihnen den Spottnamen «Monterey-Gemüse» eintrug. Die Reblaus brauchte zwar 20 Jahre, bis sie die Weinberge von Monterey fand – aber sie fand sie schließlich in den 1980er Jahren und ist seither eine wachsende Plage. Der größte Fehler aber war, daß die Winzer ganz auf die Lufttemperatur bauten und die Wirkung von Wind, Sonne und Boden unbeachtet ließen.

Nachdem sie gelernt hatten, daß die Bewässerung zu einem früheren Zeitpunkt eingestellt werden mußte, erfuhren sie, daß der unaufhörliche, infernalische Wind den Reifeprozeß ebensosehr verzögern kann wie ein Zuviel an Wasser. Allmählich setzt sich die Erkenntnis durch, daß das Wechselspiel von Nebel und Sonnenschein zwei nebeneinanderliegende Weinparzellen zwillingsgleich, genausogut aber auch so verschieden machen kann

wie Woody Allen und Arnold Schwarzenegger. Da die Fehler sich in ihren Ausmaßen an den gewaltigen Investitionen orientierten, verlor das Salinas Valley in den zehn Jahren nach 1973 gegenüber anderen Weinbaugebieten mit Riesenschritten an Boden.

Diejenigen, die dennoch an ihre Weinberge glaubten, begannen, als die Dinge am schlimmsten standen, eine stille Revolution einzuleiten. Sie trennten die langen Zeilen in handliche Stücke auf, veränderten die Bewässerungstechnik so, daß das Wachstum der Triebe unterbunden und den Früchten die Chance gegeben wurde, zu besseren Geschmackstönen heranzureifen. Sie ordneten auf etlichen tausend Hektar die Rebsorten neu und widmeten fast 5000 ha wieder der Bestimmung, die in früherer Zeit dem Tal einen guten Namen eingetragen hatte: dem Anbau von Erdbeeren und von allem, was in die Salatschüssel gehört.

Währenddessen teilten die Weinbergbesitzer die ungeheure Weite des Tals in Appellationen auf. Zuerst wurden Arroyo Seco und Chalone gebildet, später kamen San Lucas und 1992 schließlich die Santa Lucia Highlands hinzu. Weitere sind in Vorbereitung.

Bei all diesen Veränderungen ist das Salinas Valley heute doch sehr ein halbfertiges Weinbaugebiet. Selbst seine treuesten Verfechter sprechen mehr von Potential als von Errungenschaften. Woran es fehlt und immer gefehlt hat, das sind Weinbaubetriebe in genügender Anzahl, vor allem kleine mit scharfem Blick für das Detail. The Monterey Vineyard arbeitet stark verändert weiter. Paul Masson ist endlich mit Kind und Kegel in das Tal gezogen. Bei den kleineren Betrieben machten Jekel und Ventana den Anfang, in den 1980er bis 90er Jahren folgten Boyer, Morgan, Lockwood, Paraiso Springs und Robert Talbott. Doch immer noch ist die Namensliste bei weitem nicht lang genug für einen solchen Ozean an Reben. Es müssen noch viel mehr Konkurrenten hierherkommen, wenn die Unterschiede zwischen Arroyo Seco und den Santa Lucia Highlands sinnfällig gemacht werden sollen, ganz zu schweigen von den feinen Schattierungen innerhalb dieser Gegenden.

Zwei kleine Bereiche, Chalone und Carmel Valley, teilen weder die Ausmaße noch das Klima mit dem Salinas Valley. Chalone liegt so hoch darüber, daß es mit ihm nur einige wenige Kennzeichen dessen, was die Franzosen *terroir* nennen, gemeinsam hat. Das Carmel Valley ist seitab in zum Pazifik gerichtete Hänge gebettet, und auch die Höhenlage der Weinberge dieses Bereichs stellt im County eine Besonderheit dar.

Links: Von Smith & Hook aus hat man einen Blick von den Santa Lucia Highlands westwärts über Teile von Arroyo Seco bis Chalone und die Basaltfelsen im Pinnacles National Monument.
Oben: Die Pinnacles aus der Nähe.

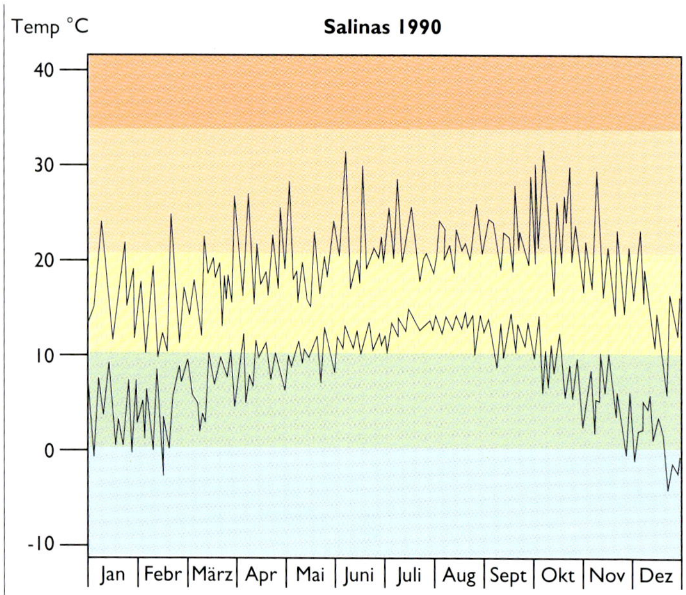

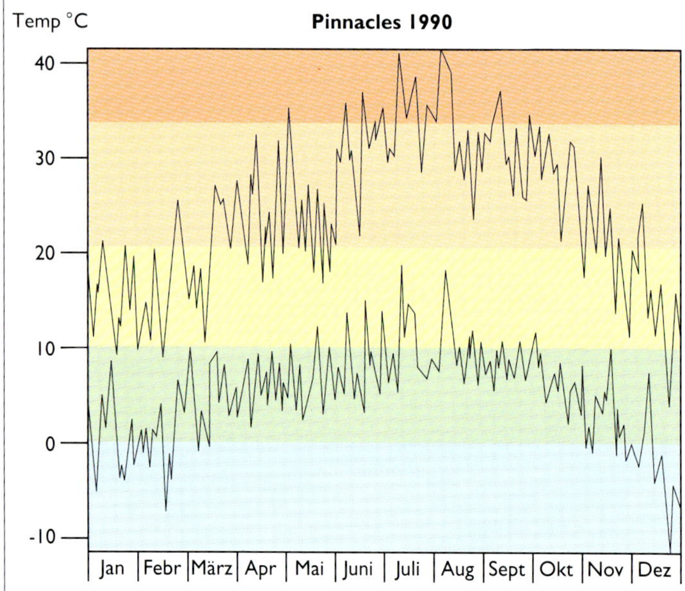

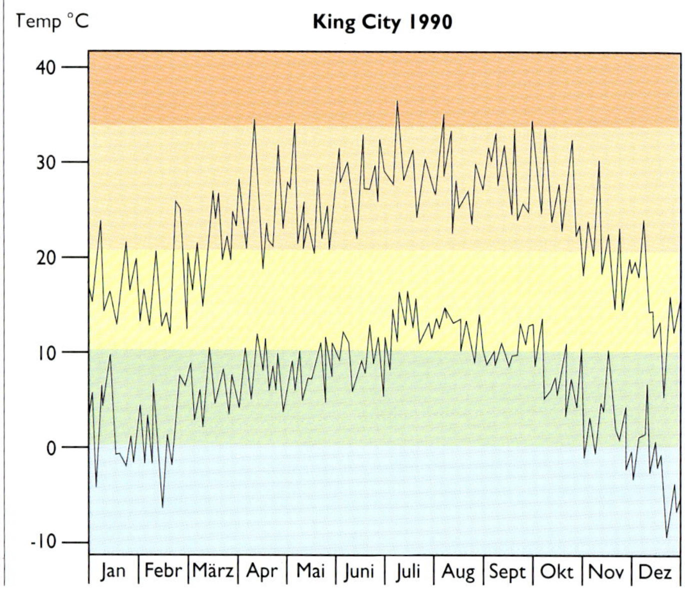

Klima

Das riesige Salinas Valley bietet ein Abbild des typischen Klimas in den kalifornischen Küstenweinbaugebieten. Das zur Monterey Bay hin offene Nordende ist zu kühl und zu neblig für den Weinbau, doch von King City südwärts bis an die Grenze zum San Luis Obispo County herrscht im Sommer Wüstentrockenheit und nahezu auch Wüstenhitze.

Die weite Öffnung des Tals erleichtert den kalifornischen Meeresnebeln den Eintritt in das Nordende. Die stetig steigenden Höhen der Santa Lucia Mountains und die schiere Weite des Tals hindern jedoch den Nebel daran, weit über Greenfield hinaus nach Süden vorzudringen, doch tragen sie wenig dazu bei, den heftigen Wind zu bremsen, der dadurch entsteht, daß die Meeresluft dem heißen Süden zuströmt. Die Weinberge in den ansonsten kahlen Hügeln beiderseits entgehen dem Nebel je nach Höhenlage teilweise oder auch ganz. Vor allem jene auf der Westseite sind manchmal geschützt vor dem Wind, der so scharf weht, daß er an freien Stellen die Triebe von den Spanndrähten reißt.

Der Niederschlagsmangel vergrößert noch den Unterschied zwischen dem Salinas Valley und seinen Nachbarn. Sowohl die Aleuten-Stürme wie auch die Tropenstürme von Baja California gelangen nur selten hierher. In der sechsjährigen Dürreperiode von 1985–92 betrug der Jahresdurchschnitt 130 mm Regen. In den nassesten Zeiten fallen mit 250 bis 380 mm noch immer weniger Niederschläge als in den Nachbartälern. Nur der AVA-Bereich Carmel Valley ist klimatisch andersartig. Die Höhenlage ist ausreichend, um dem Nebel mit Sicherheit zu entgehen. Logischerweise müßte es an diesen Hängen kühler bleiben als an ähnlich gelegenen oberhalb vom Salinas Valley; dem ist aber nicht unbedingt so. Der Cabernet Sauvignon reift hier schneller und voller als weiter im Landesinneren, was den Schluß zuläßt, daß es trockener und wärmer sein muß als in Chalone.

* Zur Farbcodierung der Klimadiagramme siehe S. 14/15.

Chalone liegt im hellen Sonnenschein, während dichter Nebel das Salinas Valley einhüllt. Wie so oft in Kalifornien beeinflussen solche Verhältnisse schon auf kurze Entfernung die Wahl der Rebsorten.

Weißweintrauben

Weißweine bleiben zwar auch nicht von dem Monterey-Gemüsegeschmack verschont, doch Chardonnay, Gewürztraminer und Riesling sind weitgehend frei davon. Es überrascht nicht, daß Chardonnay in der Anbaufläche bei weitem führt.

Chardonnay (1970: 38 ha, 1990: 2223 ha)
Bei aller Unterschiedlichkeit von Sonne und Boden zeigt der Chardonnay über die ganze Länge des Tals einen charmanten, schlicht-milden Apfelgeschmack, wenn er so bereitet wird, daß die Frucht im Vordergrund bleibt. Der Wein von Lockwood begann 1990, der Art aus dem südlichen Drittel überzeugenden Ausdruck zu verleihen. Der Ventana Gold Stripe erfüllte eine Zeitlang dieselbe Funktion für die nördlicheren Teile. Der Unterschied liegt im Körper: schlank und fest bei Weinen aus kühleren Gegenden, weich und rund in solchen aus den wärmeren Zonen um King City und weiter südlich.

Obwohl nun die fruchtbetonte Art derartigen Charme aufweist, streben doch die meisten Erzeuger statt dessen durch malolaktische Säureumwandlung und längeren Ausbau in neuen Eichenfässern toastwürzige, butterige Noten an. Hierfür ist Morgan der Prototyp, besonders in den Reserve-Abfüllungen. Estancia hat 1990 beim ersten Versuch ein schönes Gleichgewicht zwischen den Extremen getroffen. Chalone, eine der Herkunft nach einmalige Ausnahmeerscheinung, kann wohl dem schwergewichtigen Stil besser als die anderen widerstehen, obwohl auch dort zuweilen der Weinberg unter der Wucht der Kellertechnik verschüttet wird.

Aus dem Carmel Valley kommt Chardonnay erst seit so kurzer Zeit, daß er sich noch nicht mit Sicherheit einstufen läßt, doch zwei oder drei Beispiele mit feiner Butterscotch-Süße haben in den ersten Jahrgängen bereits Lob geerntet.

Gebietstypische Weine:
Ventana Vineyards Monterey »Gold Stripe« (aus Eigenbesitz). **Estancia** Monterey (Eigengewächs von der östlichen Bench bei Soledad; siehe Francis-can, S. 53). **Morgan** Monterey (Gebietsverschnitt, vorwiegend aus Lagen in den Santa Lucia Highlands). **Boyer** Monterey (Ventana). **Chalone Vineyards** Chalone (aus Eigenbesitz).

Chenin Blanc (1970: 52 ha, 1990: 1092 ha)
In weiten Teilen Montereys, auch im Carmel Valley, mögen die Winzer diese Rebsorte, weil sie schon kurz nach der Lese angenehmen, gefälligen Wein liefert. Außer bei Chalone herrscht liebliche Art mit wenig oder überhaupt keinem Faßausbau vor, und außer bei Chalone und Durney ist auch der Produktionsumfang überall so ziemlich gleich.

Gewürztraminer (1970: 27 ha, 1990: 293 ha)
Ventana feierte in neueren Jahrgängen große Erfolge mit dieser Traube. Die Reben des Bestands erbringen auffallend duftige, sanfte Art in allen Ventana-Weinen, aber auch in den Produkten derer, die von Ventana Lesegut beziehen. Wente und Mirassou haben viel Auf und Ab erlebt, wobei das Auf jedesmal zeigt, daß der Gewürztraminer sich hier mindestens genauso gut eingewöhnt hat wie der Riesling.

Gebietstypische Weine:
Thomas Fogarty Monterey Gewürztraminer (Ventana Vineyard). **Claiborne & Churchill** Central Coast Gewürztraminer (Ventana).

Pinot Blanc (1970: 44 ha, 1990: 428 ha)
Pinot Blanc von der Talsohle wird nicht in größerem Umfang als Sortenwein unter der Bezeichnung Monterey abgefüllt. Die wenigen Beispiele, meist von Mirassou und Jekel, haben bei Weinkennern keinen überwältigenden Anklang gefunden, nicht etwa wegen technischer Mängel, sondern weil es ihnen an Charakter fehlt. Ein Teil des Ertrags wird zu sortenreinen Gebietsverschnitten, ein anderer Teil zu Schaumwein verarbeitet.

Chalone bereitet Pinot Blanc auf dieselbe Weise wie Chardonnay: Faßgärung, malolaktische Behandlung usw. Dieser Wein mit seinem vollen Geschmack und soliden Körper hebt sich von allen anderen ab, ob er aber gebietstypisch oder einzigartig ist, läßt sich noch nicht sagen.

Riesling, auch White Riesling, Johannisberg Riesling (1970: 20 ha, 1990: 1050 ha)
Riesling war der erste große Erfolg in Monterey, leider: Die Weine kamen nämlich heraus, als die Marktnachfrage nach dieser Sorte zu schwinden begann, aber noch nicht so deutlich, daß das Anschwellen der Anbaufläche auf 1538 ha im Jahr 1985 hätte vermieden werden können. Die Jahrgänge bis zum Anfang der 1990er Jahre gewannen an vollen Aprikosennoten, die allerdings auf Kosten der frischen, leichten Art gingen, wie sie den Riesling in Deutschland auszeichnet. Manche Erzeuger, an ihrer Spitze Ventana, begannen 1985 mit höherer Pflanzdichte zu experimentieren, um Geschmacksfülle und Reife schon bei geringerem Zuckergehalt zu erreichen. Damit wollen sie den Alkoholgehalt von 12,5 auf 11% heruntersetzen und leichtere Art ohne Verlust an Geschmacksfülle erzielen.

Edelfäule tritt in Arroyo Seco regelmäßig auf und zeitigt manchmal bei Spätlesen großartige Resultate. Der 1972er von Wente ist bisher zwar noch unübertroffen, aber es hat bereits würdige Nachfahren gegeben.

Gebietstypische Weine:
Jekel Vineyards Arroyo Seco Dry Riesling; Arroyo Seco Johannisberg Riesling. **Ventana Vineyards** Monterey Riesling.

Sauvignon Blanc (1970: 14 ha, 1990: 581 ha)
Anfangs belastete der Monterey-Gemüsegeschmack den von vornherein kräuterwürzigen Sauvignon mit Noten von grünem Paprika oder gar gekochtem Spargel. Obwohl inzwischen durch Anpflanzung in wärmeren Zonen, neue Rebschnittmethoden und verhaltenere Bewässerung viel für die Verfeinerung des Geschmacks getan worden ist, kann der Monterey-Sauvignon zaghafte Zungen noch immer nicht erfreuen. Die Erzeuger versuchen allgemein, den Sortengeschmack in den Vordergrund zu stellen, das ist aber nicht überall eine gute Idee.

Ventana ist fest überzeugt, daß der eigene Klon unendlich viel subtilere Ergebnisse bringt als der übliche Sauvignon Blanc. Er trägt den Namen »Musque« und ist im Weinberg leicht zu erkennen, dagegen sind eindeutige Unterschiede zwischen seinem Wein und dem von üblicheren Klonen, deren Frucht auf Melonen- und nicht Kräuternoten angelegt ist, kaum herauszuschmecken.
Gebietstypische Weine:
Estancia Monterey Sauvignon Blanc. **Ventana** Arroyo Seco Sauvignon Blanc.

Sonstige Weißweintrauben
Colombard (198 ha); Grey Riesling (67 ha); Malvasia (91 ha); Muscat Blanc (69 ha); Sémillon (159 ha); Sylvaner (55 ha).

Außer der Nebelfreiheit zeichnet eine Anhäufung von Quarzkristallen Chalone gegenüber anderen Lagen in der Umgebung aus.

Rotweintrauben

Neue Anbaugebiete starten mit Weißwein stets schneller als mit Rotwein. Selbst wenn man das bedenkt, hat Monterey doch mit Rotwein langsamere Fortschritte gemacht als fast alle anderen Gegenden der USA, vielleicht weil weder Cabernet Sauvignon noch Pinot Noir sich ohne weiteres eingewöhnen wollten, vielleicht auch, weil nur wenige andere Rebsorten ernsthaft erprobt wurden, vielleicht eher aber, weil es an kleinen Weinbaubetrieben mit dem richtigen Augenmaß fehlt.

Cabernet Sauvignon (1970: 62 ha, 1990: 1096 ha)
Ein großer Teil der Schuld daran, daß »Monterey-Gemüse« zum Spottnamen für die Weine der Gegend geworden ist, kann dem Cabernet Sauvignon angelastet werden. Erst als San Lucas als Anbaubereich entdeckt wurde, bekam Monterey die Chance, endlich sanfte und ansprechende Cabernets hervorzubringen, die denen aus Paso Robles, dem südlichen Nachbarbereich von San Lucas, ähnelten. Noch eine Weile später sorgten veränderte Rebschnitttechniken, in größere Tiefen vorgedrungene Wurzeln und bedachtsamere Kellerbehandlung dafür, daß die vegetabilen Töne in Weinen aus Arroyo Seco und den Santa Lucia Highlands gemildert, wenn auch nicht ganz ausgemerzt wurden. Ein kräftiger Schuß Merlot scheint dabei auch einiges auszurichten. Die Erzeuger dort glauben nun langlebige Weine bieten zu können, die sich in der Flasche langsam entfalten. Für den Durchbruch bei Weinen aus dem Salinas Valley wird man allerdings auf Lagen warten müssen, die noch nicht angepflanzt sind.

Durney im Carmel Valley bringt einen dunklen, festen Cabernet hervor, der in den meisten Jahrgängen kräuterwürzig und nicht vegetabil schmeckt, also mehr Ähnlichkeit mit Cabernets von der North Coast als mit denen aus Monterey aufweist.
Gebietstypische Weine:
Smith & Hook Monterey (aus Eigenbesitz). **Durney Vineyards** (aus Eigenbesitz).

Merlot (1970: 0,5 ha, 1990: 165 ha)
Der Merlot ist in Monterey noch nicht recht in Gang gekommen, bisher sind nur wenige sortenreine Weine erschienen, doch er hat bei mehreren Anbauern und Verarbeitern bereits Interesse geweckt, weil er imstande ist, die in Monterey-Cabernets so oft vorkommenden vegetabilen Töne zu dämpfen. Zu Beginn der 1990er Jahre verfügte das Haus Smith & Hook über etwas mehr als die Hälfte der Anbaufläche, und zwar in seinen Besitzungen in den Santa Lucia Highlands. Ein paar kleinere Bestände waren in Arroyo Seco anzutreffen.

Verschnitte auf Cabernet-Basis
Die ersten ernsthaften Versuche mit Verschnitten von Cabernet und seinen Artgenossen aus Bordeaux sind in Monterey noch neu. Einer jedenfalls ist vielversprechend: Jekels »Symmetry« aus dem Sanctuary Vineyard.

Petite Sirah (1970: 12 ha, 1990: 312 ha)
Eine leichte Spur »Monterey-Gemüse« verleiht diesem Wein eher Tiefe als exzentrische Art. Seine zweite Tugend – Tannin – zeigt sich mit bemerkenswert milden Manieren. Trotz der recht ansehnlichen Anbaufläche sind für die Appellation typische Abfüllungen doch rar. Mirassou beweist mit einer Erzeugerabfüllung eine stetige Hand, aber das denkwürdigste Beispiel ist ein 1990er aus der »Imagery«-Serie von Benziger of Glen Ellen.

Pinot Noir (1970: 70 ha, 1990: 620 ha)
Da weite Teile des Salinas Valley nördlich von Greenfield kühl und nebelbeschattet sind, glaubten viele Winzer am Anfang, großen Pi-

Die Weinberge von Smith & Hook liegen auf tiefgründigem Schwemmlandboden zwischen tief eingeschnittenen Bachbetten. Früher war hier eine Pferde-Ranch.

not Noir so gut wie sicher zu haben. Außer bei Chalone ist durchweg nichts mit eindeutigem Pinot-Geschmack oder einer anderen markanten Note dabei herausgekommen. Anders als beim Cabernet Sauvignon gab es beim Pinot auch nur in wenigen Fällen das «Monterey-Gemüse» als Kennzeichen. Mirassou hat sich immer wieder einmal an dieser Traube versucht. Jekel gab auf und nannte seine Weine in den letzten Jahren vor dem vollständigen Umpfropfen der Sorte lieber Gamay Beaujolais. Ein ehemaliger Kellermeister von Ventana steckte ebenfalls auf und zog nach Oregon. Das wankende Vertrauen zeigt sich auch im An- und Abschwellen der Anbaufläche, die 1977 auf 942 ha stieg, dann bis 1986 auf 450 ha sank, nur um schließlich wieder anzusteigen.

Manche Erzeuger glauben, zweifellos angespornt durch den Erfolg von Chalone, daß dem Monterey-Pinot-Noir nur spezialisierte Könner fehlen, die nach den richtigen Lagen zu suchen und eine aufwendige Kellerbehandlung durchzuführen bereit sind. Mag sein. Immerhin sind die Anpflanzungen umfangreich genug, um die Frage aufzuwerfen, wo die richtigen Lagen denn verborgen sein sollen. Alle Hoffnungen richten sich auf die Santa Lucia Highlands.

Obwohl der Chalone-Pinot-Noir mehr Eichenholz und Tannin als Samt und Seide zu erkennen gibt, ist er doch bis 1991 der einzige, der die echte Sortencharakteristik für das Monterey County vertritt. Allerdings kann bei der einzigartigen Lage nicht damit gerechnet werden, daß ihm viele Nachahmer erwachsen.

Zinfandel (1970: 8 ha, 1990: 747 ha)
Wie der Pinot Noir scheint auch der Zinfandel in Monterey noch auf der Suche nach dem rechten Platz zu sein. Nur wenige Abfüllungen führen bisher eine Monterey-Appellation, und auch diese haben noch keine Begeisterungsstürme ausgelöst.

Fast die ganze Anbaufläche erstreckt sich südlich von King City, also in der einzigen Gegend im County, in der es verläßlich genug warm ist, so daß der Zinfandel ebenso voll zur Reife gelangt wie in Sonoma, Paso Robles, den Sierra Foothills oder anderen traditionellen Gegenden. Auch ihm fehlt es hier an eigenständigem Geschmack, und daher geht der Ertrag zum größten Teil in handelsüblichen White Zinfandel ein.

Für das Tal nördlich von Greenfield ist bezeichnend, daß hier Richard Peterson sich den Traum erfüllte, die BATF-Regeln über die Jahrgangsetikettierung in Frage zu stellen, indem er seinen Zinfandel zum Teil im Januar erntete. (In den 1970er Jahren forderte eine BATF-Vorschrift die Jahrgangsbezeichnung mit dem Jahr, in welchem die Trauben geerntet wurden, und nicht mit dem Jahr, in dem sie gewachsen sind, wie die Vorschrift inzwischen lautet.)

Später wartete Peterson, der Gründer von The Monterey Vineyard, mit der Lese nicht mehr bis in den Januar, wohl aber einmal noch bis in den Dezember. Was dabei herauskam, war eher eine Kuriosität als ein zur Nachahmung anregender Wein. Auch die im Oktober oder November produzierten Zinfandel brachten die Aktien der Sorte bei oder nördlich von Greenfield nicht zum Steigen.

Sonstige Rotweintrauben
Cabernet Franc (27 ha, bisher meist für Verschnittzwecke); Early Burgundy (36 ha); Gamay Beaujolais (150 ha); Grenache (45 ha).

Arroyo Seco AVA

Eingerichtet: 16. Mai 1983
Gesamtfläche: 7300 ha
Rebfläche: 880 ha
Weinbaubetriebe: 2
Hauptorte: Greenfield, Soledad

Der Teil in Gestalt eines ausgestreckten Arms in der Südostecke des Gebiets bildet den Schlüssel zum Verständnis. In seiner Faust hält er den Mutterboden eines *arroyo*, eines Bachbetts, der zugleich das im Osten und Norden vom Salinas River und im Süden von einem Höhenzug begrenze Uferbankland darstellt.

Die Form und das reichliche Vorkommen der Steine, die in allen Weinberglagen des AVA-Bereichs zu finden sind, wird durch den Ausdruck «Greenfield-Knollen» recht treffend gekennzeichnet. Der lange Anstieg zu jenem Gebirgszug im Süden macht Arroyo Seco zum Übergangspunkt vom kühl nebligen zum vollkommen sonnigen Teil im Salinas Valley.

Einer der Erzeuger in Arroyo Seco bemißt diesen Übergang nach den Chardonnay-Erträgen: 60 hl/ha mit großer Geschmacksfülle bei Greenfield, 45 hl/ha in kargerer, herberer Art bei Soledad, kaum 30 hl/ha um Gonzales und Chualar. Riesling, meist mit Edelfäule, stellt den Gipfel des Erfolgs dar. Vieles sonst im Bild bleibt verschwommen, fest steht nur, daß der Cabernet Sauvignon übermäßig stark nach Paprika schmeckt, wenn er in Lagen gepflanzt wird, wo am Nachmittag der Wind an ihn herankommt.

Wie im ganzen Tal erweist sich auch in Arroyo Seco der eklatante Mangel an Weinbaubetrieben als Hindernis bei der Suche nach besonders guten Lagen. Jekel und Ventana kamen 1978 hierher und sind bis 1992 die beiden einzigen Kellereien im Bereich geblieben.

Ventana ist mit großem Abstand der berühmteste Betrieb in Arroyo Seco: erstens, weil der Eigentümer Douglas Meador ein ausgemachter Perfektionist ist, und zweitens, weil er stets darauf geachtet hat, Lesegut nur an solche Fremdbetriebe zu verkaufen, die bereit waren, den Namen Ventana auf das Etikett zu setzen. Aus persönlichen Gründen lehnt er jede Identifizierung mit dem AVA-Bereich ab. Die Liste der Einzellagenweine aus dem ebenen, mit Kies und Schotter überzogenen 120-ha-Besitz geht in die Dutzende; die meisten sind Chardonnay, aber auch höchst ausgeprägte Gewürztraminer sind darunter.

Das Salinas Valley ist das größte Weinbautal an der Küste Kaliforniens.

Jekel begann 1992 die Eigenständigkeit seiner Besitzung Sanctuary besonders herauszustellen. Die Weinberge reichen in den Arroyo Seco hinein und sind durch seine steilen Wände so geschützt, daß sie weit mehr Merkmale mit den Santa Lucia Highlands gemeinsam haben als mit den Ländereien auf den windbestrichenen Ebenen, die den AVA-Bereich zum größten Teil ausmachen. An den geschütztesten Stellen stehen Cabernet Sauvignon und Merlot, der Chardonnay besetzt die freieren Flächen.

Auch an anderen Stellen wächst Wein mit Anrecht auf die Appellation, diese Lagen gehören aber Betrieben, die außerhalb der Region produzieren, u. a. J. Lohr (siehe S. 160), Mirassou Vineyards (siehe S. 160) und Wente Bros. (siehe S. 154).

Santa Lucia Highlands AVA

Eingerichtet: 15. Juli 1992
Gesamtfläche: 8800 ha
Rebfläche: 740 ha
Weinbaubetriebe: 3
Hauptorte: keine (Gonzales und Soledad nahebei)

Die Gründer der Santa Lucia Highlands legten ihren AVA-Bereich in den westlichen Bergen in der Absicht aus, hier ein Rotweinanbaugebiet für die kühleren Teile im Salinas Valley zu schaffen. Am Anfang der 1990er Jahre beherrschten jedoch Chardonnay und Pinot Blanc die nördlichen zwei Drittel, Cabernet Sauvignon und Merlot lediglich das südliche Drittel des Distrikts.

Die Eigentümer von Smith & Hook als Hauptbefürworter der Appellation glauben mit Cabernet Sauvignon richtig zu liegen und vermuten zugleich, daß auf freieren, nach Osten gerichteten Hängen der Merlot sogar noch besser angebracht sein könnte. Die Jahrgänge seit 1988 geben Grund zu der Annahme, daß es ihnen wahrhaftig gelungen ist, die regionstypischen Geschmacksextreme zu überwinden.

Die Weinberge der Appellation befinden sich auf einer Reihe schmaler, scharf abfallender, fächerartiger Schwemmlandhänge, von denen der südlichste bei Greenfield an Arroyo Seco angrenzt und der nördlichste Gonzales gegenüberliegt. Diese Hänge begrenzen die Größe der einzelnen Weinberge von vornherein auf 80 bis 200 ha. Außerdem bilden sie ein verwirrendes Mosaik verschiedener Höhenlagen und Ausrichtungen und schaffen völlig unüberschaubare Unterschiede in der Einwirkung von Nebel, Sonne und – hier besonders wichtig – Wind. Wie weit die hiesigen Winzer noch vom Verständnis dessen entfernt sind, was ihnen ihre Lagen bringen können, erhellt sich am besten am Beispiel des Mannes, der auf einer sonnigen Hügelkuppe frühreifenden Gewürztraminer und im nebligen Talgrund nie zur Reife gelangenden Cabernet Sauvignon stehen hat. Übrigens gehen die meisten Weinberge in den Highlands auf die 1970er Jahre zurück und sind die Reste ursprünglicher Anpflanzungen für The Monterey Vineyard. Smith & Hook, Paraiso Springs und Robert Talbott sind Kellereien mit Weinbergbesitz in der Appellation. Weitere sieben Betriebe bauen nur Trauben an und verkaufen sie, manchmal an Erzeuger von Einzellagenweinen. Bescheidene Bestände an Pinot Noir, Gewürztraminer, Riesling und Sauvignon Blanc füllen die Nischen, die Chardonnay, Cabernet und Merlot übriglassen.

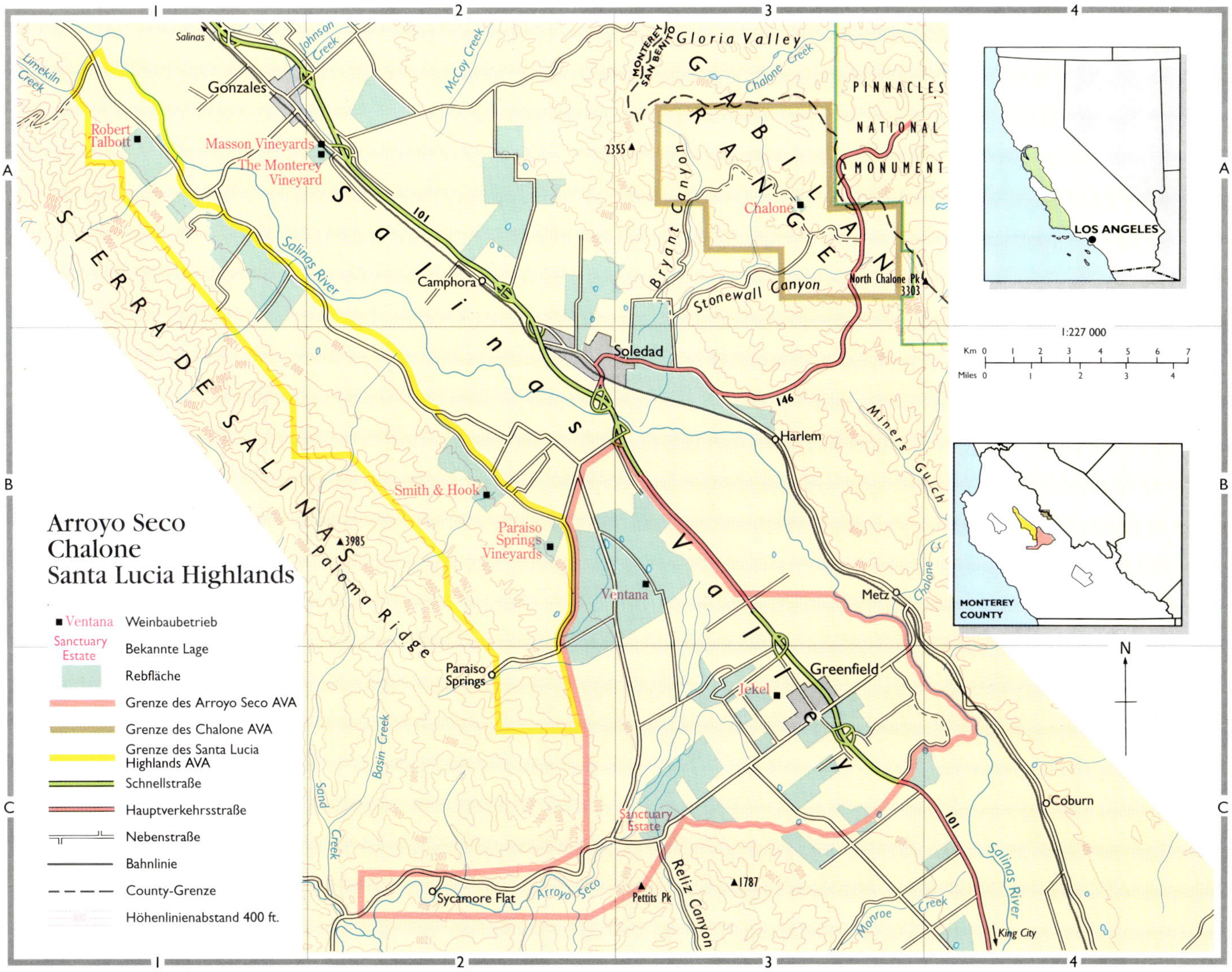

Chalone AVA

Eingerichtet: 14. Juli 1982
Gesamtfläche: 3455 ha
Rebfläche: 48 ha
Weinbaubetriebe: 1
Hauptorte: keine (Soledad nahebei)

Die Appellation, die auf einen einzigen Weinbaubetrieb in einer Hand entfällt, erstreckt sich auf den größten Teil eines quarzreichen Streifens unter einem ungeheuren schwarzen Basaltfelsen namens Pinnacles und unmittelbar über steilen Abhängen hinunter ins Stonewall Canyon und bis Soledad. Der Basalt hat sich in den vorherrschenden Bodentyp des Gabilan-Gebirges verirrt. Aus den Karten geht es zwar nicht hervor, doch die Gabilans bilden die Verlängerung der Santa Cruz Mountains, deren östliches Ende von der San-Andreas-Spalte eingerahmt wird. Der AVA-Bereich liegt hoch über den Morgennebeln und ist nach Westen geneigt, daher steigen die Nachmittagstemperaturen so kräftig an, daß der Chenin Blanc voll ausreift, andererseits aber ist der Höhenlage wegen die heiße Periode so kurz, daß Chardonnay, Pinot Blanc und Pinot Noir die Flaggschiffe unter den Chalone-Weinen werden konnten. Die heutigen Eigentümer der 1911 angelegten Weinberge nahmen Cabernet Sauvignon in den Bestand auf.

San Lucas AVA

Eingerichtet: 2. März 1987
Gesamtfläche: 12 800 ha
Rebfläche: 2000 ha
Weinbaubetriebe: 1
Hauptorte: keine (King City nahebei)

Das Salinas Valley ist an seinem Südrand so breit und so fern von der Flußmündung, daß es mehr mit dem nahegelegenen Paso Robles (siehe S. 130/131) gemeinsam hat als mit dem Norden von Monterey. Die Sommertemperaturen sind hier durchweg wärmer als in King City unmittelbar nördlich davon. Im San Lucas AVA gibt es seit jeher nur immense Weinfelder, die sich über das wellige Hügelland ziehen. Almaden setzte die Appellation für die 520 ha durch, die von diesem Betrieb bei San Ardo angepflanzt worden waren. Später kaufte Heublein ihn und löste die Firma auf. 1990 entstand Lockwood Vintners als erster Verarbeitungsbetrieb. Die hier tätigen Anbauer schätzen die Gegend wegen der großen, zuverlässigen Erträge – 90 hl/ha sind hier ganz normal –, erwarten aber keine besonderen Leistungen. Ein großer Teil der Frucht wird zu Weinen der Appellation California in der Serie Bel Arbors und Glen Ellen Proprietor's Reserve verarbeitet. Masson verschneidet sein Lesegut mit solchem aus dem Norden, um gefällige Monterey-Weine der unteren Preisklasse erzielen zu können. Lockwood füllt Weine der Gegend zum gleichen Zweck rein ab, setzt jedoch nicht «San Lucas» auf das Etikett. Wichtigste Rebsorten: Chardonnay, Chenin Blanc, Sauvignon Blanc und Cabernet Sauvignon.

Carmel Valley AVA

Eingerichtet: 13. Januar 1983
Gesamtfläche: 7680 ha
Rebfläche: 60 ha
Weinbaubetriebe: 4
Hauptort: Carmel

Man kann das Carmel Valley und das übrige Monterey nur schwer in einem Atemzug nennen. Der AVA-Bereich liegt für sich allein auf hohen, oft überaus steilen Hängen mit Blick über Carmel hinaus aufs Meer. Wegen der Höhenlage ist es hier sonniger als in den kühlen Teilen des Salinas Valley, aber kühler als dort an den sonnigen Stellen. Regen fällt auf jeden Fall mehr, daher entstehen hier andersartige Weine – allerdings bisher noch zu wenige, als daß eingehende Charakterisierungen schon ohne weiteres möglich wären. Der Pionierbetrieb heißt Durney Vineyards; er ist mit über der Hälfte der Anbaufläche auch die beherrschende Kraft. Traut man seinem Beispiel, dann hat der Cabernet Sauvignon hier keine schlechten Chancen. Der Chenin Blanc scheint ebenfalls Substanz zu haben, freilich ist der Markt ihm derzeit nicht geneigt. Jüngere Betriebe lassen auf Chardonnay im vollmundigen Stil hoffen.

Monterey AVA

Die Dach-Appellation Monterey erfaßt alle enger begrenzten Bereiche im County und die dazwischenliegenden Teile. Die bedeutendsten Anpflanzungen, die nur auf diese umfassende Bezeichnung entfallen, erstrecken sich auf dem Ostufer des Salinas River von Soledad nordwärts bis Chualar und am Westrand des Tals von knapp südlich von Greenfield bis King City und darüber hinaus. Zu den bekannteren Besitzungen auf dem Ostufer zählen Mission Ranch von Mirassou und Pinnacles Vineyard von Franciscan. Ein großer Teil dieser Gegend dürfte in den beantragten AVA-Bereich Pinnacles fallen. Zwischen King City und dem San Lucas AVA dehnt sich als Koloß der 5200-ha-Besitz von Delicato Vineyards (siehe S. 190).

San Benito County

Eine Lage namens Vaillant, die noch aus der Zeit vor der Prohibition stammte, brachte den damals noch selbständigen Weinbaubetrieb Almaden in den 1960er Jahren in das County. Schon 10 Jahre später besaß er 1400 ha Rebfläche, von Hollister südwärts bis Paicines. 1987 kaufte die Heublein Inc. Almaden auf und zog sich später aus dem San Benito County zurück; die Weinberge blieben ihrem Schicksal überlassen. Zwei von Almaden veranlaßte AVA-Bereiche, Paicines und Cienega, zerfielen zu Staub. Inzwischen hatten aber einige kleine Betriebe, jeder mit eigenen Bestrebungen, neben dem Giganten ihr Dasein gefristet, einer von ihnen mit hochfliegenden Ambitionen: Joshua Jensen, Besitzer von Calera, sah in den kalkreichen Böden der Gavilans eine Chance für Pinot Noir, der guten Burgundern und dem weit näheren Rivalen Chalone ebenbürtig wäre.

Mt Harlan AVA

Eingerichtet: 17. Dezember 1990
Gesamtfläche: 2975 ha
Rebfläche: 19 ha
Weinbaubetriebe: 1
Hauptorte: keine (Hollister nahebei)

Joshua Jensen entwarf den AVA-Bereich speziell für seinen abseits gelegenen Weinbergbesitz in einer Höhenlage von 600 m mit kalkreichem Boden und Ausrichtung nach Osten – alles Merkmale, die kaum auf das übrige kultivierbare Land im San Benito County zutreffen. Alles das sollte den Hang gleichbedeutend mit Pinot Noir, der alten Liebe von Joshua Jensen und der bisher einzigen Quelle des Ruhms von Calera, machen. Noch während sein Antrag von Amts wegen geprüft wurde, verdrehte allerdings eine kleine Parzelle Viognier zumindest ein ganz winziges bißchen Jensen den Kopf. Da die ältesten Pinot-Noir-Bestände erst seit 1978 in Ertrag stehen und der Viognier 1989 die ersten Früchte trug, sind weitere Entwicklungen auf diesem Besitz keinesfalls auszuschließen, denn es stehen immer noch über 40 ha als Anpflanzungsreserve zur Verfügung.

ERZEUGER IN MONTEREY

Boyer (1987)
PO Box 842, Soledad, CA 93960. Tel. (408) 678-3404. 2000 Kisten. Die Kellermeistermarke von Richard Boyer bei Ventana steht für subtil toastwürzigen Chardonnay von Lesegut seines Arbeitsgebers.

Chalone Vineyard (1960)
PO Box 855, Soledad, CA 93960. Tel. (408) 678-1717. 20 000 Kisten. Chardonnay, Chenin Blanc, Pinot Blanc und Pinot Noir aus dem abgelegenen 80-ha-Besitz und gleichzeitig AVA, alle im Stil Burgund nachempfunden und dennoch eigenständige Originale.

Jekel (1978)
PO Box 336, Greenfield, CA 93927. Tel. (408) 674-5522. 60 000 Kisten. Erster Ruhm mit saftigem, aprikosenduftigem Riesling von 56 ha um die Kellerei in einer roten Scheune; stets der gleichmäßigste Wein des Hauses, ob trocken oder lieblich. Große Hoffnungen ruhen auf dem Cabernet-Verschnitt «Symmetry» aus der 76-ha-Lage Sanctuary Estate.

Lockwood (1990)
Steinbeck Station, PO Box 1997, Salinas, CA 93902. Tel. (408) 753-1424. 15 000 Kisten. Die kleine Produktion bildet das Schaufenster für den 720-ha-Besitz im San Lucas AVA. Erste Erfolge mit achtbarem «Dry Refosco Rosé» und angenehmem Chardonnay.

Masson Vineyard (1852 gegr., 1940 wiederbelebt)
800 South Alta Street, Gonzales, CA 93926. Tel. (408) 675-2481. 5 Mio Kisten. Die Vintners International Corporation hat den 1800 ha großen Masson-Besitz abgestoßen, nachdem sie das Unternehmen 1987 von Seagram gekauft hatte, bezieht aber aus 480 ha Partnerlagen Lesegut für sauberen, herkömmlichen Cabernet Sauvignon, Chardonnay, Merlot, Riesling und Sauvignon Blanc unter der Appellation Monterey. Weitere Marken für die unteren Preisklassen: Paul Masson, Taylor California Cellars.

Monterey Peninsula Winery (1974)
467 Shasta Avenue, Sand City, CA 93955. Tel. (408) 394-2999. 10 000 Kisten. Anfangs wählerisch bis exzentrisch, inzwischen ein experimentierfreudiger Erzeuger von stets kraftvollem Chardonnay, Cabernet Sauvignon und Merlot aus Monterey, oft aus Einzellagen.

The Monterey Vineyard (1973)
PO Box 780, Gonzales, CA 93926. Tel. (408) 675-2316. 750 000 Kisten. Seit 1983 im Besitz von Seagrams, teilt sich in gewisse Produktionseinrichtungen mit dem Nachbarbetrieb Masson. Der ursprüngliche Weinbergbesitz hat sich schon vor Jahren verflüchtigt. Die Paris Valley Ranch, ein 480-ha-Besitz von Seagram, liefert die Trauben für herkömmlichen Cabernet Sauvignon, Chardonnay und Pinot Noir «Limited Release».

Morgan (1982)
526 E Brunken Avenue, Salinas, CA 93901. Tel. (408) 422-9855. 15 000 Kisten. Der Kellermeister, der den Ruhm von Jekel begründete, hat sich selbständig gemacht, um seinen Traum von einem toastwürzereichen Chardonnay zu verwirklichen. Auch der Carmel Valley

Cabernet Sauvignon, der California Pinot Noir (halb einheimisches Lesegut, halb aus Carneros) und der kraftvolle Alexander Valley Sauvignon Blanc sind beachtenswert.

Paraiso Springs Vineyards (1987)
Drawer A, Soledad, CA 94960. Tel. (408) 678-1592. 4000 Kisten. Von 80 ha in den Santa Lucia Highlands kommen Chardonnay, Gewürztraminer, Riesling und Pinot Noir.

La Reina (1984)
PO Box 1344, Carmel, CA 93921. Tel. (408) 373-3292. 5000 Kisten. Marke in texanischem Besitz; steht für ultratoastwürzige, gewichtige Chardonnays, meist von Lesegut aus den Santa Lucia Highlands.

Smith & Hook (1980)
Drawer C, Soledad, CA 93960. Tel. (408) 678-2132. 15000 Kisten. Die 200 ha große Pferde-Ranch in den Santa Lucia Highlands hat sich zum Weinbaubetrieb gewandelt, der auf dunkle, kräftige Cabernet Sauvignons mit ausgeprägtem Regionalgeschmack und neuerdings auf Merlot subtilerer Art spezialisiert ist. Der Name erscheint auch auf Cabernets aus Fremdbetrieben. Hahn Estate heißt eine besondere Marke für Chardonnay in Erzeugerabfüllung.

Robert Talbott (gegr. 1983 im Carmel Valley, 1990 in die Santa Lucia Highlands umgezogen).
Box 267, Carmel Valley, CA 93924. Tel. (408) 675-3000. 7000 Kisten. Der Betrieb produziert von einem 24-ha-Besitz bei Gonzales den toastwürzigen Robert Talbott Monterey Chardonnay. Der ursprüngliche 13-ha-Besitz im Carmel Valley erbringt den noch toastwürzigeren Talbott Family Estates Carmel Valley Chardonnay.

Ventana Vineyards Winery (1978)
299 Monterey-Salinas Highway, Monterey, CA 93940. Tel. (408) 372-7415. 50000 Kisten. Im tiefsten Grund seines Herzens ist dem Eigentümer Doug Meador sein 120-ha-Weinberg am wichtigsten, doch produziert er selbst mindestens ein Schaufensterprogramm an Weinen. Zu Anfang der 1990er Jahre war es noch umfangreicher. Beachtenswert: der fruchtbetonte Chardonnay »Gold Stripe«, der toastwürzigere Chardonnay »Crystal« und der Sauvignon Blanc.

ERZEUGER IM CARMEL VALLEY

Château Julien (1982)
8490 Carmel Valley Road, Carmel, CA 93922. Tel. (408) 624-2600. 10000 Kisten. Kauft Lesegut im Monterey County und außerhalb; Bannerträger ist der Arroyo Seco Chardonnay »Cobblestone Vineyard«. Zweitmarken: Emerald Bay, Garland Ranch.

Durney Vineyards (1977)
PO Box 22016, Carmal, CA 93922. Tel. (408) 625-5433. 15000 Kisten. Pionierbetrieb im Carmel Valley, am bekanntesten durch ausdruckskräftigen Cabernet Sauvignon; außerdem Chardonnay, Chenin Blanc und Riesling von 56 ha in Berglagen.

Georis (1989)
PO Box 702, Carmel, CA 93921. Tel. (408) 625-6731. 1000 Kisten. Merlot und ein Verschnitt auf Merlot-Basis von 6 ha in der Nähe von Durney.

Jouillian (1987)
PO Box 1400, Carmel Valley, CA 93924. Tel. (408) 659-2035. 2500 Kisten. Cabernet Sauvignon, Sauvignon Blanc und Chardonnay von 16 ha Eigenbesitz neben Durney.

ERZEUGER IN SAN BENITO

Calera (1975)
11300 Cienega Road, Hollister, CA 95023, Tel. (408) 637-9170. 10000 Kisten. Mindestens bis in die 1990er Jahre besteht der Daseinszweck des Betriebs in getrennt abgefüllten Pinot Noirs aus verschiedenen Parzellen, die nach Freunden und Familienangehörigen Reed, Mills, Selleck und Jensen benannt sind. Calera produziert auch Viognier und Chardonnay aus dem Weinberg am Mt Harlan.

Reise-Informationen

SEHENSWERTES

Carmel (4200) Frühere Künstlerkolonie, heute Touristenort; Straßennummern und sonstige neumodische Einfälle finden hier keinen Anklang. Besichtigenswert ist eine der bemerkenswertesten Fransziskanermissionen, San Carlos de Borromeo de Carmel (1770). Eine Anzahl ausgezeichneter Hotels und Restaurants bietet sich an. Bei der Stadt liegt Del Monte Forest mit Pebble Beach und vier weiteren Golfplätzen am Strand. Südlich von Carmel gibt es im Point-Lobos-Naturschutzgebiet eine Küste von wilder Schönheit zu bewundern.
Carmel Valley (4000) ist eine vornehme Enklave mit besten Einrichtungen für Golf, Tennis und komfortables Wohnen östlich der Stadt Carmel und auch nicht weit von den Weinbergen der Umgebung.
King City (7600) liegt so günstig, daß sich ein halbes Dutzend Motels und Fast-Food-Restaurants an der Ausfahrt der Schnellstraße US101 angesiedelt haben. Unterhaltsamer kann man in einfachen mexikanischen Restaurants an der alten Hauptstraße speisen.
Monterey (32000) ist das Geschäftszentrum der Halbinsel, um so mehr als 50 größere Hotels dafür Zeugnis ablegen, daß man sich hier in einer Hauptstadt des Tourismus befindet. Die größte Attraktion, das Monterey Bay Aquarium, liegt in der von John Steinbeck in seinem gleichnamigen Roman berühmt gemachten Cannery Row.
Salinas Valley Das Tal hat sich beileibe nicht dem Tourismus verschrieben, und doch lebt die Halbinsel Monterey von einem das ganze Jahr hindurch ununterbrochenen Besucherstrom, der die schöne Küste und die Golfplätze überschwemmt. Hotelzimmer müssen in Monterey und Carmel weit im voraus gebucht werden.
Soledad (7100) hat am Westrand noch ein paar Mauerreste der Mission Nuestra Señora de la Soledad (1791) aufzuweisen. Hier erlebten die ersten Weinpflanzungen einen Mißerfolg, weil die damalige Rebsorte Mission nicht zur Reife gelangte. Östlich oberhalb von Soledad sind im Pinnacles National Monument mit die spektakulärsten Säulenbasaltfelsen im ganzen Westen zu besichtigen. In der Stadt gibt es ein komfortables Motel.

RESTAURANTS UND HOTELS

l'Escargot Mission at 4th. Tel. (408) 624-4914. Fröhliche, gemütliche Atmosphäre und gelegentlich raffinierte französische Küche.
Hyatt Regency 1 Old Gold Course Road, Monterey, CA 93940. Tel. (408) 375-3960. Komfortables Konferenzhotel an einem Golfplatz, günstig zum Highway nach Salinas und zu den Weinbergen hin gelegen.
Pine Inn PO Box 250, Carmal, CA 93921. Tel. (408) 624-3851. Das kleine, komfortable Hotel, das auf die Zeit um die Jahrhundertwende zurückgeht, hat ein Stück vom alten individualistischen Carmel bewahrt.
Rafaello Mission near 7th. Tel. (408) 624-1541. Subtile oberitalienische Küche und eine gute Weinkarte.

WEINROUTE

Die immensen Weinpflanzungen und die meisten Weinbaubetriebe Montereys befinden sich im Salinas Valley, das nie irgendwelche Anstrengungen gemacht hat, ein Mekka für Touristen zu werden. Da jedoch die US 101 längs durch es verläuft, nehmen viele Reisende die Gelegenheit wahr, in einem oder dem anderen Probierraum einen kleinen Imbiß zu sich zu nehmen. Auch liegt es günstig für Tagesausflüge von der Halbinsel Monterey aus. Eine romantische Route verläuft über Carmel Valley und durch die kahlen Berge nach Greenfield auf der schmalen, kurvenreichen Straße von Jamestown nach Arroyo Seco.
Das Carmel Valley hält nicht, was sich der Weinfreund davon verspricht. Nur Château Julien ist für Besucher stets offen; die anderen Betriebe sind so klein, daß man sich vorher anmelden muß.

Eine kleine wiederaufgebaute Kapelle ist alles, was von der Franziskanermission Nuestra Señora de la Soledad übriggeblieben ist.

San Francisco Bay

Nach dem Goldrausch von 1849 wanderten die Menschen aus San Francisco in jede nur denkbare Richtung hinaus, um Landwirtschaft, unter anderem auch Weinbau, zu treiben. Das Napa Valley war ihr bevorzugtes Ziel, aber auch ostwärts ins Livermore Valley und in die Santa Cruz Mountains zogen viele.

Das sonnendurchglühte Livermore war stets Siedlungsland für an schwere Arbeit Gewöhnte, während die dramatisch schroffen, von Nebel durchwehten Santa Cruz Mountains schon bald zum beliebten Sommeraufenthalt für Bessergestellte wurden. Heute, im ausgehenden 20. Jahrhundert, ist Livermore eher eine Industriegegend als ein Landwirtschaftsgebiet, und zu den feinen Leuten in den Santa Cruz Mountains haben sich inzwischen viele gewöhnliche Sterbliche gesellt.

Livermore Valley

Sauvignon Blanc und Sémillon sind heute die einzigen Aspekte im Livermore Valley, an denen sich die Inspiration eines Dichters entzünden könnte. Draußen auf der heißen, von Schnellstraßen durchzogenen Ebene sind Livermore und Pleasanton nur zwei von vielen Schlaf- und Wohnstädten für Pendler, die ihrer Tagesarbeit rund um die San Francisco Bay nachgehen. Selbst dort, wo sich Weinberge dicht aneinanderdrängen, beherrschen Häuser, Einkaufsstraßen und die hochaufragenden Bauten der Lawrence Livermore Radiation Laboratories die Landschaft stärker als Reben und Kellereien. Nichtsdestoweniger erwecken die Sauvignon Blancs und Sémillons aus Livermore noch immer poetische Gedanken, und die Winzer in diesem historischen Bereich bemühen sich sehr darum, ihre Umgebung präsentabler zu gestalten.

Ganz zu Anfang, in den 1880er Jahren, war das weinbautreibende Livermore fast so etwas wie ein Ableger von Bordeaux – hier lebten Duvals, Mels, Bons, Chauches und andere französische Auswanderer. Wie es heißt, erinnerte der kiesreiche Boden sie so sehr an das heimatliche Graves, daß kein aufrechter Franzose widerstehen konnte. Doch sie gingen, einer nach dem anderen, als die Prohibition kam, und nach der gesetzlich verordneten «Trockenzeit» übernahmen hier die deutschstämmigen Wentes und die italo-irischen Concannons die Vorherrschaft.

Carl Wente und Joseph Concannon hatten schon 1883 innerhalb eines Jahres und nicht einmal eine Meile voneinander entfernt an der Tesla Road Weinkellereien gegründet. Nachdem die Prohibition der Konkurrenz den Garaus gemacht hatte, hielten diese beiden Familien von den 1930er Jahren bis 1982 stand, bis schließlich die Umstände die dritte und vierte Generation der Concannons dazu zwangen, ihren Weinbaubetrieb an die damals auftauchenden ersten Fremdfirmen zu verkaufen.

1992 schließlich war der Name Wente weitgehend gleichbedeutend mit dem Wein von Livermore. Der Firma gehörten 520 von den insgesamt 640 ha Rebfläche im Tal, dazu der ursprüngliche Familienbetrieb und eine eigene Schaumweinkellerei. Auch Concannon (aus Fremdbesitz zurückgekauft) war Teil von Wente geworden, und außerdem der (Grundstücksspekulanten wieder abgekaufte) noch unerschlossene Ruby Hill; das Unternehmen war mehrheitlich an Murrieta's Well beteiligt, verpachtete Produktionseinrichtungen an Ivan Tamas Wines und verkaufte Lesegut an mehrere der kleinen bis winzigen anderen Kellereien, die es sonst noch hier gibt.

So bescheiden dieser Restbestand an Weinbau auch sein mag, die derzeitigen Zahlen sprechen doch für eine Renaissance, während sich noch zu Beginn der 1970er Jahre das Livermore Valley so schnell mit Wohnhäusern gefüllt hatte, daß Karl Wente in Monterey Weinberge als Wall gegen die Ausrottung der Reben in den heimatlichen Gefilden anlegte. Zwar scheint es auf den ersten Blick unmöglich, daß Livermore noch lange dem urbanen Ausdehnungsdruck standhält, der gegen die äußeren Ränder des Weinbaus vorrückt, während ihm andererseits die trockenen Berge Grenzen setzen. Doch der erste Blick täuscht: Das Tal könnte seine Weinbaufläche vervierfachen. Die Wentes sind weitblickend genug, um zu erkennen, daß sie Konkurrenten brauchen, und stehen deshalb an der Spitze der Bemühungen, bis zum Beginn des neuen Jahrtausends weitere 1200 ha Weinberge anzulegen und ein Dutzend neue Weinbaubetriebe anzusiedeln.

Der Pazifik verbirgt sich unter seiner nie vergehenden Nebeldecke.

Santa Cruz Mountains

Die Santa Cruz Mountains, eine der ausgedehnteren Landschaften an der Küste Kaliforniens, haben inzwischen rund 80 ha verstreute Weinberge vorzuweisen. Ridge ist mit 40 000 Kisten der unbestrittene Gigant unter den hiesigen Weinbaubetrieben. Das war nicht immer so. Von den 1880er Jahren bis zur Prohibition hatten französische Siedler das Land zwischen Los Gatos und Saratoga fast zu einem wahrhaft bedeutenden Weinbaugebiet entwickelt. Paul Masson nannte die berühmtesten Weingüter, darunter auch das eigene, La Chaîne d'Or, und dieser Name ist haftengeblieben. Heute ist die Appellation mit geschrumpfter Rebfläche, jedoch mit erweiterten Grenzen, in den Händen von Leuten, die mit Eifer persönliche Vorstellungen vom idealen Wein verfolgen.

Exzentriker sind in diesen Bergen unter Kellermeistern und Computerprogrammierern ebenso geachtete Leute wie im Hyde Park. Einer der führenden Köpfe, Martin Ray, war bekannt dafür, daß er mit blankem Oberkörper umherlief und seine Gäste mit Gongschlägen begrüßte. Er schrieb auch offene Briefe und beschuldigte seine Kollegen, Wein aus getrockneten Aprikosen zu machen. Doch Ray war ein durchaus vernünftiger Mensch im Vergleich mit dem Romanschriftsteller Ken Kesey und anderen, die damals auf diesen Bergen lebten, aber keinen Wein bauten.

Man hat das Gefühl, daß die Santa Cruz Mountains ein Magnet für Leute sind, die auf alles Konventionelle mit Verachtung herabsehen. Selbst an einem warmen Sommertag können die Wälder gespenstisch erscheinen, als hätten die verschiedenen Trommler, denen die Hiesigen nachlaufen, der Luft einen unheimlichen Takt aufgezwungen. Wenn aber der Nebel heranwallt oder der Regen niedertrommelt, reicht das Wort «gespenstisch» nicht mehr aus.

Vielleicht sind es gar keine Trommler, sondern die Erdbeben. Die Santa Cruz Mountains sind die einzige Gegend Kaliforniens, wo die San-Andreas-Spalte von Norden nach Süden mitten durch den AVA-Bereich verläuft. Das hat tiefe Wirkungen auf Böden und Lagen, und gelegentlich wird sogar die Hefe im Faß unruhig. 1989 ließ das Loma-Prieta-Erdbeben die Fässer in den Kellern hüpfen wie die Kugel auf dem Roulette. Bezeichnenderweise taten sich die Winzer zusammen, mischten einen Wein aus Fässern, die überlebt hatten, nannten ihn «Epicenter», druckten die Seismographenkurve auf das Etikett und überwiesen den Erlös aus dem Verkauf dieses Weins der Erdbebenhilfe.

Obschon die Gegend für ihre Stilextreme bekannt ist, so bringt sie doch durchaus auch Weine im klassischen Maß hervor, meist Pinot Noir und Chardonnay, manchmal Cabernet Sauvignon und gelegentlich Zinfandel.

Livermore Valley

Klima

Zwar schirmen hohe Berge im Westen das Livermore Valley den ganzen Sommer über gegen den Meeresnebel ab, doch es gibt eine genügend große Öffnung, so daß der Wind vom Meer her das Tal am frühen Abend, von Westen fortschreitend nach Osten, abkühlen kann. Es ist hier ein Glaubensartikel, daß die Tagestemperatur in Livermore fünf Minuten später auf ihren Höhepunkt gelangt und wieder abkühlt als auf dem San Francisco International Airport. Die heranrückende Urbanisierung hat genug Smog mitgebracht, um diesen Kühlungseffekt dadurch zu mildern, daß die Wärmeabstrahlung in der Nacht verringert wird, doch der Effekt ist noch immer bedeutend. Spätfrost bildet kaum eine Bedrohung und Winterkälte gar keine.

Wie die übrige Central Coast liegt auch Livermore südlich des Wegs der Winterstürme und bekommt deshalb ebenfalls geringe Niederschlagsmengen ab. Der Durchschnitt nimmt in West-Ost-Richtung von 560 mm in Pleasanton auf 355 in Livermore und 230 in Altamont rasch ab. Vor der Urbanisierung ermöglichte der Grundwasserstand bewässerungsfreien Weinbau; seither ist ein gewisses Maß an Bewässerung nötig geworden.

* Zur Farbcodierung der Klimadiagramme siehe S. 14/15.

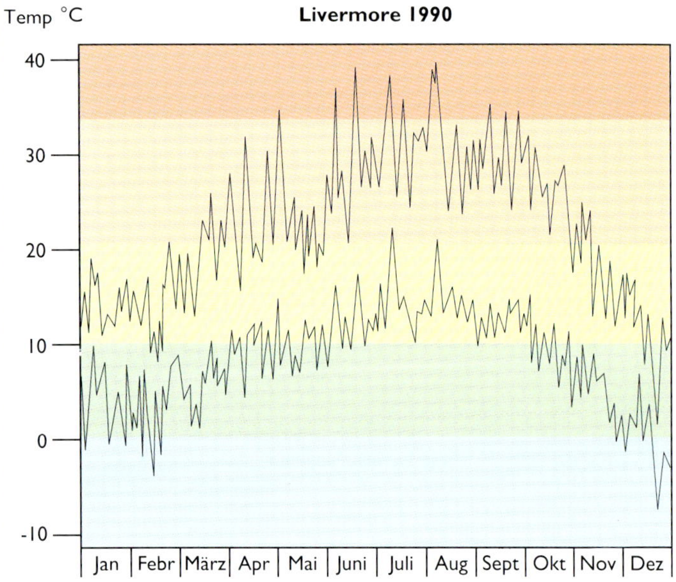

Weißweintrauben

Mindestens seit den 1930er Jahren, wahrscheinlich aber schon von Anfang an, beruhte die Reputation von Livermore mehr auf Weiß- als Rotwein. Eine ganze Generation anspruchsloser Weinfreunde kannte und liebte die Gegend wegen ihres Grey Riesling, während die Puristen nach wie vor auf den Sauvignon Blanc schwören. Die Marktnachfrage und individuelle Launen haben dazu geführt, daß große Flächen weniger gut geeigneten Rebsorten überlassen wurden. Einst führte der Chenin Blanc, heute ist es der Chardonnay.

Chardonnay (1970: 61 ha, 1990: 216 ha)
Vom Ende der Prohibition bis in die 1960er Jahre war Wente Bros. der führende Anbauer und Erzeuger von Chardonnay in Kalifornien, konnte aber diese Spitzenstellung nicht halten, als die Rebsorte an anderen Stellen Verbreitung fand. Hohe Sommertemperaturen scheinen im Verein mit kargen Böden dem Chardonnay hier seine Grenzen aufzuzeigen – nur in den kräftigsten Lehmböden Livermores gedeiht die Traube gut. Aber auch auf solchem Boden fällt der Sortencharakter bescheidener aus als in anderen Gegenden. Sowohl der «Herman Wente» als auch der Fenestra sind kräftig eichenholzgewürzt.
Gebietstypische Weine:
Wente Bros. Herman Wente Vineyard. **Fenestra** Toy Vineyard.

Grey Riesling (1970: 60 ha, 1990: 45 ha)
Der einst populäre Grey Riesling hat von 1990 bis 1992 rasch an Boden verloren und verfügt nur noch über 12 ha. Offensichtlich ist

Kahle, trockene Berge setzen dem Weinbau im Livermore Valley auf der einen Seite Grenzen, von der anderen dringt die Stadt gegen ihn vor. Hier ein Weinberg von Wente Bros.

er dem mysteriösen Rückschlag zum Opfer gefallen, der alles, was Riesling heißt, betroffen hat. Das ist zu bedauern, denn die Sorte gedieh fast überall in Livermore gut und erbrachte süffige junge Weine mit interessanterem Geschmacksspektrum als andere für diesen Zweck geeignete Trauben. Die besten Grey-Riesling-Weine vertragen 1 bis 2 Jahre Flaschenreife.

Gebietstypische Weine:

Retzlaff (aus Eigenbesitz). **Wente Bros.** (aus Eigenbesitz).

Sauvignon Blanc (1970: 45 ha, 1990: 69 ha)

Die französischen Siedler hatten offenbar nicht unrecht, als sie der steinige Boden an Graves erinnerte. Von allen Weißweinen aus Livermore ist der Sauvignon am denkwürdigsten. Auf magerem, steinigem Grund verleiht die Traube ihren Weinen zuverlässig kräuterwürzige Töne, jedoch ohne den vegetabilen Einschlag, der weiter im Süden der Central Coast vorkommt. Die größten Sauvignons von Livermore haben stets genug Kraft und Biß für schöne Entfaltung über ein Jahrzehnt und mehr hinweg. Sie stammen aus besonders steinigen Lagen an der Tesla Road, wo die Wuchskraft der Rebe am stärksten gehemmt wird.

Der Sauvignon kam in den 1880er Jahren hierher, und zwar vermutlich durch Stecklinge, die Louis Mel im Château d'Yquem für einen anderen Weinbaupionier in Livermore, Charles Wetmore, besorgte. Seither wurde er stets durch neue, in den Rebschulen von Wente herangezogene Generationen aufgefrischt.

Gebietstypische Weine:

Concannon Vineyard (aus Eigenbesitz). **Wente Bros.** »Reserve« (aus ursprünglich von Mel angepflanzten Lagen).

Sémillon (1970: 144 ha, 1990: 44 ha)

Dieselbe Kombination aus Sommerwärme und steinigem Boden, die Mel und seine Freunde in der Pionierzeit dazu veranlaßten, Sauvignon Blanc von Yquem hierher zu verpflanzen, gab auch den Anstoß dazu, daß sie Sémillon mit gleichem oder gar noch größerem Erfolg kultivierten. Die Behauptung, keine andere Gegend in Kalifornien könne Sémillon hervorbringen, der dem besten aus Livermore ebenbürtig wäre, hat durchaus ihre Berechtigung. Er ist im Geschmack dem Sauvignon aus Livermore sehr ähnlich, doch der vollere Körper unterscheidet ihn von seinem »Landsmann«.

Gebietstypischer Wein:

Wente Bros. »Louis Mel Vineyard« (aus Eigenbesitz).

Sauvignon/Sémillon-Verschnitte

Wie aus Bordeaux bekannt ist, vertragen sich die beiden Trauben gut miteinander. In Livermore werden Verschnitte erst seit kurzem erprobt, versprechen aber viel Gutes. Ein gebietstypischer Stil hat sich noch nicht herausgebildet.

Sonstige Weißweintrauben

French Colombard (20 ha); St-Emilion (11 ha).

Rotweintrauben

Rotwein hat lange gebraucht, bis er in Livermore nun endlich Fuß fassen konnte, und zwar in der Annahme, daß auch Cabernet Sauvignon gedeihen müsse, wo Sauvignon Blanc und Sémillon sich bewähren. Aus verstreuten Anpflanzungen anderer Rotweintrauben hat sich nur Petit Sirah einen Namen machen können.

Cabernet Sauvignon (1970: 4 ha, 1990: 82 ha)

Der Cabernet Sauvignon hat sich bisher in Livermore seltsam aufgeführt. Er zeigt wenig vom Wechselspiel zwischen Kräutern und schwarzen Johannisbeeren wie an der North Coast, aber auch praktisch nichts von den vegetabilen Noten, die an der Central Coast vorherrschen. Nach den wenigen in der Flasche verfügbaren Beispielen – fast alle von Concannon – zu schließen, kommt der Sortencharakter des Cabernet in ansonsten recht ausgewogenen, etliche Jahre in der Flasche gut haltbaren Weinen nur bis fast zur Unkenntlichkeit verhalten zum Ausdruck. Concannon-Cabernets von 1970 und 1965 zeigten sich noch 1990 durchaus lebendig, hatten im Alter aber keineswegs mehr Charakter angenommen als in der Jugend. Vielleicht als Reaktion hierauf haben sich manche Erzeuger Verschnitten auf Cabernet-Basis zugewandt.

Petite Sirah (1970: 12 ha, 1990: 13 ha)

In den 1960er Jahren füllte Concannon als einer der ersten Betriebe Petite-Sirah-Weine ab und konnte dadurch die Definition prägen. Erwartungsgemäß entstehen in Livermore verhaltene Geschmacksnuancen mit Anklängen an gedörrte Früchte und mit der für voll ausgereifte Trauben typischen weichen Art.

Gebietstypischer Wein:

Concannon (aus Eigenbesitz).

Zinfandel (1970: 62 ha, 1990: 22 ha)

Aufgrund der Anbaufläche ist ein sortenreiner Zinfandel aus der Appellation Livermore eine seltene Erscheinung. In den letzten Jahren hatte Fenestra einen aus einer winzigen Lage bei Pleasanton zu bieten, allerdings dürfte es schwer sein, eine Flasche zum Vergleich aufzutreiben.

Sonstige Rotweintrauben

Carignane (1990: 7 ha); Gamay Beaujolais (6); Mataro (6); Merlot (22); Pinot Noir (8).

Livermore Valley AVA

Eingerichtet: 1. Oktober 1982
Gesamtfläche: 38 400 ha
Rebfläche: 640 ha
Weinbaubetriebe: 11
Hauptorte: Livermore, Pleasanton

In gewissem Sinn ist das Livermore Valley nur ein etwas breiteres unter vielen ähnlichen Tälern, die hinter den Bergen östlich der San Francisco Bay von Norden nach Süden verlaufen. Von seinen Nachbarn unterscheidet es sich durch Steine. In den berühmtesten Lagen im südöstlichen Teil des Tals an der Tesla Road besteht das, was die Winzer in Livermore Boden nennen, zunächst aus hühnereigroßen Steinen, die sich allmählich zu Kieseln in Melonen- und schließlich Basketballgröße auswachsen. Sie wurden von den stürzenden Wassern heute trockener *arroyos* ausgespült. Diese alten Bachbetten sind bis zu 150 m tief, und sie enthalten Tonschichten, die sich in Zeiten ansammelten, als das Wasser ruhig floß. Hier befinden sich die gesamten Weinberge von Concannon, 72 ha, und auch die Wente-Lagen, die sich individuelle Namen geschaffen haben: Herman Wente für Chardonnay, Louis Mel für Sauvignon Blanc und die anderen Bordeaux-Rebsorten.

Auch Lehm kommt zwischen den Steinen von Tesla vor und steht bei Pleasanton an, wo die Weinberge weniger und kleiner werden, aber auch in diesen besseren Böden findet sich viel Kies.

Der AVA-Bereich umfaßt die gesamte Talsohle, obwohl auf den Teilen nördlich der Schnellstraße I580 seit Menschengedenken kein Weinbau getrieben worden ist und auch niemand die Absicht hat, daran etwas zu ändern. Die Grenzen reichen hinauf bis in die Berge ringsum, insbesondere im Westen und Süden, aber auch dort sind die Weinberge selten, weil es auf den Hängen an Boden und Wasser fehlt.

Die von den Erzeugern vorgeschlagene erweiterte Anbaufläche liegt größtenteils östlich und südlich der bereits bestehenden Weinberge an der Tesla Road oder in einem Streifen zwischen Livermore und Pleasanton entlang der State Route 84.

Das Tal hat mit das wärmste Klima zwischen San Francisco und dem Monterey County; gegen die Meeresluft wird es nicht nur von den hohen Bergen auf der Westseite, sondern auch durch eine zweite, viel höhere Sperrmauer abgeschirmt: die Santa Cruz Mountains noch weiter im Westen jenseits der San Francisco Bay. Es wäre hier ausgesprochen heiß, würde das Tal nicht durch zwischen den Bergen am Westrand einströmende Meeresluft gekühlt und von der ununterbrochenen Kette des Altamont Ridge im Osten vor dem Rückstrom heißer Luft aus dem San Joaquin Valley bewahrt.

Livermore wird also nicht ganz so stark aufgeheizt wie das Nordende des Napa Valley, was im Verein mit dem mageren Boden dafür sorgt, daß die Weinlese hier später stattfindet als in weiten Teilen von Napa. Der Chardonnay wird selten vor der dritten Septemberwoche und der Cabernet oft erst Mitte November gelesen. Wenn auch bislang das Tal seinen Ruf vor allem Sauvignon Blanc und Sémillon verdankt, sind doch die Erzeuger heute mehr und mehr der Meinung, daß auch Cabernet Sauvignon und seine Vettern trotz vorerst bescheidener Leistungen ebensogut hierhergehören.

Dem Haus Wente Bros. gehört nicht nur der größte Teil der Weinbaufläche im Livermore Valley, sondern auch eine Anzahl historischer Wohnsitze aus dem 19. Jh.

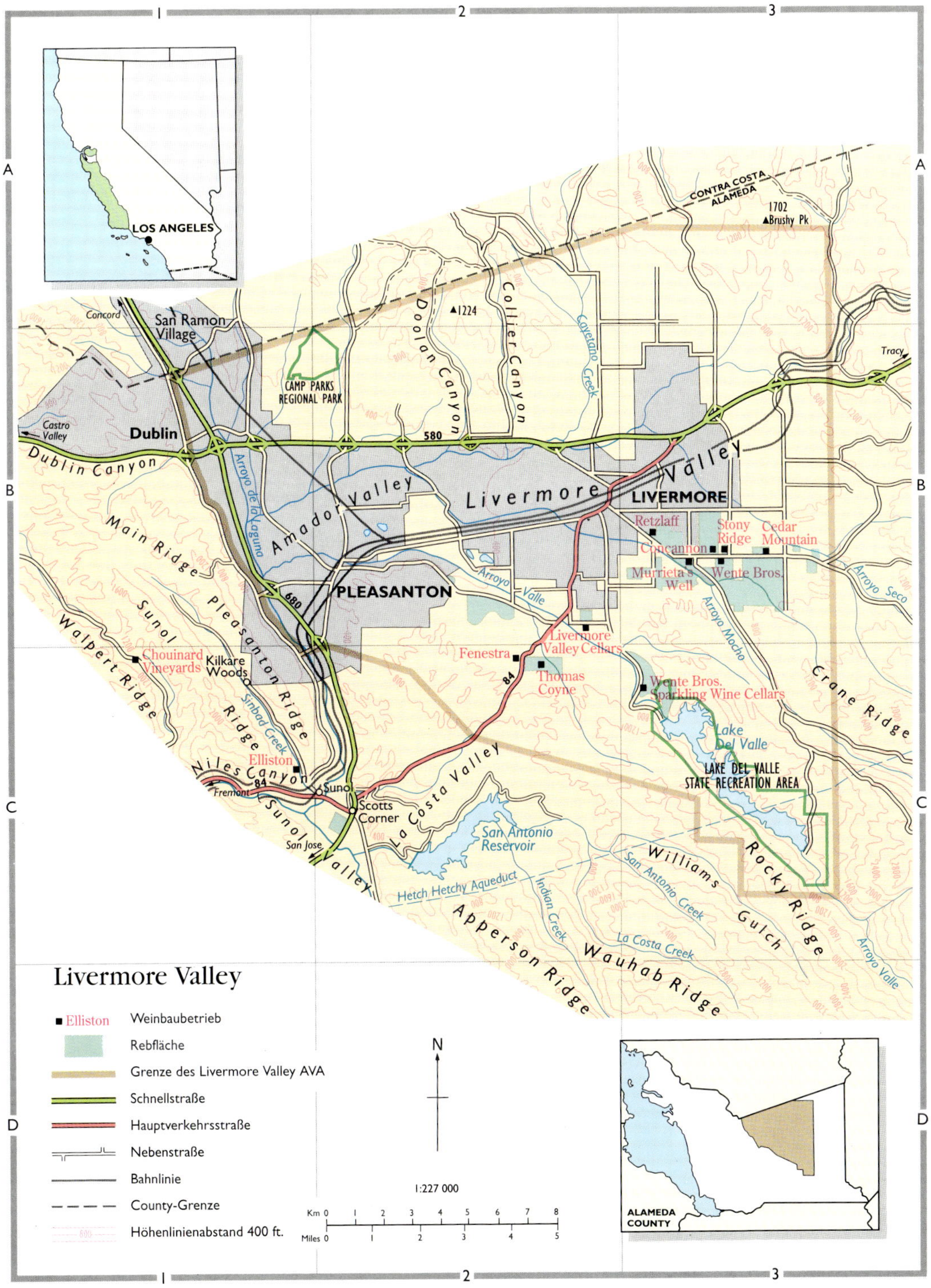

WEINROUTE

Livermore, eine von einem Netz von Schnellstraßen umgebene Pendler-Wohnstadt, ist nur besonderen Liebhabern der hiesigen Weinbaubetriebe, nicht aber Touristen, die einen Tag in frischer Luft und schöner Landschaft verbringen möchten, zu empfehlen.

In den Santa Cruz Mountains ist man dagegen erstaunlich nahe an wahrer Wildnis, vor allem an den höheren Stellen der SR 9 und auf der Bear Gulch Road. Unterkunft findet man in den schlichten alten Ferienorten Boulder Creek und Felton sowie in größerer Auswahl in Santa Cruz auf der kühlen Seite der Küste oder aber in Saratoga und Los Gatos auf der sonnigeren Binnenlandseite des Gebirges. Besichtigungen von Weinbaubetrieben dieser Gegend müssen vorgeplant werden. Die meisten sind für Besucher nur nach Voranmeldung, manche sogar lediglich am Wochenende geöffnet.

ERZEUGER IM LIVERMORE VALLEY

Cedar Mountain Winery (1990)
7000 Tesla Road, Livermore, CA 94550. Tel. (510) 373-3363. 1500 Kisten. Chardonnay von Eigenbesitz an der Tesla Road war als tragende Säule gedacht.

Chouinard Vineyards (1985)
33853 Palomares Canyon Road, Pleasanton, CA 94552. Tel. (510) 582-9900. 4500 Kisten. Cabernet und Chardonnay von 1 ha Eigenbesitz bei der Kellerei in den Bergen westlich von Pleasanton sowie von zugekauften Trauben.

Concannon Vineyard (1883)
4590 Tesla Road, Livermore, CA 94550. Tel. (510) 447-3760. 65 000 Kisten. Seit 1991 Eigentum der Familie Wente, die aber den Kellereibetrieb und die 72 ha an der Tesla Road getrennt führt; der Schwerpunkt liegt auf Cabernet Sauvignon, Sauvignon Blanc und Sémillon in Sortenweinen und Meritage-Verschnitten. Petite Sirah von 75jährigen Weinstöcken.

Thomas Coyne Winery (1989)
2900 Main Street, Alameda, CA 94501. Tel. (510) 373-6541. 2000 Kisten. Das Haus produziert derzeit in gepachteten Anlagen einen Livermore-Cabernet-Sauvignon aus der Lage Kalthoff Vineyard, wo eine Kellerei gebaut werden soll. Merlot aus verschiedenen Gegenden ist ebenfalls eine Spezialität.

Fenestra (gegr. 1976 als Ventana, 1980 umbenannt)
83 E Vallecitos Road, Livermore, CA 94550. Tel. (510) 447-5246. Nur an Wochenenden. 4000 Kisten. Der Chemieprofessor Lanny Replogle produziert an Wochenenden viele Weine in winzigen Mengen – alle von gekauften Trauben. Der Chardonnay und der Zinfandel bringen den Livermore-Charakter am besten zum Ausdruck.

Ivan Tamas (1985)
5565 Tesla Road, Livermore, CA 94550. Tel. (510) 447-3603. 15 000 Kisten. Tamas und Steve Mirassou suchten 1992 auf einem von Wente

Bros. gepachteten Gelände nach einem Platz für den Bau einer Kellerei, nachdem sie jahrelang nur als Handelsunternehmen tätig gewesen waren.

Livermore Valley Cellars (1978)
1508 Wetmore Road, Livermore, CA 94550. Tel. (510) 447-1751. 475 Kisten. Der alteingesessene Anbauer und nun auch Weinerzeuger Chris Lagiss produziert rustikale Weißweine von seinem Besitz im südwestlichen Teil von Livermore und zugekauften Trauben aus der Umgebung.

Murrieta's Well (1990)
3005 Mines Road, Livermore, CA 94550. Tel. (510) 449-9229. 2400 Kisten. Phillip Wente und der ehemalige Concannon-Teilhaber Sergio Traverso produzieren im historischen Weinbaubetrieb Louis Mel (im Besitz von Wente) an der Tesla Road rote und weiße Verschnitte auf Cabernet- und Sauvignon-Blanc-Basis.

Retzlaff Vineyards (1985)
1356 Tesla Road, Livermore, CA 94550. Tel. (510) 447-8941. 3000 Kisten. Der in der Forschung in den Lawrence Laboratories arbeitende Chemiker Robert Taylor produziert an Wochenenden Wein von 4 ha Familienbesitz an der Tesla Road sowie von in der Umgebung zugekauften Trauben. Neben nostalgischen Bemühungen um Grey Riesling widmet sich Taylor vor allem Chardonnay und Cabernet Sauvignon.

Stony Ridge (1975 gegr., 1985 wiederbelebt)
4948 Tesla Road, Livermore, CA 94550. Tel. (510) 449-0458. 20 000 Kisten. Die ehemaligen Besitzer der früheren Villa Armando sind in das Tal zurückgekehrt, haben einen existierenden Namen gekauft und stellen nun allmählich von Handelshaus auf Kellereibetrieb um.

Wente Bros. (1883)
5565 Tesla Road, Livermore, CA 94550. Tel. (510) 447-3603. 300 000 Kisten. Der Fels in der Brandung mit 520 ha Weinbergen und einer über 100jährigen Geschichte. Am interessantesten u. a. der Einzellagen-Sémillon »Louis Mel« und der Einzellagen-Chardonnay »Herman Wente«. Den Wentes gehören ferner 280 ha im Arroyo Seco AVA in Monterey; von dort kommen eindrucksvolle Gewürztraminer und denkwürdige Riesling-Spätlesen.

Wente Sparkling Wine Cellars (1980)
6000 Kisten. Im restaurierten Besitz Cresta Blanca entstehen Brut und Grand Reserve vorwiegend von Chardonnay und Pinot Noir aus dem Arroyo Seco.

Überall im Livermore Valley ziehen sich die Wohnstraßen der rasch wachsenden Vorstadt an Weinbergen entlang, die einst weitab von dem damaligen verschlafenen Landstädtchen lagen. Mit dem Bau von Schnellstraßen als Verbindungen zu den großen Städten an der San Francisco Bay ging die gute alte Zeit zu Ende.

Santa Cruz Mountains

Klima

Die Santa Cruz Mountains sind gerade nur so hoch, daß die Meeresnebel oft genug über sie hinüber gelangen können und damit während der sommerlichen Wachstumsperiode selbst auf den innenliegenden Hängen mäßig warme bis kühle Tagestemperaturen gewährleisten. Andererseits sind sie aber auch hoch genug, um aus den winterlichen Stürmen mehr Regen herauszupressen, als in anderen Gegenden südlich von San Francisco fällt.

Darüber hinaus läßt sich schwer Allgemeingültiges aussagen – daran ist die von der San-Andreas-Spalte verursachte tumultuarische Topographie schuld. Gewaltige Erdbeben schoben den alten Meeresboden zu einer Gebirgskette auf, die vielfältigere Gestaltung aufweist als sonst üblich; kleinere Beben sorgen in recht kurzen Abständen dafür, daß die Details durcheinandergerüttelt werden. Die beiden für Temperaturaufzeichnungen zuständigen Wetterstationen lassen nur schwache Rückschlüsse auf die Unregelmäßigkeiten in der Verteilung von Sonnenschein und Regen in diesen Bergen zu. Los Gatos vermittelt ein ziemlich exaktes Bild von den Klimaverhältnissen auf der Inlandsseite. Boulder Creek kann nur für sich selbst sprechen, läßt aber recht gut erkennen, wie anders alles auf den Bergen ist als im Tiefland. Die Küstenseite bleibt unter ihrer Nebeldecke kühler als beide Punkte.

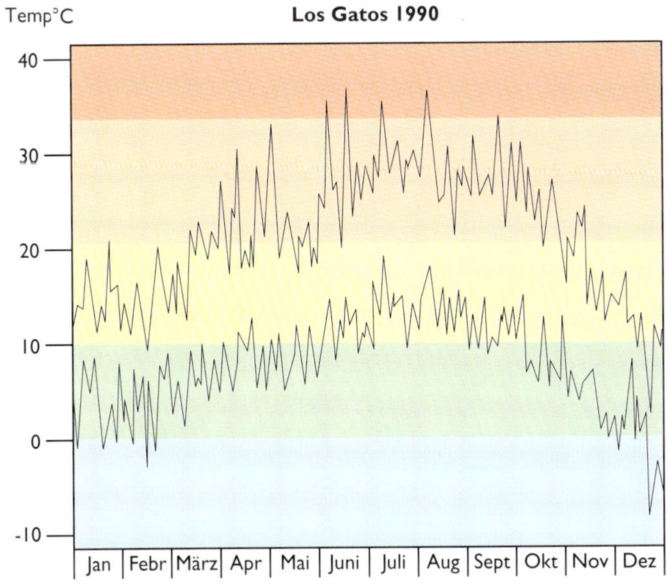

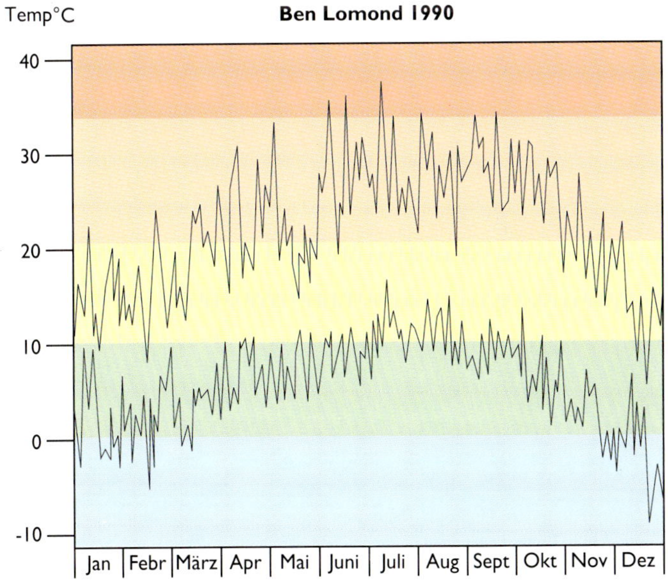

* Zur Farbcodierung der Klimadiagramme siehe S. 14/15.

Weißweintrauben

Der Leistung nach sollten Sémillon und Pinot Blanc an der Spitze stehen, doch die meisten, vielleicht sogar alle früheren Anpflanzungen dieser beiden Sorten verschwanden, seit auf dem Markt nichts mehr mit Chardonnay konkurrieren kann. White Riesling, die dritte altbewährte Sorte, bleibt in geringem Umfang im Spiel. Viognier, Marsanne und Pinot Gris sind neu auf den Plan getreten, jedoch auf so kleiner Anbaufläche, daß ihre Vorzüge nur sehr langsam bekannt werden dürften.

Die hier angegebenen Anbauflächen beruhen auf Schätzungen, weil die Statistiken jeweils für ein County gelten. Die Santa Cruz Mountains umfassen jedoch die gesamte Rebfläche im San Mateo County sowie Anteile am Santa Clara und Santa Cruz County.

Chardonnay (1970: 4 ha, 1990: 50 ha)
Chardonnay wächst in weiten Teilen der Region gut, vielleicht erreicht er in Osthängen, wo er mehr Sonne bekommt als auf der zum Ozean weisenden Seite der Berge, größere Vielfalt. Der vorherrschende Stil neigt stark zu Buttertoast bzw. auffallender Eichenholzwürze; hierfür ist Cronin der bedeutendste Vertreter, Ridge und Mt Eden Vineyards dagegen eher verhalten.

Die in letzter Zeit eingetretene Erweiterung der Anbaufläche verspricht mehr Chardonnay aus der Appellation Santa Cruz Mountains als bisher. Noch in den 1980er Jahren mußten die meisten Chardonnay-Verarbeiter der Region sich Lesegut weit im Norden oder im Süden beschaffen. Auch heutzuage ist der hiesige Chardonnay nur in so kleinen Mengen zu haben, daß man in den Kellereien gut bekannt sein muß, wenn man etwas davon abbekommen will. Cronin beispielsweise produziert Chardonnay von Trauben aus Monterey und von der North Coast, um die paar Fässer aus den Heimatlagen zu strecken. Mt Eden Vineyards ergänzt seine Erzeugerabfüllung durch einen Chardonnay aus Monterey.

Gebietstypische Weine:
Ridge (aus Eigenbesitz). **Mt Eden Vineyards** (Erzeugerabfüllung). **Cronin** Santa Cruz Mountains (aus Eigenbesitz).

White Riesling (1970: 6 ha, 1990: 4 ha)
In Forschungsstudien aus den 1880er Jahren legten die damaligen Wissenschaftler der University of California großen Respekt für Riesling von den mittleren und oberen Hängen der Santa Cruz Mountains an den Tag. Obschon die Nachfrage nach dieser Sorte inzwischen so sehr geschwunden ist, hört sich dieses Lob noch immer richtig an. Wie in anderen günstigen Teilen Kaliforniens erreichen die Trauben reiferen Geschmack und höheren Zuckergehalt als im Rheingau oder erst recht an der Mosel, behalten aber eine feste, erfrischende Art, die bei trockenen Tischweinversionen besonders schön zum Vorschein kommt. Nur im Anderson Valley in Mendocino entsteht ähnliche Qualität.

Die Storrs Winery bleibt dem Riesling mit größtem Sachverstand treu und verleiht ihm halbtrockenen Stil, so daß es der Traube selbst überlassen bleibt, den Geschmack zu prägen.

Gebietstypischer Wein:
Storrs Santa Cruz Mountain (Gebietsverschnitt aus kleinen Besitzungen).

Rotweintrauben

Randall Grahm von Bonny Doon hatte in den 1980er Jahren die Hoffnung, in den Santa Cruz Mountains auch die Syrah-Traube ins Spiel bringen zu können, seine Idee aber fand keinen Anklang, und die Gegend griff wieder auf die alten Rebsorten zurück, die hier immer angebaut worden waren: Cabernet Sauvignon, Pinot Noir und hier oder dort ein wenig Zinfandel.

Cabernet Sauvignon (1970: 6 ha, 1990: 10 ha)
Die Cabernet-Erzeuger nehmen in den schroffen Bergen ihre Rolle als Gebirgswinzer sehr ernst und arbeiten auf dunkle, tanninbetonte Weine hin, die für so lange Lebensdauer gedacht sind, daß auch die Enkel noch etwas davon haben. Gleich welcher Stil angestrebt wird, die Cabernets aus den Santa Cruz Mountains liegen stets eher auf der kräuterwürzigen Seite und können in kühlen Jahren so paprikagrün ausfallen wie die aus Monterey. Dies hat Anlaß zur verbreiteten Verwendung von amerikanischer anstatt französischer Eiche gegeben, da sie den Geschmack besser ausrundet.

Die stellenweise überaus steile Lage Montebello von Ridge ist in Reputation und Leistung mustergültig und erbringt mit großer Zuverlässigkeit kräftige, grundsolide, langsam reifende Weine. Genau dieselbe Art von Cabernet kommt aus dem Kathryn Kennedy Vineyard, obwohl diese Besitzung in der Ebene bei Saratoga liegt.
Gebietstypische Weine:
Ridge Montebello (aus Eigenbesitz). **Kathryn Kennedy** (aus Eigenbesitz).

Pinot Noir (1970: 4 ha, 1990: 10 ha)
Das Weingut von Dr. David Bruce hat zwei bis drei der denkwürdigsten und in mancher Hinsicht burgundischsten Pinot Noirs Kaliforniens hervorgebracht. Allerdings sind die Variablen, von denen der gute Doktor selbst nicht die kleinste ist, so zahlreich, daß seine Weine von Jahr zu Jahr gewaltige Unterschiede aufweisen. Seine schönsten Leistungen aber beweisen doch, daß eine Westlage in einer Höhe, die sich knapp über der durchschnittlichen Nebelgrenze befindet, die beste Heimstatt sein dürfte, die der Pinot Noir in dieser Gegend finden kann. Vielleicht sind die wahren Verhältnisse aber doch schwerer zu treffen. Ein paar Meilen weiter im Süden wird der Pinot Noir nämlich im Santa Cruz Mountain Vineyard regelmäßig überreif, während in noch kürzerer Entfernung nordwärts der McHenry Vineyard Schwierigkeiten hat, ihn voll zur Reife zu bringen.
Gebietstypischer Wein:
David Bruce (Erzeugerabfüllung)

Zinfandel (1970: 4 ha, 1990: 4 ha)
Hier wie fast überall in Kalifornien lebt noch die Tradition der italienischen Farmerfamilien, die den Zinfandel mehr für sich selbst als für die kommerzielle Verwertung anbauten. Nach 1933 waren die Wälder voll von Locatellis und Picchettis, die offenen Wein an der Kellertür verkauften. Die italienischen Winzer der alten Garde sind verschwunden und ihre Weinberge mit ihnen. Übriggeblieben ist nur noch ein Betrieb: Sunrise, vormals Picchetti. Kurios ist nur, daß viele Erzeuger in ihrem Programm Zinfandel aus den Sierra Foothills, Sonoma und aus anderen Gegenden führen.
Gebietstypische Weine:
Ridge »Jimsomare« (vom Nachbarn). **Sunrise** (Erzeugerabfüllung).

Weite Nadelwälder überziehen die zerklüfteten, von Erdbeben zerrissenen Santa Cruz Mountains.

Santa Cruz Mountains AVA

Eingerichtet: 4. Januar 1982
Gesamtfläche: rund 44 800 ha
Rebfläche: 80 ha
Weinbaubetriebe: 20
Hauptorte: Los Gatos, Saratoga, Felton, Bonny Doon, Boulder Creek, Scotts Valley.

Man ist versucht, diesen langgestreckten Bereich mit seinen weitverstreuten Weinbergen auf dem Kamm des flachen Höhenzugs, dessen Namen er trägt, in eine westliche, zum Ozean gerichtete, und eine östliche, auf die San Francisco Bay hinauslaufende Hälfte zu teilen. In gewissem Maß würde diese Aufteilung die (auf der Ozeanseite konzentrierten) Anpflanzungen von Pinot Noir sowie die (auf der Bay-Seite gelegenen) Bestände von Cabernet Sauvignon berücksichtigen. Die für die Grenzziehung Zuständigen nahmen lieber einige Differenzen in Kauf, indem sie die Trennungslinie über den größten Teil der Länge auf der wärmeren, sonnigeren Bay-Seite in einer Höhe von 180 m und am südlichen Ende bei 240 m, auf der oft nebligen Ozeanseite aber von einem Ende bis zum anderen dicht bei 120 m Höhe zogen. Die Wetteraufzeichnungen von Los Gatos und Santa Cruz liefern die Begründung.

Jede noch so ausgefeilte Einteilung muß doch in den Details versagen, denn Senken und Geländezüge machen jeden Weinberg und seine Nachbarlage zu kleinen Nischen, die miteinander oder mit nahegelegenen Besitzungen wenig zu tun haben.

Die beiden Stars der kleinen Truppe sind die Lage Montebello von Ridge ihres Cabernet Sauvignon wegen und der Weinberg von Dr. David Bruce durch seinen Pinot Noir. Sie tragen zu der verall-

gemeinernden Einteilung zwischen Bay-Seite und Ozeanseite noch einiges bei, aber davon wird sie doch nicht richtiger. Die Frage, ob nun der einen oder der anderen Seite der Vorzug gebührt, ist inzwischen durch Chardonnay zum Teil entschärft worden, denn heute ist er auf beiden Seiten die vorherrschende Traube. Ob ihm das zukommt, ist eine andere Frage. So gut manche Chardonnays auch sein mögen, so sind doch die wahren Größen der Region der Pinot Blanc und der Riesling – beide heute ganz bzw. fast verschwunden.

Ein alter Pinot-Blanc-Weinberg ist nicht mehr da – er war zu steil für wirtschaftliche Nutzung. Aus ihm und einigen anderen Lagen in der Nähe kamen jedoch einige der denkwürdigsten Weißweine Kaliforniens, insbesondere aus der Hand von Daniel Gehrs, als er noch Kellermeister in der inzwischen eingegangenen Kellerei Congress Springs war. Riesling hatte gegen Ende des 19. Jahrhunderts in den höchsten Bergen der Gegend einen großen Ruf. Einige Reste sind noch geblieben; die Qualität der Weine aus diesen Lagen spricht dafür, daß es mehr sein sollten.

Ben Lomond Sub-AVA

Eingerichtet: 8. Januar 1988
Gesamtfläche: 15 400 ha
Rebfläche: rund 40 ha
Weinbaubetriebe: 1

Ben Lomond stellt den ersten Versuch dar, eine bestimmte Stelle des umfassenderen AVA-Bereichs Santa Cruz Mountains herauszuheben. Der auf Granit beruhende Mutterboden ist einmalig, die Höhenlage in durchweg 240 m, knapp über dem oberen Rand des ständigen Nebels, sorgt für sonnige, aber doch kühle Sommer, die Jahresniederschlagsmenge beträgt 1520 mm. Den Kern des Bereichs bilden die Weinberge von Bonny Doon. Identifizierbare Weine aus dem Sub-AVA sind freilich zu selten für brauchbare Vergleiche.

ERZEUGER IN DEN SANTA CRUZ MOUNTAINS

Ahlgren (1976)
PO Box M, Boulder Creek, CA 95006. Tel. (408) 338-6071. 1500 Kisten. Der Betrieb eines Ehepaars bringt aufschlußreichen Einzellagen-Cabernet-Sauvignon von der Bates Ranch hervor und kauft Chardonnay aus Monterey zu.

Hinter der ruhevollen Fassade von Bonny Doon wird emsig gearbeitet.

Bargetto (1933)
3535 N Main Street, Soquel, CA 95073. Tel. (408) 475-2258. 25 000 Kisten einschließlich Obstwein. Familienbetrieb mit schlichten Weinen aus den Santa Cruz Mountains und anderen Quellen.

Bonny Doon Vineyard (1981)
PO Box 8381, Santa Cruz, CA 95061. Tel. (408) 425-3625. 15 000 Kisten. Der unverwüstliche Randall Grahm versucht sein Glück mit Marsanne und Viognier aus einer zum Ozean hin gerichteten 10-ha-Lage in der Nähe seiner Kellerei. Außerdem ist er dabei, einen kleinen Weinberg bei Soledad mit Rebsorten von der Rhône und aus Italien anzulegen. Inzwischen kauft Grahm weit und breit Lesegut für eine große Auswahl an ausdrucksstarken Weinen, die er mit launigen Namen wie Le Cigare Volant, Old Telegram, Le Sophiste, Ca' del Solo usw. belegt.

David Bruce (1964)
21439 Bear Creek Road, Los Gatos, CA 95030. Tel. (408) 354-4214. 30 000 Kisten. Den Besitzer, Winzer und Kellermeister David Bruce juckt es immer, etwas Neues zu probieren; in den meisten Jahrgängen aber ist sein Pinot Noir aus eigenem Lesegut von in 600 m Höhe gelegenen 6 ha oberhalb der Bear Creek Road wahrhaft denkwürdig.

Byington Winery and Vineyard (1989)
21850 Bear Creek Road, Los Gatos, CA 95030. Tel. (408) 354-1111. 12 000 Kisten. Anfänglich kaufte Byington alle Trauben außerhalb der Appellation, legte aber im ersten Jahr 33 ha Eigenbesitz vorwiegend mit Chardonnay an.

Cinnabar Vineyards & Winery (1986)
PO Box 245, Saratoga, CA 95071. Tel. (408) 741-5828. 2400 Kisten. Von 10 ha Eigenbesitz oberhalb von Saratoga in 480 m Höhe kommen Chardonnay und Cabernet Sauvignon.

Crescini (1980)
PO Boy 216, Soquel, CA 95073. Tel. (408) 462-1466. 1500 Kisten. Cabernet Sauvignon, Cabernet Franc und Petite Sirah.

Cronin Vineyards (1980)
11 Old La Honda Road, Woodside, CA 94062. Tel. (415) 851-1452. 2000 Kisten. Der Besitzer und Kellermeister Duane Cronin produziert von 0,5 ha bei Woodside einen umwerfend kraftvollen, toastwürzigen Chardonnay sowie andere Weine in ähnlichem Stil von Lesegut aus Napa, Sonoma und Monterey.

Devlin Wine Cellars (1979)
PO Box 728, Soquel, CA 95073. Tel. (408) 476-7288. 8000 Kisten. Chardonnay, Cabernet Sauvignon und Zinfandel aus Weinbergen innerhalb der Appellation.

Fellom Ranch Vineyards (1987)
17075 Monte Bello Road, Cupertino, CA 95014. Tel. (408) 741-0307. 1500 Kisten. Der Familienbetrieb an der Monte Bello Road produziert Cabernet von 12 ha Eigenbesitz sowie Cabernet und Zinfandel aus dem Saratoga Vineyard.

Thomas Fogarty Winery (1981)
5937 Alpine Road, Portola Valley, CA 94028. Tel. (408) 851-1946. 7000 Kisten. Schön ausgebauter Chardonnay und Pinot Noir von 10 ha Eigenbesitz bilden den Kern des Betriebs, der auch dieselben Traubensorten in mehreren Regionen aufkauft und einen makellosen Gewürztraminer aus dem Ventana Vineyard in Monterey produziert.

Hallcrest Vineyard (1941 gegr., 1989 wiederbelebt)
379 Felton-Empire Road, Felton, CA 95018. Tel. (408) 335-4441. 1500 Kisten. In der dritten Inkarnation ist Hallcrest nach einer Zeit als Felton-Empire Winery wieder zu den Wurzeln zurückgekehrt. An Weinen der Region sind ein White Riesling von 2 ha Eigenbesitz, ein Cabernet Sauvignon aus der benachbarten Lage Beauregard und ein Chardonnay aus dem Meylay Vineyard zu nennen.

Kathryn Kennedy Winery (1979)
13180 Pierce Road, Saratoga, CA 95070. Tel. (408) 867-4170. 600 Kisten. Cabernet Sauvignon von 4 ha Eigenbesitz in beginnender Hanglage am Rand von Saratoga.

McHenry Vineyard (1977)
330 Eleventh Street, Davis, CA 95616. Tel. (916) 756-3202. 200 Kisten. Pinot Noir eines Feierabendwinzers von 2 ha Eigenbesitz bei dem Dorf Bonny Doon.

Mount Eden Vineyards (1972)
22020 Mount Eden Road, Saratoga, CA 95070. Tel. (408) 867-5832. 5000 Kisten. Auf einem großen Teil des ursprünglichen Martin Ray Estate produziert Mt Eden Cabernet, Pinot Noir und Chardonnay von 16 ha eigenen steilen Ostlagen in 600 m Höhe. Außerdem werden Chardonnay-Trauben von außerhalb der Appellation zugekauft.

Page Mill Winery (1976)
13686 Page Mill Road, Los Altos Hills, CA 94022. Tel. (415) 948-0958. 2400 Kisten. Der Betrieb eines Ehepaars deckt seinen Traubenbedarf größtenteils in Napa und andernorts, verfügt aber auch über einen Chardonnay aus der engeren Heimat, nämlich aus der Lage Elizabeth Garbett.

Ridge Vineyards (1959)
17100 Monte Bello Road, Cupertino, CA 95014. Tel. (408) 867-3233. 45 000 Kisten. Der älteste und bei weitem größte Betrieb in den Santa Cruz Mountains ist eine veri-

In einem alten Felsenkeller reifen die Rotweine von Ridge Vineyards.

Der Monte Bello Vineyard von Ridge erstreckt sich über sanftes Hügelland. Kellermeister Paul Draper (links) hat aus dieser Lage eine lange Reihe von dunklen, audrucksstarken, langsam reifenden Cabernet Sauvignons produziert.

table Experimentierstation für herzhaften Zinfandel und andere Rotweine von Lesegut aus San Luis Obispo im Süden bis Sonoma im Norden; das Flaggschiff aber ist und bleibt der dunkle, ausdrucksstarke Montebello Cabernet in Erzeugerabfüllung. Ebenfalls aus dem AVA: Chardonnay und Zinfandel aus einer Nachbarlage.

Roudon-Smith Vineyards (1972)
2346 Bear Creek Road, Santa Cruz, CA 95066. Tel. (408) 438-1244. 8000 Kisten. Der Betrieb im Besitz der beiden auf dem Etikett genannten Familien produziert Chardonnay, Cabernet Sauvignon und Pinot Noir von 2ha bei Scotts Valley sowie Chardonnay und Pinot Noir von Lesegut, das bei Anbauern der Umgebung aufgekauft wird. Zinfandel und Petite Sirah kommen aus anderen Regionen.

Salamandre Wine Cellars (1985)
108 Don Carlos Drive, Aptos, CA 95003. Tel. (408) 688-0321. 500 Kisten. Der Arzt und Feierabendkellermeister produziert zwei Einzellagen-Chardonnays: den einen aus der Appellation, den anderen aus Monterey. Auch Gewürztraminer aus den Santa Cruz Mountains.

Santa Cruz Mountain Vineyard (1974)
2300 Jarvis Road, Santa Cruz, CA 95065. Tel. (408) 426-6209. 4000 Kisten. Ken Burnap setzt auf Kraft in seinem stämmigen, vollreifen Pinot Noir von 6ha oben am Berg, die 1883 als Jarvis Vineyards angelegt wurden. Ein Cabernet aus den Santa Cruz Mountains zeigt ähnlichen Stil.

Silver Mountain Vineyards (1979)
Box 1695, Los Gatos, CA 95031. Tel. (408) 353-2278. 1000 Kisten. Der einzige Weinbaubetrieb in Kalifornien, der durch das Loma-Prieta-Erdbeben 1989 zerstört wurde, ist rasch wieder auf die Beine gekommen. Er produziert einen Chardonnay von 4ha Eigenbesitz bei der Kellerei und einen Zinfandel von zugekauftem Lesegut.

P & M Staiger (1973)
1300 Hopkins Gulch Road, Boulder Creek, CA 95006. Tel. (408) 338-4346. 400 Kisten. Von 2ha bei Boulder Creek produziert der Betrieb eines Ehepaars robusten bis rustikalen Chardonnay sowie einen Cabernet/Merlot-Verschnitt.

Storrs Winery (1988)
303 Potrero Street, Santa Cruz, CA 95060. Tel. (408) 458-5030. 2000 Kisten. Von der Stadt Santa Cruz aus kauft das tüchtige Kellermeisterteam, ein Ehepaar, in den Santa Cruz Mountains Lesegut für mehrere Einzellagen-Chardonnays und einen zu wenig beachteten White Riesling.

Sunrise Winery (1984)
13100 Monte Bello Road, Cupertino, CA 95014. Tel. (408) 741-1310. 2000 Kisten. Der Betrieb fußt auf Zinfandel von eigenen 90jährigen Weinstöcken der ehemaligen Picchetti Ranch. Unter demselben Etikett läuft auch ein Cabernet aus dem AVA.

Trout Gulch Vineyard (1990)
8035 Soquel Drive, Aptos, CA 95003. Tel. (408) 662-9586. 1000 Kisten. Chardonnay spielt die erste, Pinot Noir die zweite Geige in dem 6-ha-Besitz oberhalb von Aptos.

Woodside Vineyards (1963)
340 Kings Mountain Road, Woodside, CA 94062. Tel. (415) 851-3144. 800 Kisten. Von Restbeständen der Besitzung La Questa von E.H.Rixford (vor der Prohibition einer der am höchsten geschätzten Weinbaubetriebe Kaliforniens) entstehen heute Chardonnay und Pinot Noir, v.a. jedoch Cabernet Sauvignon, der den guten Namen ursprünglich begründete.

Zayante Vineyards (1990)
420 Old Mount Road, Felton, CA 95018. Tel. (408) 335-7992. Das ehrgeizigste Unternehmen der neueren Zeit soll einmal insgesamt 36ha Weinberge an einer sonnigen Stelle südlich von Felton umfassen; die ersten Parzellen wurden mit Zinfandel und Chardonnay bestockt.

Sonstige AVAs

Aus nostalgischen, aber auch praktischen Erwägungen richtete eine Reihe unverwüstlicher kleiner Weinbaubetriebe im Santa Clara County im Jahr 1990 den AVA-Bereich Santa Clara Valley ein. Ein großer Teil dieser Gegend (auf der Karte nicht eingezeichnet) ist der modernen Welt eher unter dem Namen Silicon Valley bekannt. Mancher alte Weinberg wurde hier unter Industrie- und Wohnbauten begraben. Was noch an Rebfläche übrig ist, liegt weit verstreut. Dennoch halten sich manche Weinberge hartnäckig, und die Etikettierungsvorschriften machen eine Appellation für die Weinbaubetriebe so gut wie unumgänglich.

Rund 80ha Rebfläche und 8 Weinbaubetriebe sind zwischen dem unaufhörlich wachsenden Gilroy und den steilen Hängen der Santa Cruz Mountains als entschlossen verteidigte Bastion einer in mehr als nur einer Hinsicht längst vergangenen Zeit eingeklemmt. Die auch als Hecker Pass bekannte Gegend war noch bis vor kurzem eine letzte Quelle altmodischer offener Weine, die man für billiges Geld an der Kellertür kaufen konnte. Colombard, Sauvignon Vert und Grenache waren die beliebtesten Traubensorten für solche Konsumweine. In den letzten Jahren sind dann aber auch Sortenweine, zum Teil von heimischem Lesegut, aufgekommen. Alle Weinberge und Weinbaubetriebe liegen an oder nahe bei der SR 152, dem Hecker Pass Highway von Gilroy nach Watsonville.

Zwei etwas größere Betriebe mit umfangreicherem Vertriebsprogramm befinden sich ganz in der Nähe in Morgan Hill.

In dem großzügig bemessenen Santa Clara Valley AVA ist ein kleiner Sub-AVA-Bereich namens San Ysidro eingeschlossen. Er liegt in einer Senke zwischen zwei Bergen, die den kühlen Meeresluftstrom am Pajaro River hinauf über zwei umfangreiche, vorwiegend mit Chardonnay bestockte Weinberge namens San Ysidro und Mistral lenken. Beide sind bereits in Flaschenweinen, vor allem der nicht mehr bestehenden Kellerei Congress Springs, aber auch der kleinen Kellerei Jory, in Erscheinung getreten.

Zwei größere Firmen sind mehr oder weniger zufällig in die Appellation Santa Clara Valley geraten, aber ihre Weine stammen anderswoher. Es handelt sich um Mirassou Vineyards, deren Besitz schon vor Jahren unter dem städtischen Ausdehnungsdruck vollständig nach Monterey verlagert wurde, sowie um J. Lohr, eine Kellerei, die hier nie über Weinbergbesitz verfügt hat.

ERZEUGER

A. Conrotto Winery (1926)
1690 Hecker Pass Highway, Gilroy, CA 95020. Tel. (408) 942-3053. 5000 Kisten. Die Gründerfamilie besitzt noch eine kleine Kellerei, die sich vor allem Gattungsweinen aus dem eigenen kleinen Besitz widmet.

Fortino Winery (1970)
4525 Hecker Pass Highway, Gilroy, CA 95020. Tel. (408) 842-3305. 30000 Kisten. Ein Einwanderer aus Süditalien hat eine Vorliebe für reife, vollmundige Art mitgebracht, die sich überall in der langen Liste sortenreiner Weine bemerkbar macht.

Emilio Guglielmo Winery (1925)
1480 E Main Avenue, Morgan Hill, CA 95037. Tel. (408) 779-2145. 65000 Kisten. Der ansehnliche Betrieb mit über 40 ha Weinbergen bei Morgan Hill produziert stetige Konsumweine unter dem Namen Guglielmo sowie Sortenweine der Marke Mt Madonna.

Hecker Pass Winery (1972)
4605 Hecker Pass Highway, Gilroy, CA 95020. Tel. (408) 842-8755. 1800 Kisten. Der zurückhaltendere Bruder des Besitzers von Fortino produziert seiner Art gemäße beständige, robuste Rotweine. Vorab der Zinfandel ist probierenswert.

Jory Winery (1986)
PO Box 1946, Los Gatos, CA 95031. Tel. (408) 356-2228. 5000 Kisten. Der einzige Weinbaubetrieb im Santa Clara Valley, der sich um einen Platz in den oberen Rängen bemüht; seine Spezialität ist ein kräftig butteriger, toastwürziger Chardonnay aus San Ysidro.

Kirigin Cellars (1976)
11550 Watsonville Rod, Gilroy, CA 95020. Tel. (408) 847-8827. 3000 Kisten. Der Kroate mit langjähriger Erfahrung im Konsumweingeschäft im Central Valley hat seine Wurzeln nicht vergessen. Als er sich zur Ruhe setzte, begann er mit eigenem Lesegut aus Gilroy Markenweine nach Vorbildern aus seiner Heimat zu produzieren.

Thomas Kruse (1971)
4390 Hecker Pass Highway, Gilroy, CA 95020. Tel. (408) 842-7016. 2500 Kisten. Kruse gab eine Akademikerlaufbahn in Chicago auf und wollte statt dessen den Weinbau am Hecker Pass mit sortenreinen Weinen in gehobener Qualität reformieren. Inzwischen ist er zum Verfechter lokaler Traditionen geworden.

Die 1863 von einem Erdbeben zerstörte Mission San José wurde inzwischen wieder aufgebaut.

J. Lohr Winery (1975)
1000 Lenzen Avenue, San José, CA 95126. Tel. (408) 288-5057. 230000 Kisten. Als der Betrieb provisorisch in einer ehemaligen Brauerei in San José begann, gehörte ihm lediglich der 80 ha große Cobblestone Vineyard in Monterey. Heute umfaßt der Besitz 280 ha Cabernet Sauvignon in Paso Robles (mit einer zusätzlichen Kellerei) und eine ähnlich umfangreiche, mit weißen Rebsorten besetzte Fläche bei Clarksburg. Der ansprechende Paso Robles Cabernet Sauvignon »Seven Oaks« ist seinen Preis ebenso wert wie der Monterey Chardonnay »Cobblestone«.

Mirassou Vineyards (1937)
3000 Aborn Road, San José, CA 95135. Tel. (408) 274-4000. 250000 Kisten. Die im Weinbau im Santa Clara Valley um 1850 verwurzelte Familie hat ihre Kellerei noch immer in San José, bezieht aber das Lesegut größtenteils von 440 ha Eigenbesitz bei Soledad im Salinas Valley (Monterey). In neuerer Zeit wurden in gleichmäßiger Produktion gefällige Weine in breiter Auswahl hervorgebracht.

Mirassou Champagne Cellars
300 College Avenue, Los Gatos, CA 95031. Tel. (408) 395-3790. Die Besitzerfamilie von Mirassou Vineyards hat eine getrennte Kellerei für Schaumweine nach der klassischen Methode von eigenen Trauben aus Monterey gegründet.

Pedrizzetti Winery (1945)
1645 San Pedro Avenue, Morgan Hill, CA 95037. Tel. (408) 779-7389. Ein Barbera aus Eigenbesitz, gewonnen von einem der ältesten Importe von Stecklingen dieser Rebsorte in Kalifornien, ist der Stolz des Hauses.

Solis Winery (1988)
3920 Hecker Pass Highway, Gilroy, CA 95020. Tel. (408) 847-6306. Der Betrieb greift einen lange ungenutzten Namen auf und erfüllt eine alte Kellerei sowie 6 ha der ursprünglichen Lage Bertero mit neuem Leben. Ansonsten pflanzen die neuen Besitzer Chardonnay, Cabernet Sauvignon, Merlot sowie eine Versuchsparzelle mit Sangiovese an.

Sycamore Creek Vineyards (1975)
12775 Uvas Road, Morgan Hill, CA 95037. Tel. (408) 779-4738. 2500 Kisten. Eine japanische Firma kaufte einen alten Kellereibetrieb am Hecker Pass und wollte dort Sake produzieren, ist aber schließlich bei Traubenwein geblieben.

Reise-Informationen

SEHENSWERTES

Berkeley Außer einer radikalen politischen Geschichte und seiner erfolgreichen Universität hat Berkeley auch einen wohlverdienten Ruf als Feinschmeckerstadt vorzuweisen. Dank seiner Lage an der East Bay ist es ein ebenso günstiger Ausgangspunkt wie San Francisco für Besuche in den Weinbaugebieten im Norden und im Süden.

Livermore ist keine Feriengegend; von San Francisco, San José und selbst Sacramento aus kann man es ohne weiteres an einem Tag besuchen. 1992 leiteten die hiesigen Weinbaubetriebe den Bau eines Museums mit Musterweinberg in einem der historischen Weingüter der Stadt ein.

Pleasanton hat eine historische Hauptstraße mit mehreren touristisch orientierten Einrichtungen und ist Schauplatz der Alameda County Fair.

San Francisco gilt als die europäischste Stadt Amerikas. Wenn sie auch nichts weiter vorzuweisen hätte, um diesem Anspruch zu genügen, so ist sie doch am meisten auf Wein eingestellt. Unzählige Restaurants bieten schöne Weinkarten, und es gibt in der Stadt und ihrer Umgebung mindestens ein Dutzend gut bestückte Weinfachgeschäfte. Für alle, die neben urbanen Vergnügungen auch Abstecher in die umgebende Landschaft lieben, hat sie einen weiteren Vorzug: Sie liegt in der Nähe der bekanntesten Weinbaugebiete Kaliforniens.

Santa Cruz Das farbenfrohe Bild im Herzen des Badeorts am Ozean wurde durch das Loma-Prieta-Erdbeben 1989 stark in Mitleidenschaft gezogen. Die zahlreichen Motels und Hotels bieten eine relativ günstige Basis für Ausflüge in die Weinbaugegend der südlichen Santa Cruz Mountains. In der Stadt selbst befinden sich einige Kellereien.

Saratoga Obwohl Saratoga heute weitgehend Schlaf- und Wohnstadt für das Silicon Valley ist, hat ihm eine genügend lange Geschichte doch eigenen Charakter verliehen. In der kleinen Altstadt befinden sich mehrere gute Restaurants.

HOTELS UND RESTAURANTS

Amelios's 1630 Powell Street, San Francisco. Tel. (415) 397-4344. Intim-vornehmer Speisesaal – intimvornehme französische Küche. Die unbeschwertere Seite des Besitzers und Küchenchefs Jacky Robert zeigt sich im angrenzenden, nicht so teuren Café.

Ashbury Market 205 Frederick Street, San Francisco. Tel. (415)

566-3134. Von erstklassigem Personal gut zusammengestellte internationale Auswahl von Weinen aller Preisklassen.
Balboa Café 3199 Fillmore St., San Francisco. Tel. (415) 921-3944. Hausmachersuppen und Pasta, am besten aber sind die leckeren Hamburger. Kurze, wohldurchdachte Weinkarte.
Bedford Hotel 761 Post Street, San Francisco. Tel. (415) 673-6040. Sonnige Atmosphäre, günstige Lage und für San Francisco bescheidene Preise.
Bentleys 185 Sutter Street, San Francisco. Tel. (415) 989-6895. Stets großartige Austern und eine umfangreiche Weinkarte; an Wochenenden Jazz.
Bistro Roti 155 Stewart Street, San Francisco. Tel. (415) 495-6500. Die Besitzer von Mustard's Grill und Tra Vigne in Napa bieten hier erstklassige kleine Gerichte, vor allem Hähnchen am Spieß, frischen Fisch und Pasta.
The Blue Fox 659 Merchant Alley, San Francisco. Tel. (415) 981-1177. Elegante italienische *cucina moderna*, nicht so teuer wie in Florenz.
Campton Place 340 Stockton, San Francisco. Tel. (415) 781-5155. Sehr gutes kleines Luxushotel mitten in der Stadt. Das vornehme Restaurant paßt gut dazu.
Chancellor Hotel 433 Powel, San Francisco. Tel. (415) 362-2004. Neu ausgestattetes kleines Hotel mit bescheidenen Preisen im Herzen der Stadt.
Chez Panisse 1517 Shattuck Avenue, Berkeley. Tel. (510) 548-5049. Hier nahm der fast zur Besessenheit gewordene Trend zu frischen Zutaten aus der Umgebung und einfallsreicher Kombination verschiedener Küchenstile zur sogenannten *California cuisine* ihren Ursprung. Das Lokal hat in seiner Art nicht seinesgleichen. Weinkarte mit anständigen Preisen.
Clift Hotel 495 Geary Avenue, San Francisco. Tel. (415) 775-4700. Das bewährteste Luxushotel in der Stadt. Sein französisches Restaurant hat eine erstklassige Weinkarte.
Coit Liquors 585 Columbus Avenue, San Francisco. Tel. (415) 9864036. Einige Raritäten in der umfangreichen kalifornischen Abteilung; gute Bestände an internationalen Weinen.
Cost Plus Imports 2552 Taylor Street, San Francisco. Weinfachgeschäft mit Schwerpunkt auf Kalifornien; sehr günstige Preise; am besten ist, man weiß, was man will, bevor man hineingeht.
Cypress Club 500 Jackson Street, San Francisco. Tel. (415) 296-8555. Erlesenes Design; durch und durch amerikanisch, aber kaum ein traditionelles Menü; erstaunlich vollständige Weinkarte mit amerikanischen Weinen.
Dining Room at the Ritz Carlton Hotel 600 Stockton Street, San Francisco. Tel. (415) 296-7465. Küchenchef Gary Danko ist absolut einmalig, er strapaziert nicht eine einzige klassische Note der französischen oder amerikanischen Küche. Das Luxushotel überschüttet seine Gäste mit Aufmerksamkeit.
Draper & Esquin 655 Davis Street, San Francisco. Tel. (415) 397-3797. Solide Weinhandlung mit sehr schönen Importen und guter Auswahl an kalifornischen Weinen.
Etrusca Rincon Center, 101 Spear Street, San Francisco. Tel. (415) 777-0330. Die italienische Küche ist so gut, daß Teresa Lungarotti hierherkommt, wenn sie in der Stadt ist. Höfliche Bedienung und schöne Weinkarte.
Fleur de Lys 777 Sutter Street, San Francisco. Tel. (415) 673-7779. Ein Schmuckkästchen von einem Restaurant. Erstklassige Küche des am höchsten gepriesenen französischen Kochs der Stadt. Exzellente Weinkarte.
Il Fornaio 1265 Battery Street, San Francisco. Tel. (415) 986-0100. Gute italienische Küche in muntergeräuschvoller Atmosphäre. Geschützter Platz zum Speisen im Freien. Wohldurchdachte Weinkarte.
Fournou's Ovens in the Stanford Court Hotel 905 California Street, San Francisco. Tel. (415) 673-1888. An die Jahreszeiten gebundene, französisch beeinflußte amerikanische Küche. Schöne Weinkarte. Das Hotel auf dem Nob Hill gehört zu den luxuriösesten der Stadt.
Green's Building A, Fort Mason Center, San Francisco. Tel. (415) 771-6222. Vegetarische Kost auf ungewöhnlich hohem Niveau. Wohldurchdachte Weinkarte. Schöner Blick auf das Golden Gate.
Harri's Steak House 2100 Van Ness Avenue, San Francisco. Tel. (415) 673-1888. Steaks, Steaks und nochmals Steaks! Brauchbare Weinkarte.
Hayes Street Grill 320 Hayes Street, San Francisco. Tel. (415) 863-5545. In der Nähe der Oper. Einfallsreiche Zubereitung von allerfrischestem Fisch. Umfangreiche Weinkarte.
Kuleto's 255 Powell Street, San Francisco. Tel. (415) 397-7700. Muntere, laute Bar, gemütliches italienisches Restaurant im günstig gelegenen preiswerten Hotel Villa Florence.
The London Wine Bar 415 Sansome Street, San Francisco. Tel. (415) 788-4811. In allen Einzelheiten das, was der Name verspricht, von der Auswahl bis zur Ausstattung.
Marin Wine Cellar 2138 Fourth Street, San Rafael. Tel. (415) 456-9463. Weit außerhalb der Stadt, am Weg nach Sonoma. Eine großartige Sammlung älterer Weine.
Masa's 648 Bush Street, San Francisco. Tel. (415) 391-2233. Abwechslungsreiche Küche, die Wurzeln stehen im französischen Stil, die Zweige reichen überall hin, wo es gut zu essen gibt. Umfangreiche Weinkarte, viele offene Weine. Im ebenso feinen und teuren Hotel Vintage Court.
Le Mouton Noir 14560 Big Basin Way, Saratoga. Tel. (405) 867-7017. Kalifornische Kost, stark von Frankreich beeinflußt. Der viktorianische Speisesaal wird bei schönem Wetter um eine Terrasse erweitert.
Mulhern & Schachern Pier 33, The Embarcadero, San Francisco. Tel. (415) 788-3330. Die geräuschvolle, lebhafte Atmosphäre paßt gut zur kräftigen, neuen amerikanischen Küche. Kurze, aber wohldurchdachte Weinkarte.
Pacific Heights Bar & Grill 2001 Fillmore Street, San Francisco. Tel. (415) 567-3337. Austern und andere frische Meeresfrüchte in clubähnlicher Atmosphäre. Gut ausgewählte Weinkarte.

Windkraftgeneratoren auf einem Bergkamm östlich von Livermore.

Pacific Wine Company 124 Spear Street, San Francisco. Tel. (415) 896-5200. Auf der Weinkarte viele kleine kalifornische Erzeuger. Probierraum.
Postrio 545 Post Street, San Francisco. Tel. (415) 776-7825. Außer beim Frühstück ist kaum Platz zu bekommen, aber die innovative Küche von Wolfgang Puck und die Schnellgerichte von Anne und David Gingrass lohnen auch zum Lunch und Dinner die Mühe. Schöne Weinkarte.
Square One 190 Pacific Avenue, San Francisco. Tel. (415) 788-1110. Die wundervolle pan-mediterrane Küche neigt einmal nach dieser, einmal nach jener Seite, am meisten aber nach Italien. Sehr gute Weinkarte und beratendes Personal.
Stars 150 Redwood Alley, San Francisco. Tel. (415) 861-7827. Dem Besitzer und Küchenchef Jeremiah Tower fehlt es nie an Einfällen für ein von frischen einheimischen Zutaten beherrschtes Menü. Gute Weinkarte.
Tadich Grill 240 California Avenua, San Francisco. Tel. (415) 391-2373. Das makellos traditionelle Meeresfrüchterestaurant bietet einen schönen Ausweg aus jeder Art von Trendbeflissenheit.
The Waterfront Pier 7, The Embarcadero, San Francisco. Tel. (415) 391-2696. Schlichtes Meeresfrüchterestaurant, das sehr auf frische Ware achtet. Gute Weinkarte.
Wente Restaurant 5050 Arroyo Road, Livermore. Tel. (510) 447-3696. Luftiger, pavillonartiger Bau auf dem Gelände der Wente Sparkling Wine Cellars. Gerichte von frischen Zutaten aus der Umgebung. Umfangreiche Weinkarte mit kalifornischen Gewächsen.

Temecula

In Südkalifornien tauchen hier und dort an der Küste, vor allem hinter der ersten Bergkette im Ventura, Orange und San Diego County, Weinberge auf, ein zusammenhängendes Weinbaugebiet ist aber nur Temecula. Es liegt an der Südwestspitze des Riverside County, angrenzend an das San Diego und das Orange County. Den ersten Schritt zu einem vollgültigen Weinbaugebiet tat Temecula 1964, als eine Landerschließungsgesellschaft auf einem 36 000 ha großen Terrain namens Rancho California einen Musterweinberg anlegte, der als Bestandteil einer gemischten Wohn-, Industrie- und Landwirtschaftsansiedlung auf einer staubigen, von Erosion gezeichneten, aber aus den Bergen im Osten gut mit Wasser versorgten Mesa gedacht war.

Vier Jahre später baute das Ehepaar Vincent und Audrey Cilurzo den ersten kommerziellen Weinbaubetrieb in Rancho California auf. Die inzwischen nicht mehr existierende Brookside Winery war das erste größere Projekt in Rancho California – sie kaufte 140 ha auf und bestockte sie als Ersatz für die recht farblosen Weinberge in Cucamonga. Die eigentliche treibende Kraft war aber dann der tüchtige Manager und Marketingexperte Ely Callaway, der 1969 ein 42 ha großes Gelände kaufte und bald danach den ersten und leistungsstärksten von acht Pionierbetrieben ins Leben rief. Callaway brachte in den Weinbau Temeculas nicht nur Kapital, sondern auch Zielstrebigkeit und damit Stabilität. Inzwischen hat er ihn längst an eine Gesellschaft verkauft, doch Callaway Vineyards & Winery ist nach wie vor der tragende Pfeiler in einem Gebiet, wo der nächstkleinere Betrieb nicht einmal ein Drittel so groß ist und alle 12 anderen zusammengenommen nicht halb soviel produzieren.

Der Marketing-Fuchs Callaway hatte schon früh erkannt, daß die Städter in Los Angeles weinbesessen genug waren, um ein respektables eigenes Weinbaugebiet zu tragen. Auf der anderen Seite verstand Temecula einer Umarmung ganz anderer Art seitens

Die Weinberge von Piconi (im Vordergrund) und Mount Palomar.

Die letzten Häuserzeilen von Temecula enden kurz vor den Callaway-Weinbergen.

der Stadt Los Angeles nicht zu entgehen: Die Flutwelle der wachsenden Stadtbevölkerung dringt immer weiter nach Osten vor, und so wird Temecula immer mehr zu einem Glied in der weitgespannten Kette von Pendlergemeinden ringsumher.

Damals, als die Reben in den Weinbergen der Gegend gerade ihre Wurzeln in größere Tiefen zu senken begannen, konnte man auf der Rancho California Road zwischen dem Ort Temecula und dem 6 km entfernten Callaway Schlangenlinien fahren, ohne daß man einem anderen Autofahrer in die Quere gekommen wäre. 1992 waren solche Schlängeleien kaum noch möglich; die letzten Häuserreihen standen dicht neben den ersten Rebzeilen, und der Verkehr duldet längst keine Hindernisse auf seinem Weg mehr.

1989 errangen die Wein- und Zitrusfrüchteanbauer eine Atempause, als das Riverside County 3000 ha auf der Buck Mesa als landwirtschaftliche Nutzfläche für sie bis 2025 reservierte; dann aber wird über Leben oder Tod der Weinstöcke neu entschieden. Die Frage, ob nach den ersten 25 Jahren des nächsten Jahrtausends Grund und Boden einträglicher für Wohnungen oder für Faßkeller genutzt werden wird, hat noch einen besonderen Aspekt. Aus alten Urkunden geht hervor, daß um 1840 ein französischer Einwanderer namens Jean Louis Vignes im heutigen Temecula hochwertiges Weinbauland sah. Allerdings fing er damit nicht viel an, sondern pflanzte lediglich einige Mission-Reben. Danach spielte der Weinbau in der hiesigen Landschaft keine Rolle, bis die bereits erwähnte Erschließungsgesellschaft für Rancho California ihn als Lockvogel für ihr eigentliches Ziel, nämlich Baugrundstücke zu schaffen und zu verkaufen, einsetzte.

Klima

In Elsinore, wo die nächstgelegene Wetterstation steht, ist es zwar insgesamt etwas wärmer als in Temecula, trotzdem können die dortigen Temperaturaufzeichnungen als Richtwerte gelten. Das charakteristische Merkmal des Klimas in Temecula ist die schmale Spanne zwischen den Tageshöchstwerten und den nächtlichen Tiefstwerten. Die Jahresniederschlagsmenge ist recht bescheiden; sie kommt manchmal mit El Niño in ein, zwei Wolkenbrüchen zustande. (Der El-Niño-Effekt entsteht durch den Vorstoß warmer äquatorialer Meeresströmungen in nördlichere Breiten, wodurch tropische Gewitterstürme auf andere Bahnen gelenkt werden.)

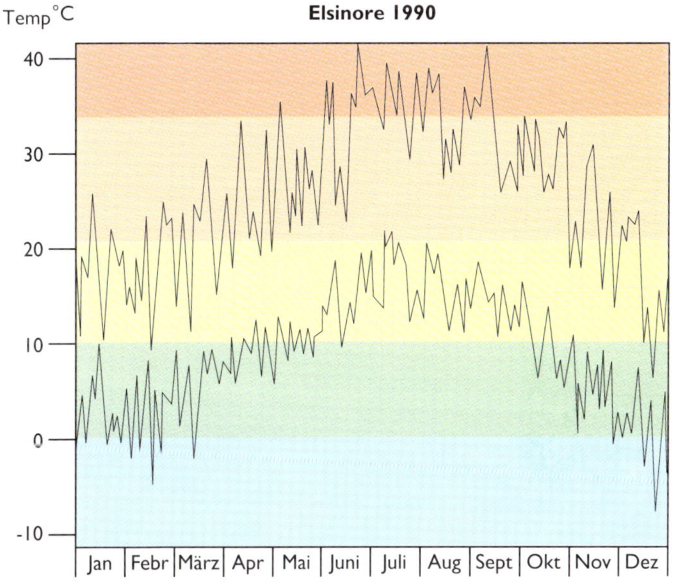

Weißweintrauben

Die Liste der Weißweintrauben ist in Temecula ebenso kurz wie die der Rotweintrauben. Sauvignon Blanc ist die nie versagende, Chardonnay die immer populäre Traube. Allerdings glaubt mindestens ein Erzeuger in Temecula, daß Chenin Blanc hier den eindrucksvollsten Weißwein erbringt, was ihm der Markt freilich nicht abnehmen will. Riesling und Gewürztraminer halten sich noch, wenn auch nur in winzigen Mengen.

Chardonnay (1970: 0, 1990: 420 ha)
Temecula hat noch nicht zu seiner wirklich eigenen Rebsorte gefunden, aber die vorherrschende steht bereits fest. Chardonnay kam erst spät auf, weil die 1970 verfügbaren Klone sich in der Region nicht bewährten.

Sanfter Körper und anspruchslose Frucht verleihen ihm unmittelbar ansprechende Art, wenn er sich selbst überlassen bleibt. Temecula-Chardonnay hat es anscheinend nicht gern mit Eichenholz zu tun. Selbst eine kleine Dosis beeinträchtigt bereits die Fruchtigkeit und verleiht ihm Schärfe. Callaway hat schon vor Jahren die Holzfässer ganz aufgegeben und baut den Chardonnay lieber auf der Hefe in Edelstahltanks aus. Seine Rivalen waren ebenfalls am erfolgreichsten, wenn sie mit Fässern sparsam umgingen oder sie überhaupt wegließen. Hier drängen sich vor allem der 1986er Mt Palomar, der 1989er Maurice Car'rie und der 1990er Hart auf. Dennoch ist beständige Art so selten, daß gebietstypische Weine schwer herauszufinden sind.
Gebietstypischer Wein:
Callaway «Callalees».

* Zur Farbcodierung der Klimadiagramme siehe S. 14/15.

Chenin Blanc (1970: 12 ha, 1990: 44 ha)
Die schwache Nachfrage hat es den hiesigen Erzeugern durchaus nicht erleichtert, dieser Rebsorte, die ganz ähnlich wie der Chardonnay weiche, milde Weine hervorbringt, viel Aufmerksamkeit angedeihen zu lassen. Wenn in Temecula Edelfäule auftritt, ist Chenin Blanc für sie am empfänglichsten. Es gibt aber kein neueres Beispiel für Chenin mit Edelfäule; frühere Versuche erbrachten bei trockenen Weinen eine untergründige vegetabile Note.
Gebietstypischer Wein:
Callaway

Sauvignon Blanc (1970: 0, 1990: 103 ha)
Sauvignon erreichte 1986 mit 290 ha einen Höhepunkt, fiel dann aber rascher zurück als die Nachfrage nach seinem Sortenwein. In Bestform war er bisher der eindrucksvollste Weißwein in Temecula und auf jeden Fall der im Charakter vielfältigste. Callaway erzielt mit einiger Regelmäßigkeit bei seinem Sauvignon Blanc ein lieblich-blumiges Aroma; es reicht von Melonen bis – in kühlen Jahren – zu Kräutern. Baily hat bei seinem gut bereiteten 1991er eine *Pipi-du-chat*-Note zuwege gebracht, die aus dem Staat Washington stammen könnte. Außer bei Callaway darf man von dieser Traube ebensowenig wie von den anderen gleichmäßige Art erwarten.
Gebietstypischer Wein:
Callaway Sauvignon Blanc (ein Fumé Blanc, ausgebaut in Eichenholz, schmeckt nach diesem ebensosehr wie nach Sauvignon Blanc).

White Riesling (1970: 1,5 ha, 1990: 53 ha)
Die Rebsorte erlebte ihren Höhepunkt 1980 mit 234 ha und ging dann wie überall in den USA wegen der plötzlich nachlassenden Nachfrage zurück. Die Weine werden nach wie vor der Sorte nicht gerecht.

Sonstige Weißweintrauben
Gewürztraminer (auf dem Höhepunkt 6,5 ha, jetzt 1,5 ha) erbrachte bei Filsinger gelegentlich erstaunliche Geschmacksfülle; Muscat Blanc (5 ha); Sémillon war 1986 und 1987 bei Mt Palomar volle Art beschieden, er wurde aber 1990 auf den viel gängigeren Chardonnay umgepfropft.

Rotweintrauben

Temecula kam erst auf, als der Markt bereits auf wenige Rotweinsorten festgelegt war. Callaway schlug sich jahrelang mit Cabernet Sauvignon, Petite Sirah und Zinfandel herum und gab schließlich 1982 den Rotweinanbau ganz auf. Als die Besitzer 1992 ihre Entscheidung zu überdenken begannen, verringerten andere bereits ihre Bestände dieser Sorten zugunsten von Experimenten mit Syrah, Mataro (Mourvèdre), Nebbiolo und Sangiovese.

Cabernet Sauvignon (1970: 0, 1990: 46 ha)
Wie alle Rotweinsorten ist in Temecula auch der Cabernet von einem Höchstbestand von 100 ha 1979 zurückgefallen. In wenigen Ausnahmefällen haben sich seine Weine dem angenähert, was an der North Coast Norm ist, meistenteils aber sind sie sehr sanft und etwas schwach im Sortengeschmack. Joe Hart glaubt, daß kühlere Ostlagen in den Santa-Margarita-Bergen bessere Aussichten bieten. John Moramarco und Dwayne Hellmuth sehen inzwischen in ihren ältesten, noch aus der Anfangszeit erhaltenen Beständen gute Möglichkeiten.

Petite Sirah (1970: 0,5 ha, 1990: 0)
1977 verfügte die Sorte noch über 87 ha und stürzte dann unvermittelt auf den offiziellen, wenn auch nicht tatsächlichen Nullbestand ab. Maurice Car'rie produziert noch Petite Sirah aus einer von Cilurzo 1969 angelegten Parzelle. Petite Sirah aus Temecula ist vermutlich dem ganz auf Cabernet versessenen Markt ebensosehr wie eigenen Schwächen zum Opfer gefallen. Obwohl viele Weine dieser Sorte nach Rosinen schmeckten und übertrieben weich waren, so gehörten bislang doch die feinsten zu den gefälligsten Rotweinen aus Temecula.

Zinfandel (im Riverside County 1970: 69 ha, 1990: 42 ha)
Fast der gesamte Zinfandel-Bestand liegt im Norden im hundertjährigen und inzwischen fast erloschenen Distrikt Cucamonga. Derzeit gibt es nur noch einen echten Temecula-Zinfandel, der bei Hart bereitet und unter dem Etikett des Anbauerbetriebs Dos Sabas angeboten wird.

Sonstige Rotweintrauben
Einige Erzeuger unterhalten winzige Experimentalbestände an Nebbiolo, Sangiovese, Syrah und Mataro/Mourvèdre. Die ersten Syrah- und Sangiovese-Weine entstanden 1990.

Unten: Die Culbertson Winery liegt den Weinbergen von Callaway gegenüber.
Rechts: Reben kurz vor der Blüte.

Temecula AVA

Eingerichtet: 23. November 1984
Gesamtfläche: 40 000 ha
Rebfläche: 680 ha
Weinbaubetriebe: 14
Hauptort: Temecula

Hitzige Debatten umgaben die Grenzziehung für den AVA-Bereich Temecula im Jahr 1982. Callaway verfocht eine enge Eingrenzung, die nur 13 200 ha der Buck Mesa im Osten des Orts Temecula beinhalten sollte. Andere wünschten größere Spielräume nach Westen, Norden und Osten, wodurch die Fläche sich verdreifachte. Callaway verlor zwar die Schlacht, trug aber doch den Sieg davon, denn heute stehen fast alle tatsächlich gepflanzten Reben innerhalb der von ihm ursprünglich vorgeschlagenen Grenzen. Der Defacto-Bereich Temecula ist der homogenste in ganz Kalifornien.

Ely Callaway setzte stark auf die klimatische Wirkung des Rainbow Gap, einer schmalen Bresche zwischen den Santa Rosa und den Santa Margarita Mountains, durch die eine kühlende Nachmittagsbrise vom 40 km entfernten Ozean hereinweht. Er behauptete, daß durch diese Bresche Meeresluft über den von ihm ins Auge gefaßten Teil von Temecula hereingeleitet werde, nicht aber über die angrenzenden Zonen im Norden und Süden, und daß die dor-

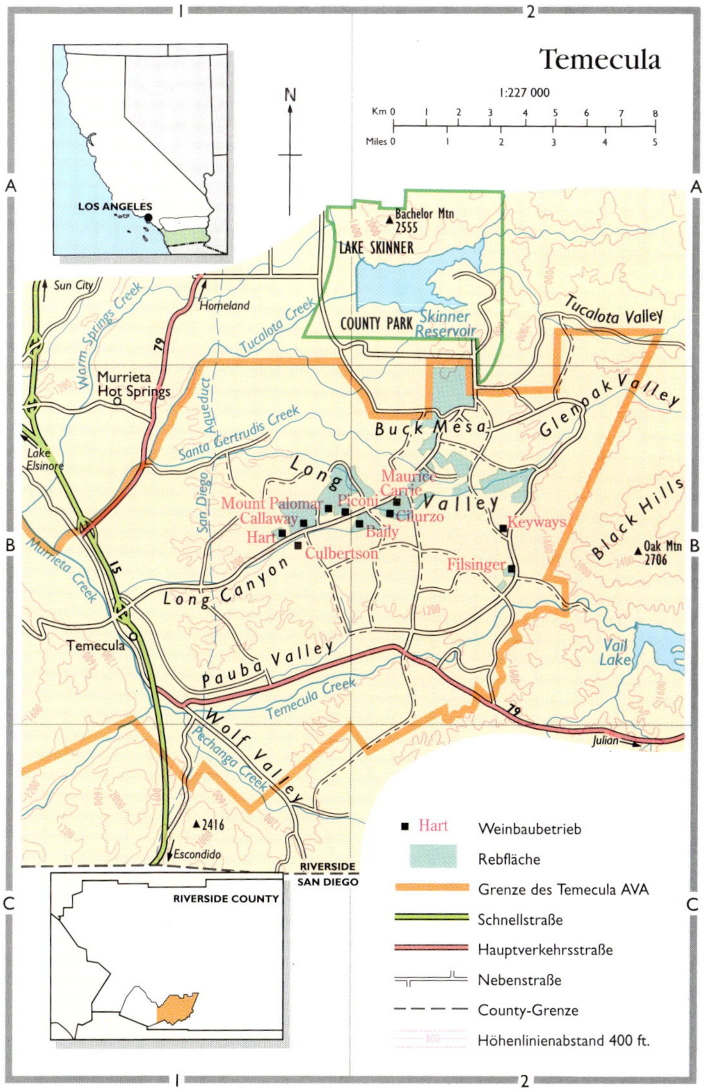

Maurice Car'rie verfügt über die am besten ausgestatteten Empfangsräume für Besucher in ganz Temecula. Die Kellerei befindet sich direkt dahinter.

tigen Weine infolgedessen ganz anders ausfallen müßten. Der praktische Beweis war damals nicht zu erbringen, und dabei bleibt es wohl auch, denn es gibt ja so gut wie keine Weinrebe im Bereich, die nicht von der Brise durch den Rainbow Gap umweht würde.

Die Böden sind noch einheitlicher: Grober, durchlässiger Sand von verwittertem Granit, herabgespült aus den Magee Hills im Osten, bildet die Buck Mesa; diese wirkt zwar insgesamt als Ebene, doch die Erosion in diesem Teil des Temecula-AVA-Bereichs ist so stark, daß fast jeder Quadratmeter meist ziemlich steil zu einer Rinne hin abfällt. Die Weinberge werden deshalb nur gemäht und nicht gepflügt, damit die Grassoden den Boden festhalten, wenn Regen kommt. Ein mit voller Kraft arbeitendes Berieselungsgerät würde andernfalls in wenigen Stunden schon tiefe Rinnsale in den Boden reißen. Wolkenbrüche verändern die ganze Landschaft.

Vier kleine Besitzungen in den Santa-Margarita-Bergen heben sich in Lage, Boden und Höhe von den anderen ab. Eindeutig von dort stammende Weine sind zwar schwer aufzutreiben, doch die ersten paar Cabernet Sauvignons haben bei den ortsansässigen Erzeugern lobende Aufmerksamkeit gefunden.

Callaway ist mit 185 ha der weitaus bedeutendste Anbaubetrieb. An zweiter Stelle steht der Temecula Valley Vineyard mit 170 ha. Mt Palomar und Maurice Car'rie verfügen über je 40 ha, und die restlichen 200 ha entfallen auf Parzellen von 3 bis 8 ha Größe und verteilen sich auf 50 Besitzer.

ERZEUGER

Baily Winery (1986)
33833 Rancho California Road, Temecula, CA 92390. Tel. (909) 676-9463. 2500 Kisten. Junges Paar mit guten Anfängen in Sauvignon und Versuchen mit Carmine, zumeist von 3 ha Eigenbesitz.

Callaway Vineyard & Winery (1969)
32720 Rancho California Road, Temecula, CA 92390. Tel. (909) 676-4001. 250 000 Kisten. Der alte Spitzenreiter bleibt insbesondere bei auf der Hefe ausgebautem Chardonnay und halbtrockenem Sauvignon Blanc weiter vorn. Seit 1982 erzeugt er nur noch Weißwein, ist aber dabei, die Sachlage vor allem zugunsten von Cabernet Sauvignon neu einzuschätzen.

Cilurzo Vineyards & Winery (1978)
41220 Calle Contento, Temecula, CA 92390. Tel. (909) 676-520. 10 000 Kisten. Audrey und Vincent Cilurzo pflanzten als Weinbaupioniere und unermüdliche Förderer ihrer Region 1968/69 bereits 16 ha Chenin Blanc und Petite Sirah. Heute haben sie noch 3 ha, kaufen aber Trauben für eine große Anzahl an Weinen ein. Stil und Technik haben mit der Zeit unter mehreren Kellermeistern verschiedene Gestalt angenommen.

Clos du Muriel (seit 1989; vorher ab 1984 als Britton)
40620 Calle Contento, Temecula, CA 92390. Tel. (909) 676-2938. Im Frühjahr 1992 in finanziellen Nöten.

Culbertson Winery (1981)
32575 Rancho California Road, Temecula, CA 92390. Tel. (909) 699-0099. 80 000 Kisten. Spezialist für Schaumwein; bezieht den größten Teil seines Traubenbedarfs aus Santa Barbara, würzt aber mit Lesegut aus der Umgebung.

Filsinger Vineyards & Winery (1974)
39050 De Portola Road, Temecula, CA 92390. Tel. (909) 676-4594. 7000 Kisten. Zahnarzt und Winzer deutscher Abstammung mit einer Vorliebe für Riesling und einer geschickten Hand für Chardonnay. 14 ha Eigenbesitz.

French Valley Vineyards (1984)
36515 Briggs Road, Murrieta, CA 92362. Tel. (909) 962-2175.

2500 Kisten. Der Besitzer Leon Borel half bei der Anlage einer Versuchspflanzung im Jahr 1964, behilft sich aber heute mit kleinen Parzellen Chenin Blanc und Gamay.

Hart Winery (1980)
PO Box 956, Temecula, CA 92390. Tel. (909) 676-6300. 5000 Kisten. Einer der beständigsten Weinerzeuger der Region beginnt interessanten Cabernet aus dem Hansen Vineyard bei La Cresta hervorzubringen. Auf 5 ha Eigenbesitz hat er Versuchsbestände an Syrah und Viognier.

Keyways Vineyards & Winery (1990)
3738 De Portola Road, Temecula, CA 92390. Tel. (909) 676-1451. Winziger Neuling ohne Leistungsnachweis.

Maurice Car'rie Winery (1986)
3425 Rancho California Road, Temecula, CA 92390. Tel. (909) 676-1711. 10 000 Kisten. Aggressiver Neuling; hat sich bereits mit Chardonnay und Cabernet Sauvignon von 40 ha Eigenbesitz bewährt. Merlot und Muscat Canelli werden aus dem Santa Barbara County bezogen.

Mount Palomar Winery (197)
33820 Rancho California Road, Temecula, CA 92390. Tel. (909) 676-5047. 20 000 Kisten. Weinbaupionier John Poole bietet schon seit längerem eine besonders große Auswahl an Temecula-Weinen und erweitert den Horizont mit Versuchspflanzungen von Sangiovese, Syrah und Merlot in einem von Chardonnay beherrschten 42-ha-Weinberg. Ein feiner Sémillon namens Paloverde gehört leider der Vergangenheit an; die Reben wurden ebenfalls durch Chardonnay ersetzt. Mt Palomar bezieht auch Trauben aus anderen Gegenden, v. a. Cabernet vom Dry Creek Valley.

Piconi Vineyard & Winery (1981)
33410 Rancho California Road, Temecula, CA 92390. Tel. (909) 676-5400. 8000 Kisten. Nachdem sie den Weinbaubetrieb von John Piconi 1991 gekauft hatten, wollten Ben Drake und Bob Peterson den Namen ändern und begannen mit Sangiovese, Nebbiolo, Dolcetto, Mourvèdre und Viognier zu experimentieren. Auch Carmine bleibt erhalten.

Santa Margarita Winery (1985)
333490 Madera de Playa, Temecula, CA 92390. Tel. (909) 676-4431. Kleine Kellerei; begann 1992 mit dem Weinverkauf.

San Diego, eine Hafenstadt mit viel Fremdenverkehr, liegt nicht weit von Temecula entfernt.

Reise-Informationen

SEHENSWERTES

Temecula ist eine recht vielschichtige Stadt; das alte Zentrum bemüht sich mit originellen Geschäften um Fremdenverkehr, die neueren Viertel sind strikte Wohn- und Geschäftsgegenden östlich der Schnellstraße 115 und ein Gewerbegebiet westlich davon. Der Lake Skinner County Park bietet bescheidene, jedoch günstig in der Nähe gelegene Grillplätze und Wassersport. Übrigens ist es von hier aus zu Badeorten im Format von Palm Springs allenthalben nicht weit.

HOTELS UND RESTAURANTS

Café Champagne 32575 Rancho California Road, Temecula, CA 92591. Tel. (909) 699-008. Das beliebte Restaurant mit Terrasse in der Culbertson Winery trägt noch immer das Gepräge seiner Schöpferin Martha Culbertson: herrlich einfallsreiche Sandwichs und Salate zum Lunch, kräftigere Kost zum Dinner. Weine der Umgebung sowie aus anderen Teilen Kaliforniens.

Doubletree 29345 Ranch California Road, Temecula, CA 92591. Tel. (909) 676-5656. Das luxuriöseste von mehreren Motels und Hotels für Geschäftsleute.

Temecula Creek Inn 44501 Rainbow Canyon Road, Temecula, CA 92390. Tel. (909) 676-5631. Pompöses Golf- und Tennishotel.

WEINROUTE

Fast alle Weinbaubetriebe in Temecula liegen an der Rancho California Road oder etwas abseits an Nebenstraßen. Schlägt man einen Bogen nach Süden und Westen über die Glen Oaks Road, De Portola Road und State Route 79, dann braucht man nicht denselben Weg zurückzufahren und hat obendrein die Möglichkeit, noch zwei weitere Weinbaubetriebe zu sehen. Die Route läßt sich ohne weiteres als Tagesausflug von Los Angeles oder San Diego aus fahren, wenn man die Besuche in Weinbaubetrieben auf drei oder höchstens vier beschränkt.

Das Landesinnere

Die Kalifornier nennen es Big Valley, Great Central Valley oder einfach Valley. Seine Ausmaße sind kolossal – rund 94.000 km² flaches, sonnenverbranntes Farmland zwischen Redding und Weed Patch auf 750 km Länge und bis zu 125 km Breite. Vor allem aber ist es eine kolossale landwirtschaftliche Nutzfläche mit so hoher Ertragskraft, daß allein schon der minimale Bruchteil, der dem Weinbau gewidmet ist, Amerikas Midi darstellt, der seit langem den ganzen Tafelwein liefert, den die Nation braucht, und sein Jerez, Douro-Tal und Madeira obendrein.

Im Central Valley wachsen aber überdies ein Viertel des Reisbedarfs der USA, ein Zehntel der Baumwolle, alle Rosinen, Oliven und Mandeln und fast alle Dosentomaten, der ganze Knoblauch, alle Nektarinen, Walnüsse, Zwetschen, Pflaumen und Zitronen. Auch bei einem Dutzend anderer Feldfrüchte steht das Tal an der Spitze. Und zudem liegen unter Bakersfield Unmengen von Erdöl.

Es ist kein idyllisches, malerisches Tal. John Steinbeck hat in dem Roman *Früchte des Zorns* einen seiner Aspekte geschildert. Der Film *American Graffiti* beleuchtet eine andere, modernere Seite. Und doch kann von einer geistigen Bewältigung bisher kaum die Rede sein. Es gibt Hunderte, ja vielleicht Tausende von landwirtschaftlichen Familienbesitzungen in diesem Tal, sein Wesen aber ist «Agribusiness». Verwaltungsgesellschaften nehmen auf vielen tausend Hektar die Betriebsführung für private Investoren wahr, stürzen sich auf Feldfrüchte, die guten Gewinn versprechen, und lassen andere, weniger gefragte fallen.

Auch die Weinbaubetriebe sind diesen Maßstäben angepaßt. Das überaus zurückhaltende Haus E. & J. Gallo gibt zwar keine Produktions- oder Umsatzzahlen heraus, seine Sprecher aber dementieren Schätzungen auf jährlich 55 Millionen Kisten nicht. In Madera, nicht weit entfernt vom Gallo-Hauptsitz in Modesto, produziert der schärfste Rivale, Heublein Inc., Weine der Marken Almaden, Blossom Hill, Inglenook Navalle und andere mehr in wahren Massen.

So einheitlich es auch wirkt, setzt sich das Central Valley doch in Wirklichkeit aus zwei Tälern zusammen. Von Red Bluff aus südwärts erstreckt sich das Sacramento River Valley, ihm entgegen von Bakersfield aus nordwärts das San Joaquin River Valley, und beide treffen sich bei Sacramento. Von hier aus streben die beiden Ströme vereint in einem Netz kanalisierter Flußarme der San Francisco Bay zu.

Der Merced River im Yosemite National Park in der Sierra Nevada.

Das Landesinnere
AVA-Grenze
Schnellstraße
Hauptverkehrsstraße
Nebenstraße
Bahnlinie
Regionalgrenze
Landesgrenze
County-Grenze
Landeshauptstadt
County-Hauptstadt
1 SOLANO COUNTY GREEN VALLEY
2 SUISUN VALLEY
3 CLARKSBURG
4 LODI
5 EL DORADO
6 SHENANDOAH VALLEY
7 FIDDLETOWN
1:2 500 000
Km 0 20 40 60 80
Miles 0 10 20 30 40 50
N
LOS ANGELES
INTERIOR
SIERRA NEVADA
YUBA
SUTTER
PLACER
EL DORADO
YOLO
SACRAMENTO
AMADOR
ALPINE
CALAVERAS
SOLANO
SAN JOAQUIN
TUOLUMNE
STANISLAUS
MARIPOSA
MERCED
MADERA
YOSEMITE NATIONAL PARK
KINGS CANYON NATIONAL PARK
SEQUOIA NATIONAL PARK
FRESNO
KINGS
TULARE
KERN
San Joaquin Valley
Loyalton
Sierraville
Downieville
Camptonville
N.San Juan
Truckee
Live Oak
Smartville
Marysville
Yuba City
Olivehurst
Grass Valley
Nevada City
Colfax
Foresthill
Tahoe City
Lake Tahoe
South Lake Tahoe
Auburn
Tudor
Lincoln
Newcastle
Georgetown
Dunnigan
Roseville
Rio Linda
Folsom
Folsom Lake
Placerville
Woodland
Davis
Fair Oaks
SACRAMENTO
Markleeville
Dixon
Vacaville
Elk Grove
Plymouth
Galt
Clay
Jackson
Fairfield
Isleton
Clements
Lodi
Vallejo
San Andreas
Angels Camp
Sonora
Stockton
Manteca
Ripon
Tracy
Oakdale
Riverbank
Groveland
Coulterville
El Portal
Yosemite Village
Wawona
Modesto
Ceres
La Grange
Vernalis
Turlock
Snelling
Patterson
Mariposa
Fish Camp
Bass Lake
Newman
Atwater
Merced
Planada
Gustine
Le Grand
Chowchilla
Raymond
North Fork
Los Banos
Dos Palos
Berenda
San Luis Reservoir
Madera
Firebaugh
Herndon
Figarden
Clovis
Tollhouse
Humphreys Station
Millerton Lake
Piedra
Mendota
Kerman
Fresno
Sanger
Tranquillity
San Joaquin
Selma
Reedley
Badger
Helm
Kingsburg
Dinuba
Cutler
Woodlake
Three Rivers
Goshen
Visalia
Lemoore
Hanford
Exeter
Coalinga
Stratford
Tulare
Lindsay
Porterville
Camp Nelson
Kettleman City
Corcoran
Tulare Lake Bed
Tipton
Pixley
Terra Bella
Alpaugh
Earlimart
Devils Den
Delano
Glennville
Kernville
Wasco
Weldon
Inyokern
Blackwells Corner
Famoso
Shafter
Bodfish
Oildale
Buttonwillow
Bakersfield
Caliente
Cantil
McKittrick
Greenfield
Lamont
Koehn Lake Bed
Taft
Arvin
Keene
Buena Vista Lake Bed
Tehachapi
Tehachapi Mts.
Mohave
Wheeler Ridge
Grapevine
Lebec
Edwards
Rosamond
Sa. Buttes 8587
Mt Lola 9143
Freel Pk 10 881
Highland Pk 10 934
Leavitt Pk 11 570
Pinecrest
Dardanelles
Ganns
Mather
Mt Lyell 13 114
Kaiser Pk 9175
Mt Goddard 13 555
Triple Divide 12 634
Coyote Pks 10 892

Crystal Range heißt das Gebirge in den Sierra Nevada Mountains, das sich über den Weinbergen von Sierra Vista im El Dorado County erhebt.

Die Täler gleichen sich auf der Landkarte wie Spiegelbilder, aber nicht in manchen für den Farmer bedeutsamen Details. Die hohe, ununterbrochene Mauer der Sierra Nevada Mountains bildet die gemeinsame Grenze im Osten und das niedrigere, weniger gleichmäßige Küstengebirge die Begrenzung nach Westen. Infolgedessen werden beide Täler im Hochsommer um so heißer, je weiter man sich flußaufwärts den oberen Enden nähert. Sie unterscheiden sich voneinander insofern, als das Sacramento River Valley viel früher im Jahr mehr Regen abbekommt. Die deutlichste praktische Auswirkung hiervon ist, daß im Sacramento Valley Reis wächst, während im San Joaquin Valley Rosinen reifen.

Da nun dort die Rosinen reifen, beherrscht das San Joaquin Valley auch den Weinbau. Die Gründe dafür sind nicht ganz unkompliziert, gehen aber im Kern auf die für die Billigweinproduktion höchst brauchbare und für die Rosinenerzeugung unentbehrliche Traubensorte Thompson Seedless zurück.

Kaum daß die Weintraube in den 1870er Jahren in das Central Valley gekommen war, teilten die Gelehrten der University of California das Land weinbaulich in zwei Teile – die Küste und das Landesinnere. Diese auf dem völligen Fehlen von Meeresluft im Central Valley aufbauende Teilung ist seither erhalten geblieben. Nach der Prohibition wurde sie noch dadurch gefestigt, daß sich die Küste immer mehr Cabernet Sauvignon, Chardonnay und anderen feinen Rebsorten zuwandte, während sich das Landesinnere für Massenertragssorten wie Chenin Blanc, Colombard, Carignane entschied und auch Thompson Seedless bevorzugt kultivierte.

Wo die Meeresluft nicht hinkommt, also im größten Teil des San Joaquin Valley, hat es keinen Sinn, sich über feine Unterschiede in Sonnenschein und Boden den Kopf zu zerbrechen, denn hier sind beide über weite Räume hinweg immer gleich. Auch wirkt sich Wassermangel in dem regenlosen Land nicht als Einschränkung aus, denn zwei gewaltige Systeme von Kanälen und Stauseen sammeln über die ganze Länge der Sierra Nevada hinweg Wasser und leiten es zu hochsubventionierten Preisen in die Täler. Daher können die Farmer Weinfelder anlegen, wo sie wollen, und Jahr für Jahr fest mit einer Ernte rechnen, die ihre Einkünfte absichert.

Die einzige Ausnahme von der vollständigen Einheitlichkeit von Sonnenschein und Boden bildet die Stelle, wo sich der Sacramento River einen Weg durch die Coast Ranges gegraben und so eine Lücke geschaffen hat, durch die ein zunächst kräftiger Strom Meeresluft über das Delta hinweg landeinwärts und – bereits abgeschwächt – bis Lodi vordringen kann.

In diesen aneinandergrenzenden Bereichen bestehen immerhin so große Unterschiede im Klima und vielleicht auch im Boden, daß hier verschiedene Rebsorten wachsen, vor allem aber auch andere als im heißeren Norden und Süden. Das hat zur Erhebung von Clarksburg und Lodi in den AVA-Status geführt. Doch sie haben sich nicht wirklich von dem übrigen Tal distanziert, indem sie regional eigenständige Weine produzieren, mindestens nicht in ausreichendem Maß, um eine Reputation darauf bauen zu können. Dabei könnte Lodi das eventuell mit Zinfandel und mit Ruby Cabernet, und vielleicht gelingt es auch noch, wenn sich nur genug kleine Weinerzeuger den großen Firmen dort an die Seite stellen. Clarksburg hat sich mit seinem Chenin Blanc einen gewissen Bekanntheitsgrad geschaffen, allerdings auch nur, weil Außenstehende die Rebsorte gefördert haben; aber der Markt, der allein auf Cabernet Sauvignon und Chardonnay versessen ist, egal woher, macht ihnen ihre Aufgabe durchaus nicht leichter.

Ein ganz besonderer Weinbaubereich ist dem Central Valley eigentlich mehr aus Versehen angegliedert. Es handelt sich um die Sierra Foothills, den Schauplatz des Goldrauschs von 1849, die Quelle aller in diesem Land sonst so raren Geschichte, Romantik und Individualität und die Quelle unbeirrbar eigenständiger Zinfandel. Weinbau ist in El Dorado, Fiddletown und anderen Teilen der Sierra Foothills so schwierig, wie er drunten in Fresno oder Madera bequem ist – das liegt manchmal am Terrain, manchmal am Wetter im Gebirge und manchmal an beidem. Und doch haben kleine Farmer seit den 1850er Jahren hartnäckig an ihm festgehalten, obgleich oft nur schmalste Hoffnung damit verbunden war. In den 1960er Jahren waren die Zeiten so schlecht, daß nur eine einzige Kellerei überlebte und die Anbauer zusehen mußten, wie ihre Trauben zu Tiefstpreisen in die Kellereien im Tal wanderten und dort in ungeheuren Massen von «Burgundy» aufgingen. Die Nachfrage nach Wein aus den Sierra Foothills nahm dann mit dem Boom der 1970er Jahre deutlich zu, doch der Fels blieb so hart und das Wetter so trügerisch wie zuvor. Zwar ist der Weinbau dort mit 800 ha winzig gegenüber den 72 000 drunten im Tal, aber die Gedanken der Weinfreunde gehen, wenn sie weiter schauen als nur bis zu den Küsten-Countys, hinauf in die Sierra Foothills. Und auch unser Buch kann sich dem nicht entziehen.

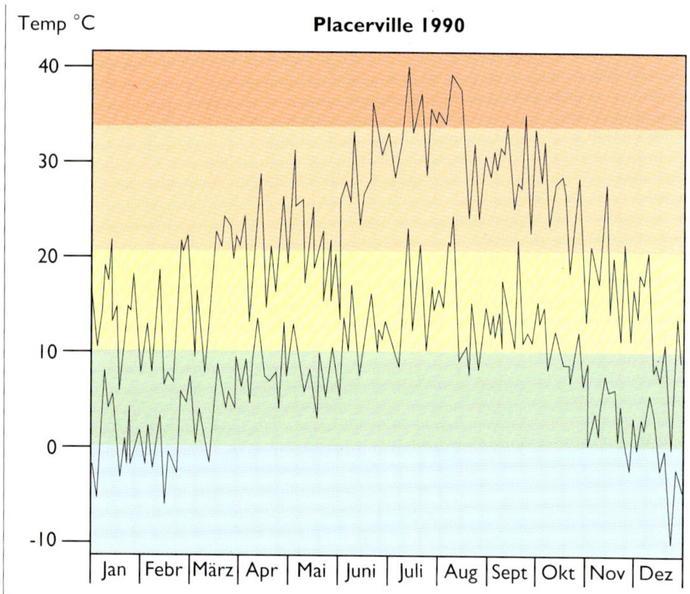

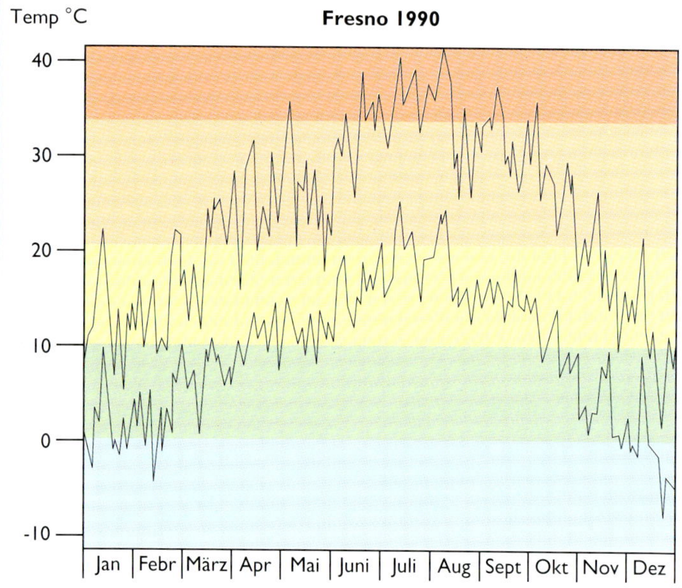

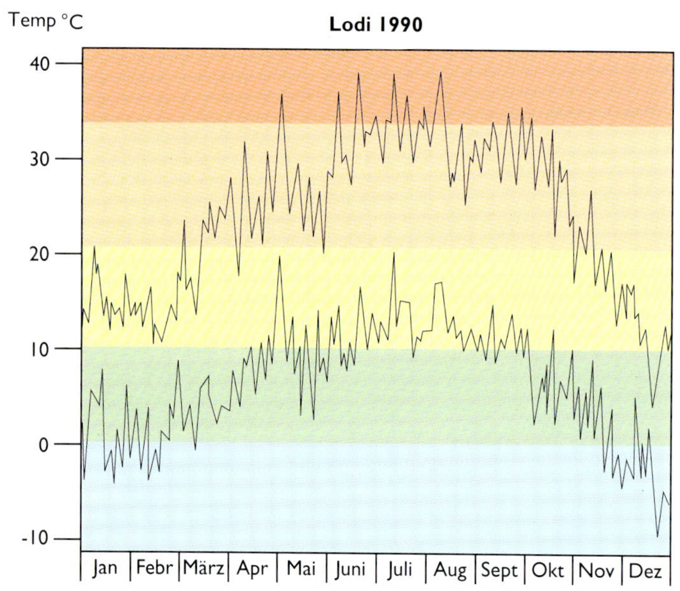

Klima

Der Nebel kriecht über die San Francisco Bay und, mit jeder Meile schwächer werdend, ein kurzes Stück den Sacramento River hinauf. Er kühlt Clarksburg ein wenig, Lodi noch weniger und die Sierra Foothills kaum noch auf verläßliche Weise, doch die Kurve nach Norden oder Süden in die Weite des Central Valley schafft er schon gar nicht mehr. Wo die Coast Ranges in voller Höhe und Breite schließlich den Nebel aus dem Wettergeschehen aussperren, wirkt sich das Zweijahreszeitenklima Kaliforniens voll in einer langen, unbarmherzig heißen, trockenen und einer kürzeren, kühlen, nassen Saison aus. «Naß» ist dabei schon recht hoch gegriffen: In vielen Jahren, in denen nicht mehr als 200 mm Niederschlag zusammenkommen, ist «feucht» eher das richtige Wort. Die Talsohle im San Joaquin Valley wird in ihrer ganzen Ausdehnung nahezu gleichmäßig mit Regen bedacht. Im Sacramento River Valley fällt dagegen im Norden mehr Niederschlag als im Süden.

Die Temperaturen steigen während der Wachstumsperiode im San Joaquin Valley von Norden nach Süden, im Sacramento River Valley von Süden nach Norden, die Hitze-Extreme liegen in dem einen bei Bakersfield, im anderen bei Redding.

Zwar erreicht der Nebel die Sierra Foothills nicht regelmäßig, doch die Höhenlage dort schafft ein fast kontinentales Vierjahreszeitenklima. Ein Vergleich der Diagramme für Placerville und Fresno zeigt, was 600 m im Lauf des Jahres bedeuten, vor allem im Frühjahr und Herbst. Frostige Winternächte sind auf der Talsohle nicht ausgeschlossen, aber vergleichsweise selten. In den höchsten Weinberglagen der Sierra Foothills, zwischen 750 und 900 m, fällt dagegen jedes Jahr Schnee.

* Zur Farbcodierung der Klimadiagramme siehe S. 14/15.

Sierra Foothills

Amerikanisch wurde Kalifornien, als John Marshall 1849 in Johann Sutters Mühlgraben am American River in den Ausläufern der Sierra Nevada Gold entdeckte. Bis dahin hatte es zu Mexiko gehört.

In den Countys an der Küste trifft man überall die roten Ziegeldächer, weißverputzten Wände und Rundbögen des spanischen Kolonialstils an. Hier in den Bergen sieht man sie selten. Statt dessen errichteten die Neunundvierziger Holzhäuser mit Blendfassaden und Backsteinbauten nach dem Vorbild von Abilene (Kansas) und New Bedford (Massachusetts). Drunten an der Küste heißen die Städte Santa Maria und Los Gatos, Gonzales und Sonoma. Hier oben im Gold Country lauten die Namen Placerville und Fiddletown, Sutter Creek und Jackson (nur die Namen der Countys sind dessenungeachtet alle spanisch).

Es ist schwer zu sagen, ob dieser Teil des Landes nun der kalifornischste ist, denn das Land hat sich stark weiterentwickelt, das Gold Country dagegen nur wenig. Auf jeden Fall bewahren diese Berge, wo sich der entscheidende Moment in der Geschichte Kaliforniens abspielte, ein Erbe, das noch allenthalben deutlich zu sehen ist: in rostzerfressenen Fördergestellen über alten Goldminen, in den einfachen Gasthäusern, wo die Wände noch die Spuren der deckenhoch daran aufgestapelten einstigen Goldschätze tragen, und in den Straßen, in denen die Tritte der Chronisten der Goldrauschzeit noch zu hallen scheinen.

Wasser aus der Sierra Nevada füllt die Teiche im sanft welligen Shenandoah Valley.

In den kalifornischen State Parks werden noch ein paar *ghost towns* in einem Zustand konserviert, den man nur mit «aufgehaltenem Verfall» bezeichnen kann. In gewissem Sinn befinden sich die ganzen Foothills in diesem Zustand aufgehaltenen Verfalls, oder es war wenigstens so bis vor ein paar Jahren, als schließlich verbesserte Straßenverbindungen und die explosionsartige Bevölkerungszunahme in Sacramento mit Abgeschlossenheit und Hinterwäldlerdasein ein Ende machten.

Grass Valley und ein paar andere Orte in der Nähe der Freeways sehen inzwischen aus wie Jedermannsstadt, doch die meisten an der State Route 49 haben ihr urwüchsiges Flair bewahrt. Hier ist kein gastronomisches Paradies, kein Land der Country Clubs oder Luxushotels, aber es ist ursprünglich und aufrichtig, und daran erinnert sich der Besucher gern.

Der Weinbau behauptet in dieser Gegend durchaus seinen Platz. Er kam mit den Goldgräbern hierher oder folgte ihnen doch auf dem Fuß. Die alte Weinkellerei Fossati, heute Boeger, entstand nachweislich 1860, als Placerville nach der damals bevorzugten Form der Justiz noch «Hangtown» hieß. Adam Uhlinger, ein gebürtiger Schweizer, gründete etwa um dieselbe Zeit eine Kellerei bei Plymouth im Shenandoah Valley, wo er 1856 auch Reben gepflanzt hatte. Drei Fässer, die Uhlinger aus dem Holz von Eichen aus der Umgebung baute, stehen in einem kleinen Weinmuseum auf seinem damaligen Besitz, heute Sobon Estate. Sie enthielten bis vor wenigen Jahren versehentlich sogar noch Wein.

In den 1870er Jahren gab es in den Foothills vermutlich an die 100 Weinbaubetriebe – mehr als in Napa und Sonoma –, die sich bemühten, den riesigen Durst der Goldgräber zu löschen.

Was die Neunundvierziger tranken, war sicherlich Zinfandel; alte Weinberge im Amador County tragen diese Sorte und keine andere. Und nach Uhlingers Fässern und anderen Beweisstücken zu urteilen, dürfte dieser Wein wohl von so rauher Art gewesen sein, daß er bei Winterkälte wie Sommerhitze in den ausgedörrten Kehlen der Goldgräber eher so manchen Brand entfacht haben mag. Noch heute entstehen hier Beispiele, die selbst nach moderner Verfeinerung keinen Zweifel daran aufkommen lassen.

Zu diesen modernen Verfeinerungen im Wein aus dem Gold Country gehört auch die Unterscheidung bestimmter Lagen. Der Großbereich Sierra Foothills AVA umfaßt nicht nur die den Kern bildenden Countys Amador und El Dorado, sondern reicht auch nach Süden bis Calaveras, Mariposa und Tuolumne und nordwärts bis Nevada, Placer und Yuba. In diesen großzügig gesteckten Rahmen fügen sich die Einzel-AVAs El Dorado, Fiddletown, California Shenandoah Valley und North Yuba ein.

Weißweintrauben

Chardonnay (Amador – 1970: 0, 1990: 13 ha; El Dorado – 1970: 0, 1990: 21 ha)
Chardonnay aus höheren Lagen im El Dorado County hat mehr Ähnlichkeit mit solchen aus den wärmeren Teilen von Napa und Sonoma, als man denken sollte. Er ist reif und rund und hat genug Frucht, um einer gewissen Ausbauzeit im Eichenfaß standzuhalten, wie Sierra Vista und insbesondere Lava Cap über einige

Manches Schmuckstück wie dieses auf einem Zaunpfahl im Amador County erinnert den erschauernden Touristen daran, daß er sich im alten Wilden Westen befindet.

neuere Jahrgänge hinweg bewiesen haben. Die Chardonnay-Eigengewächse von Stevenot zeigen ebensoviel Gleichgewicht und Charakter.

Wie die geringere Anbaufläche erkennen läßt, sind Chardonnays aus den Sierra Foothills relativ selten. Die unterschiedlichen Stile erschweren ein allgemeingültiges Urteil noch mehr.

Chenin Blanc (Amador – 1970: 0, 1990: 2,5 ha; El Dorado – 1970: 1 ha, 1990: 10 ha)
Die Sorte kommt in allen Appellationen der Sierra Foothills als Flaschenwein nur selten vor, ist jedoch in trockener Version von Granite Springs am besten.

Sauvignon Blanc (Amador – 1970: 0, 1990: 93 ha; El Dorado – 1970: 0, 1990: 37 ha)
Sauvignon Blanc aus dem Shenandoah Valley neigt zu überzogen parfümierter Art mit dem Duft süßer Blumen und sogar von halbtrockenem Heu. Die übrigen sind schwer und weich, manchmal fast wuchtig. Amador Foothill und Shenandoah Vineyard dürfen als typisch für diesen Stil gelten, der sich hervorragend für scharf gepfefferte mexikanische und thailändische Gerichte eignet. Hier und dort kommt es vor, daß jemand auf das starke Aroma in diesem Wein verzichtet und ihn in leichterer, frischerer Art bereitet.

In El Dorado fällt der Wein oft verhaltener im Geschmack und ein wenig leichter im Körper aus als in Amador. Boeger fügt einen gewissen Anteil Sémillon bei und bringt auf diese Weise einen attraktiven, schön ausgewogenen Sauvignon zustande.

Sonstige Weißweintrauben
Muscat Blanc (8 ha in Amador) tritt selten sortenrein in Erscheinung; Riesling (5 ha in El Dorado) wird von Madrona trocken und fest bis wahrhaft hart bereitet; Sémillon (6 ha in Amador, 2 in El Dorado) wird nur von Gerwer produziert; Viognier (1 ha in El Dorado) befindet sich noch im anfänglichen Versuchsstadium.

Rotweintrauben

Barbera (Amador – 1970: 0, 1990: 6 ha; El Dorado – 1970: 3 ha, 1990: 8 ha)
Die Alltagsrebsorte aus dem Piemont wird im San Joaquin Valley verbreitet angebaut, weil sie selbst unter warmen bis heißen Wachstumsbedingungen gute Säure behält. Daraus haben manche Erzeuger in den Foothills, wo der Cabernet Sauvignon gern überfett ausfällt, die richtige Lehre gezogen.

Santino und Montevina können auf eine langjährige Erfahrung mit körperreichen, schön ausgereiften Barbera-Weinen mit leichten bis kräftigen Eichenholznoten zurückblicken. Ihr Beispiel hat in Amador größeres Interesse geweckt. In El Dorado und Calaveras sind Versuchspflanzungen angelegt worden.

Cabernet Sauvignon (Amador – 1970: 0, 1990: 18 ha; El Dorado – 1970: 0,5 ha, 1990: 23 ha)
Da in den USA die Nachfrage so sehr auf Cabernet Sauvignon fixiert ist, hofft jeder Erzeugerbetrieb in jedem Klima, mit dieser Sorte etwas zustande bringen zu können.

In den Foothills gelingt das immerhin so gut, daß die Anbaufläche stetig wächst und auch der Absatz steigt. Das Schema ist ähnlich wie bei den anderen Sorten: Weine aus den höheren, kühleren Lagen in El Dorado können vor allem in milderen Jahren in Charakter und Qualität recht nahe an solche aus Sonoma

und Mendocino herankommen. Am häufigsten beweist das Sierra Vista. Stevenot in Calaveras produziert Weine, die noch stärkere Ähnlichkeit mit Cabernets von der Küste aufweisen. In tieferen, wärmeren Lagen fällt der Cabernet dagegen fett aus und erinnert im Geschmack leicht an Portwein – das ist vielleicht nicht die klassische Art, bei Tisch aber nicht ungefällig. Das typische Beispiel für Amador erbringt Shenandoah Vineyards.

Petite Sirah (Amador – 1970: 0, 1990: 1 ha; El Dorado – 1970: 0, 1990: 4 ha)
Es ist zumindest schwierig, sich ein klares Bild von Petite Sirah aus den Foothills zu machen, denn es gibt nur sehr wenige Weine dieser Sorte. Die raren Beispiele lassen jedoch erkennen, daß die Traube sich ähnlich wie Zinfandel verhält und in den höheren Lagen im El Dorado County lebendige, frische (Granite Springs) und im Shenandoah Valley ausdrucksstarke bis schwere Weine (Karly) hervorbringt.

Zinfandel (Amador – 1970: 149 ha, 1990: 438 ha; El Dorado – 1970: 2 ha, 1990: 57 ha)
Unbestreitbar ist Zinfandel überall in den Foothills die große, bewährte Traube.

Geschichte und Anbaufläche sichern dem Amador County den Rang des Hauptdarstellers, den es eifrig ausfüllt. Zinfandel aus dem Shenandoah Valley und Fiddletown zeigen oft erstaunlich intensive Geschmacksfülle von hochreifen Beeren, insbesondere wenn die Weine aus ertragsschwachen, betagten Weinbergen wie Grandpère, Eschen, Ferrero stammen, die sich ihrem 100. Geburtstag nähern. Jünglinge von 40 bis 60 Jahren, unter ihnen vor allem Baldinelli und Story, sind in ihren Dimensionen meist bescheidener, vielleicht weil die Erträge geringfügig höher, die Weinstöcke noch wuchskräftiger sind.

Die Kenner streiten sich, ob man Zinfandel aus Amador lieber jung trinken oder ob man warten soll, bis er in die Jahre gekommen ist. Dieser Streit läßt sich freilich nicht schlichten. Den einen schmeckt nun einmal der junge, frische Zinfandel, bei dem, vor allem in kühleren Jahrgängen, der Beerengeschmack im Vordergrund steht, besser. Andere sind eher auf die sonnengedörrten Geschmacksnuancen und das sanft gewordene Tannin aus, die sich erst mit der Zeit und vor allem bei wärmer gewachsenen Jahrgängen einstellen. Eines ist gewiß: Alkohol hat er stets so reichlich, daß jeder gut bereitete Zinfandel über viele Jahre hinweg gesund bleibt.

Wenn es bei Zinfandel aus dem Shenandoah Valley oder aus Fiddletown überhaupt ein Problem gibt, dann besteht es darin, den Alkohol daran zu hindern, daß er alle anderen Mitspieler an die Wand spielt. Allerdings stören sich nur Städter und sonstige Leute mit schwächlicher Konstitution an dem kräftigen Alkoholgehalt – den Einheimischen ist er gerade recht so, insbesondere in der kalten, feuchten Winterszeit.

In anderen Gegenden, vor allem in El Dorado, neigt der Zinfandel nicht so sehr dazu, derart hochreife, schwere Weine hervorzubringen; zwar scheint die Traube auch in höheren Lagen voll auszureifen, jedoch weist sie nicht so viele rosinierte Beeren und daher weniger Zuckergehalt auf. Aber auch dort zeichnen sich Weine aus kühleren Jahren durch feineres Gleichgewicht und subtilere Geschmacksnoten aus. Diesen Weg weisen Sierra Vista und Boeger. Wie bei den meisten anderen Traubensorten lehnt sich Calaveras auch beim Zinfandel an El Dorado an. Die «Reserve»-Erzeugerabfüllungen von Stevenot sind weder in ihrer Art noch als Beispiele für die Region zu verbessern.

Der Nevada County Zinfandel aus der Nevada City Winery scheint dem El Dorado County noch etwas voraus zu haben. In neueren Jahrgängen ist er in Geschmack und Ausgewogenheit dem Zinfandel aus dem Russian River Valley in Sonoma oder solchem von den Bergen über dem Anderson Valley in Mendocino weit ähnlicher als seinen Nachbarn aus den Foothills.

Kein Kellermeister in den Foothills hat beim Zinfandel Scheu vor Eichenholz. Um den Geschmack dieser Traube zu unterdrücken, muß man sich wahrhaftig anstrengen. Nebenbei gesagt scheint sich seit 1992 ein Trend weg vom White Zinfandel und hin zum Zinfandel Nouveau zu abzuzeichnen. Mindestens drei Betriebe hatten sich bereits umgestellt, andere waren gerade dabei.

Gebietstypische Weine:

Stevenot Calaveras. **Boeger** El Dorado. **Granite Spings** El Dorado. **Nevada City** Nevada County. **Sutter Home** Amador County (siehe Seite 58). **Baldinelli** Shenandoah Valley. **Karly** Shenandoah Valley. **Santino** Shenandoah Valley.

Sonstige Rotweintrauben

Die Mission-Traube (8 ha in Amador) erreicht im Dessertwein «Mission del Sol» der Harbor Winery ihren Gipfelpunkt; Sangiovese (4 ha in Amador) ist unter dem Winzeretikett «Noceto» erschienen und befindet sich bei Montevina im Versuchsstadium; Syrah (0,5 ha in El Dorado) hat bei Sierra Vista die Erprobungsphase hinter sich, doch wird die Produktionsmenge vorläufig noch sehr klein sein.

Die sanften Geländewellen, die zu den Gebäuden der Lava Cap Winery hinaufführen, sind Teil eines ehemaligen Lavastroms – eine Seltenheit im El Dorado County, das in der Hauptsache Granitboden hat.

El Dorado AVA

Eingerichtet: 14. November 1983
Gesamtfläche: 165 640 ha
Rebfläche: 178 ha
Weinbaubetriebe: 11
Hauptort: Placerville

In El Dorado erreicht der Weinbau in den Sierra Foothills buchstäblich ein höheres Niveau. Die Weinberge liegen nämlich 700 bis 900 m hoch, das sind 300 m mehr als in der Nachbarschaft.

In die AVA-Grenzen fällt zwar auch ein riesiges Territorium nördlich von Placerville bis an die Grenze zum Nevada County, die Weinberge aber halten sich eng an eine gerade Linie von Placerville südwärts zum Amador County, wo die AVAs El Dorado, Shenandoah Valley und Fiddletown am Cosumnes River zusammentreffen.

Die relativ dichte Zusammenfassung der Weinberge und Weinbaubetriebe läßt die Dinge geordneter erscheinen, als sie wirklich sind. Die höchste Lage von El Dorado in 900 m Höhe am Apple Hill erhebt sich so weit über die Hitze am Talgrund, daß sich der Gewürztraminer dort wohl fühlt. Granite Springs und andere Lagen am entgegengesetzten Ende der Kette befinden sich in etwa

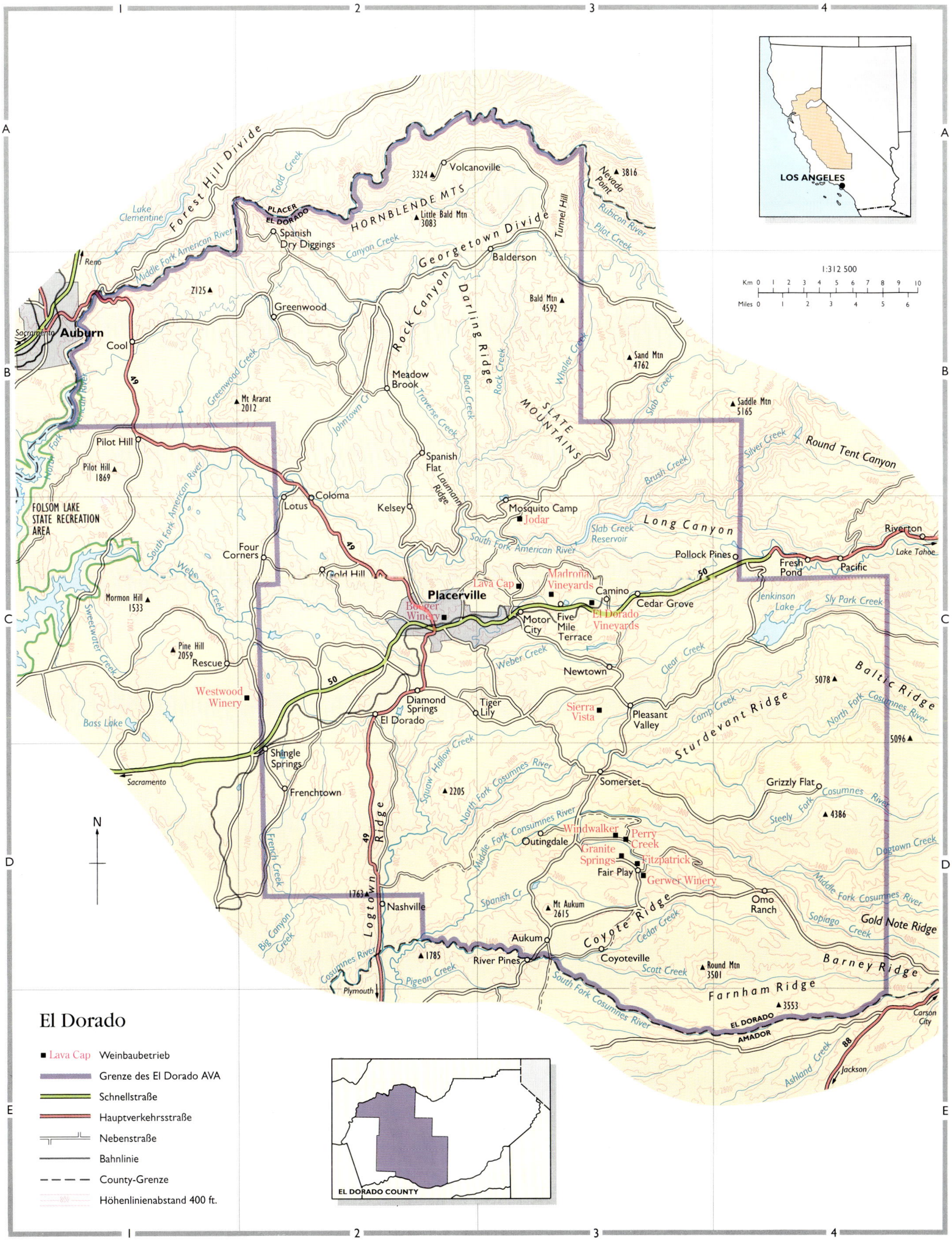
El Dorado
Lava Cap Weinbaubetrieb
Grenze des El Dorado AVA
Schnellstraße
Hauptverkehrsstraße
Nebenstraße
Bahnlinie
County-Grenze
Höhenlinienabstand 400 ft.
1:312 500
Km 0 1 2 3 4 5 6 7 8 9 10
Miles 0 1 2 3 4 5 6
LOS ANGELES
EL DORADO COUNTY
Placerville
Auburn
Sacramento
Reno
Lake Tahoe
Carson City
Jackson
Plymouth
Forest Hill Divide
Georgetown Divide
HORNBLENDE MTS
SLATE MOUNTAINS
Rock Canyon
Darling Ridge
Tunnel Hill
Nevada Point
Round Tent Canyon
Long Canyon
Sturdevant Ridge
Baltic Ridge
Gold Note Ridge
Barney Ridge
Farnham Ridge
Coyote Ridge
Logtown Ridge
Laumann Ridge
FOLSOM LAKE STATE RECREATION AREA
Lake Clementine
Middle Fork American River
South Fork American River
North Fork American River
Rubicon River
North Fork Cosumnes River
Middle Fork Cosumnes River
South Fork Cosumnes River
Cosumnes River
Volcanoville
Spanish Dry Diggings
Balderson
Greenwood
Cool
Meadow Brook
Spanish Flat
Pilot Hill
Coloma
Lotus
Kelsey
Mosquito Camp
Four Corners
Gold Hill
Pollock Pines
Riverton
Fresh Pond
Pacific
Camino
Cedar Grove
Motor City
Five Mile Terrace
Newtown
Rescue
Diamond Springs
El Dorado
Tiger Lily
Pleasant Valley
Shingle Springs
Frenchtown
Somerset
Grizzly Flat
Outingdale
Fair Play
Omo Ranch
Nashville
Aukum
River Pines
Coyoteville
Jodar
Lava Cap
Madroña Vineyards
Boeger Winery
El Dorado Vineyards
Westwood Winery
Sierra Vista
Windwalker
Perry Creek
Granite Springs
Fitzpatrick
Gerwer Winery
Jenkinson Lake
Slab Creek Reservoir
Bass Lake
3324
3816
Little Bald Mtn 3083
Bald Mtn 4592
Sand Mtn 4762
Saddle Mtn 5165
Mt Ararat 2012
Pilot Hill 1869
Mormon Hill 1533
Pine Hill 2059
Mt Aukum 2615
Round Mtn 3501
7125
5078
5096
4386
2205
1763
1785
3553
PLACER
EL DORADO
AMADOR
N
1 2 3 4
A B C D E

700 m Höhe. In diesen Weinbergen bei Fair Play scheinen günstige Verhältnisse für Rebsorten aus wärmerem Klima, auch von der Rhône, zu bestehen.

Der Apple Hill ist tatsächlich ein Berg voller Apfelplantagen, zwischen die auch ein paar Weinberge eingestreut sind. Wenn hier Gewürztraminer wachsen kann, dann auch Zinfandel in einer Art, die nicht weit vom Russian River oder Anderson Valley entfernt ist. Zwischen diesen Extremen bleibt Raum für die meisten anderen in Kalifornien bekannten Traubensorten. Die Weinbaubetriebe am Berg können sich nicht auf eine längere Geschichte stützen. Boeger und Madrona – um die Mitte der 1970er Jahre gegründet – sind hier die »Oldtimer«.

Weiter unten und im Süden erregten zu Beginn der 1990er Jahre Versuchsanpflanzungen mit Syrah, Viognier und anderen Rhône-Rebsorten bei Somerset und Fair Play einiges Interesse. Die meisten Erzeuger sind zwar der Versuchung von Chardonnay und Cabernet Sauvignon erlegen, es gibt aber noch einige Außenseiter, die an Petite Sirah, Ruby Cabernet und Chenin Blanc festhalten. Sierra Vista und Granite Springs können hier auf die längste und beständigste Vergangenheit zurückblicken. Die Rhône-Rebsorten bilden in diesen Gegenden nun schon seit etlichen Jahren den Gegenstand intensivsten Interesses, italienische aber – Sangiovese und Nebbiolo voran – liegen neuerdings ebenfalls im Trend.

Östlich des AVA-Bereichs wird es unvermittelt zu steil und felsig, und es ist zu kalt hier für den Weinbau. Westlich von der Kette der Weinberge nehmen die flacheren Erhebungen zuviel Hitze aus dem Tal auf, und so können hier keine Weine von Charakter entstehen. Lava Cap liegt, wie der Name schon andeutet, auf der Höhe eines alten Lavastroms. Der Boden aller Weinberge von El Dorado besteht aus verwittertem oder in Verwitterung befindlichem Granit. Manche allerdings, beispielsweise Granite Springs, müssen sich um beträchtliche Felsbrocken aus keineswegs verwittert wirkendem Granit herumschlängeln.

California Shenandoah Valley AVA

Eingerichtet: 29. Januar 1983
Gesamtfläche: 4000 ha
Rebfläche: 480 ha
Weinbaubetriebe: 12
Hauptorte: keine (Plymouth nahebei)

Um die Vorschriften zu erfüllen, muß man diesen AVA-Bereich mit seinem vollen Namen California Shenandoah Valley nennen, damit niemand ihn mit dem Shenandoah Valley in Virginia verwechseln kann. Allerdings ist eine solche Verwechslung eigentlich sowieso unmöglich. Solange nämlich die Erde nicht ihre Pole verwechselt oder ihren vorgezeichneten Weg durch das Weltall verläßt, wird in Virginia niemals der dunkle, ausdrucksvoll tanninherbe, leicht sonnengedörrte, mild-schwere Zinfandel wachsen wie in dieser schmalen Falte in der Sierra Nevada.

Esola, Grandpère und andere Lagen im Shenandoah Valley verfügen noch über Zinfandel-Bestände, die nachweislich in den 1860er und 1870er Jahren gepflanzt wurden. Als Amador um 1960 auf seinem Tiefststand angelangt war, verfügte es außer über 150 ha Zinfandel kaum noch über sonst etwas. Im vergleichsweise günstigen Jahr 1990 entfielen auf Zinfandel 440 von insgesamt 600 ha im County. Kurz gesagt formt Zinfandel das Tal als Weinbaubereich seit den Tagen des Goldrauschs bis heute.

Trotzdem müssen seine Anhänger um ihn fürchten. Montevina pflanzte schon vor Jahren Barbera und Nebbiolo; seit der Betrieb

Die alte Kellerei mit Museum, heute Sobon Estate, trat um 1850 als Adam Uhlingers Weinkellerei ins Leben und hieß später d'Agostini.

Hier und da lassen die Sierra Foothills ihren granitenen Kern durchblicken.

1988 an Sutter Home übergegangen ist, werden auch Versuche mit Sangiovese und mehreren anderen italienischen Rebsorten gemacht. Auch Santino hat sich aus Italien vor allem Barbera geholt. Karly legt eine Vorliebe für Petite Sirah an den Tag. Sobon Estate kümmert sich intensiv um Cabernet Franc. Einige Anbauer verfügen über kleine Parzellen mit traditionellen Portweinrebsorten. Sogar an Sauvignon Blanc hat sich Interesse gezeigt, aber die Alteingesessenen betrachten ihn als etwas für die Zugewanderten, die nach Sacramento zur Arbeit fahren und noch nicht abgehärtet genug sind, um einen echten Zinfandel aus den Foothills zu vertragen.

Aber keine Angst: Zinfandel hat hier die Zukunft für sich. Der Boden – aus dem Sierra-Granit entstandener homogener Lehm – eignet sich für ihn. Das Klima ist in einer Höhenlage um 330 m sehr beständig; hier oben sind die Nächte kühler als in Sacramento, jedoch nicht die Tage, und das ist genau, was der Zinfandel braucht, um dunkel, voll und reif zu werden.

Schon der Name Sierra Foothills weckt Vorstellungen von zähen, drahtigen Reben, die sich an Felsvorsprünge klammern. Shenandoah Valley klingt sanft nach ländlicher Idylle, und dieser Klang trügt nicht. Hier gibt es keine Städte, und nur wenige Straßen stören mit ihrem Verkehr die Stille. Schafe fressen in der winterlichen Ruhezeit das Gras zwischen den Reben ab, werden aber rechtzeitig auf andere Weiden getrieben, ehe das Weinlaub sich zu entfalten beginnt. Spechte klopfen den Sommer über Löcher in die Zaunpfähle, und Eichhörnchen stopfen sie ihm Herbst mit Eicheln voll. Das Dutzend Weinbaubetriebe im Tal empfängt Gäste, ohne viel Aufhebens davon zu machen.

Fiddletown AVA

Eingerichtet: 3. November 1983
Gesamtfläche: 4600 ha
Rebfläche: 125 ha
Weinbaubetriebe: keine
Hauptort: Fiddletown

Dieser AVA-Bereich führt zu Ende, was im Shenandoah Valley begann. Hier wird der Zinfandel in höheres, rauheres Land noch weiter im Osten gebracht, bis kein kultivierbarer Grund und Boden mehr da ist oder Spätfröste den Weinbau unmöglich machen. Die Schätzung lautet, daß höchstens noch 400 ha zusätzlich angepflanzt werden können. Obwohl nun hier die klimatischen Voraussetzungen noch näher bis an die Grenzen ausgeschöpft werden als im Shenandoah Valley, laufen die Weine doch eigentlich ungefähr auf dasselbe hinaus: dunkel, portweinähnlich reif bis leicht rosiniert, gerbstoffherb und entschieden alkoholschwer. Da in der Appellation kein eigener Verarbeitungsbetrieb besteht, kennen die Zinfandel-Liebhaber den Bereich vor allem durch die Lage Eschen. Ihre alten Weinstöcke haben schon zahlreiche erstaunliche Weine, u. a. unter den Marken Amador Foothill und Santino, geliefert. Über ein Dutzend weitere Anbauer arbeiten innerhalb der AVA-Grenzen, manche auf sehr alten Lagen.

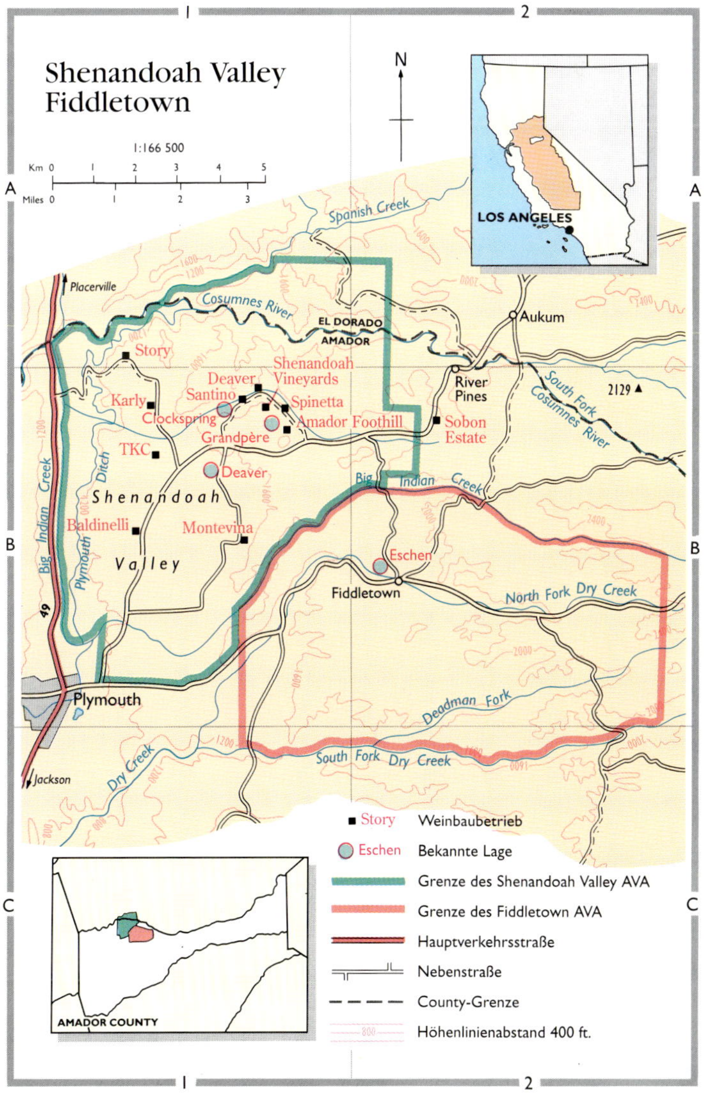

North Yuba AVA

Eingerichtet: 30. August 1985
Gesamtfläche: 7000 ha
Rebfläche: 146 ha
Weinbaubetriebe: 1
Hauptorte: keine (Marysville nahebei)

North Yuba ist eine nur für eine Lage mit einem einzigen Weinbaubetrieb gültige Appellation; sie wurde von der Renaissance Winery entwickelt. Ihre Weinberge sind über die ersten aus der Sohle des Sacramento Valley aufsteigenden sanften Hänge gebreitet. Diese Lage ist so schön wie nur sonst eine in Kalifornien, doch die hier recht warmen Temperaturen haben bislang von allen Rebsorten nur weiche, pflaumendicke Weine entstehen lassen. Die ersten Petite-Sirah-Jahrgänge ähnelten in Geschmack und Wucht Portweinen; auch Sauvignon Blanc und Riesling fielen ähnlich gewichtig und leicht rosiniert aus, und alle Jahrgänge bis 1989 verblaßten rasch. Die Anbaufläche wird inzwischen von Cabernet Sauvignon beherrscht; da er aber erst vor kurzem gepflanzt wurde, hat er noch keinen Eindruck hinterlassen.

Calaveras County

Der Weinbau begann um die Stadt Murphys im Calaveras County zu blühen, die ansonsten als Besonderheit ein altes Hotel aufzuweisen hat, in dem Ulysses S. Grant und Mark Twain auf der Durchreise übernachtet haben sollen.

In Mark Twains Tagen war Calaveras eine bedeutende Weinbauregion, doch die Weinberge verschwanden schon vor der Prohibition fast völlig und traten erst wieder in Erscheinung, als die Stevenot Winery 1978 eine Renaissance einleitete. Dieser Betrieb ist zwar noch immer durchaus der größte Erzeuger im County, inzwischen aber leisten ihm weitere fünf Kellereien Gesellschaft. Kautz Ironstone ist mittelgroß, Indian Rock klein, Black Sheep, Chatom und Milliaire sind winzig.

Alles in allem belief sich die Anbaufläche von Calaveras 1990 auf 75 ha; auf Zinfandel entfielen 20, auf Chardonnay 17 und auf Cabernet Sauvignon 10. Diese drei Rebsorten stehen in praktisch allen Weinbergen. Chatom mit 26 ha erprobt außerdem Sauvignon Blanc, Sémillon, Sangiovese und mehrere Portweinrebsorten. Die Familie Kautz baut auf ihren 28 ha alle fünf Bordeaux-Rebsorten, australischen Shiraz und Symphony an. Indian Creek befaßt sich mit Charbono. Keiner der Neulinge hat bisher schon etwas vorzuweisen.

Weitere Countys in den Sierra Foothills

In den übrigen Countys der Sierra Foothills sind Weinberge und Weinbaubetriebe noch dünner gesät als in Calaveras. Immerhin beweisen unerschrockene Bemühungen auf 50 ha im Nevada County (24 ha Chardonnay, 10 ha Cabernet Sauvignon, 4 ha Merlot) und 12 ha in Mariposa (davon 5 ha Zinfandel in 1990), daß auch dort würdige Weine entstehen können.

Die bedeutendsten Erzeuger sind Nevada City Winery im Nevada County, Butterfly Creek in Mariposa und Sonora Port Works in Sonora.

ERZEUGER IM AMADOR COUNTY

Amador Foothill Winery (1980)
12500 Steiner Road, Plymouth, CA 95669. Tel. (209) 245-6307. 10 000 Kisten. An der Spitze stehen ausdrucksstarke, feste Zinfandel, manche aus Einzellagen. Außerdem reife, fette Sauvignon Blancs, jung am besten.

Argonaut Winery (1976)
13657 Mt Echo Drive, Ione, CA 95640. Tel. (209) 245-4106. 1500 Kisten. Robuster bis rustikaler Barbera und Zinfandel von Lesegut aus der Umgebung.

Baldinelli Vineyards (1979)
10801 Dickson Road, Plymouth, CA 95669. Tel. (209) 245-3398. 16 000 Kisten. Nach hiesigen Maßstäben subtiler Zinfandel und Cabernet Sauvignon von 28 ha Eigenbesitz. Der Sauvignon Blanc ist für die Region typisch.

Deaver Vineyards (1990)
12455 Steiner Road, Plymouth, CA 95669. Tel. (209) 245-6661. 500 Kisten. Langjähriger Anbaubetrieb; der Schwerpunkt liegt auf Zinfandel aus einem 1852 angelegten Weinberg.

Greenstone Winery (1981)
Highway 88 at Jackson Valley Road, Ione, CA 95640. Tel. (209) 245-2238. 10 000 Kisten. Von 32 ha auf den untersten Hängen der Foothills und zugekauften Trauben entstehen Chenin Blanc, Colombard, Muscat Canelli und Zinfandel/Syrah-Verschnitt.

Karly (1980)
11076 Bell Road, Plymouth, CA 95669. Tel. (209) 245-3922. 11 000 Kisten. Die Zinfandel von alten Reben sind keine Schwächlinge, haben aber Gleichgewicht und Schliff, ebenso ein Petite-Sirah-Eigengewächs. Sauvignon Blanc legt manchmal einen Zwischenspurt ein.

Monteviña Winery (1973)
20680 Shenandoah School Road, Plymouth, CA 95669. Tel. (209) 245-6942. 60 000 Kisten. Der spezi-

Die Kellerei und der Probierraum der Shenandoah Vineyards sind zugleich eine der meistbesuchten Kunstgalerien im Goldgräberland.

Rechts: Boeger benutzt die Fossati Winery von 1850 als Probierraum. Die Gäste haben einen Blick auf die Weinberge.

ell für Zinfandel in allen Versionen gegründete Betrieb geriet in den 1980er Jahren ins Schwimmen, bis er 1988 von der Sutter Home Winery aus Napa übernommen wurde; seither wurde Zinfandel wieder zu Ehren gebracht und das Interesse an italienischen Rebsorten, v.a. Nebbiolo und Sangiovese, erneuert.

Noceto (1990)
10901 Shenandoah Road, Plymouth, CA 95669. Tel. (209) 245-6556. 250 Kisten. Die Winzermarke hat mit Sangiovese einen guten Start.

Santino Winery (1979)
12225 Steiner Road, Plymouth, CA 95669. Tel. (209) 245-6979. 35000 Kisten. An der Spitze stehen kräftige, stark eichenholzwürzige Zinfandel, zum Teil aus gemischter Herkunft, zum Teil aus Einzellagen (v.a. aus der 100jährigen Lage Grandpère). Ein robuster bis schwerer Barbera und ein von der Rhône inspirierter »Satyricon« ergänzen die Rotweinliste. Der White Zinfandel ist mustergültig.

Shenandoah Vineyards (1977)
12300 Steiner Road, Plymouth, CA 95669. Tel. (209) 245-4455. 35000 Kisten. Zinfandel und Sauvignon Blanc von 67 ha in mehreren Parzellen im Shenandoah Valley und Fiddletown. Mehr als die übliche Sorgfalt wird auf portähnliche Weine und Muscats verwendet.

Charles Spinetta Winery (1984)
12557 Steiner Road, Plymouth, CA 95669. Tel. (209) 235-3384. 4500 Kisten. Chenin Blanc und Zinfandel vorwiegend von 12 ha Eigenbesitz. Ein Barbera-Eigengewächs ist in Vorbereitung.

Sobon Estate (1989)
14430 Shenandoah Road, Plymouth, CA 95669. Tel. (209) 245-6555. 3000 Kisten. In den Gebäuden des Pinoierbetriebs d'Agostini haben die Besitzer von Shenandoah Vineyards ein Weinbau-Heimatmuseum und einen Zukunftsbetrieb eingerichtet, der Cabernet Franc, Syrah und andere in Amador neue Rebsorten erprobt.

Stoneridge Winery (1975)
13862 Ridge Road, Sutter Creek, CA 95685. Tel. (209) 223-1761. 1000 Kisten. Familienbetrieb mit einer Vorliebe für herzhaften, bodenständigen Ruby Cabernet und Zinfandel aus kleinen Lagen in der Umgebung, darunter 2,5 ha Eigenbesitz.

Story Vineyard (1973)
10525 Bell Road, Plymouth, CA 95669. Tel. (209) 245-6208. 5000 Kisten. Ein ausgereifter, aber nicht alter Zinfandel-Weinberg erbringt insbesondere in kühleren Jahren ansprechend ausgewogene Weine mit schöner Geschmacksfülle.

T.K.C. Vineyards (1981)
11001 Valley Drive, Plymouth, CA 95669. Tel. (209) 245-6428. 1500 Kisten. Kräftig eichenholzgewürzter Zinfandel von einem Wochenendwinzer.

ERZEUGER IM EL DORADO COUNTY

Boeger Winery (1972)
1709 Carson Road, Placerville, CA 95667. Tel. (916) 622-8094. 12000 Kisten. Von 24 ha Weinbergen am Apple Hill kommen mit die geschliffensten, stilvollsten Weine der Sierra Foothills. Das Flaggschiff ist Merlot, dicht gefolgt von Cabernet Sauvignon und Zinfandel. Barbera, Sangiovese, Nebbiolo und Refosco sind in Vorbereitung. Sauvignon Blanc, Chardonnay.

El Dorado Vineyards (1977)
3551 Carson Raod, Camino, CA 95709. Tel. (916) 622-7689. 800 Kisten.

Fitzpatrick Winery (1980)
7740 Fairplay Road, Somerset, CA 95684. Tel. (209) 245-3248. 4000 Kisten. Eine große Auswahl an Weinen aus eigenem und fremdem Anbau: robuster, beständiger Zinfandel, Cabernet Sauvignon (Eigengewächs) und ein Sauvignon Blanc »Eire Ban«, alle typisch für die Region.

Madrona ist mit 900 m die höchste Weinberglage im El Dorado County.

Gerwer Winery (1980)
8221 Stoney Creek Road, Somersot, CA 95684. Tel. (209) 245-3467. 5000 Kisten. Rustikale Weine, besonders interessant wegen der Verwendung ungewöhnlicher Rebsorten: Ruby Cabernet, Sémillon, Petite Sirah, vorwiegend von 8 ha Eigenbesitz. Außerdem ein Cabernet Sauvignon.

Gold Hill (1986)
5600 Vineyard Lane, Placerville, CA 95667. Tel. (916) 626-6522. 5000 Kisten. Cabernet Sauvignon, Merlot und Chardonnay von 14 ha Eigenbesitz dominieren die Produktion.

Granite Springs Winery (1981)
6060 Granite Springs Road, Somerset, CA 95684. Tel. (209) 245-6395. 10000 Kisten. Petite Sirah ist Favorit in einem felsigen, ansonsten mit Cabernet Sauvignon, Sauvignon Blanc und Zinfandel besetzten Weinberg. Chenin Blanc stammt von einem Nachbarn. Ungekünstelte Kellertechnik.

Jodar (1990)
2393 Gravel Road, Placerville, CA 95667. Tel. (916) 626-4582. 2000 Kisten. Die ersten 3 von potentiell 12 ha Eigenbesitz treiben die Anbaufläche von El Dorado weiter nordwärts vor denn je, bis in eine Gegend namens Swansboro Country. Die ersten Weine sind Chardonnay und Cabernet Sauvignon.

Lava Cap Winery (1986)
2221 Fruitridge Road, Placerville, CA 95667. Tel. (916) 621-0175. 5000 Kisten. Einer der beständig stilvollen Erzeuger in der Region bezieht sein Lesegut aus 9 ha Eigenbesitz mit Chardonnay, Sauvignon Blanc, Cabernet Sauvignon und Zinfandel; die Reben stehen tatsächlich auf einer Lavakappe oben am Apple Hill.

Madrona Vineyards (1980)
PO Box 454, Camino, CA 95709. Tel. (916) 644-5948. 10000 Kisten. Robuster, überaus raffinierter White Riesling, Gewürztraminer, Chardonnay, Cabernet Sauvignon, Merlot und Zinfandel aus einer spektakulären Lage in 900 m Höhe.

Perry Creek Vineyards (1989)
7364 Perry Creek Road, Somerset, CA 95684. Tel. (209) 245-5450. 4000 Kisten. Auf 20 ha Eigenbesitz bei Fairplay stehen Cabernet Sauvignon, Cabernet Franc, Merlot, Zinfandel, Syrah, Nebbiolo, Viognier, Sangiovese und Muscat Canelli.

Sierra Vista Winery (1977)
4560 Cabernet Way, Placerville, CA 95667. Tel. (916) 622-7221. 8000 Kisten. Bei der Kellerei liegen 11 ha Eigenbesitz, weitere 5 ha in der Nähe sind gepachtet. Chardonnay, Cabernet Sauvignon und Zinfandel herrschen vor, aber auch Rhône-Rebsorten wie Syrah verlangen Beachtung. Gleichmäßig gute Kellertechnik, ansprechende Weine.

Westwood Winery (1984)
3100 Ponderosa Road, Shingle Springs, CA 95682. Tel. (916) 666-6079. 4000 Kisten. Produziert Chardonnay und Pinot Noir von Lesegut aus breiter Herkunft, der Schwerpunkt liegt jedoch zunehmend auf Syrah und italienischen Rebsorten aus El Dorado.

Windwalker (1990)
7360 Perry Creek Road, Somerset, CA 95684. Tel. (209) 245-4054. 3000 Kisten. Cabernet Sauvignon, Chardonnay und Chenin Blanc von 3 ha Eigenbesitz; Zinfandel von zugekauftem Lesegut.

Unten: John McCready, der Besitzer von Sierra Vista (rechts).

SONSTIGE ERZEUGER
(in der Karte nicht eingezeichnet)

Black Sheep Vintners (1987)
PO Box 1851, Murphys, CA 95247. Tel. (209) 728-2157. 1000 Kisten. Der Betrieb kauft in den Foothills Trauben für Zinfandel, Cabernet Sauvignon und Sauvignon Blanc.

Butterfly Creek (1986)
4063 Triangle Road, Mariposa, CA 95338. Tel. (209) 966-2097. 2500 Kisten. Pinot Blanc von 7 ha in Mariposa bildet den Stolz des Pionierbetriebs in dieser Gegend.

Chatom Vineyards (1991)
PO Box 2730, Murphys, CA 95247. Tel. (209) 736-6500. 5500 Kisten. Stark eichenholzgewürzter Caber-

net Sauvignon, Merlot, Zinfandel, Chardonnay und Sauvignon Blanc von 26 ha Eigenbesitz 20 km nördlich von Murphys (Calaveras County).

Indian Rock Vineyard (1987)
1154 Pennsylvania Gulch Road, Murphys, CA 95247. Tel. (209) 728-2266. 3000 Kisten. Der Betrieb östlich von Murphys im Calaveras County stellte von einer Winzermarke auf Weingut um, als der Rebbestand (20 ha) Anfang der 1990er Jahre herangewachsen war. Seit 1993 kommen zu Chardonnay auch Cabernet Sauvignon, Merlot und Charbono hinzu.

Kautz Ironstone Vineyards (1988)
PO Box 2263, Murphys, CA 95247. Tel. (209) 278-1251. 25 000 Kisten. Alteingesessener bewährter Anbaubetrieb in Lodi, baute neben 28 ha Eigenbesitz in Murphys (Calaveras County) eine Kellerei. Der erste Calaveras Symphony kam 1992 heraus.

Milliaire (1983)
PO Box 1554, Murphys, CA 95247. Tel. (209) 728-1658. 1000 Kisten. Der Feierabendbetrieb von Steve und Elizabeth Millier gibt dem schon seit langem in den Foothills tätigen Önologen Gelegenheit, Cabernet Sauvignon, Zinfandel und Chardonnay aus ausgewählten Lagen in Calaveras, Amador und El Dorado ganz nach seinen eigenen Vorstellungen zu gestalten.

Nevada City (1980)
321 Spring Street, Nivada City, CA 95959. Tel. (916) 265-9463. 6000 Kisten. Der nördlichste Weinbaubetrieb in den Foothills produziert beständig ansprechenden Zinfandel und manchmal hochinteressanten Pinot Noir von Lesegut aus der Umgebung.

Renaissance (1982)
PO Box 1000, Renaissance, CA 95962. Tel. (916) 692-2222. 12 000 Kisten. Eine Künstler- und Kunsthandwerkergenossenschaft hat im Yuba County, nordöstlich von Marysville, 145 ha vorwiegend mit Cabernet Sauvignon und Sauvignon Blanc, aber auch mit Riesling und Petite Sirah bestockt.

Sonora Winery and Port Works (1986)
PO Box 242, Sonora, CA 95370. Tel. (209) 532-7678. 2000 Kisten. Der Schwerpunkt liegt auf portähnlichen Weinen von traditionellen Rebsorten aus Amador und Calaveras. Außerdem rustikale, schwere Zinfandel.

Stevenot (1978)
PO Box 345 Murphys, CA 95247. Tel. (209) 728-3436, 60 000 Kisten. Der Spitzenreiter im Calaveras County kauft für mehrere Weine außerhalb Lesegut, doch Chardonnay, Cabernet Sauvignon und Zinfandel der Marke »Grand Reserve« kommen von 11 ha Eigenbesitz. Alle drei sprechen besonders gut für die Region.

Reise-Informationen

Die Sierra Foothills sind so dünn besiedelt, daß man hier eher Gelegenheiten zu Übernachtung mit Frühstück antrifft als größere Hotels. Zwei Weinbaubetriebe, Fitzpatrick und Perry Creek, verfügen über eigene Gästezimmer. (Die unten aufgeführten Chambers of Commerce halten ganze Listen mit Unterkunftsmöglichkeiten bereit.)
Placerville nannte sich anfänglich Hangtown, nahm dann aber, als die einheimische Bürgerschaft sich allmählich zivilisiertere Manieren zulegte, den heutigen Namen an. Seine Lage am Freeway US 50 ist günstig für Besuche in Weinbaubetrieben im El Dorado County.
Sacramento Die Hauptstadt von Kalifornien hat ihr altes Image als graue Verwaltungsmetropole abgelegt. Es gibt hier inzwischen nicht nur schöne Restaurants und Hotels, sondern auch sehenswerte Museen über die Geschichte Kaliforniens, vor allem aber auch das State Railroad Museum (in der Old Town 2d and 1). Sutter's Fort (2701 L Street) ist ein Ort der Pionierzeit in Lebensgröße; dort befindet sich auch das lehrreiche State Indian Museum. Der beste Teil des Crocker Museum (216 O Street) ist eine kleine, aber gescheite Sammlung europäischer Malerei des 18. und 19. Jahrhunderts.

Die wunderschöne Emerald Bay am Lake Tahoe.

Von dieser urbanen Oase aus ist es nur eine Stunde bis in die Weinbaubereiche El Dorado und Shenandoah Valley mit ihrem rustikalen Charme.
Sutter Creek Die kurze Hauptstraße bewahrt in ihrer Architektur und vor allem in ihren Bars einen Teil des Flairs der alten Wildweststadt.

HOTELS UND RESTAURANTS

Biba 2801 Capitol Avenue, Sacramento. Tel. (916) 455-2422. Großartige oberitalienische Küche in einem freundlichen, sonnigen Raum, den Biba Caggiano noch freundlicher und sonniger macht.
Chinois East/West 2232 Fair Oaks Boulevard, Sacramento. Tel. (916) 648-1961. Wie der Name schon ahnen läßt, eine quer durch die Kulturen verlaufende Verschmelzung von Zutaten und Stilen.
Zachary Jacques 1821 Pleasant Valley Road, Placerville. Tel. (916) 626-8045. Ländlich-Französisches bei einer französischen Familie.

WEINROUTE DURCH DAS LAND DES GOLDRAUSCHS

Die State Route 49 verbindet die meisten Weinbaubetriebe im Amador und El Dorado County, reizvoller aber ist die Landstraße, die in Amador als Shenandoah Road, in El Dorado als Mt Aukum Road und dann als Snows Road bezeichnet wird. Die Teilstrecken Shenandoah Road und Mt Aukum Road verlaufen durch manchmal landwirtschaftlich genutzte, manchmal waldige Gegenden. Das Teilstück Snows Road führt durch hochdramatische Landschaften in den Foothills und steigt schließlich hinauf bis Camino auf der Höhe des Apple Hill.

Oben: Unweit von hier begann 1849 der Goldrausch.

NÜTZLICHE ADRESSEN

Amador County Chamber of Commerce
PO Box 596, Jackson, CA 95642. Tel. (209) 223-0350.
Amador Vintners Association
c/o Amador County Chamber of Commerce (siehe oben).
El Dorado County Chamber of Commerce
542 Main Street, Placerville, CA 95667. Tel. (916) 621-5885.
El Dorado Winery Association
PO Box 1614, Placerville, CA 95667. Tel. (916) 622-8094.
Sacramento Convention and Visitors Bureau
1421 K Street, Sacramento, CA 95814. Tel. (916) 449-6711.

Central Valley

Es ist die geniale Leistung dieses Landstrichs, daß er unermüdlich stets saubere, billige Rot- und Weißweine in einer Art hervorbringt, wie sie das amerikanische Publikum liebt. Seine Ausdehnung und die Gleichmäßigkeit von Sonnenschein und Boden bilden die wesentlichen Voraussetzungen hierfür. Eine Übersichtskarte läßt bereits erkennen, daß es im Central Valley nicht viele interne Unterteilungen gibt, und eine detailliertere Betrachtung vor allem der Gegend südlich von Sacramento bestätigt diesen Eindruck. Nur die durch Fluß und Nebel gekühlten Bereiche Lodi und Clarksburg haben ausreichende individuelle Identität entwickelt, um sich von dem übrigen San Joaquin Valley abzuheben, zu dem sie eigentlich gehören.

Das deutlichste Zeichen für den Status von Lodi ist, daß in seinem Weinbauverband nicht nur einige der größten weiter südlich im San Joaquin Valley ansässigen Weinbaubetriebe, sondern auch einige bekannte Namen aus Napa und Sonoma Mitglieder sind. Andererseits verarbeitet keiner dieser Betriebe Lesegut aus Lodi für sich allein, sondern verschneidet es mit Trauben aus anderen, ihrer jeweiligen Heimat näheren Regionen.

Kennzeichnend für die Größenordnungen im Central Valley ist, daß ein halbes bis ein ganzes Dutzend große bis riesengroße Weinbaubetriebe den Ertrag des Löwenanteils an der mit Weintrauben besetzten Anbaufläche von 76000 ha und darüber hinaus unterschiedliche Ertragsanteile an nochmals 104000 ha mit Thompson-Seedless-Tafeltrauben verarbeiten. Mehrere Betriebe, die mit ihrer Größe alles in den Schatten stellen würden, gäbe es nicht die Giganten Gallo und Heublein, verkaufen ihren gesamten Ertrag an Kokurrenten mit einem berühmten Namen.

Außer fruchtbarem Ackerland trägt das Central Valley auch drei Städte – Bakersfield, Modesto und Stockton – mit über 100 000 Einwohnern sowie zwei weitere – Fresno und Sacramento – mit über 250 000. Die beiden großen kalifornischen Weinbaufachschulen befinden sich im Central Valley, die eine an der University of California in Davis, die andere an der Fresno State University.

Weißweintrauben

Zwar steigt die Anbaufläche von Chardonnay und Sauvignon Blanc ständig, identifizierbare Abfüllungen aus dem Inneren Kaliforniens sind aber nach wie vor schwer oder überhaupt nicht aufzutreiben. Nur Chenin Blanc begegnet einem in ausreichender Vielfalt.

Chenin Blanc

Weine dieser Traube aus Clarksburg geben sich den Liebhabern rasch durch ihren an Honigmelonen oder andere würzige Melonenarten erinnernden Geschmack zu erkennen. Zwar kann er mit einer relativ frischen Säure einhergehen, trotzdem ist längere Flaschenlagerung nicht ratsam. Je jünger und frischer dieser Wein ist, desto schöner kommt sein duftig-fruchtiger Charme zur Geltung. Chenin Blanc aus dem San Joaquin Valley ist meist weicher im Körperbau und milder im Geschmack bis hin zu solcher Neutralität, daß das sichere Erkennen des Sortencharakters bei verdeckten Weinproben wie ein Taschenspielerkunststück anmutet.

Gebietstypische Weine:

Hacienda Wine Cellars (siehe S. 89). **Kenwood Vineyards** (siehe S. 90). **Dry Creek Vineyards** (siehe S. 88).

Rotweintrauben

Bei den Rotweintrauben steht es weitgehend genauso wie bei den Weißweintrauben. Trotz ehrfurchtgebietender Anbauflächen im San Joaquin Valley gibt es, außer beim Zinfandel, nur wenige Sortenweine in ausreichender Menge, um aufschlußreiche Vergleiche zu ermöglichen. Bei Rotweinen noch mehr als bei Weißweinen gelangt soviel Lesegut von der Küste in die Mischung, daß jeder regionale Charakter vernebelt wird.

Zinfandel

Zinfandel aus Lodi hat durchaus den sonnig-süßen bis pflaumenwürzigen Charakter, der die Sorte im Shenandoah Valley kennzeichnet, doch die Erzeuger auf der Talsohle achten weniger darauf, daß diese Geschmacksfülle durch Alkohol und Tannin gefestigt wird, und daher sind ihre Weine sehr viel milder.

Wer sich Mühe gibt, kann den Einfluß der Sonne von Lodi durchaus mäßigen, wie es die inzwischen verschwundenen Zinfandel von Barengo und Royal Host in den 1960er Jahren von einem Jahrgang zum anderen bewiesen. Von den heutigen Erzeugern hält der kleine Betrieb Lucas Vineyard an diesem alten Stil am getreulichsten fest.

Robert Mondavi-Woodbridge und Sebastiani beschränken sich bei ihrem jeweiligen Zinfandel der Appellation California nicht auf Lesegut aus Lodi, dennoch bleibt der regionale Charakter weitgehend erhalten; vor allem der Mondavi vermeidet die Pflaumennoten. Viele der billigen Massenerzeuger im San Joaquin Valley verleihen ihrem Zinfandel einen kräftigen Schuß Süße.

Gebietstypischer Wein:

The Lucas Vineyard Lodi Zinfandel.

Portähnliche und sonstige Dessertweine

Ein paar Erzeuger versuchen sich an dessertsüßen Weinen nach dem Vorbild von Port, Madeira, dunklem Sherry und Muskateller. Ihre Leistungen sind schwer vergleichbar, weil sie verschiedene Traubensorten aus unterschiedlicher Herkunft verarbeiten. Dennoch verdienen sie die Aufmerksamkeit des kleinen Kreises von Liebhabern solcher Weine.

Ficklin, ein alter, erfahrener Betrieb, hat bereits eine eindrucksvoll lange Reihe ausgewogener, langlebiger Weine mit großer Geschmacksfülle unter dem generellen Namen «Tinta Port». Es handelt sich um ganz von traditionellen portugiesischen Rebsorten bereitete Erzeugerabfüllungen aus Familienbesitz bei Madera. Die Kellertechnik ist bei Ficklin genauso traditionsverhaftet wie die Rebsorten. Jahrgangsabfüllungen werden im Alter sehr denkwürdig, aber auch die jahrgangslose Ausführung reift in fast ebenso schöner Weise heran.

Quady arbeitet ebenfalls mit traditionellen Rebsorten für seine Weine mit der Bezeichnung Port oder Starboard. Alle Trauben für beide Weine kommen aus dem Amador County, die meisten aus einer Lage namens Frank's. Die ältesten Jahrgänge lassen jetzt erst erkennen, daß auch sie Komplexitäten entfalten, auf die es sich zu warten lohnt. Außerdem gibt sich Quady mit Black Muscat in seinem «Elysium» und mit Orange Muscat in seinem «Essencia» viel Mühe. Beide stammen von Trauben aus der Gegend von Madera.

Lodi AVA

Eingerichtet: 17. März 1986
Gesamtfläche: 183 200 ha
Rebfläche: 18 000 ha
Weinbaubetriebe: 11
Hauptort: Lodi

Lodi kehrt sich allmählich von zwei altehrwürdigen Traditionen ab. Bei der einen handelt es sich um die Tafeltraubensorte Flame Tokay, bei der anderen um Winzergenossenschaften. Die Tokay-Traube muß Cabernet und Chardonnay so rasch weichen, daß sie zwischen 1985 und 1991 vom ersten auf den vierten Rang in der Anbaufläche zurückfiel. In fast derselben Zeitspanne wurden alle Genossenschaften bis auf eine durch Familienbetriebe oder Kellereifirmen verdrängt. Trotzdem wurde das Kind nicht mit dem Bad ausgeschüttet; Zinfandel ist in diesem Bereich, wo er immer einen Ehrenplatz innehatte, heute ein bedeutenderer Faktor denn je.
Die Flame Tokay mit ihrem intensiven Geschmack war jahrzehntelang eine der populärsten Tafeltrauben Amerikas. Was nicht als Tafelfrucht verkauft wurde, konnte zu Dessertwein oder Brandy verarbeitet werden. Erst als die kernlosen Sorten aufkamen, ging ihr Dasein als Tafeltraube zu Ende: die Anbaufläche sank von 8400 auf 5200 ha. Der Anteil an der Anbaufläche ging von der Hälfte auf 12% zurück und zeigt weiter fallende Tendenz. Inzwischen legen

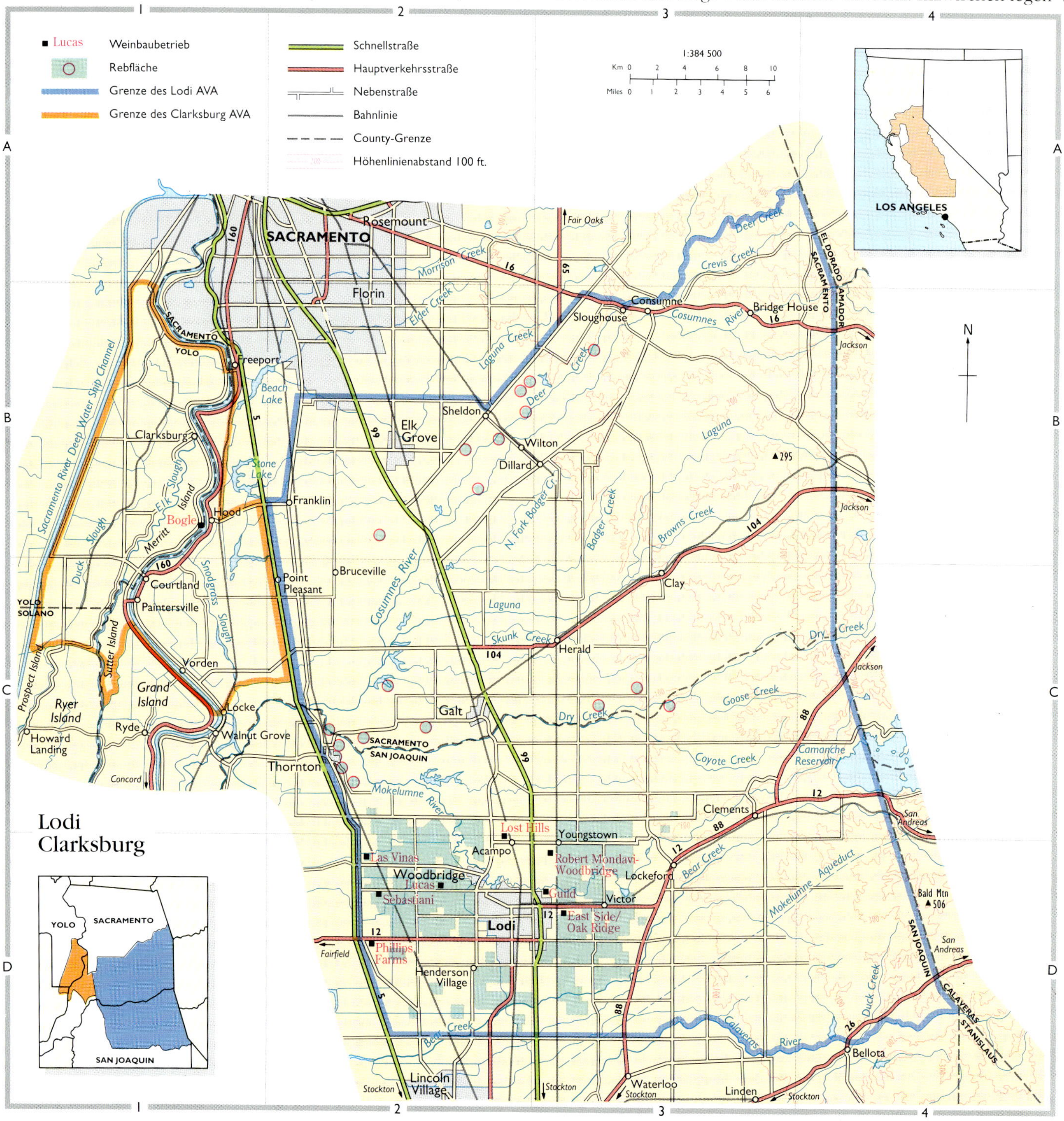

Die auf Mannshöhe geschnittenen Flame-Tokay-Weinstöcke, einst Wahrzeichen in den Weinbergen Lodis, sind inzwischen zum Aussterben verurteilt.

die Weintrauben zu: Zinfandel verfügt über 33% von 18000 ha, Chardonnay besetzt 17% und Cabernet 13%.

Die Genossenschaftsbetriebe gehen in Lodi auf die Anfangszeit zurück; sie wurden in den 1880er Jahren von einer zahlreichen Farmerbevölkerung eingerichtet, die – nach all den Handlers und Haases und Mettlers in den Vorständen zu schließen – deutscher Abstammung war. Auf dem letzten Gipfelpunkt in den 1950er Jahren waren die meisten der 650 Winzer Lodis Mitglieder in einem halben Dutzend Genossenschaften. Moderne Marketingtechniken begannen bald darüber zu entscheiden, welche Weintypen und -marken in Mode sind und welche nicht. Die für gutes Bestehen in einem sich rasch verändernden Geschäftsklima nötige Wendigkeit ist nicht die Sache von Betrieben, die von vielköpfigen Ausschüssen geleitet werden, wie es nun einmal bei Genossenschaften der Fall ist. Eine nach der anderen brach zusammen, bis schließlich nur noch East-Side übrig war.

Die alte Genossenschaft Cherokee ging durch mehrere Hände, bis sie zu Robert Mondavi-Woodbridge wurde. E. & J. Gallo, der frühere Abnehmer aller Weine der Genossenschaft Liberty, kaufte schließlich diese selbst. Die Kellerei der Genossenschaft Woodbridge gehört jetzt Sebastiani, und es werden dort vor allem die Weine Vendange und August Sebastiani Country produziert. Guild, früher Dachorganisation für mehrere Unterbetriebe, gehört heute zu Canandaigua Industries aus New York.

Die demokratischen Instinkte, denen Genossenschaften unterliegen, sperren sich auch gegen das Konkurrenzdenken. Wenn es in Lodi Einzellagen gibt, die über den anderen stehen, dann hat die Welt bisher kaum eine Chance gehabt, sie kennenzulernen; ihr Lesegut vermischte sich bei den Genossenschaften mit dem übrigen. Auch die Nachfolgerbetriebe sind Massenweinerzeuger, die bei der Appellation California bleiben, um sich alle Optionen offen zu halten. Bis zum Beginn der 1990er Jahre trat die Appellation Lodi nur auf Etiketten von Lucas Vineyard, Las Vinas und Phillips Farms – allesamt kleine Betriebe – in Erscheinung. East-Side schreibt erst seit kurzem »Lodi« auf seine Sortenweinserie Oak Ridge.

Wenn auch Einzellagen nicht bekannt sind, so zeigt doch die Anbauflächenverteilung deutlich, wo der Mokelumne River den für Weintrauben so überaus günstigen Hanford-Tonlehm abgelagert hat. Die Weinberge liegen dicht an dicht bis zur Interstate 5, doch westlich dieser Straße gibt es kaum welche. Östlich davon drängen sich die Reben bis zur State Route 88, überschreiten sie aber nicht. Im Süden bildet der Bear Creek praktisch die Grenze. Nur im Norden ist sie unschärfer; allerdings bezeichnet eine Linie, die nahe der Peltier Road verläuft, die Nordgrenze des Hanford-Lehmvorkommens ziemlich exakt.

Der Zinfandel war in den 1950er und ersten 60er Jahren nahe daran, Lodi eine eigene Identität einzubringen, als zwei Weinerzeuger in jene Art von Wettstreit gerieten, auf dem die Besonderheit eines Weinbaugebiets stets beruht. Dino Barengo in seiner eigenen Kellerei und Reg Gianelli bei East-Side brachten damals eine lange Reihe ausgewogener Zinfandel mit großer Geschmacksfülle hervor, die weit mehr Aufmerksamkeit bei Kennern verdient gehabt hätten, als ihnen zuteil ward. Ihre ebenso guten Ruby Cabernets fanden sogar noch weniger Beachtung. Den beiden wurde das Spiel schließlich über, sie setzten sich zur Ruhe, und der Funke verlosch.

Dennoch hat Lodi unter den Weinerzeugern im Central Valley so viel Ansehen gewonnen, daß einige größere (Bronco, Delicato, The Wine Group) seinem Weinbauverband beigetreten sind, obwohl sich ihr Sitz außerhalb der Bereichsgrenzen befindet; auch Mondavi und Sebastiani sind Mitglieder. Inzwischen haben Lucas, Las Vinas und Phillips Farms Weine zuwege gebracht, die der Flamme des Wetteifers neue Nahrung geben dürften.

Clarksburg AVA

Eingerichtet: 22. Februar 1984
Gesamtfläche: 25 850 ha
Rebfläche: 2200 ha
Weinbaubetriebe: 1
Hauptort: Clarksburg

Clarksburg beansprucht Aufmerksamkeit nicht wegen seiner Weinbaugeschichte, die ihm völlig fehlt, sondern weil es 3 bis 6 m unter dem Flußniveau in dem komplizierten Inselsystem liegt, aus dem das Delta des Sacramento River besteht. Viele Birnenplantagen und einige Weingärten drängen sich an den Böschungen der Flußdämme, wo vor den erstaunten Augen des Betrachters Segel über die Wipfel der Birnbäume oder weit oberhalb der Rebzeilen einhergleiten. Einen solchen Anblick hat kein anderer Weinbaubereich in Kalifornien zu bieten.

Das zweite, viel verbreitetere Geschenk Clarksburgs an unsere Sinne ist charaktervoller Chenin Blanc. Weinbaubetriebe in Sonoma haben diesen ungewöhnlichen Bereich auf den von ihnen aus seinen Lagen gewonnenen stets gleichmäßig guten Chenin Blanc festgelegt. Hacienda, Grand Cru, Kenwood und seit vor kurzem auch Dry Creek Vineyard produzieren und verbreiten Chenin Blanc aus Clarksburg, seit die ersten Anpflanzungen der Mitte der 1970er Jahre in Ertrag kamen. Die eigenen Weinbaubetriebe Clarksburgs, Bogle und das inzwischen wieder eingegangene Haus R. & J. Cook, waren nicht imstande, in ihrer kurzen Geschichte mit anderen Rebsorten ähnlich breite Aufmerksamkeit für den Bereich zu wecken.

Die Sache darf einstweilen aufgeschoben werden, weil Chardonnay ohnehin dabei ist, Chenin Blanc und alles andere auf die Seite zu drängen. Für die zwei Dutzend Anbauer am Ort sind die großen Abnehmer am Anfang der 1990er Jahre beispielsweise Fetzer Vineyards für deren Marke Bel Arbors, Glen Ellen für die Serie Proprietor's Reserve, Robert Mondavi-Woodbridge und andere Erzeuger von Sortenweinen der unteren Preisklasse, die allesamt Chardonnay aufstöbern, wo immer sie ihn finden können. Während die Chenin-Blanc-Anbaufläche zwischen 1990 und 1992 von 400 auf 320 ha zurückging, legte Chardonnay von 220 auf 560 ha zu, und weitere Anpflanzungen sind geplant.

Eine beträchtliche Anbaufläche ist in Clarksburg auch Rotweintrauben gewidmet; an der Spitze stehen Merlot, Petite Sirah und Cabernet Sauvignon. Genaue Zahlen sind schwer zu ermitteln, weil die Statistiken jeweils vom County erstellt werden, während ja in den AVA-Bereich ein schmales Stück San Joaquin County, ein kleiner Teil des Sacramento County und ein größerer Teil des Yolo County fällt.

Definitionsgemäß erstreckt sich der Bereich auf einen Teil des zusammenhängenderen Festlands im Sacramento-Delta, praktisch auf das nordöstliche Viertel. Die meisten Inseln südlich und westlich der AVA-Grenzen sind Torfland. Die Winzer in Clarksburg beschreiben ihre Böden als »kaum wasserdurchlässigen Ton und Lehm«. Man fragt sich, ob diese Böden wirklich so wenig durchlässig sind, oder ob sie nur keine Chance bekommen zu zeigen, was in ihnen steckt. Jedenfalls sind sie ziemlich fruchtbar. Chardonnay bringt hier regelmäßig 85 und Chenin Blanc 100 hl/ha.

Im AVA-Bereich Clarksburg wächst Wein hinter 4 bis 6 m hohen Dämmen, die dafür sorgen, daß der Sacramento in seinem Bett bleibt.

San Joaquin Valley

Hier ist Amerikas Midi, die Quelle für soviel Alltagswein, wie das Land nur trinken kann. Es ist aber auch Amerikas Douro-Tal und Madeira, die Quelle hochinteressanter portähnlicher und Muskatellerweine. Wenn schon Lodi in seinem kleinen Umkreis keine Einzellagen aufzuweisen hat, so verfügt das südlich davon gelegene San Joaquin Valley in seinen riesigen Weiten über so gut wie überhaupt nichts geographisch Definiertes. Südlich von Lodi gibt es als einzige Appellation im Tal den AVA-Bereich Madera. Doch der Name wird kaum benutzt, denn der Weinbaubetrieb, der ihn beantragte und einrichten ließ, hat sich aufgelöst.

Um die Lesezeit rollen aus allen Himmelsrichtungen Lastwagenkolonnen hin zu den Kellereien von Gallo und Heublein in Madera, von Bronco in Ceres und zu noch ein paar anderen. Für alle Trauben, die einfach nur zu Rot- oder Weißwein – meist unter den Namen Burgundy oder Chablis – verarbeitet werden, gilt die Reihenfolge in der Schlange mehr als die Herkunft, denn die Lastwagenladungen mischen sich schon auf dem Weg zu den Gärtanks. Das aber ist nur der erste Schritt in einem Prozeß, der bis zur Abfüllung weiter und weiter um sich greift. Man kann es sich so vergegenwärtigen: Der große Mischtank im Hauptbetrieb von E. & J. Gallo in Modesto faßt über 4 Millionen Liter, das ist der Wein von rund 7000 Tonnen Trauben, der Ertrag von 300 bis 400 Hektar.

Selbst solche Größenordnungen sind für die Kapazität der Weinfelder im San Joaquin Valley nur eine Kleinigkeit. Barbera – als Sortenwein selten anzutreffen – wuchs 1990 auf 3920 ha im Fresno, Kern, Kings, Madera und Tulare County. Grenache, die zweitwichtigste Rotweintraube, verfügte in den genannten Countys über 4450 ha. Bei den weißen Traubensorten entfielen auf Chenin Blanc 8460, auf Colombard sogar 19550 ha.

Barbera und Colombard werden hier hoch geschätzt, weil sie selbst im heißen San Joaquin Valley schöne Säure bewahren. Grenache überzeugt durch Vielseitigkeit als Quelle für Rot-, Rosé- und portähnliche Weine. Chenin Blanc besticht durch reichen Ertrag, milden Geschmack und gute Marktgängigkeit als Sortenwein. Die Ertragsmengen liegen bei diesen vier Rebsorten zwischen 120 und 135 hl/ha gegenüber 45 und 90 in den Küstenweinbaugebieten.

Hinzu kommt Thompson Seedless, eigentlich eine Rosinentraube, die aber auch als Wein- und Tafeltraube benutzt wird. Bei einer Anbaufläche von 104400 ha und Erträgen von 22 bis 25 Tonnen pro Hektar merken es die Rosinenhersteller kaum, wenn die Weinindustrie durchschnittlich 240000 t im Jahr für sich abzwackt. Viel davon wird zu Brandy und Würzwein verarbeitet, aber ein beträchtlicher Teil geht auch in billige Gattungs- und Tafelweine.

Das Fresno County lag bei den Anbauflächen mit 12810 ha für Weintrauben und 64070 ha für Rosinentrauben (Thompson Seedless) an der Spitze, Madera verfügte über 14910 ha für Wein und 15920 ha für Rosinen. Es folgen das Kern County mit 9910 und 10490 ha; Merced mit 5280 und 720: Tulare mit 3640 und 12360 sowie Stanislaus mit 5590 und 390 ha.

In seiner Rolle als Douro und Madeira könnte das San Joaquin Valley ganz anders aussehen als in seiner Rolle als Midi. Der Markt zeigt nicht genug Verständnis für sachgemäß bereitete Dessertweine, um vielen seriösen Erzeugern Lohn und Brot zu bieten, die wenigen aber, die bei der Stange bleiben, können auf höchst achtbare Leistungen zurückblicken. Ficklin und Quady, beide im Madera County, bilden die Spitze.

Die Bezeichnung «San Joaquin» bringt einige Konfusion mit sich. Das San Joaquin County umfaßt nämlich auch den AVA-Bereich Lodi, der ein vom weit größeren San Joaquin Valley etwas abgesondertes Dasein führt, während die Rebbestände in der südlichen Hälfte des Countys unter die allgemeine Appellation San Joaquin Valley fallen.

Sacramento Valley

Das Tal des Sacramento, früher dem San Joaquin Valley in der Weinbaufläche gleich oder gar überlegen, ist seit der Prohibition nur noch ein Schatten seiner einstigen Größe. Das in den 1980er Jahren eingeleitete kleine Comeback kommt jedoch immer mehr in Schwung.

Es beruht zum Teil auf der White-Zinfandel-Mode und zum kleineren, vielleicht aber wichtigeren Teil auf dem Erfolg des Hauses R. H. Phillips in den Dunnigan Hills im nördlichen Yolo County, nordwestlich der Stadt Sacramento. Die Anbauflächen sind recht bescheiden: 500 ha in Colusa, 590 in Glenn und 1160 in Sacramento. Entsprechend klein ist die Zahl der Weinbaubetriebe. Nördlich von Clarksburg und östlich von Napa liegen im Solano County zwei winzige AVA-Bereiche dicht nebeneinander zwischen dem eigentlichen Sacramento Valley und dem Küstengebirge. Jeder von ihnen wird von einem einzigen Weinbaubetrieb beherrscht. Solano-Green Valley AVA ist die Pfründe von Chateau de Leu; Suisun Valley AVA gehört ganz der Wooden Valley Winery. Obwohl hier schon an die 100 Jahre Wein wächst, verfügt keine der beiden Bereiche über eine wirkliche Identität. Die derzeit treibenden Kräfte möchten Wandel schaffen.

ERZEUGER IN LODI UND CLARKSBURG

Bogle Vineyards (1979)
Route 1, Box 276, Clarksburg, CA 95612. Tel. (916) 744-1139. 40000 Kisten. Der 180-ha-Besitz der Familie Bogle auf Merritt Island erbringt Chardonnay, Merlot und White Zinfandel.

East-Side Winery (1934)
6100 E Highway 12, Lodi, CA 95240. Tel. (209) 369-4758. 175000 Kisten. Die letzte noch bestehende Winzergenossenschaft in Lodi bietet ihre Sortenweine unter der Marke Oak Ridge und Gattungsweine unter der älteren Marke Royal Host an.

Guild Wineries & Distilleries (1934)
PO Box 55, Woodbridge, CA 95258. Tel. (209) 368-5151. Kapazität 1,6 Mio hl (Produktionsmengen werden nicht bekanntgegeben). Die lange Zeit größte Genossenschaft in Lodi gehört heute zu Canandaigua Industries in New York (Richards Wild Irish Rose usw.). Marken: u.a. Cribari für Alltagsweine, Dunnewood für Sortenweine, Cook's und Chase-Limogere für Schaumwein in Tankgärung.

Lost Hills Winery (1988)
3125 E Orange Street, Acampo, CA 95220. Tel. (209) 369-2746. Kapazität: 72000 hl (Produktionsmengen werden nicht bekanntgegeben). Der Betrieb in der alten Kellerei von Dino Barengo schlug sich zu Beginn der 1990er Jahre schlecht und recht durch.

The Lucas Winery and Vineyard (1978)
18196 Davis Road, Lodi, CA 95240. Tel. (209) 368-2006. 1000 Kisten. Der alteingesessene Betrieb mit 12 ha westlich von Lodi beweist mit seinem Zinfandel, was die hiesigen Trauben leisten können.

Robert Mondavi-Woodbridge (1979)
PO Box 1260, Woodbridge, CA 95258. Tel. (209) 369-5861. 1,5 Mio Kisten. Trauben aus Lodi bilden die Grundlage für zuverlässigen Cabernet Sauvignon, Chardonnay, Sauvignon Blanc und Zinfandel der mittleren Preislage, aber auch Lesegut aus den Weinbaugebieten an der Küste wird verarbeitet. (Siehe auch S. 29.)

Phillips Farms Winery & Vineyards (1984)
4580 W Highway 12, Lodi, CA 95242. Tel. (209) 368-7384. 2700 Kisten. Anbaubetrieb mit 68 ha; erzeugt Merlot, Pinot Noir, Fumé Blanc, Cabernet Sauvignon und Syrah vor allem als Demonstrationsobjekte für die eigenen Weinberge.

Sebastinai Vineyards (1988)
PO Box 1290, Woodbridge 95258. Tel. (209) 938-5532. 2 Mio Kisten. Das alteingeführte Haus Sebastiani aus dem Sonoma Valley (siehe S. 91) hat die alte Genossenschaft Woodbridge als Heimstatt für seine aus breiter Herkunft stammenden populären Serien Vendange und August Sebastiani Country der unteren Preisklasse erworben.

Las Vinas Winery (1986)
5573 W Woodbridge Road, Lodi, CA 95242. Tel. (209) 334-0445. 15000 Kisten. Das Lesegut für den jeweils in Partien zu 300 Kisten produzierten Cabernet Sauvignon «Peltier Vineyard» stammt u.a. von 300 ha Eigenbesitz in der Umgebung; darüber hinaus werden

Viele Landhäuser wie dieses haben in Clarksburg zwischen dem fruchtbaren Farmland und dem Sacramento River Posten bezogen.

Trauben für Cabernet Sauvignon, Chardonnay und Zinfandel der Appellation California von außerhalb bezogen. Eine Symphony-Spätlese heißt »La Femme«. Die Zweitmarke, Quinta da Cotta, ist Weinen nach portugiesischer Art vorbehalten.

BEDEUTENDE ERZEUGER IM SAN JOAQUIN VALLEY (in der Karte nicht eingezeichnet)

Bianchi Vineyards (1974)
5806 N Modoc Avenue, Kerman, CA 93630. Tel. (209) 846-7356. Kapazität: 60000 hl; 200000 Kisten. Das Lesegut von 232 ha im Fresno County wird durch zugekaufte Trauben aus anderen Bezirken ergänzt und zu preiswertem Cabernet Sauvignon, Chardonnay und White Zinfandel verarbeitet.

Bronco Wine Company (1973)
PO Box 789, Ceres, CA 95307. Tel. (209) 538-3131. Kapazität: 1,7 Mio hl (Produktionsziffern werden nicht bekanntgegeben). C.C. Vineyard und J. F. J. Cellars sind die Hauptmarken für einfache Gattungs- und Sortenweine. Das Haus ist auch an der Marke Montpellier beteiligt und besitzt die Marken Laurier und Grand Cru, allesamt ehemals selbständige Weinbaubetriebe in Sonoma.

Delicato (1935)
12001 S South Highway 99, Manteca, CA 95336. Tel. (209) 239-1215. Kapazität: 1,4 Mio hl (Produktionsziffern werden nicht bekanntgegeben). Delicato ist die Hauptmarke, Settler's Creek eine Zweitmarke für Gattungswein und preiswerte Sortenweine. Das Lesegut stammt hauptsächlich aus 5200 ha Eigenbesitz (davon 3200 ha bestockt) im südlichen Monterey County, ein großer Teil wird aber auch aus dem San Joaquin Valley bezogen.

Ficklin Vineyards (1948)
30246 Avenue 7 1/2, Madera, CA 93637. Tel. (209) 674-4598. 9000 Kisten. Der erste ernsthaft bemühte Erzeuger von portähnlichem Wein in Kalifornien nach der Prohibition bleibt bei seinem Leisten. Die jahrgangslosen Versionen sind wie die Jahrgangsweine (z. B. 1983, 1986) Erzeugerabfüllungen von dem mit Tinta Cao, Tinta Madeira, Touriga und Souzao besetzten 16-ha-Familienbesitz. 1993 kam ein 10jähriger Tawny zu den beiden Ruby-Versionen hinzu. Alle Weine sind stilvoll und unerhört langlebig.

E. & J. Gallo (1933)
PO Box 1130, Modesto, CA 95353. Tel. (209) 579-3111. Kapazität: 12 Mio hl (Produktionsziffern werden nicht bekanntgegeben). Das enorme Geschick, zuverlässigen und süffigen Gattungs- und Konsumwein hervorzubringen, ist diesem Familienbetrieb noch nicht abhanden gekommen; inzwischen wurde ein mit langem Atem angelegtes Programm der Aufwertung bei den Sortenweinen in Angriff genommen. Die lange Markenliste umfaßt u. a. Reserve Cellars of E. & J. Gallo (für Cabernet und Chardonnay aus Sonoma), E. & J. Gallo (sonstige Sorten- und Gattungsweine vorwiegend von Lesegut aus Lodi und dem San Joaquin Valley), William Wycliffe und Carlo Rossi. Schaumweine nach dem Tankgärungsverfahren werden unter den Marken Tott's, Andre, Ballatore und Eden Roc angeboten.

Gibson Winery (1939)
1720 Academy Avenue, Sanger, CA 93657. Tel. (209) 875-2505. Kapazität: 456000 hl (Produktionsziffern werden nicht bekanntgegeben). Winzergenossenschaft mit einem Fuß in Lodi, dem anderen in Fresno, produziert preiswerte Alltagsweine unter den Marken Gibson, Farley's, Ramano, Elk Ridge, Pheasant Hollow und Silverstone Cellars.

Giumarra Vineyards (1946)
PO Bin 1969, Bakersfield, CA 93303. Tel. (805) 395-7079. Kapazität: 640000 hl (Produktionsziffern werden nicht bekanntgegeben). Familienbetrieb mit 4000 ha südwestlich von Bakersfield. Das Lesegut wird zu billigen Gattungsweinen unter der Marke Giumarra verarbeitet; den preiswerten Sortenweinen der Marke Breckenridge Cellars werden Trauben von der Central Coast beigemischt.

Heublein, Inc. (1964)
PO Box 99, Madera, CA 93639. Tel. (209) 673-7071. Kapazität: 4,5 Mio hl (Produktionsziffern werden nicht bekanntgegeben). Eine Kellerei in Madera dient als Produktionszentrale für Alltagssorten-

weine unter den Namen Almaden, Blossom Hill, Charles Le Franc, Inglenook-Navalle und anderen, die ursprünglich Betrieben an der Küste gehörten. Le Domaine lautet die Marke für Schaumwein in Tankgärung.

Montpellier Vineyards (1988)
PO Box 610, Ceres, CA 95307.
Tel. (209) 538-9083. 100000 Kisten. Quelle für preiswerte, fruchtbetonte Sortenweine von Trauben aus dem San Joaquin Valley, im Besitz der Familie Franzia (Eigentümer von Bronco) sowie von Mitgliedern der Familie Robert Mondavi. Auf lange Sicht ist geplant, der Marke einen 385-ha-Besitz, dessen Erschließung 1988 eingeleitet wurde, als Grundlage zu geben. Bislang erfolgt die Weinbereitung in gepachteten Anlagen.

Moresco Vineyards (1987)
16865 Gawne Road, Stockton, CA 9515. Tel. (209) 467-3081. Produktionsziffern werden nicht bekanntgegeben. Zinfandel, Petite Sirah, Cabernet Sauvignon, White Zinfandel und Gattungsweine von 63 ha östlich von Stockton.

A. Nonini Winery (1936)
2640 N Dickenson Avenue, Fresno, CA 93722. Tel. (209) 275-1936. 10000 Kisten. Alteingesessener Familienbetrieb mit 80 ha; produziert für Kunden in der Umgebung roten und weißen Alltagswein nach althergebrachter Art.

Quady Winery (1977)
13181 Road 24, Madera, CA 93637. Tel. (209) 673-8068. 15000 Kisten. Quady widmet sich sachgerecht bereiteten portähnlichen Weinen und süßen Muskatellern. Der »Starboard« wird ganz von traditionellen portugiesischen Traubensorten (Tinta Cao, Tinta Alvarelho, Rouriz) aus Amador gewonnen, ebenso die Weine der Marke Port mit und ohne Jahrgang. Der tiefrote Elysium stammt von Black Muscat, der helle Essencia von Orange Muscat. Den Kontrapunkt zum 18%igen Essencia bildet der 6%ige Perlwein Electra nach Art eines Moscato d'Asti.

Wine Group (1906)
PO Box 897, Ripon, CA 95366.
Tel. (209) 599-4111.
Kapazität: 1,7 Mio hl (Produktionsziffern werden nicht bekanntgegeben). Die Weine der Marken Franzia, Summit, Colony, Lejon und anscheinend noch mehr entstehen in dieser Weinkellerei am Südrand des San Joaquin County. Bei den meisten handelt es sich um Gattungsweine, manche sind billige Sortenweine. Der Firma gehört auch Corbett Canyon Vineyards im San Luis Obispo County (siehe S. 136).

BEDEUTENDE ERZEUGER IM SACRAMENTO VALLEY (nicht in der Karte eingezeichnet)

Chateau de Leu (1981)
1855 De Leu Drive, Suisun, CA 94585. Tel. (707) 864-1517. 12000 Kisten. Die Kellerei bezieht Lesegut aus Napa, produziert aber auch Chardonnay-, Merlot- und Syrah-Erzeugerabfüllungen von 16 ha im Solano-Green Valley und strebt Sangiovese- und Dolcetto-Eigengewächse an.

Orleans Hill Vinicultural Society (1980)
PO Box 1254, Woodland, CA 95695. Tel. (916) 661-6538. 10000 Kisten. Große Auswahl an Sortenweinen größtenteils aus heimischen Partnerlagen, zumeist unter launigen, auf Feiertage anspielenden Namen auf den Markt gebracht.

R.H. Phillips Vineyard (1983)
26836 County Roads 12-A, Esparto, CA 95627. Tel. (916) 662-3215. 200000 Kisten. Sortenweine und Verschnitte von knapp 200 ha in den Dunnigan Hills lassen den Schluß zu, daß in dieser Gegend Sémillon, Sauvignon Blanc und die Rhône-Rebsorten wahrscheinlich gut gedeihen. Die meisten Weine werden jedoch von Lesegut aus verschiedenster Herkunft produziert.

Wooden Valley Winery (1932)
4756 Suisun Valley Road, Suisun, CA 94585. Tel. (707) 864-0730. 20000 Kisten. Vorwiegend Anbaubetrieb (120 ha); es werden jedoch auch verschiedene Sorten- und Gattungsweine aus dem Suisun Valley produziert, um Privatkunden in der Umgebung zu beliefern.

REISE-INFORMATION

Da nur wenige Weinbaubetriebe für Besucher zugänglich sind und auch diejenigen, die gern Gäste empfangen, zu weit verstreut liegen, können hier keine Fahrtroutenvorschläge gemacht oder Hotels usw. empfohlen werden.

Kaliforniens Regierungsgebäude in der Hauptstadt Sacramento ist dem Capitol nachempfunden.

Der Pazifische Nordwesten

Wenn es je in der Welt des Weins ein kurioses Paar gegeben hat, dann ist das Washington und Oregon. Die beiden Weinwirtschaften sind allein schon deshalb ein Paar, weil die zwei Staaten in der amerikanischen Betrachtungsweise zusammengewachsen sind wie siamesische Zwillinge; sie bilden ein Anhängsel an das übrige Land, auf sich selbst gestellt, weit draußen in der Nordwestecke der Nation.

Ein kurioses Paar sind sie deshalb, weil die beiden Staaten unter allen vernünftigen geographischen Gesichtspunkten falsch zugeschnitten sind. Der Columbia River bildet zwar die Grenze zwischen Oregon und Washington, verbindet beide aber miteinander über die Lachsfischerei und die Stromversorgung. Die Cascade Mountains wiederum bilden keine Grenze zwischen den Staaten, sondern teilen beide in völlig ungleiche Hälften. Auf der Westseite ist es in beiden regnerisch, waldreich und alles in allem maritim, während es auf der Ostseite wüstenartig und kontinental zugeht.

In Washington wächst der Wein auf der Ostseite, in Oregon auf der Westseite. Und so kann man sagen, daß die beiden zwar gemeinsam reisen, aber getrennt speisen. Washington konzentriert sich zunehmend auf Cabernet Sauvignon, Merlot, Sauvignon Blanc und Sémillon, während sich in Oregon von Anfang an alles immer nur um Pinot Noir dreht, obschon für damit verträgliche Weißweine auch ein paar Brosamen abfallen. Natürlich hat die Regel ihre Ausnahmen: Washington verfügt über ein paar verstreute Weinberge auch auf der Westseite der Cascades, Oregon hat dafür ein paar auf der Ostseite und hält in seiner Südwestecke sogar den Cabernet-Fans eine winzige Enklave bereit. Dennoch sind die allgemeinen Regeln erstaunlich stabil, wenn man bedenkt, daß sie sich innerhalb von zwei Jahrzehnten praktisch aus dem Stand entwickelt haben.

Die Weinbaubetriebe in beiden Staaten wären glücklich, wenn sie eine Geschichte hätten oder eine Tradition, nach der sie sich richten könnten. Aus diesem Grund haben sie zwei oder drei Weinberge und Weinkellereien ausgegraben, die hier im 19. Jahrhundert bestanden. Aber die heutigen Winzer können sich nicht auf eine Vergangenheit berufen, aus der so gut wie keine Nachrichten darüber, welche Traubensorten damals hier wuchsen und wie sie behandelt wurden, auf unsere Zeit gekommen sind. In Washington kam 1967 als erster Wein in annehmbarer Qualität ein Gewürztraminer auf den Markt. In Oregon wurde 1972 mit einem Pinot-Noir-Trio der Anfang gemacht.

Die Küste Oregons in der Nähe des Badeorts Cannon Beach.

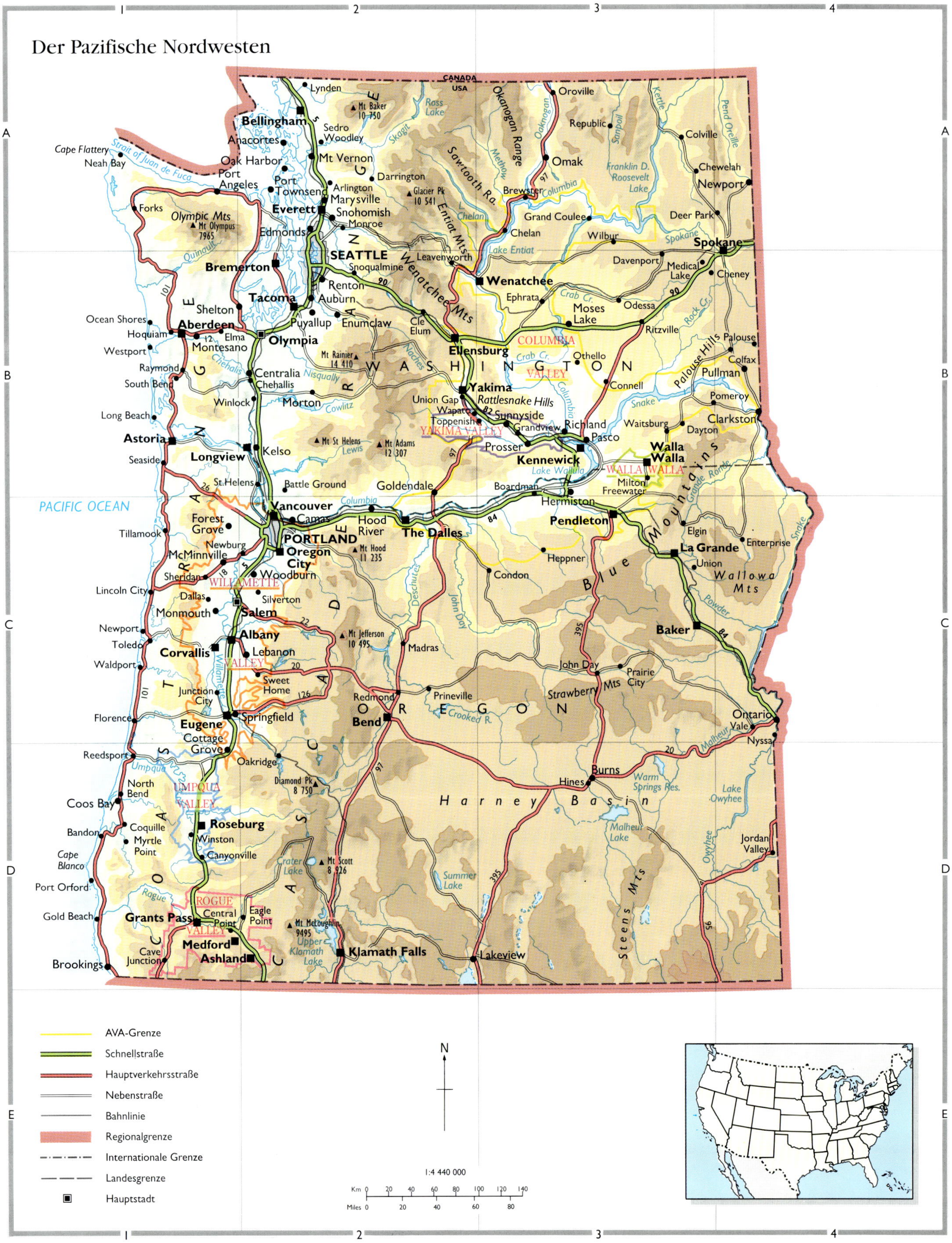
Der Pazifische Nordwesten
CANADA
USA
PACIFIC OCEAN
W A S H I N G T O N
O R E G O N
Cape Flattery
Neah Bay
Strait of Juan de Fuca
Lynden
Bellingham
Mt Baker 10 750
Sedro Woolley
Anacortes
Oak Harbor
Mt Vernon
Port Angeles
Port Townsend
Darrington
Arlington
Marysville
Everett
Snohomish
Monroe
Glacier Pk 10 541
Forks
Olympic Mts
Mt Olympus 7965
Quinault
Edmonds
SEATTLE
Snoqualmine
Bremerton
Renton
Tacoma
Auburn
Shelton
Ocean Shores
Hoquiam
Aberdeen
Elma
Montesano
Westport
Puyallup
Enumclaw
Olympia
Raymond
South Bend
Chehalis
Centralia
Nisqually
Mt Rainier 14 410
Winlock
Morton
Cowlitz
Long Beach
Astoria
Seaside
Longview
Kelso
Mt St Helens
Lewis
Mt Adams 12 307
St. Helens
Battle Ground
Goldendale
Vancouver
Camas
Columbia
Hood River
Tillamook
Forest Grove
PORTLAND
Oregon City
Newburg
McMinnville
Sheridan
Woodburn
WILLAMETTE
Mt Hood 11 235
Lincoln City
Dallas
Silverton
Monmouth
Salem
Newport
Toledo
Albany
Mt Jefferson 10 495
Corvallis
Lebanon
Waldport
VALLEY
Sweet Home
Junction City
Florence
Eugene
Springfield
Cottage Grove
Reedsport
Umpqua
Oakridge
Diamond Pk 8 750
North Bend
Coos Bay
UMPQUA VALLEY
Roseburg
Bandon
Coquille
Myrtle Point
Winston
Canyonville
Cape Blanco
Port Orford
Crater Lake
Mt Scott 8 926
Rogue
ROGUE VALLEY
Gold Beach
Grants Pass
Central Point
Eagle Point
Mt McLoughlin 9495
Medford
Ashland
Cave Junction
Brookings
Upper Klamath Lake
Klamath Falls
Lakeview
Ross Lake
Skagit
Sawtooth Ra.
Okanogan Range
Methow
Okanogan
Oroville
Republic
Sanpoil
Kettle
Pend Oreille
Colville
Omak
Franklin D. Roosevelt Lake
Chewelah
Newport
Brewster
Columbia
Grand Coulee
Entiat Mts
Chelan
Deer Park
Wilbur
Spokane
Lake Entiat
Leavenworth
Wenatchee Mts
Wenatchee
Davenport
Medical Lake
Cheney
Ephrata
Crab Cr.
Moses Lake
Odessa
Cle Elum
Ellensburg
COLUMBIA VALLEY
Ritzville
Rock Cr.
Palouse
Palouse Hills
Othello
Colfax
Naches
Pullman
Connell
Yakima
Union Gap
Rattlesnake Hills
Wapato
Toppenish
Sunnyside
Snake
Pomeroy
YAKIMA VALLEY
Grandview
Richland
Pasco
Waitsburg
Clarkston
Dayton
Prosser
Kennewick
Walla Walla
WALLA WALLA
Lake Wallula
Boardman
Milton Freewater
Hermiston
Blue Mountains
Grande Ronde
The Dalles
Pendleton
Elgin
Enterprise
La Grande
Heppner
Union
Wallowa Mts
Condon
Deschutes
John Day
Powder
Baker
Madras
John Day
Prairie City
Redmond
Prineville
Strawberry Mts
Bend
Crooked R.
Ontario
Vale
Malheur
Nyssa
Burns
Hines
Harney Basin
Warm Springs Res.
Lake Owyhee
Malheur Lake
Summer Lake
Steens Mts
Owyhee
Jordan Valley
AVA-Grenze
Schnellstraße
Hauptverkehrsstraße
Nebenstraße
Bahnlinie
Regionalgrenze
Internationale Grenze
Landesgrenze
Hauptstadt
N
1:4 440 000
Km 0 20 40 60 80 100 120 140
Miles 0 20 40 60 80

Ebenso erstaunlich wie die Schnelligkeit, mit der sich Washington zum Cabernet- und Merlot-Land und Oregon zu einer neuen Heimat für den Pinot Noir entwickelte, ist auch der Charakterunterschied zwischen den beiden Weinwirtschaften. Washington versorgt sich landwirtschaftlich so gut wie vollständig selbst. Durch Bewässerung war das Yakima Valley schon vor der Jahrhundertwende in eines der fruchtbarsten und vielseitigsten Landwirtschaftsgebiete der USA verwandelt worden. Als dann die traditionellen Weinreben Europas aufkamen, pflanzten die Farmer sie als eine einträgliche Feldfrucht unter vielen. Anbauer genau dieser Art, bei denen die Rebfläche vielleicht 10% ihrer landwirtschaftlichen Nutzfläche ausmacht, bilden noch heute das Rückgrat des Weinbaus.

Der Weinbaubetrieb Associated Vintners, der 1967 den revolutionären Gewürztraminer zustande brachte, nahm seinen Anfang in einer Garage als Sproß eines Teams von Hobbywinzern. Bald darauf tauchte als Rivale Chateau Ste Michelle auf, das war der neue Name einer alten Firma, die sich bereits mit ziemlich schrecklichen bis ausgesprochen gräßlichen Weinen von der Concord-Traube unter den Marken Nawico und Pommerelle einen gewissen Ruf geschaffen hatte. Für den Augenblick war jedoch wichtiger, daß dieses Haus über einen kleinen Bestand an Vinifera-Reben und außerdem über für die dortigen Verhältnisse tiefe Taschen verfügte. Seit 1967 hat die Evolution eine Reihe von solid finanzierten, in heimischem Besitz befindlichen Weinbaubetrieben mit einer Produktion von 25000 bis 150000 Kisten entstehen lassen, daneben aber auch Dutzende kleinerer Betriebe. Eigengewächse sind allerdings selbst bei den kleinsten von ihnen Raritäten.

Oregon dagegen verdankt seine Anfänge einer kleinen Gruppe ausgewanderter Kalifornier, die in das Willamette Valley kamen, wo die Landwirtschaft nur ein Schattendasein führte. Sie brachten nichts mit als große Ideale und kleine Geldbörsen. David Lett brachte die Weinproduktion für Eyrie Vineyards in einer ehemaligen Truthahnschlachterei am Bahnhofsgelände in McMinnville unter. Bill Fuller baute ein paar Wände an eine Erdbeerkonservenfabrik an und richtete dort die Kellerei von Tualatin Vineyards ein.

In den letzten Jahren sind auch ein paar größere Firmen entstanden, aber in Oregon bedeuten 25000 Kisten viel, und Eigengewächse bilden eher die Regel als die Ausnahme.

Bei dem vielen Aufsehen um den Wein aus dem Nordwesten ist man geneigt zu vergessen, daß der Weinbau in Washington winzig und der in Oregon noch winziger ist. Die gesamte Rebfläche von Washington ist gerade ein Drittel, die von Oregon kaum ein Sechstel so groß wie die Weinanbaufläche im Napa Valley.

Bewässerungskanal bei Zillah im Yakima Valley.

Washington

Das betriebsame Seattle liegt fernab von den Weinbaugebieten, beherbergt aber doch viele der bedeutendsten Weinkellereien Washingtons.

Die Geographie des Weinbaus in Washington zeigt eine eigentümliche, auf der geschichtlichen Entwicklung beruhende Gestalt. Fast alle Weinberge liegen aus klimatischen Gründen östlich der Cascade Mountains, während sich fast alle menschlichen Ansiedlungen westlich des Gebirges befinden. Die Weinverarbeitungsbetriebe sind zur Hälfte auf der einen, zur Hälfte auf der anderen Seite ansässig – schließlich mußte der Wein zunächst den Menschen nahegebracht werden.

Zu Beginn der 1960er Jahre war Washington was man in Amerika einen «Control State» nennt, d. h. der Vertrieb alkoholischer Getränke war einem Staatsmonopol vorbehalten. Wer zum Abendessen eine Flasche trinken wollte, mußte nach Überwindung einer beträchtlichen psychologischen Hemmschwelle in einem staatlichen Getränkeladen aus einem kümmerlichen Vorrat seine Wahl treffen. Gleichzeitig erhob der Staat auf Weine nicht einheimischer Provenienz ungeheuer hohe Steuern, damit es die in Washington beheimateten Erzeuger von Weinen von der Concord-Traube und ähnlichen Gewächsen leichter hatten, sich auf dem sowieso schwächlichen Markt zu halten.

Als dann die Gesetzesschranken in den 1960er Jahren allmählich fielen, begannen auch die Einheimischen mit *Vinifera*-Trauben zu experimentieren. Unverzüglich stellte sich heraus, welches Potential im Wein aus Washington steckte. Verkaufserfolge ließen aber zunächst auf sich warten, weil die Einwohner von früher her den einheimischen Produkten mißtrauen. Aus den in Kalifornien gemachten Erfahrungen wußten die Pioniere, daß das beste Mittel, die Menschen an den Wein heranzuführen, darin besteht, Weinkellereien mit Probierräumen mitten unter ihnen einzurichten. Deshalb traten auf der Westseite, über 100 Meilen von ihren Weinbergen entfernt, zuerst Chateau Ste Michelle und die Columbia Winery (vormals Associated Vintners), dann aber auch Paul Thomas und andere bedeutende Mitbewerber auf den Plan.

Aus den Gründungsdaten läßt sich ablesen, daß die Welle neuer Weinbaubetriebe erst in den 1980er Jahren auch nach Osten auszugreifen begann. Inzwischen gelingt es immer mehr Erzeugern auf der Ostseite recht gut, die Menschen von der Westseite herüber in ihre Probierräume zu locken, wo sie dann gleichzeitig auch die sonnendurchglühten Weinberge vor Augen haben.

Die drei Appellationen Washingtons haben bisher nur 4800 ha Rebfläche aufzuweisen, besitzen aber ein geradezu unvorstellbares Größenpotential. Man kann die AVA-Bereiche Yakima und Walla Walla Valley nur groß, ja sogar riesig nennen, doch im AVA-Bereich Columbia Valley finden beide bequem Platz und noch ein paar Millionen Hektar mehr. Die Grenzen wurden von Anfang an so gezogen, daß jeder damals bekannte Weinberg im östlichen Washington darin unterkommen konnte, und so verlaufen sie um weite, leere Flächen herum und schließen einige größere Anpflanzungen am Columbia und kleinere am Moses Lake ein.

Die Rebflächenverteilung von 1992 vermittelt ein aufschlußreiches Bild. Das Columbia Valley ohne Yakima und Walla Walla hat 2550 ha bzw. 58% aller *Vitis-vinifera*-Bestände in Washington. Yakima verfügt über 1725 ha bzw. 40%, und Walla Walla, das sich erst in den Anfängen befindet, kann 24 ha bzw. knapp unter 1% vorweisen. Westlich der Cascade Mountains kommen gerade noch einmal 63 ha zusammen. In diesen Zahlen sind die Bestände an Concord und anderen einheimischen Rebsorten nicht enthalten.

Klima

1990 spielte das Wetter im Osten von Washington alle seine Trümpfe aus und demonstrierte insbesondere, was es an Sommerhitze und Winterkälte aufbieten kann. Im Sommer klettern zwar die Höchsttemperaturen gelegentlich noch stärker und halten sich noch länger auf solcher Höhe, 1990 war aber die Wachstumsperiode im Schnitt wärmer als normal. Die winterlichen Tiefsttemperaturen können auch durchaus weiter als bis auf die am 29. Dezember 1990 gemessenen –22 °C sinken und auch länger als die damalige Kältewelle von 13 Tagen bei –18 °C verharren, doch 1990 schädigte der Frost so viele Augen, daß der Ertrag des folgenden Jahres beträchtlich gemindert wurde. Das Frühjahr und der Herbst dagegen verliefen geradezu bilderbuchmäßig. Im Mai erwärmte sich die Witterung zwar rascher und kräftiger als in einem Durchschnittsjahr, während es im September und Oktober stärker abkühlte als normal, aber die Abweichungen von der Norm waren in beiden Jahreszeiten nur gering.

Die Wetterabläufe im Osten Washingtons haben ihren Ursprung in den Gebirgen im Osten und Westen. Im Westen liegen die parallel zueinander verlaufenden Olympic und Cascade Mountains ziemlich genau auf dem Weg der winterlichen Aleuten-Stürme, die dem Pazifischen Nordwesten, oder genauer gesagt einem schmalen Küstenstreifen dort, Regen und gemäßigte Temperaturen bringen. Die Jahresniederschlagsmenge beträgt auf der Westseite der Olympics über 2500 mm, auf der Westseite der Cascades aber nur noch etwa 1200 mm. Bis die Luft dann auf die Ostseite der Cascades gelangt, ist sie so trocken, daß die Klimatologen einen großen Teil in der Mitte von Washington als Steppe und kleinere Gebiete gar als Wüste einstufen.

In einer Spanne von wenigen Meilen wechselt also das Klima in Washington vom klassischen maritimen Schema an der Westküste zu einem rein kontinentalen Erscheinungsbild im Osten. Wie andere Regionen mit kontinentalem Klima weist Washington auf der Ostseite der Cascades vier ausgeprägte Jahreszeiten auf. Typisch ist ebenfalls, daß das Wetter innerhalb einer Jahreszeit plötzlich umschlagen kann. Es steht in deutlichem Kontrast zu Kalifornien, wo das Grundschema stets viel beständiger ist, wo aber mit dem Kommen und Gehen der Meeresnebel die Temperaturen von einem Tag zum anderen stark variieren.

Die Rocky Mountains im Osten wirken sich außer im Winter nicht so unmittelbar auf das Klima aus. Zwar stammt aus ihnen ein großer Teil der Feuchtigkeit in der Gestalt des Columbia River. Ihre wahrhaft dramatische Wirkung liegt aber darin, daß sie zusammen mit den Cascades gewissermaßen als die beiden Wände einer großen Bobbahn fungieren, auf der im Winter arktische Kaltluft über die Mitte und den Osten Washingtons nach Süden gleiten kann. Die Kälteperiode von 1990 zeigte, was geschieht, wenn Kalt-

* Zur Farbcodierung der Klimadiagramme siehe S. 14/15.

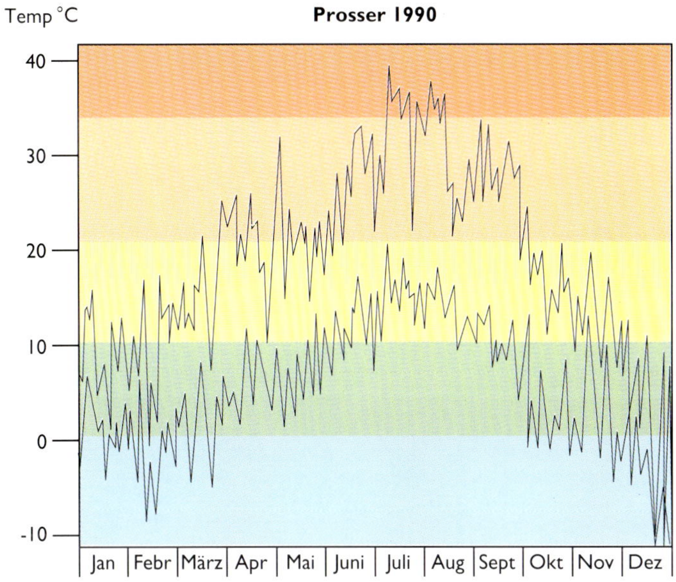

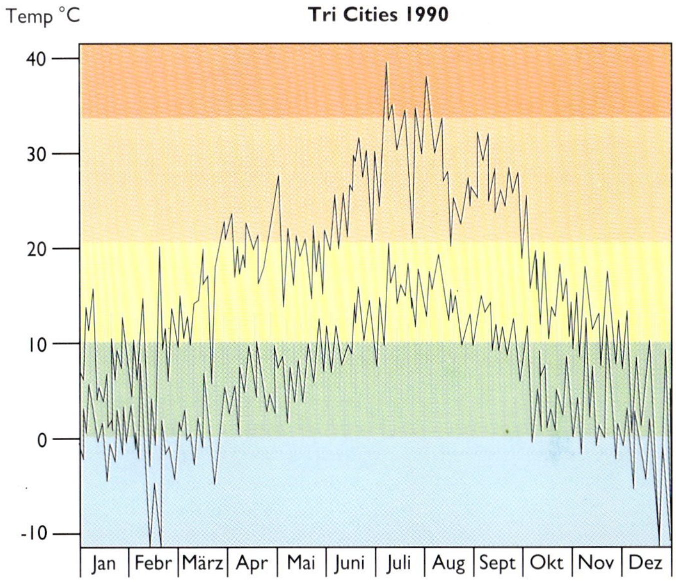

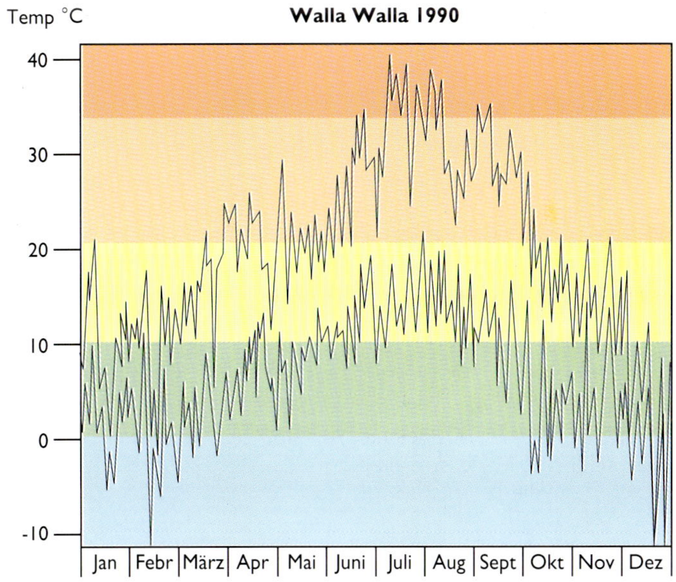

luft ihren Weg nach Süden zwischen den beiden Gebirgen anstatt östlich der Rocky Mountains nimmt.

Weine
Zunächst ein Hinweis: Da nur wenige Weinberge in Washington dicht beieinanderliegen und sehr viele Weine aus Lagen zusammengestellt werden, die über die ganze Weite eines ungeheuer großen Territoriums verstreut sind, ist es unmöglich, regionale Unterschiede auch nur mit den gröbsten Strichen zu zeichnen. Im Augenblick ist Washington eben Washington, und damit hat es sich.

Weißweintrauben

Die Weinbauern in Washington beschränken sich im wesentlichen auf sechs weltbekannte Weißweinrebsorten: Chardonnay, Chenin Blanc, Gewürztraminer, Riesling, Sauvignon Blanc und Sémillon. Es gibt auch winzige Anpflanzungen seltenerer Sorten: Aligoté auf der Ostseite, kleine Bestände an Müller-Thurgau, Okanagan Riesling und Madeleine Angevine auf der Westseite. Alle diese Raritäten sind sortenrein in der Flasche anzutreffen, allerdings meist nur jeweils von einem, zwei oder höchstens vier Erzeugern.

Chardonnay (1970: 27 ha, 1990: 1062 ha)
In Tiefe, Konturenklarheit und reiner Schmackhaftigkeit steht der Chardonnay unter den Weißweinen aus Washington hinter Sémillon und Riesling bestenfalls an dritter, eher noch hinter Sauvignon Blanc an vierter Stelle. Wenn er hier Besseres leisten kann, dann hat bisher noch niemand die entsprechenden Lagen entdeckt. Dennoch bedeutet der vierte Rang noch lange keinen Abstieg.

In der Anbaufläche steht die große weiße Traube aus Burgund an erster Stelle, teils weil das Publikum anscheinend keinen anderen Weißwein will, teils weil die Kellermeister Washingtons den Mängeln der Weinberglagen mit Faßgärung, malolaktischer Säureumwandlung, Ausbau auf der Hefe und anderen Mitteln mit Erfolg entgegenwirken.

Die besten Weine schmecken deutlich nach Chardonnay, allerdings nicht unbedingt nach einer bestimmten Region. Eichenholz verleiht ihnen Tiefe und Komplexität, doch es gehört Fingerspitzengefühl dazu, wenn die Frucht intakt bleiben soll. Ziemlich viele schmecken jedenfalls vorwiegend nach Eichenholz, Butter oder gar Butterscotch (und, man muß es sagen, ernten beim heimischen Publikum damit Applaus). In allen Arten, besonders im Butterscotch, kann aber durchaus auch Saft und Kraft stecken.

Eine paar kleine bis sehr kleine Anpflanzungen sind auch jenseits vom Columbia River in der Südwestecke Washingtons anzutreffen. Die Weine von Salishan und seinen Nachbarn lassen sich am besten mit denen aus dem Willamette Valley vergleichen.
Gebietstypische Weine:
The Hogue Cellars Washington State »Reserve« (Gebietsverschnitt). **Paul Thomas Winery** Washington (Gebietsverschnitt); Washington »Reserve« (Gebietsverschnitt). **Chateau Ste Michelle** Columbia Valley »River Ridge« (aus Eigenbesitz). **Gordon Brothers Cellars** Columbia Valley (aus Eigenbesitz). **Staton Hills Winery** Washington (Gebietsverschnitt). **Stewart Vineyards** Columbia Valley (Gebietsverschnitt).

Chenin Blanc (1970: 18 ha, 1990: 270 ha)
Chenin Blanc ist seit den ersten Tagen der Vinifera-Weine in Washington die verläßliche Quelle eines sommerlichen Erfrischungsgetränks und entsprach damit lange Zeit genau den Wünschen des heimischen Publikums. In den letzten Jahren hat das allerdings nachgelassen. 1992 verfügte Chenin Blanc nur noch knapp über die Hälfte der Anbaufläche von 1988.

Fast ohne Ausnahme werden die Weine kalt in Edelstahl vergoren und dann bis zur Abfüllung kalt in Edelstahltanks ausgebaut. Ein wenig Restsüße ist fast immer, ein wenig Spritzigkeit stets dabei. Der Geschmack ist über die allgemeine Aussage »fruchtig« hinaus kaum deutlicher faßbar. Oft gehen Chenin Blanc und Riesling aus Washington in ihrer sommerlich blumigen frischen Art ineinander über. Chateau Ste Michelle, Columbia Crest und Worden's sind typische Vertreter des frischen Stils. Ein Chenin-Blanc-Eiswein von Kiona entwickelte ein so intensiv blumiges Bukett, daß man auf Spätlese-Versionen nur gespannt sein kann.

Paraffinöfen haben in Frostnächten im Columbia Valley mehr psychologischen als praktischen Wert.

Gewürztraminer (1970: 15 ha, 1990: 134 ha)
Der Gewürztraminer ist fast ebenso rasch im Schwinden begriffen wie Chenin Blanc; die Anbaufläche ist von 213 ha 1988 stark zurückgegangen. Dieser schnelle Abstieg ist um so bedauerlicher, als es ja gerade der denkwürdige 1967er Yakima Valley Gewürztraminer von Associated Vintners war, der den Vinifera-Weinbau im Staat Washington am nachhaltigsten in Gang gebracht hat. Allerdings ist es unwahrscheinlich, daß die Traube hier ganz aussterben wird, denn Biscuit Ridge und andere bleiben ihr treu, weil sie hoffen, den besten Elsässer Weinen dieser Art nahekommen zu können. Bis dahin ist der Weg allerdings noch weit. Obschon einige Abfüllungen so etwas wie einen würzigen Charakter aufweisen, dürfen sich die meisten denn doch glücklich schätzen, wenn sie etwas von der muskatähnlichen Note erlangen, wie sie der Gewürztraminer manchmal hat. Die allermeisten Gewürztraminer sind jedoch einfach nur weißer Tischwein.

Riesling auch White Riesling, Johannisberg Riesling (1970: 44 ha, 1990: 847 ha)
Es war das Pech Washingtons, daß sein erster großer Erfolg außerhalb der eigenen Grenzen mit Riesling kam, und zwar ausgerechnet in dem Augenblick, als diese Traube, von Chardonnay und Cabernet bedrängt, im Begriff war, das verstoßenste aller Stiefkinder in den USA zu werden. Es war nun aber so, daß 1972 ein Chateau Ste Michelle bei einer von der *Los Angeles Times* veranstalteten großen verdeckten Weinprobe den ersten Platz belegte und dadurch den damals noch jungen Weinbau des Landes auf die Riesling-Fährte lockte.

Noch schlimmeres Pech für Washington ist der Niedergang des Rieslings deshalb, weil die vollkommen frostharte Traube dort in allen Gegenden so gut gedeiht und mit die charaktervollsten Weine außerhalb Deutschlands erbringt. Preston fing in seinem 1989er Dry Riesling das denkwürdigste Bukett ein, das man sich vorstellen kann – zutiefst blumig und dabei so einmalig, daß man es auch nach langer Zeit stets wiedererkannte. Leider aber weiß dort niemand mehr, wie und warum es zustande kam. Wie dem aber auch sei, Hogue Cellars, Kiona und Paul Thomas sind eigentlich typischer und beständiger im Charakter.

Riesling hat in Washington viele Namensvarianten. Manche nennen ihn kurz und bündig Riesling. Andere sagen Dry Riesling für trockenen und einfach Riesling für lieblichen Wein. Wieder andere bezeichnen trockenere Versionen als Johannisberg Riesling und lieblichere als White Riesling. Hinzu kommen noch ungezählte Variationen über das Thema Spätlese.

Die Edelfäule erbringt in Washington oft schöne Wirkung, aber so mancher Riesling läuft unter der Bezeichnung Spätlese nur, weil er süß und dann manchmal aus Mangel an Geschmackskonzentration auch klebrig ist. Die Riesling-Anbaufläche ist hinter Chardonnay auf den zweiten Platz zurückgefallen, doch Yakima Valley und andere Kellereien in Washington sind noch so stark überbesetzt, daß sie es mit Blush Riesling, Riesling-Schaumwein und anderen Tricks versuchen, um ihn an den Mann zu bringen.

Gebietstypische Weine:
The Hogue Cellars Yakima Valley Dry Johannisberg Riesling (Gebietsverschnitt); Yakima Valley Late Harvest White Riesling. **Kiona** Yakima Valley Dry Riesling (aus Eigenbesitz); Columbia Valley White Riesling (Gebietsverschnitt). **Covey Run** Yakima Valley Late Harvest White Riesling (Gebietsverschnitt).

Sauvignon Blanc auch Fumé Blanc (1970: 6 ha, 1990: 323 ha)
Ob er nun auf dem dritten oder vierten Rang steht, jedenfalls hat der Sauvignon Blanc in der zweiten Hälfte der 1980er Jahre gewaltige Fortschritte gemacht, während der Chardonnay auf der Stelle trat. Noch vor kurzer Zeit wurde sofort die Hauskatze verdächtigt, wenn eine gerade geöffnete Flasche Sauvignon aus dem Yakima Valley ihren Duft entfaltete. Diese Zeiten sind allerdings vorbei, seit die Weinberge umgepfropft wurden, um diese ausdrucksvolle Note zugunsten von melonenähnlicherem, wie Hogue ihn jetzt Jahrgang für Jahrgang schon demonstriert, zurückzudrängen.

Der gut an die Wachstumsbedingungen im Columbia Valley angepaßte Sauvignon Blanc bewahrt saubere, frische, fast harte Art, wenn er in Edelstahltanks vergoren und ausgebaut wird. Aus diesem Grund mischen ihm viele Kellermeister einen Schuß Sémillon bei oder verleihen ihm eine Spur Eichenholzwürze (am effektvollsten macht das Covey Run) oder kombinieren beides, um ihn abzurunden und ihm zusätzliche Geschmacksnuancen zu geben. Auf Langlebigkeit legen ihn die Erzeuger in Washington kaum aus. Da ihn die Einheimischen möglichst frisch als Begleiter zu Fisch und Schalentieren aus dem Puget Sound und dem Pazifik bevorzugen, besteht auch kein großer Anlaß, dies anders zu handhaben.
Gebietstypische Weine:
Columbia Crest Columbia Valley Sauvignon Blanc (vorwiegend Paterson). **The Hogue Cellars** Washington Fumé Blanc (Gebietsverschnitt). **Covey Run** Washington Fumé Blanc (Gebietsverschnitt). **Quarry Lake Winery** Columbia Valley (Pasco). **Chateau Ste Michelle** Columbia Valley Sauvignon Blanc (vorwiegend River Ridge bei Paterson).

Links: Der stattliche Weinbaubetrieb von Covey Run liegt auf einer der ersten Anhöhen der Rattlesnake Hills, die das Yakima Valley auf der Nordseite abschließen.
Oben: Das schöne Gittertor schmückt den Eingang zu Chateau Ste Michelle.

Sémillon (1970: 14 ha; 1990: 236 ha)
In Bestform konkurriert der Sémillon aus Washington mit der Spitze Australiens und übertrifft ohne weiteres alles aus Kalifornien. Käme Sémillon irgendwo sonst in der Welt sortenrein auf den Markt, dann würde der aus Washington doch immer noch weit vorn rangieren, denn in seiner ausgewogenen frucht- und lagengerechten Art ist er einfach nicht in den Hintergrund zu drängen. Die gängige Vorstellung besagt, daß Sauvignon Blanc im Geschmack von Gras über Kräuter zu Melonen tendiert, Sémillon von Kräutern über Melonen zu Feigen. Erstklassiger Sémillon aus Washington aber hat ein wenig von alledem und noch einiges dazu. Manch einer will sogar Kartoffeln darin entdeckt haben und wird damit wohl nicht ganz fehlgehen.

Eine weitere konventionelle Idee lautet, daß Sauvignon Blanc karg und scharf, Sémillon dagegen fetter und voller sei. Das mag stimmen. In Washington ist auf jeden Fall der Sémillon voller als der Sauvignon Blanc. Er hat aber auch das Rückgrat und die feste Muskulatur, die jeden Sammler an lange Reifezeiten und jeden Genießer an Austern denken läßt.

Jahrein, jahraus liegt ein gutes halbes Dutzend Weine dieser Traube im Rennen um die ersten Plätze des Jahrgangs mit an der Spitze. Bei der Weinprämierung anläßlich der Western Washington Fair 1992 verliehen fünf Preisrichter den teilnehmenden sieben Sémillons ohne jede Diskussion 35 Medaillen – statistisch schier unmöglich. Unter solchen Umständen kann man von Besten und Zweitbesten wahrhaftig nicht mehr reden.

Die meisten Erzeuger in Washington lassen den Sémillon für sich selbst sprechen, manchmal mit und manchmal ohne Holz. Nur wenige zimmern ihn in Eiche ein. Außer als Sortenwein ist er auch in Verschnitten mit Sauvignon Blanc oder Chardonnay beliebt.

Gebietstypische Weine:
Columbia Winery Columbia Valley Sémillon (vorwiegend Sagemoor); Columbia Valley «Chevrier»-Sémillon Sur Lie. **Columbia Crest** Columbia Valley «Barrel Select» (Gebietsverschnitt). **The Hogue Cellars** Washington (Gebietsverschnitt). **Chateau Ste Michelle** Columbia Valley (Gebietsverschnitt); Facelli Washington (Gebietsverschnitt).

Sauvignon/Sémillon-Verschnitte
Der Stil formiert sich erst noch, doch die Aussichten sind eindrucksvoll, vor allem beim Yakima Valley La Caille de Fumé von Covey Run und beim Columbia Valley Sémillon-Sauvignon von Columbia Crest.

Ohne Beregnungsanlagen kommen die Winzer in Washington nicht aus.

Rotweintrauben

Fast alle Augen ruhen auf Merlot und Cabernet Sauvignon, aber auch Lemberger und Pinot Noir können Nischen finden. Einige andere Rebsorten, die sich noch in Erprobung befinden – allen voran Syrah und Nebbiolo –, sind ebenfalls durchaus beobachtenswert.

Cabernet Sauvignon (1970: 58 ha, 1990: 568 ha)
Selbst in geschliffenster Bestform kann es Cabernet Sauvignon nicht ganz mit dem erst später nach Washington gekommenen Merlot aufnehmen. Obwohl Cabernet also einen Vorsprung hatte, ist er sowohl im Beifall der Kenner als auch in der Anbaufläche hinter seinen Vetter aus Bordeaux zurückgefallen. Vielleicht ist es ihm nicht beschieden, Besseres zu erreichen. Sein Geschmack ist nicht so lebendig und eigenständig wie der seines Widersachers Merlot. Die meisten Cabernets neigen eher zu kräuterhaften Noten als die kräftiger nach Beeren schmeckenden Merlots. Feinste Exemplare mögen ja größere Tiefe aufweisen, sind aber wohl schwieriger zu bändigen und nicht so leicht ins Gleichgewicht zu bringen. Im Vergleich mit Merlot fallen die Cabernets aus Washington allerdings nicht etwa katastrophal ab, die besten sind stets mehr als nur passable Rotweine.

Ähnlich wie Ridge in Kalifornien hat sich die Columbia Winery zu Experimenten entschlossen und produziert Einzellagenweine aus verschiedenen Gegenden, um deren Möglichkeiten zu erforschen. Ihre drei Einzellagen-Cabernets stellen gewissermaßen eine Rundreise durch die für diese Rebsorte bereits eingeführten Regionen dar. Der scharf konturierte, langsam reifende «Red Willow» kommt vom warmen Nordende des Yakima Valley, der runde, gefällige «Sagemoor» aus dem noch wärmeren Pasco und der «Otis» aus Grandview, der kühlsten dieser drei Lagen, etwa in der Mitte zwischen den beiden anderen.

Noch mehrere andere Kellereien lassen ihre Weinberge in Washington bedeutsam für ihren Cabernet Sauvignon sprechen. Covey Run hat einen Yakima Valley Cabernet, der zum Vergleich mit dem Otis von Columbia einlädt und doch einen Kontrast zu ihm bildet: Vergleich, weil die Lagen nicht weit voneinander entfernt sind; Kontrast, weil die Stile so unterschiedlich sind, daß man sich für den einen oder den anderen entscheiden kann. Aus denselben Gründen ist der Vergleich zwischen Gordon Brothers Eigengewächs und dem «Sagemoor» von Columbia hochinteressant.

Insgesamt bestehen wie in jeder jungen Region enorme Stilunterschiede. Hogue beweist geschickten Umgang mit amerikanischer Eiche, Leonetti geht in Reife und Langlebigkeit bis an die Grenzen und schwingt sich wegen der daraus resultierenden Vollmundigkeit und Würzigkeit zu einem Favoriten auf. Leider setzen nur allzu viele die Lese früher an, pressen die Trauben stärker aus und streben auffälligere Eichenholzwürze an.

Noch ist ungeklärt, was in Washington geschehen muß, damit die Cabernet Sauvignons schöner heranreifen. In meinem Keller ruhen ein paar Flaschen 1973er Chateau Ste Michelle; sie schmecken heute noch – wie am Tag der Abfüllung – nach nicht ganz reifen Brombeeren. Viele Weine vom Anfang der 1980er Jahre, insbesondere die überreifen und übermäßig eichenholzgewürzten, sind aus einer stürmischen Jugend zu müdem Alter übergegangen, ohne die vielen Entfaltungsstadien erlebt zu haben, die klassischen Rotweinen im Lauf der Zeit beschieden sein sollen.

Gebietstypische Weine:
The Hogue Cellars Washington (Gebietsverschnitt). **Neuharth** Washington (Gebietsverschnitt). **Chateau Ste Michelle** Columbia Valley «River Ridge» (aus Eigenbesitz). **Stewart Vineyards** (vorwiegend Eigengewächs aus der Lage Wahluke Slope). **Covey Run** Yakima Valley (vorwiegend aus Eigenbesitz). **Columbia Winery** Yakima Valley «Red Willow»; Columbia Valley «Sagemoor». **Staton Hills** Washington (Gebietsverschnitt). **Kiona Vineyards** Yakima Valley (aus Eigenbesitz).

Lemberger (1970: 0, 1990: unter 40 ha)
Auch wenn der Weinhandel finster blickt und die Kellermeister verwirrt dreinschauen, die Anbauer im Yakima Valley lieben den Lemberger. Vor nicht allzu langer Zeit erzählte einer von ihnen einem Besucher, das komme daher, daß sich die Traube eher wie Concord behandeln lasse als alle anderen Rotweinsorten und daß sie 150 hl/ha dunkle, reife Frucht bringen könne, wenn man nur wisse, wann das Wasser auf- und wieder zugedreht werden muß. Darin steckt das berühmte Körnchen Wahrheit. Der Lemberger ist in den kalten Wintern Washingtons widerstandsfähiger als andere Rotweinsorten, bringt volle Erträge zur Reife, wenn andere versagen, und liefert einen schön dunklen Rotwein.

Das einzige, was an ihm stört, ist der Name Lemberger. Die Washington Wine Commission sollte am besten eine Delegation nach Italien schicken, um dort einen Vorfahren aufzustöbern, der vielleicht Destino oder Rossini heißt, denn es läßt sich nicht verleugnen, daß diese Traube eine wunderbare Alternative zum Dolcetto bildet, die nichts Lembergisches an sich hat, solange der Kellermeister mit dem Eichenholz sparsam umgeht und nicht zuviel Tannin herausholt. Hoodsport liefert dafür einen Beweis, der noch seinesgleichen sucht. Covey Rund und Hogue erzielen auch mit einem kräftigen Schuß Eichenholz gute Wirkung.

Gebietstypische Weine:
Hoodsport Winery Washington (Gebietsverschnitt). **Covey Run** Yakima Valley (Gebietsverschnitt). **The Hogue Cellars** Washington (Gebietsverschnitt).

Merlot (1970: 4 ha, 1990: 622 ha)
Es ist schon eigenartig, daß der Merlot, der nur an sehr wenigen Stellen der Welt zur Höchstform gelangt, ausgerechnet in Washington mit beständig ansprechenden Weinen aus fast allen Gegenden, in denen er angebaut wird, ganz in die vorderste Reihe vorgestoßen ist.

Dieser rasche Erfolg kam um so unvermuteter, als der Merlot in Washington durchaus etwas für Spielernaturen ist, gewissermaßen eine «Alles-oder-nichts-Traube»: alles, weil sie ja bereits mit die denkwürdigsten Rotweine Washingtons hervorgebracht hat, nichts, weil sie für die hiesigen Winter eigentlich zu empfindlich ist. Da nun aber auf der Alles-Seite der Gleichung soviel zu erhoffen steht, gibt es in Washington inzwischen mehr Merlot als jede andere Rotweintraube. So gut wie jede Rebe steht auf einem Südhang mit voller Durchlüftung und gutem Wasserabzug nicht nur im Weinberg selbst, sondern auch tiefer unten, weil jede gewonnene Minute Sonneneinstrahlung im Winter und jedes vermiedene Grad unter –18 °C für das nächste Jahr den Unterschied zwischen einer schönen Ernte oder dem qualvollen Versuch, neues Leben aus dem Untergrund zu locken, bedeutet.

Die derzeitige Merlot-Anbaufläche ist mehr als doppelt so groß wie die von 1988, und das gibt Weinerzeugern, die lange genug im Geschäft sind, um sich an die strengsten Winter im Osten Washingtons zu erinnern, einiges zu denken. Bis die Bombe aber platzt – wenn sie es denn tut –, ist Merlot in Washington in Hülle und Fülle zu haben.

Da der Merlot erst so spät in Erscheinung getreten ist, blieb ihm die überreife, überextrahierte, übermäßig eichenholzgewürzte Phase, die der Cabernet in Washington durchmachen mußte, weitgehend erspart, obwohl auch solche Weine vorkommen. Die von den Kennern am meisten geschätzten Betriebe gehen mit der Presse und dem Eichenholz behutsam um und bewahren dadurch vorrangig Geschmacksnuancen, die an säuerlich-erfrischende Beeren erinnern. Merlot, vor allem aus den kühleren Teilen des Yakima Valley um Prosser, kann auch zur kräuterwürzigen Seite neigen, doch selbst dann verflüchtigt sich die frische Beerennote nicht ganz.

Der Red-Willow-Einzellagenwein «Milestone» von Columbia Winery und der «Barrel Select» von Columbia Crest bringen die Traube am klarsten zum Ausdruck, obwohl im Milestone ein ordentlicher Schuß Cabernet Franc steckt. Der Columbia Valley von Gordon Brothers sowie Hogue Cellars führen vollendet vor, wie ein wenig amerikanische Eiche die eigenen Geschmacksnoten des Merlot mit verwandten Nuancen bereichert.

In diesem Sinn kommt der reifere, deftigere, vollere Stil von Leonetti recht zur Geltung; nichts sonst kann die sonnigen Sommer Washingtons voller auskosten. Am anderen Ende des stilistischen Spektrums steht Hoodsport mit herber Frucht und ganz ohne Eichenholz. Eigenartigerweise sind solche Weine viel weiter von der Mitte entfernt als die Art von Leonetti.

Gebietstypische Weine:
Columbia Winery Yakima Valley «Milestone» (aus der Lage Red Willow); Columbia Valley. **Columbia Crest** Columbia Valley «Barrel Select» (vorwiegend Trauben aus Paterson). **Gordon Brothers** Columbia Valley (aus Eigenbesitz). **The Hogue Cellars** Washington (Gebietsverschnitt). **Chateau Ste Michelle** Columbia Valley (Gebietsverschnitt).

Cabernet/Merlot-Verschnitte
Es könnte durchaus sein, daß Verschnitte von Cabernet mit Merlot hier bessere Ergebnisse bringen als in Kalifornien, vor allem weil Merlot im Pazifischen Nordwesten mehr Delikatesse und Geschmacksintensität bietet. Der Erfolg stellt sich aber nicht von selbst ein. Mehrere erste Versuche sind erwartungsgemäß recht ungeschickt ausgefallen, ein oder zwei Beispiele aber lassen auf Besseres hoffen. Insbesondere ein 1989er Hedges Cabernet/Merlot nahm sich zunächst anmutig aus, begann aber bald ein Bukett zu entwickeln, das an Hammelrippchen denken ließ.

Pinot Noir (1970: 6 ha, 1990: 100 ha)
Im Osten Washingtons scheint sich der Pinot Noir keine Hoffnungen machen zu können, außer höchstens als Verschnittpartner für Pinot von der Westseite. 1990 jedenfalls brachte die Columbia Winery auf diese Weise Fleisch auf die Knochen des Pinot Noir von der Westseite. Aus der Südwestecke von Washington kommen – insbesondere von Salishan – Pinot Noirs, die sehr an ihre Artgenossen aus dem Washington County jenseits vom Columbia River in Oregon erinnern.

Sonstige Rotweintrauben: (Anbaufläche 1990 einschließlich Lemberger 126 ha)
Was die Hoffnungsträger aus Italien betrifft, so ist die Entscheidung über Nebbiolo noch nicht gefallen, doch man hört bereits durch die noch geschlossene Tür anerkennende Stimmen der Jury, weil sich Peter Dow's 1988er Cavatappi (Red Willow) besser entwickelt, als es zunächst den Anschein hatte. Er ist nach italienischen Maßstäben hell und eigentümlich samtig am Gaumen, doch die Geschmacksnoten treffen genau ins Schwarze.

Syrah läßt inzwischen aufgrund einer einzigen Parzelle in der Lage Red Willow die Herzen der Winzer und Kellermeister höher schlagen. David Lake von der Columbia Winery hat seit 1988 dunkle, feste, tief fruchtige Weine dieser Sorte zuwege gebracht.

Grenache ist ein ästhetischer Genuß, im Weinberg jedoch eine Katastrophe. Die besten Rot- und Roséweine dieser Traube können sich neben den Spitzenexemplaren aus anderen Ländern durchaus sehen lassen. Dennoch hat Chateau Ste Michelle die alte Parzelle in Grandview schon vor Jahren aufgegeben und seither nur die besten 6 von 18 ha in der Lage Cold Creek behalten, weil Grenache in 3 von 10 Jahren bis zum Boden erfriert und in 5 oder 6 von den übrigen 7 Jahren nicht trägt. Auch ein paar Mourvèdre- und Cinsaut-Reben wachsen in Washington, einige weitere werden gezüchtet.

Ein klein wenig Gamay Beaujolais (eher von dem Pinot-Noir-Klon als vom echten Gamay Noir au Jus Blanc) trat zu Beginn der 1990er Jahre in Erscheinung.

Columbia Valley AVA

Eingerichtet: 13. Dezember 1984
Gesamtfläche: 4 280 000 ha*
Rebfläche: 2550 ha*
Weinbaubetriebe: 11
Hauptort: Tri-Cities

Neben der großen Dach-Appellation von Washington nehmen sich Kaliforniens große AVAs Central und North Coast wie Spielzeug aus. Sie entstand in der Absicht, alles landwirtschaftlich nutzbare Terrain im Columbia-River-Becken einzubeziehen, auf dem möglicherweise auch Weinbau getrieben werden könnte. Was dabei herauskam, umfaßt einen großen Teil des mittleren Washington und obendrein ein gutes Stück von Oregon.

Die am dichtesten besiedelte und am intensivsten landwirtschaftlich genutzte Teilregion ist das Yakima Valley, wo große Konservenfabriken stehen und in jedem Ort Eisenbahnschienen mitten auf der Hauptstraße verlaufen. Weite Strecken dieses Landes sind Wildnis und als Umwelt dem Weinbau so feindselig wie nur möglich: Weder die wüstentrockenen Sommer noch die arktisch kalten Winter hier können als winzerfreundlich gelten.

Die ganze Region besteht aus einem mächtigen, von der gewaltigen Schubkraft der Cascade Mountains leicht nach Osten gekippten Basaltblock. Andere tektonische Kräfte mit nach Norden gerichteter Wirkung sorgten dafür, daß sich durch Verwerfungen auf der Oberfläche parallel zueinander von Osten nach Westen verlaufende Höhenzüge ausbildeten. Eine Folge von Eiszeiten hinterließ ihre Spuren, wobei der Columbia River ein halbes Dutzend in Nord-Süd-Richtung verlaufende Rinnen in das Terrain grub; eine davon ist heute noch in den gewaltigen Felsformationen von Dry Falls sichtbar, doch die anderen haben sich größtenteils mit Verwitterungsschutt aus den Cascades aufgefüllt. Heute stellt sich das Ganze auf den ungeschützten Höhen in Gestalt von nackten Felspartien und in den geschützten Gegenden als Mutterbodenschichten dar. Der Boden besteht zum größten Teil aus Basaltsand, zum Teil auch aus Löß. Hier und dort liegen alte Flußkiesschichten in dem für die Rebwurzeln zugänglichen Bereich.

Die hochaufragende Wand der Cascades schirmt mit fast erschreckender Gründlichkeit gegen Regen ab. Dennoch ist reichlich Wasser vorhanden, weil sowohl die Cascades im Westen als auch die Rocky Mountains im Osten weit entfernte Niederschläge sammeln und in das Columbia-River-System einleiten, das nur durch Dämme und eine lange Kette von Stauseen gefaßt zu werden brauchte, um großflächige Bewässerung zu ermöglichen.

Das Columbia Valley stellt aber nicht nur die umfangreichsten kalifornischen AVAs weit in den Schatten, es unterscheidet sich von ihnen auch insofern, als seine etliche Millionen Hektar umfassende Weite in keinerlei Unterteilungen gegliedert ist. Sieht man vom Yakima und Walla Walla Valley ab, so hat man mit 2550 ha 58% der Gesamtrebfläche von Washington vor sich und noch 4 280 000 ha Land zur freien Auswahl. Alle Rebenpflanzungen liegen auf den Kämmen flacher Höhenzüge, auf Südhängen an höheren Bergen oder dicht am Fluß. In allen Fällen beeinflußt der Schutz gegen die Winterkälte die Wahl der Lage weit mehr als die Vermeidung der Sommerhitze.

Von Süden nach Norden gesehen, sind als identifizierbare Lagen die Horse Heaven Hills, Pasco, der Wahluke Slope und neuerdings der Royal Slope zu nennen. Die relativ niedrigen und flachen Horse Heaven Hills trennen das Yakima Valley vom Columbia River, wo dieser sich westwärts zum Meer wendet. Chateau Ste Michelle und Columbia Crest verfügen hier über fast 800 ha in der

* Ausschließlich Yakima Valley und Walla Walla AVA

Lage River Ridge unmittelbar oberhalb vom Columbia bei Paterson sowie über weitere 185 ha, die ein paar Meilen flußabwärts am Canoe Ridge erstmals 1992 angelegt wurden. Die Chalone Inc. aus Kalifornien hat am Canoe Ridge eine 40 ha große Nachbarlage. Beide Lagen schauen auf den breiten Fluß hinab. Weiter im Westen liegt die Mercer Ranch, wie River Ridge nicht in unmittelbarer Sichtweite des Columbia River, aber doch noch nahe genug, daß dieser sich mäßigend auf das Mikroklima auswirken kann.

Die Marktnachfrage hat den Rebbestand so einseitig zugunsten von Cabernet Sauvignon, Merlot und Chardonnay verschoben, daß nur wenige Rebsorten sonst eine deutliche Spur hinterlassen haben. Mercer Ranch, die älteste dieser Weinberglagen, hat mit Lemberger Großartiges vollbracht. Chateau Ste Michelle legt dem Sauvignon Blanc in der Lage River Ridge großen Wert bei.

Pasco füllt den Raum zwischen dem Yakima und dem Walla Walla Valley mit einigen Weinberglagen, deren Namen demjenigen, der sich mit Weinetiketten aus Washington beschäftigt hat,

Links: Die Weinberge von Gordon Brothers stehen am Hang über dem Snake River, nicht weit vom Ice Harbor Dam mit seinen großen Wasserkraftwerken. Oben: In der menschenleeren Weite der Horse Heaven Hills wirkt ein Gemeindezentrum als Überraschung.

sehr vertraut klingen. Fast die ganzen 1970er Jahre hindurch versorgte der Sagemoor Vineyard neben Chateau Ste Michelle auch so gut wie alle anderen Kellereien in Washington. In jener Zeit pflegte der damalige Geschäftsführer Alex Bayless auf den Weinprämierungslisten diejenigen Medaillengewinner zu markieren, die von Sagemoor-Lesegut stammten. Oft genug war das ungefähr die Hälfte, gleich von welcher Traubensorte. Zwei der besten Parzellen, Dionysus und Bacchus, werden manchmal anstelle der allgemeineren Lagenbezeichnung auf Etiketten erwähnt.

Die ersten Reben der Lage Sagemoor stehen direkt am Ostufer des Columbia. Nicht weit landeinwärts von dem 120-ha-Besitz liegen der 76 ha große Preston Vineyard sowie der 72 ha große Balcom & Moe. Ein paar Meilen am Snake River aufwärts befinden sich die Besitzungen von Gordon Brothers und Charbonneau mit jeweils 32 ha. In keinem anderen Bereich liegen bekannte Weinberge so dicht beieinander oder stehen so viele Weine zu direktem Vergleich bereit. Manche der vollsten Sémillons kommen aus diesen Lagen und so ziemlich die reifsten Chardonnays, weil Pasco mit das wärmste Klima aller bisher erschlossenen Weinberglagen hat. Leicht pflaumenduftige Merlots bestätigen dies gelegentlich.

Weiter im Norden, aber ebenfalls östlich vom Columbia River, ist wohl der Wahluke Slope der schärfste Rivale von Pasco um die Spitzenstellung auf der Wärmeskala. Die lange, gleichmäßige Südlage und die hervorragende Durchlüftung machen diesen Hang zu einem der frostsichersten in Washington. Die State Route 24 verläuft von Mattawa aus ostwärts mitten hindurch. Einer der erstaunlichsten Aspekte dieser Lage ist, daß auf der langgestreckten Fläche Riesling und Sémillon gleich gut gedeihen. Die Weinbaubetriebe Stewart und Tagaris verfügen hier über Chardonnay-, Cabernet-Sauvignon- und Merlot-Bestände.

Eine Hügelreihe weiter nördlich verläuft, fast genau parallel zu Wahluke, der Royal Slope, der zu Anfang der 1990er Jahre gerade erst erprobt wurde, aber bereits durch eine der kühlsten Wachstumsperioden auf der Ostseite der Cascades auffiel.

Yakima Valley AVA

Eingerichtet: Mai 1983
Gesamtfläche: 256 000 ha
Rebfläche: 1725 ha
Weinbaubetriebe: 22
Hauptorte: Prosser, Sunnyside, Grandview

Erreicht man auf der Interstate 82 östlich von Ellensburg die Höhe des Manashtash Ridge, dann erscheint in der Frontscheibe das Bild einer Steppe in eben dem Augenblick, da im Rückspiegel ein üppiges Farmland verschwindet. Dieser Schock aber ist noch nichts gegen die Überraschung, die zwei knochendürre Bergrücken weiter auf den Betrachter wartet, wo sich das Haupttal des Yakima River plötzlich bis zum Horizont im Osten weitet, herrlich grün dort, wo die Bewässerung hinreicht, wüst und braun an allen anderen Stellen, und das alles mit scharfen Trennungslinien, die nur in Wasserrechten, nicht aber in Naturgesetzen ihre Erklärung finden können.

Dutzende von Wasserbezirksgrenzen verlaufen kreuz und quer durch das Yakima Valley, für den Außenstehenden unsichtbar, aber zutiefst fühlbar für die Farmer, die ganz auf Bewässerung bauen müssen. Es gibt in diesen Distrikten ältere und jüngere Wasserrechte, die von den jeweiligen Betriebsgründungsdaten abhängen. Wenn sich der Strom im Yakima River abschwächt, wird das Wasser aus jüngeren Rechten zuerst abgestellt. Die dürstenden Weinberge müssen sich mit Kirschen, Hopfen, Minze, Spargel, Mais und ein Dutzend anderen Feldfrüchten, die auf dem Talgrund ältere Rechte genießen, in das vorhandene Wasser teilen.

Dabei ist der Wassermangel im Sommer noch die leichter zu bewältigende Hälfte der Gleichung, die schwierigere kommt erst im Winter, wenn sich arktische Kälte in einem ringsum von einer ununterbrochenen Kette von Bergen umschlossenen Becken festsetzt. Ungefähr alle 20 Jahre einmal kriecht eine Kaltluftmasse von Alaska her hinter den Cascade Mountains herein und legt sich 14 Tage, einen Monat oder noch länger über den Osten Washingtons, bis endlich in einigen Frostnächten hintereinander mit Temperaturen unter –18 °C alle Reben bis in die Wurzelspitzen hinein erfroren sind. Empfindlichere Sorten frieren noch öfter bis zum Boden zurück. Dennoch lassen sich die Farmer nicht entmutigen und ziehen ihre Reben wieder auf oder pflanzen neue. Die meisten Weinberge bis zu einer Größe von 30 ha überleben, weil sie Teil größerer landwirtschaftlicher Unternehmungen sind oder großen Weinkellereien gehören.

22 Weinbaubetriebe haben das Tal als ihre Heimat gewählt; diese Zahl vermittelt insofern ein unvollständiges Bild, als auch außerhalb ansässige Weinkellereien ihren Traubenbedarf hier decken. Andererseits holen sich die meisten Yakima-Kellereien einen Teil ihres Bedarfs aus dem Columbia Valley. Die größte und

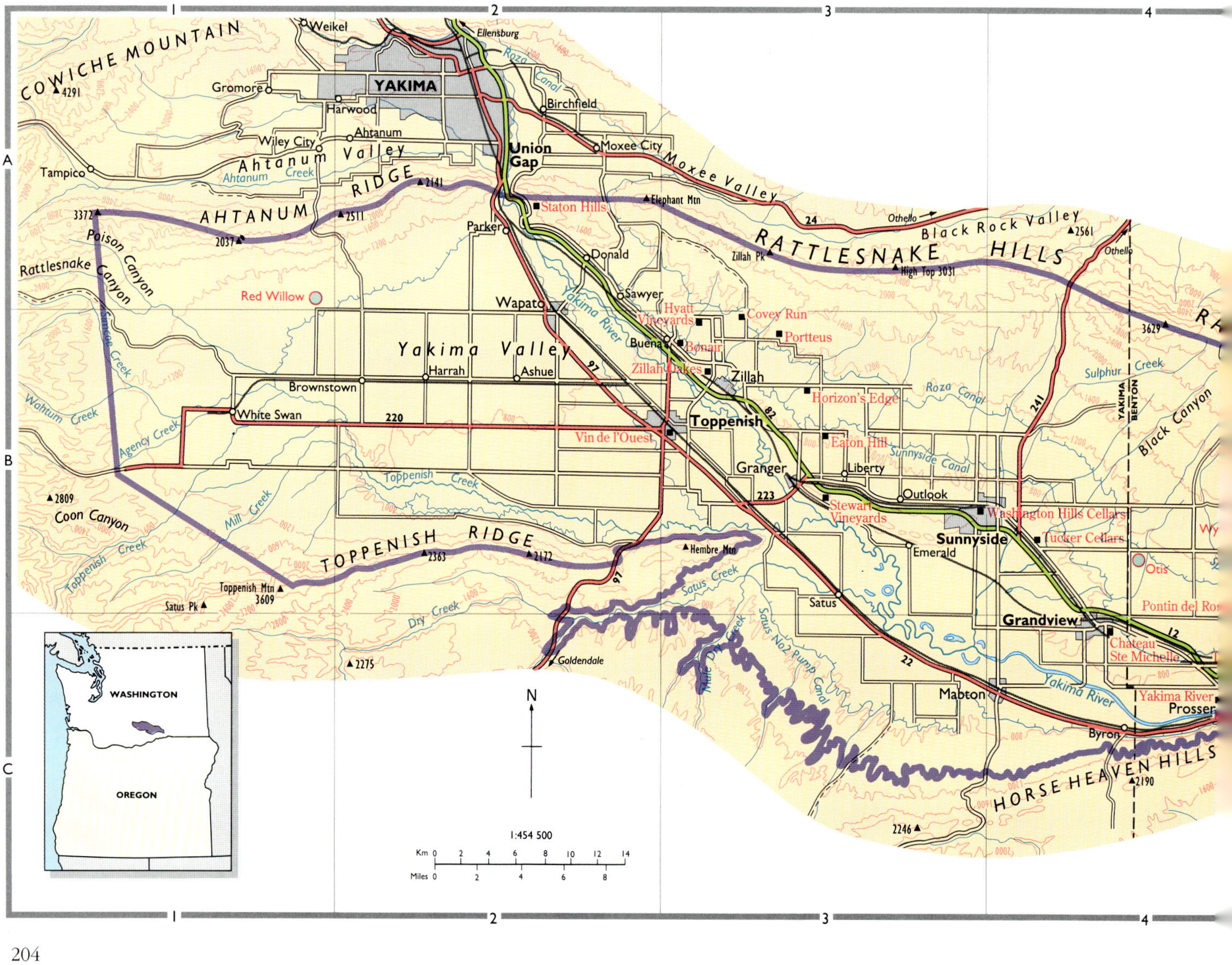

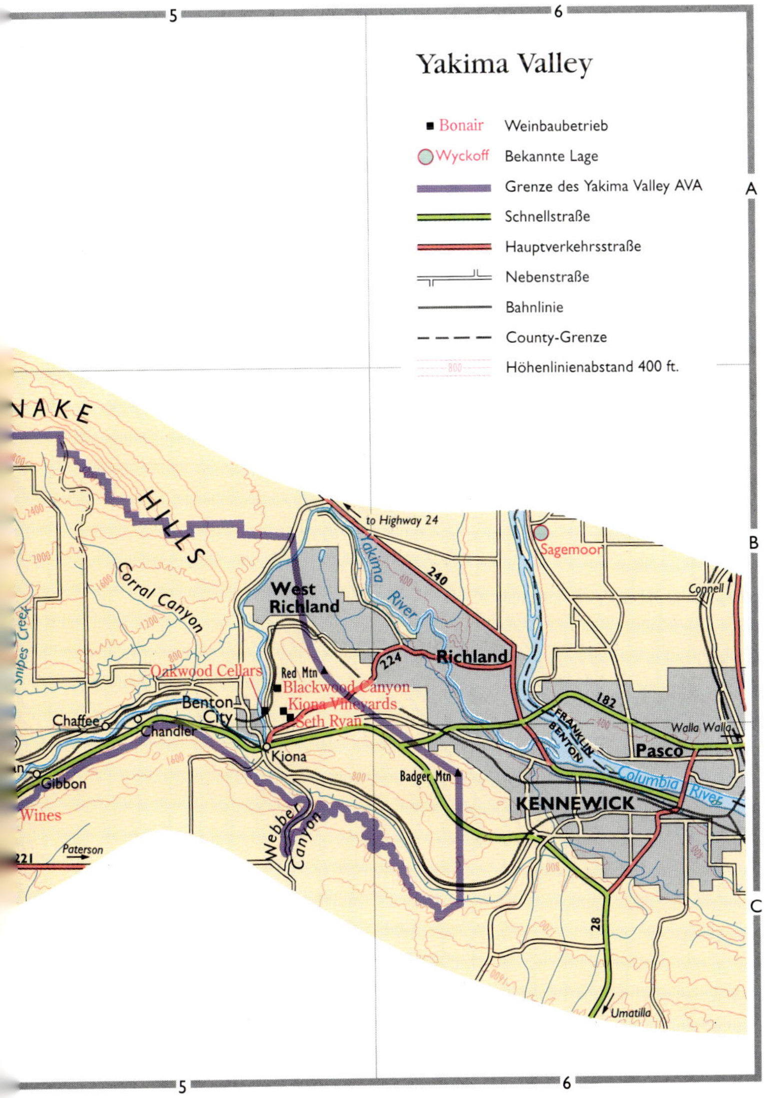

Oben: Bewässerungskanäle wie dieser bei Zillah bringen üppige grüne Vegetation in ein Land, das sonst öd und wüst wäre.
Unten: Basaltfelsen sind typisch für das Landschaftsbild östlich der Cascade Mountains.

meistgepriesene Kellerei, deren Produktionseinrichtungen ganz im Yakima Valley liegen, ist The Hogue Cellars; auch das noch größere Chateau Ste Michelle verfügt über eine Produktionsstätte bei Grandview. Covey Run, Kiona, Staton Hills und Stewart Vineyards sind weitere bedeutende Weinbaubetriebe.

Die bekannteste Lage im Yakima Valley ist derzeit Red Willow, ein einsames 32-ha-Teilstück auf dem weitaus umfangreicheren Farmgelände von Mike Sauer, zugleich der nördlichste *Vinifera*-Weinberg im Tal. Der markanteste Bereich innerhalb der Appellation ist Red Mountain am entgegengesetzten Ende, nicht weit vom Zusammenfluß von Yakima und Columbia. Red Willow liegt in einer wärmeren Gegend des Tals, zum großen Teil auf einem früheren Kiesbett des Columbia River, und errang sich zunächst mit Merlot einen großen Ruf, insbesondere durch die «Milestone»-Weine der Columbia Winery. Der Cabernet Sauvignon fällt hier fein, wenn auch tanninherb aus. Cabernet Franc, Syrah und Nebbiolo gedeihen alle recht gut. Mike Sauer ist sich nicht recht sicher, ob der Chardonnay hier voll ausreift, mit Bestimmtheit aber weiß er, daß der Pinot Noir überreif wird.

Red Mountain ist merklich wärmer als Red Willow und hat keinen Kiesboden, vielmehr zum größten Teil Sand mit ziemlich hohem Kalziumgehalt. Die Anbauer auf dem Südhang haben sich rasch auf Cabernet Sauvignon, Cabernet Franc und Merlot eingestellt, behalten aber auch die anfänglichen Riesling-Pflanzungen bei, weil sie erstaunlich gut gedeihen.

Das Tal zwischen diesen beiden Enden ist kühler, am kühlsten an tiefgelegenen Stellen um Prosser. Für die Winzer von Zillah bis Prosser kommt es darauf an, Südhänge oder – wo es zur Talsohle hin flach wird – ausreichend durchlüftete Stellen zu finden, um die Frostschäden möglichst gering zu halten. Auf tiefergelegenem Grund liegt der Unterschied zwischen guten Wachstumsbedingungen für Chardonnay und solchen für Cabernet oft innerhalb von ein paar Metern. Ein Winzer bei Sunnyside beispielsweise bringt vor seinem Haus nichts als Chardonnay zur Reife, hinter dem Haus aber schaffen es auch Cabernet und Merlot recht gut.

Sauvignon Blanc und Cabernet Sauvignon geben gute Indikatoren ab. Beide werden an warmen Stellen reif oder gar überreif, an den kühlsten Stellen aber entgehen sie vegetabilen Geschmacksnoten nicht. Sémillon ist überall in Yakima schwierig, außer wenn er als karger, säuerlicher Ersatz für Sauvignon Blanc im Verschnitt mit reiferem Sémillon von Pasco oder aus einer anderen wärmeren Lage benutzt wird. Der früher als Cabernet Sauvignon reifende Merlot kommt in fast allen Lagen zurecht, muß aber wegen möglicher Winterschäden mit viel Umsicht eingesetzt werden.

Mt. Rainier ragt mit seiner gewaltigen Masse über dem Yakima Valley auf. Die jungen, durch ein Tropfbewässerungssystem versorgten Reben im Vordergrund gehören Covey Run. In dieser Gegend wechseln Weinberge und Obstplantagen einander ab.

Walla Walla AVA

Eingerichtet: März 1984
Gesamtfläche: 71 700 ha
Rebfläche: 24 ha
Weinbaubetriebe: 6

Walla Walla reicht so weit in die Blue Mountains hinauf, daß es sich vermutlich als der vielfältigste AVA-Bereich des Pazifischen Nordwestens östlich der Cascades erweisen wird, soweit es sich um Sonneneinstrahlung, Regen und Bodenbeschaffenheit handelt. Ein halbes Dutzend Lagen, bestockt mit einem halben Dutzend Rebsorten, haben bislang ein halbes Dutzend Weine erbracht, die den AVA-Namen tragen dürfen: Das reicht nicht für allgemeingültige Aussagen. Ende 1992 war Seven Hills in Oregon als Quelle von Cabernet Sauvignon und Merlot unter eigenem Etikett sowie von Merlot der Marke Leonetti die berühmteste Lage. Am gewagtesten war dagegen eine kleine Parzelle Gewürztraminer, die zu Biscuit Ridge gehörte. Deren Besitzer meinte, die Hanglage in den Blue Mountains sei so kühl und regnerisch, daß sie den Verhältnissen im Elsaß nahekäme. Waterbrook verfügte 1992 über etwas mehr als die Hälfte der Gesamtrebfläche im Walla Walla AVA. Die vorherrschenden Rebsorten sind natürlich Chardonnay, Cabernet Sauvignon und Merlot.

ERZEUGER IM COLUMBIA UND YAKIMA VALLEY

Badger Mountain Vineyards (1987)
110 Jurupa Kennewick, WA 99337. Tel. (509) 627-4986. 25 500 Kisten. Ein »organischer« Anbauer mit 32 ha Weinbergen produziert eigenen Chardonnay, Chenin Blanc, Riesling und Cabernet Sauvignon, um zu zeigen, was damit zu leisten ist. Der größte Teil wird als Faßwein verkauft.

Barnard Griffin Wienry (1983)
1707 W Eighth Place, Kennewick, WA 99336. Tel. (509) 586-6987. 5200 Kisten. Rob Griffin, der langjährige Kellermeister von Hogue, hat sich selbständig gemacht und produziert kräftig eichenholzgewürzten, fest gebauten Chardonnay, Sémillon, Sauvignon Blanc (mit beträchtlichem Erfolg), Cabernet Sauvignon und Merlot.

Blackwood Canyon Vintners (1982)
Route 2, Box 2169-H, Benton City, WA 99320. Tel. (509) 588-6249. 4400 Kisten. Gut ausgereifter, kräftig eichenholzgewürzter Sémillon und Cabernet Sauvignon von Eigenbesitz am Red Mountain an der Südspitze von Yakima.

Bonair Winery (1985)
500 S Bonair Road, Zillah, WA 98953. Tel. (509) 829-6027. 3000 Kisten. Gail Puryear produziert an Butterscotch erinnernden Chardonnay »Puryear Vineyards« und dunklen, gewichtigen Cabernet Sauvignon »Morrison« sowie andere Einzellagenweine.

Bookwalter Winery (1983)
2708 N Commercial Avenue, Pasco, WA 99301. Tel. (509) 547-8571. 6000 Kisten. Jerrold Bookwalter kauft mit Kenntnisreichtum Trauben für Chardonnay, Cabernet Sauvignon und eleganten Merlot.

Champs de Brionne Winery (1983)
Route 1, 98 Road »W«, NW, Quincy, WA 98848. Tel. (509) 785-6685. 2000 Kisten. Das Unternehmen hat viel Auf und Ab erlebt. Chardonnay, Sémillon und Cabernet/Merlot sind seine Hauptprodukte.

Chateau Gallant (1988)
1355 Gallant Road South, Pasco, WA 99301. Tel. (509) 545-9570. 2000 Kisten. Die Familie Gallant erzeugt auf ihrer Farm bei Pasco u. a. Chardonnay, Gewürztraminer, Riesling von 10 ha Rebfläche.

Chateau Ste Michelle (siehe S. 210)

Chinook Wines (1983)
PO Box 387, Prosser, WA 99350. Tel. (509) 786-2725. 2000 Kisten. Kay Simon produziert robusten, schlichten, fruchtbetonten Chardonnay, Sauvignon Blanc und Merlot von vorwiegend im Yakima Valley gekauftem Lesegut.

Columbia Crest Winery (1984)
PO Box 231, Paterson, CA 99345. Tel. (509) 875-2061. 475 000 Kisten. Der für preiswerteren Wein zuständige Zweig von Chateau Ste Michelle bringt einen stetigen Strom gut bereiteter, ansprechender Weine hervor. Eleganter Sémillon »Barrel Select« und geschliffener, eigenständig nuancenreicher Merlot »Barrel Select« weisen den Weg. Die Trauben stammen vorwiegend aus Eigenbesitz.

Covey Run Vintners (1982)
1500 Vintage Road, Zillah, WA 98953. Tel. (509) 829-6235. 60 500 Kisten. Das Unternehmen, eines der älteren im Yakima Valley, hat in den letzten Jahren durchweg Stärke bewiesen, v. a. mit Caille de Fumé (Sémillon/Sauvignon-Verschnitt), Fumé Blanc und Cabernet vorwiegend aus 72 ha Eigenbesitz am Rand der Rattlesnake Hills. Dei Lemberger von zugekauftem Lesegut gehört zu den besten.

Eaton Hill Winery (1988)
530 Gurley Road, Granger, WA 98932. Tel. (509) 854-2200. 900

Kisten. Riesling und Sémillon von 3 ha bilden den Anfang. Es ist geplant, die Liste zu erweitern und die Produktion zu vergrößern.

Gordon Brothers Cellars (1983)
531 Levey Road, Pasco, WA 99301. Tel. (509) 547-6224. 1700 Kisten. Die erste und vielleicht noch einzige Winzermarke Washingtons umfaßt feinen, geschmeidigen Merlot und Cabernet Sauvignon und einen geschickt eichenholzgewürzten Chardonnay aus einem 32-ha-Weinberg am Snake River.

Hinzerling Winery (1976)
1520 Sheridan Avenue, Prosser, WA 99350. Tel. (509) 786-2163. 1000 Kisten. Einer der ältesten Namen hat in letzter Zeit öfters den Besitzer gewechselt. 1992 gehörte er wieder dem ursprünglichen Eigentümer Mike Wallace, der sich besonders zu Merlot und Cabernet Sauvignon hingezogen fühlt.

The Hogue Cellars (1982)
PO Box 31, Prosser, WA 99350. Tel. (509) 786-4557. 190000 Kisten. Sicherlich durchweg einer der besten Weinbaubetriebe Washingtons, bestimmt aber einer der zuverlässigsten. Die Grundlage bilden 300 ha Eigenbesitz der Familie Hogue, es wird aber auch weit und breit im Columbia Valley Lesegut für feinen, unverkennbaren Sémillon, geschliffenen Merlot und Cabernet Sauvignon, ungewöhnlich fruchtigen Chardonnay und erstklassige Rieslinge zugekauft.

Oben: Das Empfangsgebäude von Columbia Crest oberhalb der Kellerei. Unten: Bei Hogue Cellars ist der Empfangsraum nicht zu verfehlen.

Horizon's Edge Winery (1983)
4530 E Zillah Drive, Zillah, WA 98953. Tel. (509) 829-6401. 900 Kisten. Die Chardonnays und auch Cabernet Sauvignons von 6 ha Eigenbesitz sind anfänglich stark entfaltet, und altern dann rasch.

Hunter Hill Vineyards (1984)
2752 W McMannaman Road, Othello, WA 99344. Tel. (509) 346-2736. 1200 Kisten. Chardonnay, Cabernet Sauvignon, Merlot und Riesling von 11 ha Eigenbesitz.

Hyatt Vineyards (1987)
2020 Gilbert Road, Zillah, WA 98953. Tel. (509) 829-6333. 4500 Kisten. Chardonnay, Sauvignon Blanc und Merlot von 29 ha Eigenbesitz dominieren im Programm.

Kiona Vineyards (1980)
Route 2, Box 2169-E, Benton City, WA 99320. Tel. (509) 588-6716. 10000 Kisten. Chardonnay und sämtliche Rotweine werden kräftig mit Eichenholz behandelt; der zart-duftige trockene White Riesling und der lieblichere Johannisberg Riesling dürfen aus eigener Kraft prangen. Der 1989er Chenin Blanc Ice Wine war eine Pracht. 28 ha Rebfläche am Red Mountain.

Oakwood Cellars (1986)
Route 2, Box 2321, Benton City, WA 99320. Tel. (509) 588-5332. 2000 Kisten. Schon der Name verrät die Freude an Eichenholz bei Chardonnay, Sémillon, Cabernet Sauvignon und Merlot. Der Eigenbesitz beträgt 16 ha.

Pontin del Roza Winery (1984)
Route 4, Box 4735, Prosser, WA 99350. Tel. (509) 786-4449. 10000 Kisten. Fumé Blanc steht an der Spitze der Liste, auf der sich auch eichenholzwürziger Chardonnay und Cabernet Sauvignon finden. Der Eigenbesitz umfaßt 5 ha.

Portteus Winery (1984)
5201 Highland Drive, Zillah, WA 98953. Tel. (509) 829-6970. 1200 Kisten. Die Cabernet Sauvignons machen Schlagzeilen. Hinzu kommen ein Chardonnay und ein Sémillon, der ebenfalls ein Chardonnay sein will. Die Weine sind Erzeugerabfüllungen von 19 ha.

Preston Wine Cellars (1976)
502 W Vineyard Drive, Pasco, WA 99301. Tel. (509) 545-1990. 46000 Kisten. Der unverwüstliche Bill Preston ist stets bereit, hinter neuen Stilen herzujagen, mit dem Ergebnis, daß jeder Jahrgang das eine oder andere Abenteuer bringt. 76 ha Eigenbesitz nördlich von Pasco haben schon manchen bemerkenswert schmackhaften Chardonnay und vor allem Riesling hervorgebracht.

Quarry Lake Winery (1985)
2420 Commercial Avenue, Pasco, WA 99301. Tel. (509) 547-7307. 12000 Kisten. Maury Balcom hat bereits eindrucksvolle Erfolge mit Sauvignon Blanc und Cabernet Sauvignon aus der Partnerlage Balcom & Moe, 72 ha am Vineyard Drive gegenüber von Preston, erzielt.

Seth Ryan Winery (1985)
Route 2, Boy 2168-D1, Benton City, WA 99320. Tel. (509) 588-6780. 1600 Kisten. Wochenendwinzer mit Plänen für eine größere Produktion an Chardonnay, Gewürztraminer und Riesling von gekauftem Lesegut.

Staton Hills Winery (1984)
71 Gangl Road, Wapato, WA 98951. Tel. (509) 877-2112.41000 Kisten. Einer der tüchtigsten Weinbaubetriebe im Yakima Valley verfügt über eine eigene Versuchsrebfläche von 6 ha sowie über 90 ha Pachtland, die das Lesegut für ein breites Programm liefern, an dessen Spitze feiner Sémillon, verhaltener, aber stilvoller Cabernet Sauvignon und ähnlicher Merlot stehen. Der Chardonnay ist geschickt mit Holz gewürzt.

Stewart Vineyards (1983)
1711 Cherry Hill Road, Granger, WA 98944. Tel. (509) 854-1882. 8200 Kisten. Beständig attraktive Weine vorwiegend von 20 ha, die sich auf eine kleine Lage bei Toppenish und eine größere am Wahluke Slope verteilen. Sauvignon Blanc und Chardonnay sind Musterexemplare für diese Lagen. Der Cabernet Sauvignon zeigt subtile Behandlung.

Tagaris Winery (1987)
PO Box 5433, Kennewick, WA 99336. Tel. (509) 547-3590. 10000 Kisten. Beständiger Fumé Blanc und Cabernet Sauvignon und ein ihnen nicht ganz ebenbürtiger Chardonnay, alle aus einem Weinberg am Wahluke Slope.

Tefft Cellars (1989)
2862 N Outlook Road, Outlook, WA 98939 (kein Tel.). Der Feierabendbetrieb eines langjährigen Kellertechnikers im Yakima Valley.

Thurston Wolfe Winery (1987)
PO Box 9068, Yakima, WA 98909. Tel. (509) 452-0335. 1500 Kisten. Ebenfalls ein Feierabendbetrieb; er gehört dem Anbauer Wade Wolfe, der ihn mit gut bereitetem Lemberger in Gang brachte.

Tucker Cellars (1981)
70 Ray Road, Sunnyside, WA 98944. Tel. (509) 837-8701. 10500 Kisten. Die alteingesessene Farmerfamilie bevorzugt vollreifen, eichenholzwürzigen Chardonnay und Cabernet Sauvignon von 22 ha Rebfläche auf dem großen Farmgelände.

Vin de l'Ouest (1990)
101 Toppenish Avenue, Toppenish, WA 98948. Tel. (509) 453-9600. 1000 Kisten.

Washington Hills Cellars (1988)
111 E Lincoln Avenue, Sunnyside, WA 98944. Tel. (509) 839-9463. 175000 Kisten. Großer neuer Betrieb mit solidem, attraktivem Sémillon, Fumé Blanc und Cabernet Sauvignon zu mäßigen Preisen. Die Partnermarke Apex steht für bessere Versionen derselben Weintypen.

White Heron Cellars (1986)
101 Washington Way N, George, WA 98824. Tel. (509) 785-5521.

Yakima River Winery (1978)
Route 1, Box 1657, Prosser, WA 99350. Tel. (509) 786-2805. 5200 Kisten. John Rauner hat auf eigene Faust Kellertechnik gelernt und bleibt beharrlich bei einem robusten, manchmal rustikalen Stil, u. a. mit Sauvignon Blanc, Cabernet Sauvignon und Merlot.

Zillah Oakes Winery (1986)
PO Box 1729, Zillah, WA 98953. Tel. (509) 829-6990. 5200 Kisten. Der Betrieb begann als Zweitetikett für Covey Run, führte aber bald ein eigenes Leben. Die Hauptweine sind preiswerte Chardonnays und Rieslinge.

ERZEUGER IM WALLA WALLA VALLEY

Biscuits Ridge Winery (1987)
Route 1, Box 132, Waitsburg, WA 99361. Tel. (509) 529-4986. 500 Kisten. In den Vorbergen der Blue Mountains glaubt der Besitzer die richtigen Lagen für Gewürztraminer und Pinot Noir gefunden zu haben.

l'Ecole 41 (1983)
PO Box 111, Lowden, WA 99360. Tel. (509) 525-0940. 1750 Kisten. Gewichtiger, eichenholzwürziger Sémillon und eigentümlich blumiger Merlot, beide von gekauftem Lesegut.

Leonetti Cellar (1978)
1321 School Avenue, Walla Walla, WA 99362. Tel. (509) 525-1428. 3100 Kisten. Ursprünglich wurden ultrareifer, körperreicher Cabernet Sauvignon und Merlot produziert, doch in letzter Zeit hat sich der Stil mit guter Wirkung zu klassischer Ausgewogenheit gewandelt. Die meisten Trauben werden aus dem Columbia Valley bezogen; ein Einzellagen-Merlot kommt aus Seven Hills in dem in Oregon gelegenen Teil der Appellation Walla Walla.

Patrick M. Paul Vineyards (1988)
1554 School Avenue, Walla Walla, WA 99362. Tel. (509) 522-1127. 1200 Kisten. Concord-Wein von 1,5 ha Eigenbesitz und zugekauften Trauben.

Seven Hills (1988)
235 E Broadway, Milton-Freewater OR 97862. Tel. (503) 938-7710. 1200 Kisten. Der erste Weinberg im Walla Walla Valley, der sich einen Namen gemacht hat, liefert früh trinkreifen, sanft-milden Cabernet Sauvignon für das eigene Etikett und das Haus Leonetti.

Waterbrook Winery (1984)
Route 1, Box 46, Lowden, WA 99360. Tel. (509) 522-1918. 17500 Kisten. Eric Rindal legt mit geschmeidigem, wohlschmeckendem Merlot und Cabernet Sauvignon sowie mit einem kräuterwürzigen Sauvignon Blanc ein ordentliches Tempo vor. Daneben ein toastwürziger Chardonnay. Ein Teil des Leseguts stammt aus dem mit 12 ha größten Weinberg des AVA.

Woodward Canyon Winery (1981)
Route 1, Box 387, Lowden, WA 99360. Tel. (509) 525-4129. 2600 Kisten. Der volle, reife, stark eichenholzgewürzte Stil dominiert in einem ultra-toastbetonten Chardonnay und einem dunklen Cabernet Sauvignon, vorwiegend von zugekauftem Lesegut, obwohl der Besitzer Ric Small selbst über 4 ha in der Appellation verfügt.

Sonstige Weinbaugebiete

ERZEUGER IN SPOKANE

Spokane liegt weit jenseits der letzten Rebzeilen im Columbia Valley, hat sich aber zu einem kleinen Kellereizentrum entwickelt. Alle aufgeführten Betriebe außer Mountain Dome empfangen gern Besucher.

Arbor Crest Wine Cellars (1982)
N 4705 Fruithill Road, Spokane, WA 99207. Tel. (509) 927-9463. 39000 Kisten. Pikante Sauvignon Blancs stehen an der Spitze einer Liste, auf der außerdem kräftig holzgewürzte Chardonnays, Cabernet Sauvignons und Merlots ihren Platz haben. Das Lesegut wird ausnahmslos im Columbia Valley gekauft.

Latah Creek Wine Cellars (1983)
E 13030 Indiana Avenue, Spokane, WA 99216. Tel. (509) 926-0164. 12000 Kisten. Michael Conway produziert auf Frische getrimmte Rotweine und eichenholzgewürzte Weißweine von Lesegut, das er aus dem Columbia Valley bezieht.

Steven Thomas Livingstone (1988)
E 14 Mission Avenue, Spokane, WA 99202. Tel. (509) 328-5069. 5200 Kisten. Stark eichenholzbetonter Sauvignon Blanc, Chardonnay und Merlot von im Columbia Valley gekauftem Lesegut.

Mountain Dome Winery (1988)
16315 Temple Road, Spokane, WA 99207. Tel. (509) 922-7408. 2000 Kisten. Der erste reine Spezialist für Schaumwein aus heimischen Trauben in Washington.

Worden's Washington Winery (1980)
7217 45th Avenue W, Spokane, WA 99204. Tel. (509) 455-7835. 17500 Kisten. Leicht spritzige liebliche Weine bildeten das Fundament. Inzwischen hat sich der Schwerpunkt auf stark eichenholzwürzigen Chardonnay und einen dunklen, herben Cabernet-Merlot verlagert. Das Zweitetikett Suncrest steht für Weine aus organischem Anbau.

ERZEUGER AM PUGET SOUND

Die nähere Umgebung von Seattle ist Weinland, ohne jedoch Weinbauland zu sein. In der weiteren Umgebung am Puget Sound beliefern ein paar kleine Weinberge die Verarbeitungsbetriebe mit Müller-Thurgau und anderen für kühles Klima geeigneten Sorten.

Andrew Will Cellars (1989)
8624 SW Soaper Road, Washon, WA 98070. Tel. (206) 463-3290. 700 Kisten.

Bainbridge Island Winery (1981)
682 Highway 305, Bainbridge Island, WA 98110. Tel. (206) 842-9463. 2000 Kisten. Aus dem eigenen kleinen Weinberg auf einer Insel im Pudget Sound kommt ein anspruchsvolles Programm mit Müller-Thurgau an der Spitze.

Cavatappi Winery (1985)
9702 NE 120th Pl, Kirkland, WA 980433. Tel. (206) 823-6533. 2000 Kisten. Spezialität ist der seidige, delikate Nebbiolo »Maddalena« aus der Lage Red Willow bei Wapato. Außerdem Sauvignon Blanc.

Chateau Ste Michelle (1967)
One Stimson Lane, Woodinville, WA 98072. Tel. (206) 488-1133. 700000 Kisten. Mit über 1200 ha Rebfläche vorwiegend bei Vantage (Cold Creek) und bei Paterson (River Ridge, Canoe Ridge) ist Chateau Ste Michelle die treibende Kraft im Weinbau von Washington. Die Weinproduktion beruht auf dem Ertrag aus dem Eigenbesitz und auf bedeutenden zugekauften Mengen. Der Name Chateau Ste Michelle ist über eine weite Palette von Sortenweinen überaus zuverlässig und steht auch für zunehmend denkwürdige Einzellagen-Chardonnays und -Cabernet-Sau-

Die Kellerei von Chateau Ste Michelle in Woodinville bei Seattle.

vignons. Der Muttergesellschaft Stimson Lane gehören ferner die selbständige Kellerei Columbia Crest im Columbia Valley sowie die Marken Snoqualmie, Farron Ridge, Allison Combs, Saddle Mountain.

Columbia Winery (1967)
PO Box 1248, Woodinville, WA 98072. Tel. (206) 488-2776. 76 000 Kisten. Chateau Ste Michelle ist zwar der Produktionsmenge nach im Weinbau von Washington führend, aber auch der Columbia Winery kommt dank der unermüdlichen Bemühungen ihres Kellermeisters David Lake um Einzellagen, größte Bedeutung zu. Die feinsten Resultate entstehen mit Merlot («Milestone» aus der Lage Red Willow sowie ein Gebietsverschnitt) und Sémillon.

Domaine Whittlesey-Mark (1984)
5318-22d Avenue NW, Seattle, WA 98107. Tel. (206) 789-6543. 2000 Kisten. Da sich der Besitzer Mark Newton auf Trauben aus dem Willamette Valley als für seine Zwecke am besten geeignet festgelegt hat, aber nicht dorthin umziehen will, ist sein Betrieb zum ersten Spezialisten für Oregon-Schaumwein in Washington geworden.

Facelli Winery (1988)
16120 Woodinville-Redmond Road No 1, Woodinville, WA 98072. Tel. (206) 488-1020. 3000 Kisten. Der langjährige Kellermeister Lou Facelli hat sich selbständig gemacht und produziert attraktiven Sémillon, Fumé Blanc und Chardonnay sowie vielversprechenden Merlot.

E. B. Foote Winery (1978)
9354 Fourth Avenue S, Seattle, WA 98108. Tel. (206) 763-9928. 3400 Kisten. Chardonnay, Cabernet Sauvignon und sogar Chenin Blanc und Riesling von aus dem Columbia Valley bezogenem Lesegut, alle beharrlich knochentrocken, streng und im Geschmack mehr durch die Kellertechnik als durch die Frucht bestimmt.

French Creek Cellars (1982)
17721-132d Avenue NE, Woodinville, WA 98072. Tel. (206) 486-1900. 8500 Kisten. Lebhafte Bewunderung für Eichenholzwürze liegt den von gekauftem Lesegut aus dem Columbia Valley produzierten Weinen zugrunde.

Der eigenwillige Kuppelbau der Columbia Winery.

Hedges Cellars (1989)
1105-12th Avenue NW, Ste A-4, Issaquah, WA 98027. Tel. (206) 391-4060. 30 000 Kisten. Der erste wirklich erfolgreiche Erzeuger von Merlot/Cabernet-Sauvignon-Verschnitten in Washington fing als Händlermarke an. Inzwischen verfügt das Haus über eigene Weinberge am Red Mountain, auf denen der geschmeidige, stilvolle Cabernet/Merlot nun beruht.

Hoodsport Winery (1980)
23501 Highway 101, Hoodsport, WA 98548. Tel. (206) 877-9894. 17 500 Kisten. Der Betrieb war anfänglich eine Obstweinkellerei und hatte deshalb von vornherein gesunden Respekt vor dem Eigengeschmack der Trauben. Der Lemberger darf als sortentypisch gelten, während manche andere, z. B. der Merlot, ohne Eichenholzwürze höchst unvertrauten Geschmack aufweisen. Sortenreiner «Island Belle» von 2 ha bei der Kellerei.

Johnson Creek Winery (1984)
19248 Johnson Creek Road SE, Tenino, WA 98589. Tel. (206) 264-2100. 1700 Kisten. Partnerschaft mit einem Restaurant unter derselben Adresse. Das Flaggschiff ist ein Müller-Thurgau-Eigengewächs.

Lost Mountain Winery (1981)
3142 Lost Mountain Road, Sequim, WA 98382. Tel. (206) 683-5229. 700 Kisten. Derber, schwerer Cabernet Sauvignon, Merlot und ein Markenverschnitt «Poesia» aus Washington nebst Weinen aus kalifornischem Lesegut.

McCrea Cellars (1988)
12707-18th Street SE, Lake Stevens, Wa 98258. Tel. (206) 334-5248. 1100 Kisten. Ein toastwürziger Chardonnay ist das Haupterzeugnis, ein auf Grenache beruhender Verschnitt von Trauben aus der Columbia Gorge stellt den Leitstern dar.

Mount Baker Vineyards (1982)
PO Bod 626, Deming, WA 98244. Tel. (206) 592-2300. 7500 Kisten. Faszinierender Anbau- und Erzeugerbetrieb mit seltenem Madeleine Angevine (würzig-blumig) und Okanagan Riesling von 10 ha in der Nähe der Grenze zu British Columbia, nicht weit landeinwärts vom Puget Sound.

Neuharth Winery (1979)
148 Still Road, Sequim, WA 98382. Tel. (206) 683-9652. 2200 Kisten. Einer der stetigsten Erzeuger von zugänglichem, fruchtbetontem, aber beileibe nicht simplem Merlot und Cabernet Sauvignon in Washington. Das Lesegut wird im Columbia Valley gekauft.

Quilceda Creek Vintners (1979)
5226 Machias Road, Snohomish, WA 98290. Tel. (206) 568--2389. 1000 Kisten. Spezialist für ultrareifen, großzügig eichenholzgewürzten Cabernet Sauvignon von aus dem Columbia Valley bezogenen Trauben.

Silver Lake Winery (1988)
17616-15th Avenue SE, No 106-B, Bothell, WA 98012. Tel. (206) 485-2437. 15 000 Kisten. Die ersten Chardonnays und Sauvignon Blancs fanden rasch Beifall bei den Kennern. Cabernet Sauvignon und Merlot waren 1992 im Kommen; alle von aus dem Columbia Valley bezogenem Lesegut.

Snoqualmie Winery (1984)
1000 Winery Road, Snoqualmie, WA 98065. Tel. (206) 888-4000. 15 000 Kisten. Zuverlässiger Erzeuger von attraktiven Weißweinen, neben Chateau Ste Michelle und anderen im Besitz der Stimson Lane Company.

Paul Thomas Winery (1979)
1717-136th Pl. NE, Bellevue, WA 98005. Tel. (206) 747-1008. 26 000 Kisten. Auch dieser Betrieb begann als Obstweinkellerei. Paul Thomas stellt bei allen *Vinifera*-Weinen den Eigengeschmack der Trauben obenan und bessert geschickt mit Eichenholzwürze auf. Besonders empfehlenswert: Chardonnay Reserve, Sauvignon Blanc, Cabernet Sauvignon – und «Crimson Rhubarb». Die *Vinifera*-Weine stammen von zugekauften Trauben aus dem Columbia Valley.

ERZEUGER IM SÜDWESTEN VON WASHINGTON

Eine Handvoll kleine Weinberge in der Columbia Gorge und eine kleine Lage am Columbia River gegenüber Portland bringen Trauben und Weine hervor, die ganz anders sind als sonst in Washington.

Charles Hooper Family Winery (1985)
PO Box 215, Husum, WA 98623. Tel. (509) 493-2324. 1700 Kisten. Der Angelpunkt ist Riesling, fast ganz aus der eigenen 2,5-ha-Steillage in der Columbia Gorge.

Mont Elise Vineyards (1975)
PO Box 28, Bingen, WA 98605. Tel. (509) 493-3001. 4400 Kisten. Gewürztraminer von 14 ha in der Columbia Gorge gibt den Ton an; neuerdings tritt ein Pinot-Noir-Schaumwein aus derselben Lage auf den Plan.

Salishan Vineyards (1975)
35011 North Fork Avenue, La Center, WA 98629. Tel. (206) 263-2713. 2000 Kisten. Aus einer 5-ha-Lage gegenüber Portland kommen beständiger Chardonnay und ein Pinot Noir, der es mit vielen seiner Art aus dem Willamette Valley in Oregon aufnehmen kann.

Reise-Informationen

SEHENSWERTES IM MITTLEREN WASHINGTON

Das mittlere Washington ist vor allem bodenständiges Farmland. Mit ein paar Ausnahmen in Yakima und den Tri-Cities sind die touristischen Einrichtungen dementsprechend. Erkundigt man sich bei den Einheimishen nach guten Restaurants, dann bekommt man zu hören, daß die meisten besseren »echt mexikanisch« seien, was hier etwa genauso klingt, wie wenn es im Süden »damnyankees« heißt.
Tri-Cities Die alten Farmerstädte Kennewick und Pasco und die nach dem 2. Weltkrieg im Atomenergie-Boom entstandene Stadt Hanford leben – meist friedlich – als die Tri-Cities miteinander. Das Hanford Science Center (George Washington Way at Newton Street, Hanford) gibt Aufschlüsse über die Kernenergie. Am Ice Harbor Dam (am Snake River, 20 km östlich von Pasco) kann man ebensoviel über Wasserkraftwerke lernen. Im Sacajawea State Park südlich von Pasco am Zusammenfluß von Snake und Columbia River gibt es neben Rasenflächen und Badestränden auch ein Museum mit Indianerkunst. Der Columbia River fließt durch die drei Städte und macht sie zu einem Wassersportgebiet. Außerdem befindet man sich hier in der Mitte der Weinberge von Washington.
Yakima Die größte, munterste und betriebsamste Kleinstadt im mittleren Washington liegt etwas westlich von den Weinbaubetrieben und Weinberglagen, jedoch nicht so weit entfernt, daß ihre sonstigen Vorzüge gegenüber dieser günstigen Lage das Übergewicht bekämen. Im Heimatmuseum (1205 Tieton Drive) sieht man gut aufgebaute Szenen aus den Pioniertagen.

HOTELS UND RESTAURANTS

Burchfield Manor, 2018 Burchfield Road, Yakima. Tel. (509) 452-1960. Nur an Wochenenden; keine Kinder; anspruchsvolle Speisekarte, gute Weinkarte mit Weinen aus dem Nordwesten, alles in einem stattlichen Haus aus der Pionierzeit.
Chez Chaz, 5011 W Clearwater, Kennewick. Tel. (509) 735-2138. Ursprünglich eine Konditorei – sie hat ihre süße Ader bewahrt, ist jetzt aber ein Bistro. Die anspruchsvollste Speisekarte wird freitags und samstags am Abend geboten.
Clover Island Inn, 435 Clove Island, Kennewick, WA 99336. Tel. (509) 586-0541. Komfortables Gasthaus am Fluß neben einem Yachthafen.
Gasperetti's, 1013 N 1st Street, Yakima. Tel. (509) 248-0628. Italienisch-kontinental; Favorit in ganz Yakima.
The Greystone, 5 N Front Street, Yakima. Tel. (509) 248-9801. Französisch-kontinental; in einem ansehnlichen grauen Steingebäude. Ausgezeichnete Weine aus dem Nordwesten.

SEHENSWERTES AM PUGET SOUND

Seattle Die größte Stadt in Washington hat sich in der Welt draußen mit ihrer weitgehend auf nordwestpazifischen Meeresfrüchten beruhenden *cuisine* einen Namen gemacht. Aber auch anderen Genüssen gewidmete Restaurants sind durchaus ebenso gut. Man braucht einen Stadtführer, damit man keine der vielen Attraktionen verpaßt: Oper, Symphonie, Kunstmuseen, Museen der Naturwissenschaften und der Industrie, Luftfahrtmuseum und dergleichen mehr.

HOTELS UND RESTAURANTS

Anthony's Homeport, Moss Bay Marina, Kirkland, Seattle. Tel. (206) 822-0225. Gemütlich, betriebsam. Frischer Fisch und Schalentiere in großen Portionen. Gute Auswahl an Weinen aus dem Nordwesten.
Café Juanita, 9702 NE 120th Pl., Kirkland, Seattle. Tel. (206) 823-1505. Ein Italien-Fan fühlt sich hier bei Pasta und Fleischgerichten daheim. Eine Treppe tiefer befindet sich die Cavatappi Winery.
Campagne, 86 Pine Street, Seattle. Tel. (206) 728-2800. Am berühmten Pike Place Market findet man dieses Bistro mit nordwestlichen Meeresfrüchten in provenzalischer Zubereitung als Kern der Speisekarte. Einige Weine aus dem Nordwesten finden sich zwischen vielen von der Rhône und aus dem Midi.
The Hunt Club, 900 Madison Street, Seattle. Tel. (206) 622-6400. Stattlicher Speisesaal im ansehnlich restaurierten Sorrento Hotel. Die Küche macht Anleihen im Vielvölker-Regenbogen von Seattle für Ente, Meeresfrüchte und andere Spezialitäten des Nordwestens.
Inn at the Market, 86 Pine Street, Seattle. Tel. (206) 443-3600. Elegantes, kleines Hotel an der Schwelle des historischen Pike Place Market.
Kaspar's By the Bay, 2701 First Avenue, Seattle. Tel. (206) 441-4805. In komfortabler Atmosphäre die Kochkunst eines Küchenchefs aus der französischen Schweiz, der sich in Seattle niedergelassen hat, weil hier die Zutaten so gut sind.
McCarthy & Schiering Wine Merchants, 6500 Ravenna Avenue NE, Seattle. Tel. (206) 282-8500. Universell bevorratetes Haus mit guter Auswahl aus dem Nordwesten.
Metropolitan Grill, 820-2d Avenue, Seattle. Tel. (206) 624-3287. Herrenclub-Dekor, Steaks und Meeresfrüchte. Feine Auswahl an Weinen aus dem Nordwesten.
Pike & Western Company, 1934 Pike Pl., Seattle. Tel. (206) 441-1307. Auf Weine aus dem Nordwesten spezialisierte Weinhandlung an der Westseite.
Place Pigalle, 81 Pike Street, Seattle. Tel. (206) 624-1756. Meist mediterrane Küche in einem Lokal im alten Pike Place Market, das tagsüber Bistro ist und abends Dinner bei Kerzenlicht serviert. Lange Weinkarte, u. a. mit älteren und raren Weinen aus dem Nordwesten.
Ray's Boathouse, 6049 Seaview Avenue NW, Seattle. Tel. (206) 789-3770. Eine spektakuläre Aussicht über den Puget Sound auf die schneebedeckten Olympic Mountains bekommt man im ersten Meeresfrüchte-Restaurant Seattles gratis dazu. Ausgezeichneter Service. Hervorragende Auswahl an Weinen aus dem Nordwesten.
Stouffer Madison Hotel, 515 Madison Street, Seattle. Tel. (206) 583-0300. Hotel für Geschäftsleute, günstige Lage in der Nähe von Restaurants und von Schnellstaßen in alle Richtungen.

NÜTZLICHE ADRESSEN

Washington Wine Commission PO Box 61217, Seattle, WA 98121. Tel. (206) 728-2252.
Yakima Valley Visitors & Convention Bureau, 10 North 8th Street, Yakima, WA 98901. Tel. (509) 575-1300.
Tri-Cities Visitors & Convention Bureau, PO Box 2241, Tri-Cities, WA 99302, Tel. (509) 735-8486.
Seattle Visitors & Convention Bureau, 800 Convention Place, Seattle, WA 98101. Tel. (206) 461-5840.

Die große Fischereiflotte Washingtons liefert die ideale Ergänzung zu den Weißweinen des Landes.

Oregon

In Oregon nahm der Weinbau seinen Ursprung fast ausschließlich in persönlichen Revolten gegen Kalifornien. Richard Sommer schloß 1961 sein Studium an der University of California in Davis ab und ging unverzüglich daran, seinen Weinbaubetrieb Hillcrest Vineyards im Umpqua Valley aufzubauen. Vier Jahre danach kam David Lett aus derselben Schule ins nördliche Willamette Valley und gründete dort Eyrie Vineyard. Richard Erath von Knudsen Erath, Bill Fuller von Tualatin und Richard Ponzi sind ebenfalls Pioniere der ersten Stunde. Aber auch später füllten sich die Reihen im Weinbau Oregons weiter mit Winzern und Kellermeistern, die Kalifornien den Rücken kehrten; eine grobe Schätzung besagt, daß hier zu Beginn der 1990er Jahre rund die Hälfte aller Weinbaubetriebe ehemaligen Kaliforniern gehörte.

Fast alle diese Pioniere waren von Kalifornien enttäuscht, manche, weil sie keine Aufstiegsmöglichkeiten sahen, die meisten aber, weil ihnen zuverlässiger Sonnenschein allein für Wein, wie sie ihn sich träumten, nicht auszureichen schien. Heute noch, nach über zwei Jahrzehnten, beschimpfen manche alles Kalifornische oder geben sich doch wenigstens ablehnend. Mit ihrer neuen Heimat dagegen sind sie ganz und gar einverstanden. Sonnenschein ist hier alles andere als zuverlässig, und ansonsten ermöglicht Oregon wie Alaska Querdenkern viel Abstand zu ihren vielleicht in andere Richtungen querdenkenden Nachbarn.

Sommer wollte hier verschiedene Rebsorten erproben. Lett war auf Pinot Noir fixiert. Fullers Ehrgeiz richtete sich zuerst auf Riesling und Gewürztraminer. Schließlich gelang es Lett, das Willamette Valley mit seinen ersten Pinot Noirs ins Scheinwerferlicht der Region zu rücken. Alles zusammen wirkte wie ein Magnet, der immer größere Scharen von Winzern auf der Suche nach Weinbergland in das Yamhill und das Washington County zog und noch zieht, während andere sich mit den nicht ganz so großartigen Aussichten im Umpqua und im Rogue Valley zufriedengaben. 1992 befanden sich 68% der Rebfläche und ein noch größerer Anteil der Verarbeitungsbetriebe in Willamette. Beide Ziffern zeigten wachsende Tendenz.

Da hier der Pinot Noir König ist und zuverlässiger Sonnenschein bei den maßgeblichen Weinerzeugern Oregons noch immer nicht hoch im Kurs steht, haben sich im östlichen Oregon – ganz im Gegensatz zur Entwicklung in Washington – bislang nur wenige Weinberge aufgetan; sie wurden in Appellationen abgeschoben, die nach Washington gehören, so daß ihnen vorläufig ein Stiefkinderdasein sicher sein dürfte.

Als Ende der 1960er und Anfang der 70er Jahre die ersten Weinbaubetriebe entstanden, hatte die Landwirtschaft fast überall im Westen Oregons, mit Ausnahme der Birnenpflanzer im Rogue Valley, schwere Zeiten. Der Boden in Willamette ist nicht fruchtbar und das Klima nicht warm genug, als daß die Kirschen oder Äpfel mit den Früchten aus anderen Regionen konkurrieren könnten. Haselnüsse wachsen hier im allgemeinen zwar überaus gut, damals aber wurden sie von einem Schädling heimgesucht. Farmland bekam man fast geschenkt, und das war für die erste Welle von Weinbauidealisten mit schmaler Brieftasche sehr von Vorteil.

In den ersten 10 Jahren war Oregons Weinbau vorwiegend rustikal; die Betriebe hatten sich in ehemaligen Konservenfabriken eingerichtet und arbeiteten mit gebrauchten Ausrüstungen aus Molkereien und Getränkeabfüllanlagen. Heute sind finanziell leistungsfähigere Firmen mit dabei, und auch die am wenigsten mit Wohlstand verwöhnten Betriebe aus der ersten Welle verfügen in-

zwischen über erstklassige Ausstattungen; nur bei den Bauten schaut die Anfangszeit noch durch. Der anfängliche Geldmangel bewirkte noch etwas anderes: Die Weinberge blieben klein – burgundisch im Zuschnitt, wie es ihre Besitzer zum Glück empfinden. Nur eine Sorge bedrückt dieses Paradies. Während Washington die Trennung zwischen dem Weinbauland auf der einen Seite der Cascade Mountains und der größeren Bevölkerungsdichte auf der anderen Seite zunächst schmerzlich spürte, kommen in Oregon beide nur allzu dicht zusammen. Schon werden Klagen laut, daß das unaufhörlich wachsende Portland stark gegen das erstklassige Weinbauland im Yamhill und Washington County heranrückt, stärker noch als in Kalifornien San Francisco gegen Napa und Sonoma. Dort, wo bereits berühmte Lagen in den äußeren Vorstadtring hineinreichen, ist Besorgnis wahrhaftig am Platz.

Oben: Dickbauchige burgundische Fässer werden in Oregon wie hier bei der Rex Hill Winery bevorzugt für den Ausbau von Pinot Noir verwendet.

Links: Das Ende eines kleinen Gewitters zieht über die Weinberge von Elk Cove ab, und die Abendsonne verspricht schönes Wetter für den nächsten Tag. Solche Versprechen werden nicht immer eingelöst, aber gerade das gefällt dem Pinot Noir, dem Riesling und den anderen im Willamette Valley angepflanzten Rebsorten.

Klima

Westoregon ist das einzige Land am Pazifik, das ein einigermaßen berechenbares klimatisches Schema aufweist; es erwärmt sich nach Süden hin stetig. Das untere Willamette Valley um Portland ist kühler als der obere Teil, dieser wiederum kühler als das Umpqua Valley südlich davon und dieses schließlich kühler als das Rogue Valley an der Grenze zu Kalifornien. Die Niederschläge folgen demselben Schema; sie sind im Norden häufig und werden nach Süden hin immer weniger. Die Küstengebirge tragen zu diesen Veränderungen am stärksten bei; sie sind an der Mündung des Columbia River flach und bauen sich dann allmählich bis zu den Klamaths auf, die eine mächtige Schranke für die Meeresluft darstellen. Die hochaufsteigenden Cascade Mountains bilden für alle drei Täler die Innenwand, die im Winter Regen und im Sommer einen kühlen Luftstrom nach Süden leitet.

In Forest Grove gibt es zwar wie beispielweise 1990 im Sommer durchaus einmal kurze Hitzewellen, doch über die lange Wachstumsperiode hinweg herrschen kühle bis gemäßigte Temperaturen vor. In Eugene, 175 km weiter im Süden, ist es in der Wachstumsperiode etwas wärmer und trockener. Roseburg liegt, durch einen größeren Höhenzug vom Willamette-Becken getrennt, noch einmal etwa 150 km weiter südlich im Umpqua Valley. Hier ist die Wachstumsperiode viel wärmer und trockener als in Eugene. Eine größere Klimaveränderung tritt jedoch erst noch weiter südlich im Rogue Valley ein, das, auf drei Seiten von Gebirgen umgeben, ein Wärmesammelbecken darstellt, wie es in Kalifornien das südliche San Joaquin Valley ist. Die Siskiyou Mountains üben hier dieselbe Wirkung aus wie das große Quergebirge in Kalifornien. In Medford und Grants Pass sind lange Hitzeperioden ebenso häufig wie in Fresno und Madera. Aber es gibt zwei Unterschiede zum San Joaquin Valley: Die Klamaths stehen als einziger Gebirgszug zwischen dem Rogue Valley und dem Meer, daher kann hier doch Meeresluft am Lauf der Flüsse Rogue und Illinois entlang einwärts ziehen, und zudem sind die Gebirge ringsum viel kühler als der Talgrund und weisen Verhältnisse auf, die noch am ehesten mit denen im El Dorado County in den Sierra Foothills vergleichbar sind.

Schäden durch Winterkälte gibt es in Westoregon nur selten. Ein Kälteeinbruch wie im Dezember 1990, bei dem die Temperaturen auf –20 °C sanken, kommt nur alle 50 Jahre einmal vor.

* Zur Farbcodierung der Klimadiagramme siehe S. 14/15.

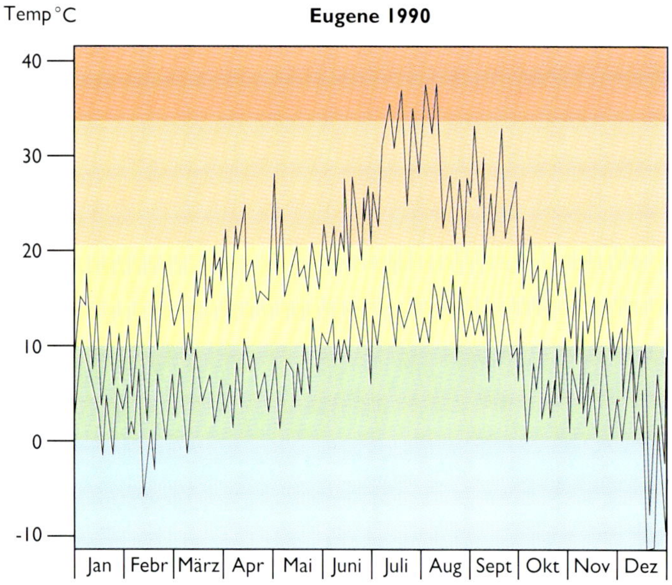

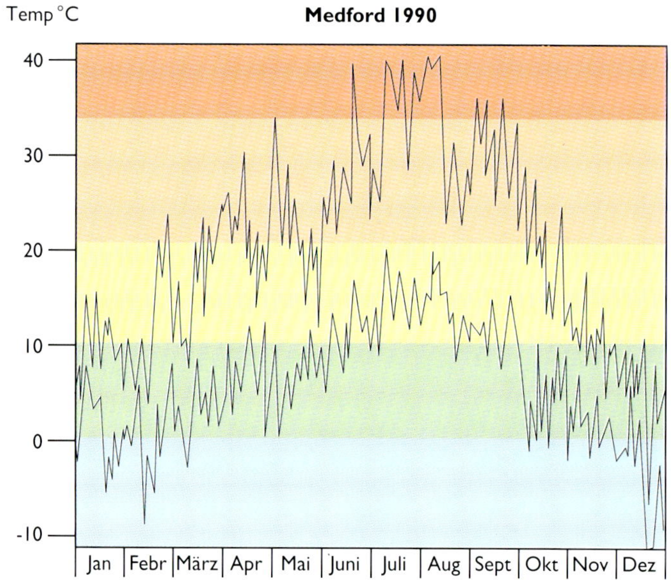

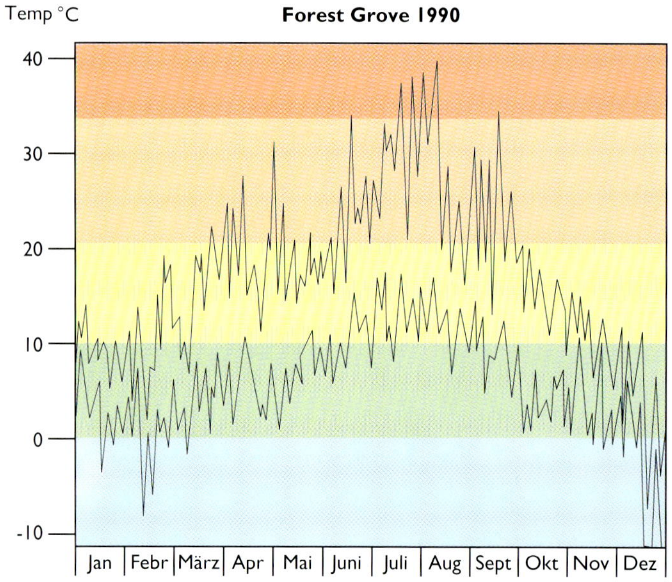

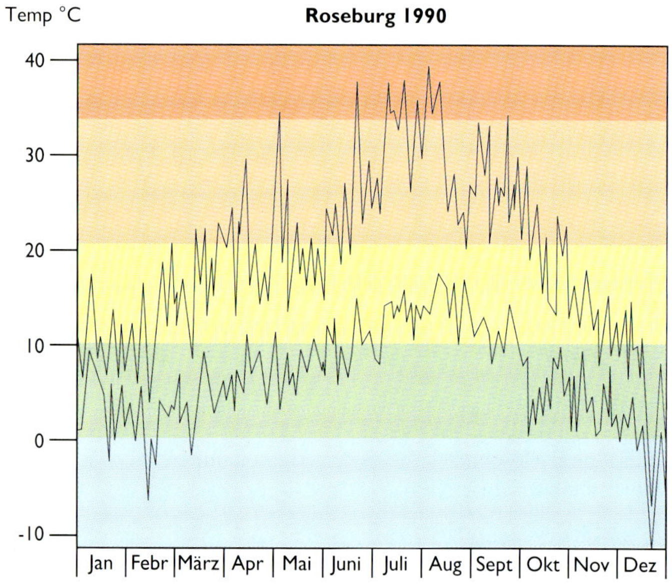

Ein gemütlicher Tisch im Freien wie hier bei Bethel Heights ist Sinnbild ländlicher Behaglichkeit in Oregon.

Weißweintrauben

Chardonnay und Riesling beherrschen seit den 1970er Jahren die Anbaufläche und die Weine. Gewürztraminer und Sauvignon Blanc haben sich die ganze Anfangszeit hindurch in Nischen behauptet, und Pinot Gris kam zu Beginn der 1990er Jahre als echte Konkurrenz für Chardonnay auf. Pinot Blanc hat zwar erst eine minimale Anbaufläche, erscheint aber ebenfalls erfolgsträchtig.

Chardonnay (1970: 8 ha, 1990: 391 ha)
Der großen weißen Traube kommt eigentlich mehr Gewicht zu, als ihre Stellung in der Anbauflächentabelle andeutet. Bis die Weinbaubetriebe Laurel Ridge und Serendipity es wagten, ohne Chardonnay zu eröffnen, hätte man glauben können, es gebe in Oregon ein Gesetz, daß jede Kellerei einen Wein dieser Sorte vorweisen müsse.

Immerhin ist die Logik zwingend: Wenn hier Pinot-Noir-Land ist, wie könnte es dann etwas anderes als auch Chardonnay-Land sein? Dabei fällt in Oregon der Pinot Noir oft intensiv duftig aus, während der Chardonnay eher den Befund des großen Weinbauexperten Philip Wagner aus New York bestätigt, daß nämlich der Geschmack der Weine von *Vitis vinifera* mild bis neutral sei. Chardonnay aus dem Willamette Valley ist geradezu das Schulbeispiel für Wagners Behauptung. Aus den Weinbergen im Rogue und im Umpqua Valley scheint zwar mehr fruchtiger Geschmack zu kommen, doch der Unterschied ist nicht groß.

Vernünftigerweise arbeiten die Kellermeister in ganz Oregon mit Faßgärung, malolaktischer Säureumwandlung, Ausbau auf der Hefe und all den anderen Tricks, die auch in Burgund angewandt werden, um den Weinen zusätzliche Geschmacksnuancen zu verleihen. Wie zu erwarten, haben bei so kurzer Erfahrung in einem unvollkommenen Klima viele dieser Kellermeister noch einiges im Hinblick auf das rechte Maß zu lernen. Selbst in den besten Jahren erweist sich ein großer Teil der Oregon-Chardonnays als unausgewogen, und in schwierigen macht er sogar den tüchtigsten Kellertechnikern hier und da zu schaffen.

Dennoch arbeiten alle unverdrossen weiter, und der Funke der Hoffnung erlischt keineswegs. Zwar scheint es, daß dem reinen Chardonnay-Geschmack aus den heute bekannten Lagen unabänderlich eine Neigung zum Neutralen anhaftet, aber mancher geschickte Kellermeister entwirft bereits ansprechende Miniaturen, auch wenn große Gemälde mit imponierendem Schwung noch nicht gelingen.

Bereits nach kurzer Zeit hat Tyee die toastwürzigen Noten aus der malolaktischen Säureumwandlung und dem Ausbau in neuen Eichenfässern schön eingefangen und dabei doch klare Chardonnay-Töne bewahrt. Shafer bringt mit den reinsten, traubenfruchtigen Geschmack zuwege. Die übrigen für das Gebiet typischen Weine beziehen anmutige Art aus einer gewissen Zeit im Eichenfaß.

Gebietstypische Weine:
Bethel Heights Willamette Valley (aus Eigenbesitz). **Shafer Vineyards Cellar** Willamette Valley (aus Eigenbesitz). **Oak Knoll** Willamette Valley (Gebietsverschnitt). **Tualatin** Willamette Valley (aus Eigenbesitz). **Tyee** Willamette Valley (Gebietsverschnitt). **Bridgeview** Rogue Valley (aus Eigenbesitz).

Gewürztraminer (1970: 3 ha, 1990: 65 ha)
Schon mit den ersten Jahrgängen Richard Sommers erhob der Gewürztraminer Anspruch auf einen Platz in Oregon. Seither erbringt die Traube im Umpqua und im Willamette Valley attraktive Weine. In manchen Jahren steht sie ganz oben. Auch im Rogue Valley stellen sich Erfolge ein.

Unlogisch wie es erscheint, kommen doch aus dem Willamette Valley Gewürztraminer ganz ähnlicher Art wie aus dem Osten Washingtons – sie schmecken ein wenig nach Minze und stark nach Muskat. Die eindrucksvolleren Exemplare aus Rogue kommen dagegen dem Litschicharakter näher, den man aus den kühleren Tälern an der kalifornischen Küste kennt.

Wie in Kalifornien haben auch hier die Weinbaubetriebe entdeckt, daß ein Platz im Weinberg nicht unbedingt mit einem Platz auf dem Markt gleichbedeutend ist; deshalb hat die Zahl der Erzeuger abgenommen, und nur diejenigen sind ihm treu geblieben, denen am Gewürztraminer besonders liegt. Die Neigung der Sorte zur Ertragsschwäche, manchmal unter 30 hl/ha, ist ihrer Sache auch nicht förderlich.

Gebietstypische Weine:
Amity Willamette Valley. **Knudsen Erath** Willamette Valley. **St. Josef's Weinkeller** Willamette Valley. **Tualatin** Willamette Valley.

Müller-Thurgau (1970: 0, 1990: 53 ha)
In Oregon gedeiht die bekannteste deutsche Riesling-Kreuzung ebenso gut wie die illustre Elternsorte. Zwar erzeugt nur ein Dutzend Kellereien Wein dieser Traube, er macht aber sortenrein leicht und lieblich guten Eindruck; typische Vertreter sind Tualatin und Chateau Benoit. Ein guter Teil des Ertrags geht in einfache Gattungsweine ein.

Im Yamhill und im Washington County, am unteren Ende des Willamette Valley, befinden sich knapp 40 ha der Gesamtrebfläche, im Polk County weitere 6 ha. Aus diesen Weinbergen kommen auch die meisten sortenreinen Versionen. Die restliche Anbaufläche liegt größtenteils in der Columbia Gorge.

Pinot Gris (1970: 0, 1990: 60 ha)
In den wenigen Jahren seit seiner Einführung hat der Pinot Gris den Erzeugern und Weinfreunden mehr frohe Erlebnisse eingebracht als der Chardonnay in einer viel längeren Zeit. Von Anfang an zeigt sich der Pinot Gris aus dem Willamette Valley charaktervoll, ohne überzogen oder auch simpel zu wirken. Was noch besser ist – er verträgt sich großartig mit Pazifik-Lachs.

Sein kennzeichnendes Aroma erinnert an delikate, staubig-blumige Düfte, wie Pinot Grigio der besten Art aus dem Trentino oder Veneto. Er hat schon ohne viel Eichenfaßausbau eigene Tiefe und Komplexität, zeigt sich aber auch längerer Faßreife durchaus gewachsen. Wie er sich in der Flasche hält, bleibt freilich abzuwarten.

Erzeuger und Verbraucher haben jedenfalls seine Qualität erkannt. So klein die Anbaufläche auch ist, die Statistik von 1992 zeigt doch, daß Oregon 22 von den insgesamt 35 Pinot-Gris-Weinen Amerikas hervorbringt. Vor allem David Lett von Eyrie Vineyard fällt das Verdienst zu, den Pinot Gris nicht nur nach Oregon gebracht, sondern auch seine rasche Entwicklung zum interessantesten trockenen Weißwein des Landes gefördert zu haben. Er erkannte die Eignung als Begleiter zu nordwestpazifischen Meeresfrüchten und schuf einen Stil, der genau in diese Nische paßt. Die meisten anderen folgen seinem Beispiel, so gut es ihre Weinberge und ihr Können gestatten. Der Stern der Traube dürfte ihrer Qualität und ihrer vergleichsweise guten Ertragskraft wegen auch weiter steigen.

Gebietstypische Weine:
Adelsheim Willamette Valley. **The Eyrie Vineyard** Willamette Valley (aus Eigenbesitz). **Rex Hill** Willamette Valley.

Sauvignon Blanc (1970: 0, 1990: 41 ha)
Über den Sauvignon Blanc ist in Oregon wenig zu erfahren, außer daß er auf dem Marsch nach Süden, weg vom Willamette Valley hin zum Rogue Valley ist. Von einem Dutzend Erzeuger 1992 hatten alle außer drei ihren Sitz in den südlichen Tälern, obwohl die Ertragsrebfläche gleichmäßig, wenn auch dünn, über alle Weinbaugegenden Oregons verteilt ist.

Das Klima im Rogue wie im Umpqua Valley dürfte sich jedenfalls besser für ihn eignen als in Willamette. Vor allem in Rogue scheinen Sonne und Wärme auszureichen, um die Traube voll zur Reife zu bringen. Klare Beweise sind freilich kaum zu finden, denn in beiden Tälern hat noch niemand entsprechende Weine hervorgebracht.

Auch gibt es keine Anzeichen dafür, daß die Winzer im Willamette Valley schon die Suche nach einer überzeugenden Heimstatt für Sauvignon Blanc endgültig aufgegeben hätten. Die Erträge sind gut, aber selbst in warmen Jahren fallen die Weine beharrlich karg bis hart und säuerlich-vegetabil aus.

In den Adelsheim Vineyards am Rand von Portland wächst besonders fester, voller Pinot Noir. Er kommt als »Elizabeth's Reserve« auf den Markt. David Adelsheim ist einer der bekanntesten Weinbaupioniere der Region.

White Riesling (1970: 6 ha, 1990: 296 ha)
Jahrein, jahraus hat der White Riesling in Oregon mit die bewunderungswürdigsten Weißweine erbracht; das ist bei dem Klima, das ja so kühl und feucht ist wie in Deutschland, auch nicht weiter verwunderlich. Ähnliches Klima bedeutet jedoch nicht unbedingt gleichen Wein. In Oregon hat der Riesling ein eigenes Gleichgewicht – er ist etwas alkoholstärker als im Rheingau, aber doch nicht so stark wie selbst in den kühlsten Teilen Kaliforniens. Dabei sind die Weine hier nicht so herb wie in Deutschland, wohl aber frischer als in Kalifornien. Alles in allem ist der Riesling erfrischend und verträgt sich mit Speisen so gut wie jeder andere außerhalb Australiens. Wichtiger als das Gleichgewicht ist jedoch vielleicht der Geschmack. Oregon liegt dem Grapefruit-ähnlichen Bukett Deutschlands näher als den Beerennoten Kaliforniens oder Washingtons, hat aber genug Kraft auch für kalten Krebs und Hähnchen vom Grill. Diese Eignung als Begleiter zum Essen veranlaßt manche Erzeuger zu trockenem Ausbau.

In Oregon wird Riesling Spätlese behutsamer behandelt als in Washington. Nur an ein paar tiefgelegenen Stellen am Willamette River tritt Edelfäule auf, und nur in manchen Jahren läßt der Altweibersommer sie sauber zur Entfaltung kommen. Einige Erzeuger, u. a. Elk Cove, versuchen durch Einfrieren des Leseguts die Geschmackskonzentration zu erhöhen.

Gebietstypische Weine:
Adelsheim Willamette Valley. **Chateau Benoit** Willamette Valley. **Elk Cove** Willamette Valley (aus Eigenbesitz). **Knudsen Erath Vineyards** Willamette Valley (Gebietsverschnitt). **Ponzi** Willamette Valley (aus Eigenbesitz). **Rex Hill** Willamette Valley (Gebietsverschnitt). **Tualatin** Willamette Valley (aus Eigenbesitz).

Sonstige Weißweintrauben
Chenin Blanc (1990: 10 ha); Pinot Blanc (bis 1990 in der Anbauflächenstatistik nicht erfaßt) hat nach der Einfuhr von Pflanzen aus dem Elsaß einige Hoffnungen geweckt; Sémillon (1990: 15 ha).

Schaumwein

In einer Gegend, wo der Chardonnay sich beharrlich verhalten gibt und der Pinot Noir eine Ähnlichkeit mit Bouzy Rouge nicht verleugnen kann, ist es nur logisch, daß Schaumweine nach der klassischen Methode von Anfang an fasziniert haben. Das kleine Unternehmen Arterberry war bei seiner Gründung 1979 auf Schaumwein spezialisiert, hat sich aber inzwischen immer mehr Stillweinen zugewandt. Heute steht Argyle als Spezialist an der Spitze von sieben weiteren Herstellern, von denen sich mindestens drei allein mit Schaumwein befassen.

Bis 1990 durften die Resultate bestenfalls unterschiedlich genannt werden. In der Champagne weiß jedermann, daß das Sammeln von Erfahrungen bei Schaumwein nach der klassischen Methode noch mehr Zeit beansprucht als bei Rotwein und daß das Verfahren viele Schritte umfaßt, die sich alle auf den endgültigen Geschmack auswirken.

Trotz der bisher kümmerlichen Ergebnisse braucht man also die Hoffnung nicht aufzugeben. Beispielsweise produzierte Guy Devaux Versuchspartien von erstaunlich gutem Willamette-Schaumwein für Mumm Napa Valley.

Die Weinberge an den Hängen sind weniger stark frostgefährdet.

Rotweintrauben

Sowohl nach der Anbaufläche als auch der Zahl der Erzeuger sind in Oregon nur zwei Rotweinrebsorten erwähnenswert: Cabernet Sauvignon und der unumstritten dominierende Pinot Noir. Inzwischen zeigt auch der Merlot Präsenz, und andere Bordeaux-Verschnittsorten sowie Nebbiolo befanden sich 1992 im Erprobungsstadium.

Cabernet Sauvignon (1970: 4 ha, 1990: 81 ha).
Es gibt zwar nicht viele Beispiele, was aber aus so verschiedenen Gegenden wie der Columbia Gorge, dem südlichen Willamette Valley und dem Rogue Valley verfügbar ist, läßt stets eher an die für Zinfandel typischen Beeren und weniger an die für Cabernet typischen Kräuter denken. Nur im Umpqua Valley sind seit den ersten Jahrgängen bei Hillcrest Weine zustande gekommen, die wirklich wie Cabernet nach dem Vorbild von Bordeaux schmecken. Seven Hills im Oregon-Anteil des AVA-Bereichs Walla Walla ließ von Anfang an erkennen, daß dort Cabernets entstehen können, die denen aus den wärmeren Gegenden Washingtons ähneln.

In Umpqua produzierten 1990 auch Foris, Girardet und Henry Estate Cabernets, die dem Hillcrest-Modell nachstreben.

Im Rogue Valley, wo rund die Hälfte der Cabernet-Anbaufläche Oregons liegt, beherrscht Valley View dieses Feld. In anderen Gegenden sind Anbaufläche und Erzeugerbetriebe so sehr verstreut, daß man Vergleichsbeispiele kaum auftreiben kann.

Gebietstypische Weine:
Girardet Umpqua Valley. **Henry Estate** Umpqua Valley. **Valley View** Rogue Valley. **Seven Hills** Walla Walla.

Pinot Noir (1970: 8 ha, 1990: 500 ha)
Fast seit dem Anfang nimmt in Oregon der Pinot Noir an Anbaufläche, vor allem aber an Identität stetig zu. Erwähnt man einem Weinsammler gegenüber den Namen Oregon, dann kommt wie aus der Pistole geschossen unweigerlich die Antwort »Pinot Noir«. Es gibt hier auch nicht etwa ein Oregon Wine Festival, sondern jedes Jahr im Juli in McMinnville eine International Pinot Noir Conference.

In Oregon selbst wiederum werden Pinot Noir und das Willamette Valley in einem Atemzug genannt – eine geographische Konstante, die sich sofort an den Weinbaubetrieben beweist, die keinen Pinot Noir im Programm haben: Seven Hills weit im Osten Oregons, Henry Estate und Serendipity im Umpqua Valley sowie Valley View im Rogue Valley. In ganz Willamette hat die Dundee Wine Co. nur deshalb keinen Pinot Noir vorzuweisen, weil dieser Betrieb alle Pinot-Trauben für den Argyle-Schaumwein verarbeitet.

Das primäre Kennzeichen des Pinot Noir aus dem Willamette Valley ist eine hinreißende Intensität in der ersten Jugend. Gleich welche Flasche man herausgreift, es entströmt ihr sofort ein Duft wie von ganzen Büschen voller Beeren, und der Geschmack steht dem in keiner Weise nach. Eine überwältigte Kritikerschaft bescheinigte schon um 1982 der Region die Qualität einer neuen Côte d'Or.

Allerdings kaschierte in Jahrgängen zwischen 1975 und 1985 diese Duftfülle nicht nur einen Mangel an Tiefe, sondern auch eine gewisse dünne Härte. Hier drängt sich der Vergleich mit Bouzy Rouge, dem stillen Rotwein aus der Champagne, auf.

Als der Zahn der Zeit an dem 1978er, 1980er und 1985er und anderen hochgepriesenen Jahrgängen zu nagen begann, zeigte es sich, daß die meisten nachließen, anstatt besser zu werden. Daraufhin machte die Kritikerschaft Abstriche an ihrer ersten Meinung. Eine ganze Reihe empfindsamer Seelen in dem kleinen, mit Kapital nicht gerade überreichlich ausgestatteten Weinbau Oregons nahm diesen Gesinnungswandel durchaus ungnädig auf. Manche Erzeuger in Willamette gestanden jedoch ein, daß sie insgesamt bis zum Ende der 1980er Jahre ja gerade erst angefangen hatten zu begreifen, wie sie aus ihren Trauben Wein machen mußten.

Bei dieser Selbstkritik fielen die Jahrgänge bis 1980 ganz in Ungnade, weil sie zuwenig von der Traube selbst an sich hatten und es ihnen daher auf lange Sicht an Kraft fehlte. Die dann folgende Überreaktion stellte die Traube zu sehr in den Vordergrund und führte zu dunklen, dicken, manchmal tanninbitteren Giganten. Insider meinen, daß sich die Pendelausschläge schließlich bis 1988, spätestens 1989 auf ein harmonisches Mittelmaß reduziert haben dürften.

Dennoch gibt das Beispiel viel längerer Entwicklungszeiten unter leichter zu verkraftenden Klimaverhältnissen bei aller Bewunderung für den bereits zurückgelegten Weg zur Vermutung Anlaß, daß die Erfahrungskurve noch immer meilenweit vom Optimum entfernt ist. In der Jugend zeigten viele 1988er und 1989er größere Tiefe und Fülle als ihre Vorgänger. Wieviel davon Bestand hat, wird sich in zehn Jahren zeigen.

Als David Lett bei Eyrie Vineyard den ersten Pinot Noir im Willamette Valley produzierte, war sein Bestreben darauf gerichtet, die Duftfülle zu mildern, den Babyspeck abzustreifen und einen festen Kern hervorzuheben. Davon hat er sich seit dem ersten Jahrgang, 1970, nicht abbringen lassen. Die Pinot Noirs von Eyrie stellen sich so verschlossen dar, wie es in Oregon überhaupt nur möglich ist.

Die meisten seiner Kollegen suchten und suchen zugänglichere Formen. Am erfolgreichsten waren in den letzten Jahren Adelsheim, Bethel Heights und Elk Cove. Auch sie dämpfen die Duftfülle hauptsächlich, wie es scheint, indem sie vollere Traubenreife abwarten.

Allein die echt burgundische Domaine Drouhin ging denselben Weg wie Lett und verzichtete zugunsten karger, fester Art auf seidige Fülle. Die beiden Weine sind freilich nicht gleich. Die ersten Drouhin-Jahrgänge waren dunkler, tanninherber und stärker von Eichenholz geprägt als die typischen Eyries.

Gebietstypische Weine:
Adelsheim Willamette Valley »Elizabeth's Reserve«; Willamette Valley »Seven Springs«. **Bethel Heights** Willamette Valley; Willamette Valley »Reserve«. **Domaine Drouhin** Willamette Valley (ursprünglich Gebietsverschnitt, seit 1991 Eigengewächs). **Elk Cove** Willamette Valley »Estate«; Willamette Valley »Wind Hills«. **The Eyrie Vineyards** (aus Eigenbesitz). **Oak Knoll** Willamette Valley (Gebietsverschnitt).

Sonstige Rotweintrauben
Merlot (1990: 14 ha) wird bei Adelsheim, Ashland und Valley View von Lesegut aus dem Rogue Valley, bei Foris und Hillcrest von Trauben aus dem Umpqua Valley und bei Seven Hills aus Walla-Walla-Lesegut produziert. Zinfandel (1990: 6 ha) hat im südlichen Oregon bei Hillcrest und Weisinger's of Ashland eine Heimstatt gefunden, und auch Callahan Ridge hat einen Zinfandel im Programm. Franco-amerikanische Hybriden werden in Oregon auf sehr kleinen, statistisch nicht erfaßten Flächen angebaut. Serendipity produziert einen sortenreinen Marechal Foch. Andere, v.a. Girardet, verarbeiten Hybridtrauben in Gattungs- oder Markenweinen.

Willamette Valley AVA

Eingerichtet: 3. Januar 1984
Gesamtfläche: 1 320 000 ha
Rebfläche: 1740 ha
Weinbaubetriebe: 51
Hauptort: Portland

Weil der Pinot Noir das Bild des Weinbaus in Oregon so sehr bestimmt, herrscht allgemein die Auffassung, das Willamette Valley und das Yamhill County seien ein und dasselbe – dem ist aber nicht so. Allerdings ist Yamhill Pinot-Land und auch das Polk County, das nach Süden hin anschließt. Dagegen zeigt sich im Washington County, nördlich von Yamhill und westlich von Portland, eine deutliche Neigung zu Weißwein, insbesondere der aromatischen Art. Südlich und östlich von Polk bemühen sich die Erzeuger in den Countys Benton, Lane, Linn und Marion unentwegt um Cabernet Sauvignon und ein halbes Dutzend andere Traubensorten.

Wie man schon an den vielen County-Namen merkt, ist das Tal recht weitläufig; es kann sich mit dem San Joaquin Valley in Kalifornien in der Größe durchaus messen, und auch in der Einwohnerzahl steht es ihm nicht sehr weit nach. Ansonsten hat es freilich nicht viel mit ihm gemein. Es ist alter, durch den Schub kollidierender tektonischer Platten hochgeschobener und mit Erhebungen umrahmter Meeresboden, zum Teil von Eiszeitgletschern gezeichnet, insgesamt unablässig der Erosionswirkung von Regenfällen ausgesetzt, und es wellt sich unruhig, anstatt wie das San Joaquin Valley platt und geruhsam dazuliegen. Insbesondere am unteren Ende besteht das Willamette Valley aus einem dichten Gewirr von Anhöhen und Senken.

Links: Die frischgepflügten Weinberge von Dundee Hills zeigen deutlich, weshalb die langen, sanften Hänge Red Hills heißen. Hier wird vor allem Pinot Noir angebaut, aber auch Chardonnay und Pinot Gris.

Unten: Die Stadt Portland liegt beiderseits vom Willamette River. Mit ihren Hotels, Restaurants und Parks bildet sie einen günstigen Ausgangspunkt für Fahrten durch die Weinbaugebiete der Umgebung.

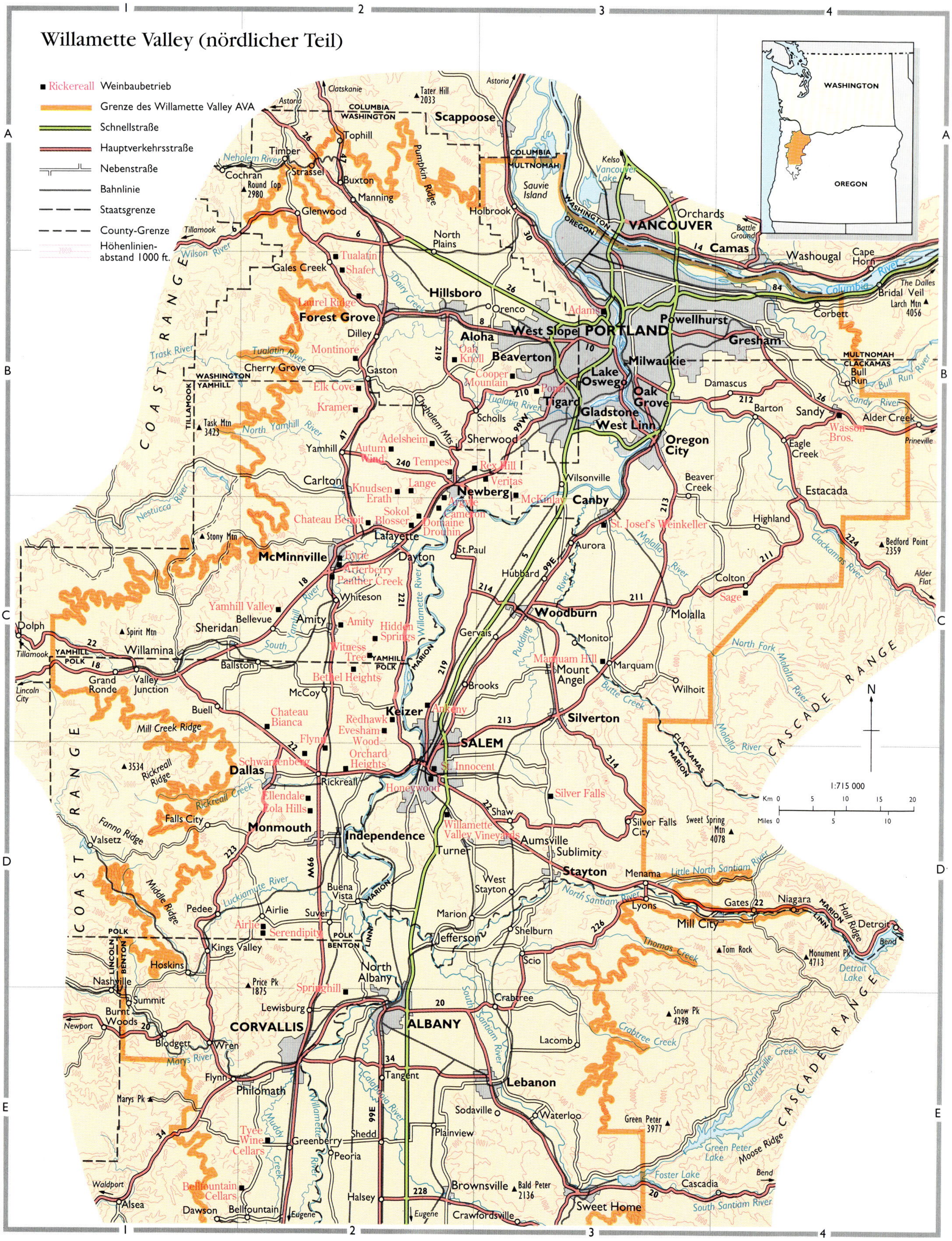
Willamette Valley (nördlicher Teil)
Rickereall Weinbaubetrieb
Grenze des Willamette Valley AVA
Schnellstraße
Hauptverkehrsstraße
Nebenstraße
Bahnlinie
Staatsgrenze
County-Grenze
Höhenlinien-abstand 1000 ft.
WASHINGTON
OREGON
1:715 000
Km 0 5 10 15 20
Miles 0 5 10
N
COAST RANGE
CASCADE RANGE
PORTLAND
VANCOUVER
SALEM
CORVALLIS
ALBANY
Scappoose
Hillsboro
Forest Grove
Aloha
Beaverton
West Slope
Lake Oswego
Tigard
Milwaukie
Oak Grove
Gladstone
West Linn
Oregon City
Gresham
Powellhurst
Camas
Washougal
Sandy
Estacada
Canby
Newberg
McMinnville
Dallas
Monmouth
Independence
Keizer
Silverton
Woodburn
Stayton
Lebanon
Brownsville
Sweet Home
Mill City
Molalla
Mount Angel
Philomath
Sheridan
Willamina
Tualatin
Shafer
Laurel Ridge
Montinore
Elk Cove
Kramer
Adelsheim
Autumn Wind
Tempest
Rex Hill
Veritas
Knudsen Erath
Lange
Chateau Benoit
Sokol Blosser
Domaine Drouhin
Arterberry
Panther Creek
Yamhill Valley
Amity
Hidden Springs
Witness Tree
Bethel Heights
Chateau Bianca
Redhawk
Evesham Wood
Orchard Heights
Flynn
Schwarzenberg
Ellendale
Eola Hills
Honeywood
St. Innocent
Willamette Valley Vineyards
Silver Falls
Marquam Hill
St. Josef's Weinkeller
McKinlay
Cooper Mountain
Oak Knoll
Ponzi
Adams
Wasson Bros.
Sage
Airlie
Serendipity
Springhill
Tyee Wine Cellars
Bellfountain Cellars
Columbia River
Willamette River
Tualatin River
Yamhill River
Santiam River
Mt. Hood
Tater Hill 2033
Round Top 2980
Task Mtn 3423
Larch Mtn 4056
Bedford Point 2359
Sweet Spring Mtn 4078
Snow Pk 4298
Green Peter 3977
Bald Peter 2136
Marys Pk
Price Pk 1875
Spirit Mtn
Stony Mtn

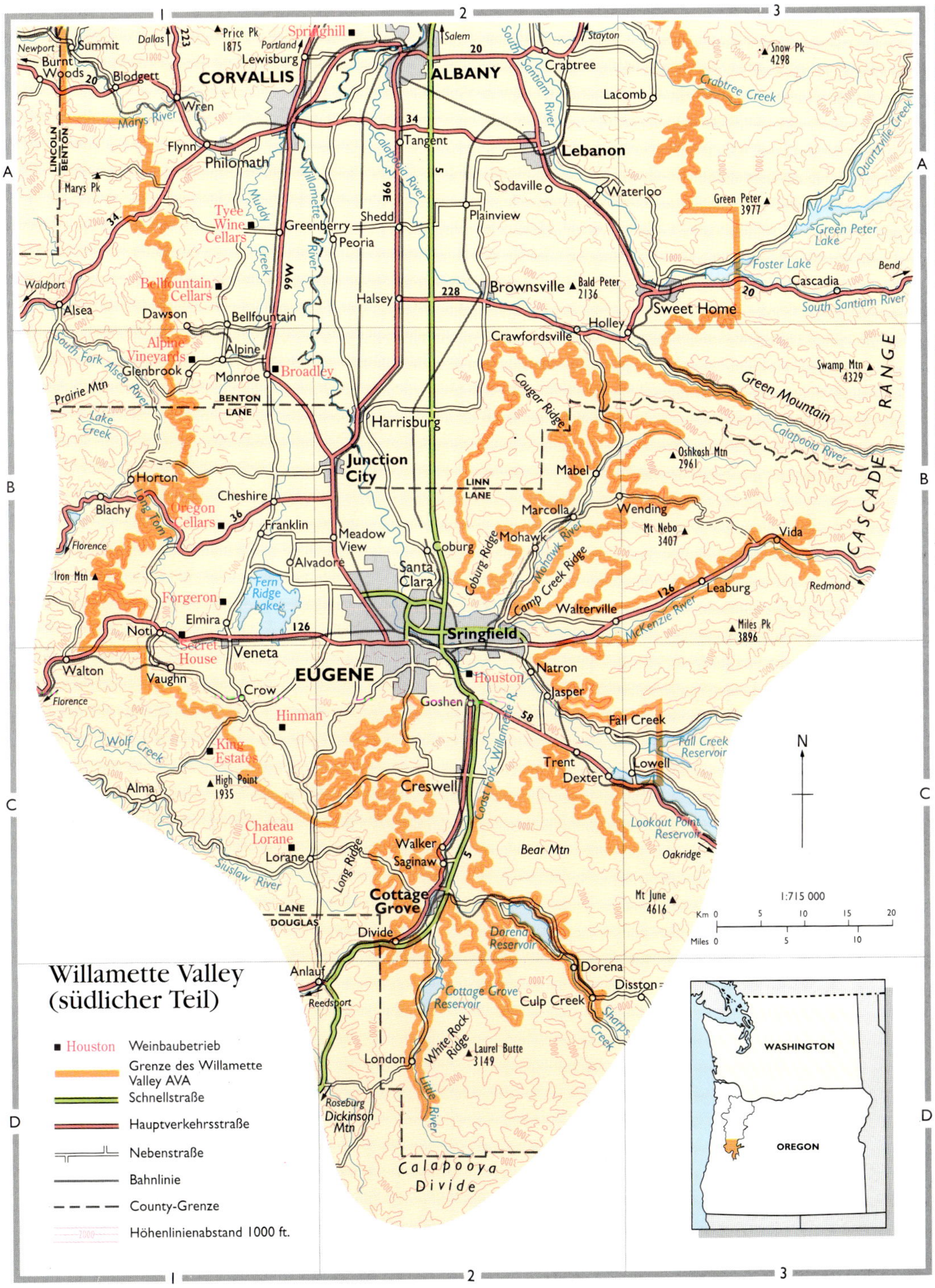

Die Weinberge von Elk Cove nicht weit von den Red Hills bei Dundee erweisen sich als eine der eindrucksvollsten Pinot-Noir-Lagen im Willamette Valley.

Die Größenordnungen – die Höhe der Berge und die Weite der Zwischenräume – erinnern stark an die Toskana oder an Umbrien, doch damit hat die Ähnlichkeit ein Ende. Den ganzen Sommer hindurch ist das kühle, regnerische Willamette von frischgewaschenem Grün überzogen, dunkle Töne herrschen vor, wo noch Fichtenwälder stehen, hellere Töne dort, wo die Holzfäller ihre Arbeit getan und das Land den Farmern übergeben haben. Jedes Stück Architektur in der Region geht auf nordeuropäische, vor allem angelsächsische Wurzeln zurück, außer wo Einkaufszentren und Fast-Food-Restaurants ihr Stilgemisch einbringen.

Die blühenden Städte Portland, Salem und Eugene haben sich von der Land- und Fortwirtschaft gelöst. In den weiten Räumen dazwischen sehen die kleinen Farmer- und Holzfällerorte wie Gaston und Amity heute noch ziemlich gleich aus wie 1884, nur an den Rändern ein wenig ausgefranst. Auch die Weintraube hilft die Zwischenräume füllen, doch prägt sie die weite Landschaft nur selten, vielmehr steht sie immer auf den Berghängen.

Für den Weinbau geeignetes Land ist in diesem an die Randzonen vorstoßenden Anbaugebiet stets auf Südhängen in einer Höhe von 100 bis 200 m zu finden. In der Praxis sind es vor allem Erhebungen von 50 bis 100 m über der Talsohle, wobei die Bedingungen etwa dieselben sind, wie sie im Osten Washingtons für den Weinbau herrschen, aber aus fast genau entgegengesetzten Gründen. In Washington wird bei der Wahl der Lagen vor allem an die bittere Winterkälte gedacht, im Willamette Valley in Oregon dagegen gelten die Erwägungen vor allem den nur mäßig warmen Sommern und der Spätfrostgefahr, der man durch Pflanzung in einer gewissen Höhe über der Talsohle zu entgehen versucht.

Zwischen den Vorbergen im Westen und Osten und gelegentlichen Erhebungen in der Mitte bietet das Tal von Portland südwärts bis über Eugene hinaus, wo es durch einen einzigen Höhenzug vom Umpqua-Becken getrennt wird, etliche hundert Quadratkilometer Südhänge in 100 bis 200 m Höhe. Trotz soviel Auswahl drängten sich die Pinot-Noir-Anhänger an der Nordwestspitze zusammen, beginnend in den Vororten von Portland bis hinein in die Außenbezirke von Salem, der Hauptstadt Oregons.

Das Yamhill County hat sich ganz dem Pinot Noir verschrieben. Als das am meisten mit Weinbau befaßte County in Oregon widmet es 330 von insgesamt 670 ha dem Pinot und trägt damit 40 % zum Bestand an Pinot Noir und zu 27 % zur gesamten Rebfläche in Oregon überhaupt bei. Chardonnay (160 ha), Riesling (69), Pinot Gris (62) und eine Handvoll anderer Rebsorten kommen zwar zusammengenommen auf dieselbe Fläche wie Pinot Noir, wenn aber die Winzer sich hier über geeignetes Weinbergland unterhalten, dann ist stets Land für Pinot Noir gemeint.

Seinen Anfang nahm der Pinot Noir von Oregon in den Red Hills bei Dundee mit einem 1970er von David Lett aus seinem damals neuen Betrieb Eyrie Vineyards. Fast unverzüglich wurde Letts Erfolg zum Magneten. Innerhalb von zwei Jahrzehnten ließen sich in den Red Hills 30 Anbauer und 8 Verarbeitungsbetriebe nieder, unter ihnen viele der größten Namen in Oregon. Knudsen Erath und Sokol Blosser kamen gleich zu Anfang, die Domaine Drouhin und andere siedelten sich später an. Wie der Name schon vermuten läßt, ist der vulkanische Boden in den Red Hills reich an Eisen. Aber die Dundee Hills sind nicht durchweg rot. Am Westrand liegt heller, alter Meeresboden vor. Manchmal wird eine Trennungslinie dort gezogen, wo der Bodentyp wechselt, hauptsächlich weil kühlere Temperaturen die Trauben westwärts von hier nicht mehr so leicht zur Reife gelangen lassen.

Die Eola Hills an der Grenze zwischen dem Yamhill und dem Polk County haben denselben vulkanischen Ursprung wie die Red Hills bei Dundee, und wie dort ist es auf der Ostseite um so viel wärmer, daß die Pinot-Anbauer ihr den Vorzug geben. Bethel Heights hat mehr als jeder andere Weinbaubetrieb hier dazu beigetragen, daß diese Gegend mit Dundee in Wettstreit tritt, so wie in Burgund die Weinbauorte miteinander konkurrieren.

Im übrigen Yamhill County sieht es nicht so gut aus, doch es gibt genug schöne Stellen, die Aufmerksamkeit verdienen. Auf den Anhöhen der Chehalem Mountains nordöstlich von Dundee liegen Adelsheim sowie Rex Hill und einige seiner meistgepriesenen Zulieferer, insbesondere Medici. Elk Cove thront allein auf einem Berg nordnordwestlich von Dundee.

Das an Yamhill im Norden anschließende Washington County hat eindrucksvollen Pinot Noir in Wind Hills und anderen Lagen stehen, dennoch beherrscht diese Sorte dort das Denken der Winzer nicht so einseitig, vielleicht weil Bill Fuller von Tualatin und

Die Weinberge von Dundee Hills bleiben auf der Höhe.

Himmelsrichtung und Höhenlage sind für die Weinberge im Willamette Valley von ausschlaggebender Bedeutung. Die Berge um Dundee gehören zu den günstigsten Lagen – gerade in der richtigen Höhe, so daß sie die Spätfröste unter sich lassen, und vorwiegend nach Süden geneigt, so daß sie möglichst viel Licht und Wärme auffangen.

andere Pioniere sich so intensiv mit Riesling und sonstigen Weißweintrauben abgeben. Aus der Anbauflächenverteilung von 1992 geht das allerdings kaum hervor. Pinot Noir hatte 142 von 375 ha inne, Chardonnay 82, Riesling 52 und Pinot Gris 34. Tualatin, Shafer, Ponzi und Oak Knoll sind hier klangvolle Namen mit achtbarer Geschichte, und Montinore ist mit 160 ha der Gigant.

Das Washington County gehört in Teilen zu den wärmsten Gegenden im nördlichen Willamette Valley, weil viele Berge hier die Sonnenwärme auffangen und reflektieren.

Im Süden verläuft die magische Linie für Pinot Noir etwa bei der College-Stadt Corvallis quer durchs Tal. Die Weinberge der Tyee Winery liegen auf der Pinot-Seite. Von hier bis zur Südgrenze des AVA-Bereichs bleibt der Pinot Noir zwar bedeutend (90 von 210 ha im Benton und Lane County), jedoch längst nicht mehr so ausschließlich wie weiter im Norden. Die vergleichsweise dünn gesäten Weinberge und Weinbaubetriebe in der südlichen Zone sind noch immer auf der Suche nach einer eigenständigen regionalen Identität. Mit Ausnahme von Alpine, Forgeron und Hinman waren sie alle zu Beginn der 1990er Jahre noch jung.

Die Statistiker führen die Rebfläche in den Countys Clackamas, Linn, Marion und Multnomah getrennt als östliches Tal. Hier beläuft sich die Rebfläche derzeit auf 135 ha (48 ha Pinot Noir, 28 ha Chardonnay, 20 ha White Riesling, je 10 ha Gewürztraminer und Pinot Gris).

Rogue Valley AVA

Eingerichtet: 22. Februar 1992
Gesamtfläche: ca. 390 000 ha
Rebfläche: 173 ha
Weinbaubetriebe: 7
Hauptort: Ashland

Dem Rogue Valley fehlt es an klarer Kontur, nicht aus Mangel an gutem Willen, sondern aus Überfluß an Konfusion. Von den drei Appellationen auf der Westseite Oregons ist diese bei weitem die vielschichtigste; Terrain und Klima sind so abwechslungsreich, daß Gedanken an ein Dutzend Rebsorten aus Frankeich von selbst aufkommen.

Auf den Höhen ist es kühl, sie scheinen für Gewürztraminer prädestiniert, während es im Tiefland so brutheiß wird, daß wenigstens an einer Stelle ein Versuch mit Portweintrauben gemacht worden ist. Der Merlot gelangt nur in diesem Teil Westoregons zur Reife, was zu noch weitergehenden Hoffnungen Anlaß gibt. Seit der neue Aufstieg des Tals in den 1970er Jahren begann, sind indessen die Weinerzeuger dort auf die profitable Schokolade- und Vanillelinie eingeschwenkt: Cabernet Sauvignon besetzte 1990 39 ha und Chardonnay 49 ha. Es folgen Pinot Noir (29), Gewürztraminer (12), White Riesling (11), Pinot Gris (9) und Sauvignon Blanc (6).

Gegenüber den 1880er Jahren, als in dieser wärmsten und sonnigsten Region Westoregons die Sorten Mission und Flame Tokay angebaut wurden, hat sich demnach einiges gebessert. Diese beiden Rebsorten leben heute nur noch in der Erinnerung, aber Zinfandel hat einen kleinen Bestand aus der alten Zeit herübergerettet.

Das Rogue Valley liegt dicht an der Grenze zu Kalifornien, im Osten wird es von den Cascades, im Süden vom Siskiyou-Gebirge und im Westen vom Klamath Range eingeschlossen. Die Höhenzüge, die das Rogue vom Umpqua Valley trennen, gelten nach hiesigen Maßstäben zwar nicht als Berge, aber es sind Hügel von einem Format, das selbst den Bergspezialisten der Tour de France zu schaffen machen würde.

Wenn im Rogue Valley eine interne Unterteilung zu erkennen ist, dann ist es die Trennung zwischen dem oberen Einzugsgebiet des Rogue River und dem einige Meilen von der Pazifikküste zu ihm stoßenden Illinois River. Sie haben sich jeder seine eigene Bahn durch das Klamath-Gebirge gebrochen und eröffnen den Einflüssen vom Meer her deshalb unterschiedliche Wege.

Die Weinbaubetriebe Bridgeview, Foris und Siskiyou gruppieren sich um Cave Junction im Einzugsgebiet des Illinois River an der Westgrenze des AVA-Bereichs. Mit 30 ha war Bridgeview nach der statistischen Erhebung von 1990 der größte Betrieb im Rogue AVA; es folgte Foris mit 24 ha. Übrigens beginnt in Cave Junction die Straße in das Oregon Caves National Monument.

Der größte Teil der heutigen Rebfläche im Rogue Valley AVA liegt auf den Hängen eines breiten Beckens zwischen Ashland im Osten und Jacksonville im Westen. Ein Teil dieses Gebiets wird auch Applegate Valley genannt, und zwar nach einem bereits früher als der Illinois zum Rogue stoßenden Nebenfluß. Die meisten Rebbestände bilden hier kleine Parzellen im Besitz von rund 30 Anbauern. Valley View, der größte und älteste Weinbaubetrieb in der Appellation, verfügt über 10 ha bei Jacksonville; dieser Ort entstand im Gefolge eines kleineren Goldrauschs und ist heute ebensosehr historisches Museum wie lebendige Stadt. Weisinger's of Ashland und Ashland Vineyards sind Weinbaubetriebe in der Nähe der Stadt, deren Namen sie geborgt haben und die durch die dort schon seit langem veranstalteten, vielbewunderten Shakespeare-Festspiele bekanntgeworden ist.

Rogue River Vineyards liegt für sich allein bei Grants Pass in der im Sommer wärmsten und im Winter regenreichsten Gegend der Appellation. Im Sommer wird es aber auch hier so trocken, daß Bewässerung nötig ist.

Manche Einheimische setzen große Hoffnungen auf Südhänge an den Höhenzügen, die das Rogue- vom Umpqua-Becken trennen, praktische Resultate lagen aber zu Beginn der 1990er Jahre noch nicht vor. Überall im Rogue Valley AVA befinden sich die Weinberge in Höhenlagen zwischen 300 und 800 m, also weit über dem, was im Willamette und Umpqua Valley üblich ist. Anders kann es auch nicht sein; Grants Pass, der tiefste Punkt, liegt bereits 300 m hoch. Auch die obere Grenze ist fast genauso eindeutig bestimmt, denn höhergelegenes Terrain ist zu kalt, außerdem zu steil und zu felsig für den Weinbau.

Die Böden sind im Rogue Valley ebenso verwirrend vielfältig wie das Klima; die Geologen haben im Josephine County 87 und in Jackson 208 Schichten festgestellt (im Napa Valley sind es nur 82). Vereinfacht gesehen ist ein Drittel der Appellation granitischen Ursprungs.

Umpqua Valley AVA

Eingerichtet: 30. April 1984
Gesamtfläche: 307 200 ha
Rebfläche: 154 ha
Weinbaubetriebe: 8

Im Umpqua Valley nahm die Wiedergeburt Oregons als Weinbauland ihren Anfang. Das Schicksal ist aber der Erstgeburt nicht günstig gewesen oder hat sie mindestens nicht wachsen lassen.

Das Umpqua Valley liegt zwischen dem Willamette und dem Rogue Valley und ist wärmer als das erstere und kühler als das letztere. Sein Status als Übergangszone wird durch die allmähliche Verschiebung von Fichten- zu Kiefernwäldern veranschaulicht. Als Weinbaumilieu ist es zu vielseitig, als daß sich eine dominierende Rebsorte herausgebildet hätte, jedoch nicht so vielseitig, daß hier alles erprobt werden könnte. Die Anbaufläche liegt seit Mitte der 1980er Jahre unverändert bei 150 ha. Auch die Zahl der Weinbaubetriebe ist gleich geblieben, obschon die Namensliste sich fast völlig verändert hat.

Als Richard Sommer 1961 von der Universität in Davis nach Norden zog und Hillcrest Vineyards im Hügelland westlich von Roseburg gründete, war er seit der Prohibition der erste, der in Oregon Reben pflanzte. Ein einheimischer Lehrer namens Paul Bjelland schloß sich ihm sofort an. Einige andere folgten Ende der 1960er und Anfang der 1970er Jahre, aber sie gingen wieder. Abgesehen von Hillcrest lauten die Gründungsdaten für die heute im Umpqua Valley arbeitenden Weinbaubetriebe 1978 für Henry Estates beziehungsweise 1983 oder später für die übrigen.

Obwohl es in dieser Region meist deutlich wärmer ist als im Willamette Valley, suchen die Winzer hier doch ihre Vorbilder im nördlichen Europa. Die Appellation verfügte 1990 über 33 ha Pinot Noir, 28 ha Chardonnay, 28 ha White Riesling, 24 ha Cabernet Sauvignon, 13 ha Gewürztraminer und 5 ha Sauvignon Blanc, ausschließlich im Douglas County, vorwiegend um die alte Holzfällerstadt Roseburg.

Über die Präsenz von Cabernet und Sauvignon Blanc wundert man sich nur so lange, bis man bei genauerem Hinsehen erkennt, welche Palette an Höhenlagen, Ausrichtungen und Meereslufteinflüssen im Umpqua-Becken vorliegt. Sommer pflanzte auf seinen 9 ha ursprünglich Cabernet, Riesling und Gewürztraminer. Alle drei Rebsorten sind außer in den allerungünstigsten Jahren gut zur Reife gelangt.

Einige Weinbaubetriebe im Willamette Valley holen sich aus dem Umpqua Valley gern Pinot Noir, vor allem wenn in kühlen Jahren bei ihnen daheim diese Traube nicht recht ausreifen will. Dasselbe gilt auch für Chardonnay.

Die einheimischen Betriebe haben mit Erfolg für Verwirrung gesorgt, indem sie einmal mit dieser und einmal mit jener Rebsorte gute Leistungen vollbrachten – freilich noch nie alle gleichzeitig mit derselben.

Columbia Gorge und östliches Oregon

Auf der Ostseite der Cascade Mountains waren Weinanbau und -produktion am Anfang der 1990er Jahre nur spärlich vertreten. Sechs Countys am Columbia River – von Hood River bis Umatilla – verfügten 1990 zusammen nur über 340 ha Rebfläche. Nachdem im Dezember desselben Jahres 200 ha junge Reben erfroren, zeigte sich der betroffene Anbauer nicht zur Neuanpflanzung geneigt. Die sehr kleinen Weinberge auf der zu Oregon gehörenden Seite der Columbia Gorge sind das Spiegelbild der auf der anderen Seite in Washington gelegenen Pendants, insbesondere in der Bevorzugung von Gewürztraminer und Riesling. In der Gegend ist es immerhin soviel wärmer als im Willamette Valley, daß Cabernet Sauvignon und Zinfandel zur Reife gelangen. Einen für dieses Gebiet typischen Wein herauszufinden macht allerdings einige Mühe. Hood River mit 5 ha widmet sich einheimischen Traubensorten; Three Rivers, die einzige weitere Kellerei in der Region, verarbeitet Lesegut aus Washington.

Die 12-ha-Lage Seven Hills im Walla Walla AVA zeigt Anfänge einer Reputation für Merlot und Cabernet Sauvignon unter dem eigenen Etikett sowie unter dem von Leonetti, einer der bekanntesten Weinkellereien nebenan in Washington (siehe S. 209).

ERZEUGER IM WILLAMETTE VALLEY

Adams Vineyard Winery (1981)
1922 NW Pettygrove Street, Portland, OR 97209. Tel. (503) 294-0606. 3500 Kisten. Die 10-ha-Lage im Yamhill County versorgt eine Kellerei in der Stadt vorwiegend mit Pinot Noir und Chardonnay; außerdem Sauvignon Blanc.

Adelsheim Vineyard (1978)
22150 NE Quarter Mile Lane, Newberg, OR 97132. Tel. (503) 538-3652. 12000 Kisten. In Bestform eine der feinsten Quellen für Pinot Noir aus dem Willamette Valley, großenteils von 17 ha Eigenbesitz bei Portland. Der seidige »Oregon« übertrifft als früher Genuß oft »Seven Springs« (Eola Hills) und »Elizabeth's Reserve« (Eigengewächs), die allerdings auf lange Sicht mehr bieten können. Oft auch bei Riesling und Pinot Gris an der Spitze. Ebenfalls interessant: Rogue Valley Merlot.

Airlie Winery (1986)
15305 Dunn Forest Road, Monmouth, PR 97361. Tel. (503) 838-6013. 5300 Kisten. An der Grenzlinie für Pinot Noir sind 6 ha für Chardonnay, Gewürztraminer, Müller-Thurgau, Riesling und Pinot Gris vorbehalten.

Alpine Vineyards (1976)
25904 Green Peak Road, Alpine, OR 97456. Tel. (503) 424-5851. 3500 Kisten. 10-ha-Lage im südlichen Willamette liefert einfachen Pinot Noir, Chardonnay, Riesling, Gewürztraminer und Cabernet Sauvignon.

Amity Vineyards (1976)
18150 Amity Vineyards Road SE, Amity, OR 97101. Tel. (503) 835-2362. 8750 Kisten. Oft für ganz Oregon wegweisende Gewürztraminer. Unterschiedlicher, aber gelegentlich achtbarer Pinot Noir in mehreren Ausführungen aus verschiedenen Quellen ist das Haupterzeugnis. Der Eigenbesitz beläuft sich auf 6 ha in den Bergen oberhalb der Stadt; außerdem wird Lesegut von weither bezogen.

Argyle (1987)
PO Box 280, Dundee, OR 97115. Tel. (503) 538-8520. 25000 Kisten. Das französisch-australische Gemeinschaftsunternehmen hat einen Brut als Bannerträger gewählt. Chardonnay- und Riesling-Stillweine ergänzen das Programm.

Arterberry Winery (1979)
PO Box 772, McMinnville, OR 97128. Tel. (503) 472-1587. 5000 Kisten. Ursprünglich bestand die Absicht, Spezialist für Schaumwein nach der klassischen Methode zu werden, inzwischen aber beherrschen Stillweine von Pinot Noir und Chardonnay das Programm.

Chateau Benoit über seinem Weinberg.

Autumn Wind Vineyard (1987)
PO Box 666, Newberg, OR 97132. Tel. (503) 538-6931. 1500 Kisten. Pinot Noir, Chardonnay, Müller-Thurgau und Pinot Noir/Blanc von 4 ha in den Red Hills bei Dundee.

Bellfountain Cellars (1989)
25041 Llewlyn Rd., Corvallis, OR 97333. Tel. (503) 929-3162. 1000 Kisten. Das Anfangsprogramm bestand aus Pinot Noir, Chardonnay, Sauvignon Blanc, Riesling und Gewürztraminer.

Bethel Heights Vineyard (1984)
6060 Bethel Heights Rd NW, Salem, OR 97304. Tel. (503) 581-2262. 7000 Kisten. Durchweg hohe Qualität, Bannerträger sind jedoch die Pinot Noirs, die beständig zu den samtigsten Oregons zählen. Ein mit Geschick eichenholzgewürzter Chardonnay ist ebenfalls zu empfehlen. Außerdem Riesling, Gewürztraminer und überraschenderweise Chenin Blanc. Alle Weine sind Eigengewächse von 20 ha in den Eola Hills.

Broadley Vineyards (1986)
Box 168, Monroe, OR 97456. Tel. (503) 847-5934. 2200 Kisten. 6 ha Pinot Noir und Chardonnay im südlichen Willamette.

Cameron Winery (1984)
PO Box 27, Dundee, OR 97115. Tel. (503) 538-0336. 3500 Kisten. Begeistert einheimische Kenner vor allem mit Pinot Noir meist von zugekauftem Lesegut. Außerdem Chardonnay und Pinot Blanc.

Chateau Benoit Winery (1979)
6580 NE Mineral Springs Road, Carlton, OR 97111. Tel. (503) 864-2991. 15000 Kisten. Der Eigenbesitz umfaßt 9 ha am Westrand der Dundee Hills; außerdem wird Lesegut für ein großes Programm an Schaumwein nach der klassischen Methode zugekauft.

Chateau Bianca Winery (1991)
17485 Highway 22, Dallas, OR 97339. Tel. (503) 623-6181. Westlich von Salem; Schwerpunkt auf Pinot Noir.

Chateau Lorane (1992)
27415 Siuslaw River Road, Lorane, OR 97451. Tel. (503) 942-5830. 12 ha im südlichen Willamette bei Eugene sind mit Cabernet Sauvignon, Sauvignon Blanc, Pinot Noir, Chardonnay, White Riesling und Gewürztraminer bestockt.

Cooper Mountain Vineyards (1987)
Route 3, Box 1036, Beaverton, OR 97007. Tel. (503) 649-0027. 2000 Kisten. Pinot Noir, Chardonnay und Pinot Gris dominieren auf 30 ha im Washington County.

Domaine Drouhin (1988)
PO Box 700, Dundee, OR 97115. Tel. (503) 864-2700. 3500 Kisten. Einer der großen Namen in Burgund bringt den Geschmack von Pinot Noir aus Oregon in den beiden ersten Jahrgängen in kräftig eichenholzgewürzten und erstaunlich tanninherben Weinen vorbildlich zur Geltung. Die Trauben müssen gekauft werden, solange der Eigenbestand auf 14 ha noch heranwächst.

Domaine Drouhin, der Vertrauensbeweis aus Burgund.

Elk Cove Vineyards (1977)
27751 NW Olson Road, Caston, OR 97119. Tel. (503) 985-7760. 15000 Kisten. Das gut eingeführte Haus hat sich in aller Stille mit samtigen, wohlschmeckenden Einzellagen-Pinot-Noirs aus 18 ha eigenen Berglagen – Dundee Hills Vineyard und Wind Hills Vineyard im Washington County – bis an die Spitze herangeschafft. Auch die Pinot-Gebietsverschnitte sind beachtenswert, ebenso die lieblichen und Spätlese-Rieslinge aus dem zuverlässigen Programm.

Ellendale Winery (1981)
300 Reuben Boise Road, Dallas, OR 97338. Tel. (503) 623-5617. 3500 Kisten. Dieser Betrieb bietet neben den üblichen Sortenweinen auch Woolly Booger an. Das Lesegut stammt zum Teil von 5 ha Eigenbesitz bei Salem.

Eola Hills Wine Cellars (1986)
501 South Pacific Highway, Rickreall, OR 97371. Tel. (503) 623-2405. 8500 Kisten. Ein Weinbaubetrieb südlich von Salem bezieht Pinot Noir, Chardonnay, Sauvignon Blanc, Cabernet Sauvignon und Chenin Blanc von 43 ha Partnerlagen in den Eola Hills.

Evesham Wood Vineyard & Winery (1986)
4035 Wallace Road Northwest, Salem, OR 973704. Tel. (503) 472-6315. 1800 Kisten. Die drei Hauptsorten Oregons: Chardonnay, Pinot Gris, Pinot Noir, von 3 ha.

The Eyrie Vineyards (1970)
PO Box 697, Dundee, OR 97115. Tel. (503) 472-6315. 5200 Kisten. Der Altmeister von Oregon beschäftigt sich am meisten mit kargem, festem Pinot Noir in Reserve-Version von 18 ha Eigenbesitz in den Red Hills bei Dundee und mit einem Pinot-Noir-Gebietsverschnitt ähnlicher Art, kümmert sich aber auch eingehend um Chardonnay, Pinot Gris und Pinot Meunier. Außerdem hat der Riesling-Gegner einen interessanten Muscat Ottonel zu bieten.

David Lett von Eyrie Vineyards.

Flynn Vineyards (1990)
2200 W Pacific Highway, Rickreall, OR 97371. Tel. (503) 623-8683. Geplant ist Spezialisierung auf Schaumwein nach der klassischen Methode. 33 ha Eigenbesitz.

Forgeron Vineyard (1978)
89697 Sheffler Road, Elmira, OR 97437. Tel. (503) 935-1117. 8000 Kisten. Typisch für Eugene: Müller-Thurgau bis Cabernet Sauvignon, alles auf 8 ha.

Hidden Springs Winery (1980)
9360 SE Eola Hills Rd., Amity, OR 97101. Tel. (503) 835-2782. 4000 Kisten. 8 ha in den Eola Hills haben bislang Pinot Noir und Chardonnay der Mittelklasse erbracht. Die Kellerei bietet außerdem Riesling und Cabernet Sauvignon an.

Hinman Vineyards (1979)
27012 Briggs Hill Road, Eugene, OR 97405. Tel. (503) 345-1945. 35000 Kisten. Riesling, Gewürztraminer, Chardonnay, Pinot Noir und Cabernet Sauvignon vorwiegend aus einer Partnerlage im östlichen Oregon. Zugängliche Art ist das oberste Ziel.

Honeywood Winery (1934)
1350 Hines Street SE, Salem, OR 97302. Tel. (503) 362-4111. 5000 Kisten. Ursprünglich eine Obstweinkellerei, befaßt sich nun auch mit *Vinifera*-Wein, v.a. Riesling und Chardonnay.

Houston Vineyards (1983)
86187 Hoya Lane, Eugene, OR 97405. Tel. (503) 747-4681. 800 Kisten. Produziert nur Chardonnay, weitgehend für den heimischen Markt.

King Estate Winery (1992)
80854 Territorial Road, Eugene, OR 97405. Tel. (503) 942-9874. 20000 Kisten. Im ersten Jahr große Ambitionen mit Pinot Noir, Pinot Gris und Chardonnay von gekauftem Lesegut, während die geplanten 140 ha Eigenbestände heranwachsen.

Dick Erath von Knudsen Erath.

Die freundliche, schlichte Atmosphäre von Laurel Ridge ist typisch für die Weinbaubetriebe in Oregon.

Knudsen Erath Winery (1972)
PO Box 667, Dundee, OR 97115. Tel. (503) 538-3318. 32000 Kisten. Dick Erath produziert stets ausdrucksvollen Pinot Noir und Chardonnay von 18 ha bei seinem Betrieb sowie von zugekauftem Lesegut. Riesling ist zwar nicht das Hauptprodukt, aber immer beachtenswert.

Kramer Vineyards (1989)
26830 NW Olson Road, Gaston, OR 97119. Tel. (503) 662-4545. 500 Kisten. Nachbar von Elk Cove; Pinot Noir, Chardonnay, Pinot Gris, Riesling und Gewürztraminer von 5 ha.

Lange Winery (1987)
PO Box 8, Dundee, OR 97115. Tel. (503) 538-6476. 2500 Kisten. Pinot Noir, Chardonnay und Pinot Gris wachsen auf 2,5 ha in einer 11-ha-Besitzung mitten in den Red Hills.

Laurel Ridge Winery (1986)
PO Box 456, Forest Grove, OR 97116. Tel. (503) 359-5436. 10000 Kisten. Altetablierter 30-ha-Betrieb im Washington County erlebt unter dem dritten Etikett (zuerst Coury, dann Reuter's Hill) ein Comeback. Der Schwerpunkt soll auf Schaumwein nach der klassischen Methode liegen. Von hier kam auch der einzige Riesling Oregons, der vor der Prohibitionszeit eine Medaille auf einer Weltausstellung gewonnen hat.

Marquam Hill Vineyards (1988)
35803 S Highway 213, Molalla, OR 97038. Tel. (503) 829-6677. 2000 Kisten. Der Pionierbetrieb auf der Ostseite des Willamette Valley produziert Riesling, Gewürztraminer, Müller-Thurgau, Chardonnay und Pinot Noir von 9 ha Eigenbesitz bei Salem.

McKinlay Vineyards (1987)
10610 NW St Helens Road, Portland, OR 97231. Tel. (503) 285-3896. 2800 Kisten. Von den ersten 2,5 ha von potentiell 13 ha bei Newberg kommen als Hauptweine Chardonnay und Pinot Noir.

Montinore Vineyards (1987)
PO Box 560, Forest Grove, OR 97116. Tel. (503) 359-5012. 56000 Kisten. Der Goliath von Oregon hat 176 ha Rebfläche auf einem 285-ha-Besitz im Washington County. Das umfangreiche Programm umfaßt Pinot Noir, Chardonnay, Riesling, Dry Riesling, Late Harvest Riesling, Müller-Thurgau, Pinot Gris, Gewürztraminer, Chenin Blanc, Sauvignon Blanc und Schaumwein nach der klassischen Methode. In dem wohlklingenden Namen ist Montana-in-Oregon zusammengezogen.

Oak Knoll Winery (1970)
29700 SW Burkhalter Rd, Hillsboro, OR 97123. Tel. (503) 648-8198. 30000 Kisten. Ohne viel Aufhebens entsteht zuverlässig angenehmer bis ausgesprochen feiner Pinot Noir und ebensolcher Chardonnay, aber auch Riesling und Gewürztraminer, alles von gekauftem Lesegut.

Oregon Cellars Winery (1988)
92989 Templeton Road, Cheshire, OR 97419. Tel. (503) 998-1786. 1000 Kisten. Pinot Noir, Chardonnay und Schaumweine machten den Anfang.

Panther Creek Cellars (1986)
455 N Irvine, McMinncille, OR 97128. Tel. (503) 472-8080. 3500 Kisten. Ebenfalls ein Flüchtling aus Kalifornien, den der Pinot Noir nach Norden gelockt hat. Für seinen Weißwein bleibt er der allgemeinen Aufregung um »echten« Elsässer Pinot Blanc zum Trotz unbeirrbar bei Melon.

Ponzi Vineyards (1970)
14665 SW Winery Lane, Beaverton, OR 97007. Tel. (503) 628-1227. 6500 Kisten. Pinot Noir ist die große Hoffnung, Pinot Gris der große Erfolg. Der Ertrag von 5 ha Eigenbesitz wird durch zugekauftes Lesegut von Medici und aus anderen hochangesehenen Lagen im Yamhill und Washington County ergänzt.

Redhawk Vineyard (1987)
2995 Michigan City NW, Salem, OR 97304. Tel. (503) 362-1596. 7000 Kisten. Pinot Noir und Chardonnay von 4 ha Eigenbesitz werden durch zugekauften Merlot, Cabernet Sauvignon, Sémillon, Sauvignon Blanc und Gewürztraminer ergänzt. Pinot-Gris- und Pinot-Blanc-Eigengewächse waren 1992 in Vorbereitung.

Rex Hill Vineyards (1983)
30835 N Hwy 99 W, Newberg, OR 97132. Tel. (503) 538-0666. 15000 Kisten. Der erste finanziell wirklich gut ausgestattete Weinbaubetrieb in Oregon hat keine Kosten gescheut und dennoch schlechte Zeiten durchgemacht. Zu den feinsten Leistungen zählten Einzellagen-Pinot-Noirs mit Tiefe und Charakter, z.T. von 9 ha bei der Kellerei, größtenteils jedoch aus Vertragszulieferungen. Der Pinot Gris ist mustergültig, und Symphony befindet sich in Erprobung.

Saga Vineyards (1989)
30815 South Wall Street, Colton, OR 97917. Tel. (503) 824-4600. 1000 Kisten. Die österreichischen Besitzer versuchen es mit Pinot Noir, Chardonnay und Riesling aus der nordöstlichsten Lage im Tal.

St Innocent (1988)
2701 – 22d St SE, Salem, OR 97302. Tel. (503) 378-1526. 2000 Kisten. Das Hauptbestreben ist auf Schaumwein nach der klassischen Methode gerichtet; inzwischen ist der seidige, volle Pinot Noir schon in den ersten Jahrgängen den Kennern aufgefallen.

St Josef's Weinkeller (1983)
28836 S Barlow Road, Canby, OR 97013. Tel. (503) 651-3190. 6500 Kisten. Eine der Kellereien auf der Ostseite; erzielt regelmäßig mit Gewürztraminer und Riesling gute Ergebnisse, Chardonnay und Pinot Noir fallen unterschiedlicher aus.

Schwarzenberg Vineyards (1987)
11975 Smithfield Road, Dallas, OR 97338. Tel. (503) 623-6420. 10000 Kisten. Die Lage bei Salem trägt 16 ha Chardonnay und 6 ha Pinot Noir.

Serendipity Cellars Winery (1981)
15275 Dunn Forest Road, Monmouth, OR 97361. Tel. (503) 838-4284. 2000 Kisten. Der Schwerpunkt liegt auf Marechal Foch und Müller-Thurgau mit der Begründung, daß Oregon nicht noch mehr Pinot Noir oder Chardonnay nötig habe. Außerdem Chenin Blanc, Cabernet Sauvignon und Zinfandel. Das Lesegut wird größtenteils zugekauft.

Shafer Vineyard Cellars (1981)
Star Route Box 269, Forest Grove, OR 97116. Tel. (503) 357-6604. 10000 Kisten. Die Chardonnays von Shafer gehören zu den feinsten in Oregon. Auch Riesling und Gewürztraminer sind beachtenswert. Die Pinot Noirs fallen unterschiedlich aus, gehören manchmal aber zur Spitze.

Silver Falls Winery (1983)
4972 Cascade Highway SW, Sublimity, OR 97385. Tel. (503) 769-9463. 2500 Kisten. Eine aus einer Handvoll Kellereien, die Lesegut von der Ostseite verarbeiten; Pinot Noir, Chardonnay, Pinot Gris und Riesling bilden das Programm.

Sokol Blosser Winery (1977)
PO Box 399, Dundee, OR 97115. Tel. (503) 864-2282. 25000 Kisten. Einer der stärker kommerziell orientierten Weinbaubetriebe Oregons verarbeitet Lesegut von 54 ha Eigenbesitz und aus Partnerlagen in den Dundee Hills. Die Namen Pinot Noir Yamhill, Pinot Noir Redland und Pinot Noir Redland Reserve bezeichnen nicht Lagen, sondern Stile (und aufsteigende Preisklassen). Außerdem: Chardonnay, Riesling, Müller-Thurgau und Sauvignon Blanc.

Springhill Cellars (1988)
2920 NW Scenic Drive, Albany, OR 97321. Tel. (503) 928-1009. 1800

Montinore empfängt seine Besucher in einem stattlichen Herrenhaus, das viel älter ist als die Kellerei.

Kisten. Pinot Noir, Chardonnay und Riesling aus einem Besitz abseits der Konzentrationen im Norden bei Salem und im Süden bei Eugene.

Tempest Vineyards (1988)
9342 NE Hancock Drive, Portland, OR 97220. Tel. (503) 538-2733. 1800 Kisten. Pinot Noir, Chardonnay, Pinot Gris und Gamay Noir von gekauftem Lesegut; bis 1992 in Newberg, anschließend in eigener Kellerei in Amity.

Tualatin Vineyards (1973)
Route 1, Box 339, Forest Grove, OR 97116. Tel. (503) 357-5005. 22000 Kisten. Alle Weine sind Erzeugerabfüllungen von 36 ha westlich von Forest Grove. Bill Fuller kam aus Kalifornien, um Riesling und Gewürztraminer zu produzieren, und hat regelmäßig mit die besten in Oregon zu bieten. Chardonnay und Pinot Noir sind stets interessant.

Tyee Wine Vellars (1985)
26335 Greenberry Road, Corvallis, OR 97333. Tel. (503) 753-8754. 2400 Kisten. Das Lesegut von 2,5 ha Partnerlagen südlich von Corvallis sowie zugekaufte Trauben werden zu gleichmäßig gutem, attraktivem Pinot Noir, Chardonnay, Pinot Gris und Gewürztraminer verarbeitet.

Veritas Vineyard (1983)
31190 NE Veritas Lane, Newberg, OR 97132. Tel. (503) 538-1470. 5000 Kisten. Chardonnay ist das Flaggschiff von 10 ha östlich von Dundee.

Wasson Brothers Winery (1981)
41901 Highway 26, Sandy, OR 97055. Tel. (503) 668-3124. 1000 Kisten. Der 6-ha-Betrieb gewährt hervorragenden Einblick in die Weine von der Ostseite. Das Programm umfaßt Chardonnay, Pinot Noir, Riesling und Gewürztraminer.

Willamette Valley Vineyards (1989)
8800 Enchanted Way, Turner, OR 97392. Tel. (503) 588-9463. 18000 Kisten. Zugekauftes Lesegut und der Ertrag von 10 ha Eigenbesitz erbringen Pinot Noir, Chardonnay und Riesling der Mittelklasse.

Witness Tree Vineyards (1987)
7111 Spring Valley Rd NW, Salem, OR 97304. Tel. (503) 858-7874. 1800 Kisten. Chardonnay und vor allem Pinot Noir aus bestimmten Parzellen eines 40 ha großen Weinbergs westlich von Salem finden bei Kennern viel Beachtung.

Yamhill Valley Vineyards (1983)
16250 Oldsville Road, McMinnville, OR 97128. Tel. (503) 843-3100. 15000 Kisten. Mustergültiger Weinberg mit 40 ha westlich von McMinnville. Pinot Noir, Chardonnay, Pinot Gris und Riesling der Mittelklasse.

Oben: Gärtanks bei Rex Hills Vineyards.

ERZEUGER IM UMPQUA VALLEY

Callahan Ridge Winery (1987)
340 Busenbark Lane, Roseburg, OR 97470. Tel. (503) 673-7901. 7500 Kisten. Riesling und Gewürztraminer von trocken bis Spätlese beherrschen das Programm des in Deutschland geschulten Besitzers und Kellermeisters.

Girardet Wine Cellars (1983)
895 Reston Road, Roseburg, OR 97470. Tel. (503) 679-7252. 8000 Kisten. Pinot Noir und Chardonnay von 7 ha Eigenbesitz sind die Flaggschiffe. Interessant auch die Gattungsweine mit einem Anteil franco-amerikanischer Hybriden.

Henry Estate Winery (1978)
687 Hubbard Creek Road, Umpqua, OR 97486. Tel. (503) 459-5120. 14000 Kisten. Lesegut von einem tiefgelegenen 12-ha-Weinberg; amerikanische Eiche hat wesentlichen Anteil am Geschmack von Pinot Noir und Chardonnay. Der Gewürztraminer bringt in günstigen Jahren seine sortentypische Art gut zum Ausdruck.

Hillcrest Vineyard (1963)
240 Vineyard Lane, Roseburg, OR 97470. Tel. (503) 673-3709. 8000 Kisten. Trotz der langen Weinliste hält Riesling zwei Drittel des hügeligen 14-ha-Weinbergs besetzt; er wird in halbtrockener und Spätleseversion produziert. Der Zinfandel ist einer von wenigen in Oregon.

Lookingglass Winery (1988)
6561 Lookingglass Road, Roseburg, OR 97470. Tel. (503) 679-8198. 1000 Kisten. Das Etikett Rizza Cellars steht für Pinot Noir und Cabernet Sauvignon.

ERZEUGER IM ROGUE VALLEY
(nicht in der Karte eingezeichnet)

Ashland Vineyards (1988)
2775 E. Main Street, Ashland, OR 97520. Tel. (503) 488-0088. 4000 Kisten. Familienbetrieb mit 5 ha. Die Besitzer erproben Müller-Thurgau, Chardonnay und Pinot Noir vom kühlen und Cabernet Sauvignon und Merlot vom warmen Ende des Spektrums.

Bridgeview Vineyards (1986)
4210 Holland Loop Road, Cave Junction, OR 97523. Tel. (503) 592-4688. 12000 Kisten. Der dichtbepflanzte 30-ha-Weinberg wird durch Wettereinflüsse vom Meer her so stark gekühlt, daß hier manchmal denkwürdiger Gewürztraminer sowie stets guter Chardonnay und Pinot Noir wachsen.

Foris Vineyards Winery (1986)
654 Kendall Road, Cave Junction, OR 97523. Tel. (503) 592-3752. 8000 Kisten. Ein Weinberg in einer warmen Gegend bringt Cabernet Sauvignon und Merlot, ein anderer in kühlerer Umgebung Pinot Noir und Gewürztraminer hervor.

Rogue River Vineyards (1983)
3145 Helms Road, Grants Pass, OR 97527. Tel. (503) 476-1051. 2000 Kisten. Blush-Versionen und Weinbowlen lockern das für anspruchslosere Verbraucher bestimmte Programm auf.

Siskiyou Vineyards (1978)
6220 Oregon Caves Highway, Cave Junction, OR 97523. Tel. (503) 592-3727. 7000 Kisten. Die Weinberglage ist so warm, daß der Schwerpunkt zu Cabernet Sauvignon und Sémillon tendieren kann.

Valley View (1976)
1000 Applegate Road, Jacksonville, OR 97530. Tel. (503) 899-8468. 10000 Kisten. Der dominierende Betrieb im Rogue Valley kommt besonders gut mit toastwürzigen Chardonnays fast im kalifornischen Stil und auch nicht schlecht mit holzbetonten, gut abgerundeten Rotweinen von Bordeaux-Rebsorten zurecht. Das Etikett »Barrel Select« steht für die gehobene Klasse, die Marke »Jazz« für eine preiswertere Serie.

Weisinger's of Ashland (1988)
3150 Siskiyou Boulevard, Ashland, OR 97520. Tel. (503) 488-5989. 2000 Kisten. Zunächst stand Gewürztraminer im Vordergrund; inzwischen erproben die italophilen Besitzer Nebbiolo und Sangiovese für ihre Weingberglage im Bear Creek Valley, der wärmsten in West-Oregon.

COLUMBIA GORGE
(nicht in der Karte eingezeichnet)

Edgefield Winery (1990)
2126 SW Halsey Street, Troutdale, OR 97060. Tel. (503) 669-8610. 1,2 ha Pinot Gris befinden sich in der Nähe der Kellerei; die Trauben für andere Weine werden zugekauft.

Hood River Vineyards (1981)
4693 Westwood Drive, Hood River, OR 97301. Tel. (503) 386-3772. 2500 Kisten. Der Betrieb begann als Obstweinkellerei und ist auch noch als solche tätig, produziert aber auch mehrere *Vinifera*-Weine, vorwiegend von Trauben aus der Umgebung.

Three Rivers Winery (1986)
275 Country Club Road, Hood River, OR 97031. Tel. (503) 386-5453. 2500 Kisten. Die Flaggschiffe sind Riesling und Gewürztraminer aus eigenem Besitz auf der in Washington gelegenen Seite der Schlucht.

Reise-Informationen

SEHENSWERTES IM WILLAMETTE VALLEY

Eugene Die Stadt liegt zwar nicht gerade im weintouristischen Zentrum, es gibt aber in der Nähe ein Dutzend Weinbaubetriebe und bei Salem noch einmal ein Dutzend, daher bildet sie einen guten Ausgangspunkt. Außerdem beherbergt sie die University of Oregon, und infolgedessen haben sich annehmbare Motels und Restaurants in größerer Zahl hier niedergelassen.
McMinnville Die kleine Geschäfts- und College-Stadt ist zentral im Weinbaubereich Willamette Valley und recht nahe bei allen Weinbaubetrieben gelegen. Jedes Jahr im Juli findet auf dem Gelände des Linfield College die International Pinot Noir Conference statt. McMinnville hat eine Reihe ordentlicher Motels sowie ein Restaurant, das einen Umweg lohnt, aufzuweisen.
Portland Die größte Stadt Oregons ist in erster Linie ein Überseehafen mit Zugang zum Pazifik über den Columbia River. Außerdem ist sie der ideale Stützpunkt für alle, die bei Weintouren nicht auf städtische Atmosphäre verzichten möchten. Die nächstgelegene Kellerei befindet sich etwa 20 Minuten vom Stadtzentrum. Hotels gibt es in allen Preisklassen, und die Zahl empfehlenswerter Restaurants wächst ständig.

HOTELS UND RESTAURANTS

Ambrosia Restaurant & Bar 174 East Broadway, Eugene. Tel. (503) 343-4141. Der historische Bau bildet mit Backsteinen, Eichenholz und Mahagoni die Kulisse für die um lokale Zutaten aufgebaute norditalienische Küche. Die umfangreiche Auswahl an Weinen aus Oregon und Italien wird durch weitere anderer Provenienz ergänzt.
Atwater's Restaurant 111 Southwest 5th Avenue, Portland. Tel. (503) 275-3600. Teures Restaurant ganz oben auf einem Wolkenkratzer; sicheres Fingerspitzengefühl für frische Zutaten aus dem Nordwesten.
Café Central 382 West 13th Avenue, Eugene. Tel. (503) 343-9510. Zumeist Meeresfrüchte – aber Wachteln, Rinderbraten und Pasta bringen Abwechslung ins Menü. Die Weinkarte ist gut mit Oregon-Wein bestückt.
The Heathman 1009 Southwest Broadway, Portland. Tel. (503) 241-4100. Ein neuausgestattetes altes Hotel spiegelt das solide, bodenständige Oregon. Günstig in der Nähe guter Restaurants (u. a. des eigenen) und der Highways zu den Weinbaugegenden im Washington und Yamhill County gelegen.
Jake's Famous Crawfish Restaurant 401 Southwast 12th Avenue, Portland. Tel. (503) 226-1419. Geräuschvolle Atmosphäre in einem einigermaßen geschichtsträchtigen Restaurant; gute Speisekarte vorwiegend mit Meeresfrüchten der Region und eine erstklassige Auswahl an Oregon-Weinen.
McCormick & Schmick's Seafood 235 Southwest 1st Avenue, Portland. Tel. (503) 224-7522. Neues Meeresfrüchte-Restaurant mit gelungenem Alt-Portland-Dekor.
Nick's Italian Café 521 Third Street, McMinnville. Tel. (503) 434-4471. Hausgemachte Pasta besagt schon alles, die lange Liste von Oregon-Weinen auf der Karte sorgt im übrigen dafür, daß hier die Winzer zusammenkommen.
Perlina Restaurant & Bar 1425 NW Glisan, Portland. Tel. (503) 221-1150. Küchenchef ist Giuliano, der Sohn des berühmten italienischen Paars Marcella und Victor Hazan. Die Speisekarte ist toskanisch, die Weinkarte international, die Atmosphäre entspricht der gehobenen Preisklasse.

SEHENSWERTES IM ROGUE VALLEY

Das Rogue Valles liegt 400 bis 450 km südlich von Portland. Seine Wirtschaft beruht auf Holzfällerei und Obstplantagen, in der übrigen Welt ist es aber durch seine literarische Bedeutung bekannt geworden.
Ashland Das Shakespeare Festival hat diese einst verschlafene Stadt ins Licht der internationalen Öffentlichkeit gerückt und obendrein Hotels und Restaurants an die charaktervolle Hauptstraße oder in ihre Nähe gelockt.

HOTELS UND RESTAURANTS

Ashland Wine Cellar 38 Lithia Way, Ashland. Tel. (503) 488-2111. Umfangreiche Auswahl.
La Monet 26 South 2nd Street, Ashland. Tel. (503) 482-1339. Von der Rhône beeinflußte, doch bis hin zum Käse von leichter Hand zeugende Küche.

Links: Die zerklüftete Pazifikküste bei Cascade Head.

Oben: In Nick's Italian Café in McMinnville gibt es hausgemachte Pasta, für den Touristen eine willkommene Abwechslung von den ewigen Steaks.

Sammy's Cowboy Bistro 2210 South Pacific Highway, Tallent. Tel. (503) 535-2778. Frische regionale Zutaten, mit überzeugendem Einfallsreichtum verarbeitet.
Stratford Inn 555 Siskiyou Boulevard, Ashland. Tel. (503) 488-2151. Komfortable Zimmer im Stadtzentrum; die Festspieltheater sind zu Fuß erreichbar.

NÜTZLICHE ADRESSEN

Ashland Visitors Convention Bureau PO Box 1360, Ashland, OR 97520. Tel. (503) 482-3486.
Oregon Winegrowers Association 1200 NW Front Avenue, Suite 400, Portland, OR 97209. Tel. (503) 228-8403.
Portland Oregon Visitors Association 26 SW Salmon Street, Portland, OR 97204. Tel. (503) 222-2223.
Roseburg Visitor & Convention Bureau PO Box 1262, Roseburg, OR 97470. Tel. (503) 444-9584.

Index

Seitenzahlen mit nachfolgender Buchstaben-Ziffer-Kombination beziehen sich auf eine Kartenseite und die entsprechende Rasterangabe. Seitenzahlen in Schrägdruck verweisen auf Abbildungen.

Dank

Allen Weinanbauern und -erzeugern an der Pazifikküste der USA gebührt größter Dank dafür, daß sie der Bitte um Information so großzügig entsprochen haben.
Besonderen Dank für weitergehende Hilfe und Belehrung schulde ich:
David Adelsheim, Julianne Allen, Dr. Maynard A. Amerine, Charlene Guymon Ayers, David Beaudry, Ted Bennett, Mike Benziger, Dan Berger, Bob Betz, D.A. Blue, Greg Boeger, Ken Brown, Vernon Brown, Patrick Campbell, Tucker Catlin, Mark Chandler, Stan Clarke, Eileen Crane, Jill Davis, Cecil De Loach, Mike Dunne, Dawnine Dyer, William Dyer, Greg Fowler, David Graves, Gregory Graziano, Alison Green, Allan Green, Randy Green, Gene Guglielmo, David Hansmith, Joe Hart, Scott Harvey, Robert Iacopi, Barry Jackson, Hugh Johnson, Linda Johnson, Nancy Johnston, Kate Jones, Tor Kenward, Diane Kenworthy, Dan Lee, Mike Lee, David Lake, Tom Liden, Mark Lockhart, Zelma Long, Rick Longoria, Creighton MacDonald, Patricia McKelvey, Bob McRitchie, Frank Mahoney, Pamela Ostendorf Maines, Dennis Martin, Louis P. Martini, Michael Martini, Jay Milligan, Robert Mondavi, Tim Mondavi, John Moramarco, John Munch, Rebecca Murphy, Richard Nagaoka, Charles Ortman, John Parducci, Bernard Portet, Lou Preston, Michaela Rodeno, Mike Rubin, Russ St. Jean, Richard Sanford, Mike Sauer, John Scharffenberger, Linda Seldon, Simon Siegl, Dr. Vernon Singleton, Robert Sobon, Tony Soter, Dr. Sara Spayd, Robert Steinhauer, Steve Storrs, Rodney Strong, John Stuart, George Taylor, Rick Theis, Rich Thomas, Bill Traverso, C. Gerald Warren, Barney Watson, Jack Weiner, Philip Wente, Rich Wheeler, Warren Winiarski, Wade Wolfe und Wilfred Wong.

Bildquellen
Die Fotografien in diesem Buch stammen von Alan Williams, mit Ausnahme der folgenden:
Tony Stone Worldwide: 113 (Larry Ulrich); 168/169 (Sean Arabi); 196 (Cliff Hollenbeck); 219 (Barbara Filet)
Harolyn Thompson: 162; 163; 164; 165; 166; 187
Zefa Picture Library: 167; 184 u (K. L. Benser); 191
Faith Echtermeyer: 15